KB037394

글쓰기 교육과 교수 방법

글쓰기 교육과 교수 방법

© 정희모 외, 2020

1판 1쇄 인쇄__2020년 06월 10일
1판 1쇄 발행__2020년 06월 20일

지은이__정희모 외
펴낸이__양정섭

펴낸곳__경진출판
　　　　등록__제2010-000004호
　　　　이메일__mykyungjin@daum.net
　　　　사업장주소__서울특별시 금천구 시흥대로 57길(시흥동) 영광빌딩 203호
　　　　전화__070-7550-7776　팩스__02-806-7282

값 28,000원
ISBN 978-89-5996-741-4 93370

※ 이 도서의 국립중앙도서관 출판예정도서목록(CIP)은 서지정보유통지원시스템 홈페이지(http://seoji.nl.go.kr)와 국가자료공동목록
　　시스템(http://www.nl.go.kr/kolisnet)에서 이용하실 수 있습니다. (CIP제어번호: 2020022124)

한국 언어·문학·문화 총서

10

글쓰기 교육과 교수 방법

정희모 외 지음

　오랫동안 글쓰기 교육을 해 왔지만 할수록 어렵다는 생각이 많이 든다. 글쓰기 교육은 규정된 교육과정이 없고 절차와 방법도 너무 다양해 어떤 방법이 효율적일지 알기가 어렵다. 교육 목표에 따라 교수 항목도 달라져야 하고, 장르에 따라 교수 방법도 바꾸어야 한다. 단기간에 교육적 효과가 나타나지 않기에 평가를 통해 수업 방식을 개선하는 일도 쉽지 않다. 오래 강의하다 보면 숙련의 효과가 나타나지만 어쩐 일인지 이 나이가 되어도 글쓰기 교육은 어렵기만 하다.

　글쓰기 연구자인 Bishop은 글쓰기 교수 방법을 일컬어 '뷔페식 교수법'이라고 말한 바 있다. 나쁜 의미가 아니라 좋은 의미로 쓴 것인데, 글쓰기 교육을 하면 전문가로서 보다 넓은 선택을 할 수 있는 기회를 얻을 수 있게 된다는 것이다. 아닌 게 아니라 우리는 교육 목표에 따라, 장르에 따라, 수업 환경에 따라 수많은 교수 방법을 구상하고, 선택하고, 발견하기도 한다. 때로 내가 선택한 방법으로 큰 성과를 얻지만 때로 큰 실패를 경험하기도 한다. 어느 사람에게는 최고의 방법이 나에게는 최악의 방법이 되기도 한다. 같은 내용을 가지고 수업을 하더라도 앞의 강의와 뒤의 강의는 왜 이렇게 다른지 알다가 모를 일이다. 정말 누군가 말했지만 글쓰기 교육에서 모든 교수 행위는 개별적이고 수사적이다.

　글쓰기 교수법은 어떤 선택을 하느냐에 따라 그 자체가 메시지가 된다고 한다. 교수자가 선택한 교수 방법은 쓰기에 관해 강의에서 얻고자 하는 목표와 관련이 있다. 학생들을 어떻게 변화시킬지, 학생들의 요구는 무엇인지, 쓰기 학습을 통해 무엇을 얻을지 이런 질문들이 교수 방법을 선택하는 데 중요한 영향을 미친다. Gary Tate는 이를 "우리가 학생을 구성하는 방법"이라고 말했다. 어떤 교수·학습 방법을 택하느냐는 우리가 글쓰기 수업을 통해 무엇을 원하는지, 학생들을 어떻게 변화시키고 싶어 하는지에 관한 메시지가 된다. 그리고 이를 통해 학생들을 우리가 원하는 방향으로 끌어가고 목표에 이르게 한다.

글쓰기 교육에서 교수법이 중요한 것은 다양한 학습 방법을 선택하고 조합해야 하는데 그것이 우리의 교육 철학과 연결되어 있기 때문이다. 글쓰기 교육에서는 교수자의 관점에 따라 교수법이 달라지고 교수자는 이를 통해 자신만의 글쓰기 교수 방법을 구축해 간다. 그리고 이는 다른 교과목과 달리 글쓰기 교수법이 갖는 특수한 측면이고 창의적인 측면이 된다. 이 책에서 소개하는 다양한 교수·학습 방법이 나만의 교수 방법을 선택하고 조합하는 데 기여할 수 있을 것으로 생각한다.

이 책은 연세대학교 국어국문학과 BK 총서의 일환으로 기획되었다. BK 총서 중에 글쓰기 교육 관련 책으로는 2015년에 『대학 글쓰기 연구와 텍스트 해석』이란 제목으로 이미 한 권 출간한 적이 있다. 당시는 주로 텍스트 분석과 관련된 논문들을 모아서 출간했다. 이번 글쓰기 교수법에 관한 책은 글쓰기 분야에서 내는 두 번째 BK 총서이다. 이전의 저술과 달라진 점은 교수법에 관한 책이어서 많은 필자를 섭외했고, 가능한 많은 교수 방법을 다루도록 했다는 점이다. 대부분의 필자들이 본인의 경험을 바탕으로 교수법의 실제 경험 사례를 설명하고 구체적인 방법을 제시했다. 몇 편의 기존 발표 논문이 포함되어 있지만 대부분 새롭게 집필해 주었다.

이 책의 1부는 글쓰기 교수법의 기본 원리를 설명하도록 했다. 쓰기 교수법의 특징과 초보 교수자를 위한 수업 전략, 그리고 한국어 교육의 쓰기 수업 원리를 다루었다. 2부는 장르 중심의 쓰기 지도를 다루었다. 논증적 글쓰기, 서평 쓰기, 자기 탐색 글쓰기, 자기 소개서 쓰기, WAW 등을 다루고 있다. 3부는 수업 전략에 관한 학습 지도를 다루었는데, 주제 구성의 전략, 글쓰기 워크숍, 독서 토론, 어휘 문장 교수법, 쓰기 평가, 한국어 교육의 쓰기 방법 등을 다루고 있다. 4부는 디지털 매체를 활용한 쓰기 지도를 다루고 있는데, 멀티미디어, 플립 러닝, 영화를 활용한 글쓰기, 온라인 피드백, 동료 피드백의 방법을 다루었다.

이 책은 여러 사람의 도움으로 출간되었다. 우선 강의와 연구로 바쁜 와중에도 교수법에 관해 직접 원고를 집필해준 여러 필자들의 도움이 없었으면 출간되기 어려웠을 것이다. 직접 현장에서 오랫동안 글쓰기 수업을 담당해 왔기 때문에 좋은 경험을 들을 수 있는 기회가 되었다. 연세대학교 글쓰기 연구모임의 김성숙 교수와 민정호 교수, 그리고 여러 회원들이 많은 도움을 주었다. 또 이원지 선생은 진행 과정을 총괄하여 책이 원활히 나올 수 있도록 도와주었다. 마지막으로 책의 출간을 흔쾌히 허락해준 경진출판 양정섭 사장님께도 고맙다는 말을 전하고 싶다.

　　끝으로, 이 책에 나오는 다양한 교수법들이 앞으로 학생들을 만나고 변화시키고자 하는 여러 교수자들에게 많은 도움이 되기를 간절히 기원한다.

2020년 5월 16일
필자를 대표하여
정희모 올림

목차

제2부 장르 중심의 쓰기 지도

제4부 디지털 매체를 활용한 쓰기 지도

제1부 쓰기 교수법의 원리와 지도

쓰기 교수법과 교수·학습 전략

정희모

1. 쓰기 교수법의 정의와 내용

글쓰기 과목은 타 과목에 비해 정해진 절차와 과정이 분명하지 않다. 목표에 이르는 수단이 다양할 뿐만 아니라 목표도 과제 상황에 따라 얼마든지 바뀔 수 있다. 좋은 글을 쓰고자 하는 목표만 보더라도 쓰기 과정의 단계를 하나씩 밟아 이를 수행할 수가 있고(과정 학습), 이와 달리 과정 학습을 하지 않고 초고를 여러 번 수정하여 목표에 도달할 수 있다(이중초고전략). 이런 방법 외에 세부적인 전략이나 방법도 다양하게 존재한다. 읽기 자료, 논문 자료, 소설, 그림, 영화 등을 학습 매체로 사용할 수 있고, 또 자료를 이용하는 방법 자체를 다양하게 바꿀 수가 있다.

목표에 이르는 수단뿐만 아니라 목표 그 자체도 다양하게 변화한다. 좋은 논문을 쓰는 것. 좋은 실험보고서를 내는 것, 좋은 영화평론을 쓰는 것은 각기 다른 하나의 목표인데, 목표에 따라 수행하는 방법도 달라질 것이다. 글쓰기 교육이 다른 과목과 확연히 차이가 나는 것은 수학이나 과학처럼 목표에 이르는 합의된 교육 내용이나 절차, 방법이 존재하지 않는다는 점이다. 수학은 기본

셈법으로부터 방정식, 인수분해, 미분·적분으로 전개되는 순서가 있고, 영어는 어휘, 문법, 독해 등으로 구분되어 가르쳐야 하는 교수항목이 어느 정도 정해져 있다. 반면에 글쓰기 교육은 좋은 논문을 쓰는 것과 좋은 소설가가 되는 것은 도달하는 목표 지점이 다르고, 그에 이르는 방법도 다를 수밖에 없다. 작문 교수법의 책을 낸 Taggart, et al.(2014)도 "글쓰기 교수가 목표로 삼아야 할 단일한 목표도 없고, 또 이를 가르치는 데 단일한 정도(正道)의 방법도 없다"고 말한 바 있다.

이런 이유 때문이기도 하지만 쓰기 교수법을 다루는 이론도 복잡하고 논쟁적이다. 서로 합의된 정론화의 길을 모색하기보다 상호 비판의 길을 가는 경우 많고, 이론과 방법, 원리와 실제 사이에 차이가 커서 논쟁과 투쟁의 대상이 되는 경우가 많았다. 예컨대 인지주의 이론에 의해 과정 중심 방법이 등장했지만, 주요 이론으로 성장하기도 전에 사회적 관점의 학자들에 의해 비판의 대상이 된 바 있다. 사회적 관점의 이론들 역시 곧 포스트모던의 등장으로 여러 비판의 과정을 거쳐 다양한 세부 이론으로 분화했다. 비판적 교육학 중심의 비판적 문화연구(CCS)가 있고, 바흐찐 이론에 의한 대화주의 방법도 등장하며, 포스트 과정주의 이론도 나타난 것이다. 이론의 과잉과 실천과의 괴리는 쓰기 능력을 위한 실제적 방법이 얼마나 어려운지 보여준다. 이는 새로운 이론의 교육적 적용이라기보다 새로운 이론의 전략적 적용에 가깝다. 쓰기 능력에서 목표와 방법의 혼란은 쓰기 교수법이 외부 이론의 지나친 유입과 이론과 실제 사이의 괴리 때문에 일어난 현상이라 볼 수 있다.

Taggart, et al.(2014)는 쓰기 교수법을 '쓰기 이론이 교수 이론 및 교수 실천과 결합된 지식의 실체, 혹은 작문의 교수 행위의 실천, 그리고 그런 실천을 강조하는 이론'으로 정의했다(Gary Tate et al, 2014). 여기서 이들은 쓰기 교수법을 이론과 실천이 결합된 것, 또 쓰기 교수 행위의 실천이 강조되는 것, 둘 모두를 포함해 설명했다. 문맥을 살펴보면 이 말은 이론에 바탕을 두고 실천을 하되, 이런 실천을 또 이론화할 수 있는 것이 교수법이란 뜻으로 해석할 수 있다. 쓰기 이론 없이 교수 행위가 이루어질 수는 없겠지만 교수 행위가 이루어지면 거기서 발생하는 다양한 논의가 생겨나고, 이 때문에 쓰기 실천에 관한 이론도 필요해진다. 교수법은 쓰기 이론의 근원을 두되, 실천의 실제적인 과정을 중시하고 이를 이론화할 수 있어야 한다. 그렇지만 이런 규정 자체가 쓰기 이론과 쓰기 교수법 사이의 혼란과 괴리를 모두 해결할 수는 없을 것이다.

박영민(2001, 2016)은 이런 이론과 실천 사이의 괴리 현상을 해소할 방안으로 쓰기 이론(작문 이론)과 쓰기 교육 이론(작문교육 이론)을 아예 처음부터 구별하여 다룰 것을 제안한 바 있다. 쓰기 이론은 쓰기의 본질을 규명하기 위해 존재하며, 쓰기가 어떻게 이루어지는지 그 형성 원리와 영향 관계가 어떠한지 과학적으로 규명하는 데 초점이 있다. 반면에 쓰기 교육은 쓰기 능력과 관련하여 학생을 교육시키고 변화시키자는 목적을 가지며, 이에 관한 실천적 방법에 관심을 둔다. 그래서 쓰기 이론과 쓰기 교육 이론은 목표를 두는 관점과 이론의 적용 방법에서 차이가 있다고 볼 수 있다. 쓰기의 본질을 규명하고자 하는 관점과 학생을 변화시키고자 하는 관점은 서로 다를 수밖에 없고 이에 관한 접근 방식도 달라야 한다는 것이다.

> 작문교육은 교사, 학생, 교육 내용이라는 삼원 요인을 바탕으로 이루어지는 실천적 활동이라고 할 수 있다. 그러나 실천이 중심이라고는 하지만 이론적 논의가 불가능한 것은 아니다. 작문교육의 내용은 무엇이어야 하는지, 어떻게 선정되고 조직할 것인지, 어떠한 형식으로 제시할 것인지를 이론적으로 검토하는 것이 가능하다. 이렇게 실천적으로 이루어지는 작문교육을 이론적으로 검토하는 분야로 다룰 수 있는 이것이 바로 작문교육 이론이다. 작문교육 이론은 작문교육을 구성하는 요인을 밝히고, 요인 사이의 관계 및 다른 변인과의 관계를 살피는 설명의 체계라고 할 수 있다. (박영민, 2016: 436)

쓰기 교육 이론은 쓰기 능력을 위한 교육과정을 선정하고 실천적인 방법을 규정하기 위해 필요한 이론이라 할 수 있다. 여기서는 쓰기 목적에 따라 교육 내용을 어떻게 선정·조직할 것인지, 교육 방법과 교수 전략을 어떻게 규정할 것인지, 또 교과서를 어떤 내용으로 집필할 것인지 등을 논의할 수 있다. 아마 국가 단위의 교육과정이 설정되어 있는 중등교육에 이런 쓰기 교육 이론이 필요하고 적용할 수 있을 것으로 보인다. 중등교육과정에서는 수사적 입장에서 쓰기 능력 강화라는 뚜렷한 목적이 있고, 이 목적 하에서 제한된 교재와 교육과정을 통해 교육이 수행된다. 반면에 대학에 오면 이런 단일한 목적과 교육과정은 불가능해진다. 대학은 국가 단위로 규정된 교육과정이 없을 뿐만 아니라 대학의 교육방침에 따라, 또 학자들의 이념에 따라 다양한 교육과정이 만들어지기 때문에 쓰기 교육 이론도 매우 제한되게 반영될 수밖에 없다. 또 이와 함께 다양한 학문적 경향들이 서로 경쟁하고 토론해야 할 대학에서 쓰기 교육 이론을 통해 단일한 교수방법을 수행하는 것이 바람직할 것인지에 관한 반론도 있을 것이다.

대학에서 쓰기 교수법에 관한 논쟁은 이보다 훨씬 다원적이고 복합적인 방법으로 전개되고 있다. 국내 대학에서는 학술적 글쓰기, 표현주의, 인문학적 쓰기, 수사학적 관점 등 다양한 쓰기 교육이 이루어지고 있으며, 이를 뒷받침하는 다양한 이념도 존재한다. 그래서 그런지 단일한 교수법, 보편적인 쓰기 교육 이론을 찾는 것은 사실상 불가능하다. 우리의 논의는 이런 다양한 이념과 관점, 교수법을 인정하는 가운데 출발해야 한다. 아울러 이런 복합적인 상황 가운데에 가능하게 합의할 수 있는 공통된 지점이 있는지, 그런 공통된 지점이 어떤 것이고 대학 쓰기 능력에서 어떤 의미가 있는지 논의해 보고자 한다. 다양하고 복합적인 대학 교육의 상황에서 보편적 원리를 찾는 것이 필요한지 그런 것이 있다면 어떤 기능을 하는지 검토해 보는 것이 이 글의 목적이 될 것이다.

2. 쓰기 교육에 관한 4가지 질문

Fulkerson(2005)은 미국 대학 글쓰기 교육에서 지난 20여년의 변화 과정을 연구했다. 그는 미국 대학 글쓰기 교육의 배경으로 비판적 문화연구(Critical Cultural Studies), 표현주의(Expressivism), 절차적 수사학(Procedural rhetoric)을 들었다. 그리고 이런 이념적 배경을 판단하는 기준으로 네 가지 질문을 한 바 있다. 여기서는 Fulkerson(2005)이 이념적 철학의 밑바탕으로 제시한 작문에 관한 질문 네 가지를 먼저 살펴보고자 한다. Fulkerson은 쓰기 능력을 하는 사람이 자신의 이념과 교수 방법론을 수립하기 전에 4가지 근원적 문제에 대해 질문을 해야 한다고 말했다. Fulkerson(2005)이 말한 질문 네 가지는 다음과 같다. 첫째, 좋은 글을 어떻게 규정할 수 있는가, 둘째, 글의 쓰기 과정이 어떠한가, 셋째는 좋은 글을 학생들에게 어떻게 효과적으로 가르칠 것인가, 마지막으로 넷째, 이런 사고의 밑바탕을 형성하는 인식은 어떠한가이다. 그는 글쓰기 교사들이 좋은 수업을 위해 이런 질문을 하고 답을 찾아야 한다고 보았다. 그리고 넓게 보면 이 질문을 통해 그가 말한 비판적 문화 연구, 표현주의, 수사학의 차이도 나타날 것으로 보았다.

미국과 달리 한국은 비판적 문화 연구가 많이 보이지 않고 수사학 관점, 학술적 글쓰기, 표현주의 관점이 밑바탕이 되어 글쓰기 교육을 전개하고 있다. 수사적 관점은 쓰기 목적에 맞춰 독자 설득을 목표로 하는 글쓰기이며, 학술적 글쓰기는 대학 학습을 위해 학술적인 논증문을 쓸 수 있는 능력을 개발하는 글쓰기이고 표현주의는 자기 탐색과 자기 발견을 중시하는 글쓰기 학습이다. 한국의 대학 글쓰기 교육의 특징은 이런 세 가지 경향이 뚜렷한 철학적 목표를 가지고 독립적으로 진행되는 것이 아니라 조금씩 섞여 있다는 점이다. 그 이유는 대학의 관리자들이 추구하는 목표와 교수자들이 추구하는 목표가 일치하지 않기 때문이기도 하고, 글쓰기 교육이 외국과 달리 어떤 철학적 배경을 가지고 전개된 것이 아니라 그때그때 학생의 요구에 의해 진행된 때문이기도 하다.

일반적으로 대학의 관리자들은 교양학습에서 학생들의 학술적 표현능력을 키워 전공에 진입했을 때 전공학습에 도움이 되기를 원한다. 이에 반해 교수자들은 학생들이 인문학적 교양을 키우고 산업화 사회에 대한 비판적 시각을 얻기를 원하고, 아울러 자기 탐색이나 자기 발견과 같은 표현주의 관점도 가지기를 원한다. 국내 대학의 경우 이런 시각들은 관련된 철학적 입장이나 교육적 이념이 전제되어 일어난 것은 아니다. 그래서 이와 관련된 교육적 일관성이나 교육적 연계성, 또 합의된 교수법을 찾기가 어렵다. 당연히 임의적이고, 즉흥적이며 개별적인 교수학습 행위가 많은 것이다. 그런 점에서 우리 대학 글쓰기 교육에서도 보다 실제적이고 원론적인 면에서의 이론적 탐구와 근원적 질문이 필요하다고 말할 수 있다.

앞에서 교육적 철학과 관점을 구별하기 위한 Fulkerson(2005)의 네 가지 질문에 대해 언급한 바가 있다. 국내 대학도 미국과 같은 환경은 아니지만 이와 유사한 질문을 던져볼 수가 있을 것이다. 국내 대학의 많은 교수자들은 자신의 철학과 관점, 방향에 따라 학생들을 교육한다. 이런 철학과 관점은 본인이 의식하든, 그렇지 않든 글쓰기 교육의 방향과 교수법에 많은 영향을 끼친다. 학교의 관리자가 내세운 뚜렷한 정책이 있다고 하더라도 교실 현장에서 학생들을 직접 가르치는 것은 이들 교수자들의 생각과 방법이다. Fulkerson(2005)의 질문 내용을 수정하여 국내 교수자들에게 질문해 볼 수 있는 항목은 네 가지를 선정하면 다음과 같다.

- 글의 속성은 개인적, 혹은 사회적인 것인가?
- 좋은 글의 특성은 어떠한 것인가?
- 좋은 글을 쓰게 만드는 과정은 어떠한가?
- 글쓰기 교육의 최종 목표는 무엇인가?

첫 번째 질문은 글의 속성이 개인적인가, 사회적인가에 대한 것이다. 만약 글이 개인적인 속성을 가진 것이라면 글을 통해 개인의 성장, 개인의 자기 발견을 이루는 것을 중시하며, 텍스트의 의미도 개인적인 것이 될 것이다. 필자는 의미의 구성자가 되고, 독자는 글에 담긴 필자의 의미를 분석해야 하는 해석자가 된다. 언어 발달의 주체도 개인으로 볼 것이기 때문에, 교수자는 필자 개인의 성장을 위해 헌신해야 한다. 만약 글의 속성을 사회적인 것으로 본다면 이와 상반된 견해가 필요하다. 의미 생산의 주체는 사회적이거나 공동체적인 것이 되고, 텍스트의 의미도 사회공동체가 합의한 사회적 의미에 가깝게 된다. 글쓰기의 사회적 책임도 강조될 것이다.

두 번째 질문은 좋은 글의 속성에 관한 것이다. 개인의 자기 발견, 자기 성장을 지향하는 글이 좋은 글인지(표현주의), 아니면 사회적 문제에 참여하여 비판적 자기 견해를 드러내고, 독자를 각성시키는 글이 좋은 글인지(사회적 관점), 수사적 상황에 맞춰 문제를 해결하는 글이 좋은 글인지(수사적 관점) 각자 판단할 필요가 있다. 문장이 수려하고 아름다운 글을 좋은 글로 볼 것인지, 사회적 통찰과 비판적 의식이 살아 있는 글을 좋은 글로 볼 것인지에 따라 교수법의 내용도 달라질 수 있다.

세 번째는 좋은 글을 학습하는 것에 대한 질문이다. 좋은 글을 학습하는 과정은 쓰기 과정을 하나씩 학습하면서 단계적으로 진행할 수도 있고, 아니면 이중 초고 전략처럼 수정 단계를 반복하면서 진행할 수도 있다. 사회적 관점에 서는 학자들은 무엇보다 읽기 자료의 비판적 관점을 중요하게 여길 것이다. 어떻게 학생을 가르쳐야 좋은 글을 작성하게 할 수 있는지에 관해 교수자들은 일반적으로 자기 견해를 가지고 있다. 그리고 이런 견해들이 교수법을 다양하게 변화시키기도 한다.

네 번째는 글쓰기 교육의 최종 목표에 관한 질문이다. 대학 글쓰기 교육의 경우 최종 목표는 교수자에 따라 매우 다양하다. 전공 수업의 준비 과정으로서 학술적 쓰기 능력을 함양하는 것을 목표로 삼을 수 있고, 사회에 진출했을 때 필요한 문서 작성 능력의 향상을 목표로 삼을 수도 있다. 아니면 쓰기학습의 목표로 학생 내면의 상처를 치유하고, 자기 의미와 가치를 발견하는 표현주의적 관점을 취할 수도 있다. 국내 대학에서 사회적 관점의 입장에 서는 교수자들은 글쓰기 교육을 통해 학생들이 인문학적 교양을 가질 것을 목표로 삼기도 한다. 미국의 경우 비판적 문화연구의 학자들은 학생들이 지배적 담론의 이중성에 대해 폭로하고 이에 저항하는 담론을 생산할 것을 목표로 삼기도 한다(Fulkerson, 2005). 쓰기 능력의 최종 목표는 교수자와 학생의 학습 내용과 학습 방향에 큰 영향을 미칠 수 있다.

Fulkerson(2005)도 말했지만 이런 질문에 대한 응답은 항상 하나만 있는 것이 아니다. 비중의 차이는 있겠지만 여러 개의 답변을 가질 수도 있고, 여러 질문 항목에 대해 서로 모순이 되는 답변을 가질 수도 있다. 그럼에도 불구하고 분명한 것은 이런 질문에 관한 답변이 글쓰기 교육에 관한 관점과 방향을 결정짓고 교수법의 여러 차이를 가져오게 만든다는 점이다. 글쓰기가 인문학적 교양의 핵심이라고 생각하는 사람이 있다면 학생들에게 교양으로서 글쓰기를 강조할 수 있다. 다양한 인문학적 책을 읽고 학생들과 인문학적 문제의식을 공유하고, 쓰기 과제로 인문학의 제반 문제를 제시할 것이다. 이러한 교수의 입장에서 철자 오류나 문법 오류는 사소한 문제로 취급될 수 있다. 반면에 좋은 글의 특성을 정확한 문장력에 두는 교수자가 있다면 이런 문장 오류는 매우 중요한 문제가 된다. 이런 교수자의 수업에서 문장력은 상당히 중요한 교수 항목 및 평가 대상으로 자리 잡게 될 것이다.

이런 여러 사항을 살펴보면 위의 질문에서 나타날 수 있는 편차는 매우 크다. 4가지 질문에 관한 교수자의 신념은 다르게 나타날 수 있고, 그 극단은 매우 큰 관점의 차이를 가져올 수 있다. 이런 신념들을 결정하는 요인으로는 여러 가지가 있을 것이다. 세계관이나 가치관, 언어에 관한 관점, 지식에 관한 생각 등 여러 요인이 다양한 신념을 만드는 요인이 된다. 이런 요인 중 지식에 관한 관점을 살펴보자. 지식이 객관적이고 보편적으로 존재한다는 생각과 지식은 해석적이며 필자의 내면에서 구성된다는 생각 사이에는 큰 편차가 있다 (Fitzgerald, 1992). Gergen은 지식을 외인성/실증주의와 내인성/해석주의로 구분해서 명명했는데, 생각이나 사고의 근원을 개인과 세계, 주관과 객관으로 분리해서 보는 것이기에 양 관점의 차이는 매우 커 보인다. 아마 지식이 내인성이고 구성주의적이라면 인지주의적 관점을 취해 글의 속성을 개인적인 것으로 볼 것이고, 지식이 개인을 넘어 공동체적 관계 속에서 형성된다고 믿는다면 사회적 관점을 취해 글의 속성을 사회적인 것으로 파악할 것이다.

질문의 대답에 따른 다양한 관점의 차이는 언어나 지식, 사회를 바라보는 기본 이념에서 비롯되기 때문에 이를 과학적인 증명을 통해 우열을 가리거나 학술적인 논쟁을 통해 설득할 방법은 없다. 또 이런 관점의 차이에서 비롯되는 다양한 교수 학습의 방법을 모두 여기서 다룰 수는 없을 것이다. 이런 4가지 질문을 바탕으로 하여 우리가 다루어 볼 것은 다양한 교수법을 통괄할 수 있는 어떤 보편적 원리가 없겠느냐 하는 점이다. 쓰기 학습이라는 기본 원칙 속에서 다양한 관점의 쓰기 교수법이 공통적으로 취할 수 있는 기본적인 원칙과 쓰기 원리가 있을 수 있다고 볼 수 있다. 이런 원리가 있다면 앞의 질문에서 보듯이 교수자들의 다양한 이념과 학습 목표는 인정해주되, 수행해야할 최소 원칙과 기본 원리를 확보하고 이를 교수법의 바탕으로 삼을 수 있을 것이다. 그리고 이는 다른 전공의 학습과 다르게 쓰기 학습의 고유한 성격을 밝혀주는 데도 사용될 수 있다.

3. 쓰기 능력의 기본 방향과 요소

앞에서 교수자가 쓰기 능력에 관해 다양한 이념과 관점을 가질 수 있음을 네 가지 질문을 통해 검토해보았다. 여기서 우리가 살펴볼 것은 이런 다양한 이념과 관점의 차이에도 불구하고 쓰기 교육이라면 마땅히 가져야 할 기본적인 원칙과 공통적인 원리가 있는지 살펴보고자 한다. 앞에서 우리는 쓰기 능력에서 어떤 경우에는 의식적으로, 또 어떤 경우에는 무의식적으로 작용하는 암묵적인 인식론적인 신념들을 가지고 있다는 사실을 언급한 바 있다. 쓰기 능력이 목적이나 효과의 측면에서 특정 이데올로기에 종속될 수 있는 도구적 성격을 가지고 있고, 이런 것들이 대학에서 교수·학습의 보편적 원리를 만드는데 걸림돌이 되기도 한다. 반면에 쓰기학습이 학생들의 쓰기 능력을 향상시킨다는 측면에서 어쩔 수 없이 받아들여지는 몇 가지 기본적인 시각과 배경적 원리가 있을 수 있다. 이런 시각이나 원리들은 이념에 따라 쓰기 능력을 달리 규정하더라도 변함없이 작용할 수 있는 요소들을 말한다. 이를테면 이데올로기적이든 수사적이든 좋은 글을 쓰기 위해 기본적으로 학습해야 하는 공통적인 요소와 적용해야 할 원리에 대한 것이라 말할 수 있다.

먼저 우리가 인정해야 할 사실은 대학 수준의 쓰기 능력에서 좋은 글을 쓰고자 한다면 단순히 쓰기만을 학습해서는 안 된다는 것이다. 이는 문장교육만 열심히 한다고 해서 좋은 글을 쓸 수 있는 것은 아니라는 점과 상통한다. 쓰기는 읽기와 사고, 쓰기가 함께 결합되어 있는 복합적인 능력과 같은 것이다. 여러 책을 읽고, 깊이 생각하고, 정리된 자기 생각을 명료하게 표현해내는 능력이 필요하다. Bereiter와 Scardamalia(1987)가 쓰기 모형으로 지식-말하기 모형 (knowledge telling model)과 지식-변형 모형(knowledge transforming model)을 구분하여 설명했는데 대학에서 쓰기 교육은 지식 변형 모형에 훨씬 가까운 것이다. 단순히 자기가 기억하는 것만을 나열하는 것이 아니라 내적, 외적 지식을 모으고 변형하고 창조하는 것이 대학 글쓰기에 가깝다.

　대학 수준의 쓰기 능력을 연구했던 Sullivan(2006)은 대학 글쓰기 능력을 설명할 때 '대학 수준의 필자(college-level writer)'라고 말하는 대신 '대학 수준의 독자(reader), 작가(writer), 사고자(thinker)'로 바꾸어 말해야 한다고 말한 바 있다. 그는 대학 수준의 글쓰기는 훌륭한 읽기와 깊이 생각하기의 직접적인 결과라고 생각한 것이다. Sullivan은 좋은 글이 읽기와 사고, 쓰기가 결합된 형태로 나타날 수밖에 없다고 말했는데 이는 대학 수준에서의 쓰기 능력이 다양한 주제에 관해 깊이 있는 인식과 자기주장을 담기 위해 다양한 이론과 해석을 수반해야 하기 때문으로 보았다. 좋은 글에서 하나의 인식은 다른 인식과 결합되고 새로운 인식은 이렇게 결합된 여러 인식을 통해 재생산된다. 학생들은 다양한 이론을 여러 관점에서 해석하고 비판해서 새로운 자기 관점으로 전환시켜야 한다. 대학 수준의 쓰기 능력은 새롭게 자기 생각을 창안하도록 도와주는 것이어야 하는 것이다. 학생들을 기존 이론의 추종자가 아니라 새로운 관점의 해석자가 되도록 만들어 주는 것이 대학 수준의 쓰기 능력이라고 말할 수 있다.

　Sullivan은 대학에서 필요한 쓰기 능력을 "추상적인 생각들을 논의하고 평가할 수 있는 능력"이라고 규정 지워 말했다. 여기서 '추상적인 생각'이란 말이 중요하다. '추상적인 생각'이란 우리가 현실에서 만날 수 있는 다양한 사건과 경험들을 이념적으로 다시 정리하고 분석할 수 있는 능력을 말한다. 학생들이 개인과 사회적인 문제에 대해 개념이나 추상적 차원으로 담론을 생산할 수 있는 능력을 가져야 하며, 쓰기 학습이 이런 능력을 키워줄 수 있어야 한다. 대학의 쓰기 교육 목표가 다양하고 이념적이지만 이런 여러 목표 중에서 반드시 다루어야 하는 것이 바로 이와 같은 추상적 사유이다. Sullivan(2006)은 읽기 자료를 해석하고 비판하며 반응하는 가운데 추상적인 사고들이 생성하는데, 이와 관련하여 학생의 글에는 다음과 같은 요소가 포함되어 있어야 한다고 본다.

1) 주제와 제제를 주의 깊게 평가하고자 하는 의지

2) 분석력과 높은 수준의 사고 능력

3) 읽기 자료의 요소들을 기술적으로 통합하는 능력

4) 문법, 구두법, 철자법 등의 기준 규칙을 따르는 능력

Sullivan(2006)이 제시한 이런 추상적 능력은 결국 다양한 목표에도 불구하고 대학 수준의 텍스트가 담아야 할 기본 성격에 해당한다. 대학 수준에서 학생들은 최소한 이런 요소를 다룰 수 있는 능력을 가져야 한다는 것을 의미한다. 이것은 어떤 이념이나, 장르나, 쓰기 목적에 따라 빼거나 덧붙이거나 달라질 수 있는 선택적인 사항이 아니라 할 수 있다. 대학에서의 쓰기 교육은 학생들이 이런 능력을 가질 수 있도록 교수·학습과정을 개편해야 한다.

다음으로 살펴볼 것은 쓰기 학습이 주목해야 할 적용 층위에 관한 것이다. 쓰기 학습은 글을 통해 생산된 텍스트를 다룬다. 글로 된 텍스트는 다루는 시각과 적용하는 층위에 따라 여러 성격을 가지게 된다. 텍스트는 정보를 담기 위해 언어적 구성체로 형성되어야 하고, 의사전달의 목적을 위해 필자와 독자의 수사적 공간 속에 들어가야 하며, 사회적 효력을 발휘하기 위해 제도적인 시스템 속에서 기능해야 한다. 텍스트는 언어의 집합물이고 의식과 생각이 반영된 것이며, 필자와 독자가 관여하는 사회적 생산물이기도 하다. 좋은 텍스트는 이런 층위의 요소를 균형감 있게 가지게 된다.

쓰기 학습에서 이런 다층적인 요소에 관한 학습을 요청했던 학자는 McComiske(2000; 김미란 역, 2010)이다. 그는 앞서 살펴본 대로 텍스트를 세 가지 차원의 요소들로 이루어진 복합적 생산물이라고 규정했다. 세 가지 차원은 첫째로 텍스트적 차원이고, 둘째로 수사학적 차원이며. 셋째로 담론적 차원이다. 텍스트적 차원에서는 글쓰기의 언어적 성격과 형식에 주목하며, 수사적인 차원에서는 쓰기 목적, 필자, 독자와 의사소통적인 측면에 초점을 두며, 담론적 차원에서는 쓰기를 결정짓는 다양한 사회·제도적인 환경을 중점적으로 다룬다.

글쓰기 능력에서 세 가지 차원은 교수·학습의 과정에서 필수적이고 공통적으로 다루어야 하는 요소이다. 텍스트적 차원은 교수·학습의 과정에서 텍스트의

어휘, 문장, 구성, 장르적인 측면을 살펴보는 것을 말하며, 수사적인 차원은 쓰기 목적에 따라, 독자의 성향에 따라 필자의 입장이나 텍스트가 어떻게 달라지며, 담론적 차원은 쓰기 상황이 처한 사회·문화적 조건, 텍스트에 놓인 사회적 제약이나 가치에 주목한다. McComiskey는 쓰기 능력이 정당하고 올바르게 행사되기 위해서는 이 세 차원에 관한 균형감 있는 검토가 필요하다고 생각한다. 텍스트는 생산되고 소비되는 과정에서 세 차원을 다층적으로 작용하며, 서로 교차하여 기능하기도 하고 경쟁하기도 한다. 예를 들어 쓰기 수업에서 학생들이 동아리 친교모임을 열기 위해 학교 재정담당 교수에게 지원금을 요청하는 문서를 쓴다고 가정해 보자. 수업에서는 쓰기 과정 안에 텍스트적 차원, 수사학적 차원, 담론적 차원이 함께 기능하고 있다는 사실을 충분히 인식해야 한다. 학생들은 지원금 요청을 수락받기 위해서 언어, 담당교수, 학교 환경 등을 고려하는 문서 작성이 필요하다. 공식적인 어휘에 공식적 문서 양식을 사용해야 하며, 재정 담당 교수의 입장도 고려해야 하고, 학교의 정책이나 학내 여론도 살펴봐야 한다. 이런 복합적인 요소를 알지 못하면 텍스트가 제대로 작성되지 못할 수도 있고. 텍스트의 기능이 잘 수행되지 못할 수도 있다.

기본적으로 텍스트, 수사학, 담론 차원의 학습은 균형의 문제이기도 하고, 교육의 기본적 속성에 관한 문제이기도 하다. 어떤 교육적 이념이냐에 따라 텍스트, 수사학, 담론 차원의 우열은 있을 수 있지만 세 차원 중 어느 한 차원을 무시하거나 삭제할 수는 없다. 텍스트를 쓴다는 것은 언어의 문제, 필자−독자의 문제, 사회 환경의 문제를 필연적으로 동반한다. 텍스트는 이런 세 차원을 존재 조건으로 삼고 있는 것이다. 텍스트 형식을 다루는 학습에서도 수사학적 고려를 해야 하며 담론 차원에서 어떤 영향이 있는지 검토해야 한다. 반면에 텍스트의 이데올로기를 분석하는 시간에도 수사학적, 텍스트적 차원을 검토할 필요가 있다. 세 차원은 서로 관련되어 있고, 영향을 주고받으며, 한쪽 차원의 결함은 다른 차원의 성공에 영향을 미친다. 수업 현장에서 세 차원을 인식하고 검토하는 것은 쓰기 능력의 기본적인 속성이라고 할 수 있다.

다음으로 쓰기 교수법이 지향해야 할 기본적 속성 중 하나는 쓰기 원리에 관한 추상적 지식들이다. 쓰기 학습은 쓰기 능력이 다른 과제, 다른 장르, 다른 환경에 전이될 수 있도록 일반적인 배경 원리와 기본 속성을 학습할 필요가 있는데 이런 학습 요소가 바로 쓰기 원리의 추상적 지식이다. 쓰기 학습에서 보편적 방법과 원리를 무엇으로 볼 것인지는 오랜 연구와 논쟁의 대상이었다. 중등교육에서는 학자들이 모여 보편적 원리와 학습 방법으로 쓰기 능력 과정을 만들었지만, 고등교육에서는 교수자의 철학에 따라 방법도 다양하므로 보편적 방법이나 원리를 찾기가 쉽지 않다. 특히 다양한 교육 프로그램이 진행되는 대학에서 보편적 지식과 원리를 찾는 것은 쉽지 않은 일이다. 쓰기 능력에서 이런 보편적이고 추상적 원리를 탐구한 사람은 Beaufort(2007)이다.

Beaufort(2007)는 쓰기 환경이 다르더라도 변함없이 작용할 쓰기의 근원적인 배경 원리와 지식을 제시하고자 했다. 그는 쓰기 행위가 진행되는 집단의 성격, 쓰기의 장르 종류, 쓰기 과정에 관한 인식, 쓰고자 하는 내용의 성격, 필자와 독자의 성격 등을 분석해서, 이를 공통적으로 적용되는 다섯 가지의 쓰기 기본 지식으로 제시했다. 이런 쓰기 지식은 쓰기 전 학습에서 학생들에게 쓰기의 기본 이론과 지식으로 작용한다. 학생들은 최소한 이런 지식을 숙지하고 있어야 쓰기 학습과 쓰기 과정이 가능해 지기 때문이다. 쓰기는 대체적으로 장르라는 형식을 가지고 있다는 것과 장르에 따라 어떤 형식이 기능하는지 장르가 작용하는 원리를 알아야 한다. 그리고 이런 이론적 지식은 실제 자신이 글을 쓰는데 직접적인 이론적 배경으로 작용하게 된다. 글을 쓸 때는 장르에 관한 지식들이 하나의 원리로서 쓰기 과정을 통제하게 된다. 그런 점에서 Beaufort가 말한 쓰기 지식은 이론이자 원리라고 말할 수 있다. 이 다섯 가지는 '담화공동체 지식', '주제 지식', '장르 지식', '수사적 지식', 쓰기 과정 지식'이다.

〈표 1〉의 다섯 가지 지식 중 중요한 것은 담화공동체 지식과 장르 지식이다. 담화공동체 지식은 담화가 이루어지는 집단의 언어 규칙 및 형식, 담화 등을 포괄하는 지식으로 학생에게는 쓰기과정에서 추상적 원리로 작용한다. 장르에 관한 지식도 마찬가지이다. 장르 자체의 언어 관습과 형식은 학생들이 습득해야 할 지식으로 쓰기 과정에 항상 관여한다. 전공이나 직업에 따른 장르의 규범, 표현 방식, 어휘와 용어 등을 익히고 분별할 수 있다면 어떤 글을 쓰게 되든지 도움을 받을 수 있을 것이다. 수사적 지식과 쓰기 과정 지식은 필자와 독자의

〈표 1〉 Beaufort(2007)의 다섯 가지 쓰기 지식

	글쓰기에 관한 지식 항목
담화공동체 지식	담화공동체의 지배적인 목표에 관한 지식, 강조되는 가치, 학술 영역 안에서의 초인지 담론에 관한 지식 등 …
주제 지식	특별한 화제나 중심적인 개념에 관한 지식, 문서 분석에 관한 적절한 구조 지식, 수사적 목적과 관련된 비판적 사고 지식 등…
장르 지식	학술적 담화공동체에서 사용되는 표준적인 장르에 관한 지식, 표준적인 장르들에 관한 특징(수사적 목적, 적절한 내용, 구조적이고 언어적인 특징) …
수사적 지식	수사적 상황에 관한 직접적인 지식, 특별한 청중에 관한 요구, 텍스트에 관한 특별한 목적 등 …
쓰기 과정 지식	학문 목적 글쓰기에 과제를 어떻게 수행하는가에 관한 지식, 작문에 관한 인지적 과정에 관한 지식, 쓰기 과제에 관한 단계 지식 등…

관계, 쓰기 과정에 따른 여러 전략과 방법을 학습할 수 있고, 상황에 맞춰 이를 적용해 볼 수 있다. Beaufort(2007)가 지적했듯이 이런 다섯 가지 지식은 어떤 쓰기 상황에도 적용될 수 있는 근본적인 지식이고 추상적인 원리이다. 교수자는 쓰기 능력에서 어떤 철학이나 이념에도 이런 추상적인 원리가 작용할 수 있다는 사실을 알고 학생들이 이런 원리를 습득할 수 있도록 도와주어야 하고, 학생들은 이를 학습해 쓰기 학습에서 자동화된 학습 원리로 익힐 필요가 있다.

4. 쓰기 전략 학습의 특성과 내용

일반적으로 쓰기 교육에서는 기능과 전략을 분리해서 나누어 검토한다. 기능과 전략을 분류하고 정의하는 기준은 학자마다 조금씩 다르다. 박태호(2003)은 지식과 기능, 전략이 서로 상하위 관계로 있는 것이 아니라 특성에 따라 달라지는 것으로 보았다. 기능은 훈련을 통해 숙달된 능력이며 자동화 지향성을 가지고 있는 것으로 보았고, 전략은 보다 더 시간이 걸리는 활동으로 복합적인 사고 과정으로 보았다. 예를 들어 글자쓰기 , 맞춤법, 어휘 표현, 단락구성 등은 자동

화가 가능하여 기능으로 보았고, 계획하기, 내용생성하기, 정교화, 수정하기, 평가하기 등은 매 상황마다 학습 방식이 달라질 수 있는 것으로 보아 전략이라고 규정했다. 전략 학습은 보다 고차원적이고 복합적인 인지 학습 활동에 해당한다.

반면에 이재승(2002)은 전체를 부분으로 나눌 때 그 하나하나가 기능이 된다고 보았다. 기능을 전체를 설명하기 위한 하위 요소로 판단한 것이다. 쓰기 학습에서 여러 기능을 반복해서 익히면 쓰기 능력은 획득된다. 전략은 기능에 익히기 위한 복합적이고 능동적인 학습 방법을 일컫는 말이 된다. 예를 들어 계획하기는 글쓰기의 한 요소를 나타내는 기능에 해당한다. 계획하기, 내용생성하기, 집필하기, 수정하기가 모이면 한 편의 글쓰기가 되는데, 쓰기의 이런 하위 요소들이 기능이 된다. 그런데 개요 짜기라는 목표를 잘 수행하기 위해 학생들에게 브레인스토밍이나 맵핑을 하게 된다면 이는 전략에 해당한다. 요컨대 글쓰기라는 전체 능력을 나타내는 하위 요소로 기능들이 있고, 이런 기능을 익히기 위해 전략이 필요하다고 말할 수 있다.

기능을 이처럼 능력의 하위 요소로 본 것은 나름대로 의미가 있다. 만약 능력을 "특정 문제를 해결할 수 있는 지식이나 기능의 존재, 또는 부재"(박태호, 2003)로 규정한다면 이 정의를 통해 실제 능력의 구체적인 내용이 무엇인지 알기는 어렵다. 언어 능력도 마찬가지이다. 언어 능력을 "언어 사용자가 가지고 있는, 언어적이거나 비언어적인 경우를 불문한 의사소통을 위한 종합적인 체계"(천경록, 1995)라고 규정한다면, 여기서 '의사소통을 위한 종합적인 체계'가 무엇을 말하는지 규정하기가 어렵다. 쓰기 능력도 무엇인지 모호하기는 마찬가지이다. 그렇기 때문에 능력을 하위 요소인 기능으로 분화하고, 이를 학습 목표로 삼아 학습하면 전체적인 능력을 신장할 수 있다는 것이다. 예를 들어 막연히 쓰기 능력을 신장시킨다고 말하는 것보다 구체적으로 여러 기능, 즉 계획하기 기능, 문장쓰기 기능, 수정하기 기능 등등을 학습시키면 종합적인 쓰기 능력이 신장될 것으로 보는 것이다.

기능과 전략에 관한 이재승(2002)과 임성규(2004)의 내용을 보면 기능은 자동화를 지향하고 전략은 융통성을 강조한다고 한다. 또 기능은 반복적인 연습을 통해 획득되지만 전략은 상황에 따른 통제나 조절을 통해 얻을 수 있다고 한다. 아무래도 기능이 고정된 목표를 의미한다면 전략은 이런 목표에 도달하기 위한 방법을 의미하기 때문에 목표 지향성이나 활동성, 상황성, 과정성이 더 강조될 것은 분명하다. 하지만 실제 학습에서는 이런 것이 뒤섞여 나타나기 때문에 무엇을 하나로 고정해 말하기는 어려울 것이다. 예를 들어 문장쓰기는 쓰기 능력을 구성하는 하위 기능으로, 이에 도달하기 위해 문법 익히기라는 전략 사용이 가능하다. 그런데 문법 익히기는 문법이라는 기능과 익히기라는 전략이 동반되는 학습으로 기능과 전략이 같이 활동한다. 따라서 교수·학습 단계에 가면 기능과 전략은 서로 같이 학습될 수밖에 없고 이런 점은 쓰기 교수·학습이 서로 복잡하게 얽히게 되는 요인이 된다.

이렇게 보면 우리는 전략 학습이라는 말을 좀 더 폭넓게 사용할 필요가 있다. 쓰기 능력이나 기능이라는 목표를 습득하기 위해 사용하는 학습 전체를 전략 학습이라고 부를 수 있고, 이런 전략 학습은 미시적인 국면과 거시적인 국면 모두에 해당할 수 있다. 설명적인 글쓰기를 익히기 위해 전략 학습을 사용할 수 있고, 문장의 연결 관계를 학습하기 위해 전략 학습을 사용할 수도 있다. 또한 워크숍이라는 매체를 사용해 쓰기 과정과 쓰기 장르도 학습할 수가 있다. 이렇게 보면 쓰기 학습이 교수자가 학생으로 하여금 어떤 기능을 숙달시키기 위해 선택할 수 있는 다양한 방법들이 있고, 이를 선택하는 것이 전략적 학습의 핵심 내용이라고 볼 수 있다.

쓰기 전략 학습은 문장이나 구성과 같은 〈텍스트 요소〉에, 또 주제 찾기, 계획하기, 독자분석하기, 교정하기와 같은 〈과정 요소〉에, 주제 찾기를 위해 〈읽기자료 분석〉에, 글감을 찾기 위한 〈토론 학습〉에, 자기소개서, 독후감, 사회 평론 등 〈장르 학습〉에 모두 사용할 수 있다. 대학 글쓰기 현장에서 만날 수 있는 모든 학습 과정에 쓰기 전략 학습을 사용할 수 있다.

〈표 2〉는 대학 글쓰기 교육에서 주요 교육영역을 나타낸 것이다(정희모, 2014). 보통 일반적인 대학에서는 이 중 2~3개를 섞어 한 학기 교육과정을 만드는 경우가 많다. 이전에는 a, b, c형(글쓰기 과정, 문장과 단락, 글의 진술방식)이 섞어 제시되는 경우가 많았으나 최근에는 d, e, f, g형(학술적 표현, 읽기와 쓰기, 장르별

<표 2> 글쓰기 교육영역

a. 글쓰기 과정	글의 목적, 독자, 주제, 자료탐색, 구성하기, 초고작성, 수정하기
b. 문장과 단락	어법, 어휘, 바른 문장, 단문과 복문, 단락, 중심 문장과 뒷받침 문장, 통일성과 연결성, 일관성
c. 글의 진술 방식	묘사, 서사, 논증, 설명, 과정, 예시, 비교, 대조, 분류, 인과
d. 학술적 글쓰기	발표 및 토론, 자료요약, 자료종합, 주장과 논거, 쟁점 및 반론 분석, 논문·보고서 작성방법, 논문·보고서 쓰기, 인용과 주석, 표절 방지
e. 읽기와 쓰기	읽기 자료, 관련된 학습 문항, 연관된 쓰기 문항, 관련 자료 찾기, 발표와 토론, 관련된 협력학습 방법
f. 장르별 글쓰기	자기소개서, 서평, 문화비평문, 학술에세이, 인터넷 글쓰기
g. 주제 영역	환경 문제, 빈부간의 격차, 성평등, 정보화 사회, 대중 문화 등

글쓰기, 주제 영역)이 많이 나온다. 또 여러 방식을 섞어 새롭게 한 학기 교육과정을 짜기도 한다.

전략 학습은 이런 대학 글쓰기 학습의 여러 영역에 다양한 방법으로 사용될 수 있다. 예를 들어 a, b, c형(글쓰기 과정, 문장과 단락, 글의 진술방식)과 같은 세부 학습에 적용할 수 있고, d, e, f, g형(학술적 글쓰기, 읽기와 쓰기, 장르별 글쓰기, 주제별 글쓰기)과 같이 한 편의 글을 작성하는 전체적 학습에 적용할 수도 있다.

· 세부 학습: 쓰기 과정, 문장과 단락, 진술 방식, 학술적 표현,
· 전체 학습: 장르별 글쓰기, 주제별 글쓰기, 읽기와 쓰기
· 매체 학습: 쓰기 워크숍, 플립 러닝 학습, 협동학습, WAW 학습

여기서 세부 학습은 한 편의 글을 작성하는 것과 같은 전체 학습이 아니라 <어법에 맞는 문장 쓰기>와 같이 세부 기능을 학습하는 과정이다. 우리는 좋은 문장을 쓰는 방법을 학생에게 숙지시키기 위해 다양한 방법을 개발할 수 있다. 틀린 문장을 제시하고 고치게 할 수도 있지만 텍스트의 맥락 속에서 틀린 문장을 찾고 수정하게 할 수가 있다. 아니면 인터넷을 이용한 새로운 방법을 개발할 수 있다. 여기서 한국어 어법에 관한 지식을 학습해야 하는 부분(원리 학습)도 있고, 교수자가 시범을 하고(시범 학습), 학생이 실습을 반복(적용 학습)하는 부분

도 있다. 세부 학습은 학생들로 하여금 기능을 자동화하는 과정에 해당한다.

전체 학습은 세부 학습과정을 거쳐 한 편의 글을 완성케 하는 학습이다. 이런 학습은 세부 학습과 달리 목표에 이르는 여러 절차를 거쳐야 하고, 수정 과정을 거쳐 최종적으로 한 편의 텍스트를 만드는 것이다. 한 편의 텍스트를 만드는 방법은 매우 다양하다. 과정 중심 방법처럼 계획과 집필, 수정의 단계를 거치는 방법도 있고, 결과주의 방법처럼 텍스트를 작성케 하고 교정이나 수정을 통해 학습을 진행할 수 있고, 이중 초고 전략처럼 초고를 여러 번 수정해 완성고를 만드는 방법도 있다. 그렇기 때문에 교수자가 텍스트를 완성하는 절차와 단계를 개인별로 설정해야 하고, 각 단계마다 이에 맞는 적절한 방법을 구상해야 한다. 또 이런 절차와 단계는 장르(설명적 글쓰기 쓰기. 논증적 글쓰기 쓰기, 서평쓰기, 자기소개서 쓰기 등)에 따라 그리고 주제(환경, 불평등, 성차별, 정보화 사회 등)에 따라 달라진다. 전체 학습에서는 목표를 설정하는 교수자의 이념과 학습 영역을 선택하는 교수자의 관점이 매우 중요하다.

매체 학습은 워크숍이나 협동학습처럼 특정하게 정해진 틀이나 도구를 통해 쓰기 학습을 진행하는 것을 말한다. 예를 들어 쓰기 워크숍은 소수의 학생들이 소집단을 만들어 학습 주도성을 가지고 쓰기 과정을 완수해 가는 방법이다(이재승, 2002). 이 방법은 학생들 스스로 과제 해결의 방법을 찾아 쓰기 결과물을 만들어 가는 것으로, 교수자는 단순히 절차나 방법을 설명하거나 시범하는 것에 그친다. 학생들은 쓰기 공동체 속에서 서로 협의하며, 아이디어를 생성하고, 원고를 교정한다. 플립러닝의 학습법은 수업 시간 전에 교수자가 학습 자료를 올리고 학생들이 이를 학습한 후 교실에서 실제적인 점검과 마무리가 이루어진다. 매체 학습은 이미 정해진 틀을 사용하지만 세부적 절차와 방법은 교수자가 적절히 바꾸거나 생략할 수 있어 교수자의 전략이 돋보이는 방법이기도 하다.

Taggart, et al.(2014)는 쓰기 능력이 매우 개별적이고 선택적인 교과목이라고 말한 바 있다. 쓰기 능력은 교수자의 선택에 따라 장르나 주제가 달라지고 학습 방법도 다양하고 차별적이다. 학습 프로그램마다 다양한 교수법을 선택해 그것을 조합하는 과정이 이루어지고 있으며, 이를 통해 새로운 교수법의 조합이 만들어진다. 쓰기 교수자들은 다른 교과보다 전문가로서 더 넓은 선택과 운영의 폭을 가지고 있다. 또 다양한 전략 학습을 선택할 수 있는 기회도 가지고 있다. 이런 점은 쓰기 교수자로 하여금 더 많은 전문성과 창의성을 요구하고 있으며, 교육 효과에 대해서도 많은 책임감을 요구하고 있다. 전략 학습의 조직은 교수 맥락 속에서 교수자 스스로의 선택에 의해 이루어지기도 하고, 학생들의 요구에 의해 이루어지기도 한다. 이런 선택과 조직은 전략 학습을 구성하고 운영할 교수자의 역량과 능력이 얼마나 중요한 것인지를 알려준다. 쓰기 능력의 성공과 효율성이 이런 전략 학습의 조직에 달려 있는 것이다.

이에 따라 전략 학습을 선택할 때 교수자가 유의해야 할 점을 몇 가지 소개하면 다음과 같다. 먼저 대학에서 전략 학습을 할 때 쓰기 전략의 연계성에 특별히 관심을 가져야 한다(이윤빈, 2017). 쓰기 전략은 세부 학습을 위한 것일 수도 있고 전체 학습을 위한 것일 수도 있다. 세부 학습의 전략들이 다른 학습으로 연계되어 전체 쓰기에 충분한 능력을 발휘하도록 연계성을 잘 고려해야 한다. 예를 들어 '어법에 맞는 문장 쓰기'는 문장 연결의 문제와 이어지고, 단락이나 전체 구성으로 연계되어 기능하도록 배치하는 것이 필요하다. 전략 학습이 단지 전략 학습 자체로만 끝나지 않도록 유의해야 한다.

다음으로 중요한 것은 여러 학습 상황에서 보편적으로 사용할 수 있는 인지적 구성 전략이 있다면 이를 활용할 필요가 있다는 점이다(정희모, 2014). 어떤 주제나 장르라 하더라도 공통적으로 활용할 수 있는 인지적 전략 학습이 있다면 이를 적극 이용해야 한다. 예컨대 강의자료 찾기, 다양한 관점으로 분석하기, 자료에 비판적으로 반응하기, 능동적인 의미 연결고리 찾기, 새로운 의미 구성하기 등은 어떤 학습에도 사용할 수 있는 기초적인 인지적 전략 학습들이다. 이 외에도 Greene(1995)는 "비판적 논쟁에 대해 다른 관점 드러내기, 필자의 논증을 평가하는 방법 배우기, 다양한 자료 텍스트에서 서로 다른 주장을 연결하기, 주제에 접근하는 방법과 생각 통제하는 방법 배우기, 자료로부터 자신의 생각을 엮어 내기"와 같은 방법들이 전략학습으로 유용한 방법이라고 언급했다. 이밖에 우리가 텍스트를 분석하고 비판할 때 사용하는 전략인 '해석', '요약', '비평', '분석', '평가', '추론', '적용' 등을 폭넓게 사용할 수가 있다. 이런 분석의 틀은 전략 학습이 비교적 간단한 단계에서 복잡하고 어려운 추상화된 단계로 나아갈 때 도움을 줄 수 있다.

5. 요약과 전망

대학 글쓰기 교육은 대학에서 시행되는 다른 교과에 비해 목표와 방법, 기능과 전략, 교수와 학습이 상대적으로 열려 있다. 이런 개방성은 대학 글쓰기 교육의 큰 장점이지만 반면에 교수 전략 선택에 따른 어려움도 있다. 쓰기 능력과 관련된 학자가 많다면 이런 개방성은 교과 학습을 개발하고 발전시키는 데 도움이 된다. 그렇지만 관련 학자가 적은 우리로서는 이런 이점을 살리기가 힘들다. 미국에서는 많은 학자들이 있어 토론과 논쟁을 이어가면서 대학에서의 쓰기 능력에 대해 방향과 성격을 진단한다. 앞서 설명한 철학과 이념에 따른 여러 교육의 관점들이 이런 논쟁과 토론의 결과이다. 이에 비해 우리는 상대적으로 학자도 적을 뿐만 아니라 교수법에 관한 관련 연구도 적어 좋은 교수 방법을 찾고 구성하는 데 어려움이 있다. 이 글에서는 이에 대한 대안으로 쓰기 교수법의 기본이 되는 중요한 원리와 지식의 습득에 관해 논의했다.

이 논문에서는 대학 글쓰기 교육에서 필요한 기본적인 학습 원리로서 McComiske(2000; 김미란 역, 2010)의 세 가지 차원과 Beaufort(2007)의 다섯 가지 쓰기 지식에 관해 설명했다. 이 두 가지 학습 원리는 쓰기 학습에 적용해야 이론이자 원리이기도 하면서 구체적인 내용을 학습해야 할 지식에 해당하기도 한다. McComiske의 세 가지 차원은 텍스트 쓰기라는 행위가 구체적으로 어떤 국면에서 어떻게 작용하는지를 알 수 있게 해줄 뿐만 아니라 그것이 서로 상호 영향을 미치는 과정을 이해할 수 있게 해준다. 그뿐만 아니라 McComiske의 세 가지 차원은 장르와 주제를 넘나들면서 다양한 쓰기 과정에 영향을 미친다.

Beaufort의 다섯 가지 지식은 쓰기 학습의 가장 기초적인 이론적 지식이자 추상적 원리이기도 하다. 담화공동체나 장르지식과 내용지식은 쓰기의 어떤 상황에서도 고려해야 할 원리이자 학습해야 할 이론적 지식이다. 쓰기 능력을 시작해야 할 단계에서 학습해야 할 항목이지만 실제 쓰기 과정에서도 끊임없이 그 이론을 적용하고 검토해야 할 원리가 되기도 한다. 교수자들은 쓰기 능력의 과정 중에 이런 개념을 설명하고 그것이 작용하는 원리를 설명하여 학생들이 자기 과제에 적용할 수 있도록 해야 한다.

대학 글쓰기 교육에서 가장 중요한 것은 아마 전략 학습일 것이다. 앞서 말한 대로 대학의 글쓰기 교육은 교수자의 이념이나 철학에 따라 다양한 전략 학습이 기획되고 구성될 수 있다. 쓰기 능력의 향상에 도움이 된다면 어떤 매체나 수단도 쓰기 학습에 동원될 수 있고, 교수·학습 방법으로 사용될 수 있다. 이 논문에서는 구체적인 전략 학습의 내용을 설명하지 못했다. 학습의 목적과 절차, 방법에 따라 다양한 방법의 전략 학습이 가능하기 때문에 이를 모두 설명하기는 힘들 것이다. 앞으로 대학의 전략 학습에 관한 구체적인 분류나 일반적 절차, 효과에 대한 검증이 있기를 바란다. 아울러 새롭고 획기적인 교수법이 많이 나와 대학에서 글쓰기 교육이 크게 발전하기를 기대해 본다.

참고문헌

권순희 외(2018), 『작문교육론』, 사회평론 아카데미.

박영민(2001), 「작문 이론과 작문 교육의 대응」, 『한국어문교육』 10, 한국교원대학교 한국어문교육연구소, 339~365쪽.

박영민 외(2013), 『쓰기지도방법』, 역락.

박영민 외(2016), 『작문교육론』, 역락.

박태호(2003), 『초등학생의 글쓰기 실태 조사와 능력 신장 방안 연구』, 국립국어연구원 연구보고서 2003-1-10.

이윤빈(2017), 「대학생의 학술적 글쓰기를 위한 전략 교육 방안: 쓰기 과정별 전략의 연계를 중심으로」, 『작문연구』 33, 한국작문학회, 117~154쪽.

이재기(2008), 「작문 연구의 동향과 과제」, 『청람어문교육』 38, 청람어문교육학회, 185~217쪽.

이재승(2002), 『글쓰기 교육의 원리와 방법』, 교육과학사.

임성규(2004), 「쓰기 교육에서 전략의 의미와 적용」, 『한국초등국어교육』 25, 한국초등국어교육학회, 189~217쪽.

정희모(2014), 「대학 작문 교육과 학술적 글쓰기의 특성」, 『작문연구』 21, 한국작문학회, 29~56쪽.

정희모(2014), 「대학 글쓰기 교육에서 학습 전이의 문제와 교수 전략」, 『국어교육』 146, 한국어교육학회, 199~224쪽.

MeComiskey, B.(2000), *Teaching Composition as a Social Process*; 김미란 역(2010), 『비판적 문화 연구와 대학의 글쓰기 교육』, 경진출판.

Beaufort, A.(2007), *College Writing and Beyond*, Utah State University Press.

Berlin, J.(1988), "Rhetoric and Idelogy in the Writing Class", *College English*, 50(5), pp. 477~494.

Fitzgerald, J.(1992), *Toward Knowledge in Writing: Illustrations from Revision Studies*, Springer-Verlag.

Fulkerson, R.(2005), "Composition at the Turn of the Twenty-First Century", *College Composition and Communication*, 56(4), pp. 654~687.

Gary Tate et al.(2014), *A Guide to Composition Pedagogies*, Oxford University Press.

Greene, S.(1995), "Making Sense of My Own Ideas: The Problems of Authorship in a Beginning Writing Classroom", *Written Communication*, 12(2), pp. 186~218.

Sullivan, P.(2006), "An Essential Question: What Is 'College-Level' Writing?", in Sullivan and Tinberg, *What is College-Level Writing?*, Patrick Sullivan, pp. 1~28.

Taggart, A. R., et al.(2014), "What is Composition Pedagogy?", in Gary Tate et al.(2014), *A Guide to Composition Pedagogies*, Oxford University Press, pp. 1~19.

초보 글쓰기 교수자를 위한 수업 준비 원리와 전략

김성숙

1. 알아두면 쓸 데 있는 열 가지 교수 원리

　대학에서 중등교육 이수자를 가르치는 사람들은 모두 자신의 전공 분야에 대해 전문적인 지식을 갖고 있다. 하지만 교수자와 학습자의 강의 만족도는 학기마다 수업마다 천차만별이다. 동일한 수업을 들어도 학생들 만족도가 상이한 것은 기대 수준이 각기 달라서 그렇다. 그런데 연구 업적이 뛰어난 교수가 과연 강의도 잘할까? 대개 박사학위를 가진 사람들은 전공 지식에 대한 이해가 뛰어나다. 하지만 전공 특성에 따라 교수법을 전혀 배우지 않은 교수자라면 개인 성향이나 경험에만 의지하여 강의를 하게 되고 학습자의 입장이나 학습 효율을 고려하는 데 익숙하지 않으므로 표준화된 교수 효과를 기대하기 어렵다. 이 글에서는 초보 교수자가 대학교 강단에 처음 설 때 알아두면 쓸 데 있을 열 가지 교수 원리를 소개하고자 한다.

하나, 나는 학문에 정진하였고 후학을 기르기 위해 교단에 선다

교수자로서의 윤리적 다짐

디지털 공간에서 활발히 교감하며 자기를 표현하는 데 열중하는 신세대는 4차 산업혁명이 빚은 시험관 아기가 아니다. 한글로 글을 잘 쓰고 말을 하도록 가르치는 〈의사소통〉 수업의 교수자는 '한글 창제 이후 만인필자시대를 지향해온 실천적 지성의 후예'로서, 한글 의사소통 행위에 깃들인 애민정신과 함께 설득에 필요한 수사법 및 논리적 사고력을 다음 세대에 전수할 의무가 있다. 현대의 교수자는 자기 세대 경험을 바탕으로 "별이 빛나는 하늘을 보고 가야 할 길의 지도를 읽을 수 있어 얼마나 행복했던가"[1] 하며 시민 민주주의를 노래하던 비판적 지식인의 책무와 자긍심을 계승해야 한다.

고등교육의 이상과 목표

한국의 "대학은 인격을 도야(陶冶)하고 국가와 인류 사회의 발전에 필요한 심오한 학술 이론과 그 응용 방법을 가르치고 연구하며, 국가와 인류 사회에 이바지함을 목적으로 한다."(고등교육법 제28조) 하지만 그동안 한국 사회는 '국가와 인류 사회에 이바지'할 '심오한 학술 이론과 그 응용 방법을 가르치고 연구'하는 데 주력하느라고, 정작 지식인의 필수 자질인 '인격 도야'에는 힘쓸 겨를이 없었다. 지식인도 산업 역군의 일원으로서 국가 경제를 성장시키는

---

1) 루카치(1885~1971)가 『소설의 이론』(1915) 서문에 쓴 문구로, 그리스 시대의 예술가들을 부러워하며 루카치가 살던 당대 예술적 실천의 험난함을 상징한 글이었지만, 역설적으로 공공의 적이 있어 피아간 구별이 분명했던, 독일의 루카치가 살던 시대나 한국의 386세대 청년기가 더 행복했을 수 있음을 시사하기 위하여 인용하였다.

데 기여해야 했기 때문이다. "우리도 한 번 잘 살아 보자"고 새마을 운동을 하고 새벽 6시 국민체조 구호에 맞춰 체력을 국력으로 만드는 동안 인성, 인품, 인격 같은 정신적 가치보다는 실용, 기능, 자산, 역량 같은 물질적이고 실질적인 가치가 숭상되는 풍조가 만연해졌다.

지식인의 인격·식자층의 인성·직능인의 역량

대학에서는 OECD가 공표한 미래 핵심 역량 유형을 인성 교육 목표에 포함시킨 뒤 학부생이 질적으로 성취한 역량 수준을 양적으로 측정하여 표준화시키고 있다. 의사소통역량, 종합적 사고력, 자원·정보·기술 활용 능력, 글로벌 능력, 대인 관계 능력, 자기 관리 능력 등의 용어들로부터 미래 인재상에 대한 사회의 요구를 읽어낼 수 있다.

'역량'이 전문가에게 요구되는 특수한 직업 능력으로서 어떤 작업을 수행해낼 수 있는 능력의 양적 정도를 지칭하는 개념이라면 '인성'은 교육 받은 시민 일반에게 요구되는 기본 품성이다. 한편 '인격'은 '역량'이나 '인성' 개념과 차원이 다르다. '인격'은 자신의 정체성을 긍정하는 지식인이 자발적 실천 의지를 가지고 보편 선에 기여할 때 사회적으로 인정받는, 가치 지향적 품격 개념이다 (김성숙, 2016: 8).

중등교육을 마치고 고등교육의 장에 들어선 지식인에게는 글을 익힌 식자층으로서 지녀야 할 기본 인성을 바탕으로 전공 역량을 쌓아서 한 사회의 지도자에게 자타가 바라는 품격 높은 실천을 하겠다는 결심이 필요하다. 따라서 〈의사소통〉 수업을 담당한 교수자는 수강생의 학습 이력과 목표, 배경지식 등을 감안하여 '인성, 역량, 인격' 가운데 무엇을 중점적으로 가르칠지를 정하고 그에 맞는 수업을 준비해야 한다.

둘, 교실 환경을 분석하라

해당 학기 수강생의 요구 및 성향 분석

첫 날 수업에서 교수자가 마음에 들 때 학생들은 '로또 맞은 기분'이라지만 교수자도 첫 강의를 마치고 나면 한 학기 수업의 성패를 족집게처럼 예감하게 된다. 수업의 성공 확률을 높이려면 강의를 배정 받는 순간부터 치밀한 준비를 시작해야 한다. 수강생들이 장차 전공 분야에서 어떤 의사소통 역량이 필요한지, 즉 어떤 장르의 글을 쓰고, 어떤 자리에서 어떤 담화 장르를 주로 접할지를 조사하여 그 요구를 구체적으로 충족시키는 수업 목표를 세우고 이를 수업계획표에 밝히는 것이 좋다. 해당 전공생의 성향이 논리적인지, 예술적인지, 활동적인지, 직능특화적인지 등을 파악하여 맞춤형 과제 활동을 설계하고, 〈의사소통〉 과목의 특수성을 고려하여 자기성찰 시간은 물론 다정하고 유쾌하며 치유적인 피드백 시간도 골고루 마련한다.

캠퍼스별 수업 지원 체계 점검

학습자, 교수자, 행정실이 각자의 역할에 충실할 때 수업 만족도가 높아진다. 보통 강의를 배정 받으면 조교장에게서 교재를 받고 수강생이 많을 경우 조교를 배정 받는다. 조교는 교수자의 요구에 따라 학생 글을 첨삭하거나 미니 레슨을 해 보면서 미래의 교수자로 성장하게 된다. 따라서 수업계획표를 짤 때는 조교로부터 어느 시기에 어떤 도움을 받을지를 염두에 두도록 한다. 학기중 외부 강연자를 초청하면 특강비를 지원해 주는지도 파악해 둔다. 교양 수업을 담당하는 행정실에는 컴퓨터실 예약, 시험 자료 복사 등 대규모 수업을 지원하는 직원이 있으므로 필요할 때 도움을 청할 수 있다. 행정실과 별도로 비교과 〈의사소통〉 지원 센터가 있는 경우, 학부생을 위해 어떤 포상 행사나 상담 기회가 있는지를 조사하여 과제의 제출 시기와 유형, 초고 수정 횟수 등을 정할 때 참조한다. 해당 전공생에게 유용할 공·사기업 공모전을 찾아보고 그 공모전의 내용으로 수업 과제를 지정한다면 학생들에게 실제적 맥락의 〈의사소통〉 목표를 성취시킬 수 있다. 끝으로, 사이버강의실의 교수·학생 접속 방법이나 수업 지원 기능이 학교마다 다르므로 미리 숙지하여 온오프라인 여건을 최대한 활용하도록 한다.

출결, 태도, 과제 등 평가 항목별 비중의 타당성 검토

수업계획표에 적힌 정보 가운데 학생들이 제일 관심을 가지는 것은 평가 방법이다. 출석과 결석 시간을 점수화하는 것이 가장 객관적인 지표이기는 하지만, 학생의 성실한 수업 참여를 유도하기 위한 수단일 뿐 출석 자체가 성취 수준을 크게 좌우하는 요인은 아니므로 10%가 적당하다. 지각 2~3회는 1시간 결석으로 환산하여 약간의 지각은 용인해 주어도 좋다. 질병이나 집안 대소사 등 관련 서류로써 사유를 인정할 수 있는 결석은 1회 지각으로 처리하여야 당사자 스스로 출석 점수를 관리할 수 있게 하는 동시에 100% 출석자와의 형평도 고려된다. 태도 점수도 10% 설정하여 수업 중 질의응답 횟수 등을 점수화한다고 고지하면 수업 참여도가 높아진다. 과제 기한 준수 여부 등 정량적으로 점수화할 수 있는 것이 많을수록 기말 평가 점수를 납득시키기 쉽다. 나머지 80% 점수는 절반으로 나누어 중간과 기말 과제에 배점하되 조별 점수 비율은 가급적 낮게 할당해야 조별 불화로 인한 불평이 줄어든다. 수행 평가의 불공정 시비를 줄이고 싶다면 이해한 지식의 정확성 정도를 측정하는 객관식 평가를 실시한다.

1쪽짜리 수업계획표 제공

대학은 학생들의 수업 선택권을 보장하기 위하여 매학기 수강 신청 기간 한 달 전에 교수자들에게 공지 메일을 보내서 교내 포털 사이트에 수업계획표를 제 시간에 게시하도록 권고한다. 보통 처음 강의를 위촉 받은 교수자는 모든 내용을 새로 작성해야 하므로 그 부담이 적지 않다. 학교 홈페이지의 수업계획표에는 수업 목표(영어 병기), 교수자 연락처, 면담 가능 시간, 평가 방법, 조교 및 교재 정보를 비롯하여 해당 강의 전에 반드시 수강해야 하는 선수 과목이 있는지, 주차별로 어떤 활동을 할 것인지 등을 상세하게 적는다. 요즘 학생들은 모바일로 간편하게 수업계획서에 접근할 수 있지만 A4 사이즈로 일목요연하게 한 장짜리 수업계획표를 만들어 배부하면 학생이 매 수업 전에 필요한 자료를 준비하고 수시로 과제 일정을 점검할 때 유용하게 쓰인다([부록 2] 참조).

셋, 평가 문항 제작으로부터 수업 설계를 거꾸로 하라Backward Design

수업의 최종 목표 장르 선정

평가 방법은 수업의 마지막 단계에 개발되는 것으로 오해되곤 한다. 그러나 강의를 시작할 때 교수자의 머릿속에 한 학기 수업이 끝났을 때 학생이 성취할 역량 수준에 대한 기대치가 명료하게 세워져 있어야 한 학기 동안 학생들을 그 방향으로 인도해 갈 수 있다. 이와 같이 수업의 평가 방법부터 개발하고 주차별 일정을 짜는 것이 '거꾸로 설계(Backward Design)' 방법이다(Wiggins & McTighe, 2005). 수업계획표의 학습 목표란에 사고력과 표현력을 기를 수 있다고 밝혔다면 그러한 질적 목표에 도달했는가를 양적으로 측정할 만한 문항이나 과제를 어떻게 개발할지 고민해야 한다. [부록 2]에서와 같이 학습 목표를 세웠다고 가정해 보자.

(1) 사물을 바라보는 독창적인 시각과 창의적인 사고력을 함양한다.
(2) 자신의 견해를 체계적으로 구성하고 설득력 있게 전달하는 표현 능력을 향상한다.

첫째, 학생의 머릿속에 '독창적인 시각과 창의적인 사고력'이 잘 길러졌는지를 어떻게 확인할 것인가? 교수자가 무엇을 어떻게 가르쳐야 학생의 인식이 독창적으로 변하고 관습적인 사고방식에서 벗어나게 될까? [부록 2]의 교수자는 '렌즈 에세이' 장르를 잘 쓰도록 가르침으로써 이 첫 번째 목표를 이룰 수 있다고 보았다.

둘째, 학생이 무엇에 대해서 어떤 '견해'를 세워야 그 '견해'의 질을 타당하게 상대평가할 수 있을까? '견해'를 구성해서 전달하는 장르 형식으로 어떤 수사법을 알려주는 것이 좋을까? 〈의사소통〉 수업에서 가장 중요한 것은 학생이 스스로 누구와 왜 소통해야 하는가를 발견하게 만드는 것이다. 설득력을 높이는 표현 기능의 숙달은 그러한 발견과 적용 과정에서 부수적으로 얻어진다. [부록 2]의 수업계획표에서는 렌즈에세이 이외에 '비판적 담화 분석(Critical Discourse Analysis)' 과제로써 개별 '견해'를 생성시키고 '발표'와 '교실 밖 실천'에서 실제적 표현 능력을 향상시키도록 기획하였다.

수업 착수 지점의 학생 능력 측정을 위한 진단 문항 개발

대학의 〈의사소통〉 수업에서는 (1) 예상 독자의 기대를 고려하여 (2) 정보 전달이나 정서 표현 등 특정 장르의 글을 (3) 격식에 맞게 (4) 기−서−결의 구조를 갖추어서 (5) 정확하게 표현하도록 가르친다. 따라서 한 학기 수업을 통해서 증진된 역량을 가장 효과적으로 확인할 수 있는 일정은, 수업 첫날 진단 평가로써 학습 착수 지점의 표현 능력 수준을 점검하고 수준별 분반 수업을 한 뒤 학기 중간 형성평가로 보완이 필요한 지점을 확인하여 집중 관리하고 학기말 총괄평가를 통해 최종 숙달 수준을 측정하는 것이다. 이때 중요한 것은 개인의 배경지식이 다름으로 인해 결과물의 질적 차이가 생기지 않도록, 진단평가, 형성평가, 총괄평가에 쓰이는 문항의 유형 및 주제가 공평해야 하고 유사한 난이도로 설계되어야 한다는 점이다.

그러나 대학의 현실을 고려할 때 학생들의 능력 차이가 큰 것을 알아도 수준별 분반 수업을 운영하기란 쉬운 일이 아니다. 또한 〈의사소통〉 수업 기간 중세 번이나 평가를 하면서 목표로 삼아야 할 만큼 중요한 단 하나의 장르가 무엇인가에 대해 아직 전문가들 사이에 합의된 바가 없다. 따라서 교육 전후 성장치를 비교하는 수업은, 강의 대상이 유학생이어서 한국어 숙달도 측정이 중요하거나 강의 내용이 지식 정보 위주인 경우, 혹은 달라진 교수법의 차이 및 효과를 검증하는 연구를 할 때에 한해서 학생들의 동의를 구하여 설계하도록 한다. [부록 3]과 [부록 4]는 신입생 대상 글쓰기 수업에서 진단평가와 총괄평가로 사용된 문항의 사례이다. 대학의 학술 담론 공동체에 익숙하지 않은 신입생 대상의 진단평가 문항에는 총괄평가와 다르게 더 상세한 절차가 안내되어 있음을 유념하기 바란다.

평가 구인과 배점 협의

평가(evaluate)의 본래 취지는 미숙련자가 산출한 결과물의 가치(value)를 해당 분야 전문가가 측정하여 목표치에 어느 정도나 도달했는지를 응시자에게 고지하는 것이다. 응시자는 그 결과치로써 자신의 현 수준을 파악하고 다음 단계 학습에 진입하여 부족한 부분을 보완하려고 노력하게 된다. 그러나 언제부터인가 평가의 이러한 선순환 효과는 간과되고 있다. 시험을 보고 한 줄로 세워져 상대평가 점수를 부여받고 장학금 수혜 여부도 결정되기 때문에 학생들은 평가 결과의 해석보다 평가 절차의 공정성에 더 관심을 둔다. 그렇기에 강의 초반에 학생들에게 직접 평가 구인을 선정할 기회를 주면, 평가 기준을 직접 세웠다는 책임감을 가지고 학기 내내 해당 평가 구인들에 신경을 쓰기도 하고 최종 점수도 쉽게 납득하는 효과가 생긴다.

교수자는 학기 초에 목표 장르를 평가하는 일반적인 기준들을 모아서 '내용의 창의성, 구조의 적절성, 양식의 격식성, 표현의 정확성' 등으로 범주화한 자료([부록 5] 참조)를 주고 각 범주별로 몇 개씩 선정하면 좋겠는지, 범주별 배점은 '내용, 구조, 양식, 표현' 범주에 따라 차등을 주는 게 좋을지, 동일하게 할지 등에 대해서 의견을 묻는다. 교수자가 평가 준거를 하나하나 설명할 때 합의된 개수만큼 각자 해당 준거들을 고르게 하고, 각자 고른 평가 준거들을 토대로 2인, 4인, 8인 활동으로 대상을 넓혀가며 자기 의견을 상대에게 설득하거나 상대의 의견을 수용하여 합의를 보게 함으로써 최종적으로 교수자는 반 전체가 합의한 평가 준거를 가지고 한 학기 과제물을 평가한다. 평가 준거에 대해 협의하는 동안 '일관성, 결속력' 등 세부 기준들을 자꾸 언급하게 하면 토의 과정

동안 학술 담론의 평가 준거를 내면화하는 효과가 생긴다. 또한 어떤 평가 세트가 만들어져도 나쁜 평가 범주는 없으므로 교수자나 학생 모두가 만족하는 합리적 평가가 가능하다.

넷, 자신만의 독창적인 수업 자료를 개발하라

자료 선정 기준

〈의사소통〉 수업에 필요한 자료에는 교재를 비롯하여 최신 읽을거리, 시청각 자료, 활동지, 퀴즈 링크 프로그램 등이 있다. 대부분의 대학에서 전교생을 대상으로 하는 수업의 교재는 학교 출판부가 출판하고 공식적으로 채택하도록 요청된다. 따라서 교수자는 교재를 통독한 뒤에 몇 주차에 몇 쪽 정도씩 얼마나 자주 또 많이 이용할 것인지 수업계획표에 밝혀야 한다. 그래야 학생들에게 수업 교재 구매를 합리화할 수 있다.

학교 교재는 개정 주기가 길기 때문에 시사성 있는 자료를 싣기가 어렵다. 신문이나 수업 주제 관련 최신 자료, 혹은 새로운 교수법을 적용한 사례 가운데 워크숍에 활용할 것이 있다면 교수자가 별도로 제공한다. 하지만 반드시 유사한 교수 환경에서 효과가 검증된 자료를 사용해야 하며 학생을 실험 대상으로 삼아서는 안 된다. 만약 수업에서 올린 성과를 논문으로 보고하고자 한다면 학생들로부터 '자료 활용 동의서'를 받아두어야 연구 윤리를 지킬 수 있다.

디지털 콘텐츠 활용

영화나 드라마 콘텐츠를 수업 시간에 장시간 시청하는 것은 바람직하지 않지만 시청각 자극에 민감한 학생들을 교재만으로 수업에 집중시키기는 쉽지 않다. 관련 영상 제목을 제공하고 시청 여부를 확인할 수 있는 간단한 활동지를 제공하거나 짤막하게 편집해서 수업 중 상호작용할 자료로 활용하도록 한다. 학교의 교수학습센터로부터 우수 강의자의 영상 강의 자료를 제공받아도 되고 교수자가 직접 웹캠 등 간단한 장비를 사용하여 영상을 제작할 수도 있다. 학생들과 소통하려면 동영상 자료를 적극적으로 활용하는 것이 좋다. 이제껏 정보 유통 플랫폼으로 활약해 온 포털 사이트, 페이스북, 블로그 등이 유튜브로 대체되고 있는 것을 볼 때 앞으로 더 다양한 유형의 복합양식 교수 자료가 개발되고 공유될 것으로 보인다.

모바일이 생활양식인 요즘 학생들은 수업 안팎에서 많은 시청각 자료에 접속하지만 정작 지식인에게 필요한, 기억하고 이해하고 분석하는 인지 행위는 열심히 하지 않는다. 모바일로 공부하고 싶어하지 않고 꼭 공부를 해야 한다면 재미있게 하고 싶어한다. 따라서 교수자는 카훗(kahoot), 클래스카드(classcard) 등의 애플리케이션을 활용해서 미리 퀴즈나 연습 활동 문항을 개발해 두고 수시로 학생들이 접속해서 암기나 이해 과제를 수행하도록 독려한다.

활동지 제작

과제 단계별로 학생이 산출하는 인지 활동의 질을 확인하려면 개인의 머릿속에서 혹은 동료 간 상호작용 중에 개진되는 의견을 수업 주제 쪽으로 수렴해가는 과정을 시각화할 활동지가 필요하다. 설명할 내용이 많다면 학생이 들으면서 뭔가를 선택하거나 빈칸을 채우거나 하는 활동지를 함께 배부해야 주의를 집중시킬 수 있다. 조별 활동 보고지는 순번을 정해 기록하게 하되, 역할 분담 정도에 따라 고정하거나 순환하여 작성하도록 한다. 활동지 제출 기한 준수 여부도 평가에 반영하면 객관적으로 타당한 양적 평가 지표를 늘리는 데 유용하다.

명시적 교수법

수업을 처음 맡은 교수자는 수업계획표를 짜기 전에 자기 과목에서 많이 쓰인 교수법을 조사할 필요가 있다. 학생의 학업 능력이 낮을수록 교수자가 모범을 보이고 따라하게 하는 명시적 교수법이 효과적이다. 다음은 한국어 읽기 수업에 적용되는 '명시적 교수법'의 도해이다.

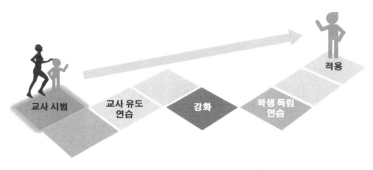

〈그림 1〉 명시적 교수법

• 교사 시범 단계

어떤 독해 원리에 대해 바로 설명에 들어가지 않고, 왜 특정 상황에서 이 특정한 읽기 전략이 필요한지, 언제 어떤 읽기 전략을 사용해야 독해 상황이 요구하는 목적을 달성할 수 있는지를 이해시키고 교수자가 모범을 보이며 수행하는 과정이다. 한국어 중급 이상의 읽기 수업에서는 전체적인 단락의 개수를 확인하고 단락별로 주제어나 중심 문장의 위치를 찾아 책 여백에 요약문을 작성하는 전략의 유용성을 이해시킨다.

• 교사 유도 연습 단계

교수자가 안내하고 적절한 피드백을 주면서 교수자와 학생이 함께 연습 활동을 해 나간다. 비계(飛階) 효과가 드러나도록 짝 활동이나 그룹 활동 같은 협력 학습으로 운영하기도 한다. 교수자가 유도하는 대로 단락의 첫 문장과 마지막 문장을 눈여겨보면서 중심 내용을 유추할 수 있으면 다음 단락으로 넘어가 동일한 방법으로 단락 내용을 확인한 뒤 문단 간 연결 방식을 확인하는, 긴 글 독해 전략을 익히게 한다.

• 강화 단계

앞 단계에서 학습한 내용을 정리하면서 학생이 적용해 본 전략이 무엇이고 그것을 왜 적용하는지 어떻게 적용해야 하는지를 학생 스스로 점검하게 한다.

주변인의 도움 없이 혼자 독해하고 중심 생각을 찾은 뒤 동료와 토론하는 과정에서 자신의 주장을 상대방에게 납득시키고 상대방의 견해를 경청하는, '읽기＋말하기＋듣기' 간 통합 수업이 가능하다.

• 학생 독립 연습 단계

교수자 유도 연습 단계에 함께 검토하지 않은 새로운 읽기 자료를 제시하여 학생이 자기주도적으로 배운 전략을 활용하며 읽는 연습을 하게 한다. 다음 시간 수업을 위한 예습 과제를 주어도 좋다.

• 적용 단계

학생이 교실 환경을 떠나 이후 유사한 읽기 자료를 읽을 때 교수자와 함께 학습한 읽기 전략을 상기하여 적용하고 그 효과를 체험할 때 비로소 학생의 독해 능력은 최종 완성된다.

학습인지위계별 과제 준비

Bloom(1956)은 주입식 읽기 교육의 문제를 개선하고자 '지식－이해－적용－분석－종합－평가'의 인지 위계를 분류하고 교사들에게 체계적인 수업 운영을 촉구하였다. 이 고전적 분류 체계는 블룸의 학생이었던 앤더슨(Anderson)에 의해 1990년대에 수정된다. Anderson(1990)은 PC 기반의 교육 여건 변화를 수용하여 명사형의 '지식'이라는 단어 대신에 동사형 명제 '기억하기'로 출발하여, 컴퓨터의 핵심 기능인 '종합(Synthesis)'을 빼고 인간 고유의 '창안하기(Creating)' 능력을 최상위에 위치시키는 체계로 기존 모형을 수정하였다.

분류 항목이 명사형에서 동사형으로 바뀐 것은, 신지식의 형태가 필요한 정보를 적절히 기억해내어 새로움을 창안해 가는 과정 중의 '흐름'임을 표상한다. 디지털 네이티브의 상이한 경험이 뇌의 인지 작동을 명사형 구조화에서 동사형 유동화로 변경시킨 것이다. 앤더슨과 크라스홀(Anderson & Krathwohl, 2001: 67~68)은 "이제 전문 기술이나 특정 문제에 초점을 맞추기보다, 공대생의 직장

환경에서부터 윤리학, 기업가 정신에 이르기까지 모든 문제, 기술, 기능에 일반적으로 적용될 수 있는 개념을 가르쳐야 한다"며, 각 사고력 유형에 대한 설명을 〈표 1〉에 정리한 것처럼 상세화하였다.

고전 모형이 '종합'에서 '평가'로 이르는 고차원적 사고력 배양을 목표로 하였다면 신 모형은 '종합' 능력 대신 '창조하기' 역량을 강조한다. 다양한 정보를 종합하는 능력은 디지털 기기가 더 우수하고, 인간의 고유성은 기계가 흉내 낼 수 없는 창조력으로 발휘되기 때문이다. 블룸과 앤더슨의 노력 덕분에 사고

〈표 1〉 Bloom의 구(舊) 인지 학습목표(상)와 신(新)디지털 인지 학습목표 분류 체계(하)

Creating (창조하기)	새로운 패턴이나 구조, 관점을 창안 혹은 재구성 할 수 있는가?	
	조합, 구성, 계획, 생산, 발의, 설계, 발전, 공식화, 작성	
Evaluating (평가하기)	준거와 기준에 근거하여 새로운 입장이나 결정 이 옳다고 입증할 수 있는가?	
	확인, 가설 수립, 비평, 실험, 판단, 검증, 탐지, 검열, 사정(査定), 주장, 항변	
Analyzing (분석하기)	구성 요소 상호 간, 혹은 부분과 전체 간 관련성 을 파악할 수 있는가?	
	비교, 대조, 구별, 조직, 해체, 원인 파악, 개요 작성, 구조화, 통합, 검토	
Applying (적용하기)	기존 정보나 절차를 새로운 방식으로 사용할 수 있는가?	
	요건 충족, 수행, 설명, 예시	
Understanding (이해하기)	텍스트나 그래픽의 의미나 개념을 설명할 수 있 는가?	
	번역, 해석, 요약, 발췌, 추론, 환언, 등급 분류, 비교, 설명, 예시	
Remembering (기억하기)	장기기억으로부터 필요한 정보를 기억하거나 회 상할 수 있는가?	
	암기, 회상, 반복: 인식, 항목화, 묘사, 정체 확인, 정정, 명명, 정위(定位)	

력 중심의 읽기 수업이 보급되면서 미국 학생의 읽기 학습 능력과 초인지 수준이 크게 신장되었다.

신디지털 인지 학습목표는 정보화 사회 여건을 반영하여 기존 산업화 시대의 분류 체계를 수정한 것이므로, 현 고등교육 수업의 목표로 삼기에 합당하다. 또한 중등교육 수료자가 대학 입학 시점에 갖춘 논리적 사고력과 표현력 정도를 측정할 논제 유형 구분에도 적합하다. 다음은 학습인지위계별 읽기 과제를 예시한 것이다.

• 기억하기(Remembering): 단순히 지식을 흡수하고 암기하는 단계
책을 읽으면서 배운 정보를 열거해보라. 스토리에 나온 인물들을 열거하고 묘사해보라. 책에서 배우게 된 다섯 가지 새로운 단어를 열거하고 발음과 정의를 적어라. 이 이야기는 어디에서 일어났는가? 언제 일어난 이야기인가?

• 이해하기(Understanding): 어휘, 문법, 맥락 등을 통사적으로 정확하게 파악하는 단계
이야기의 첫 부분을 자신의 말로 표현해보라. 스토리에 나온 다섯 가지 주요 사건들을 일어난 순서대로 열거하라. 스토리에서 주인공은 문제점을 어떻게 해결했는가?

• 적용하기(Applying): 텍스트 내용을 자신의 삶에 적용해 보는 단계
내가 이런 어른을 만나면 어땠을까? 어떤 어른이 가장 싫고 또 가장 좋았겠는가? 이 책에서 일어난 일과 비슷한 일을 겪어본 적이 있는가? 주인공이 우리 교실을 방문한다면 어떤 반응을 보일까? 이야기에서 어떤 교훈을 얻었는가? 자신이 이 스토리에 등장하는 인물 중 하나라 가정해보고 이틀 동안 나에게 무슨 일이 일어났는지에 대한 일기를 써보라.

• 분석하기(Analyzing): 화자의 말이나 태도가 특수한 전형인지를 분석하는 단계
두 등장인물을 비교해보라. 어떤 점에서 유사하고 어떤 점에서 다른가? 스토리의 주요인물을 어떤 하나의 단어로 표현할 수 있겠는가? 다섯 가지 이유로써 설명하라.

• 평가하기(Evaluating): 주인공에 대한 화자의 판단이 옳은지 여부를 평가하는 단계

당신의 평가를 뒷받침할 수 있는 근거를 소설에서 찾아내라. 평가에 정답은 없다. 저자는 이 책을 어떤 사람들이 읽기를 의도했던 것 같은가? 왜 그렇게 생각하는가?

• 창의하기(Creating): 텍스트에 나오지 않는 서사를 창작해 보는 단계

어린 왕자가 어른이 된 모습을 상상해 볼 수도 있고 소설에는 안 나온 다른 어른을 만나는 것을 상상해볼 수도 있다. 스토리에 주요 인물로 등장하지 않은 인물을 골라 그의 관점에서 스토리를 한번 써보라.

〈자료 1〉 '어린 왕자'를 활용한 학습인지위계별 과제(조슈아 박, 2005 참조)

'투명피부'(베르베르, 〈나무〉 중) 관련 질문 예시

• 기억하기: 주인공이 자신을 더 이상 숨기지 않고 보여주기로 마음먹은 계기는 무엇인가?

• 이해하기: 소설에서 가장 중요하게 다루는 문제는 무엇인가? 등장인물들은 문제 해결에 각각 어떻게 기여하는가?

• 적용하기: 여러분이 가진 특징 때문에 일반인과 다른 대우를 받은 적이 있다면 어떠한 경험에서 무엇을 느꼈는지 써 보자. 만약 여러분이 투명 피부를 가진다면 어떻게 하겠는지, 왜 투명 피

〈그림 2〉 베르베르, 〈나무〉, 55쪽

부를 가지기로 결정할 것인지 이유를 말해 보자.

• 분석하기: 작가는 등장인물의 선택을 통해 어떤 교훈을 전달하고자 했을지 분석해 보자.

• 평가하기: 자신을 실험 대상으로 삼은 주인공의 선택은 인류를 위해 유익한가? 그렇지 않은가? 왜 그렇게 생각하는가?

- 창의하기: 공중그네 곡예를 하는 한국 여성 관점에서 이야기를 새로 써 보자(김성숙, 2016: 63 참조).

다섯, 수업 중 학생들에게 자기충족적 예언을 하라

Robert Rosental(1968)의 실험

학생은 교수자가 믿는 대로 성장할 확률이 높다. 이를 뒷받침하는 이론이 로젠탈의 실험이다. 무작위로 선정된 학생을 상위 20% 인재라고 교사에게 알리고 일정 시간 동안 수업을 하게 하자 교수자의 믿음대로 학생들의 능력이 크게 향상되었다는 것이다. 한 학기 수업으로 학생의 미래를 크게 바꿀 수는 없겠지만 적어도 수업 때문에 학생의 미래가 나빠져서는 안 된다. 요즘처럼 지식의 유형과 가치가 격변하는 지금, 특정 과제의 성적이 나쁘다고 해도 학생이 장차 에디슨이 될지 스티브 잡스가 될지는 알 수 없는 노릇이다. 불확실한 미래로 인해 불안해하는 학생들에게 머지않아 사회에서 가치 있는 자리를 찾아 역량을 발휘하게 되리라고 교사로서 격려해 주는 자세가 필요하다.

여섯, 조별 학습이 가진 순기능을 활용하라

21세기 문제 해결 방법 체험

학생들은 팀플을 싫어한다. 할당받은 역할을 다 하지 않고도 조 전체가 거둔 성과에 얹혀 무임승차하는 조원이 있기 때문이다. 조별 활동을 하는 동안 자기가 한 고생을 교수자로부터 제대로 인정받지 못할까 봐 염려하기도 한다. 그러나 사람과 사람, 사람과 사물, 사물과 사물이 초연결된 4차 산업혁명 시대에는 출중한 개인 혼자서 해결할 수 있는 문제는 그리 많지 않다. 상대의 역량이 뛰어나든 아니든 어떻게든 그들의 동의를 얻어서 인공지능 시대가 초래할 문제를 함께 풀어가야 한다. 따라서 〈의사소통〉 수업에서 이루어지는 조별 과제는 결과의 우월한 성취 수준보다 진행 과정의 체계적 이행을 확인하는 데 더 초점을 두고 설계할 필요가 있다. 공동의 관심사를 해결해 가는 토의 과정을 익힘으로써 추후 각자 다른 영역에서 어떤 문제에 직면해도 최적화된 방법으로 문제를 해결할 수 있도록 단련시켜야 한다.

집단지성의 발휘로 낯선 전략 숙달 용이

직접적이든 간접적이든 경험이 쌓일수록 문제 해결 방법이 많아진다. 문제를 보는 관점이 그만큼 다양해지기 때문이다. 최고의 고등교육을 받고 무수하게 논문을 쓰고 발표를 해 본 〈의사소통〉 교수자에게는 이제 갓 대학에 들어온 신입생들이 모르는 '표현 전략'이 많다. 교수자는 자신이 체득한 온갖 비법을 다 전수해 주고 싶어하지만 한 학기 수업은 너무 짧고 교재에서 공통적으로 가르쳐야 할 내용은 너무 많으며 전공 수업에 지친 학생들에겐 마음의 여유가 별로 없다. 따라서 〈의사소통〉 수업의 공통분모를 유지하면서도 동료 교수자와 차별화된 수업이 될 만한, 즉 내 분반 학생이 다른 분반 학생을 만나 "너네 반에선 이거 안 배웠지? 우리 반에선 이거 배웠다." 하고 자랑할 만한 '전략'을 딱 하나만 수업일정표에 넣어 보기 바란다. 특별한 전략을 성취했을 때 학생들의 자신감과 만족감은 크게 높아진다. 그러나 차별화된 전략은 낯설기 때문에 교수자의 안내에 따라 장님이 코끼리 만지는 격으로 조별 적용을 해 보고 나서, 개인적으로 수행하도록 안내하는 것이 좋다. 평가는 조별 과제에 비해 개별 과제의 배점을 높임으로써 효율적 절차의 숙달과 개별적으로 성취된 수준의 정도를 구분하도록 한다.

과제별 조 구성과 자발적 재구성

조 구성은 출석부의 이름 순서나 수강생의 전공, 학년, 성별을 고려하여 교수자가 지정해 줄 수도 있고, 인원수만 정해 주고 알아서 조직하게 할 수도 있다. 후자의 경우는 혼자 수업을 듣거나 평소에 사교적이지 않은 학생이 난처해할 수 있으므로 그리 추천할 만하지 않다. 조 구성에 정답은 없지만[2] 그 중 나은 방법은 과제의 하위 주제를 다양하게 마련해서 개인의 선호대로 조가 구성되게 하는 것이다. 그리고 과제 수행 결과에 대한 1차 발표 후에 자발적으로 다른 조로 옮겨갈 기회를 주면 1단계 과제의 집중력이 높아지고 팀플의 불만을 최소화할 수 있다. 조별 중간발표 이후 모든 팀원이 떠난 조는 폭파되고 새로 영입된 팀원이 많은 조에서는 역할을 세분하여 최종 결과물 산출에 필요한 개인의 업무를 줄일 수 있는 기회가 된다.

일곱, 단계별 평가 방식 및 평가 준거를 학생과 협의하라

1차 수행 결과에 대한 동료 피드백

말하기 과제든 글쓰기 과제든 교수자가 어떤 준거로 평가하기를 바라는지 이미 반 전체가 합의한 바 있기 때문에([부록 5] 참조) 학생들은 그 평가 준거를 신경 쓰면서 과제를 수행하게 된다. 1차로 조별 과제가 마감되면 '필자의 의자'에[3] 해당 조원들을 앉히고 동료 피드백 시간을 마련한다. 첫 조가 수행한 결과

---

2) 무작위로 조를 구성해야 할 때 교재에 실린 글을 이용하면 조 구성 원칙을 잘 납득시킬 수 있다. 예를 들어 '좋은 글의 조건'과 같이 누구나 한 번쯤 생각해 보았음직한 내용이 교재에 있다면 그 안에서 가장 마음에 드는 단어를 하나씩 골라 이유를 설명하게 하고 칠판에 받아 적은 뒤, 교수자가 원하는 조의 개수와 조원 수만큼 범주로 묶어서 비교적 성향이 비슷한 사람들로 조를 구성할 수 있다.

3) 교실 제일 앞자리에 조원들을 나란히 앉히고 반 전체가 피드백해 주는 내용을 받아 적게 한다. 1차 과제 완성은 조원이 협업하여 1부만 제출하지만 피드백 시간에 개별적으로 받아 적은 동료 조언을 참조하여 각기 수정한 결과물을 피드백 날로부터 1주일 이내에 제출함으로써 2차 과제가 완성된다. 조별 피드백 날짜는 반드시 모든 조원이 참여하여 피드백을 받을 수 있는 날짜인지

물은 교사가 함께 검토하면서[4) 모범을 보이며 피드백하는 방법을 가르친다. 그리고 나머지 조의 결과물에 대해서 같은 절차로 피드백을 진행하게 한다. 동일한 평가 준거를 바탕으로 여러 조의 결과물을 피드백하는 동안 학기 초에 협의했던 평가 준거들을 개별적으로 내면화하는 효과가 생긴다. 동료에 대한 피드백 시간에는 무엇이든 잘한 것을 골라 먼저 칭찬하고 개선해야 할 점을 지적하는, 조언자로서의 예의를 지키게 한다. 이때 동일한 내용의 칭찬이 반복되면, 그 점 이외에는 칭찬할 거리가 없다는 폄훼의 의미로도 이해될 수 있으므로 가급적 다양한 내용으로 칭찬할 것을 미리 권고한다.

2차 수행 결과에 대한 교수자 피드백

소 한 마리의 무게를 알아맞힐 때 전문가 한 사람의 진단과 비전문가 백 사람의 평균값을 비교하면 어떨까? 크게 다르지 않다고 한다. 그럼에도 학생들은 동료들의 평가를 신뢰하지 않는다. 전문가 한 사람의 조언에 더 믿음을 갖는 것이다. 조별로 학습한 지식을 적용하여 개인 과제를 수행할 때 학생 각자가

를 확인하고 결정하는 것이 중요하다. 그럼에도 당일에 결석한 조원이 있다면 피드백 내용을 녹음하여 전달하게 한다. 교수자는 각 조당 25~30분 정도의 피드백 시간을 할당하고 피드백 순서에 따라 1쪽에 2면으로 출력된 활동지를 준비하여 내용, 구조, 표현 오류에 대해 메모할 수 있게 한다(줄 간격을 300% 정도로 늘려서 메모할 공간을 마련한다). 교사는 조언하는 학생의 이름을 적어 수업 참여 점수에 반영함으로써 피드백 수업의 분위기를 활성화시킬 수 있다. 사이버 강의실에 하루 정도 조별 피드백을 남길 시간을 주고 그 조언도 반영하게 한 후 조언을 게시한 학생에게도 수업 참여 점수를 인정해 준다.

4) 교수자는 피드백 수업을 준비하기 위해 조별 과제가 제출되면 조별 과제물을 모두 첨삭하고 합의된 기준에 따라 질적인 피드백을 적어서 활동지를 마련해 둔다. 두 번째 조의 과제물을 피드백하는 시간부터는 학생들에게 먼저 발언권을 주어서 1차 과제로부터 얼마나 다양한 개선점을 발견할 수 있는지 스스로 느끼게 한다. 학생들의 동료 피드백 시간 동안 교수자가 미리 마련해 둔 검토 내용 가운데 언급되지 않은 것이 있다면 학생들이 주도적으로 참여한 동료 피드백이 끝난 뒤 말해 주고 '필자의 변' 시간도 할당해서 과제 수행 중 어려움이나 피드백별로 수용 여부를 밝히게 한다. 반면 말하기 과제 발표 때는 발표 주제에 대한 청중과의 질의응답 시간은 갖되, 발표 수행 자체에 대한 동료나 교수자 피드백 시간은 지양한다. 발표 순서에 따라 나중에 발표하는 팀에서 참조할 수 있는 배경지식의 양이 더 많아지면 형평성에 어긋나기 때문이다.

느끼는 곤란도의 차이는 매우 크고 다양하다. 어떤 학생은 내용 생성을, 어떤 학생은 구조 설계를, 어떤 학생은 정확한 표현을 어려워한다. 수강생이 많을수록 개별 피드백 시간을 내기가 어렵겠지만 교수자가 조금 수고를 한다면 학생들이 글을 쓸 때 직면하는 고충들이 많이 해소될 것이다. 학교 안에 글쓰기 센터가 있다면 온라인 첨삭이나 대면 피드백을 받은 후에 최종 과제를 제출하도록 안내하는 것도 교수자 피로를 줄일 수 있는 방법이다.

3차 수행 결과에 대한 자가평가문항 제공

1, 2차 피드백을 거쳐 최종적으로 과제를 완수하고 나면 전 과정을 되돌아보며 자신이 잘한 점과 부족했던 부분을 스스로 점검하게 한다. 발표 과제였다면 발표를 녹화한 장면을 다시 보면서 자신의 말하기 태도를 객관적으로 성찰하게 한다. 개인의 성찰을 체계화하기 위해 교수자는 '자가평가문항'이 적힌 활동지를 제공함으로써 얼마나 노력을 기울였는지, 어떤 어려움이 있었고 어떻게 극복했는지, 다시 한 번 해 볼 기회가 있다면 어떤 점을 고치고 싶은지 등의 내용을 작성해 보게 한다. 이러한 과정을 거치면 수행된 과제의 성과와 한계를 스스로 평가하는 효과가 생긴다. 그리고 학기말에 받은 평점이 기대에 미치지 못해도 자신의 부족한 점을 알기 때문에 성적이의신청을 할 때에도 좀 더 신중해지는 편이다.

여덟, 컴퓨터 기반 평가로써 학술적 글쓰기 환경의 실제성을 반영하라

평가를 위한 컴퓨터실 예약과 띠지로 평가 결과 알림

최근 공적인 쓰기 장르는 거의 컴퓨터로 작성된다. 따라서 논술 시험 등의 쓰기 평가 역시 평가장의 한계에서 기인한 현행 원고지 쓰기에서 탈피하여 미래에는 컴퓨터 기반 평가로 바뀌게 될 것이다. 수업을 개설하면서 교수자가 목표한 장르 내 글쓰기 능력이 얼마나 신장되었는지를 정량적으로 알아보려면 진단평가([부록 3])와 동일한 유형의 평가를 기말에도 실시해야 한다([부록 4]). 그리고 교수자와 학생이 서로 합의한 기준([부록 5])과 그에 따라 교수자가 평가한 점수를 엑셀 표에다가 나란히 정리하여 띠 모양으로 길게 잘라서 배부한다. 학기 중 과제 점수를 공개하는 것이 수업에 미치는 영향에 대해서는 찬반 의견이 팽팽하다. 하지만 교수자의 안내대로 수행한 과제에서 학생이 스스로에게 어떤 부분이 부족한지를 알아야 다음 과제에서 동일한 실수를 범하지 않을 것이다. 따라서 교수자는 점수 고지에 목적을 두기보다 질적인 피드백을 준다는 의미에서 고지된 점수의 의미를 가급적 상세히 해석해 주도록 한다.

아홉, 마지막 수업 시간에 감동적인 장면을 연출한다

과제물을 나열하면서 학습 목표의 성취 정도 확인

마지막 날의 인상은 교수자나 강의 자체에 대한 장기기억에 적지 않은 영향을 미치므로 최종 수업 자료는 더욱 공들여 준비할 필요가 있다. 첫 날 만남의 설레던 순간을 떠올리게 하면서 1쪽짜리 수업계획표에서 학습 목표 부분을 찾아 읽히는 것도 수업 성과를 확인하는 한 가지 방법이다. 이어서 그동안 수행해 온 과제의 샘플 사진이나 안내 자료들을 PPT로 짧게 하나하나 띄워 보이면서 쉽지 않은 여정이었지만 따뜻한 교수자와 든든한 동료들이 곁에 있어 해냈다는 성취감을 느끼게 한다. 그리고 교수자와 함께 수업 첫날 배우기로 결의했던 학습 목표가 잘 성취되었는지를 각자 되돌아보게 한다.

학생의 가슴에 한 알 씨앗을 심자!

한 학기 동안 〈의사소통〉 수업을 받은 효과는 당장 나타날 수도 있지만 수십 년 후에 꽃을 피울 수도 있다. 〈의사소통〉 교수자의 임무는 학생들이 글이나 말로 표현하고 소통하는 기쁨을 알아 스스로 그러한 표현을 지속하도록 동기를 북돋는 일이다. 학생들에게 자기가 속한 공동체에 만연한 '담화를 비판적으로 분석(Critical Discourse Analysis)'하고 개선하도록 실천하는 인격의 중요성을 강조한다. 교수자보다 우수한 성능의 디지털 기기를 생활양식으로 소비하는 학생들에게 교수자로서 이번 학기에 할 수 있었던 것은 학생들 스스로 지식을 찾아가도록 판을 깔아 주는 것뿐이었다고 수업의 소회를 밝히며 학생들의 수행을 칭찬하고 인정하는 자세도 필요하다. 그리고 이후 유사한 문제 상황에 직면했을 때 이번 학기에 배운 것이 도움이 되기를 바란다고 기원해 준다. 뮤지컬 "오 마이 라이프"에서 신성록이 부른 〈나비의 꿈〉 공연 영상을 보여주며 그 가사 내용을 음미하게 한 다음 작은 나비의 날갯짓이 세상을 바꿀 수 있다고, 젊으니까 꿈꾸는 대로 이루어질 것을 믿으라고 격려해 주어도 좋겠다.

열, 쓰기 피드백은 글의 말미에 문장으로 써 주자![5]

글에 점수를 부과하는 피드백을 통해서 학생의 쓰기 능력을 실질적으로 향상시킬 수 있을까? Peter Elbow는 학생의 글에 점수를 매기지 말라고 조언한다. "(1) 평가가 부정확하거나 신뢰할 수 없다. (2) 숫자만으로 구체적인 피드백을 할 수 없다. (3) 학습자는 코멘트의 내용보다 성적에 더 집착하고 교사는 평가의 전횡을 일삼기도 하므로 교수 분위기가 더 나빠질 수 있다."는 것이다. 고교 교사들이 동일한 작문 과제에 얼마나 다른 점수를 주는가를 조사한 연구자들은 다음해에 지리와 역사 교사들을 대상으로 전공 과제 평가를 어떻게 하는가를 조사하였다. 지리와 역사 과제 평가에서의 개인차는 작문 평가보다 훨씬 더 컸다. Elbow는 이러한 사례를 예로 들면서 작문뿐만 아니라 문예비평이나 이론에 있어서도 평가란 읽는 사람의 취향의 문제이지 엄격한 객관적 평가는 불가능하다는 점을 지적하였다.

물론 강의를 개설하기 전에 교사들이 객관적인 평가 기준을 통일할 수도 있다. 하지만 이러한 평가는 교육과정 중 일부 과제 수행 능력에 대한 인위적

---

5) Peter Elbow(2005), "Ranking, Evaluating, and Liking: Sorting Out Three Forms of Judgement", *Teaching Composition*, T. R. Johnson, Tulane University, Boston, New York, p. 395 참조.

평가이고, 교사 한 명이 전체 독자를 대변할 수도 없다. 즉, 교실에서 이루어지는 평가는 실제 독자에 의한 자연스러운 평가가 아니다. 교육 중의 평가는 학습자의 실제적 쓰기 능력을 진단(診斷)하고 향상시킬 수단이어야 하므로 상대적인 점수 서열이 아니라, 부족한 점을 조언하는 문장 형태로 제시되는 것이 바람직하다.

학생들은 다음에 쓸 글을 개선하는 데 이전에 읽은 코멘트 내용을 별로 고려하지 않는다(Gee, 1972; Sommers, 1982). Sommers(1980: 152)는 "대다수 교사들의 코멘트가 특정 텍스트에 국한된 것이 아니어서 이 글 저 글에 서로 바꿔 적어도 별 차이가 없는 고무도장" 격이므로 학생에게 그리 도움이 되지 않음을 지적하였다. "교사는 학생이 쓰고 있는 주제에 몰두하거나 특정 텍스트를 완성하는 목적과 목표에 대해 생각해 보게 하는 사려 깊은 코멘트를 해야 하는데 실제로는 그렇지 못하다."(Sommers, 1980: 154)

Connors와 Lunsford(1993)는 "학생 글 3,000편의 마지막이나 첫 부분에 제시된 포괄적 평가 코멘트"의 속성을 분석하였다. 대부분의 코멘트는 글의 말미에 제시되었고, 42%가 긍정적 평가에서 시작해 부정적 평가로 옮겨 갔으며, 9%만이 순전히 긍정적 평가로 일관하였다. 형식에서는 문장 구조에 관한 것이 많고 전체적으로는 세부 사항을 지적하고 감점한 근거를 제시하는 유형이 많았다. Straub(1997)이 인터뷰한 학생들은 글을 향상시킬 방법을 제시하거나 글에서 무엇이 좋고 나쁜지를 명료하게 설명하는 코멘트가 가장 유용했다고 회상하였다.

그렇다면 쓸모 있는 코멘트는 어떤 것일까? 본문 내용을 직접 언급하면서 글의 여백에 써 주는 것이다. 하지만 교사들은 학생 글의 점수가 낮을수록 글의 끝 부분에다가 자신의 평가를 정당화하는 코멘트를 더 자세하게 쓴다. 피드백에 내재한, 교사의 방어 기제를 반복적으로 경험한 학생들은 이제 점수만 보고 코멘트 내용은 무시한다. Williams(2003)는 글을 완성해 가는 동안 말로 해 주는 코멘트가 더 즉각적이고 효율적이라고 조언한다. 총괄적으로 평가해야 한다면 다음과 같은 사항을 고려하라고 말한다.

- 훑어 읽기 식으로 빠르게 읽으면서 등급을 짐작해 보고 장단점을 파악한다.
- 첫 글과 우수 작문의 심미적 기준을 비교해 가면서 첫 글의 위치를 자리매김해 둔다.
- 나머지 글도 우수 작문 기준에 비추어 서로 비교해 가며 자리매김을 한다.
- 모든 글은 '우수함, 적당함, 만족스럽지 않음'의 세 부류로 나눈다.
- 두 번째로 읽을 때는 여백에다가 내용과 형식에 대한 첨삭 내용을 적는다. 그 내용은 학생과 협력 학습을 해 오면서 나눈 대화의 연장선에 있어야 한다.
- 의문문을 효과적으로 써서 교사가 아닌 실제 독자로서 반응을 보이도록 한다.
- 편집상의 실수를 수정하려는 유혹을 떨치고 코멘트는 짧게 한다.
- 문제점이 있다면 최종고보다는 다음 과제의 초고에다가 지적해서 연습할 기회를 주도록 한다.
- 최종고에 심각한 문제가 있다면 쓰기 과정에 참여한 모니터 집단에 좀 더 신경을 쓴다.
- 글의 말미에 최종 코멘트를 쓴다면 점수는 바로 옆에 쓰지 말아야 한다.
- 한 편당 코멘트 작성 시간은 5분을 넘지 않도록 한다.
- 잉크나 특히 빨간 펜보다는 연필로 쓴 코멘트가 더 친근함을 준다.

Elbow는 대학 글쓰기와 같이 수강생이 많을 때 적용할 수 있는 5가지 평가 방안을 제시하였다.

첫째, 포트폴리오 작성이 가능한 수행평가를 하고 학기 중간까지는 성적을 암시하지 않는다. 학습자는 심적 부담이 적어야 코멘트 내용을 적극적으로 수용하는 등 자발적인 노력을 하게 된다.

둘째, 꼭 과제물의 순위를 매겨야 한다면 소수에게만 '아주 우수함'과 '부족함'을 지적하는 상한선과 하한선만을 제시한다. A부터 F까지의 6단계 평가보다는 극소수의 상단과 하단을 구분하는 3단계 평가의 잣대가 좀 더 객관적이다. 출석이나 과제 제출 시한, 동료 평가, 일지 쓰기와 같은 교과 운영의 다른 부분에도 이러한 3단 평가 범주를 적용하면 학기말에 A부터 F까지를 세밀하게 분류할 수 있다.

Strong	OK	Weak	
			내용, 통찰력, 사고, 주제 장악력
			성실하고 정확한 수정, 실질적 변화, 교열의 정도
			조직, 구성, 독자에 대한 고려
			언어(LANGUAGE): 통사, 문장, 어휘, 어조
			기술(MECHANICS): 맞춤법, 문법, 구두점, 꼼꼼히 읽기
			총평 [주의: 이것은 다른 점수들의 총합이 아니다.]

셋째, 과제 성격이나 제출 시기에 따라 위의 격자 도표를 사용한다. 코멘트에 이러한 도표를 덧붙이면 학생은 자신에게 부족한 점이 무엇인지 한 눈에 알아보고 교사의 코멘트에 좀 더 신경을 쓰거나 학기말 성적도 수긍하게 된다. 이 도표에다가 교사의 필요에 따라 '독자와의 관계'나 '동료에게 피드백을 주는 기술', '과제 기한에 맞추는 능력', '노력', '향상' 등의 정도도 추가할 수 있다.

넷째, 서열화하지 않은 데서 오는 문제를 줄이려면 더 많은 독자에게 글을 보이도록 동기를 부여한다. 학습자 서로가 말이나 글로 충분히 피드백을 주고받도록 하고 가능하면 교실 밖 독자에게도 글을 보이게 하는 것이 좋다. 피드백을 통해 동료와 쓰기 과정을 공유하고 출판을 하는 것이야말로 가장 적절한 보상이자 동기 유발책이다. 메사추세츠 대학에서는 신입생들이 글쓰기 수업의 실험실습비로 10달러를 내는데, 교사는 이 돈으로 한 학기에 4~5권의 최종고 문집을 발간한다.

다섯째, 학기 초에 교사는 학습자가 한 학기 동안 수행하기를 바라는 행위 목록을 구체적으로 제시하고 그것을 성실히 수행하는 학생에게 최소한 B의 성적을 보장해 준다. 성적에 구애받지 않고 자신의 창의적인 사고를 글로 옮기는 과정에 집중함으로써 학생은 교사의 코멘트를 받아들일 것인지 여부도 스스로 결정하면서 쓰기 여정을 즐기게 된다. 바람직한 행위 목록에는 다음과 같은 내용이 포함될 수 있다.

1주에 해당하는 수업 차시 이상은 수업에 빠지지 않는다, 과제물 제시 기한을 한 번 이상은 넘기지 않는다, 모든 초고를 수정할 때는 실질적 변화가 있어야 한다, 최종고를 낼 때는 언제나 전체 내용을 잘 편집하고 교열한다, 동료 피드백 활동에 성실히 참가한다, 날마다 작업일지를 쓴다, 각각의 원고에 충분한 노력을 들여야 한다.

교사를 비롯해서 일반적으로 독자들은 필자가 표현하고자 하는 내용을 제대로 파악할 수 없으면, 자신의 고유한 감식안에 근거해 글이 '좋다'거나 '나쁘다'고 평가한다. 하지만 글의 가치는 도덕적 준거인 '좋다', '나쁘다'가 아니라 수용의 수월성 정도를 나타내는 '명료하다', '모호하다'의 기준으로 구분해야 한다. 쓰기 과정 중에 동료나 교사 피드백 기회를 자주 가질수록 학습자는 장차 소속되기를 원하는 특정 담화 공동체의 '독자'나 '필자'에게 필요한 객관적인 감식안을 기를 수 있을 것이다.

2. 렌즈에세이 교수법

렌즈에세이란 필자가 전하고 싶은 내용을 독자가 익숙해하는 렌즈로 보여주는 글이다. 렌즈는 원작의 숨은 속성을 가시화하고 시공간을 초월하게 한다(벤야민, 1936). 미국 컬럼비아대학교는 렌즈의 이러한 물리적인 속성을 비유적으로 활용하여 렌즈에세이 개념을 창안하였다. 그리고 최근까지 학부생을 대상으로 학술 담론 생성에 필요한 창의성과 이론화 전략을 가르치기 위해서 〈신입생 글쓰기〉 수업의 첫 번째 과제로 렌즈에세이 쓰기 과제를 주었다.

A   B

렌즈에세이 쓰기 과제는 사물에 들어 있는 일정한 규칙(법칙)을 발견하고, 발견한 규칙을 새로운 상황에 적용해 문제를 해결하게 만드는 방법지(方法知

know-how) 교육이다. 그림에서 A는 B가 들고 있는 렌즈를 통해서 자신이 보고 있는 세계에 대한 생각을 표현한다. 렌즈로 표상되는 이론의 독창성은 다른 지식의 영역에서 유사한 것을 빌려와 적용해 보며, 그것이 새로운 제약 속에서 가능하게 조정함으로써 생긴다.

렌즈에세이에서 렌즈는 관심 주제를 설명할 이론적 틀, 즉 체계이다. 자신의 글에 딱 맞는 렌즈를 찾으려면 국어·수학·사회·과학·음악·미술·체육 등 다양한 교과목에서 배웠던 개념이나 이론, 관점 등을 검토해 보는 것이 좋다. '화학결합'과 '인간관계'처럼 특정 렌즈와 주제의 체계가 너무 유사해서 그 관계를 쉽게 짐작할 수 있으면 완성된 글의 참신성이 그리 높지 않다. 물론 '다이어트 방법'과 '성형수술 심리'처럼 아무리 해도 연관 지을 수 없는 부적절한 관계여서도 안 된다. 이렇게 다양한 분야에서 관심 주제에 적합한 렌즈를 찾는 동안, 이성과 직관을 융합하는 사고력을 기를 수 있다. 21세기의 간학문(間學問, inter discipline)적 이론 생성에 필요한 '다르게 보기' 훈련이 될 것이다.

이론은 친숙한 모델로 복잡한 현상을 설명하는 은유법(metaphor)이라 할 수 있다. 보어(Niels Bohr)는 태양계로부터 원자 구조를 설명할 모형을 떠올렸다. 최근 원자와 전자의 관계가 오비탈(Atomic Orbital) 궤도로 설명되면서 보어의 이론은 더 이상 유효하지 않지만 한시적인 이론으로서의 가치는 여전히 남아 있다.

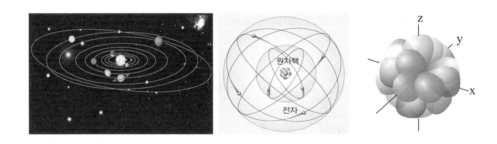

렌즈에세이의 독자는 자신과 지식 수준은 비슷한데, 자신이 쓰고자 하는 주제에 대해서 깊이 생각해 본 적은 없고 하지만 알고 싶어하는 사람으로 정한다. 자신과 같은 담화 공동체에 속해 있는 독자를 대상으로 할 때 좀 더 설득적인

글을 쓸 수 있다. 독자의 배경지식이나 관심 분야를 알아야 독자가 익숙해하는 렌즈를 고를 수 있기 때문이다. 학문 분야에 따라서 지식을 설명하는 은유가 다른 것을 보면(Kleine, 1990: 80) 배경지식이 같다는 점이 독자를 설득하는 데 얼마나 중요한 조건인지 알 수 있다. 다음 지식에 대한 은유는 어느 학문 분야에서 통용되는 것인지 〈보기〉에서 골라 써 넣어 보자.

〈보기〉 경제학자　　물리학자　　생물학자　　수학자　　시스템공학자
① (　　　　) 원소 vs 입자　　　② (　　　　) 부분집합 vs 벡터
③ (　　　　) 공생 vs 생식력　　　④ (　　　　) 시장 논리
⑤ (　　　　) 피드백 vs 인공두뇌　방식

렌즈는 'A : B = a : b'의 관계처럼 유사(analog) 관계를 보이기 위한 체계로서, 맨눈으로는 볼 수 없는, 사물의 숨은 관계를 드러내는 기능을 한다. 그래서 사물, 개념, 이론, 서사(敍事) 등 규칙이나 체계가 있는 것은 뭐든지 렌즈가 될 수 있다.

사물 렌즈

사물을 렌즈로 사용할 때에는 특정 사건이나 물체가 글의 화제와 형태적 유사성을 공유하고 있어야 한다. 일찍이 독일의 음악가 Hauptmann(1792~1868)은 대규모 도입 합창과 레치타티보 및 아리아, 코랄로 이어지는 Bach의 Cantatas 구조를 기관차, 객차, 우편마차로 이어지는 기관차에 비유했었다.

아래 예문에서는 독자에게 익숙한 자동차 운전에 비교해 가며 컴퓨터에 대한 인식을 개선하고 있다. 첫 문장에 소개된 필자의 주장은, 이어지는 문장들에서 'A(주제)는 B(렌즈)처럼 생각하면 된다. … 이와 마찬가지로, … 실제로는 훨씬 더 … 우선 … 더구나 … 요컨대'와 같은 담화 표지들에 의해 효과적으로 뒷받침됨으로써, 주제 구조의 일관성을 확보하였다.

> 컴퓨터는 우리가 우려하는 것만큼 접근하기 어려운 대상이 아니다. … **컴퓨터 사용은 자동차 운전처럼 생각하면 된다.** 우리는 자동차의 부속품 하나하나에 대하여 전혀 알지 못하면서도 운전을 하면서 생활에 적절히 활용할 수 있다. 이와 마찬가지로 우리는 컴퓨터 부속품 개개의 기능을 잘 알지 못하면서도 일상생활이나 연구 활동에 효율적으로 사용할 수 있다. … **실제로는 훨씬 더 수월하다.** 우선 배우는 과정이 더욱 간편하다. 컴퓨터를 배우기 위해서는 자동차 학원에서의 운전 연습, 면허 시험, 그리고 조심스런 도로 주행 연습 등의 까다로운 과정을 거치지 않아도 되는 것이다. 더구나 컴퓨터의 사용은 자동차 운전처럼 교통사고와 같은 공포를 의식하지 않아도 된다. … **요컨대, 컴퓨터에 접근하는 가장 빠른** 길은 컴퓨터에 대한 잘못된 인식이나 필요 없는 두려움을 불식시키는 일이다.
>
> ─홍윤표, 〈컴퓨터 입문에서 활용까지〉

개념 렌즈

개념을 렌즈로 사용할 때에는 특정 개념어와 화제 사이에 의미적 개연성이 있어야 한다. "지식 집단은 각 주주가 자신의 전문적인 지식, 인터넷 서핑 시간, 배우고 가르치는 능력 등을 자본으로 출자하는 일종의 주식회사"라는 문장에서 '지식 집단'과 '주식회사'의 관계처럼 말이다.

> ▷ **니콜라스 펀(Nicholas Fearn), 디지털 게임과 양자역학 비교**
> 게임의 세계에서 우주는 완전히 프로그램된 것이 아니다. 그저 가운데 나 있는 길을 따라갈 뿐, 밖으로는 나갈 수 없다. 별이나 나무는 검은 자국일 뿐 가까이서 볼 수 있는 게임의 일부가 아니다. 게임을 위한 완전한 실재는 불필요하다. 이것은 양자역학의 불확정성원리, 상보성(complementarity)과 연계되는 개념이다. 입자의 위치와 속도를 동시에 측정할 수 없다. 측정 순간 하나의 속성이 창조되면서 다른 하나는 버려진다. 측정 전 입자는 둘 중 하나가 될 가능성의 상태이다. … 신은 게으르고, 우리의 두뇌를 낮게 평가한 프로그래머이다. 신은 우리가 원자의 분석에만 도달할 뿐, 원자의 내부 구조를 들여다 볼 거라고는 생각하지 못한 것이다. 따라서 원자 내부를 프로그래밍하기 위해 왜 시간을 낭비하겠는가?

이론 렌즈

이론을 렌즈로 사용하면 문제의 해결 방법이나 현상의 숨은 원리를 창의적으로 논리화할 수 있다. 학부생들은 학생식당의 혼잡 문제를 수요공급곡선으로 해결하려 하거나 가속도의 법칙(F=ma)으로 사랑의 시작 단계를 설명하는가 하면, 만유인력의 법칙($F = G\frac{m_1 m_2}{r^2}$)으로 남녀 간 사랑에 대한 공식을 세우기도 했다.

> **애덤스미스: 노동 분업론**
>
> "우리가 식사할 수 있는 것은 정육점, 양조장, 빵집 주인의 자비심 때문이 아니라 자기 자신의 이익에 대한 그들의 관심 때문이다. 우리는 인간성에 호소하지 않고 이기심에 호소하며, 우리 자신의 필요가 아니라 그들의 이익을 이야기한다."
>
> —〈국부론〉(1776)
>
> **하이에크: 지식 분업론**
>
> "지식의 진보도 시장과 마찬가지로 경쟁의 산물이다. 보이지 않는 손을 이끄는 원동력은 바로 보상을 바라는 야망이 펼치는 경쟁심이다. 게임 참가자의 야망을 사회적인 면에서 적절히 생산적인 방향으로 돌릴 수 있는 규칙이 필요하다."
>
> —〈The Road to Serfdom〉(1944)

서사 렌즈

잘 알려진 서사를 인용하는 방법으로 글의 부분이나 전체를 구조화할 수 있다. 도입부에 독자에게 낯설지 않은 이야기를 소개하고 그 내용 전개 구조에 맞춰 자신의 논점을 타당화하면 독자의 예상에 들어맞는 글의 흐름이 생겨서 전체 구조를 안정시키게 된다.

> ▷ 마이더스 왕이 손에 잡은 모든 것을 어김없이 황금으로 변화시키듯, 자본주의는 자신의 회로 속으로 끌어들인 모든 것을 상품으로 변환한다. 따라서 밀, 가죽, 양모 등 셀 수 없이 많은 물건, 사물의 축적, 폐기물, 쓰레기장 등이 모두 상품이 된다.

수사법 렌즈

다음과 같이 특정한 주제 내용을 수사적으로 전달할 수도 있다.

> ▷ **지식요리법**
> 목적의식 두 스푼을 수집된 자료(Data)에 집어넣어서 따뜻한 관심과 애정의
> 물을 붓고 문제의식 한 스푼을 집어넣어 구조화된 정보(Information)를 만들고
> 다시 여기에 집요함 두 숟갈을 집어넣어 반죽을 한 다음 고통 체험과 깨달음의
> 양념을 추가시켜 지식(Knowledge)을 만든다. 이렇게 탄생한 지식을 커다란 용기
> 한 그릇과 열정과 헌신이라는 불꽃으로 끓인 다음 사랑과 옳음이라는 촉매제를
> 집어넣어서 육감과 혜안을 가져오는 지혜(Wisdom)를 잉태시킨다. 여기서 지식
> 디자이너는 지식을 맛있게 만드는 요리사다.
> ─"이러닝 최적화 전략 세미나" 한양대학교 유영만 교수 발표 자료(2012) 중에서

[부록 1] 수업 첫날 잔소리 예시

이번 주 참 기쁘죠? 인고의 세월을 지나 대학에 들어온 여러분 축하합니다. 이 날을 위하여 우리는 얼마나 많은 밤에 허벅지에 송곳을 찔러 가며, 눈 밑에 치약을 발라가며 공부했습니까? 부모님이 요즘 여기저기 한턱내느라 돈 많이 쓰셨죠? 여러분의 대학 입학 성공이 부모의 기쁨입니다.

선생님 이름은? 이메일과 전화번호를 알려 줬으니까 수업을 듣고 특별한 건의 사항이나 전문적인 말과 글에 대해 부탁할 것이 있으면 연락하세요. 가능한 문제 해결 방법을 알려주고 도와주겠습니다.

그럼 본론으로 들어가서 우리는 왜 말씀을 하는가?
누구나 말씀을 할 줄 아는데 왜 대학은 전 세계적으로 신입생에게 말과 글을 가르치는가?
맥락에 맞게 전략적으로 말씀해야 하기 때문입니다.

말씀을 잘하면 뭐가 생기나?
썰(說)득(得), 썰을 잘 풀어서 상대의 마음을 득해야 합니다.

그럼 말씀을 잘하기 위한 이 수업의 목표를 같이 확인해 봅시다.

실러부스 소개
(글 수업: 렌즈에세이 과제, 보고서 써 본 사람? 대학교에서 유통되는 보고서는 어떻게 써야 할까? 먼저 서론에서 문제 제기. 이 문제를 해결하지 않으면 지구에 종말이 올 것처럼 문제를 과장해야 한다. 큰일 났다. 누가 지구를 구할 것인가. 이렇게 위기감을 조성해야 독자는 끝까지 읽을 맛이 난다. 그리고 본론에서 그 문제를 진단하고 해결할 방안을 모색한다. 결론에서는 내가 이 논문을 쓰지 않았 다면 지구에 종말이 올 뻔했지만 이제 독자 여러분은 발 뻗고 자도 된다. 내가 이 논문을 써서 시한폭탄의 뇌관을 제거하고 문제를 해결했으니까. 이렇게 호언 장담을 한다.)

(말 수업 1학기: 자기소개 과제, 듣는 이의 기억에 남도록 소개해야 한다. 입사 면접에서 3분 동안 자기소개를 할 때, 저는 몇 남 몇 녀의 몇째로 아버지는 엄격하시고 어머니는 자애로우신 환경에서 자랐으며… 이렇게 소개해서는 기억에 남지 않는다. 면접관들이 쉬는 시간에 한담을 나누며 아까 그 왜 특이하게 소개한 지원자 있잖아, 이렇게 회상할 수 있도록 특별한 에피소드가 있어야 한다. 선생님 1학년 때 구창모라는 가수의 〈희나리〉라는 노래가 유행했는데, "한번쯤 겪어야만 될 사랑의 고통이라면 그대로 따르겠어요. 아무런 이유도 없이~ 아픈 만큼 성숙해지는 진실을 알게 했어요." 이렇게 노래를 부르면서 "아픈 만큼 성숙해지는 진실을 알게 된 여자, 김성숙입니다."라고 소개하면 그 당시 누구나 내 이름을 기억했었다. 지난 학기 잊지 않는 학생 이름 황 one more, "저를 알게 되면 하나 더 이득이 생기는 인간관계를 맺게 될 것입니다." 이와 같이 처음 만난 사람에게 자신의 이미지를 긍정적으로 각인시킬 이름 소개 방법 하나쯤은 사회에 나가기 전에 준비해 두도록 한다.)

말 수업 발표 주제는 critical discourse analysis, 미국에서 미래 인재의 비판적 사고력을 기르기 위해 비판적 담화 분석 방법론을 활용한 교수법이 유행한다. 대학에서는 등록금을 내는 여러분이 주인이므로 대학 공동체의 주요 담론을 비판적으로 해석하고 문제를 해결할 실천적 방법을 모색해 보자.

수업 소개는 끝났으니까 이 수업을 선택한 여러분에게 득이 될 정보 한 가지.

여러분의 몸값을 높이는 방법!

선생님의 하루를 돈으로 환산하면 얼마일까? 여러분의 하루를 돈으로 환산하면 얼마일까?

기업은 고졸자와 대졸자에게 차등 임금을 지급한다. 왤까? 어차피 기업은 신입사원을 뽑은 후에 해당 부서에 적합한 지식과 기능을 갖추도록 오리엔테이션과 인턴십을 실시해야 한다. 성실한 고졸자는 대졸 초봉보다 높은 임금을 받겠지만 그들 모두가 높은 자리까지 승진하기는 어렵다. 왜 기업은 몇 명 예외적 인물을 빼고 고졸자들을 일정 수준 이상으로 승진시키지 않을까? 왜 기업은 대졸자에게 더 많은 임금을 주는 걸까?

대학에서 많은 지식을 쌓을 수 있을 거라 기대하는가?

공부다운 공부를 하려면 대학원엘 가야 한다. 대학원 석사로도 충분치 않다. 박사 정도는 졸업해야 전공 영역에 대해 할 말이 생긴다. 다음은 한양대학교 교육학과 유영만 교수의 대학 교육에 대한 비유이다. 파리학과에서는 1학년 때 파리학 개론을 배운다. 2학년 1학기 때 파리 앞다리 개론, 2학년 2학기 때 파리 뒷다리 개론, 3학년 때 파리 날개의 구조, 4학년 때 파리의 시신경과 청신경, 운동신경에 대해 배운다. 학부를 졸업할 때 "아 이제 파리에 대해 좀 알겠다." 흥미롭군. 석사 과정에 들어간다. 좀 더 미세한 전공을 선택해야 한다. 좋다, 파리 앞다리. 파리 앞다리 흡착판의 섬모 운동 원리. 석사를 졸업했지만 잘 모르겠다. 박사과정에 들어가면 잘 알 수 있을까? 더 미시적으로 전공을 정한다. 파리 앞다리 발톱의 때가 흰색이냐, 검은 색이다, 회색이다! 흰색학파, 검은색학파, 회색학파! 학회장에 가 보면 서로 자신이 주장하는 색이 맞다고 주장하며 슬라이드를 넘긴다. 그 순간 깨닫게 된다. 나만 잘 모르는 줄 알았는데 다 모르는구나. 이게 대학이다.

그럼 기업은 왜 대졸자에게 월급을 많이 주는가?

대졸자의 폭넓은 인맥을 사는 거다. 종합대학에 오면 같은 과 이외에도 다양한 과의 친구를 사귀게 된다. 업무를 처리하면서 문제가 생길 경우, 고졸자는 자신의 성실함으로 자기 능력 범위 안에서 문제를 해결해야 하지만 대졸자는 누구에게 자문을 구해야 하는지 판별할 수 있고 가능하면 해당 분야 친구에게 도움을 청할 수도 있다. 기업은 대졸 신입사원의 폭넓은 인맥의 가치를 비싼 값에 사는 거다. 그러니까 동아리도 들고 과의 학회 활동도 열심히 해서 자신의 출신 지역과 먼 곳에서 살아온 친구들을 많이 사귀어야 한다.

1882년에 설립된 와세다 대학 졸업생에게는 어느 학과를 졸업했는가보다 어느 동아리 활동을 했는가가 더 중요하다. 와세다 대학의 웅변 동아리에 들기는, 웬만한 전공 학부 입학보다 더 어렵다. 링컨 연설문 등 유명 연설문을 암기하여 첨탑 위에서 외치면 선배들이 아래서 듣고 평가해서 당락을 결정한다고 한다. 이 저명한 동아리에서는 역대 수상을 3명이나 배출했다. 앞으로 성공의 관건은 인맥이다. 발이 넓은 사람이 몸값을 높일 수 있다. 전국적인 거점을 확보하여 한국 내 인맥을 얻고, 그 다음 해외로도 진출해야 한다. 해외 유학을 하고 온 사람이 우대받는 것은 해외에서 고생할 때 동고동락한 인맥들이 장년기에 접어들면 각국의 고위직에 자리를 잡기 때문이다. 당장 해외에 갈 계획이 없다면 유학생 친구를 사귀어라. 유학생은 대개 늘 외롭다. 여러분이 다가가서 친해지고 그 유학생 친구의 친구까지 여러분 휴대폰에 번호를 저장해 둘 만큼 친한 친구가 되어라. 가급적 다양한 국적의 친구를 사귀는 것이 더 낫다. 그러므로 오늘 이 시간이 끝나고 나갈 때는 모르는 사람이 둘씩 짝 지어 나가는 거다.

"대학 신입생으로서 보내는 1년은 2학년 때보다 더 값이 나갑니다. 대학에서 학년이 올라갈수록 취업이나 진학에 대한 준비로 몸도 마음도 바빠질 겁니다. 1학년 때 이 선물 같은 시간을 만끽하면서 인맥을 쌓고 경험도 많이 하세요. 그럼 둘씩 모르는 사람끼리 짝을 지어 나갑시다. 대화를 나누며 밥도 먹고 전화번호도 교환하세요."

[부록 2] 수업일정표

〈말과 글〉 강의 계획서

담당: 김성숙(E-mail: eureka***@naver.com), H.P: 010-3387-****

시간: 화 10:30~12:00, 목 9:00~10:30 정보통신관 203호

수업 목표 1. 사물을 바라보는 독창적인 시각과 창의적인 사고력을 함양한다.

　　　　　2. 자신의 견해를 체계적으로 구성하고 설득력 있게 전달하는 표현 능력을 향상한다.

강좌 운영 방식: 강의와 토의, 글쓰기 실습, 발표를 병행한다.

평가: 출석 10점(결석 1번 – 2점, 지각 2번 – 1점), 수정 조언 및 질의응답 참여도 20점, 조별 에세이 초고 10점, 에세이 수정고 10점, 개인 발표 30점, 기말 보고서 20점

　　※ 10회 이상 결석 시 F학점 처리함 　※ 질병 시 사유서 제출

강좌 교재: 『창조적 사고와 글쓰기』, 『말이 힘이다 삶이 문화다』(한양대학교 출판부, 2013)

주차	교재 및 단원	내용
1	〈글〉 1부 좋은 글을 쓰기 위하여	◦ 강의 소개 ◦ 창의적 사고 훈련(16~30쪽, ppt)
2	〈글〉 1부 좋은 글을 쓰기 위하여	◦ [강의] 좋은 글을 쓰기 위한 조건(9~15쪽), 조 구성 ◦ [강의] 렌즈에세이란 무엇인가? 학술적인 법칙이나 공식 등 렌즈 찾기
3	〈글〉 2부 글쓰기의 절차와 방법	◦ [강의] 주제 설정의 절차와 방법(40~43쪽), 샘플 글의 주제 및 독자 분석 ◦ [조별 활동] 개요 작성(56~64쪽) 및 쓰기, 특수 단락 참조(92~101쪽) [과제] **조별 렌즈에세이 초고** 쓰기(줄 간격 300%, A4 2매 분량)
4	〈글〉 2부 글쓰기의 절차와 방법	◦ [강의] 수정(첨가, 대체, 삭제, 재배열) 방법 [활동] 샘플 글 수정 ◦ [활동] 조별 에세이 수정을 위한 토의 1 [과제] **조별 에세이 수정고** 제출

주차	교재 및 단원	내용
5	〈글〉 4부 과정에 따른 글쓰기	◦ [활동] 조별 에세이 수정을 위한 토의 2, 3 [과제] 수정고 제출 ◦ [활동] 조별 에세이 수정을 위한 토의 4, 5 [과제] 수정고 제출
6	〈글〉 4부 과정에 따른 글쓰기	◦ [활동] 조별 에세이 수정을 위한 토의 6, 7 [과제] 수정고 제출 ◦ [활동] 조별 에세이 수정을 위한 토의 8, 9 [과제] 수정고 제출
7	〈말〉 2부 말하기의 이해	◦ [강의] **개인 발표 주제**: 비판적 담화 분석(ppt, 〈자료 1〉) ◦ [강의] 말하기 유형과 원리(23~28쪽) / 설득적 말하기 〈자료 2〉
8	**중간고사 기간**	
9	〈말〉 3부 다양한 말하기의 실제	◦ [강의] 발표의 절차와 방법(109~121쪽) PT 잘하는 변호사 ※ 발표 순서 정함(각 주 6명, 7분 발표, 3분 질의 응답) ◦ [강의] 발표 과제 잘 준비하는 방법(ppt), 발표 자료 예시
10	〈말〉 3부 다양한 말하기의 실제	◦**어린이날** ◦ [활동] 말하기 능력 평가 기준 협의
11	〈말〉 3부 다양한 말하기의 실제	◦ [활동] 발표와 질문 1 ※ 발표 내용을 주의 깊게 듣고 핵심을 찌르는 질문을 한다. ◦ [활동] 발표와 질문 2
12	〈말〉 3부 다양한 말하기의 실제	◦ [활동] 발표와 질문 3 ◦ [활동] 발표와 질문 4
13	〈말〉 3부 다양한 말하기의 실제	◦ [활동] 발표와 질문 5 ◦ [활동] 발표와 질문 6
14	〈글〉 3부 글쓰기의 실제	◦ [활동] 발표와 질문 7 ◦ [강의] 학술 에세이란 무엇인가(249~276쪽)
15	〈글〉 2부 글쓰기 절차와 방법	◦ [강의] 보고서 장르의 특징 및 평가 준거: 4단 구성 ◦ [강의] 인용 및 각주, 참고문헌 표기 방법
16	**기말고사 기간 ※ 기말 보고서 제출**	

※ 위 강의 계획서는 사정에 따라 변경될 수 있습니다.

〈자료 1〉 학교 공동체의 공식적·잠재적 교육과정 개선을 위한 비판적 분석 과제

※ 다음 [1]과 [2]의 다양한 세부 과제 가운데 하나를 골라 비판적으로 분석한 결과를 발표하십시오. 순서지에 발표 주제를 쓸 때 앞 발표자와 내용이 겹치지 않도록 하는 것이 좋습니다. 발표 당일에 준비한 내용 중 일부가 이전 발표자와 겹친 것을 발견하였다면 동일 내용은 반복하지 않고 건너뛰며 발표를 하십시오 (융통성). 따라서 아래 과제 [1]의 1번 문항의 경우, 뒤에 발표하는 사람은 모교에 국한하지 말고 국내외 다양한 대학의 해당 전공 교과과정을 분석하고 모교와 비교, 발표하는 것이 유리합니다(발표 내용의 참신성).

※ 발표를 마친 후 발견한 내용에 의거해서 학과장이나 학교 행정 직원, 담당 교수자에게 문제 해결에 필요한 대안을 정중하게 제시하는 편지를 써서 보낸 화면 캡처와 그 편지를 제출하면 가산점이 있습니다.

공식적 교육 과정은 학교에서 배우는 모든 주제, 내용, 사실을 포함한다. 일반적으로 중고등 교육과정에서는 학생의 진로를 취업이나 진학으로 구분하고, 각 진로에 맞게 교육 과정과 필수 학습 요건(과목별 법정 수업 시수 및 수준별 분반 시험)을 정한다. 그리고 이 지침에 따라 학습해야 할 창의적·경험적 지식 내용을 결정한다. 대학에서 특정 전공으로 학위를 받으려면 교양 필수 및 전공 필수 교과목을 이수해야 한다. 전공 교과목은 해당 전공자가 익혀야 할 특정 지식과(or) 사고방식을 위주로 구성된다.
잠재적 교육 과정은 특정 교육 과정에서 학생에게 (무의식적으로) 강제되는 문화적(이상적) 가치를 말한다. 이상적인 시민은 생산적이어야 하고 문화를 이상적으로 소비하자면 분별력이 있어야 한다. 그리고 학생은 권위를 존중해야 한다. 그래서 학교는 교육을 통해 학생을 공동체의 생산적인 시민, 분별력 있는 문화 소비자, 공손한 아랫사람으로 만들고자 한다. 계획적으로 배치된 교실 구조와 쉬는 시간, 엄격한 수업 예절, '건전하거나 지성적인' 동아리, 과외 활동이 장려되면서 이러한 문화적 가치가 전수된다. 이렇게 학생은 특정한 방식으로 행동하고 타인과 어울리도록 장려되는 교육 과정을 이수함으로써 특정 공동체에서 문화를 소비하는 바람직한 방식을 배우고 이상적인 시민으로 길러진다.

공동체의 생산적인 시민을 양성하기 위해 학교는 (수 단위나 월 단위의 대형 과제보다) 날마다 성실하게 수행해야 하는 자잘한 과제를 선호한다. 그리고 쉬는 시간이나 자율학습 시간에도 생산적인 (사귐이 아닌) 과제 활동을 계속하는지 지속적으로 감독한다.

분별력 있는 문화 소비자로 키우기 위해 학교는 '저급한 문화'물(잡지, 만화책, mp3 등)을 몰수하고 '고급문화'물(권위 있는 문학, 클래식 음악 등)로 대체한다. 또한 '고급문화'를 직접 체험하도록 관현악단, 연극, 학교 신문 제작 같은 과외 활동을 장려한다.

공손한 아랫사람을 만들려면 지속적인 감독이 필요하므로 교실 맨 앞에는 (보통 큰) 교사용 책상이 배치된다. 그리고 교사는 언제든 말할 수 있지만 학생은 말하기 전에 손을 들어 허락을 받아야 한다.

이러한 잠재적 교육 과정의 문화적 가치는 선의와 보람이라는 명목으로 학생에게 강제된다. 그러나 이 문화적 가치와 학생 고유의 개인적 가치가 상충할 때는 문제가 생기기도 한다.

[1] 특정 전공 교과목의 **공식적 교육 과정** 개선을 위한 비판적 분석 과제

1. 여러분이 선택한 분야를 전공하기 위해 대학이 요구하는 필수 요건(공식적 교육과정)이 무엇인지 구체적으로 설명하십시오. 어떤 과목을 필수로 들어야 합니까(과목의 수와 수준은 어느 정도입니까)? 어떤 과목을 선택할 수 있습니까? 이수해야 하는 실습(교생실습, 실험)은 무엇입니까? 왜 이 필수 요건이 전공에 필요합니까? 필수 요건의 목적은 무엇입니까? 전공 필수 요건을 이수하는 데 어떤 지식과 기술이 가장 중요합니까?

2. 전공자가 졸업 후에 어떤 일을 하는지 자세히 설명하십시오. 그들의 직업은 무엇입니까? 이 직업을 얻기 위해 필요한 지식은 무엇입니까? 이 직업을 얻기 위해 갖추어야 하는 실용적인 기술은 무엇입니까? 여러분이 선택한 전공과 관련이 있는 분야에서 경력을 쌓은 사람 중 적어도 세 사람에게 인터뷰를 하고 그 결과를 설명해야 합니다.

3. 여러분이 선택한 전공의 교육 과정을 비판적으로 분석하십시오. 전공 필수 요건 중 무엇이 대학 졸업 후의 삶을 준비하는 데 도움이 됩니까? 전공 필수 요건 중 대학 졸업 후의 삶을 준비하는 데 도움이 되지 않아서 개선되어야 하는 것은 무엇입니까?

[2] 특정 학교 공동체의 **잠재적 교육 과정**을 개선하기 위한 비판적 분석 과제

1. 학교 전체의 물리적/지리적 특징과 주요 공간(교실, 자습실, 식당, 체육관, 탈의실, 화장실, 강당, 운동장 등) 중 몇 곳을 설명하십시오. 왜 행정가들이 학교의 물리적/지리적 특징을 그와 같은 방식으로 배치한 것 같은지 설명하십시오. 그리고 잠재적 교육 과정을 개선하기 위한 대안을 제시하십시오.

2. 여러분이 선호하는 교사 한두 명과 선호하지 않는 교사 한두 명을 선택해서 그들의 교육 방법(학생들과의 상호작용, 교수법, 수업 방침, 성적 처리, 교실 활동 등)에 대해 서술하십시오. 어떤 교육적 실천 때문에 한 교사가 다른 교사보다 우수한지를 대조하고 설명하십시오.

3. 학생들에게 인기 있는 동아리나 과외 활동의 목록을 만들고 나서 인기 없는 동아리나 과외 활동의 목록을 만드십시오. 그리고 그 차이가 발생하는 이유를 대조, 설명하십시오.

4. 중·고등학교나 대학에 와서 들은 수업과 수업 자료(수업계획서, 수업 방침, 안내문, 교재)에 대해 비판적으로 분석하십시오. 대부분 기억에 의존해서 발표 내용을 구성하겠지만, 구체적인 수업 자료가 있다면 여러분의 경험과 기억 내용을 '증명할 자료'가 될 것입니다. 하지만 특정 수업을 명시할 수 있는 교수자의 실명이나 수업의 분반 번호, 학정 번호 등은 모두 지우십시오. 이 발표를 듣는 청자는 여러분이 설명하는 수업을 듣지 않은 대학생이어야 합니다. 즉, 이 대학에 대해서는 전반적으로 잘 알고 있으나 여러분이 설명하고자 하는 수업에 대해서는 전혀 모른다고 가정하십시오.

— 맥코미스키(2000), 김미란 옮김, 『사회과정 중심 글쓰기』, 경진출판

〈자료 2〉 설득적 말하기 방법

주장할 때 두괄식으로 말하면 설득력이 생긴다

대화와 소통을 이야기할 때 가장 많이 나오는 커뮤니케이션 이론은 바로 메라비언 법칙입니다. 이것은 미국 캘리포니아대학교 심리학과 명예교수인 앨버트 메라비언 박사가 자신의 저서에서 발표한 내용으로 상대방의 이미지를 평가할 때 시각적인 요소가 55%, 청각적인 요소 38%, 언어적 요소가 7%를 차지한다는 이론인데요. 상대방에게 호감을 느끼는 데에는 눈에 보이는 표정과 태도, 귀로 들리는 목소리나 톤 등이 93%를 차지하고 어떤 내용의 말을 하는지는 단지 7%에 불과하다는 내용입니다.

그러면 말의 내용은 별로 중요하지 않다는 걸까요. 물론 아닙니다. 상대방과의 첫인상에서는 시각과 청각의 비중이 높지만 상대방과의 대화 시간이 길어질수록 말하는 내용의 비중이 높아지고 시청각적인 비중이 줄어들게 됩니다. "처음에는 별로인 줄 알았는데 대화를 나눠보니 속 깊은 사람이더라." "첫인상은 좋았는데 말을 너무 함부로 하더라." 일상에서 이런 말을 하는 이유는 첫인상에서의 느낌도 계속 지내다 보면 말의 내용으로 바뀔 수 있다는 겁니다. 그러면 말의 내용은 어떻게 구성하고 표현하는 것이 좋을까요. 무대 위에서 최대한 청중과 소통할 수 있는 방법을 함께 알아보겠습니다.

신문기사는 큰 글씨의 헤드라인과 작은 글씨의 본론 내용으로 구성돼 있습니다. 헤드라인에는 앞으로 읽을 본론 내용에 대한 핵심이 일목요연하게 정리돼 있습니다. 그래서 헤드라인을 읽고 나서 자세한 본론 내용을 읽으면 큰 그림이 그려진 상태에서 세밀한 내용을 접하기 때문에 이해하기 편합니다. 말하기도 마찬가지입니다. 먼저 자신이 주장할 핵심내용을 말하고 나서 그에 대한 자세한 설명을 해야 청자는 좀더 쉽게 이해할 수 있습니다. 특히 말은 글과는 달리 지면에 기록으로 남지 않고 말하는 순간 공중으로 날아가 버리기 때문에 청자가 이해하기 쉽도록 하는 것이 중요합니다. 다음의 두괄식 문장을 보면서 여러분의 상황을 접목해 훈련하시기 바랍니다.(~하겠습니다, ~때문입니다. 화법을 기억하세요.)

핵심주장: 저는 청소년 교육에서 말하기 훈련을 강화하겠습니다.
근거: 왜냐하면 말하기 실력이 가장 빠르게 성장하는 시기가 바로 청소년기이기 때문입니다.

청중에게 나의 핵심공약에 대한 근거를 제시한다고 가정할 때, 근거 12가지를 말하면 청중은 집에 돌아가서 과연 몇 개나 기억을 할 수 있을까요. 미국 텍사스 주립대학의 인지심리학자 아트 마크먼은 그의 저서 '스마트 싱킹'(Smart Thinking)에서 인간은 많은 사안 중에서 한 번에 세 가지 정도에만 주의를 기울일 수 있다고 말하고 있습니다. 인간의 뇌는 한계가 있기 때문에 그 한계치를 잘 고려해서 말을 하는 것이 중요합니다. 그래서 3이라는 숫자는 복잡함의 시작이자 단순함의 마지막이라고 말합니다. 앞으로 주장이나 근거를 제시할 때는 '첫째, 둘째, 셋째'라는 말을 활용하시기 바랍니다. 이렇게 핵심을 제시할 때, '첫째, 둘째, 셋째'로 시작하면 일목요연하게 여러분의 주장이 정리되며 청자에게도 명확하게 메시지가 전달될 겁니다.

전문 지식인들이 일반 청중과 소통하지 못하는 가장 큰 이유는 바로 자신의 입장에서 표현을 하기 때문입니다. 의사나 변호사, 법조인, 애널리스트 등의 전문가는 자신의 업계에서 가장 쉽고 익숙한 내용이라 할지라도 일반인에게는 낯설 수 있다는 것을 항상 염두에 둬야 합니다. 공약이나 주장을 할 때는 보통 중학교 2학년이 이해할 수 있는 수준으로 표현하는 것이 좋습니다. 이럴 때 비유법은 아주 좋은 방법입니다. 비유법은 전문지식으로 표현된 내용을 우리 일상에서 접할 수 있는 유사한 상황으로 빗대어 표현하는 것입니다. 예문을 보시죠. "고지혈증은 필요 이상으로 많은 지방성분 물질이 혈액 내에 존재하면서 혈관벽에 쌓여 염증을 일으키고 그 결과 심혈관계 질환을 일으키는 상태입니다. 쉽게 말하면 하수구에 찌꺼기가 계속 쌓이면 막혀버리잖아요. 그러면 물이 넘치고 나중엔 큰일 나겠죠. 이런 상태를 말합니다."

청중과 함께 공감하고 싶다면 청중에게 알아듣기 쉽게 설명해 주는 것이 중요합니다. 가장 좋은 방법은 바로 구체적인 사례를 제시하는 겁니다. 다음의 두 문장을 보시죠.

'아프리카에서는 많은 아이들이 배고픔에 허덕이고 있습니다.'
'아프리카 르완다의 13살 고아소녀 쏘냐는 삼 일째 아무것도 먹지 못했습니다.'

　　어떤 문장이 더 마음에 와 닿나요. 청중과 공감하기 위해서는 구체적인 명사로
제시되는 적절한 예시가 중요합니다. 큰 그림에서 핵심 주장이나 공약을 제시했
다면 꼭 이렇게 구체적으로 사례를 표현하시기 바랍니다.

—한겨레, 2012-08-13

[부록 3] 진단평가 문항

1. 신세대가 사용하는 통신 언어에 대한 글을 쓰려고 합니다. 다음 질문에 대답하십시오.

   (1) 인터넷에서 한국말로 채팅을 해 본 적이 있습니까? 인터넷에서 채팅을 할 때만 사용하는 표현 중에 아는 것이 있습니까? 한 두 문장으로 간단히 쓰십시오.

   (2) 다음 글을 읽고 중심 문장을 찾아 밑줄을 그으십시오.

   > 1990년대 이후 인터넷 사용자들은 컴퓨터 통신을 할 때 음성이나 정서를 전달할 수 없다는 한계를 극복하기 위하여 기존의 문법 체계를 무시하고 시각적인 표현을 보충한 새로운 언어를 만들었다. 이 통신 언어에서는 '방가방가(반가워), 조아(좋아)'처럼 맞춤법을 파괴해 개인적인 발음 습관을 그대로 드러내기도 하고, '^^(좋음), ㅠㅠ(슬픔), :-O(놀람)'처럼 이모티콘을 써서 정서를 표현하기도 한다. 또한 채팅을 할 때 요구되는 신속성 때문에 '걍(그냥), 셤(시험), 쌤(선생님)'처럼 준말을 쓰는가 하면, 긴 문장을 쓸 때는 띄어쓰기를 무시하곤 한다. 이러한 현상에 대해서 한국어 문법이 파괴된다고 걱정하는 사람들이 있는 반면, 대중에게 친숙한 새로운 문법이 생길 좋은 기회라고 생각하는 사람들도 있다.

2. 〈디지털시대 보고서 쓰기〉라는 수업에서 보고서를 써야 합니다. 그래서 '신세대 통신 언어 사용의 현재와 미래'에 대한 글을 쓰려고 합니다.

   (1) [보기]와 같이 빈 칸에 알맞은 문장을 쓰고 '신세대 통신 언어 사용의 현재와 미래'에 대한 보고서를 어떻게 쓸지 계획을 세우십시오.

보기 제목: 신조어의 문화적 기능	제목: _____
1) 나는 요즘 신세대가 날마다 사용하는 신조어 이해 능력이 또래 문화 형성에 긍정적으로 기여하는 점에 대해 이야기하고자 한다.	1) 주제 제시: 나는 _____ _____에 대해 이야기하고자 한다.
2) 인터넷에서 신조어를 사용하는 사람들끼리 어떻게 친해지는가를 알고 싶기 때문이다.	2) 질문 작성: (누가/누구를/무엇을/언제/어디서/왜/어떻게) _____ _____가를 알고 싶기 때문이다.
3) 이러한 논의를 통하여 이 글에서는 신조어가 가진 문화 형성 기능을 설명하고자 한다.	3) 논증의 목적: 이러한 논의를 통하여 이 글에서는 _____고자 한다.

(2) 다음 1)부터 3)까지 세 개의 표 중에서 하나를 골라 '신세대 통신 언어 사용의 현재와 미래'에 대한 글의 개요를 세우십시오.

1) 비판-주장하기

무엇을 비판하고 주장할 것인가?	
비판 1:	
근거:	주장:
비판 2:	
근거:	주장:
비판 3:	
근거:	주장:

2) 비교-분석하기

무엇을 비교·분석할 것인가?	
비교 1:	
같은 점:	다른 점:
비교 2:	
같은 점:	다른 점:
비교 3:	
같은 점:	다른 점:

3) 문제 진단-대책 제시하기

무엇이 문제인가?
어떤 대책이 가능한가?
첫째,
둘째,
셋째,
그리고
마지막으로

3. 〈디지털시대 보고서 쓰기〉라는 대학 교양 과목의 보고서로 제출할, '신세대 통신 언어 사용의 현재와 미래'에 대한 글을 쓰십시오. (A4 2장, 2000자 내외, 1번과 2번의 내용을 보고 쓸 수 있습니다.)

※ 반드시 다음 두 글 가운데 하나 이상을 인용하고 나서 각주를 달고, 보고서의 끝에 〈참고문헌〉으로 정리해야 합니다.

> • 언어를 비롯해 모든 규범은 시대 환경에 따라 바뀔 수 있다는 생각
>
> "물질적 조건의 변화는 사회적, 문화적 변화를 불러오고, 사회적, 문화적 변화는 또 다시 언어에 대한 규범의식에도 상당한 변화를 불러온다. 그러므로 오늘날 인터넷 활동을 통한 언어 형식의 다양한 표출은 대단히 폭넓은 역사적 흐름의 변화 현상 가운데 하나라고 볼 수 있다."
>
> —김하수, 「인터넷과 우리말」, 『문제로서의 언어』 1, 커뮤니케이션북스, 2008, 151쪽

> • 언어는 같은 언어를 사용하는 사람들의 세계관을 담은 것이므로 시대 환경에 따라 바뀔 수 없다는 생각
>
> "언어는 세계 속의 사물을 가리키는 단순한 기호가 아니다. 세계를 창조하는 것, 즉 의미론적으로 나누는 것 자체가 언어의 일이다. 언어가 다르면 세계를 다른 식으로 나누고 그리하여 세계를 다른 눈으로 보고, 다르게 느끼고, 다르게 체험하게 된다."
>
> —진중권, 「복거일 당신은 '멋진 신세계'를 꿈꾸는가」, 『말』, 1999.1, 23쪽

※이 페이지부터 보고서를 쓰십시오. (A4 2장, 2000자 내외)

[부록 4] 〈글쓰기〉 수업의 총괄평가 문항 예시

다음 참고 자료를 읽고 '한류 확산을 위한 K-팝 가사의 개선 방안'에 대한 보고서를 쓰십시오. (A4 2매 이상)

대중가요 가사, 도 넘은 한국어 테러

문장 앞뒤 안 맞기는 예사, 의성·의태어와 외국어도 넘쳐…
빠른 리듬 맞추려니 가사 뭉개져
"K팝 번역해 듣는 해외 팬에게 부끄럽지 않은 노랫말 선보여야"

'이게 도대체 무슨 말이야?'
요즘 대중가요를 듣다보면 이런 생각을 갖게 되는 경우가 허다하다. 심지어 '한국 사람이 작사한 게 맞느냐'는 반응까지 나온다. 정체불명의 괴상한 노랫말 때문이다.
최근 컴백한 여성 댄스그룹 '천상지희—다나&선데이'의 신곡 '나 좀 봐줘'의 가사를 보자. '아담의 갈비뼈를 뺐다구? 진짜 빼야 될 사람 나인데, 내 허리 통뼈 이대론 안 돼'로 시작한 노래는 '소주는 싫어, 잔이 작아 얼굴 더 커 보이잖아' '이 밤을 불태워버릴 우리만의 100분 토론!'으로 끝난다. 도통 앞뒤가 맞지 않아 "최악의 가사"라는 혹평(酷評)이 쏟아졌다.

'티아라'의 히트곡 '야야야'에서는 아예 완성된 문장을 찾아볼 수가 없다. '오오 오' 'Yo ma Yo ma Lova Lova Yo ma Yo ma Supa Nova U Hee U U Hee' 등 국적 불명의 주문을 연상케 하는 감탄사로 넘실댄다. 이처럼 이해할 수 없는 문장과 비유, 말도 안 되는 내용과 해괴한 조어(造語), 엉터리 외국말로 뒤범벅된 대중가요가 넘쳐나고 있다. '한국어 테러'가 따로 없다는 지적이 지나치지 않을 정도다.

◆ 엉터리 가사 3종 세트
엉터리 가사는 크게 나눠 ▲뜻을 이해하기 어려운 난해(難解)한 가사 ▲알아듣기 힘든 의성어·의태어가 가득 찬 가사 ▲엉터리 조어와 외국말로 넘치는 가사의 세 부류로 나눌 수 있다.

인기 걸그룹 f(x)가 올여름 내놓은 '피노키오'의 가사는 '난 지금 Danger 한 겹 두 겹 페스추리처럼 얇게요 Danger 스며들어 틈 사이 꿀처럼 너는 피노키오' 등 한국어와 외국어로 뒤범벅돼 있다. 이 그룹의 다른 곡 '핫 서머'는 '도저히 이렇게는 더 안 되겠어, 내가 어떻게든 좀 손보겠어. … 땀 흘리는 외국인은 길을 알려주자. 너무 더우면 까만 긴 옷 입자' 등 앞뒤가 맞지 않는 말들로 채워져 있다.

'제국의 아이들'의 노래 '마젤토브'는 생소한 유대어(Mazeltov·행운을 빕니다)까지 동원했다. '마젤토브 힘내봐. 마젤토브 웃어봐. 먼데이 튜스데이 웬즈데이 설스데이 프라이데이 … Mad Time Right, Everybody 손잡고 방방 뛰어….'

걸그룹 달샤벳의 '수파두파디바'는 '수파파 두파파 수파두파 라라 디바바 디바바 수파붐 수파파 수파파 수파두파 라라 디바바 디바바 수파붐 붐붐붐 누가 날 좀 물로 적셔줘요', 혼성 아이돌그룹 '남녀공학'의 '삐리뽐 삐리뽐'은 '삐리뽐 삐리뽐 아아아아아아아 삐리뽐 에에에에에에 삐리뽐 아아아아아아아 삐리뽐 에에에에에에에'처럼 암호 같은 가사를 담고 있다.

◆ "튀려다 망쳐버렸다"

왜 이런 일이 벌어졌을까. '카라' 등이 소속된 DSP 윤흥관 이사는 "신곡 발표 후 4주만 돼도 '식상하다'는 소리를 듣는 상황에서 제작자들이 어떻게든 남보다 튀는 코드와 리듬, 색다른 가사를 써야 한다는 강박에 빠지게 됐다"고 했다. "불규칙하고 빠른 가락에 가사를 억지로 끼워 맞추다보니 노랫말이 뭉개지고 이상한 신조어가 끼어드는 것"이라는 설명이다.

더 심각한 문제는 이런 엉터리 노랫말에 대한 법적·제도적 감시·정화(淨化) 장치가 전무하다는 점이다. 여성가족부 산하 청소년보호위원회가 '청소년 유해매체물 심의 기준'을 적용해 음반·영상 매체를 심의하고 있지만 폭력성·선정성 등만 규정하고 있을 뿐 난삽한 국어 파괴 노랫말 관련 조항은 아예 없다.

윤호진 한국콘텐츠진흥원 수석연구원은 "특히 공중파 방송에서 국어 파괴 가사가 담긴 노래들을 무차별적으로 내보내는 것은 사회적 악영향과 파장이 인터넷의 그것과는 비교할 수 없을 만큼 크다"고 했다. "정부 차원은 물론이고 방송사들도 과도하게 해괴한 노랫말은 엄격하게 거르고 제재해야 한다"는 주장이다. 대중음악 평론가 임진모씨는 "노랫말과 댄스 등 모든 것이 부담스럽게 변해가고 있다"며 "해외 팬들이 K팝을 자국 언어로 번역해 듣는 상황에서 대중가요 제작자들은 밖에 내놔도 부끄럽지 않은 수준의 노랫말을 만들어야 한다"고 했다.

—박세미 기자(runa@chosun.com), 조선일보, 2011년 8월 10일 화요일, 25면

K-팝 노랫말은 한국을 알리는 텍스트

'외톨이야 외톨이야 다라디리다라두~'

"다라디리다라두? 이게 무슨 말이야? 정말? 아무 의미도 없어?"

외국인 교환학생 친구들이 내 대답에 실망감을 감추지 못한다. 지난 학기에 나는 학교에 온 외국인 교환학생들에게 자원봉사로 한국어를 가르쳤었다. 그때 한국 대중가요(K-팝) 가사를 수업 자료로 활용했었는데, 노랫말을 번역할 때마다 그 수준에 실망할 수밖에 없었다. 의미 없는 의성어나 의태어가 난무하고 문법 오류는 물론, 의미도 불분명한 한국어에다 심지어 비속어까지 등장한다. 한국인인 나조차 전체 노래의 의미를 파악할 수 없어서 인기가 많아도 수업 자료로 채택하지 못한 노래가 한두 개가 아니었다.

이런 경험에 비추어, 지난 10일자 'A25면의 대중가요 가사, 도 넘은 한국어 테러'는 분명히 시사점이 있다. K-팝은 한류 상품으로 세계적 위상이 높아지고 있다. K-팝에 관심을 갖게 된 외국인들은 자연스럽게 가사의 의미에도 다가가게 된다. 이는 한국어를 배우고 싶다는 의지로 연결되곤 한다. 따라서 K-팝 가사는 수많은 외국인들에게 한국어를 알리는 중요한 텍스트이고, 그만큼 양질의 한국어가 포함돼야 하는 것이다.

K-팝에는 한국어뿐만 아니라 종종 영어도 등장한다. 이에 대해서는 외국인들 사이에서도 의견이 분분하다. 중간 중간 등장하는 영어 가사는 쉽게 따라 부를 수 있어서 좋다고 하기도 하고, 한국에서 만들고 한국 가수가 부르는 노래인데 왜 영어가 들어가는지 이해할 수 없다고 생각하기도 한다. 하지만 한 가지는 확실하다. 엉터리 영어 가사는 외국인들에게 조롱과 빈축을 산다는 것이다. 따라서 노래 가사에 포함되는 영어는 영어를 모국어로 사용하는 사람이 보기에도 자연스럽고 올바른 것이어야 할 것이다.

물론 인기를 끌기 위해 제작자들이 색다른 가사를 쓰려고 노력하는 것은 자연스러운 현상이다. 하지만 그 과정에서 한류의 위상이 높아진 만큼 한국을 대표한다는 책임감을 가졌으면 한다. 제작자들이 색다른 가사에 대한 생각의 전환을 한다면, 노랫말을 내용적으로 발전시키거나 순 우리말의 리듬감을 살리는 등의 다양한 다른 방법을 찾을 수 있을 것이다. 그리하여 앞으로 새로 외국인 친구를 만날 때 당당하게 K-팝을 한국 문화라 소개하고 그 매력에 대해 한껏 뽐낼 수 있게 되면 좋겠다.

—오승연(연세대 언론홍보영상학부 2학년), 조선일보, 2011년 8월 23일 화요일, 33면

국어 순화의 문제점과 극복의 길

(171쪽) 언어 순화는 우선 그 목적과 의미를 분명히 해야 한다. 현재와 같이 외래적 요소를 무조건 박멸하자는 태도부터 꼭 문제가 있는 부분만 순화하자는 태도가 뒤섞여 있고, 토착어 살리기만이 아니라 정신을 순화하고 비속어까지 청산하자는 주장이 뒤엉킨 상태로는 구체적인 실천이 불가능하다. 진정 필요한 것은 '서로 합의된 이상(ideal)'과 '방향성(orientation)'을 세우는 일이고, 거기서 운동의 합목적성을 찾아내야 한다. 합목적성은 시대와 지역에 따라 당연히 다르거니와 우리의 경우는 미진한 근대화의 완성, 불완전한 공통성의 성취, 그리고 미래를 향한 새로운 가치의 구현이라고 제안해 본다.

이를 위해서는 지금까지 '순화'라는 이름 아래 수행되어 온 모든 긍정적, 부정적 현상의 핵심에는 어떤 문제가 도사리고 있었는가를 파악해야 한다. 무엇보다 이른바 '토착어'에 대한 지나친 감성적 쏠림 현상은 반성할 여지가 많다. 토착어는 형태적으로나 의미적으로 매우 유용하면서도 통속어 혹은 사투리로 다루어져 변두리에 밀려 있던 어휘를 재발견하고 어휘 유통의 순환 고리에 올려놓는 경우에 큰 가치를 지닌다. (172쪽) 그러나 형태나 의미의 유용성도, 무슨 용도인지도 확실치 않은 어휘를 가지고 어거지 조어를 남발한 것은 역으로 우리말의 발전에 해를 끼쳤다고 생각한다. 물론 어거지 조어는 언어 대중에 의해 자연히 소멸될 수밖에 없겠지만 순화 운동의 흐름을 교란하고 일반 대중의 관심을 식어 버리게 한 과오는 지적해 두어야 한다.

……

(164쪽) 지난날의 언어문화는 주로 지식인, 엘리트들에 의해 주도되었다. 그러나 앞으로의 사회는 일찍이 경험해 보지 않았던 폭넓은 대중의 참여가 불가피해질 것이다. 그동안 광범위한 지식의 축적과 교육을 통한 대중화 작업이 선행되었다. 게다가 이제 다수가 참여하는 통신 매체가 마련되었다. 아직 변하지 않은 것은 낡은 제도뿐이다. 다수의 일반 대중이 요구하는 것을 사회적으로 관철시킬 수 있는 '제도의 보장'이 아직 미비한 것이다. 아직도 국어 순화는 일부 지식인의 전유물처럼 여겨진다. 일반 대중의 작품은 그 통속성, 즉흥성, 전복성 때문에 한글 파괴니, 외계어니 비속어니 하는 모욕을 당하고 있을 뿐이다.

(165쪽) 남은 일은 전문가 집단과 일반 대중이 만나는 통로를 개척하는 것이다. 대중의 착상을 예술적으로(?) 다듬어 그들에게 돌려주는 역할을 언어 전문가들이 해야 한다는 것이다. 물론 여기서 말하는 언어 전문가란 전형적인 국어학자를 가리키지 않는다. 넓은 의미에서 작가, 언론인, 법률가, 출판 관계자, 다매체 전문가 등 언어 덕에 괜찮은 직업을 가진 사람들을 말한다. 정치인이 끼어 있으면 금상첨화일 것이다.

—김하수(2008), 『문제로서의 언어』 1, 커뮤니케이션북스

[부록 5] 평가 준거 선정 활동지

글을 평가할 때는 구조의 적절성, 내용의 창의성, 표현의 정확성 등을 살펴본다. 보고서에서는 구조, 내용, 표현 가운데 어느 부분을 제일 높이 평가해야 할까? 구조, 내용, 표현 범주의 점수를 모두 더해서 100점 만점으로 보고서를 평가한다고 할 때 이 3개 범주에 각각 몇 점씩을 주면 좋을지 생각해 보고 나서 조별로 의견을 모으고 반 전체가 통일을 하자.

총 100점	나	우리 조	반	문항 수
구조			점	개
내용			점	개
표현			점	개

보고서를 평가할 세부 범주별 점수를 정했으면 이제 각 범주를 평가할 하위 문항의 개수를 정해 보자. 아래 채점기준표에는 구조 8문항, 내용 8문항, 표현 4문항이 있다. 각 범주별로 몇 개 문항씩을 고르면 좋을지 반 전체가 협의해서 위 표의 오른쪽에 써 넣어 보자.

구조와 내용, 표현 범주별로 세부 총점과 평가 문항의 개수를 정했으면 아래 채점기준표에서 각 범주를 평가할 문항을 골라 보자. 먼저 두 사람이 서로 중요하게 생각하는 평가 준거에 대해 그 준거가 왜 중요한지를 설명하고 상대방을 설득해서 의견의 일치를 본다. 두 사람 사이에 협의가 끝나면 주변의 다른 두 사람과 4인 그룹을 만들어서 다시 두 입장을 하나로 통일하는 설득적 토의 시간을 갖는다. 4인 그룹의 협의가 끝나면 주변의 다른 4인과 함께 8인 그룹을 만들어서 다시 한 번 입장의 차이를 조율하는 시간을 갖는다.

　　평가 준거를 논의할 때는 '첫 번째, 두 번째…'와 같이 숫자로 지시하지 말고 '구조의 논리성, 구조의 결속력'과 같이 해당 평가 준거의 명칭을 직접 부르면서 토의를 진행한다. 반별 협의를 통해 보고서 평가 준거를 정하는 것이 이 과제의 첫 번째 목적이지만, 평가 준거를 협의하는 동안 보고서를 쓸 때 무엇을 고려해야 하는지를 학생들이 무의식중에 학습하는 것도 중요한 목적이기 때문이다. 따라서 자신이 잘 못하기 때문에 좋은 점수를 받을 수 없을 것 같은, 자신 없는 평가 항목을 빼거나 이러한 협의 과정이 귀찮다고 해서 가위바위보나 일방적인 양보로 의견의 일치를 보면 안 된다.

　　아래 채점기준표에 제시된 평가 준거들은 모두 중요하기 때문에 어떤 문항을 빼야 할지 정하기가 매우 어려울 것이다. 대학생으로서 생각해 볼 때 멋진 보고서라면 최소한 이 정도는 써야 하지 않을까 하는, 자신의 견해를 잘 전달하고 상대방의 다른 견해에 대해서도 잘 들어본 뒤 상대적으로 더 중요하고 덜 중요한 문항들을 골라 내기 바란다.

평가 준거		준거 문항	2인	4인	8인	최종 결과	
						선정 여부	배점
구조 (8)	논리성	단락간 논리 구조(분석, 비교, 찬반, 인과, 문제 해결 등)와 단락내(두괄식, 미괄식) 논리 구조가 있는가?					
	일관성	서론에서 제기한 주제를 본론과 결론에서 일관성 있게 다루어 부족하거나 불필요한 단락이 없는가?					
	결속력	단락별로 세부 내용이 그 단락의 주제문을 뒷받침하도록 써서 단락 안에 부족하거나 불필요한 문장이 없는가?					
	단락 구분	서론, 본론, 결론이 알맞은 비율로 구성되었고, 본론에서 중심 생각이 달라짐에 따라 적절한 길이로 단락을 구분하였는가?					
	정보 순서	이미 아는 정보와 새로운 정보를 논리적 순서로 배치하여 독자가 이해하기 쉽게 썼는가?					
	설명 방법	주'개념이니 대상에 대해 명확하게 정의를 내렸는가?					
	논증 방법	사례를 제시하는 등 주장에 대한 근거가 있는가?					
	인용 표기	참고 자료의 출처를 보고서의 끝에 〈참고문헌〉으로 정리하고, 본문에 각주 표시를 하였는가?					

평가 준거		준거 문항	2인	4인	8인	최종 결과	
						선정 여부	배점
내용 (8)	제목	제목을 보고서의 내용에 어울리게 작성하였는가?					
	주제	논의할 가치가 있고 참신한 주제를 선정하였는가?					
	단락 기능	서론에 연구 목적 및 연구의 필요성을 밝혔는가? 서론이나 결론에서 본론 내용을 간결, 명료하게 요약하였는가?					
	수사법	독자의 주의를 끌 통계적 수치나 일화, 인용문이 있는가?					
	연구 방법	주제를 드러내기에 적당한 연구 방법을 사용하였는가?					
	근거	주장 및 예상 반론 검토 내용 등을 참신하게 썼는가?					
	배경 지식	주제와 관련된 배경 지식을 활용해 내용을 풍부히 하였는가?					
	독자 인식	독자를 설득하고 독자의 공감을 얻기 위한 내용이 잘 드러나는가?					
표현 (4)	표지	제목(가운데, 진하게)과 학번, 이름(오른쪽 정렬)을 표지 규약에 맞추어 썼는가?					
	어휘	객관적 어휘(개념어, 한자어, 담화 표지)를 사용하고 구어체, 축약어, 지나친 존대 표현을 사용하지 않았는가?					
	어법	어법(맞춤법, 띄어쓰기, 들여쓰기, 문장 부호, 조사, 문장 성분 간 호응, 동어 반복의 오류 자제)에 맞게 썼는가?					
	문체	문어적 어미('-므로, -고자, -은 바와 같이, 는다.' 등)를 잘 사용했는가?					

□ 말하기 평가의 4개 영역(내용, 표현, 진행, 전달)에서 중요 항목을 선정하고 점수를 부여해 보자.

평가 준거 문항			2인	4인	8인	최종 결과 선정 여부	배점
내용 (14)	개시	긴장 완화를 위한 첫 발화가 청중의 주의를 끌고 발표 장소 및 주제와 잘 맞는가?					
	도입	과제의 목적에 부합하는 주제를 명확히 제시하는가?					
	개요	발표할 내용의 전반적 개요를 잘 설명하는가?					
	주제	발표 주제를 창의적으로 선정하는가?					
	전개	순서에 맞게 정보를 나열하거나 특정 내용을 부각하는 등 내용 전개가 논리적이고 체계적인가?					
	자료	부연 설명을 할 때 통계, 사진 등으로 예시되는 내용과 타이밍이 적절한가?					
	요약	발표를 마무리하기 위해 내용을 간결하게 요약하는가?					
	결론	주장을 강조하기 위해 결론 내용을 인상적으로 정리하는가?					
	유용성	발표 내용이 정확한 사실에 근거하고 있으며 청중에게 유용한가?					
	마무리	발표에 대한 논평이나 대안 제시 등 마무리 알림을 잘 하는가?					
	난이도	전문 어휘나 외국어를 청자의 수준에 맞게 설명하는가?					
	수사법	이성과 감성에 적절히 호소하는가?					
	응답	청중의 질문에 충실히 답변하는가?					
	결속력	서두의 주제를 결론까지 일관성 있게 다루어 불필요한 내용이 없는가?					
표현 (8)	어투	구어체와 격식체, 경어법 등을 맥락에 맞게 적절히 사용하는가?					
	군말	'자, 그럼' 등 불필요한 군말이 많거나 과장된 내용이 있지는 않은가?					
	어법	화제 전환이나 특정 내용 부각에 필요한 표지를 잘 사용하는가?					
	유창성	화제의 난이도와 중요도에 따라 속도를 조절하고 더듬거림이 없는가?					
	목소리	목소리에 호소력이 있고 크기, 강약, 높낮이가 발표 장소에 적절한가?					
	발음	발음이 정확한가?					
	표정	표정에 자신감이 있고 청중과 눈을 잘 맞추는가?					
	자세	용모와 태도가 단정하고 자료를 지시하는 등 손동작이 자연스러우며 기기 조작과 말하기를 효과적으로 병행하는가?					

평가 준거 문항			2인	4인	8인	최종 결과	
						선정 여부	배점
진행 (4)	시간	시간을 잘 배분해서 발표 시간을 맞추는가?					
	준비	ppt나 발표지 등 시청각 자료 준비가 충분한가?					
	숙달	원고를 보지 않고 발표 내용을 대체로 외워서 발표하는가?					
	융통성	예상 밖의 질문이나 발표장의 돌발 상황에 유연하게 대처하는가?					
전달 (3)	호응	동의나 질문 등 독자의 흥미와 관심을 잘 유도하는가?					
	흥미	유머와 위트를 섞어서 말하는가?					
	반응	청중의 이해와 반응을 살펴 발표 속도나 내용 전환에 반영하는가?					

참고문헌

김성숙(2013), 「대학 신입생의 융·복합적 사고 능력 배양을 위한 렌즈에세이 쓰기 교수 모듈 효과」, 『작문연구』 19, 한국작문학회.

김성숙(2115), 『한국어 쓰기 교육의 이론과 실제』, 경진출판.

김성숙(2016), 『한국어 논리와 논술』, 연세대학교 대학출판문화원.

김성숙(2016), 「학부 유학생의 핵심 교양 읽기 과목 모형 개발」, 『사고와표현』 9(1), 한국사고와표현학회, 51~76쪽.

김하수(2008), 『문제로서의 언어』 1, 커뮤니케이션북스, 151쪽.

박세미(2011), 「대중가요 가사, 도 넘은 한국어 테러」(runa@chosun.com), 조선일보, 2011년 8월 10일 화요일, 25면.

조슈아 박(2005), 『토론이 답이다』, 넥서스.

진중권(1999), 「복거일 당신은 '멋진 신세계'를 꿈꾸는가」, 『말』, 1999.1, 23쪽.

게오르그 루카치, 반성완 옮김(1988), 『소설의 이론』, 심설당.

노먼 페어클럽, 김지홍 뒤침(2012), 『담화 분석 방법』, 경진출판.

발터 벤야민, 최성만 옮김(2007), 『기술 복제 시대의 예술 작품』, 길.

베르나르 베르베르, 이세욱 옮김(2003), 『나무』, 열린책들.

Wiggins, Grant & McTighe, Jay, 강현석 외 역(2008), 『거꾸로 생각하는 교육과정 개발: 교과의 진정한 이해를 목적으로』, 학지사.

Gee, J. Paul(1996), *Social Linguistics and Literacies: Ideology in Discourses*, Bristol, PA: Taylor and Francis.

Peter Elbow(2005), "Ranking, Evaluating, and Liking: Sorting Out Three Forms of Judgement", *Teaching Composition*, T. R. Johnson, Tulane University, Boston, New York.

Rosenthal, R, and L. Jacobsen(1968), Rinehart and Winston ed., *Pygmalion in the*

Classroom: Teacher Expectation and Pupils' Intellectual Development, New York: Holt.

Schultz, L., Bloom's taxonomy. Retrieved August 1, 2006 from (http://ww2.odu.edu/educ/roverbau/Bloom/blooms_taxonomy.htm).

Sommers, Nancy(1980), "Revision Strategies of Students Writers and Expression Writers", *CCC*, 31, pp. 378~388.

Bawarshi, Anis & Reiff, Mary Jo(2010), *Genre: An Introduction to History, Theory, Research, and Pedagogy*, Parlor Press.

Kleine, Julie T.(1990), *Interdisciplinarity: History, Theory & Practice*, Detroit: Wayne State University Press.

Kleine, M.(1990), "Beyond Triangulation: Ethnography, Writing, and Rhetoric", *Journal of Advanced Composition*, Vol. 10, No. 1.

Hyon, Sunny(2002), Genre and ESL reading: a classroom study, *Genre in the Classroom: Multiple Perspectives*. Ed. Ann M. Johns. Mahwah, NJ: Lawrence Erlbaum.

한국어 쓰기 수업 원리와 실제※

강승혜

1. 한국어 교육에서의 '쓰기'

외국어로서의 혹은 제2언어로서의 한국어 교육은 일반 외국어 교육에서와 마찬가지로 네 가지 언어 기능의 수업으로 이루어지고 있다. 그 중에서도 표현 기능(production skill)에 해당하는 말하기, 쓰기 기능은 언어 기능 중 학습자들이 상대적으로 어렵게 느끼는 기능이라 할 수 있다. 더구나 쓰기 기능은 특별히 글말로 자신의 생각이나 견해를 효과적으로 전달해야 하는 목표를 고려할 때 더욱 어렵게 지각하는 기능이라 할 수 있다. 글말의 목표가 정확하고 적절하게 효과적으로 메시지를 전달하는 데 있기 때문에 외국어로서 혹은 제2언어로서 쓰기 교육은 모국어 혹은 제1언어가 아닌 외국어로 혹은 제2언어로서 한국어로 표현하도록 해야 한다는 점에서 그리 쉬운 일이 아니다. 쓰기를 가르친다는 것은 사고하는 법을 가르치는 일이므로 외국어 혹은 제2언어 쓰기는 제1언어 혹은 모국어가 아닌 언어로 사고하고 표현하는 방법을 가르치는 것이라고 할

※ 이 글은 강승혜(2002), 「한국어 쓰기 교육의 이론과 실제」의 내용을 수정 보완한 것임을 밝힌다.

수 있다. 이는 현장의 한국어 교사들이 논리적이고 비판적인 사고에 익숙해 있고 창의적인 사고 또한 가능해야 가르칠 수 있는 것이다.

한국어 교육 현장의 교사들은 낮은 초급 단계 학습자들의 맞춤법 교정에서부터 고급 단계 소논문 형태의 논리적 글쓰기까지 쓰기 지도를 한다. 초급 단계 학습자들의 맞춤법, 문법 오류 등의 수정 또한 기계적으로 수행하는 경우가 대부분이지만 어떻게 오류 수정을 하느냐에 따라 즉, 직접적인 피드백과 간접적인 피드백에 따라 학습자의 단순한 쓰기 오류에 대한 인식과 모니터링의 양상이 달라지기도 한다. 여기에 고급 단계 글쓰기의 경우는 단순히 맞춤법이나 문법적 오류를 수정하는 것으로 끝나는 것이 아니라 글의 구조, 응집성, 결속성 등 담화적 차원의 수정 및 지도가 필요하기 때문에 교사의 역할도 달라진다고 볼 수 있다.

이 같은 한국어 쓰기 교육의 실제와 관련하여 본 장에서는 '외국어로서의 혹은 제2언어로서의 한국어 쓰기 수업'을 중심으로 이론적 기초가 되는 내용을 살펴보고 한국어 쓰기 실제를 점검해 보고자 한다. 첫째, 쓰기와 쓰기 교육의 기초를 위하여 쓰기의 개념, 쓰기의 특징, 쓰기의 구성 요소 등을 살펴본다. 둘째, 외국어로서의 한국어 쓰기의 실제에 대해 한국어 쓰기 교육의 목표, 교실에서 이루어지는 한국어 쓰기 교육의 실제, 한국어 쓰기 평가 등을 살펴본다. 셋째, 향후 한국어 교육 현장에서 이루어지는 쓰기의 발전을 위하여 한국어 쓰기 교육의 과제를 살펴보고자 한다.

2. 쓰기와 한국어 쓰기 교육

2.1. 쓰기의 개념

'쓰기(writing)'란 문어 혹은 글말을 통해 의사소통하기 위한 수단으로서 단순히 글자를 그대로 베껴쓰는 '베껴쓰기(copying)'로부터 창의적이고 효과적으로 자신의 생각과 의사를 전달하는 문제해결의 목표를 달성하기 위한 과정을 말한다. 언어 학습에서 쓰기의 개념은 받아쓰고 기록하는 기능으로서가 아니라 높은 수준의 의미 창조 기능을 포함하는 의사소통의 과정으로 확대되어야 하는 것이다. '쓰기'란 개념의 정의에 따라 쓰기 교육의 방향도 달라질 수 있기 때문에 쓰기 교육에서 '쓰기'의 개념을 정의하는 일은 기본적이며 핵심적인 출발이라 할 수 있다. 다음으로는 국내외 학자들의 '쓰기'의 정의를 살펴보기로 한다.

〈표 1〉 '쓰기'의 개념

연구	쓰기의 개념 정의
염창권 (1997)	필자가 생각과 느낌을 상황, 목적, 대상을 고려하여 문자언어로 표현하는 행위로서 쓰기(writing)와 작문(composing)과 동일하게 쓰인다. 대체로 쓰기 (writing)는 시작에서부터 끝날 때까지의 과정 즉, 행위적인 측면을 말하고 작문(composing)은 표면에 나타날 때까지의 정신적 인지적 활동을 의미한다. 그러나 이들을 구별하기보다 쓰기(writing)와 작문(composing)을 포괄한다.
김유정 외 (1998)	쓰기는 한국어 자모의 올바른 사용과 어휘와 문법적 지식을 사용해서 자신의 생각(메시지)을 표현하는 의사소통 기술로 그 범위는 단순한 '전사'에서 좀 더 복잡한 '작문' 모두를 포함한다.
김정숙 (1999)	형태에 초점을 둔 발화의 전사로부터 자신의 생각과 감정을 효과적으로 전개하고 전달하고자 창조적으로 글을 쓰는 작문활동을 포함한다.
정현경 (1999)	종이 위의 글자 같은 의미 없는 쓰기 즉, 단순한 전사 활동은 배제하고 의사소통능력 향상을 위한 언어기능 습득 단계에서의 쓰기와 논리적 구성을 가지고 있는 창의적인 글쓰기의 유의미적 활동이다.
김정애 (2000)	문자언어를 통하여 자신의 의사를 표현하고 다른 사람들과 의사를 소통하며 의미를 발견하고 창조하는 활동이다.
김민성 (2001)	쓰기는 크게 철자법이나 문법적인 요소를 강조하는 발화의 전사로서의 쓰기 (writing)와 창의적으로 자유로운 글쓰기인 작문(composition)의 두 가지로 나누어진다.
이재승 (2002)	머리 속에서 생각하는 행위와 그것을 종이에 옮겨 적는 행위가 함께 이루어진 것이다.
여순민 (2002)	자신이 알고 있는 지식을 단순히 나열하는 것이 아니라 글쓰기 과제를 해결하기 위해 글을 조직, 표현하는 과정이다.

이 개념들을 살펴보면 '외국어로서의 한국어' 맥락에서 외국인 학습자를 대상으로 하는 '쓰기'는 김유정 외(1998), 김정숙(1999), 김민성(2001) 등에서 단순히

글자를 베껴 쓰는 활동 단계부터 복잡하고 창의적이고 창조적인 활동까지 포함한다고 정의한 데 반해 정현경(1999)이나 김정애(2000)의 경우는 '베껴쓰기' 단계는 제외하고 문자를 통한 의사소통의 과정으로서 의미 있는 창조 활동임을 강조하기도 한다. 그러나 '외국어로서의', '제2언어로서의' 한국어 교육 혹은 한국어 학습 맥락을 전제로 한다면 이 두 활동 모두를 포함하여 '쓰기'가 단순히 전사하는 수준이 아니라 자신의 생각과 의도, 전달하고자 하는 메시지를 표현하는 수단으로서 창의적인 문제해결 과정이라고 정의할 수 있다.

2.2. 쓰기의 특징

Brown(2001: 325~326)은 글을 쓰는 사람의 입장에서 다음과 같이 문어의 특성을 기술하고 있다.

첫째, '영구성(permanence)'으로 구어는 말하는 동시에 없어져 버리고 청자도 즉각적으로 인식하고 즉각적으로 저장해야 하는 데 반해 문어는 쓰인 글자 텍스트로 영구적으로 보존되므로 독자가 원하는 때에 반복해서 단어, 구, 문장, 글을 지속적으로 읽을 수 있다.

둘째, '처리 시간(production time)'에서도 구어와 차별화된다. 구어는 생산해 내는 시간이 제약되는 데 반해 문어의 경우는 자유롭게 생산해 낼 수 있다.

셋째, '거리(distance)'에 있어서 문어의 경우는 물리적 거리와 시간적 거리가 있다. 공간적으로 글쓴이와 독자 간의 거리, 글을 쓰는 시간과 글을 읽는 시간 간의 거리 즉, 시간 차이가 생기게 된다. 이 때문에 글을 쓰는 사람은 독자를 설정하게 된다.

넷째, '철자법'을 통해서만 독자들에게 글쓴이의 의도를 전달할 수 있다. 구어의 경우는 강세, 리듬, 억양 등 비언어적 단서들이 의미 해석에 도움을 주지만 이와 달리 쓰기는 철자에 의해 문자를 통해서만 전달된다.

다섯째, '복잡성(complexity)'이다. 이는 구어에도 나타나는 특징이라 할 수 있는데 문어와 구어 모두 전달하는 이의 메시지를 어떻게 효과적으로 전달할 수 있는지는 글의 조직, 구성 등에 따라 달라질 수 있다.

여섯째, '어휘(vocabulary)'에서 구어보다 문어의 경우 훨씬 더 다양하고 많은 어휘를 사용한다. 글을 생산하는 시간에서도 상대적으로 많은 시간을 들이기 때문에 일상생활에서 사용 빈도가 떨어지는 어휘들도 사용된다.

일곱째, '형식성(formality)'이 강하게 드러난다. 수사학적 형식이나 글을 조직하고 구성하는 방식과 같은 형식이 있어 이를 준수해야 글의 특성을 나타낼 수 있다.

2.3. 쓰기의 구성 요소

Raimes(1985)는 하나의 글을 완성하는 데에 필요한 구성 요인을 아홉 가지로 제시하였다. 이는 쓰기 과정 전체에 영향을 주어 분명하고 효과적이며 유창한 의사소통을 구성한다고 한다. 이들 중 어느 것을 강조하느냐에 따라 쓰기 접근법이 달라질 수 있다.

〈표 2〉 쓰기의 구성 요인

번호	요인	상세 내용
1	통사	문장 구조, 문장 범위, 문장 형태 등
2	문법	동사 규칙, 일치, 관사, 대명사 등
3	장치	필적, 철자, 구두점 등
4	구성	문단 구성, 주제 응집성, 통일성 등
5	어휘 선택	어휘, 관용어, 어조 등
6	목적	글을 쓴 이유
7	독자	읽는 대상
8	과정	아이디어 구상, 초고, 수정 등
9	내용	적절성, 명료성, 창의성, 논리성 등

3. 한국어 쓰기의 실제

3.1. 쓰기 교육의 목표

외국어로서 혹은 제2언어로서 쓰기의 목적은 다양하다. 개인적인 목적에서 부터 학문적이고 전문적인 목적에 이르기까지 다양한 형태의 쓰기가 있으며 이러한 모든 형태의 쓰기는 교실 수업의 목표가 된다. 기본적으로는 매우 기초적인 단계의 의사표현을 할 수 있는 수준에서 가장 높은 단계의 수준으로는 원어민 화자 수준 이상 고도의 지적인 수준까지 도달할 수 있어야 할 것이다. 외국어로서 혹은 제2언어로서의 쓰기 교육에서 활용할 수 있는 다양한 기능적 쓰기를 유형에 따라 정리해 보면 〈표 3〉과 같다.[1]

〈표 3〉 쓰기 유형에 따른 쓰기 교육의 목표

	쓰기 유형	쓰기 목표	쓰기 예
개인적인 목적	개인적 내용의 쓰기 (personal writing)	개인에 관한 내용을 작성하도록 함으로써 흥미를 유발할 수 있다. 간단한 정보의 전달을 위해 기록적인 성격을 띤다.	일기, 일지, 쇼핑목록, 기억할 사항들, 꾸릴 짐 목록, 주소, 요리법 등
	탐구적 내용의 쓰기 (study writing)	개인적인 목적의 글로서 탐구 목적의 글을 작성하는 기술을 습득할 수 있다.	독서 노트, 강의 노트, 카드 색인, 요약하기, 개요, 서평, 실험 보고서, 워크숍 보고서, 방문 보고서, 에세이, 참고자료목록 등
개인적/ 사회적	창의적 내용의 쓰기 (creative writing)	필자 자신을 위한 것이지만 다른 사람과 공유하기 위한 형태의 글쓰기로 주관적인 창의성을 키울 수 있다.	시, 이야기, 드라마, 노랫말, 자선 등

---

1) 〈표 3〉에서 제시된 쓰기 유형은 Hedge(1988: 95~96)의 유형분류를 참고하여 제2언어로서 영어 쓰기 유형의 경우를 기초로 각 쓰기 유형의 형태가 지향하는 목표 등을 제시한 것이다.

	쓰기 유형	쓰기 목표	쓰기 예
사회적인 목적	공적인 내용의 쓰기 (public writing)	기관이나 조직에 대응하는 공식적인 형태의 글을 작성할 수 있다.	문의편지, 불편사항 편지, 요청의 편지, 양식 작성, 지원서 작성 등
	사회적 내용의 쓰기 (social writing)	사회적인 관계형성과 유지를 위해 쓰는 형태이며 형식적인 틀에 맞추어 쓸 수 있다.	서식, 초대장, 위문편지, 감사장, 축전, 해외전보, 전화 메시지, 가족 친구에게 전하는 전달내용
	전문적 내용의 쓰기 (institutional writing)	전문적인 역할에 관련되는 형태의 쓰기로 전문화된 텍스트를 작성해 낼 수 있다.	안건, 회의록, 기록사항, 보고서, 검토안, 계약서, 업무편지, 공지상황, 광고 포스터, 지시사항, 연설문, 지원서, 이력서, 세부사항, 전문가들의 알림 등

'개인적 내용의 쓰기', '탐구적 내용의 쓰기'는 주로 개인적인 목적으로 작성되는 쓰기의 형태인데 '창의적 내용의 쓰기'는 자기 자신을 표현하려는 개인적인 목적과 함께 다른 사람들에게 표현된 내용들을 공유하고자 하는 목적이 포함되어 있다. '공적인 내용의 쓰기', '사회적 내용의 쓰기', '전문적 내용의 쓰기' 등은 사회성을 전제로 작성되는 쓰기의 형태이다. 즉, 사회적인 관계를 위해 작성되는 쓰기의 형태들이므로 여기에 속하는 글의 형태는 앞에서 언급한 쓰기의 특성 중 어느 정도 형식성이 강조된다. 여기에 외국어 혹은 제2언어 쓰기 교육에서 중점을 두어야 하는 측면이 반영된다. 제2언어 사회, 문화적인 요소를 반영하고 있는 쓰기의 형태를 가르쳐야 하기 때문이다. 〈표 3〉에 제시된 쓰기 목표에 따른 활동들은 크게는 개인적인 목적과 사회적인 목적으로 구분될 수 있지만 단순한 기록(taking notes) 형태의 활동에서 전문적이고 학문적인 형식을 갖춘 수준 높은 쓰기 활동을 포함하고 있어 외국어로서 한국어 교육에 다양한 쓰기의 목표를 제시해 줄 뿐 아니라 구체적인 활동들을 언어 능력 수준에 맞추어 실제 수업에 운용할 수 있을 것이다.

현재 국내외에서 통용되도록 개발된 '국제통용 표준 한국어 교육과정'에서 정하고 있는 한국어 쓰기 교육의 목표는 다음 〈표 4〉[2]와 같다.

〈표 4〉한국어 쓰기 교육의 목표

		초급	중급	고급
낮은 수준	목표	기본적인 맞춤법에 맞게 글자를 정확하게 쓸 수 있으며 일상생활에 관한 간단한 글을 쓸 수 있다.	친숙한 사회적 추상적 주제로 된 글을 간단한 구조로 쓸 수 있다.	친숙하지 않은 사회적, 추상적 주제나 자신의 전문 분야에 관한 글을 구조에 맞게 쓸 수 있다.
	내용	• 한글 자음과 모음을 결합해 글자를 쓴다. • 맞춤법에 맞게 짧은 문장을 바르게 쓴다. • 간단한 메모를 한다. • 일상생활에 관한 짧은 글을 간단한 구조로 쓴다.	• 자신과 관련된 생활문을 비교적 정확하게 쓴다. • 친숙한 사회적 추상적 주제(직업, 사랑, 교육 등)에 관한 글을 간단한 구조로 쓴다. • 실용문(안내문, 전자 우편(이메일) 등을 단락과 단락이 자연스럽게 연결되도록 쓴다. • 간단한 구조의 설명문에 핵심 내용이 잘 드러나도록 쓴다.	• 친숙하지 않은 사회적 추상적 주제(정치, 경제, 과학 등)에 관해 논리적 구조를 반영한 글을 쓴다. • 자신의 전문 분야에 관하여 핵심 내용이 드러나도록 글을 쓴다. • 다양한 소재의 글을 요약하고 자신의 의견을 반영한 요약문을 쓴다. • 정의, 인용 등을 활용하여 글을 쓴다.
높은 수준	목표	일상생활에서 경험한 일이나 친숙한 인물에 관한 글을 쓸 수 있다.	친숙한 사회적 추상적 주제로 된 글을 정확하게 쓸 수 있으며 설명문, 논설문, 쉽고 짧은 감상문을 쓸 수 있다.	친숙하지 않은 사회적 추상적 주제나 자신의 전문 분야에 관한 글을 논리적인 구조로 쓸 수 있으며 다양한 장르의 특성을 고려한 글을 쓸 수 있다.
	내용	• 자신의 일과를 비교적 정확하게 쓴다. • 경험한 일이나 앞으로의 계획에 관해 문장과 문장이 자연스럽게 연결되도록 쓴다. • 친숙한 인물, 사물, 장소 등을 간단한 소개하는 글을 장르적 특성에 맞게 쓴다.	• 친숙한 사회적 추상적 주제(직업, 사랑, 교육 등)에 관하여 정확하게 설명하거나 의견을 들어 주장하는 글을 쓴다. • 친숙한 소개를 다루는 논설문의 구조에 맞게 자신의 주장과 뒷받침 내용을 쓴다. • 짧고 간단한 구조의 수필을 일관된 내용으로 쓴다. • 예시, 비교/대조 등을 활용하여 글을 쓴다.	• 친숙하지 않은 사회적 추상적 주제(정치, 경제, 과학 등)에 관해 논리적이고 정확하게 의견을 전개하는 글을 쓴다. • 자신의 전문 분야에 관하여 핵심 내용과 세부 내용이 연결되도록 글을 쓴다. • 평론, 학술 보고서, 학술 논문 등의 전문적인 글의 특성을 이해하고 간단하지만 일관된 내용 구조를 가진 글을 쓴다. • 비유, 분류, 분석 등을 활용하여 글을 쓴다.

---

2) 김중섭 외(2017: 169~170)에서 제시한 '국제 통용 한국어 표준 교육과정'의 쓰기 교육 목표임을 밝힌다.

3.2. 한국어 쓰기 교육의 실제: 교실 수업에서의 한국어 쓰기 활동

과정 중심 쓰기와 문제해결 중심의 쓰기를 기초로 한국어 교실 맥락에서 쓰기 과정에 따른 활동과 학습전략을 정리하면 〈표 5〉와 같다.3)

〈표 5〉 과정 중심 쓰기의 쓰기 과정에 따른 활동과 학습 전략

단계	계획하기	쓰기	다시쓰기
쓰기 과정에 따른 활동	• 글을 쓰는 목적에 대해 인식한다. (독자, 글의 성격 등) • 글의 방향(주제)을 정한다. • 주제 관련 사실이나 내용을 모으도록 한다. • 핵심 아이디어를 발전시킬 수 있도록 아이디어를 조직한다.	• 주제문과 배경정보를 제공하도록 한다. • 지지 문단을 발전시키고 문단 구성이 논리적인지 확인한다. • 자신의 의도를 표현하기 위하여 분명하고 간결한 문장을 사용하도록 한다. • 핵심 아이디어에 초점을 맞추도록 한다. • 사전을 활용하여 적절한 표현을 찾도록 한다.	• 글의 일관성, 통일성을 확인한다. • 주제가 분명하게 드러나는지 확인한다. • 글의 도입, 전개, 마무리 구성을 확인한다. • 주제문을 확인한다. • 철자법, 문법, 문장구조의 정확성을 확인한다. • 문제의 의미를 확인한다. • 글이 재미있는지 살펴본다.
조정하기	• 계획하기 단계의 활동에 대한 점검하기와 조정하기	• 초고쓰기에 대한 점검하기와 조정하기	• 교사—학생, 학생—학생 사이의 피드백을 중심으로 한 조정하기
학습전략	• 개요쓰기(outlining) • 브레인스토밍(brainstorming) • 자유연상(free association) • 가치규명(values clarification) • 머릿속 지도그리기(mind mapping) • 빨리쓰기(quick writing) • 정보수집활동(information gathering activities) • 상의하기(conferencing)	• 시간 내(time-focused) 쓰기 • 정교화(elaboration) 전략 • 줄이기(reduction) 전략 • 주제문(writing thesis statements and topic sentence) 쓰기 • 빨리쓰기(quick writing) • 소집단 활동(group drafting) • 상의하기(conferencing)	• 다시쓰기(rewriting) • 고쳐쓰기(revising) • 돌려읽기(reading around) • 동료의견듣기(peer feedback) • 집단수정 활동(group correction activities) • 교사의견듣기(teacher feedback) • 점검하기(checklist) • 상의하기(conferencing)

---

3) 〈표 5〉는 Richards(1994: 112~114)의 자료를 참고하여 정리한 것으로 학습전략 부분은 교실활동 유형인데 전략적 관점에서 정리하였다. 예를 들면, '정교화(elaboration) 전략'과 '줄이기(reduction) 전략' 등도 교실에서 연습으로 활용할 수 있는 것이며 '문장/문단 맞추기(jumbled paragraph, jumbled essay)' 역시 학생들에게 뒤섞인 문장이나 문단을 주고 재배열하고 조직하는 연습으로 활용할 수 있다.

이러한 활동은 과정 중심 쓰기의 활동의 원리를 중심으로 수행될 수 있는 활동들이다. 쓰기 과정의 단계에 따라 가능한 활동들이므로 한국어 쓰기 교육에서 초급부터 고급에 이르기까지 모두 적용될 수 있다. 주로 초급 단계에 제한적으로 활용될 수 있는 비담화적 쓰기 활동을 제외하고 특정 주제를 주고 창의적으로 글을 구성해 내는 활동의 경우를 포괄한다고 할 수 있다.

3.2.1. 계획하기planning와 조정하기monitoring

글을 시작하는 계획단계에서는 자신이 써야 할 과제에 대한 분석과 글을 쓰는 목적, 글을 읽는 독자에 대한 인식을 분명히 하는 일이 가장 중요하다. 이를 위해 아이디어 탐색이 선행되어야 한다. 아이디어 탐색을 위해서는 말하기 활동을 중심으로 할 수 있지만 읽기 활동을 병행하여 아이디어를 찾을 수 있을 것이다. 전체적인 정보수집 활동으로서 브레인스토밍(brainstorming) ─ 자유연상(free association) ─ 머릿속 지도 그리기(mind mapping) ─ 묶어서 생각하기(clustering) 등의 전략을 활용하여 전체적인 개요를 쓰고 내용 전개의 순서를 잡도록 한다. 이 계획하기 단계의 활동은 과정 중심 쓰기 혹은 문제 해결 중심 쓰기에서 가장 중요한 활동이다. 고급 단계 글쓰기까지 계획하기 단계의 준비가 잘 이루어지지 않기 때문에 결국 자신의 글이 논리적이고 체계적이지 못한 글로 독자의 입장이 되어 읽어도 효율적으로 메시지 전달이 안 된다. 또한 조정하기 활동으로는 핵심 내용들을 어떻게 발전시켜 나갈 것인지 서로의 의견을 교환하는 상호작용이 이루어질 수 있다. 자신이 작성한 계획단계의 개요나 요지들만이 아니라 상대방이나 동료 학습자들이 작성한 계획하기 단계의 결과물들은 서로에게 매우 유용한 자극으로 활용될 것이다. 각자 계획한 전체 개요를 점검하고 조정하는 단계가 계획하기 단계의 최종 활동이다.

3.2.2. 쓰기writing와 조정하기monitoring

쓰기 단계에서는 주제가 되는 문장을 중심으로 보조적인 자료를 제공하며 지지문단으로 발전시킨다. 쓰기의 초기 단계에서는 자신의 주장과 관련하여 비교, 대조, 예시, 설명 등의 기능을 하는 문단을 어떻게 연결시킬지 논리적 구성에 따라 구조적으로 분석하는 것이 중요하다. 단, 핵심 아이디어에 초점을 맞추는 것을 잊어서는 안 될 것이다. 보조적인 정보와 자료가 많다고 해도 핵심 논지에서 벗어나는 것이라면 내용의 응집성 측면에서 정교화시키는 것이 중요하다. 여기에 활용되는 전략이 정교화 전략이나 줄이기(reduction) 전략들이다. 초고쓰기에 있어서는 주어진 시간 내(time-focused)에 쓰는 훈련과 빨리쓰기 (quick writing) 등의 연습도 필요하다. 쓰기 단계에서도 상호작용이 이루어지는 데 자신이 쓴 글을 동료 학습자들과 교환하여 읽고 서로의 의견을 교환하는 최종 점검과 조정하기로 마무리할 수 있다. 계획단계에서 정했던 목표들을 얼마나 이행했는지를 중심으로 상의하고 점검한다.

3.2.3. 다시쓰기revising와 조정하기monitoring

다시쓰기는 초고쓰기에 대한 점검과 조정의 결과를 중심으로 내용과 형식적인 일관성, 통일성을 갖추도록 다시 쓰는 단계이다. 글 전체의 도입, 전개, 마무리의 구성을 갖추었는지 문단들 간의 관계, 문법적인 정확성을 중심으로 확인, 점검한다. 교사와 학생, 학생 상호간의 피드백 활용을 중심으로 하여 조정하는 활동으로 마무리한다. 맞춤법의 점검을 비롯하여 논리적인 응집성과 결속성 등 수사적인 측면의 점검도 말하기 활동을 통해서 이끌어 갈 수 있다. 독자와 필자의 입장에서 서로 돌려가며 읽어주고 자신의 의견을 주고받는 활동을 통해 쓰기 과정의 논리적 사고 훈련이 될 수 있다.

실제 한국어 교실환경의 쓰기 활동 유형을 활동 목적과 학습자의 언어능력 수준에 따라 구분해 보면 다음 〈표 6〉과 같다.

우선 비담화적 활동에 해당하는 베껴쓰기, 문법활용, 받아쓰기, 빈 칸 채우기, 틀린 것 고치기 등은 한글의 자모를 비롯해서 기본적인 문법 지식들을 활용할 수 있도록 해 주는 기계적인 연습들이다. 초급 단계에 해당하는 이러한 기계적인 연습들은 읽기 기능과 병행하게 되는 특성을 지닌다. 그러나 담화적 활동 유형에서는 기계적인 연습을 넘어서 초보적인 단계의 생성 기능을 연습하는 활동들이다. 문장 단위에서 문단 단위의 완전한 담화 텍스트의 구성으로 의미를 확장하는 활동도 여기에 속한다. 다양한 교육 자료를 활용한 활동은 의사소통 능력 개발을 위한 과제로 활용되는 것들이다. 의사소통 접근의 기본적인 원리에 해당하는 정보차(information gap) 활동은 시각자료를 활용하여 정보를 채우거나 설명, 묘사하는 활동으로 활용된다. 그리고 글말의 의사소통 기능인 쓰기는 읽기 기능과의 연계가 자연스러운 활동이므로 읽기와 쓰기를 통합한 활동들이 활용될 수 있다. 텍스트 자료의 요약하기, 텍스트 논조에 따라 모방해 쓰기, 찬성 반대 입장에서 자신의 견해 밝히기 등의 유형이 이에 속하는 활동이다. 좀 더 자유롭게 주제를 선택하여 자신의 생각을 나타내는 자유작문 유형은 초급 단계부터 고급 단계까지 활용이 가능한 쓰기 활동이다. 가장 높은 수준의 쓰기 능력을 요구하는 활동이 학문적(academic), 전문적 내용의 글쓰기인데 전문적인 용어 사용능력과 고도의 논리적인 사고능력을 개발할 수 있는 쓰기 활동이다. 이 단계의 쓰기 지도는 전문적이고 체계적인 기술이 요구되기도 한다.

〈표 6〉 수준별 쓰기 활동의 유형

	쓰기 활동		활동 목적	초급	중급	고급
비담화적 활동	베껴쓰기		한글자모 익히기/띄어쓰기 익히기	√		
	문법활용		불규칙동사/형용사 활용 익히기	√	√	
	받아쓰기		듣고 쓰는 활동으로 베껴쓰기와 유사	√		
	빈칸 채우기		조사. 어휘 등의 정확한 활용	√	√	
	틀린 것 고치기		정확한 문법 활용 익히기	√	√	
담화적 활동	바꿔쓰기		문법적, 구조적, 연습/통제된 쓰기(격식체, 시제일치, 경어법 등의 활용연습)	√	√	
	담화 완성하기	문장연결하기	접속사, 담화표지의 활용	√	√	
		문장완성하기	앞 뒤 문장의 맥락 잇기	√	√	
		문단완성하기	담화 텍스트의 흐름 파악하기	√	√	√
	시각자료 활용활동	정보 채우기	시각적 자료(사진, 그림 등)를 활용하여 정보를 찾아 채우거나 사건 등을 묘사하는 능력 키우기	√	√	√
		설명묘사하기		√	√	√

쓰기 활동		활동 목적	초급	중급	고급
담화적 활동	의미 확장하기 — 이야기 구성하기	핵심 어휘들을 중심으로 이야기 구성하는 능력 키우기	√	√	√
	의미 확장하기 — 문장 확장하기	담화구성능력 확장하기 (다양한 문법형태 활용)	√	√	√
	의미 확장하기 — 다시쓰기	같은 내용으로 이야기 구성하는 능력 키우기	√	√	√
	읽기 쓰기 통합활동 — 읽고 요약하기	이해 기능과 표현 기능을 연결하는 통합적 활동으로 요약하거나 자신의 의견을 논리적으로 구성하는 능력 키우기		√	√
	읽기 쓰기 통합활동 — 모방해서 쓰기		√	√	√
	읽기 쓰기 통합활동 — 찬/반 견해쓰기			√	√
	자유 작문	개인적인 주제를 비롯한 다양한 주제로 자유롭게 자신의 생각 나타내기	√	√	√
	학문적/전문적 쓰기	연구논문과 같은 전문적, 학문적 내용의 글을 써 봄으로써 전문적 어휘능력과 논리적 사고능력 키우기			√

① 베껴쓰기

〈예〉 글자를 보고 쓰십시오.

나	무

책	상

저	는		대	학	생	입	니	다	.

② 받아쓰기

〈예〉 잘 듣고 쓰십시오.
  (1) 교사: 한국어

  ----
  (2) 교사: 어제 먹은 음식이 불고기입니다.

  ----

③ 그림 보고 쓰기

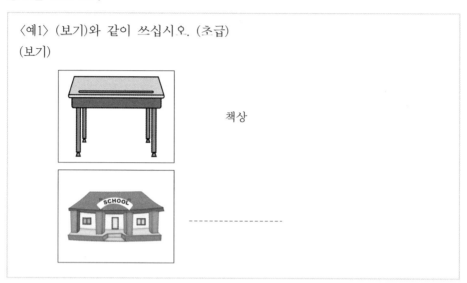

<예1> (보기)와 같이 쓰십시오. (초급)

(보기)

책상

----

④ 빈칸 채우기

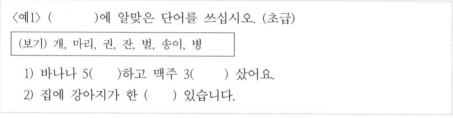

<예1> (   )에 알맞은 단어를 쓰십시오. (초급)

(보기) 개, 마리, 권, 잔, 벌, 송이, 병

   1) 바나나 5(   )하고 맥주 3(   ) 샀어요.
   2) 집에 강아지가 한 (   ) 있습니다.

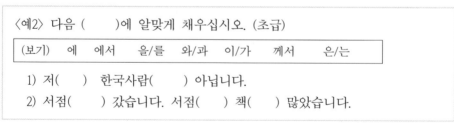

<예2> 다음 (   )에 알맞게 채우십시오. (초급)

(보기)   에   에서   을/를   와/과   이/가   께서   은/는

   1) 저(   ) 한국사람(   ) 아닙니다.
   2) 서점(   ) 갔습니다. 서점(   ) 책(   ) 많았습니다.

⑤ 고쳐 쓰기

〈예〉 다음 (   ) 속의 단어를 맞게 고쳐 쓰십시오. (초급)

  1) 싸고 좋은 물건을 ⎯⎯⎯⎯⎯아(어,여)서 기분이 좋습니다.　(고르다)

  2) 그건 다른 사람한테 ⎯⎯⎯⎯⎯아(어,여) 보세요.　　　　(묻다)

⑥ 틀린 것 고치기

〈예1〉 다음 틀린 것을 알맞게 고쳐 쓰십시오. (초급)

     ① 가방　② 칭구　③ 의자　④ 사전
  → (　　　　　　)

〈예2〉 다음 중 틀린 것 찾아 알맞게 고쳐 쓰십시오. (초급)

  ① 요즘은 ㉠ 날씨가 이상합니다. ㉡ 어제까지는 ㉢ 따뜻하니까 오늘은
  ㉣ 아주 쌀쌀합니다.
  → (　　　　　　　　　　　　　　　　　　　)

⑦ 어순에 맞게 문장 완성하기

〈예〉 문장을 만드십시오. (초급)

     ① 다녀왔습니다　겨울에　　유럽 여행을　　지난
  → (　　　　　　　　　　　　)

⑧ 바꿔 쓰기

〈예1〉 다음 문장을 존댓말을 사용해서 고치십시오. (초급/중급)

      ① 나는 어제 친구와 같이 선생님 집에 갔어요.
  → (   )
      ② 할아버지에게 나이를 물어보았습니다.
  → (   )

〈예2〉 다음 메시지를 어머니께 보내는 메시지로 고치십시오. (중급)

수미에게
생일 선물 보내줘서 잘 받았어. 정말 고마워. 잘 쓸게.
                              친구 미영이가

어머니께

                                  ----

⑨ 문장 연결하기

〈예1〉 다음을 이용해서 두 문장을 연결하십시오. (초급)

| -아(어,여)서 | -고 | -(으)니까 |

    ① 백화점에 갔습니다.   가방을 샀습니다.
  → --

⑩ 질문에 대답하기

〈예1〉 지금 무엇을 하고 있습니까? (초급)

→ --

〈예2〉 무슨 운동을 좋아합니까? (초급)

→ ---

⑪ 문장 완성하기

〈예1〉 다음 (   ) 안에 알맞은 말을 쓰십시오. (초급)

학교 근처에서 (㉠   ) 길이 막혀요. 그래서 요즘에는 보통 학교까지 걸어서 가요.

〈예2〉 다음 (   ) 안에 알맞은 것을 쓰십시오. (중급)

많은 사람들은 실패를 두려워한다. 또한 단 한 번의 실패에도 좌절감을 느끼기도 한다. 그러나 성공과 실패는 나누어서 생각할 수 없다. 실패는 성공의 어머니라는 말도 있듯이 (㉠   ) 비로소 성공에 도달할 수 있다. 그러므로 여러 번의 실패를 두려워하기보다는 성공을 위한 과정으로 생각해야 한다.

⑫ 대화 완성하기

〈예1〉 다음 밑줄 친 곳에 알맞은 것을 고르십시오. (초급)

가: ---

나: 좋아요. 그럼 지금 갈까요?

㉠ 오늘 숙제가 뭐예요?

㉡ 아침에 친구를 만났어요.

㉢ 수업 후에 도서관에 갈 거예요.

㉣ 학생 식당에서 점심 식사 하는 게 어때요?

〈예2〉'낮말은 새가 듣고 밤말은 쥐가 듣는다'는 속담을 사용해서 대화를 완성하십시오. (중급)

가: 너 연말에 회사 옮길 거라면서?

나: 그거 아직 비밀인데 어떻게 알았어?

가: 진영 씨가 말해 주던데?

나: --

⑬ 상황에 맞게 문장 구성하기

〈예1〉 다음을 읽고 알맞게 쓰십시오. (초급)

수경 씨는 아파트에 삽니다. 그런데 밤 10시 이후에 피아노를 치는 사람이 있습니다. 피아노 소리 때문에 수경 씨는 잠을 자기 힘듭니다. 그래서 수경 씨는 아파트 입구에 쪽지를 써서 붙이려고 합니다. 어떻게 쓰면 좋을까요?

(   )

⑭ 정보 채우기

〈예1〉 여러분은 자주 가는 커피숍의 포인트 카드를 만들려고 합니다. 다음의 신청서를 완성하십시오. (초급)

포인트 카드 신청서				
성명:	성별: □ 남　□ 여		나이:	살
생년월일:	주소:			
전화번호:	이메일 주소:			
	신청일:　　년　　월　　일			
	신청자:			

⑮ 설명 묘사하기

<예1> 다음 공간에 대해 묘사해 보십시오. (초급/중급)

<예2> 다음 그래프를 보고 내용을 알맞게 써 보십시오. (중급/고급)

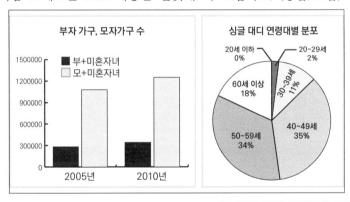

<예3> 다음 그림을 보고 상황을 묘사한 후 이 여자는 앞으로 무엇을 할지 써
보십시오. (중급/고급)

⑯ 이야기 구성하기

〈예1〉 다음 주제에 대해서 주어진 표현을 사용하여 문장을 만들어 보십시오.
(중급/고급)

〈인간관계의 어려움〉
표현: 공을 들이다 / 인간관계를 맺다 / 상대방에 대한 실망이 계속되다 / 관계가 지속
되다

(   )

〈예2〉 다음은 신문의 표제어입니다. 제시된 단어를 순서대로 사용해서 기사의
내용을 재구성해 보십시오. (중급/고급)

김미영 할머니, 어렵게 모은 전 재산 장학금으로 기탁

(사용 단어) 기부 / 나눔 / 사회 환원

⑰ 문단 완성하기

〈예〉 다음 글을 읽고 아래에 제시된 근거를 사용해서 글을 완성하십시오. (중급/
고급)

광고는 소비자와 기업 모두에게 이익을 준다. 소비자는 광고를 통해 제품에 대한 정
보를 얻을 수 있다. 이는 물건을 사기 전 직접 보고 경험할 수 있게 한다는 점에서
소비자의 시간과 비용의 낭비를 막을 수 있게 해 준다. 기업 입장에서도 광고는 효율
적이다. 소비자에게 새 제품을 알림으로써 홍보 효과를 극대화시키고 제품 판매를
촉진할 수 있다. 그러나 광고에는 문제점도 있다. -------------------------------

(근 거)

불필요한 소비 / 과장 광고

⑱ 읽고 요약하기

〈예1〉다음 글을 읽고 글의 내용을 100자 이내로 요약하십시오. (중급/고급)

공동체 내에서 발생하는 여러 문제들의 해결책은 구성원들이 문제에 대해 의견을 나누고 가장 좋은 방법들을 모색해 나가는 데 있다. 이를 위해 가장 필요한 것이 공동체 구성원들 간의 토론의 과정이다. 많은 사람들은 토론이 우리 생활과 관계없을 뿐만 아니라 복잡한 과정이 필요하므로 매우 번거롭다고 생각한다. 그래서 문제 해결에 별 도움이 되지 못한다고 여긴다. 그러나 그것은 잘못된 생각이다. 토론은 우리 생활과 밀접한 관계가 있으며 그 절차 역시 복잡하지 않다. 예를 들어 아파트 주민들에게 주차장 이용에 대한 비용을 부과할 것인지, 부과한다면 어떻게 부과시킬 것인지의 과정은 모두 토론의 과정에 포함되어 있다. 문제에 대한 찬성과 반대를 통해 공동체 내의 실제적인 문제를 해결해 나간다는 점에서 토론은 우리 생활과 괴리된 것이 아니다. 따라서 토론을 멀리 떨어진 것으로 보아서는 안 되며 자신들의 문제를 직접적으로 해결해 나가는 방법으로서 바라볼 필요가 있다.

〈예2〉지금까지 읽은 책 중 가장 기억에 남는 책을 간단히 요약하고 기억에 남는 이유를 쓰십시오. (중급)

⑲ 찬/반 견해 쓰기

〈예〉다음을 읽고 찬성, 또는 반대의 글을 써 보십시오. (중급/고급)

부모의 자녀 체벌을 '사랑의 매'라는 이름으로 찬성하는 사람이 있는가 하면 아동 학대라고 보아 반대하는 사람도 있습니다. 이것에 대해 여러분은 어떻게 생각하십니까? '부모의 자녀 체벌이 허용되어야 하는가?'에 대한 여러분의 생각을 쓰십시오.

⑳ 자유 작문

〈예1〉다음 제목으로 글을 쓰십시오. (초급)

제목: 내가 좋아하는 음식

〈예2〉 고향에 있는 친구에게 한국에 초대하는 메일을 써 보십시오. (5문장 이상)

〈예3〉 다음을 여러분의 생각을 써 보십시오. (고급)

요즘 지구 온난화로 인한 심각한 환경 문제가 발생하고 있다. 따라서 온난화의 원인으로 지목되고 있는 석유, 석탄, 천연 가스 등 화석 연료의 사용을 우선적으로 제한할 필요가 있다. 또한 자원 고갈 문제도 심각해질 전망이므로 화석 연료에 더 이상 의존할 수는 없다. 한 번 파괴된 환경을 원상 복구하는 데 많은 시간이 소요되므로 화석 연료 사용을 엄격히 규제하여 환경 문제 해결에 앞장서야 한다.

3.3. 한국어 쓰기 평가

언어 평가의 단계는 일반적으로 첫째, 평가의 기획 둘째, 평가 항목의 선별 셋째, 평가 문항과 지시문 작성 넷째, 문항 검토와 사전평가 다섯째, 평가의 최종 형태 제작 등 다섯 단계로 이루어진다. 쓰기 평가 도구의 설계 및 제작 단계를 간단히 제시하기로 한다.

3.3.1. 평가의 기획

쓰기 평가의 전체적인 구성 요소를 정하고 쓰기 평가의 전체적인 틀을 구성한다. 평가의 목적을 정하고 학습 내용에 대한 성취도를 측정할 것인지 숙달도를 측정할 것인지를 결정한다. 평가 목적의 결정 후 평가 범주, 평가 유형, 평가 문항 수와 시험 시간 등을 고려한다.

다음과 같이 쓰기 평가 설계의 예를 들 수 있다.

<표 7> 한국어 쓰기 평가의 설계(예)

학습 단계	초급
평가 목적	성취도 평가
평가 영역	쓰기
평가(문항) 유형	폐쇄식 반개방형, 개방형 지필 시험
평가 문항 수	20문항
평가 시간	50분

3.3.2. 평가 항목의 선정

①학습 목표 및 학습 내용 평가: 평가 기획 단계 후 학습 목표와 내용에 대한 검토가 필요하다. 학습한 내용으로부터 평가 항목들을 선정한다. 학습 목표와 내용을 구성한 주제, 기능, 문법, 어휘 등이 포함된다.

②주제 및 기능, 문법 및 어휘 등의 선택: 평가할 항목으로 주제 및 기능, 문법 및 어휘 등의 평가 항목을 선택한다.

③출제구상표 작성: 학습 목표 및 내용에 대한 목록화 작업 후 주제 및 기능, 문법 및 어휘 등이 균형 있게 배치되도록 구성한다.

<표 8> 초급 한국어 쓰기 평가 출제구상표(예)

번호	문항 형태	배점	문제유형	출제의도	평가문항	내용 (소재/주제)	텍스트 유형
1	선다형	3	맞는 것 고르기	철자법	시계	시간	서술문
2	선다형	3	빈칸 채우기	조사 습득	오른쪽	방향	서술문
3	선다형	3	알맞은 문장 구성하기	기본 어휘 습득	신발	물건	대화문
4	단답형	3	그림 보고 대화 완성하기	주요 문법 습득	-고 있다	음식	대화문
…	…	…	…	…	…	…	…
20	서술형	10	주어진 내용으로 글 쓰기	주요 어휘 및 문법 습득	저는 -입니다	자기소개	생활문

〈표 9〉 초급 한국어 쓰기 평가 출제 문항 구성 비율(예)

영역	항목	문항 수	비율(%)
평가 범주	맞춤법	2(1-2)	10
	어휘, 문법 능력	4(3,4,7,8)	20
	문장 구성 능력	4(5,6,9,10)	20
	대화 구성 능력	4(11,12,13,14)	20
	이야기 구성 능력	6(15,16,17,18,19,20)	30
문항 형태	선다형	6	30
	단답형	12	60
	서술형	2	10

3.3.3. 실제 평가 문항 개발

평가 문항을 선택하고 작성하는 단계로 학습자 수준, 평가 목표, 평가 시간 등을 고려하여 적절한 평가 과제, 문항 유형, 문항 수, 시간 배분 등을 결정한다.

3.3.4. 문항 검토와 사전 평가

문항 제작이 완료되면 출제 문항에 대한 검토 작업이 필요하다. 동료 교사 등의 검토로 이루어지는 것이 바람직하다. 각 문항 등이 평가하고자 하는 목표 가 잘 반영되었는지 검토한다. 객관식 문항의 경우 선택지 배열이나 오답 시비 가 없도록 제작되었는지 검토한다. 시험 시간 내에 시험 응시가 가능한지 여부 도 반드시 확인한다.

3.3.5. 평가의 최종 형태 제작

교실 내 평가의 경우는 간단히 거칠 수 있는 단계일 수 있으나 위 단계 등을 거친 후 최종 평가 도구를 제작하게 된다. 비교적 낮은 단계인 초급 단계 쓰기 평가 도구 개발은 정답이 있어 채점에 무리가 없을 수 있으나 고급 수준의 평가 도구의 경우는 직접 평가에 해당하는 자유 작문 등의 형태로 쓰기 평가가 이루어진다면 사전에 평가 항목을 어떤 구인(construct)으로 평가할 것인지 결정해야 한다. 교실 단위 평가와 달리 대규모 쓰기 평가 도구의 개발은 고려해야 할 사항이 상대적으로 많아 채점자 간, 채점자 내 신뢰도 확보를 위해 구체적인 평가 척도의 개발이 필수적이다.

4. 한국어 쓰기 교육의 과제

한국어 교육 현장에서 쓰기 활동 지도는 현실적으로 유명무실하게 이루어질 때가 많다. 교육과정 운영 상 쓰기에 집중해서 지도할 수 있는 여건이 충족되지 못하므로 과제의 일부로 지도하거나 지속적인 과정 중심 쓰기가 이루어지지 못한 것이 사실이다. 이와 같은 현실을 감안하여 지금까지의 논의를 토대로 한국어 쓰기 교육을 위해 교육 현장에서 갖추어야 할 몇 가지 과제를 살펴보고자 한다.

4.1. 교사와 학습자의 인식 전환

우선 교사와 학습자들의 쓰기 활동에 대한 인식의 문제를 들 수 있다. 지금까지 쓰기 활동은 단지 입말을 글자를 통해 표현하는 활동이라고 여겨왔다. 즉, 말하기가 소리라는 청각적인 기호를 통해 전달되는 듣기 활동을 전제로 수행되는 기능이며 쓰기 활동은 시각적인 문자를 통해 전달될 수 있도록 표현되는 활동이라고 생각한 것이다. 그러나 쓰기 활동에 대한 새로운 접근의 이해가 필요하다. 앞에서 논의한 바와 같이 쓰기는 글쓴이의 사고를 표현하기 위한 '의미구성의 과정'이라는 점에서 더 이상 이론을 제기할 수 없을 것이다. 이전의 쓰기에 대한 이해가 '글로 쓰기'에 초점을 맞추었다면 최근의 논의는 '글짓기(혹은 작문 composing)' 과정에 초점을 맞추고 있다는 것이다. 이제 글쓰기는 화자가 표현하고자 하는 것을 형식과 내용에서 요구되는 응집성과 결속성, 논리성 등을 고려하여 구성해 나가는 창조적인 과정이라는 관점으로 인식을 전환하여야 한다. 이것은 언어 학습자의 언어 수행 능력수준에 관계없이 적용된다고 할 수 있다. 따라서 이러한 쓰기 활동 인식에 대한 전환은 교사와 학습자 모두에게 필요한데 특히 교실 언어학습을 이끌어 가는 교수자 입장에서 이러한 쓰기 활동에 대한 분명한 인식의 변화가 요구된다.

또한 교사와 학습자 모두 쓰기 활동에서 중요시해야 할 것은 학습자의 쓰기 결과물 자체가 아니라는 것을 인식해야 한다. 학습자가 생성해낸 쓰기 결과물을 통해서 학습자가 얼만큼 이해했는지, 어떻게 이해했는지 알 수 있는 것은 사실이다. 그러나 어떻게 그런 결과물이 나오게 되었는지 결과물이 나오기까지 과정에서 일어나는 일은 관찰되지 않았다. 여전히 학습자의 쓰기 과정에서 일어나는 다양한 양상들은 중요시되지 않고 단지 쓰기 결과물에 나타난 양상들을 중요하게 다루고 있다. 학생들에게 주어진 과제는 1회적인 수정으로 끝나는 경우가 대부분이다. 김정애(2000: 36)의 조사결과에서도 대부분의 교사들이 '제목을 주고 집에서 쓰게 한다(50.0%)'고 하여 쓰기는 교실활동으로서보다는 숙제로 활용되어 온 경우가 많다. 집에서 할 수 있는 과제로 활용할 수도 있지만 분명히 과정 중심 쓰기 지도로 이어지는 활동으로 구성되어야 할 것이다.

4.2. 쓰기 교육과정 개발자로서의 교사 역할

한국어 쓰기 교육에 있어서도 학습자 중심의 교육목표, 교육내용이 정해져야 할 것이다. 지금까지는 언어 교육에서 쓰기는 하나의 언어기능으로서 한국어 학습자가 도달할 목표를 일방적으로 정하고 그 내용을 선정해 왔다. 그러나 학습자의 다양한 배경과 요구를 쓰기 교육과정에 반영하여야 할 것이다. 김청자 (2000: 24~25)의 연구조사 결과 한국어 학습자들의 쓰기에 대한 요구에 있어서 동기가 단순하거나 일상적이라고 해서 쓰기의 필요도가 낮게 나타나는 것이 아니고 진학이나 취업과 같은 전문적 동기를 지닌 학습자라고 해서 쓰기의 필요도가 높은 것이 아닌 것으로 나타났다. 즉, 쓰기 학습은 학습자들의 구체적인 학습 목적이나 언어권과 더 관련이 있는 것으로 나타나 한자권이냐 비한자권이냐가 쓰기 학습에 큰 영향을 미치는 변인이라는 사실을 밝혔다. 또한 쓰기 학습내용에 대한 요구로서 '철자, 띄어쓰기'와 '한자어'에 대한 요구보다는 '문법'과 '한국적 표현'에서 높은 요구를 나타냈다. 뿐만 아니라 어휘항목에 대한 요구에서 '일상어'에 대한 요구가 가장 높게 나타남으로써 일반적으로 수업현장에서 강조하는 내용과 차이가 있음을 보였다. 이러한 연구 결과는 학습자들의 교과내용에 대한 요구가 매우 실제적이고 현실적임을 반영하는 결과이다. 이러한 연구 결과 즉, 학습자 집단에 따라 요구를 달리한다는 점은 쓰기 교육과정에도 반영하여 학습자 집단별 특수 목적 교육과정으로 운영될 필요가 있다. 이를 위해서는 학습자 요인에 따라 특수 목적의 쓰기 교육과정을 선택으로 운영할 수도 있지만 학습자들의 요구를 반영한 쓰기 프로그램 등을 상황에 맞도록 운영할 수 있는 교사의 역할이 요구된다. 즉, 한국어 쓰기 교육에서도 교육과정 개발자로서의 교사 역할이 요구된다고 할 수 있다.

4.3. 쓰기 전략 훈련 수업 운영

쓰기 능력 개발을 위해서 다양한 쓰기 활동들이 실제 수업에 도입되어야 한다. 이러한 쓰기 활동들은 문제 해결 중심의 전략 훈련 수업 운영을 필요로 한다. 앞에서 밝힌 바와 같이 글을 쓰는 활동도 사고 활동의 과정이며 쓰기를 가르친다는 것은 사고하는 방법을 가르치는 것과 같다. 과제가 주어지고 문제 해결을 위해 자료 수집의 과정에서부터 자료를 조직하고 생산해 내는 구체적인 과제 중심의 쓰기 활동에 다양한 전략 등이 활용될 수 있다. 실제적인 과제 해결을 위해 학습자들이 활용할 수 있는 전략을 훈련하면서 과제를 수행해 나간다면 쓰기 활동에 대한 심리적 부담과 거부감을 줄이고 적극적인 쓰기 활동을 할 수 있을 것이다.

김정애(2000: 40)가 밝혔듯이 과정 중심 쓰기 대한 학습자들의 요구 중 글쓰기에 필요한 전략이나 기술을 배워야 한다는 요구가 가장 높게 나타났으며 실제 수업에서 활용할 수 있는 전략들을 가르치는 일이 매우 중요하다. 학습전략을 활용한 수업의 효과는 손경숙(1999: 57~59)이 밝히고 있는 것처럼 학습전략의 사용을 의식하는 단계에서는 학습자들이 어렵게 인식하지만 학습전략 활동이 익숙해져 가는 과정에서 의식하지 못 하는 사이에 자연스럽게 효과적이고 효율적인 학습전략들을 사용하게 된다. 학습전략 훈련 수업을 통해서 학습자들이 과제에 대해 흥미를 느끼고 문제 해결에 대한 자신감을 얻게 된다는 연구 결과는 쓰기 교육에도 시사하는 바가 크다고 할 수 있다. 학습전략은 가르쳐질 수 있다는 점에서 학습자들이 선호하는 학습양식과는 다르다. 특히 효율적이고 효과적인 글쓰기를 위해서는 과정 중심 글쓰기의 원리에 기초한 문제해결 중심 글쓰기 전략들이 학습자들의 쓰기 과정에 효과적으로 활용될 수 있도록 쓰기 전략 활용 수업 운영이 필요하다.

4.4. 쓰기 피드백 제공자로서의 교사 역할

지금까지 한국어 교육 현장 교사들은 초급에서부터 고급에 이르기까지 문법적으로 정확한 활용 수준에서 학생들의 쓰기 결과물을 평가하고 수정해 온 것이 사실이다. 학생들의 쓰기 결과물에 대한 교사들의 피드백 내지 평가 방식은 김정애(2000: 36)에서도 밝히고 있듯이 한국어 교사들이 쓰기 과제의 문법과 철자만을 수정하거나(34%) 모두 다 수정해주는 경우가 대부분이고(34%) 수정할 부분을 표시해 주는 경우(22.6%)도 비교적 드물고 학생들 스스로 자신의 결과물에 대해 점검하고 다시 쓸 기회를 갖지 않는다는 것이다. 앞에서 논의한 과정 중심 접근의 쓰기에서 가장 중요한 역할은 교사에 달려 있다. 교사가 쓰기에 대한 효과적인 피드백을 하지 않는 것이 쓰기 교육 현장에서 과정 중심 쓰기 접근이 이루어지지 못하게 하는 직접적인 원인이 되고 있다.

Kroll(2001: 227)에 의하면 실제로 교사들이 자신을 '쓰기 교사'로 여기지 않고 언어교사로 여기고 있는 경우 교사가 하는 지적 사항이나 피드백이 학생들의 쓰기를 향상시키지 못한다고 한다. 이것은 교사가 학습자들의 쓰기에 대한 피드백을 해줄 때 언어적인 측면을 중시하고 지적하는 언어교사 역할을 하느냐 아니면 쓰기가 의미 창조 과정이라고 보는 과정 중심적 쓰기 '교사'로서 안내

역할을 하느냐에 따라 학생들의 쓰기 과정에 중요한 영향을 미친다는 점을 강조하는 것이다. 과정 중심 쓰기 교육에서 교사의 역할은 수업을 이끌고 주도하는 것이 아니라 학생을 중심으로 학생의 쓰기 활동을 도와주고 조언하고 쓰기를 촉진하며 반응하는 역할이다. 문제는 어떻게 체계적이고 효과적으로 일관성 있게 피드백을 해 주느냐 하는 것이다.

4.5. 과정 중심 평가도구 개발

외국어로서 한국어 쓰기 교육에 기초가 될 연구들이 활발히 진행되기 위해서 전제되어야 할 조건이 바로 쓰기 평가와 관련된 평가도구의 개발이다. 우선 쓰기 숙달도 측정을 위한 객관적이고 타당한 평가도구 개발이 무엇보다 시급하다. 현재 2014년 체제 개편 이후 한국어능력시험(TOPIK-II)에서 세 개 문항으로 직접 평가 방식의 쓰기 숙달도 평가가 이루어지고 있으나 진정한 의미에서의 쓰기 숙달도 평가로 보기 어렵다. 쓰기 고유 능력을 평가할 수 있는 평가 도구 개발이 요구된다.

또 다른 측면의 평가로서 쓰기 성취도 평가를 들 수 있다. 현재 한국어 교육기관에서 사용되는 평가도구 역시 문법항목의 활용을 중심으로 정확성 측면에 초점을 맞추고 있고 학습자의 자유 작문과 같은 형태의 쓰기 결과물 평가는 몇 가지 평가기준에 의존하고 있는데 이러한 평가항목은 과정 중심 쓰기의 평가기준으로 보기 어렵다. 김유정 외(1998)에서 밝히고 있는 평가 범주의 항목 중 '전략적 능력의 평가' 항목을 제외하고는 쓰기 결과물의 내용 즉, 결과 중심적 평가라고 할 수 있다. 쓰기 과정의 진정한 평가를 위해서 예를 들면, 학습자들의 쓰기 활동에서 강조했던 내용을 중심으로 학습자들의 쓰기 전 과정을 점검할 수 있는 점검표(checklist) 등을 활용할 수 있을 것이다. 점검표의 항목으로는 각 단계에서 수행한 활동과 전략 사용을 점검할 수 있다. 학습자 개개인의 쓰기 능력 향상 정도를 점검할 수 있는 포트폴리오 평가 방식을 활용할 수도 있을 것이다.

4.6. 쓰기 과정의 현장 연구

　최근 한국어 교육 연구 분야에서 쓰기 기능과 관련된 연구들이 활발히 수행되고 있는데 특히 2000년대 전반과 후반까지 수행된 연구에 비해 2011~2012년 최근 2년간 양적인 증가현상을 보였다(강승혜, 2014: 21). 그 연구들 중 현장 기반 연구들은 상대적으로 드물다. 외국어로서 한국어 쓰기 교육의 발전을 위해서는 쓰기 교육 현장의 문제를 지적해 내고 현장의 문제를 개선하기 위한 방안을 제시하는 것도 중요하다. 그러나 그런 개선 방안들이 얼마나 효과적이고 효율적인지 검증하는 연구가 필수적이다. 실제 수업에 기초한 현장연구 결과들이 다시 새로운 수업 모형을 개선하는 데에 반영되고 그를 검증하는 연구결과들이 나옴으로써 한국어 쓰기 교육이 발전되어 나갈 것이다. 다시 말해서 한국어 쓰기 작문 수업 모형을 제시한다든가 한국어 쓰기 수업 방안을 제안하는 데에 그치지 않고 그런 수업모형을 실제에 적용해서 발견한 결과들과 바람직한 수업 방안은 실제 수업현장에서 시행하는 과정에서 나타난 현상을 보고하는 연구들이 외국어로서 혹은 제2언어로서 한국어 쓰기 교육의 발전에 중요한 밑거름이 될 것이다. 그런 열구결과들은 한국어 쓰기 교육 연구 분야의 학문적 발전에도 중요한 역할을 할 것이다. 뿐만 아니라 한국어 교육 현장 연구로서 구성주의 혹은 사회적 구성주의 등에서 언급되고 있는 협력(cooperative) 학습, 모둠학습 방식의 활용의 협동(collaborative) 학습과 같은 학습자 중심의 쓰기 활동에 관한 연구가 활발히 이루어질 필요가 있다.

참고문헌

강승혜(2002), 「한국어 쓰기 교육의 이론과 실제」, 박영순 편, 『21세기 한국어교육학의 현황과 과제』, 한국문화사, 161~190쪽.

강승혜(2014), 「한국어 쓰기 교육 연구 동향 분석」, 『외국어로서의 한국어교육』 41, 연세대학교 언어연구교육원 한국어학당, 1~35쪽.

김민성(2001), 「과정 중심적 웹기반 한국어 쓰기 교육: 'hanclass'의 운영 사례를 중심으로」, 연세대학교 석사논문.

김유정·방성원·이미혜·조현성·최은규(1998), 「한국어 능력 평가 방안 연구」, 『한국어교육』 9(1), 국제한국어교육학회, 37~94쪽.

김정숙(1999), 「담화 능력 배양을 위한 외국어로서의 한국어 쓰기 교육 방안」, 『한국어교육』 10(2), 국제한국어교육학회, 195~213쪽.

김정애(2000), 「과정 중심의 한국어 쓰기 교육 방안: 피드백을 이용한 다시 쓰기 전략을 중심으로」, 이화여자대학교 석사논문.

김중섭·김정숙·이정희·김지혜·박나리·박진욱·이수미·강현자·장미정·홍혜란 (2017), 「국제 통용 한국어 표준 교육과정 적용 연구」, 국립국어원 용역 과제, 국립국어원.

김청자(2000), 「학습자 중심의 쓰기 교육을 위한 기초 조사와 제언」, 제13회 국제한국어교육학회 연구발표회 발표문.

백봉자(1987), 「교포 2세의 한국어와 쓰기 교육」, 『이중언어학』 3, 이중언어학회, 63~83쪽.

손경숙(1999), 「한국어 학습자의 읽기 전략 훈련과 학습 결과 분석 연구」, 연세대학교 석사논문.

여순민(2002), 「고급 한국어 학습자의 글쓰기 전략 연구: '문제-해결' 글쓰기 중심으로」, 연세대학교 석사논문.

염창권(1997), 「쓰기 교수 학습 모형」, 초등국어교육학회 편, 『국어 수업 방법』, 박이정.

원진숙(1996), 「작문 교육의 이론적 기초와 방법론 연구」, 고려대학교 박사논문.

이미혜(2000), 「과정 중심의 한국어 쓰기 교육: 작문 수업을 중심으로」, 『한국어교육』 11(2), 국제한국어교육학회, 133~150쪽.

이수민(2001), 「한국어 쓰기 교육에서 교사 피드백이 학생 수정에 미치는 영향 연구」, 연세대학교 석사논문.

이재승(1997), 『국어교육의 원리와 방법』, 박이정.

이재승(2002), 『글쓰기 교육의 원리와 방법: 과정 중심 접근』, 교육과학사.

정현경(1999), 「외국어로서의 한국어 쓰기 교육: 과정 중심의 접근을 통하여」, 고려대학교 석사논문.

Flower, L.(1993), *Problem-solving Strategies for Writing*; 원진숙·황정현 역(1998), 『글쓰기의 문제해결전략』, 동문선.

Beaugrande, R.(1984), *Text Production*, NJ: Ablex.

Brown, H. D.(3rd ed.)(1994), *Principles of Language Learning and Teaching*, Prentice Hall Regents.

Brown, D.(2nd ed.)(2001), *Teaching by Principles: An Interactive Approach to Language Pedagogy*, New York: Pearson Education.

Calkins, L. M.(1986), *The Art of Teaching Writing*, NJ: Heineman.

Coffey, M. P.(1987), *Communication through Writing*, Englewood Cliffs, NJ: Prentice-Hall.

Cumming, A.(1987), "Decision making and text representation in ESL writing performance", Paper presented at the 21st Annual TESOL Convention, Miami.

Fisher, C. J. & Terry, C. A.(1990), *Children's and The Language Arts*, Boston: Allyn and Bacon.

Flower, L. & Hayes J. R.(1977), "Problem solving strategies and the writing process", *College English*, 32, pp. 449~461.

Flower, L. & Hayes J. R.(1981), "Cognitive process theory of writing", *College Composition and Communication*, 32, pp. 365~387.

Hedge, T.(1988), *Writing*, Oxford: Oxford University Press.

Kroll, B.(edition)(1994), *Second Language Writing-Research insights for the classroom*, Cambridge: Cambridge University Press.

Kroll, B.(2001), "Considerations for teaching an ESL/EFL writing course", In Celce-Murcia, M.(3rd ed.), *Teaching English as a second or foreign language*, Boston: Thomson Learning, pp. 219~232.

Leki, I.(1995), "Coping strategies of ESL students in writing tasks across the curriculum", *TESOL Quarterly*, 29, pp. 235~260.

Omaggio, A. C.(1986), *Teaching Language in Context*, Ma: Heinle & Heinle Publishers, Inc.

Raimes(1985), "What unskilled writers do as they write: A classroom study of composing", *TESOL Quarterly*, 19, pp. 229~258.

Richards, J. C.(1994/1990), *The Language Teaching Matrix*, Cambridge: Cambridge University Press.

Tribble, C.(1997), *Writing*, Oxford: Oxford University Press.

Zamel, V.(1982), "Writing: The process of discovering meaning", *TESOL Quarterly*, 16, pp. 195~209.

Zamel, V.(1983), "The composing processes of advanced ESL students: Six case studies", *TESOL Quarterly*, 17, pp. 165~187.

제**2**부 장르 중심의 쓰기 지도

논증적 글쓰기 교육 방법

유상희

1. 논증 및 논증적 글쓰기

증거에 기반을 두어 논의하는 논증(論證, argument) 교육이 세계적으로 강조되고 있다(Graff, 2003; Kuhn, 2005; Newell, Beach, Smith, & VanDerHeide, 2011). 우리나라 대학 글쓰기에서도 논증 및 논증적 글쓰기 교육에 관한 다양한 연구들이 전개되었다(김주현, 2011; 이윤빈, 2015; 정재림, 2018; 주민재·김진웅, 2014 등).

그런데 논증 및 논증적 글쓰기는 교육자에 따라 다르게 접근하는 대표적인 장르이다. 현재 대학에서 사용되는 글쓰기 교재에서는 대부분 논증이 다루어지지만, 논증을 어떻게 개념화하여 논증적 글쓰기를 어떻게 안내하는지는 상당한 차이가 있다.[1] 따라서 논증적 글쓰기를 가르치기 위해서 교수자는 논증에 관한 여러 접근이 있다는 것과, 자신이 어떠한 접근을 취하고 있는지 아는 것이 중요하다.

---

[1] 예를 들어, 이승윤(2014)은 네 대학(가톨릭대학교, 성균관대학교, 연세대학교, 성균관대학교)의 글쓰기 교재를 분석하였다. 분석 결과, 각 대학 글쓰기 교재에서 논증이 주된 초점이었는데, 교재마다 논증적 글쓰기를 설명하거나 교육하는 방식이 달랐다고 지적했다.

일찍이 민병곤(2001)에서 논의한 바와 같이, 논증은 서로 다른 학문 배경을 바탕으로 발전해 왔다. 논증에 대한 접근은 크게 형식 논리학적 접근, 비형식 논리학적 접근, 화용－대화론적 접근, 수사학적 접근으로 나누어 살펴볼 수 있다.

〈표 1〉 논증에 관한 다양한 접근

학문 배경	논증에 관한 정의
형식 논리학	논증이란 전제들과 결론으로 구성된 명제들의 집합
비형식 논리학	논증이란 근거를 바탕으로 주장을 정당화하는 것(Toulmin, 2003)
화용－대화론적 관점	논증이란 청중의 수용 가능성 증대를 목적으로 자신의 주장을 정당화하는 언어적이고 사회적인 추론 행위(van Eemeren & Grootendorst, 1996)
수사학적 관점	논증은 의도하는 사람들에게 특별한 결과를 나타나게 하기 위하여 설계되는 것(Perelman & Olbrechts-Tyteca, 1969)

형식 논리학과 비형식 논리학의 공통점은 논증의 목적을 주장의 논리적 정당화에 둔다는 점과, 이를 위해 논증을 이루는 요소 및 요소 간의 논리적 관계를 중시한다는 점이다. 두 학문의 차이점으로는 형식 논리학이 탈맥락적으로 논증에 접근한다면, 비형식 논리학은 실제 사람들이 살아가는 다양한 맥락에 주목하여 논증에 접근한다는 점이다.

화용－대화론적 관점(pragma-dialectical approach)과 수사학적 관점은 논증에서 주장의 정당화를 넘어, 설득을 강조한다는 공통점이 있다. 두 관점은 논증에서 집중하는 내용에 차이가 있다. 화용－대화론적 관점은 의사소통 맥락에서 의사소통 참여자 간의 의견 차이를 해결하기 위한 논증 규칙을 강조한다(van Eemeren & Grootendorst, 2004: 187~196). 화용－대화론적 관점에서 논증의 성공 여부는 논증 규칙이 얼마나 준수되었는지를 바탕으로 평가될 수 있다. 반면, 수사학적 관점에서 가장 주목하는 것은 상대를 설득하는 전략이다. 수사학적 관점에서는 청중에게 얼마나 의도한 영향을 미쳤는지를 바탕으로 논증의 성공 여부를 평가

한다(Perelman & Olbrechts-Tyteca, 1969).

위 네 가지 학문 배경이 논증에 대한 주요한 접근을 설명하지만, 전부는 아니다. 논증 및 논증적 글쓰기 교육에서 주요한 흐름 중의 하나는 논증의 목적을 확장하는 것이다. 특히 논증의 목적으로 주장의 정당화와 상대의 설득을 넘어, 탐구(exploration)가 강조되고 있다. 논증적 글쓰기 관련 주요 학자인 Andrews (2010: 3~11)는 논증을 "증거에 의해서 뒷받침되는 아이디어의 논리적 배열"로, "합리성과 다름에 관한 탐구, 사실상 다름을 창조하는 과정이자 결과"라고 하였다(유상희, 2017: 204 재인용). 이는 논증의 목적을 탐구에 둔 논증을 제안한 것이다.

21세기에 논증의 목적을 확장하는 것이 중요한 이유는 우리가 확신할 수 없는 수많은 문제를 직면하고 있기 때문이다. 급진적으로 변화하는 시대에 주장을 증거에 기반을 두어 정당화하는 능력도 중요하지만, 자신의 주장을 무조건 확신하고 이를 설득하는 것을 넘어 다른 주장이나 관점에 열린 마음으로 접근하는 것도 중요하다. 이에 대학 논증적 글쓰기 교육에서는 논증의 탐구적 목적에도 주목할 필요가 있다.

정리하면 대학 글쓰기 교육에서 논증적 글쓰기 교육이 강조되고 있는데, 교수자마다 논증 및 논증적 글쓰기의 교수학습 목적을 다르게 설정할 수 있다. 논증적 글쓰기 교수자는 한 가지 접근을 당연하게 여기기보다 논증에 대한 다양한 관점을 이해하고, 학생의 필요를 고려하여 논증에 어떻게 접근할지 정하는 것이 중요하다. 이에 논증적 글쓰기 교육을 위해 교수자가 첫 번째로 던질 수 있는 질문은 "학습자의 필요를 고려할 때 논증을 어떻게 접근할 것이고 이렇게 접근하는 이유는 무엇인가?"라고 할 수 있다.

2. 논증적 글쓰기 교육의 핵심

논증에 대한 다양한 접근이 있듯, 논증적 글쓰기 교육에도 다양한 방법이 존재한다. 대표적으로 논증적 글쓰기 교육은 글쓰기 교육의 일부라는 점에서 과정 중심이나 문제해결 중심으로 접근될 수 있다(Flower, 1998; 원진숙·황정현

역, 1998). 논증적 글쓰기 과제를 하나 선정한 후, 학생들과 내용 생성하기, 개요 짜기, 초고쓰기, 고쳐쓰기 등의 절차에 따라 수업을 구성할 수 있다. 논증적 글쓰기를 문제 해결적으로 접근하여 글쓰기 과제 상황(문제 상황)을 심층적으로 분석하고, 이러한 상황을 고려하기 위한 다양한 전략들을 중심으로 수업을 구성할 수 있다.

논증적 글쓰기 교육은 하위 장르를 중심으로 접근될 수 있다. 논증적 글쓰기는 여러 하위 장르를 갖는 상위 장르라 할 수 있다. 논증적 글쓰기의 대표적인 하위 장르로 학술 논문이 있다. 학술 논문은 증거를 바탕으로 학술적인 주장을 도출하는 논증적 글쓰기라 할 수 있다. 논증을 요구하는 대학생들의 전공 보고서도 대표적인 논증적 글쓰기라 할 수 있다. 신문 사설, 독자 투고, 건의문 등은 사회적 문제에 대한 필자의 주장을, 서평을 포함한 평론들도 해당 작품에 대한 필자의 주장을 증거에 기반을 두어 적는 논증적 글쓰기라 할 수 있다. 하위 장르 중심 논증적 글쓰기 수업에서는 대상 학생들에게 필요한 하위 장르를 선정하여 해당 장르의 형식적이나 표현적인 특징을 학습할 수 있다.

논증적 글쓰기 교육 방법은 학습자의 필요에 따라 달라질 수 있지만 논증을 구성하는 요소를 교육하는 것은 대부분 학습자에게 요구되는 논증적 글쓰기 교육의 핵심이라 할 수 있다. 먼저 논증을 구성하는 요소들은 논증의 하위 장르를 넘어 보편적으로 고려할 만하다는 점에서 주목할 만하다. 또한, 논증을 구성하는 요소들은 학생들의 논리적이고 비판적인 사고력 함양과 직접 관련된다는 점에서 의의가 크다(Hillocks, 2010; Kuhn, 2005). 해당 요소들은 학생들에게 논증적 글쓰기에 대한 구체적인 내용을 생성할 수 있도록 돕는데, 논증을 구성하는 요소들은 서로 간에 긴밀히 연계되어 있어서 논리적 사고력과 관련된다. 각 요소에 대한 평가 기준은 자신이 작성한 논증적 글뿐만 아니라 상대의 글에 대해서도 평가할 수 있는 기준을 제시한다는 점에서 비판적 사고력과 관련된다.

그런데 논증적 글쓰기에서 논증의 요소 교육은 중요하지만, 모든 학습자에게 동일한 논증의 요소를 가르쳐야 하는 것은 아니다. 앞 절에서 논증을 무엇으로 보는지에 대한 학문별 차이를 논의한 것처럼, 논증의 요소를 무엇으로 보는지도 학자마다 다양하게 제시해왔다. 예를 들어, 논증적 글쓰기에서 대표적으로 논의되는 논증 요소인 Toulmin(2003)의 논증 모형을 바탕으로 논의하면 다음과 같다.

Toulmin(2003)의 논증 모형에서는 논증의 핵심요소로 주장(claim), 증거(evidence), 전제(warrant)를 제시한다. Toulmin(2003)이 논증 연구에 크게 기여한 것은 논증의 핵심요소로 기존에 전제(premise)라 논의되던 것을 증거(evidence)와 전제(warrant)로 분리하여 제시한 것이다. Toulmin(2003)은 형식논리학에서 '대전제'와 '소전제'라 불리던 요소 간에 유사성이 낮다고 지적하면서 통계 자료, 전문가의 증언, 구체적인 사례 등 제시하는 사실(fact)은 자료(data)로, 구체적인 자료를 넘어 보다 일반적인 원리와 법칙은 '전제(warrant)'로 논증의 핵심 요소를 분리할 것을 제안했다(pp. 89~95). 또한 논증을 구성하는 추가적 요소로 주장이나 전제의 확신도를 나타내는 '한정사(qualifier)', 전제를 뒷받침하는 '보장(backing)', 논증에 대한 반대 주장이나 해당 주장이 적용되지 않는 맥락을 제공하는 '반박(rebuttal)'을 제시했다.

Toulmin(2003)의 논증 요소를 간단한 예시를 바탕으로 설명하면 다음과 같다. 주장은 논증자가 지금 결론적으로 말하고자 하는 것으로, "A가 총기 사건의 범인이다."라는 주장이 있을 수 있다. 논증자는 이를 뒷받침하기 위해 "사건에 사용된 총기에 A의 지문이 나왔다"와 같은 구체적 사실을 증거로 제시할 수 있다. 이때 증거와 주장을 연결하는 전제는 "만약 사건에 사용된 총기에서 누군가의 지문이 나왔다면 그 사람이 범인이다."라고 할 수 있다. 반박으로는 "만약 A가 총을 만진 뒤 다른 사람이 장갑 등을 사용하여 지문이 남지 않도록 총을 만졌을 수 있다."등으로 주장이나 전제가 언제나 그렇지 않을 가능성을 제기하는 것이다. 한정사는 '반드시 그러하다, 그러할 가능성이 높다, 약간의 가능성이 있다' 등 증거가 어느 정도 주장을 뒷받침하는지 확신도를 표현하는 것이다. 이 경우, "A가 총을 만진 이후에 해당 총을 만진 사람이 없고 총에서 A 이외의 지문을 찾을 수 없다면, A가 총기 사건의 범인일 가능성이 높다." 등으로 주장의 확신도를 낮추어 표현할 수 있다. 논증에서는 증거가 뒷받침하는 것 이상의 주장을 세우지 않는 것이 중요하다.

논증적 글쓰기를 위해 최대한 많은 논증 요소를 가르치면 학생들이 생각할 수 있는 요소가 늘어난다는 장점이 있지만, 어떤 요소도 충실히 배우지 못할 수 있다는 한계를 고려할 필요가 있다. 논증의 한 가지 요소를 가르치더라도 해당 요소가 실제 학생의 사고와 글쓰기 과정에 도움이 되도록 돕는 것이 중요하다. 따라서 교수자는 논증을 구성하는 요소로 무엇을 설정할지 결정하는 것이 중요하다.[2]

정리하면, 논증적 글쓰기는 다양한 방식으로 전개될 수 있지만, 논증의 요소를 교육하는 것은 대부분 학습자에게 중요하다. 논증적 글쓰기의 교수자는 학생들의 수준과 필요를 고려하여 어떠한 논증의 요소를 가르치는 것이 학생들의 실제적인 사고와 표현을 도울 것인지 고심하는 과정이 필요하다. 이에 논증적 글쓰기 교수자는 대상 학생에게 가르쳐야 할 핵심적인 논증 요소가 무엇인지, 이러한 요소가 실제 학생의 사고와 표현을 돕기 위하여 어떻게 가르칠 것인지 질문할 필요가 있다.

3. 전제 중심 논증적 글쓰기 프로그램[3]

이 절에서는 논증의 요소 중 하나를 중심으로 구성할 수 있는 논증적 글쓰기 수업의 구체적인 예시를 제시하고자 한다. 그러기에 앞서 이 절에서는 앞 절에서 제시한 질문을 중심으로 교수자가 할 수 있는 응답의 예시를 제시하고자 한다. 즉, 이 절에서는 앞 절에서 제시한 질문에 대해 교수자가 할 수 있는 응답 및 이를 바탕으로 글쓰기 프로그램을 구성하는 방안을 제시하고자 한다.

---

2) 예를 들어, 교수자는 학습자의 수준과 필요를 고려하여 보장(backing)을 가르칠지 결정할 수 있다. 아직 특정한 학문 분야에 속하지 않은 대학교 신입생의 경우, 보장을 가르치지 않을 수 있다. 특정한 학문 분야에 속한 대학생의 경우, 관련 학문 분야의 이론이나 방법론을 바탕으로 전제를 뒷받침하도록 보장을 지도하는 것이 중요할 수 있다.

3) 3장에서 소개한 전제 중심 논증적 글쓰기 프로그램은 유상희(2019)에서 제안한 전제 탐구 단원의 내용과 기본적으로 동일하다. 대학 글쓰기에서 '단원'이란 말이 많이 사용되지 않는다는 점을 고려하여, '전제 중심 논증적 글쓰기 프로그램'이라 명명하고, 논증적 글쓰기 지도 차원에서 약간의 설명을 추가하였다. 논증에서 '전제(warrant)'라는 용어 자체에 대한 이론적 담론을 읽고 싶다면, 유상희(2019)를 참조할 수 있다.

〈표 2〉 논증적 글쓰기 교육을 계획할 때 고려할 질문 및 응답의 예시

질문 1. 학습자의 수준과 필요를 고려할 때 논증 및 논증적 글쓰기를 어떻게 접근할 것이고 이렇게 접근하는 이유는 무엇인가?	이번 대학 글쓰기 수업은 학생들의 사고력 신장을 최우선 목표로 두고 있다. 이에 비형식 논리학을 바탕으로 논증 요소를 중심으로 논증에 접근하고자 한다. 그러나 대상 학생들이 논증 주제에 대해 열린 마음으로 다양한 관점을 탐구하기 바란다. 이에 이 논증적 글쓰기 수업에서는 논증 요소를 중심으로 논증에 접근하되, 탐구를 주목적으로 제시하고자 한다.
질문 2. 학습자의 수준과 필요를 고려할 때, 가르칠 논증 요소는 무엇이고, 어떻게 선정한 논증 요소가 학생의 사고와 표현을 돕도록 가르칠 것인가?	대상이 된 학생들은 주장과 증거에 대해 어느 정도 이해하고 있었지만, 자신이 어떠한 증거를 선택하여 주장을 뒷받침할 때, '전제'가 주요하게 작동한다는 점을 이해하지 못했다. 또한 학생들 서로 간에 다른 주장을 할 때, 서로 바탕에 둔 가정(assumptions)이 다르다는 점을 이해하기 어려워하면서 서로의 주장을 비난하는 모습을 보였다. 이에 논증의 여러 요소 중 전제를 중심으로 한 논증적 글쓰기 교육을 준비하고자 한다.

유상희(2019: 255~256)는 〈표 2〉에서 예시로 논의한 논증적 글쓰기 수업에서 두 학생이 과학 기술의 발전과 인간의 사고 능력의 관계에 대해 논쟁하는 장면을 제시하고 다음과 같이 설명했다.

A: 통계 자료에서 계산기, 내비게이션 등 과학 기술의 발전으로 인간의 숫자 계산 및 전화번호와 길(노선) 암기가 현격히 줄었다고 하잖아. 과학 기술이 발전하면 인간의 생각하는 능력은 더 떨어질 거야.

B: 무슨 소리야. 단순 계산이나 암기가 줄었다는 증거는 인간이 스스로 생각하는 능력이 발전할 가능성을 보여주는 거지.

위 대화에 참여한 두 학생은 서로 동일한 근거를 바탕으로 반대의 주장을 하고 있다. A 학생은 단순 계산이나 전화번호 암기 등 일상생활에 요구되는 기초적인 정보들을 기억하고 활용하는 것이 인간의 생각하는 능력에 중요한 비중을 차지한다고 전제하고 있다. 이에 반하여 B 학생은 (창의적·비판적 접근 등 고등 사고를 요하지 않는) 단순 계산이나 암기가 인간의 생각하는 능력에 중요한 비중을 차지하지 않는다고 전제하고 있다. A 학생과 B 학생의 대화는 서로의 주장이 서로 다른 전제에 기반을 두고 있다는 인식을 드러내거나, 서로의 다른 전제를 논의하지 않았다. 대신 두 학생은 농담하듯 상대방의 논리가 부족하다며 반대 주장을 폄하했다. 종종 학생들의 토론이나 논증적 글을 보면 증거와 주장을 제시하고 있지만, 해당 증거와 주장을 논리적으로 연결하는 전제가 결핍된 경우를 찾을 수 있다. 이러한 경험은 연구자가 논증 교육에서 '전제(warrant)'라는 요소에 관심을 갖도록 이끌었다.

이 절에서 소개하는 논증적 글쓰기 교육 방안은 위 글쓰기 수업에서 발견한 문제에서 시작하여 대학생들의 논리적이고 비판적인 사고와 표현 함양을 위해 설계한 8차시 전제 중심 논증적 글쓰기 프로그램이다. 사고와 표현 향상을 목표로 하는 대학 글쓰기 수업에서 대상 학생들이 자신이 가진 전제를 성찰하기 어려워하고 타인이 자신과 다른 전제를 가졌다는 점을 인지하기 어려워한다면, 전제 중심 논증적 글쓰기 수업에 주목할 만하다.[4]

전제라는 요소에 집중하는 것은 자신이 가지고 있는 믿음과 가치관 및 가정하고 있는 바와 상대가 가정하고 있는 바를 파악하고 이를 고려하여 논증을 전개하도록 도와 학생들의 사고와 표현을 도울 수 있다. 전제라는 요소는 증거와 주장을 연계한다는 점에서 논리적 사고와 관련되지만, 이를 통해 자신의 가정과 상대의 가정이 다르다는 점을 이해하고 고려하도록 돕는다는 점에서 탐구적이라 할 수 있다. 일반적으로 대학 글쓰기 프로그램이 중간고사와 기말고사를 제외하면 14주로 구성된다고 할 때, 제안된 프로그램은 학생들의 필요에 따라 다른 글쓰기 프로그램과 연계될 수 있다.

---

4) 우리나라 논증 연구나 대학 논증적 글쓰기에서 전제라는 개념을 소개한 경우는 찾아볼 수 있다. 그러나 전제에 대한 구체적인 교육 방안을 제시한 경우는 찾기 어렵다. 반면 국외 논증 교육 연구들에서는 전제가 학생들의 논리적이고 비판적인 사고와 표현을 돕는 핵심 요소로 주목받고 있다(Newell, 2011; Hillock, 2010; Rex et al., 2010; Warren, 2010; 유상희, 2019 재인용). 주장과 증거를 연결하는 기능을 가진 전제는 논증에서 주장과 근거의 논리적 연결 관계를 점검하고 보완하도록 도울 수 있다는 것이다(Hillock, 2010). 또한 전제라는 요소는 논증자가 자신이 지닌 가정(assumptions)을 타인의 가정과 비교하면서 탐구하도록 돕는다는 것이다(Rex et al., 2010).

전제 중심 논증적 글쓰기 프로그램은 백워드 설계 모형의 원리에 따라 개발되었다.5) 백워드 설계 모형은 논증적 글쓰기를 포함하여 대학 글쓰기 수업을 설계할 때 유용한 여러 원리를 제시하고 있다. 만약 대상 학생들이 다른 필요를 가진 경우에 이 절에서 제시한 백워드 설계의 원리들은 논증적 글쓰기에 대한 구체적 교육 방안을 마련할 때 참고할 만하다.

먼저 백워드 설계 모형에서는 크게 3단계로 수업을 설계할 것을 제안한다 (Wiggins & Mctighe, 2005). 1단계는 바라는 결과이자 목표를 확인하는 것이고, 2단계는 평가 방안을 마련하는 것으로 앞에서 논의한 목표가 성취되었다는 것을 어떠한 증거로 알 것인지 결정하는 단계이다.6) 마지막 3단계는 구체적인 수업을 설계하는 것이다. 이 장에서는 이러한 세 단계에 따라 개발된 전제 중심 논증적 글쓰기 교육 방안을 제시하고자 한다.

3.1. 바라는 결과 확인하기

백워드 설계의 1단계는 바라는 결과, 즉 해당 교육을 통해 달성하고자 하는 학습 목표를 확인하는 것이다. 이 프로그램에서는 백워드 설계에서 제시하는 이해의 여섯 측면을 바탕으로 학습목표를 구체화하였다. 해당 여섯 학습목표는 대학 글쓰기 교육자가 고려할 중요한 시사점들을 제안하고 있지만, 학생들에게 반드시 여섯 목표가 함께 제시되어야 하는 것은 아니다. 논증적 글쓰기 교수자는 가르치는 대상 학생의 수준과 필요, 흥미를 고려하여 학습목표를 설정할

---

5) 백워드 설계에 관한 논의는 교육학 여러 논문에서 이루어졌고(조재식, 2005; 강현석·이지은, 2013; 온정덕, 2013), 국어교육에서도 백워드 설계를 적용한 단원이 설계되었다(김진희, 2016; 이인화, 2016). 그러나 논증적 글쓰기 수업을 포함한 대학 글쓰기 수업에서 백워드 설계 모형이 적용된 사례는 찾아보기 어렵다.

6) 이러한 단계는 보편적으로 이전의 교육과정 설계 모형들이 수업을 구성하고 이에 대한 평가 방안을 마련하는 점과 대조적이다. 이해 중심 교육과정은 전이 가능한 핵심 아이디어의 이해를 위한 교육적 설계를 강조하기에 평가 방안을 먼저 고려하고 이를 바탕으로 수업을 계획한다는 점에서 '백워드(backward) 설계'라 불린다(김경자·온정덕, 2014). 대학 글쓰기 교육에서도 학생들이 학습 목표의 성취 여부를 알 수 있는 증거를 고려하여 평가 방안을 마련하는 것은 중요한 과제라 할 수 있다.

필요가 있다.

백워드 설계를 시행하기 위해서는 Wiggins & Mctighe(2005, 2011)가 제시한 이해의 개념을 공유하는 것이 중요하다. 백워드 설계의 다른 명칭이 이해 중심 교육과정이라는 점이 보여주듯, 백워드 설계는 선정한 핵심 내용에 관한 영속적 이해(enduring understanding)를 강조하기 때문이다. Wiggins & Mctighe(2005)는 백워드 설계 모형에서 이해를 설명, 해석, 적용, 새로운 관점, 공감, 자기 지식의 여섯 측면에서 제시했다. 백워드 설계에서 '이해'는 단순히 주어진 내용을 아는 것을 넘어 실제 그 지식을 바탕으로 수행하는 것, 더 나아가 그 지식을 비판적 관점에서 재성찰하는 것을 의미하는 광의적인 개념이다.[7]

백워드 설계에서 강조하는 이해의 여섯 측면을 바탕으로 전제 중심 논증적 글쓰기 프로그램의 학습 목표를 구체화하면 〈표 3〉과 같다. 백워드 설계 1단계에서는 학습 목표 설정과 함께, 학습을 촉진시키는 '핵심 질문(essential questions)' 개발을 강조한다(이지은·강현석, 2010). 이해의 여섯 측면을 바탕으로 개발된 전제에 관한 여섯 가지 학습 목표와 함께 각 학습 목표와 관련된 핵심 질문을 〈표 3〉에 제시하였다.

〈표 3〉 전제 중심 논증적 글쓰기 프로그램의 학습 목표와 핵심 질문

이해의 측면	전제 중심 논증적 글쓰기 프로그램의 학습 목표	핵심 질문
측면 1. 학생은 배운 것을 설명할 수 있다.	• 논증에서 전제라는 요소를 설명할 수 있다. • 논증에서 주장, 증거, 전제를 분류할 수 있다.	• 논증에서 전제란 무엇인가? • 논증에서 주장과 증거, 전제를 어떻게 분류하는가?

---

7) 이는 우리나라 교육에서 광범위하게 적용된 Bloom(1956)의 교육 목적 분류에서 협소하게 논의된 '이해(understanding)'와 대조적이기에 주목할 만하다. Bloom(1956)은 교육 목적을 위계화하여 가장 낮은 단계로 지식을, 지식 바로 위 단계로 '이해'를 제시했다. 여기서 '이해'는 지식을 새로운 정보와 비교, 분류, 조직하는 분석적 사고의 전 단계로 상대적으로 낮은 사고 능력을 의미하는 협소한 개념이다.

이해의 측면	전제 중심 논증적 글쓰기 프로그램의 학습 목표	핵심 질문
측면 2. 학생은 이 지식이 언제 왜 중요한지 해석할 수 있다.	• 논증에서 전제를 고려하는 것의 중요성을 안다. • 토론이나 글쓰기 등의 활동에서 전제의 역할을 설명할 수 있다.	• 자신의 논증과 타인의 논증에서 전제를 고려하는 것은 왜 중요한가? • 논증에서 전제는 어떤 역할을 하는가?
측면 3. 학생은 이 지식을 다양한 상황에 적용할 수 있다.	• 논증에서 증거와 주장을 연결하는 명시적인 전제와 암시적인 전제를 찾을 수 있다. • 해당 논증에서 전제를 명시적으로 논의할 필요성이 있는지 판단할 수 있다. • 논증에서 전제를 바탕으로 근거와 주장을 논리적으로 연결할 수 있다.	• 해당 논증에서 증거와 주장을 연결하는 (명시적, 암시적) 전제는 무엇인가? • 해당 논증에서 전제를 명시적으로 논의할 필요성이 있는가? • 해당 논증에서 전제가 필요하다면, 언제 어떠한 방식으로 제시할 수 있는가?
측면 4. 학생은 학습한 지식의 논쟁점을 알고, 새로운 관점을 탐구한다.	• 논증에 따라 전제의 특성이 다를 수 있다는 점을 안다(사실 기반 논증과 비교하여 가치 기반 논증에서는 독자·청중의 전제가 크게 다를 수 있다는 점을 안다). • 논쟁 가능성이 높은 전제를 고려하여, 전제의 개념을 확장할 수 있다.	• 사실 기반 논증에서 전제는 어떠한 특성이 있는가? • 가치 기반 논증에서 전제는 어떠한 특성이 있는가? • 논쟁 가능성이 높은 전제를 고려하여, 전제의 개념을 어떻게 확장할 수 있는가?
측면 5. 학생은 다른 사람의 관점이나 세계관에 공감할 수 있다.	• 자신의 논증에서 암시하거나 명시적으로 제시한 전제가 무엇인지 알고, 상대가 가지고 있는 다른 전제에 공감할 수 있다.	• 사람들은 어떻게 비슷하고 다른 전제를 구성해 왔는가? • 나의 전제와 타인의 전제에는 어떠한 장점과 한계가 있는가?
측면 6. 학생은 자신의 삶을 연계하며 메타 지식을 확장한다.	• 독자·청중과 논쟁 가능성이 높은 전제에 대해 효과적으로 소통할 수 있다. • 논증에서 전제를 고려하기 위한 절차적 지식을 구성할 수 있다. • 이 수업에서 구성한 전제에 관한 지식의 장점과 한계를 안다.	• 타인이 나와 다른 전제를 지닌 경우, 어떻게 소통할까? • 논증에서 전제의 적절성을 어떻게 판단할까? • 현재 전제에 관해 구성한 지식은 실제 삶에서 어떠한 장점과 한계가 있는가?

이 프로그램에서는 전제의 개념을 교수·학습하기 어렵다는 기존 연구들을 고려하여(Hillock, 2010; Rex et al., 2010; Warren 2010), 전제에 관한 점진적 이해를 확장할 수 있도록 설계하였다. 단원의 전반부인 전제에 대한 기초 학습에서는 〈표 1〉에서 제시한 이해의 첫 번째, 두 번째, 세 번째 측면을 고려하여 설계하였

다. 특히 전반부 수업에서는 보편적으로 공유되는 원칙이나 원리로서 전제의 개념 및 중요성을 알고, 사실에 기반을 둔 논증에서 증거와 주장을 논리적으로 연결하는 전제 구성을 학습 목표로 설정하였다.

이어서 프로그램의 후반부인 전제에 대한 심화 학습에서는 〈표 1〉에서 제시한 바와 같이, 이해의 네 번째, 다섯 번째, 여섯 번째 측면을 고려하여 설계하였다. 프로그램의 후반부 수업에서는 가치 기반 논증을 바탕으로, 논증 주제에 따라 논증자의 전제가 다를 수 있다는 것을 인지하고 이전에 세웠던 전제의 개념을 "증거와 주장을 연결하는 보편적으로 공유되는 원칙이나 원리 또는 논증자가 지닌 논쟁 가능성이 있을 수 있는 가정이나 믿음"으로 확장하도록 구성하였다. 또한 독자나 청중에 따라 다를 수 있는 전제에 공감해 보는 것 및 전제의 논쟁 가능성에 대해 고려하는 방안을 논의하고, 이러한 이해의 다섯 측면을 바탕으로 전제에 관한 메타 지식 확장을 학습 목표로 두었다.

백워드 설계 첫 번째 단계에서 마지막으로 이루어져야 하는 일은 "모든 학생이 알아야만 하는 핵심 아이디어(big ideas)는 무엇인가?"라는 질문을 중심으로 (Tomlinson & McTighe, 2006), 해당 단원 목표의 영속적 이해를 위해 필수적으로 요구되는 핵심 지식과 기능을 설정하는 것이다. 교수자는 앞에서 설정한 학습목표와 관련하여, 이 글쓰기 프로그램에서 학습자가 반드시 알아야 할 지식과 기능이 무엇인지 분명히 하는 것이다. 전제 중심 논증적 글쓰기 프로그램에서 핵심 지식과 기능을 제시하면 〈표 4〉와 같다. 핵심 지식과 기능 역시 프로그램에 참여할 학생들의 수준과 필요를 고려하여 조정하는 것이 중요하다.

〈표 4〉 전제 중심 논증적 글쓰기 프로그램의 핵심 지식과 기능

핵심 지식	핵심 기능
• 논증에서 전제의 개념과 중요성을 안다. • 논증에서 전제의 적절성 판단 조건(논리적 연결성, 논쟁 가능성)을 안다.	• 타인과 자신의 글에서 명시적으로 주어진 전제나 암시적으로 주어진 전제를 찾을 수 있다. • 논증에서 명시적으로 전제를 제시해야 하는 경우를 판단하고, 근거와 주장을 논리적으로 연결하는 전제를 제시할 수 있다. • 논쟁의 여지가 높은 전제가 무엇인지 알고, 동의 가능성을 고려하여 전제를 제시할 수 있다.

3.2. 수용 가능한 증거 결정하기

백워드 설계에서 다음 단계는 수용 가능한 증거를 결정하는 것이다. 즉, 학생에게 해당 학습 목표가 성취되었다는 증거를 어떻게 찾을 것인지 평가를 계획하는 것이다(Wiggins & Mctighe, 2005). 이 단계에서는 학생들이 학습해야 하는 핵심 지식과 기능을 고려하여 수행과제를 개발하고, 학습자들이 목표 성취 여부를 판단하기 위해 평가 준거를 마련해야 한다(김경자·온정덕, 2014: 13).

Wiggins & Mctighe(2005)는 수행과제가 구체적인 맥락 안에서 이루어지기 위해 GRASPS―목표(goal), 역할(role), 청중·대상(audience), 상황(situation), 수행(performance), 기준(standard)―을 고려하여 수행과제를 구성하는 것을 제안했다. Wiggins & Mctighe(2005)가 수행과제 개발을 위해 제시한 앞의 여섯 요소는 대학 글쓰기 교수자가 글쓰기 과제를 개발할 때 참조할 만하다.

글쓰기 프로그램 설계자나 교수자는 학습목표를 고려하여 핵심적으로 수행할 수행과제의 수를 정하는 것이 중요하다. 전제 중심 논증적 글쓰기 프로그램의 경우, 전제에 관한 점진적 이해를 확장하고자, 전제 프로그램을 위계적으로 설계하였다. 프로그램의 전반부에서는 일반적으로 공유되는 가정을 중심으로 전제에 대한 기초 학습을 진행하고, 프로그램의 후반부에는 논쟁의 가능성이 높은 가정으로 확대하여 전제에 대한 심화 학습을 구성하고자 했다. 이에 전제 중심 논증적 글쓰기 프로그램에 대한 평가를 계획하는 본 단계에서도 전제에 관한 기초 수업용 수행과제 1과 심화 수업용 수행과제 2를 따로 개발하였다.

전제 중심 논증적 글쓰기 프로그램에서는 GRASPS를 고려하여 수행과제 1과 2를 개발하였고, 각 수행과제에 관한 평가 준거를 제시했다. <표 5>에 제시된 전제 중심 논증적 글쓰기 프로그램의 수행과제 1은 전제에 관한 기초 수업 과제로, 증거와 주장을 논리적으로 연결하는 전제 생성이 핵심 목표이다.

〈표 5〉 GRASPS를 활용한 전제 중심 논증적 글쓰기 프로그램의 수행과제1

수행과제 1. 사건에 관한 증거를 분석하여, 상사에게 제출할 사건조사서 작성하기	
목표(Goal)	• 사건조사서에서 증거와 주장을 논리적으로 연결하는 전제를 적절히 제시할 수 있다.
역할(Role)	• 당신은 해당 사건을 맡은 수사관이다.
독자·청중 (Audience)	• 사건조사서는 당신의 상사에게 제출할 것이다.
상황 (Situation)	• 당신은 구체적인 증거가 부족한 사망 사건을 조사했다.
수행 (Performance)	• 당신은 제시된 증거들을 조사하여 해당 사건에 관해 현재 내릴 수 있는 결론(주장)을 제시하는 사건조사서를 작성해야 한다.
기준 (Standard)	• 당신이 작성한 사건조사서에는 다음이 포함되어야 한다. ◦ 해당 사건에 관한 당신의 주장을 제시해야 한다. ◦ 당신의 주장은 충분한 증거로 뒷받침되어야 한다. ◦ 증거와 주장을 논리적으로 연결하는 전제가 필요한 경우를 판단하고 적절한 전제를 제시해야 한다.

이 글에서 제시한 수행과제 1은 기본적으로 Hillocks(2010)이 제시한 전제 활동 개발의 원리에 바탕을 두고 있다. Hillocks(2010)은 논증에서 전제라는 요소를 가르치기 위해 사실 기반 논증에서 다양한 해석이 가능한 증거 제시를 강조했다. 학생들은 쉽게 해석하기 어려운 호기심을 자극하는 증거로부터 다양한 질문을 하게 되고, 이러한 탐구를 바탕으로 증거와 주장을 연결하는 전제 구성 훈련을 할 수 있다는 것이다.

이에 증거와 주장을 논리적으로 연결하는 전제를 생성하는 것이 목표인 수행과제 1의 첫 번째 개발 원리는 학생들이 전제의 논리적 연결에 집중할 수 있도록 전제의 논쟁 가능성이 낮은 사실 기반의 논증을 제시하는 것이다. 수행과제 1의 두 번째 개발 원리는 전제에 따라 다양하게 해석될 수 있는 증거 자료를 제시하여서 명시적으로 전제를 논의하여야 증거로부터 주장이 논리적으로 도출되는 과제를 제시하는 것이다. 제시된 과제는 사건에 관한 사진 및 목격자의 진술 자료를 제시하여 학생들이 다양하게 해석될 수 있는 증거에 관해 전제를 고려하여 해당 사건에 관한 주장을 도출하도록 하고 있다.

전제 중심 논증적 글쓰기 프로그램의 수행과제 1에 관한 평가 준거는 〈표 6〉와 같다.

〈표 6〉 전제 중심 논증적 글쓰기 프로그램의 수행과제 1에 관한 평가기준표

평가 요소		1	2	3	4
핵심 주장		핵심 주장이 모호하다.	핵심 주장이 분명하지만, 하위 주장들을 포괄하지 못한다.	핵심 주장이 분명하고, 하위 주장들을 포괄한다.	핵심 주장이 분명하고, 하위 주장들을 포괄한다. 핵심 주장에 대한 반박을 효과적으로 고려하였다.
증거		핵심 주장은 증거에 의해 뒷받침되지 않았다.	핵심 주장은 부분적으로 증거에 의해 뒷받침되었다.	핵심 주장은 전반적으로 증거에 의해 뒷받침되었다.	핵심 주장은 증거에 의해 충분히 뒷받침되었다.
전제	전제의 소통 필요성 고려	증거와 주장이 논리적으로 연결되지 않는 경우, 전제를 제시하지 않은 경우가 대부분이다.	증거와 주장이 논리적으로 연결되지 않는 경우, 전제를 제시하지 않은 경우가 높은 빈도로 나타난다.	증거와 주장이 논리적으로 연결되지 않는 경우, 전제를 제시하지 않은 경우가 낮은 빈도로 나타난다.	증거와 주장이 논리적으로 연결되지 않는 경우, 대부분 명시적으로 전제를 제시하였다.
	전제의 논리적 연결성 고려	제시된 명시적 전제는 증거와 주장을 논리적으로 연결하지 못했다.	제시된 명시적 전제는 증거와 주장을 논리적으로 연결하지 못한 경우가 높은 빈도로 나타난다.	제시된 명시적 전제는 증거와 주장을 논리적으로 연결하지 못한 경우가 낮은 빈도로 나타난다.	제시된 명시적 전제는 대부분 증거와 주장을 논리적으로 연결하였다.

논증적 글쓰기인 수행과제 1을 수행하기 위해서는 기본적으로 증거에 의해 충분히 뒷받침되는 적절한 주장을 제시하는 것이 요구된다. 이에 〈표 6〉의 평가 기준표에는 주장과 증거에 관한 평가요소가 제시되어 있다. 〈표 4〉는 또한 사실에 기반을 둔 논증에서 전제를 어떻게 평가할 수 있을지에 관한 구체적 아이디어를 제시하고 있다. 논증적 글에서 전제를 평가하는 첫 번째 기준은 전제의 소통 필요성을 고려했는지와 관련된다. Toulmin(2003)이 설명한 바와 같이 전제(warrants)는 분명하게 논의될 필요성이 있는 경우를 제외하면 명시적으로 제시

되지 않는 경향이 있다. 그런데 동일한 증거로부터 다양한 주장이 도출될 수 있는 경우에는 주장과 증거를 논리적으로 이어주는 전제를 명시적으로 제시할 필요가 있다. 이에 논증 글에서 증거와 주장이 논리적으로 연결되지 않은 경우가 있는지, 해당 경우 전제를 명시적으로 제시하였는지 평가하는 것이다. 논증 글에서 전제를 평가하는 두 번째 기준은 증거와 주장을 논리적으로 연결하는 전제의 제시 여부이다. 명시적으로 전제를 제시하는 것이 필요한 경우, 증거와 주장을 논리적으로 연결하였는지 평가하는 것이다.

수행과제 1을 제시한 Hillocks(2010)은 논증적 글쓰기에 대한 구체적인 평가 방안을 제시하지 않았다. 이 글에서는 연구자가 실제 대학 글쓰기 수업에서 전제 프로그램을 시행하면서 마련한 평가기준을 〈표 4〉에 제시하였다. 기존 논증적 글쓰기 평가기준표는 내용·조직·표현으로 구성된 경향이 강했다. 이 연구에서는 학습 목표와 평가, 학습 내용의 일체화를 강조하는 백워드 설계를 반영하여, '내용 생성'에 중점을 두어 평가기준표를 구성하였다. 만약 대상 학생들이 글의 조직이나 표현에 어려움이 있다면 교수자는 유목적적으로 글의 조직이나 표현에 대한 학습 목표와 관련 평가기준을 추가할 수 있다.

〈표 7〉 GRASPS를 활용한 전제 중심 논증적 글쓰기 프로그램의 수행과제2

수행과제 2. 위기 상황에서 사건 해결의 지도자가 되어, 자신의 결정에 관한 정당성을 주장하는 논증 보고서 작성하기	
목표(Goal)	• 가치 기반 논증에서 사람마다 전제가 다를 수 있다는 것을 이해한다. • 논증 보고서에서 논쟁 가능성이 큰 전제가 무엇인지 알고, 논쟁 가능성을 고려하여 전제를 제시할 수 있다.
역할(Role)	• 당신은 위기 상황에서 사건 해결을 부탁받은 지도자이다.
독자·청중 (Audience)	• 이 사건에 관심이 있는 우리나라 국민

수행과제 2. 위기 상황에서 사건 해결의 지도자가 되어, 자신의 결정에 관한 정당성을 주장하는 논증 보고서 작성하기

상황 (Situation)	• 한밤중에 항해하던 소형 여객선이 거대한 풍랑을 만나 파선했다. 여객선은 점점 가라앉고 있었고, 외부에 구조를 요청할 수 있는 수단이 없었다. 해당 여객선 안에는 12명의 사람이 타고 있고, 단 하나의 구명보트가 있다. 구명보트는 최대 7명의 사람까지 태우는 것이 가능하다. • 소형 여객선에 탄 사람들은 당신이 이 여객선에 탔다는 것을 알게 되었다. 논리적, 비판적, 창의적 사고로 대한민국의 어려운 문제들에 해결 방안을 제시해 온 당신에게 누가 구명보트에 탈 것인지 결정해 달라고 요구하고 있다.
수행 (Performance)	• 당신은 당신 결정의 정당성을 주장하는 논증 보고서를 작성해야 한다. 당신이 누군가 선정했다면 선정한 사람 1인 이상에 관해 당신 결정의 정당성을, 아무도 선택하지 않았다면 이러한 결정에 정당성을 주장하는 논증 보고서를 작성해야 한다.
기준 (Standard)	• 당신이 작성한 논증 보고서에는 다음이 포함되어야 한다. • 해당 사건에 관한 당신의 주장을 제시해야 한다. • 당신의 주장은 충분한 증거로 뒷받침되어야 한다. • 전세의 논생 가능성을 판난하고, 이를 효과적으로 고려한 전제를 제시하여야 한다.

〈표 7〉에 제시된 전제 중심 논증적 글쓰기 프로그램의 수행과제 2는 전제에 관한 심화 수업을 위한 과제로, 논증자마다 전제가 서로 다를 수 있다는 것을 고려하여 전제를 제시하는 것이 목표이다.

전제의 논쟁 가능성을 인식하고 이를 고려하여 전제를 생성하는 것이 목표인 수행과제 2의 개발 원리는 크게 두 가지이다. 첫째, 학생들이 전제의 논쟁 가능성을 인식할 수 있도록, 학생마다 전제가 크게 다를 수 있는 주제에 대한 가치 기반 논증을 제시하는 것이다. 둘째, 학생들이 자신과 반 동료가 가지고 있는 비슷하거나 다른 가정이나 가치관, 믿음에 관하여 토론하고 성찰할 기회, 더 나아가 논쟁 가능성이 있는 전제를 고려할 방안에 관하여 토론하고 성찰할 기회를 제공하는 것이다. 제시된 수행과제 2는 구명보트에 탄 사람들의 다양한 배경을 제시하여, 학생마다 자신이 가지고 있는 전제를 돌아볼 수 있게 한다는 점에서 유용하다.

전제 중심 논증적 글쓰기 프로그램 수행과제 2의 평가기준표는 기본적으로

〈표 6〉에 제시된 수행과제 1의 평가기준표와 동일한데, 〈표 8〉에서 제시된 바와 같이 전제와 관련하여 세부적인 평가기준이 두 가지 추가되었다.

〈표 8〉 수행과제 2에 관한 평가기준 중 〈표 6〉에 추가된 내용

평가기준		1	2	3	4
전제	전제의 논쟁 가능성 점검 여부	독자/청중에게 논쟁 가능성이 있는 전제들에 관해 당연히 받아들여지는 것처럼 제시한 경우가 대부분이다.	독자/청중에게 논쟁 가능성이 있는 전제들에 관해 당연히 받아들여지는 것처럼 제시한 경우가 높은 빈도로 나타난다.	독자/청중에게 논쟁 가능성이 높은 전제들에 관해 당연히 받아들여지는 것처럼 제시한 경우가 낮은 빈도로 나타난다.	독자/청중에게 논쟁 가능성이 높은 전제들에 관해 당연히 받아들여지는 것처럼 제시하지 않았다.
	논쟁 가능성 고려한 전제 제시 여부	전제의 논쟁 가능성을 전혀 고려하지 못했다.	전제의 논쟁 가능성을 효과적으로 고려한 경우가 낮은 빈도로 나타난다.	전제의 논쟁 가능성을 효과적으로 고려한 경우가 높은 빈도로 나타난다.	전반적으로 전제의 논쟁 가능성을 효과적으로 고려했다.

추가된 평가기준은 '전제의 논쟁 가능성 점검 여부'과 '논쟁 가능성을 고려한 전제 제시 여부'에 관한 것으로, 이는 가치에 기반을 둔 논증과 같이 전제의 논쟁 가능성이 큰 논증에서 전제 평가에 대한 추가적인 아이디어를 제공한다. 구체적으로는 첫째, 논증자가 전제의 논쟁 가능성을 고려하였는지 평가하는 것이다. 즉, 학생의 글에서 논쟁 가능성이 높은 전제를 보편적으로 공유되는 전제와 같이 접근한 경우가 얼마나 있는지 평가하는 것이다. 둘째, 전제에 논쟁 가능성이 있다면 이를 효과적으로 고려했는지 평가하는 것이다. 만약 전제에 독자가 동의하지 않을 가능성이 높으면 이를 어떻게 반영하여 전제를 구성하였는지 평가하는 것이다.

백워드 설계에서는 핵심적인 수행과제에 대한 평가기준표를 개발하는 것을 넘어, 프로그램의 핵심적인 지식과 기능을 평가하기 위한 다양한 평가 방안 모색이 강조된다(Wiggins & Mctighe, 2011). 이는 학습 목표 성취 여부를 판단하기 위해 수행과제 외에 다른 증거 자료를 마련하는 것이다. 전제 중심 논증적 글쓰기 프로그램에서 고려할 수 있는 기타 평가 자료는 〈표 9〉과 같다.

〈표 9〉 전제 중심 논증적 글쓰기 프로그램의 기타 평가 자료 마련 방안

평가 방법	평가 내용	수업에 반영
진단 평가 (교사 평가)	• 논증의 핵심 요소에 관한 학생들의 선행 지식을 점검	• 학생들에게 서로 다른 이해가 있는 경우, 논증에서 주장과 증거, 전제의 개념을 공유하고, 수업에서 접근할 전제의 개념을 제시
형성 평가 (교사 평가)	• 타인의 글을 분석하게 하여, 학생이 증거와 주장, 전제를 분류할 수 있는지 평가	• 제시된 글에 주장과 증거, 전제를 분류하여 표시하게 함. 주장과 증거, 전제 분류를 어려워하는 학생들에게는 추가 자료를 제공.
형성 평가 (상호 평가)	• 제시된 상황에서 조별로, 개인별로 주장, 근거, 전제를 분리하여 생성할 수 있는지 평가	• 증거, 주장, 전제로 이루어진 논증의 핵심 요소 표를 구성할 수 있는지 점검 • 이전 평가를 반영하여 서로 도움을 줄 수 있도록 조를 구성하고, 조별 활동을 통해 서로의 이해를 확장할 수 있도록 안내
형성 평가 (자기 평가)	• 학생 스스로 자신이 작성한 글에서 주장과 증거가 논리적으로 연결되었는지 평가 • 학생 스스로 자신이 작성한 글에서 논쟁의 여지가 큰 전제가 적절히 고려되었는지 평가	• 전제에 관한 평가기준표를 제공하고 학생 스스로 자신의 글을 메타적으로 분석하여 장점과 부족한 점을 찾도록 함. 교사나 동료에게 피드백을 듣도록 하여 자신의 분석을 점검하게 함

3.3. 학습 경험과 수업 계획하기

백워드 설계에서 다음 단계는 설정한 학습 목표를 위한 학습 활동을 구체적으로 계획하는 것이다. 이 단계에서는 목표와 평가를 연계하여 수업 자료를 구체적으로 설계해야 하는데, 백워드 설계는 WHERETO 요소를 바탕으로 학습 경험을 구성할 것을 제안한다(Wiggins & Mctighe, 2005). 논증적 글쓰기 수업을 설계할 때, WHERETO 요소를 고려할 수 있다. 이 장에서는 WHERETO 요소에 따라 개발된 '전제 중심 논증적 글쓰기 프로그램' 수업을 논의하고자 한다.

3.3.1. O(organize): 영속성 있는 이해를 위한 수업 조직

WHERETO의 마지막 요소인 O(organize)는 수업 조직과 관련된다. 이 절에서는 이 요소를 먼저 제시하여 전제 중심 논증적 글쓰기 프로그램의 전체 수업을 어떠한 방식으로 구성할 수 있을지에 관한 구체적 아이디어를 제안하고자 한다. 전제 탐구 프로그램에서 고려할 수 있는 차시별 수업 내용은 〈그림 1〉과 같다.[8]

〈그림 1〉 전제 중심 논증적 글쓰기 프로그램에 관한 구체적 수업 설계

이 프로그램에서 첫 수업인 1차시와 마지막 수업인 8차시는 학습 목표를 공유하고 학생 자신의 학습을 성찰하는 것에 주안점을 두었다. 학생이 전제 학습의 유용성을 자신의 삶과 연관 지어 성찰하도록 하는 것이 핵심이다. 전반

---

8) 〈그림 1〉에서는 50분 수업을 기본으로 차시 구성에 관한 아이디어를 제시했다. 각 학교의 수업 구성 방식에 따라 차시 구성은 다양하게 변화될 수 있다.

적으로 전제 중심 논증적 글쓰기 프로그램에서는 학생들이 전제에 대해 학습한 지식을 실제 문어 논증과 구어 논증에서 수행할 수 있도록 개별 활동과 조별 활동, 조별 토론과 전체 토론을 구성하였다. 각 수행과제 마지막에는 개인별 글쓰기 과제를 제시하여서 각 학생의 성취를 총괄 평가할 수 있도록 구성하였다. 보다 세부적인 내용에 관해서는 이후 WHERETO의 원리와 연결하여 제시하고자 한다.

3.3.2. W(Where and Why): 학습 목표 및 수업 구성 설명

WHERETO의 첫 번째 요소인 W는 학생들에게 학습의 목표를 공유하고, 수업이 어떻게 흘러갈 것인지 제시하는 것을 강조한다(강현석·이지은, 2010). 전제 중심 논증적 글쓰기 프로그램의 1차시 수업에서는 전제를 중심으로 논증을 학습할 것임을 공유하고 프로그램의 구성 방향을 소개한다.

전제 중심 논증적 글쓰기 프로그램의 주요한 특징은 기초 프로그램에서는 세운 전제의 개념 및 고려 방안을 심화 프로그램에서 확장한다는 점에 있다. 더 구체적으로는 전제 중심 논증적 글쓰기 프로그램의 기초 수업에서 사실에 기반을 둔 논증을 바탕으로 전제의 개념을 제시하고 논리적 연결의 측면에서 전제의 중요성을 논의한다. 전제 중심 논증적 글쓰기 프로그램의 심화 수업에서 가치에 기반을 둔 논증으로 논의를 확장하여 전제의 개념을 확장하고 전제를 고려하는 방안도 논쟁 가능성 고려로 확장하는 것이다. 이에 1차시 수업에서 교수자는 기초 프로그램을 중심으로 전제의 개념 및 고려 방안을 논의하고, 수업을 진행하면서 전제의 개념과 고려 방안을 점진적으로 확장할 것이라 안내한다.

3.3.3. H(Hook and Hold): 학생의 동기 유발 및 관심 유지

WHERETO의 두 번째 요소인 H는 수업을 구성할 때, 학생들의 동기를 유발하고 관심을 유지하는 것을 강조한다(Wiggins & Mctighe, 2011). 이 글에서는 전제 중심 논증적 글쓰기 프로그램 구성에서 학생들의 동기를 유발하는 흥미로운 과제 구성을 중요하게 고려했다. 이를 위하여 이 글에서는 Hillocks(2011)에서 제시한 다음 활동을 전제를 위한 기초 수업에 활용했다.

 옆 사진은 홍길동 사망 사건 발생 후, 신고를 받아 현장에 도착한 경찰이 촬영한 것이다. 경찰이 사건 현장에 도착했을 때, 홍길동의 아내 김영희(키 167.6cm, 몸무게 49.9kg)는 사건이 난 곳을 주시하며 손으로 얼굴을 감싸고 있었다. 김영희의 진술에 따르면, 사건 전날 자신은 남편과 가벼운 말다툼 이후에 집 밖을 돌아다녔고, 클럽에 다녀왔다고 한다. 그녀는 새벽 1시 약간 전에 클럽을 떠났고, 클럽에서 몇 명의 친구들에게 그녀의 집에 와서 술을 한 잔 더 하자고 초대했다고 한다. 또한 김영희는 자신이 먼저 집에 도착했고 친구들은 10분 정도 후에 왔다고 진술했다. 친구들은 집 앞에서 김영희를 만났고, 김영희가 다음과 같이 말했다고 한다. "끔찍한 일이 생겼어. 길동 씨가 미끄러져서 계단에서 떨어졌어. 그는 술을 한 잔 더하려고 내려가고 있었는데……. 지금도 그의 손에 유리잔을 쥐고 있어. 내 생각에 그가 죽은 것 같아. 맙소사. 어떻게 해야 하지?" 이후에 부검 결과, 홍길동은 사망 당시 술을 마신 상태였고, 머리의 상처 때문에 사망했다고 한다.

—Hillocks(2011: 16~17에서 번역 및 일부 수정)

〈그림 2〉 전제 중심 논증적 글쓰기 프로그램 수행과제 1을 위한 활동지

앞 장에서 논의한 바와 같이 수행과제 1은 증거가 다양하게 해석될 수 있는 사실 기반 논증을 제시하는 것이 핵심이다. 〈그림 2〉에 제시된 과제는 사망 사건에서 범인을 찾는 사실에 기반을 둔 논증으로, 해당 사건에 관한 사진 및 목격자의 진술이 제시되어 있다. 이에 학생들은 사건의 조사관이 되어 주어진 증거들에 관해 전제를 고려하며 주장을 도출하는 훈련을 할 수 있다.

3.3.4. E(Explore and Equip): 주요 개념을 탐구하도록 준비

WHERETO의 세 번째 요소인 E는 학생들이 어려운 개념을 탐구하여 심층적으로 이해할 수 있도록 다양한 자원을 제공하는 것이 강조된다. 전제 중심 논증적 글쓰기 프로그램에서는 논증에서 자신이 궁극적으로 입증하거나 제안하고자 하는 주장, 주장을 뒷받침하는 증거, 해당 증거를 바탕으로 주장할 때 논증자가 바탕에 두고 있는 전제를 분리하여 접근하는 것이 중요하다. 이에 논증의 핵심 요소인 주장, 증거, 전제를 분리하여 접근하도록 돕는 〈표 10〉[9]과 같은 '논증의 핵심 요소 분석표'를 제시하여 학생들이 수행과제 1과 2의 진행을 도울 수 있다.

〈표 10〉 논증의 핵심 요소 분석표

증거(evidence)	전제(warrant)	주장(claim)

더불어 수행과제 관련 예상되는 어려움이나 문제점이 있을 경우, 이를 돕기 위한 추가 자료들이 제시될 수 있다. 수행과제 1의 경우 전제를 고려하며 글을 쓰는 것이 학생들에게 낯선 활동일 수 있다. 학생들이 논증 글에서 증거와 주장만 제시하고, 증거와 주장을 논리적으로 연결하는 전제를 제시하지 않는 것은 흔히 나타나는 문제점이다. 해당 문제점의 예로는 "홍길동의 몸 위치는 홍길동이 계단에서 내려가다 미끄러졌다는 것을 설명할 수 없다. 왜냐하면 제시한 사진이 보여주듯이, 우리가 사건 장소에 도착했을 때, 홍길동의 몸은 천장 쪽을 보고 있었고, 머리는 계단 아래쪽에, 두 발은 계단 위쪽에 있었다."라고만 적는

---

9) 해당 표에서는 논증의 핵심 요소를 증거, 전제, 주장의 순서로 제시했다. 이는 주장을 도출하기 전에 증거 및 증거와 주장을 연결하는 전제를 먼저 고민하고 탐구한 뒤, 주장을 도출하도록 안내하기 위해서다.

것이다. 이러한 경우, 증거와 주장을 연결하는 보다 큰 보편적인 원리가 제시되지 않으면 독자는 해당 증거가 주장으로 어떻게 연결되는지 이해하기 어려울 수 있다. 이와 같은 경우 시도할 수 있는 교수학습 방안 중 하나로 〈표 11〉과 같은 예시 글을 제시할 수 있다.

〈표 11〉 전제 중심 논증적 글쓰기 프로그램 조사보고서의 예시

홍길동 조사 보고서

×××년 ××월 ××일, 사망한 홍길동이 자택 계단 위에서 발견되었다. 홍길동의 아내인 김영희는 홍길동이 술을 한 잔 더 하기 위하여, 계단에서 내려오다가 미끄러져서 사망했다고 주장했다. 세부사항에 관한 조사 후, 우리는 김영희가 홍길동을 죽였다고 확신할 순 없지만, 그녀가 말한 것에 합리적인 의심을 할 수 있다고 주장한다.

첫째, 홍길동의 몸 위치는 홍길동이 계단에서 내려가다 미끄러졌다는 것을 설명할 수 없다. 제시한 사진이 보여주듯이, 우리가 사건 장소에 도착했을 때, 홍길동의 몸은 천장 쪽을 보고 있었고, 머리는 계단 아래쪽에, 두 발은 계단 위쪽에 있었다. 계단 위에서 아래 방향으로 미끄러져 사망한 사람이 이런 자세로 있는 것은 거의 불가능하다. 계단에서 떨어질 때, 대부분의 사람은 몸이 바닥 쪽을 향하거나, 만약 미끄러져서 몸이 천장 쪽을 향한다면 발이 머리 아래쪽에 있을 확률이 높다. 우리는 어떻게 홍길동의 몸이 이러한 위치에 놓였는지 알 수 없으나, 계단 위에서 내려오다 미끄러져 떨어진 것은 아니라고 추정한다.

둘째, 홍길동의 물리적인 겉모습은 그가 계단에서 떨어졌다는 것과 상반되어 보인다. 우리가 사망 현장에 도착했을 때, 홍길동의 옷은 깨끗한 상태였고, 그의 목욕 가운도 매여져 있었다. 긴 거리에서 미끄러질 때, 일반적으로 옷이나 자세가 헝클어지기 쉽다. 또한 홍길동의 몸을 조사한 결과, 그는 오직 머리에만 상처가 있었다. 여러 개의 계단에서 미끄러질 경우, 몸의 여러 부분에 멍, 스크래치, 혹 등이 남을 가능성이 크다.

셋째, 홍길동 근처의 물리적 주변 환경은 정돈되어 있었다. 벽에 있었던 촛불이나 거울, 또는 홍길동이 누워있던 카펫 등, 어떤 것도 어지럽혀지지 않았다. 일반적으로 실수로 미끄러지거나 떨어질 때, 사람들은 자기 주변에 있는 어떤 것이든 붙잡으려고 한다. 또한 몸이 여러 개의 계단을 미끄러져 내려오면 카펫을 헝클어

뜨리기 쉽다. 주변 환경에 어떤 것도 어질러지지 않았다는 것은 홍길동이 계단 위에서 아래로 내려오다 미끄러졌다는 것을 지지하지 않는다.

주변의 환경에 관해 말할 때, 증거로서 가장 설득력 있는 것은 홍길동 손에 쥐어 있는 유리잔이다. 사건 직후, 홍길동 집에 왔던 김영희 친구들의 증언에 따르면, 김영희는 홍길동이 계단에서 떨어졌을 때, 그는 손에 유리잔을 쥐고 있었다고 말했다고 한다. 우리가 사건 현장에 도착했을 때도 홍길동의 손에는 유리잔이 있었다. 일반적으로 사람들은 미끄러질 때, 자신을 보호하기 위하여 손에 잡은 것을 떨어뜨리기 쉽다. 또한, 손에 무언가를 계속 잡고 있었는데, 그것이 유리잔이었다면 깨지기 쉬웠을 것이다.

앞의 증거들은 김영희가 거짓말을 하고 있다는 것에 합리적인 의심을 불러일으키고 있고, 유리잔이 홍길동이 죽은 후에 그의 손에 쥐어졌을 수 있다는 추측을 하게 한다. 김영희가 직접적으로 또는 간접적으로 남편의 죽음에 영향을 주었을 것이란 주장이 가능하지만, 현재 모아진 증거에 기반을 두어 우리는 적어도 김영희가 거짓말을 하고 있다고 주장한다. 이에 우리는 이 사건에 관한 심도 있는 조사를 촉구한다.

위와 같은 예시 글을 제공할 때, 교사는 먼저 각 학생에게 해당 예시 글을 분석하는 활동을 수행하도록 하여 학습 내용에 대한 학생의 이해 정도를 점검할 수 있다. 예를 들어, 교사는 학생들에게 〈표 11〉 예시 글에서 주장, 증거, 전제에 해당하는 문장이 무엇인지 표시하도록 하는 개인 활동을 할 수 있다.[10]

교수자는 학생들의 수준을 고려하여 학생들이 해당 활동에 어려움을 느끼고 있다면 조금 더 긍정적으로 고려할 만한 예시 글을 제시하여 학생들에게 해당 활동에서 요구되는 바를 이해하도록 도울 수 있다. 학생들이 학습 내용에 대한 이해가 높은 경우, 교수자는 해당 예시 글을 비판적으로 평가하는 활동을 제시

---

10) 예시 활동의 예로 〈표 11〉의 글에서 본론 첫 번째 문장은 다음과 같이 분석될 수 있다. "홍길동의 몸 위치는 홍길동이 계단에서 내려가다 미끄러졌다는 것을 설명할 수 없다."는 하위 주장, "제시한 사진이 보여주듯이, 우리가 사건 장소에 도착했을 때, 홍길동의 몸은 천장 쪽을 보고 있었고, 머리는 계단 아래쪽에, 두 발은 계단 위쪽에 있었다."는 증거, "계단에서 떨어질 때, 대부분의 사람은 몸이 바닥 쪽을 향하거나, 만약 미끄러져서 몸이 천장 쪽을 향한다면 발이 머리 아래쪽에 있을 확률이 높다."는 전제로 분석될 수 있다.

할 수 있다. 예시 글을 비판적으로 평가하는 활동은 학생들이 예시 글을 무조건 따라야 할 대상이 아니라 비판적인 평가가 필요한 대상으로 접근하도록 돕는다.

3.3.5. R(Rethink, Reflect, Revise): 주요 아이디어 재고

WHERETO의 네 번째 요소인 R은 학생들이 재고하기 원하는 주요 아이디어를 제시하며, 학생들이 자신의 이전 학습을 재성찰하도록 돕는 것이 강조된다. 수행과제 2에서 학생 간에 서로 다른 가치관과 믿음이 전제로 드러나는 명단을 제시하는 것이 이러한 역할을 할 수 있다. 예를 들어 〈표 12〉의 명단을 고려할 수 있다.

〈표 12〉 수행과제 2에 제시될 수 있는 명단의 일부 예시

- 외과 전문의. 마약에 중독되었고 매우 초조해하고 있음. 나이 60.
- 간호사. 부모님은 일찍 돌아가셨음. 이전에 10년 이상 도둑질을 한 경험이 있음. 물에 빠진 아이를 구한 경험이 있음. 나이 37.
- 살인죄로 20년 형을 선고받고 복역하던 중, 특사로 석방된 전과자. 구명보트 항해에 탁월한 능력을 갖추고 있음. 나이 42.
- 신혼부부 중 남자. 서로 깊이 사랑함. 아직 아이는 없음. 남자는 무직이나 노숙자를 위한 봉사 활동에 10년 이상 꾸준히 참여함. 나이 32.
- 신혼부부 중 여자. 서로 깊이 사랑함. 아직 아이는 없음. 여자는 약사 공부 중. 나이 24.
- 태어날 때부터 상반신이 마비였던 소년. 손을 전혀 쓸 수 없고 자신을 위해 어떤 일도 할 수 없음. 식사를 위해서도 다른 사람이 먹여주어야 함. 나이 8.
- 당신 자신.

학생들은 수행과제 2에서 자신과 전제가 다른 동료들과 합의에 이르는 것이 목표인 조별 토의에 참여하면서, 가치 기반 논증에서 사람마다 전제가 다르다는 점을 경험할 수 있다. 예를 들어, 생존의 위기 앞에서 생존율을 최우선으로 두는 전제, 약자부터 보호해야 한다는 전제, 어떤 상황에서도 상대의 생명에 대한 결정은 불가(不可)하다는 전제 등 학생들은 서로 간에 유사하고 다른 전제들을 탐구할 수 있다.

교수자는 학생들이 비슷한 전제를 가지고 있어 다른 전제 탐구의 경험이 충분히 주어지지 않은 조가 많다고 판단되면, 전체 토의 시간을 통해 서로 간에 전제가 다를 수 있다는 것을 인지하도록 돕는 것이 중요하다. 또한, 사람이 타인의 생명을 판단할 권리가 있는지 등 위 과제가 놓인 상황에 관한 비판적 성찰도 중요한 부분이다.

3.3.6. E(Evaluate): 학생에게 자기 평가의 기회 제공

WHERETO의 다섯 번째 요소인 E는 학생들이 자기 평가를 통해 자신의 학습을 반성적으로 성찰하도록 돕는 것이 강조된다(Wiggins & Mctighe, 2011). 이 프로그램에서는 자신과 타인의 전제가 다를 수 있다는 것을 인지하고 이를 논증에서 어떻게 고려할 것인지 성찰하도록 하는 것이 핵심이다. 이에 구명보트 사건에서 합의에 이르기 위한 토론 이후에 학생들에게 〈표 13〉과 같은 자기 성찰지를 제공할 수 있다.

〈표 13〉 수행과제 2 전제에 관한 자기 성찰지

* 조원들과 합의 과정을 성찰하면서 다음의 질문에 답하세요.	
① 조원들이 나와 다른 전제를 가지고 있는 부분이 어디인지 분석	
② 조원들은 왜 서로 다른 전제를 가지게 되었을지 추측	
③ 가치문제에 관한 논증에서 사람마다 전제가 다를 수 있을 때 이를 청중/독자와 어떻게 소통할 것인지 제안	

학생들이 개인 성찰을 마친 후에는 전체 토론을 바탕으로 학생들이 이해를 확장하고 백워드 설계에서 이해의 여섯 번째 측면인 자기 지식을 확장할 수

있도록 돕는 것이 필요하다. 예를 들어 학생들이 개별적으로 성찰한 내용을 바탕으로 논쟁의 여지가 있는 전제에 관한 고려 방안을 정리하는 활동을 할 수 있다.

전제 중심 논증적 글쓰기 프로그램에서는 핵심적인 내용에 대해서는 전체 토론을 통하여 자기 지식을 재점검하고 확장하도록 도울 수 있다. 예를 들어, 학생들의 논증 글에서는 논쟁 가능성 있는 전제에 대해 당연한 전제처럼 제시하는 것이 보편적으로 나타나는 문제이다. 이에 다른 전제의 가능성에 관한 인식을 표현하는 것, 더 나아가 자신의 전제를 정당화하는 것을 고려할 수 있다. 자신의 전제를 정당화하는 방식으로는 단순히 이유를 설명하는 것부터 Toulmin(1958/ 2003)에서 제시한 바와 같이 기존의 법이나 연구 결과 등 신뢰할 만한 보증 (backing)을 제시하는 것, 전문자의 증언을 제시하는 것을 고려할 수 있다. 또한 가치 기반 전제에서는 해당 맥락에서 특정한 가치가 더 중요하게 여겨져야 하는 이유에 대해 독자를 설득하는 것, 독자와 공유하는 전제가 무엇인지 찾고 공유되는 지점으로부터 논의를 시작하는 것 등도 고려할 수 있다.

3.3.7. T(Tailored): 학생의 개인적인 필요를 반영할 수 있도록 설계

백워드 설계에서 WHERETO 요소 중 마지막으로 논의할 점인 T는 수업에서 학생의 개인적인 능력과 흥미, 필요를 반영하는 맞춤형 수업 설계와 관련되어 있다(Wiggins & Mctighe, 2011).

전제 중심 논증적 글쓰기 프로그램에서는 기본적으로 학생의 진단 평가를 바탕으로 시작해서, 각 학생이 논의된 주장 및 증거에 대한 이해가 부족할 경우 이를 돕는 추가적인 자료를 제공하는 것을 고려할 수 있다. 반대로 현재의 수업을 충분히 이해한 학생에게는 현 수업의 한계점을 고려해 보도록 도울 수 있다. 이 글에서 소개한 전제 중심 논증적 글쓰기 프로그램은 논증에 관한 모든 상황을 포함하지 않고, 사실에 기반을 둔 논증과 가치에 기반을 둔 논증을 중심으로 접근하였다. 정책에 기반을 둔 논증 또는 특정 학문에 기반을 둔 논증에서는 전제의 특성 및 고려 방안에 대해 탐구하도록 도울 수 있다.

4. 학습자를 고려한 논증적 글쓰기 프로그램 구성

앞 절에서 제시한 전제 중심 논증적 글쓰기 프로그램은 〈표 3〉과 같이 논증에서 전제라는 요소 학습에 집중하고 있다. 논증적 글쓰기 교수자는 논증의 다른 요소를 가르치고자 할 때, 〈표 3〉과 유사한 방식으로 이해의 여섯 측면을 고려하여 학습목표를 설정할 수 있다. 예를 들어, 논증에서 증거(evidence)라는 요소에 대해서 이해의 여섯 측면을 고려하여 증거 중심 논증적 글쓰기 프로그램의 학습 목표를 설정하면 〈표 14〉와 같다.

〈표 14〉 증거 중심 논증적 글쓰기 프로그램의 학습 목표 예시

이해의 측면	증거 중심 논증적 글쓰기 프로그램의 학습 목표의 예시
측면 1. 학생은 배운 것을 설명할 수 있다.	• 논증에서 증거라는 요소를 설명할 수 있다. • 증거를 평가하는 기준(관련성, 객관성, 정확성, 구체성, 신뢰성, 충분성)을 설명할 수 있다.
측면 2. 학생은 이 지식이 언제 왜 중요한지 해석할 수 있다.	• 논증에서 증거를 제시하는 것의 중요성을 안다. • 토론이나 글쓰기 등의 활동에서 증거의 역할을 설명할 수 있다. • 논증에서 증거의 적절성을 평가하는 것의 중요성을 안다.
측면 3. 학생은 이 지식을 다양한 상황에 적용할 수 있다.	• 논증에서 주장을 뒷받침하기 위해 관련된 증거를 제시할 수 있다. • 객관성, 정확성, 구체성을 가진 증거를 제시할 수 있다. • 신뢰성 높은 증거를 선택하고 출처를 제시할 수 있다. • 해당 논증에서 추가로 증거를 제시할 필요성이 있는지 판단할 수 있다.
측면 4. 학생은 학습한 지식의 논쟁점을 알고, 새로운 관점을 탐구한다.	• 동일한 증거가 전혀 다른 주장을 뒷받침하기 위해 사용될 수 있다는 점을 이해한다. • 논증이 사용되는 맥락을 고려하여, 충분한 증거의 의미가 다를 수 있다는 것을 이해한다. • 논증이 사용되는 맥락에 따라 증거가 다르게 평가될 수 있다는 것을 이해한다.
측면 5. 학생은 다른 사람의 관심이나 세계관에 공감할 수 있다.	• 자신의 논증에서 제시한 증거에 대한 사람들의 다양한 의견을 공감할 수 있다.
측면 6. 학생은 자신의 삶을 연계하며 메타 지식을 확장한다.	• 논증이 사용되는 맥락과 해당 맥락에서 요구되는 증거의 특징과 기준을 연계할 수 있다. • 논증이 사용되는 맥락에 따라 적절한 증거를 제시할 수 있다.

증거 중심 프로그램의 전반부에서는 논증에서 증거라는 요소를 배우고, 증거를 평가하는 보편적인 기준에 대해 학습할 수 있다. 관련성은 증거가 주장과 얼마나 관련되었는가이고, 객관성은 증거가 얼마나 객관적인가, 구체성은 증거가 얼마나 구체적 정보를 제공하는가, 신뢰성은 증거가 얼마나 믿을만한가, 충분성은 증거가 주장을 뒷받침하기에 충분한가이다. 이어서 교수자는 증거라는 요소 및 증거의 평가기준을 아는 것의 중요성 및 역할을 논의할 수 있다. 이어서 학생들은 교수자에 의해 주어진 상황들에서 제시된 평가기준을 고려하면서 증거를 제시하는 활동을 할 수 있다.

이어서 프로그램의 후반부인 증거에 대한 심화 학습에서는 이해의 네 번째, 다섯 번째, 여섯 번째 측면을 고려하여 설계할 수 있다. 프로그램의 후반부 수업에서는 교수자는 가치 기반 논증과 사실 기반 논증, 또는 사회 과학과 자연과학 등 서로 다른 논증 맥락에서 증거를 제시하는 방식 및 관련 증거를 평가하는 방식이 어떻게 유사하고 다른지 이해하도록 돕는 것이 핵심이다. 학생들이 논증이 사용되는 맥락과 해당 맥락에서 요구되는 증거의 특징과 기준을 연계할 수 있도록 돕는 것이다.

앞 절에서 논의한 바와 같이 논증적 글쓰기 교육은 학습자의 수준과 필요에 따라 다양한 방식으로 접근될 수 있다. 교수자는 반드시 학생의 수준과 필요를 진단하여 논증적 글쓰기 교육 내용 및 교수방안을 구체화할 필요가 있다. 해당 학습자의 논리적이고 비판적인 사고력을 증진하기 원한다면, 논증을 구성하는 요소에 주목할 필요가 있다. 이 장에서는 논증의 구성 요소를 중심으로 한 논증적 글쓰기 수업의 예시를 제시했다. 예시로 제시한 전제 중심 논증적 글쓰기 프로그램이 논증적 글쓰기 수업 구성에 작은 도움이 되길 바란다.

참고문헌

강현석·이지은(2013), 「백워드 교육과정 설계 2.0 버전의 적용 가능성 탐색」, 『교육과 정연구』 31(3), 한국교육과정학회, 153~172쪽.

김경자·온정덕(2014), 『이해 중심 교육과정: 백워드 설계』, 교육아카데미.

김주현(2011), 「논증문과 실천적 추리」, 『리터러시 연구』 (2), 한국리터러시학회, 191 ~217쪽.

김진희(2016), 「백워드 설계 모형에 따른 국어과 화법 영역 '연설하기' 단원 개발 연구」, 『청람어문교육』 60, 청람어문교육학회, 87~118쪽.

민병곤(2001), 「논증 이론의 현황과 국어 교육의 과제」, 『국어교육학연구』 12, 국어교 육학회, 237~280쪽.

온정덕(2013), 「이해중심 교육과정과 맞춤형 수업의 통합: 초등예비교사들의 현장 적용을 중심으로」, 『한국초등교육』 24(1), 한국교육연구원, 25~41쪽.

유상희(2017), 「논증 교육을 위한 합리성 개념 고찰」, 『독서연구』 44, 한국독서학회, 204~239쪽.

유상희(2019), 「논증 교육에서 전제의 재개념화 및 백워드 설계 기반 '전제 탐구' 단원 개발」, 『작문연구』 40, 한국작문학회, 255~297쪽.

이승윤(2014), 「대학 글쓰기에서의 (학술적) 에세이 쓰기의 효과와 의미」, 『리터러시 연구』 (8), 한국리터러시학회, 109~142쪽.

이윤빈(2015), 「대학생 필자의 논증 텍스트 수정 양상 연구: 필자의 쓰기 수준별 텍스트의 문제 인지 및 수정 양상을 중심으로」, 『국어교육』 148, 한국어교육학 회, 299~335쪽.

이인화(2016), 「핵심역량 기반의 2015 개정 국어과 교육과정의 실행 방안 연구: 문학 영역을 중심으로」, 『새국어교육』 107, 한국국어교육학회, 173~205쪽.

이지은·강현석(2010), 「백워드 설계의 초등 수업 적용 가능성 탐색」, 『초등교육연구』 23(2), 한국초등국어교육학회, 383~409쪽.

정재림(2018), 「'논증 전개 짜임'을 활용한 논증적 글쓰기 교육 방안」, 『교육문화연구』

24(2), 인하대학교 교육연구소, 181~200쪽.

조재식(2005), 「백워드 교육과정 설계 모형의 고찰」, 『교육과정연구』 23, 한국교육과
정학회, 63~94쪽.

주민재·김진웅(2014), 「텍스트 평가 점수와 담화표지 사용의 상관관계 분석: 대학교
1학년 논증적 텍스트 분석을 중심으로」, 『작문연구』 22, 한국작문학회, 201~
228쪽.

Flower, L.(1981), *Problem-solving Strategies for Writing*; 원진숙·황정현 역(1998), 『글쓰
기의 문제해결전략』, 동문선.

Andriessen, J., Baker, M., & Suthers, D.(eds.)(2003), *Arguing to learn: Confronting
cognitions in computer-supported collaborative learning environments*, Norwell, MA:
Kluwer Academic.

Andrews, R.(2010), *Argumentation in higher education: Improving practice through theory
and research*, New York: Routledge.

Bloom, B. S.(1956), *Taxonomy of Educational Objectives, Handbook: The Cognitive
Domain*, David McKay, New York.

Graff, G.(2003), *Clueless in academe: How schooling obscures the life of the mind*, New
Haven, CT: Yale University Press.

Hillocks, G.(2010), "Teaching argument for critical thinking and writing: An introduction",
English Journal, 99(6), pp. 24~32.

Newell, G., Beach, R., Smith, J., & VanDerHeide, J.(2011), "Teaching and learning
argumentative reading and writing: A review of the research", *Reading Research
Quarterly*, 46(3), pp. 273~304.

Perelman, Ch. and Olbrechts-Tyteca, L.(1969), "The New rhetoric", *A treatise on
argumentation*(Translation of La nouvelle rhétorique. Traité de l'argumentation.
Paris: Presses Universitaires de France 1958), Notre Dame: University of Notre
Dame Press.

Rex, L. A., Thomas, E. E., & Engel, S.(2010), "Applying Toulmin: Teaching logical reasoning and argumentative writing", *English Journal*, 99(6), pp. 56~62.

Tomlinson, C., & McTighe, J.(2006), *Integrating differentiated instruction and Understanding by Design: Connecting content and kids*, Alexandria, VA: ASCD.

Toulmin, S. E.(2003), *The Uses of Argument*(Updated ed.), New York: Cambridge University Press(Original work published 1958).

van Eemeren, F. H. & Grootendorst, R.(1996), *Fundamentals of argumentation theory a handbook of historical backgrounds and contemporary development*, Lawrence Erlbaum Associates, INC.

van Eemeren, F. H. & Grootendorst, R.(2004), *A Systematic Theory of Argumentation: The Pragma-Dialectical Approach*, NY: Cambridge University Press.

Warren, J.(2010), "Taming the warrant in Toulmin's model of argument", *The English Journal*, 6(6), pp. 41~46.

Wiggins, G., & McTighe, J.(2005), *Understanding by Design*(expanded 2nd edition), Alexandria, VA: ASCD.

Wiggins, G., & McTighe, J.(2011), *The Understanding by Design guide to creating high quality units*, Alexandria, VA: ASCD.

서평 쓰기 교수 방법

백혜선

1. 서평 쓰기의 필요성

서평 쓰기는 책을 비판적으로 읽게 하고 읽기 능력과 쓰기 능력을 함께 향상시킬 수 있는 과제 중 하나이다. Flower(1990: 224)는 학술적 글쓰기의 기본으로 '자료에서 읽은 정보를 필자의 지식과 통합하기와 읽은 내용을 해석하고 글쓰기에 적용하기'를 제시하고 있다. 학생들이 자료를 읽고 통합하고 재구성하는 것이 학술적 글쓰기 교육의 기본이라고 보았을 때, 서평 쓰기는 책을 읽고 비평하는 글로 학문적 글쓰기 능력을 함양하기 위한 입문 과정이 될 수 있다. 박현희(2017)에서도 서평 쓰기 교육이 자료를 읽고 문제의식을 강화하여 주장을 전개하면서 대상 책에 대해 평가해야 하므로 학술적 담화공동체에서 의사소통 능력 향상에 적합하다고 보았다.

대학생을 대상으로 리포트 쓰기 수행에 대해 연구한 안상희(2017)에 따르면 '비평 및 감상 리포트'는 교양 수업에서 세 번째로 많은 과제 유형(13.4%)이다. 서평 쓰기가 자료를 읽고 해석하고 자신의 생각을 논리적으로 써야 한다는 점에서 교양 수업뿐만 아니라 다양한 학문 영역이나 전공 분야에서도 활용되는 쓰기 과제이다.

　하지만 서평 쓰기가 과제로 자주 사용된다고 해서 학습자에게 의미 있는 과제인지에 대해서는 논란이 있다. 중·고등학교 학창시절에 학생들이 많이 쓰는 '독후감'은 책을 읽었다는 것을 선생님에게 증명하기 위한 글로 오히려 읽기에 대한 부담감을 가중시킨다. 학교에서 자주 요구하는 과제임에도 불구하고 독후감을 어떻게 써야 하는지에 대해 구체적으로 교육하지 않아 학생 입장에서는 독후감의 목적은 무엇이고, 줄거리와 감상을 어떻게 써야 하는지에 대한 이해가 달라 어려움을 겪는다(류보라·서수현, 2013). 또한 학교에서 많이 쓰는 독후감은 자기 표현적 쓰기로 독자를 누구로 해야 하는지, 글의 목적이 무엇인지 모호한 경우가 많아 실제 글쓰기 맥락을 반영하지 못하고 있다. 그러다 보니 독후감 쓰기는 학교에서 학생들이 자주 접하는 쓰기 과제 중 하나이지만, 본래 취지와 달리 읽은 글에 대한 이해력을 높이지도 못하고, 쓰기에 대한 동기도 부여하지 못하는 과제가 되었다.

　서평은 독후감과 비교해 독자와 글의 목적이 분명하여서 실제적인 글쓰기 과제로 활용할 수 있다. 책을 읽고 난 후에 자기 생각을 쓴다는 점에서 서평과 독후감은 유사한 부분이 더 많지만, 일반적으로 '독후감'은 책에 대한 요약과 주관적 감상을 쓰는 것이라면 '서평'은 책을 소개하고 전체적인 평가를 하는 글로 구분한다(심지현, 2014: 133). 독후감과 서평은 내용보다 목적, 독자, 상황 등의 차이가 더 크다고 할 수 있다. 서평은 인터넷이나 신문 등의 다양한 매체에서 유통되고 있으며, 책을 읽지 않은 예비 독자, 혹은 책을 읽고 책 내용에 대해 생각해 보고 싶은 독자를 대상으로 한다. 학습자들은 서평 쓰기를 하는 과정에서 독자와 목적을 고려한 실제적 글쓰기를 경험할 수 있다는 점에서 독후감과 차이가 있다. 또한 서평을 쓴 후에 자신이 읽은 책을 다른 독자에게 소개하고 공유할 수 있다는 점에서 의미 있는 쓰기 과제다.

　서평 쓰기는 읽기와 쓰기를 연계하는 활동으로, 읽기의 이해를 높이고 학술적 글쓰기의 기초를 제공할 수 있다. 독자의 독서 발달 단계에 대한 대표적인 연구로 Chall(1996)에서는 '읽기 전 단계', '초기 읽기', '확립과 유창성', '학습 읽기', '다양한 관점', '의미 구성과 재구성'의 6단계 독서 발달 단계를 제시하고 있다.

이 중 마지막 단계인 '의미 구성과 재구성'은 18세 이상의 대학생에 해당하는 단계로 '분석과 종합을 토대로 의미를 구성'하고 타인의 관점을 이해하고 자신의 관점을 형성할 수 있어야 한다. 따라서 서평 쓰기는 높은 수준의 읽기 이해와 더불어 자신의 관점을 글로 표현하도록 요구한다는 점에서 대학생 수준의 읽기 쓰기 과제로 적절하다.

대학 글쓰기 수업에서 읽기 교육에 시간을 많이 할애하기 어렵다는 현실적인 문제가 있으며, 학생들의 읽기가 교실 밖에서 이루어진다는 점을 고려하는 것이 필요하다. 따라서 대학 글쓰기 수업에서 읽기 교육의 유용성을 살리면서 효과적인 학술적 글쓰기 진입을 위한 서평 쓰기(Book Review) 교수학습 방안을 제시하고자 한다.

2. 서평 쓰기 과제의 특성과 교육 방향

2.1. 서평 쓰기의 어려움

대학교 신입생들은 중고등학교 시절에 익숙한 독후감이 아닌 서평을 써야 하므로 서평의 특성에 대한 이해가 필요하다. A대학에서 교양 글쓰기 수업을 수강하고 있는 대학생 114명을 대상[1]으로 서평 쓰기의 어려움에 대해 설문 조사를 했을 때 〈그림 1〉과 같이 답했다.

서평 쓰기에서 대학생들이 가장 어렵다고 응답한 것은 '내용을 생성하는 과정', '내용을 조직하는 과정'이라고 응답했다. 이는 서평 쓰기에 국한된 어려움이라기보다는 일반적인 쓰기 과정에서의 어려움이라고 할 수 있다. 인문계 대학생들의 리포트 쓰기 어려움에 대해 설문 조사한 윤철민·김해인(2017)에 따르면 계획하기, 작성하기, 작성환경/독자고려 영역 중 작성하기에서 '나만의 독창적

---

1) 설문에 참여한 학생들의 전공은 다양했으며 인문사회계열 78명, 이공계열 36명이고 학년은 1학년 92명, 2학년 14명, 3학년 6명, 4학년 2명, 성별은 여 41명, 남 73명이었다.

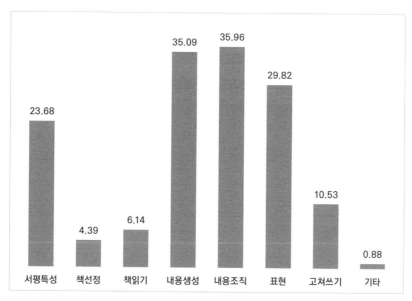

〈그림 1〉 서평 쓰기의 어려움(복수 응답, %)

인 생각을 하기가 어렵다', '주어진 분량에 맞게 내용을 늘리는 것이 어렵다'는 문항에 가장 동의한다고 응답했다. 이는 대학생들이 리포트 쓰기를 할 때 내용을 생성하는 단계에서 어려움을 경험하고 있다는 것을 알 수 있다. 따라서 글쓰기 과정 중 서평 쓸 내용을 생성하고 조직할 수 있도록 지원하는 것이 필요하다.

〈그림 1〉에서 살펴볼 것은 서평 쓰기의 어려움 중 '서평 특성의 이해'라고 응답한 비율이 23.68%라는 점이다. 학생들은 '서평 쓰기의 어려움'을 물어보는 서술형 문항에서도 '독후감에 익숙해서', 혹은 '독후감과 서평의 구분이 어려움' 등을 기술하고 있다. 실제 대학생이 쓴 서평의 특성을 분석한 연구(서수백, 2017)에서도 도서 정보를 단순 나열하거나 도서를 인용한 독서 보고서식 쓰기 양상이 주로 나타난다고 밝히고 있다. 그 외에도 자기표현 중심의 독서감상문 쓰기, 도서 내용에 내한 피상적인 단순 해석 쓰기 등의 문제가 나타나고 있음을 지적하였다. 이는 대학생에게 서평의 개념과 특성에 대한 이해가 부족해 쓰기의 어려움을 겪을 수 있음을 보여준다. 따라서 서평 쓰기가 제대로 이루어지기 위해서는 서평의 장르적 특징에 대해 학생들이 알 수 있도록 안내하는 것이

필요하다.

2.2. 서평의 목적, 독자 및 공유

서평의 장르적 특성을 구체화하기 위해 학생들에게 서평 쓰기의 목적이 무엇인지, 독자는 누구인지, 서평이 어떻게 공유될 것인지 사전에 안내해 주어야한다. 학생들이 서평의 장르를 이해하기 어려워하는 이유 중의 하나도 서평의 목적이나 독자가 구체적인 맥락에 따라 매우 다양하기 때문이다. 서평은 목적에 따라 보도적 서평, 감상적 서평, 전문적 서평으로 구분할 수 있다(이영호, 2012). 또한 서평 방법, 서평의 대상 독자, 서평 작성자에 따라 구분할 수 있다(강여순, 2005). 서평 유형의 구분이 다양하다는 것은 서평 과제 맥락이 구체적으로 제시되지 않으면 교수자가 기대한 과제와 학습자가 이해한 과제가 다를 수 있다는 것을 보여준다.

대학의 글쓰기 수업에서 이루어지는 서평 쓰기는 학술적 글쓰기의 일환으로 책을 읽고 분석, 평가한 내용을 바탕으로 자신의 생각을 전개하고, 그 생각이 설득력을 얻기 위해 타당한 이유나 근거를 뒷받침해야 한다. 학생들이 신문에서 많이 접하는 보도적 서평은 신간 도서를 소개하는 데 그치고 있어 글쓰기 수업에서 목표하는 서평의 목적과 차이가 있다. 대학 글쓰기에서 서평 쓰기의 목적은 책에 대한 정보를 전달하는 것에 그치는 것이 아니라 책에 대한 자신의 분석과 평가를 독자들에게 설득하는 것이다.

따라서 서평에 쓸 내용도 서평의 목적에 따라 다르다. 일반적으로 접하는 서평은 많은 책 중에서 독자들에게 읽을 만한 책을 추천하는 내용으로 쓴다면 〈글쓰기〉 수업의 '서평'은 추천하지 않는다는 내용도 포함할 수 있다. 추천하거나 추천하지 않는 자신의 주장에 대해 타당한 근거를 들어 내용을 쓸 수 있다. 또한 서평에서 책에 대한 요약이나 설명을 얼마나 다루어야 하는지도 학생들이 어려워하는 부분이다. 간혹 책에 대한 설명이 너무 많아 출판사 도서 소개와 같은 서평이 있는 반면에 책에 대한 언급은 없고 책에서 다루고 있는 주제만 가져와서 자신의 주장을 쓰고 있는 서평도 간혹 있다. 서평 쓰기 과제를 안내할 때, 인터넷에 검색하면 나오는 책에 대한 소개는 줄이고 책에 대한 자신의 생각을 쓰되 구체적인 근거를 책에서 찾을 수 있도록 안내했다. 서평의 목적을 구체화하고 쓸 내용을 이해하기 위해 교수자의 과제 방향을 잘 보여주는 서평을 읽고 분석하는 활동을 하였다.

또한 구체적인 독자와 글이 공유되는 방식을 알게 되면 학생들이 과제의 방향을 잡는 데 도움이 될 수 있다. 이 수업에서 서평 쓰기 과제의 독자는 '대학생'이며 서평 초고와 최종본은 함께 수업을 듣는 친구들이 읽을 것이라 설명하였다. 필요에 따라 '대학교 신입생', '이공계열 대학생', '00학과 학생'으로 독자를 좁혀서 설정할 수도 있다. 구체적이고 실제적인 독자를 통해서 학생들은 도서를 선택할 때나 서평의 내용을 판단할 때에도 독자의 '관심과 흥미'를 고려할 수 있다. 평가자인 교수자를 배제하기 어렵기 때문에 '대학생에게 관심을 두고 있는 교수자'도 함께 고려할 것을 안내하였다. 또한 대부분의 독자가 '선정한 책을 읽지 않은 상태'라고 설명하여 '독자의 지식' 정도를 고려해 서평 내용을 구성할 수 있도록 하였다.

서평을 교수자에게만 제출하고 끝난다면 앞서 설정한 쓰기 목적과 독자 설정이 실제적 의미를 가지기 어렵다. 따라서 서평을 공유할 수 있는 방법을 고민하고 구체적인 방법을 학생들에게 미리 알려주는 것이 필요하다. 〈표 1〉에서는 서평 최종본을 제출하는 7주 차에 조별로 한 명이 대표해 책에 대한 소개와 평가를 발표한다. 또한 학생들이 완성한 서평은 온라인 게시판에 올려 동료들과 공유하고, 관심 있는 학생들은 친구들이 추천해 준 책을 찾아서 읽을 수 있도록 안내할 수 있다. 이 외에도 구글 문서(Google Docs)를 활용해 학생들이 쓴 서평을 온라인 게시판이 아니라 공동문서 편집을 활용해 책으로 편집해 함께 읽고 공유하는 것도 가능하다.

2.3. 서평 쓰기 교육을 위한 강의 개요

쓰기 과제의 특성을 고려하여 이 글에서 제안하는 서평 쓰기 교수학습모형은 한 학기 동안 진행되는 필수 교양 〈글쓰기〉 교육 내용 중 일부이다. 해당 〈글쓰기〉 수업은 대학생을 대상으로 학술적 글쓰기를 가르치기 위해 글쓰기의 중요성, 쓰기 윤리, 비판적 읽기, 글쓰기의 과정 등 내용을 다루고 학기 말에 문헌연구보고서 쓰기를 한다. 이 수업은 3학점으로 일주일에 2회 나누어 진행되며, 35~40명 정도의 학생들이 참여한다. '글쓰기' 수업에서 이루어진 서평 쓰기교육 내용 및 활동은 다음과 같다.

〈표 1〉 '글쓰기' 수업에서 이루어진 서평 수업 내용 및 활동

주	수업 내용	수업 활동	과제
1	강의 안내 및 글쓰기의 이해	글쓰기 경험 공유	
2	도서 선정 방법 및 읽기 전략	분야별 조 편성	
	서평 장르 이해 및 과제 분석	서평 분석 및 논의	조별 도서 선정
3	글쓰기의 과정		도서 읽기
4~5	글쓰기의 윤리		
6	독서토론 방법 안내	조별 독서토론	생각 정리 활동지
7	서평 검토 안내	서평 초고 동료 검토	개별 서평 초고
	서평 공유	서평 내용 조별 발표	개별 서평 최종본
8	중간고사		

〈표 1〉에서 보는 것처럼 서평 쓰기는 학기 2주 차 강의에서 시작해서 중간고사 전인 7주 차에 서평 최종본 제출로 마무리된다. 이 수업에서 서평 쓰기는 개인 과제로 2쪽 분량으로 작성하도록 제시하였다. 2주 차에 이루어지는 수업은 조별로 도서를 선정하고 서평을 분석하는 활동으로 구성되어 도서 선정에 초점이 있다. 도서 선정을 미리 하여 학생들이 책을 준비하고 읽을 수 있도록 3주 정도의 시간을 두고 있다. 서평 쓰기가 제대로 이루어지기 위해서는 읽기를 전제하고 있는데 학생들이 책을 준비하고 읽을 수 있는 시간을 고려하는 것이 필요하다.

이 수업은 크게 서평 쓰기를 위한 읽기 교수·학습과 쓰기 교수·학습으로 나눌 수 있다. 읽기는 도서 선정, 서평 읽기, 읽기 전략을 교육 내용으로 하고 있으며,

쓰기는 독서토론, 내용 조직, 동료 피드백 및 고쳐쓰기, 공유하기의 단계로 구성
되어 있다.

3. 서평 쓰기를 위한 읽기 교수 방법

3.1. 서평 쓰기를 위한 도서 선정

서평 쓰기를 위해 어떤 책을 읽어야 하는지에 대한 논의는 중요하다. 수업의
목표나 서평 쓰기 과제의 목적에 따라 읽어야 할 책은 다를 수 있으며, 이를
어떻게 선택해야 하는가에 대한 논의는 부족하다. 대학에서 이루어지는 서평
쓰기는 교수자의 추천 도서 혹은 고전 도서 중에 선택해서 이루어지는 경우가
많은데, 이 경우 학습자들이 읽고 이해하는 과정에서 어려움을 겪고 서평 쓰기
까지 나아가지 못하거나, 책을 다 읽지 않고 서평을 쓰거나 다른 사람의 글을
베껴서 쓸 수도 있다.

서평 쓰기를 위한 도서 선정에서는 장르나 주제와 같은 텍스트의 내적 특성뿐
만 아니라 누가 어떻게 텍스트를 선정하는가도 고려해야 할 요소이다. 많은
경우 서평 쓰기에서 교수자가 도서를 선정하지만 학습자에게 도서 선택권을
줄 수도 있다. 대학생은 전문적인 지식 습득이나 교양, 과제 수행 등 다양한
목적에 따라 책을 선택하고 활용할 줄 알고, 텍스트의 내용에 따라 전략적으로
책을 읽을 수 있어야 한다. 이에 따라 서평 쓰기를 위한 수업에서 대학생들이
스스로 책을 선택할 수 있는 기회를 주고, 책 선택의 방법을 안내하는 것도
필요하다.

서평 쓰기 수업에서는 지정된 책을 읽는 것이 아니라 학생들이 서평 쓸 도서
를 선택하도록 하였다. 학습자가 스스로 책을 선택하여 읽을 때, 읽기 동기가
높아지고 자립형 독자가 될 가능성이 커진다(이지영·박소희, 2011). 또한 아동기
에서 성인기까지의 독서 태도를 종단 연구한 Smith(1990)에 따르면 아동기의
부정적인 독서 태도가 성인기에 긍정적으로 바뀔 수 있다고 보고하였다. 대학생

의 경우 입시 부담이 감소하고 자율성이 증가하여 읽기 동기와 태도가 높아질 수 있다. 서평 쓰기에서도 대학생들에게 스스로 도서를 선택할 기회를 준다면 독서 태도나 동기를 높일 수 있다. 높은 독서 동기나 태도는 책 읽기의 성공으로 이어질 수 있으며 서평 쓰기에도 긍정적인 영향을 준다.

하지만 독서 경험이 적은 학생들에게 책을 고르라고 하면 자신의 읽기 수준을 고려하지 않고 너무 어려운 책을 고르거나, 서평을 쓰기에 적절하지 않은 책을 선택하는 경우가 있다. 따라서 서평 쓰기에서 학생들에게 도서 선정을 맡기기 위해서는 책을 선택하는 방법에 대해 안내하는 것이 필요하다. 대학생 수준에서 관심 분야의 좋은 책을 선택하기 위해서 참고할 수 있는 서평집이나 최신의 책을 소개하고 있는 서평 사이트를 강의에서 소개한다. 도서를 선택하기 위해 서평을 읽는 것은 이후 실제 서평을 쓸 때도 서평 장르에 대해 이해를 높일 수 있다. 또한 대학마다 제시하고 있는 추천 도서 목록을 소개하는 것도 가능하다. 다만 대학의 추천 도서가 고전을 중심으로 되어 있어 지금 학생들의 관심사를 반영하지 못한 경우도 있어 주의가 필요하다.

도서 선정을 개인별로 하기보다 모둠을 구성하여 협의하는 것도 하나의 방법이 된다. 교육, 환경, 정보통신 등의 관심 분야에 따라 4~5명 정도의 모둠을 구성하여 도서 선정을 위한 방법을 찾아보고 논의하며 관심 분야의 책을 살펴보며 도서를 선정한다.

〈표 2〉는 서평 쓰기를 위해 모둠에서 선정한 도서의 예이다. 학생들 스스로 도서를 선택하기 때문에 이공계열 학생들은 〈글쓰기〉 수업을 담당하는 교수자 (주로 인문·사회계열)가 관심이 부족한 분야의 도서 『기계는 어떻게 생각하고 학습하는가』, 『불가능은 없다』도 포함할 수 있으며, 최근에 나와 언론에서 많이 다루어지고 지금을 살아가는 사람들의 관심을 반영한 도서 『선량한 차별주의자』 등도 포함되었다. 일본학과 학생들로 구성된 팀에서는 『국화와 칼』을, 빅데이터 경영통계 전공 학생들로 구성된 팀에서는 『카카오 AI 리포트』와 같은 전공과 관련해 생각할 내용이 많은 도서를 선택하였다. 학생들은 예상보다 책이 어렵거나, 중간에 지루한 부분이 나올 때에도 스스로 선택한 책이기 때문에 책임감을 갖고 읽는 모습을 보였다.

분야	제목	저자	출판사	출판년도
역사	1919: 대한민국의 첫 번째 봄	박찬승	다산초당	2019
문화	국화와 칼: 일본 문화의 틀	루스 베네딕트	을유문화사	2008
기술	기계는 어떻게 생각하고 학습하는가	넬로 크리스티아니니	한빛미디어	2018
교육	대한민국의 시험	이혜정	다산4.0	2017
미래	불가능은 없다	미치오 가쿠	김영사	2010
사회	선량한 차별주의자	김지혜	창비	2019
심리	쌤통의 심리학	리처드 H. 스미스	현암사	2015
가족	이상한 정상 가족	김희경	동아시아	2017
환경	침묵의 봄	레이첼 카슨	에코리브르	2011
과학	카카오 AI 리포트	카카오 AI 리포트 편집진	북바이북	2018
사회	포노사피엔스	최재붕	쌤앤파커스	2019

모둠별로 도서를 선정할 경우 학생 개개인의 취향이나 수준을 반영하기는 어렵지만, 혼자 선택할 때보다 관심 분야의 다양한 책을 살펴볼 수 있으며 다른 사람의 도서 선정하는 과정을 살펴볼 수 있다는 점에서 장점이 있다. 모둠에서 같은 책을 읽을 경우 함께 책에 관해 이야기를 나눌 수 있다는 점에서 의미가 있다. 또한 혼자서 읽기 어려운 책도 모둠원의 지원을 통해서 더 많이 읽을 수 있다. 다만 모둠에서 도서 선정에 대한 의견이 좁혀지지 않을 경우, 같은 분야의 다른 책을 읽는 것도 허용하여 개개인의 수준이나 취향도 존중할 수 있도록 열어 놓는 것이 필요하다.

3.2. 서평 쓰기를 위한 서평 읽기

서평쓰기 과제에서 학생들이 어려워하는 것 중 하나는 서평 장르에 대한 이해가 부족하다는 점이다. 서평의 장르적 특징을 이해하기 위해 서평 예시글을 읽고 분석하는 활동을 하였다. 서평 예시글은 교수자가 모범이 되는 글을 줄 수도 있지만 학생들이 관심 있는 분야의 서평을 수집하여 모둠에서 비교 분석하며 읽는 것도 가능하다. 이는 서평을 쓰기 위한 서평 읽기뿐만 아니라 앞서 제시한 '도서 선정'과 연계해서 책에 대한 정보를 찾기 위해 서평을 읽고 참고하는 것도 가능하다.

서평 예시글은 서평의 장르적 특성을 이해하기 위한 것이기 때문에 글의 목적, 필자와 독자, 글의 구조, 표현상의 특징 등을 찾아보도록 안내한다. 학생들은 서평 예시글을 읽으면서 장단점을 분석하여 직접 쓸 서평에 반영하고 싶은 특성과 문제가 되는 특성을 찾는다. 조별로 서평의 장단점을 논의하고 난 후, 한 명이 논의 내용을 전체에 공유할 수 있도록 정리해서 발표한다. 교수자는 학생들의 논의를 보충하여 서평의 목적, 독자, 과제 상황에 대해 안내한다.

서평은 목적이나 독자가 다양하게 설정될 수 있기 때문에 학생들에게 장르의 역동성을 이해하고 이를 글쓰기에 활용할 수 있도록 안내하는 것이 필요하다. 이에 대해 박혜영(2015)에서는 '장르 탐구형 쓰기 교육'의 절차와 활동을 제안하고 있는데 학습자가 주도적으로 장르에 대해 탐구하는 경험을 강조하고 있다. 제시한 모형에서는 학습자가 예시문을 수집하고, 간이 문화기술지법으로 담화 공동체를 탐구하도록 안내하고 있다. 제한된 시간에서 문화기술지법을 적용하는 것이 어렵더라도 학생들이 예시글을 수집하고 복수의 예시문을 장르와 상황에 대해 분석하도록 제시하고 있는 활동은 서평 쓰기 강의에서도 적용 가능하다.

서평 쓰기를 위한 서평 읽기는 서평의 장르적 특성에 대해 교수자가 일방적으로 제시하는 것이 아니라 학습자가 장르를 분석하는 과정에서 글의 목적과 독자 등의 상황에 따라 구체적인 장르의 특성도 달라질 수 있다는 것을 이해하고 적용할 수 있도록 가르치는 것이 필요하다.

3.3. 서평 쓰기를 위한 읽기 전략

서평 쓰기는 기본적으로 읽기를 전제로 하고 있다. 따라서 서평을 쓰기 전에 학생들이 책을 잘 읽을 수 있도록 교육해야 한다. 쓰기 교육에 초점을 두고 있는 글쓰기 강의에서 대학생들에게 읽기 방법을 직접적으로 가르치기에는 시간적 제약이 있다. 초중등 학교 교육에서 읽기 방법 혹은 전략에 대해서 가르치고 있지만, 실제 대학생 학습자들은 읽기에 대해 제대로 배운 적이 없다고 생각한다. 따라서 서평 쓰기를 위해 읽기 방법에 대해 안내해 주는 것이 필요하다.

먼저 능숙한 독자들의 읽기 전략을 소개하고 자신의 읽기 과정을 점검하고 조정하도록 안내할 수 있다. 〈표 3〉은 Pressley와 Afflerbach(1995)에서 제시하고 있는 능숙한 독자의 읽기 전략이다. 능숙한 독자들은 읽기 과정에 따라 다양한 읽기 전략을 사용하는 것을 알 수 있다.

〈표 3〉 능숙한 독자의 읽기 전략(Pressley & Afflerbach, 1995 재구성)

읽기 전	• 독서 목적 인식: 여가를 위한 읽기 vs. 특별한 과제를 위한 꼼꼼한 읽기 • 개관하기: 독자의 목적, 상황에 맞게 텍스트 전체를 개관 • 선택적 읽기: 독자의 목적에 가장 맞는 부분을 선택적으로 읽음
읽기 중	• 연결: 독자의 사전 지식과 텍스트의 아이디어를 연결 • 평가 및 가설 수정: 이전에 읽었던 텍스트의 부분을 바탕으로 그 내용을 평가하고, 읽을 때 설정한 가설을 수정 • 선행지식 수정: 텍스트의 내용이 신뢰롭고 타당하면 독자는 자신의 선행지식을 수정 • 기억하기: 기억해야 할 부분 밑줄긋기, 다시 읽기, 노트, 자기 말로 바꾸어 말하는 등의 노력 • 해석: 저자와 대화하면서 내용의 의미를 해석
읽기 후	• 평가: 글의 내용과 질을 평가 • 점검: 읽는 과정을 점검. 내용에 문제가 있을 때 문제를 파악, 해결하려고 노력 • 다시 보기: 읽은 후 읽은 내용을 다시 재고 • 정보 이용: 읽은 내용을 뒤에 어떻게 이용할지 생각

대학생을 대상으로 전략 중심 독서 강좌의 효과를 연구한 Caverly, Nicholson과 Radcliffe(2004)는 강좌를 수강한 후 인지와 상위인지[2] 활용에서 유의미한

---

[2] 상위인지(metacognition)는 읽기 과정에서 계획하고, 점검하고, 평가한다(Baker & Brown, 1984). 세부적으로 읽기 목표 설정하기, 중요 내용 확인하기, 중요한 내용에 주의 집중하기, 이해가 되는지 판단하기 위해 점검하기, 읽기 목표가 성취되고 있는지 확인하기, 이해에 실패했다는 것을 알게 되었을 때 조정하기를 포함한다.

차이와 전략의 전이가 이루어졌다고 밝혔다. 이는 대학생 독자 역시 읽기에 대한 학습이 필요하다는 것을 보여준다. 읽기 전략 목록을 살펴보고 실제 책을 읽을 때 읽기 전략을 적용해 보라고 안내한다. 특히 내용에 대한 이해가 잘 되는지 점검하고, 이해가 되지 않을 때에는 읽기 전략을 조정하여 배경지식을 쌓을 수 있도록 책과 관련된 쉬운 자료를 더 읽거나, 모둠과의 논의를 통해 읽기 방법을 공유한다.

서평 쓰기를 위한 읽기이기 때문에 책의 내용을 해석하고 평가하기 위한 질문 목록을 제시하고, 그 답을 생각해 보며 책을 읽도록 안내하였다.

〈표 4〉 서평 쓰기를 위한 읽기 질문 목록

- 저자가 이 책을 쓴 의도와 목적이 무엇인가?
- 저자의 문제의식이 이 책에서 어떻게 전개되고 있는가?
- 이 책이 나오게 된 역사적, 사회적 배경은 무엇인가?
- 저자의 의견에 동의하는 부분과 그렇지 않은 부분은 어디이며 그 이유는 무엇인가?
- 가장 인상적인 부분은 어디이며 그 이유는 무엇인가?
- 비슷한 분야의 다른 책과 어떤 점에서 같거나 다른가?
- 책의 내용이 오늘날 현실 상황과 어떠한 관련이 있는가?
- 책이 현재의 독자에게 전달하는 의미는 무엇인가?

제시된 질문은 읽는 글에 대한 이해를 높일 뿐만 아니라 분석하고 평가하는 방향을 안내한다. 제시된 질문 이외에 책을 읽으며 학생들이 다양한 질문을 만들 수 있는데, 학생들이 스스로 만든 '자기 생성 질문'은 텍스트에 대한 이해를 높인다. 또한 책을 읽으며 생기는 질문이나 논의 주제는 포스트잇이나 메모 등을 사용하여 정리해 두었다가 독서토론에 반영할 수 있다.

4. 서평 쓰기를 위한 과정 중심 교수 방법

4.1. 서평 쓰기를 위한 독서토론 활동

책을 읽고 이에 대해 서평을 쓰는 일은 쉬운 일이 아니다. 서평은 책에 대한 요약과 간단한 감상을 쓰는 것이 아니라 책에 대해 분석하고 평가하여 이를 논리적으로 써야 하는 글이기 때문에 학생들이 어려움을 겪는다. 서평을 써야 하는 학생의 입장에서 책에 대한 이해를 비롯하여 분석과 평가가 적절히 이루어졌는지에 대해 확신이 부족한 상태에서 서평을 써야 하기 때문에 부담을 느낄 수 있다.

따라서 읽기와 쓰기의 징검다리로, 독자들의 사회적 상호작용을 바탕으로 글에 대한 이해와 반응을 정교화하고 다양화할 수 있도록 독서토론(book discussion)을 활용할 수 있다. 독서토론을 통해서 참여자들은 텍스트에 대한 개인의 반응을 공유하고, 서로 다른 반응을 인식하고, 개별 반응을 조정하는 가운데 현재 독자가 개인적으로 구성한 의미는 독자들 간의 의미 경쟁 과정을 통해 더 타당하고 합리적인 의미로 내면화될 수 있다(이순영 외, 2015).

모둠별로 독서토론을 하기 위해서는 모둠 구성, 모둠별 도서 선정, 개인별 책 읽기 등이 사전에 이루어져야 한다. 독서토론 방법에 대해 구체적으로 안내해 주지 않으면 어떻게 해야 하는지 몰라 침묵하고 있는 때도 있다. 특히 독서토론에서 무엇에 대해 논의해야 하는지 어려워할 수 있으므로 활동지에 책을 읽고 난 후 이야기하고 싶은 주제나 질문을 미리 작성해 보게 할 수 있다. 〈그림 1〉은 모둠에서 정한 『데이트의 탄생』 책을 읽고 난 후 독서토론할 주제를 작성한 것이다.

독서토론은 4~5명의 모둠원이 모여 주제 선정부터 논의한다. 학생들이 '생각 정리' 활동지에 작성한 질문 목록 중에서 많이 나온 주제나 중요한 질문을 중심으로 논의하고 싶은 3가지 주제를 먼저 정한 후에 이야기 나눌 수 있도록 한다. 논의할 수 있는 주제는 책을 읽고 난 후 자신의 생각과 그 이유, 책에서 이해되지 않는 부분에 대한 질문, 읽은 책이 우리에게 주는 함의 등이다. 독서토론에서

```
┌─────────────────────────────────────────────────────────────┐
│                    생각 정리 활동지                            │
│                                                               │
│  1. 책을 읽으며 친구들과 이야기하고 싶은 주제, 궁금한 점 등을 메모해 봅시다.  │
│     ┌─────────────────────────────────────────────────────┐  │
│     │ 데이트의 탄생이라는 제목이 글 내용과 어울리는가?        │  │
│     ├─────────────────────────────────────────────────────┤  │
│     │ 작가가 과도한 일반화를 하지 않는가?                    │  │
│     ├─────────────────────────────────────────────────────┤  │
│     │ 글에 제시되는 인터뷰는 신뢰 가능한가?                  │  │
│     ├─────────────────────────────────────────────────────┤  │
│     │ 자본주의적 연애 제도라는 부제가 글의 내용과 일치하는가?  │  │
│     ├─────────────────────────────────────────────────────┤  │
│     │ 사랑과 데이트의 연관성은?                              │  │
│     └─────────────────────────────────────────────────────┘  │
└─────────────────────────────────────────────────────────────┘
```

〈그림 1〉 독서토론 생각 정리 활동지

책에 대한 해석뿐만 아니라 읽기 방법이나 서평 쓰기에 대해서도 논의할 수 있다. 책을 다 읽지 못한 학생들에게 먼저 읽은 학생들이 어떻게 읽었는지 읽기 방법에 대해서도 공유할 수 있고, 서평 쓰는 방법이나 서평 쓸 내용에 대해서도 논의할 수 있다고 알려준다. 대학에서 요구하는 글쓰기가 익숙하지 않기 때문에 모둠에서 해결되지 않은 문제는 교수자와 논의하여 공유한다.

독서토론에 참여할 때의 규칙도 정해서 안내해 주는 것도 필요하다. 독서토론은 일반적인 토론 절차를 따르는 것이 아니라 실제 대화에 가깝기 때문에 절차와 순서보다는 참여가 중요하다. 이를 위해 적극적으로 참여하기, 서로 바라보며 이야기 나누기, 자신의 주장과 근거를 분명히 말하기, 다른 사람의 이야기를 듣고 반응해 주기 등을 규칙으로 설정할 수 있다. 특히 근거를 기반해 말하기를 강조하여 독서토론 과정에서 논의한 내용이 서평에서도 반영될 수 있도록 안내하는 것이 필요하다.

4.2. 서평 내용 조직

서평을 쓸 때는 글의 구조에 대해서도 고민이 필요하다. 서평 쓰기의 어려움을 물어보는 질문에 '내용 조직'이라고 응답한 비율이 가장 높았다(〈그림 1〉

참고). 서평에 정해진 구조가 있는 것은 아니지만 일반적인 글이 가진 처음—중간—끝의 구조에서 각 단계에서 쓸 수 있는 내용을 다음과 같이 제시할 수 있다.

〈표 5〉 서평의 구조(이화여자대학교 교양국어 편찬위원회, 2016)

처음	• 작가 소개 • 책이 나오게 된 역사적, 사회적 배경 • 책의 주제 및 내용 • 저자의 핵심 주장 또는 주요한 문제의식 • 책에 대한 일반적인 평가 • 서평자가 그 책을 평가하는 기준
중간	• 책의 구성과 핵심 내용 • 책의 내용 분석과 재해석 • 주요 내용 발췌와 배치, 선택적 강조 • 기존의 다른 책들과 비교
끝	• 저자의 문제 의식과 주장에 대한 평가 • 가장 인상적인 부분, 또는 주목해야 할 부분에 대한 환기 • 책의 의의와 한계 • 사회·문화적 맥락에서의 평가

처음 부분에 다룰 수 있는 내용은 주로 책에 대한 소개를 통해서 중간에서 필자가 중요하다고 생각하는 부분에 대한 논의가 이루어질 수 있도록 도울 수 있다. 서평의 유형에 따라 다르겠지만 이 구조를 통해서 학생들은 서평에 써야 할 내용도 함께 생각할 수 있다. 중간 부분은 책의 주요 내용과 의미에 대한 부분으로 책의 내용 중에서 중요하게 여겨졌거나 인상적이었던 구절을 발췌하거나, 필자가 중요하게 여겨졌거나 인상적이었던 구절들을 중심으로 재해석한다.

4.3. 동료 피드백 및 고쳐쓰기

서평 초고를 완료한 후에는 동료 피드백을 받아서 고쳐쓰기를 한다. 학생들은 서평 초고를 출력해 와서 다른 모둠원에게 검토를 받는다. 서평을 다른 모둠으로 보내는 이유는 같은 책을 읽은 모둠 내에서 최종본을 쓰는 과정에서 아이디어를 표절할 위험을 줄이고 다른 모둠원의 글을 평가할 수 있기 때문이다.

동료 피드백을 줄 경우, 서로 글쓰기가 익숙하지 않은 상황에서 잘못된 피드백을 주거나 피드백에 자신이 없는 학생도 있기 때문에, '독자'의 입장에서 피드백을 줄 수 있도록 안내한다. 서평을 읽는 '독자'의 입장에서 글의 내용이 이해가 안 되거나 궁금한 부분을 표시하도록 안내한다. 모둠에서 같은 책 혹은 같은 주제의 책에 대한 서평을 검토하기 때문에 피드백이 적절한지에 대해 모둠 내에서 논의도 가능하다.

다른 모둠원이 쓴 서평에 직접 피드백을 해 주면서 자신의 서평도 함께 점검할 수 있다. 대학생은 동료들이 과제를 어떻게 하고 있는지 볼 기회가 많지 않기 때문에 다른 사람의 과제를 비교, 분석하는 과정에서 자신의 과제를 점검할 기회가 된다. 독자의 입장에서 과제를 읽게 되면서 문장이 길거나, 한 문장 안에 많은 생각을 담을 경우 말하고자 하는 바가 제대로 전달되지 않는다는 것을 이해하게 된다. 서평 쓰기에서 가장 어려워하는 책의 내용과 자신의 의견을 어떤 비율로 써야 하는지, 자신의 의견을 객관적으로 기술한다는 것이 어떤 의미인지 다른 친구들의 글을 검토하는 과정을 통해서 이해할 수 있다.

피드백을 반영하여 서평을 수정한 후에 최종본을 제출하도록 한다. 이때 모든 피드백을 반영하여 수정하는 것이 아니라 동의하지 않는 부분에 대해서는 반영하지 않아도 된다는 점을 알려준다.

4.4. 공유하기

공유하기는 글쓰기 과정에서 학생들에게 쓰기 과제에 의미를 부여할 수 있다. 서평 공유를 통해서 서평 과제는 교수자에게 제출하는 것으로 그치는 것이 아니라 자신이 읽은 책을 친구들에게 추천하는 글로 구체적인 목적과 독자를 가진 글쓰기이다. 또한 비슷한 연령과 관심사를 가진 친구들이 추천하는 책을 보면서 독서에 대한 관심을 넓혀 확장된 책 읽기로 나아갈 수 있다.

매체의 발달로 서평을 공유하는 방법은 다양하다. 꼭 책으로 출판하지 않더라도 강의 게시판에 게시하여 읽는 것도 가능하다. 또한 구글 문서와 같은 공동문서 편집 프로그램을 활용해 책으로 편집하는 것도 가능하다. 구글 문서에서 목차와 형식을 지정해 두고 정해진 형식으로 서평을 올려 공동으로 편집한 파일은 인쇄된 책은 아니지만 서평집의 형식으로 공유할 수 있다. 자신의 글이 책의 형식으로 나온다는 점에서 쓰기 동기를 높일 수 있으며, 피드백이 아닌 진짜 '독자'의 입장에서 다른 친구들의 서평을 읽어볼 수 있다. 특히 같은 책을 읽은 학생들끼리 서로의 서평을 읽으며 책에 대한 이해를 높일 수 있다.

서평집 외에도 발표하기도 서평을 공유할 수 있는 방법이다. 서평 최종본을 쓴 것을 바탕으로 친구들 앞에 나와 책에 대해 발표하기를 통해 새로운 책을 소개하고 자신의 해석과 평가를 공유하는 것이 가능하다. 이때는 발표를 듣는 학생들이 책이나 서평의 내용에 대한 궁금증에 대해 질의응답하는 방법으로도 활용할 수 있다.

5. 서평 평가하기

학생들의 서평을 평가하기 위해서 채점 기준을 세우는 것이 필요하다. 분석적 채점을 할 때 시간이 오래 걸린다는 문제점이 있으나, 분석적 채점 기준은 학생이나 교수자에게 과제의 방향을 명료화해 준다는 점에서 가치가 있다. 특히 학생들이 서평의 장르적 특성을 어려워하는 상황에서 채점 기준을 사전에 알려주면 교수자의 의도를 파악하고 글의 전체적인 방향을 잡을 수 있다.

서평을 평가하기 전에 교수자와 학생은 좋은 서평의 조건에 대해 공유하는 것이 필요하다. 강여순(2005)는 좋은 서평의 조건으로 다음 세 가지 사항을 제시하였다. 첫째 책을 꼼꼼히 읽어서 저자의 의도를 정확하게 파악하여야 하며, 책 내용을 성실하고 포괄적으로 전달해야 한다. 둘째, 책에 대한 평가에 있어 서평자 개인의 편견에 벗어나 공정한 판단을 해야 하며 도서의 부분적인 내용에 대한 평가보다는 포괄적인 사항에 대해 견해를 제시해야 한다. 셋째, 훌륭한 문학적 표현을 갖추도록 표현 양식이 다양하면서 이해하기 쉽고 인상적이어야 한다. 연구자들이 제시하는 좋은 서평의 기준 외에도 학생들이 생각하는 좋은 서평의 기준은 무엇인지, 우리가 지향해야 하는 서평의 기준에 대해서 공유하는 시간이 필요하다.

김남미(2017)에서는 대학의 교양 강좌에서 서평 쓰기에 반영할 수 있는 채점 기준을 개발하고자 전공별 서평 쓰기 과제의 채점 기준을 분석한 결과 '자기 관점의 확립'이나 '비평적 타당성 확보'가 교양 과정의 서평 쓰기 평가 기준으로 유용성을 가지고 있다고 보고 있다. 이를 잘 보여주는 사례로 〈표 6〉과 같은 전공과 교양에 공동으로 적용 가능한 서평 평가 기준을 제시하였다. '과제 적합성'에 대한 기준을 제시하여 학생들에게 과제의 목적을 파악하도록 안내할 수 있다.

〈표 6〉 서평 평가 기준(김남미, 2017)

평가 기준	세부 내용
① 과제 적합성	㉠ 과제를 제시한 교수의 의도와 목적을 제대로 이해하였는가? ㉡ 수업에서 배운 내용을 제대로 이해하고 적용하였는가? ㉢ 과제 유형에 알맞은 글쓰기 방식인가? ㉣ 분량 내에서 다룰 만한 내용인가?
② 주제의 깊이	㉠ 자기 관점을 분명히 하여 이를 명확한 주제로 드러냈는가? ㉡ 자기 자신과 세상에 대한 진지한 고민이 드러나 있는가? ㉢ 현실에 대한 깊이 있고 다각적인 이해가 반영되었는가? ㉣ 깊이 있고 의미 있는 주제인가?
③ 논리적 타당성	㉠ 주장에 대한 근거가 충분한가? ㉡ 주장과 근거의 인과 관계가 타당한가? ㉢ 작품에 대한 분석을 주장의 근거로 적절히 활용하였는가? ㉣ 주요 개념 간의 논리적 관계를 제대로 이해하고 있는가?
④ 구조적 완결성	㉠ 제목을 효과적으로 활용하였는가? ㉡ 서론, 본론, 결론의 각 단계에 알맞게 내용을 분배하였는가? ㉢ 문장, 단락 등을 목적에 맞게 활용하고 있는가? ㉣ 인용 표시, 맞춤법 등의 규범을 준수하였는가?

김지수(2019)에서는 Rasch 모형을 활용하여 고등학생의 서평 쓰기 수행평가 채점 기준을 개발하고 타당성을 검증하여 〈표 8〉과 같은 채점 기준표를 제시하

였다. 채점 요소별로 5등급의 점수별 성취기준을 제시하여 교수자의 판단을 도울 뿐만 아니라 학생들에게 판단의 근거를 알려줄 수 있다. 타당성을 검증받은 채점 기준표는 실제 쓰기 과제의 목적 및 환경을 고려하여 세부 채점 기준이나 점수를 변형해서 사용할 수 있다.

〈표 7〉 서평 쓰기 수행평가 채점 기준표(김지수, 2019: 116 재구성)

요소		점수	채점 기준
내용	소개	5	• 저자의 집필 의도가 드러나도록 '책의 중심내용'(저자 소개 포함)을 간결하게 요약하였다. • 이 부분에서 불필요한 내용을 기술하지 않았다. (단, 책 평가에 필요한 책 세부 내용 기술은 허용)
	평가	5	• 사회·문화적 맥락에 대한 고려 속에 평자의 관점이 분명하게 드러난다. • 책(내용과 형식)과 개인적 경험을 토대로 타당하고 구체적인 평가의 근거를 제시하였다.
조직		5	• 글의 주제를 중심으로 서평을 통일성 있게 구성하였다. • 한 편의 글로 서론−본론−결론의 형식(구성)을 갖추었고, 문단 구분을 하였으며 문단 간 연결이 유기적이다.
표현		5	• 글의 표현이 분명하고 단어 사용이 적절하여 독자가 평자의 관점이나 글의 내용을 파악하기가 쉽다. • '책의 본문 인용', '서평 제목', '글의 단어와 구절' 등을 통해 글을 인상적으로 잘 표현하여 글이 돋보인다.

6. 서평 쓰기 교수학습을 위한 제언

서평 쓰기는 읽기 학습의 결과를 가시적으로 확인할 수 있고, 평가할 수 있다는 측면에서 교양 글쓰기 수업 외에도 전공 글쓰기 수업에서도 많이 활용되는 과제이다. 서평을 통해서 본격적인 학술적 글쓰기를 들어가기 전에 텍스트를 어떻게 읽고 이해해야 하는지, 텍스트를 읽으며 자신의 생각을 형성하고 이를 어떻게 독자들에게 표현할지 배울 수 있다. 특히 서평을 쓰기 위해 다른 사람이 쓴 서평을 읽고, 책을 고르는 과정을 통해서 읽기에 대한 관심을 높일 수 있다. 대학에서 이루어지는 교양 '글쓰기' 수업 시간에서 부족하지만 읽기에 대해 고민하고 다룰 수 있다는 점에서 긍정적이다. 이에 따라 신입생들에게 학술적 글쓰기를 교육하는 교양 글쓰기 수업에서 '서평 쓰기' 과제는 의미 있게 사용 가능하다.

하지만 대학생들은 서평에 어떤 내용을 써야 하는지, 독후감과 어떻게 다른지 등의 어려움을 경험하고 있다. 이에 따라 대학생 교양 글쓰기 수업에서 서평 쓰기 수업 방안을 살펴보았다. 글쓰기 수업 중에 이루어지는 서평 쓰기는 과제 상황을 구체화하는 것부터 시작해야 한다. 이를 위해서 서평의 목적, 독자, 과제 공유 방법, 평가 방법 등을 학생들에게 알려주어서 과제 상황을 이해할 수 있도록 제시하는 것이 필요하다.

서평 쓰기를 위한 교수 학습 방법은 크게 '서평 쓰기를 위한 읽기'와 '서평 쓰기를 위한 과정 중심 쓰기'로 나눌 수 있다. 먼저 서평 쓰기를 위한 읽기에서는 도서 선정 방안, 서평 읽기, 읽기 전략 지도를 제시하였다. 서평 쓰기를 위한 과정 중심 쓰기에는 내용 생성을 위한 독서토론, 내용 조직을 위한 서평 구조, 동료 피드백과 고쳐쓰기, 공유하기를 제시하고 있다. 서평 쓰기에서 학생들이 가장 만족도가 높은 활동은 독서토론이다. 독서토론에서는 모둠에서 읽은 책에 대한 자신의 생각뿐만 아니라 책 읽기 방법이나 서평 쓰기에 대해서도 함께 논의할 수 있어서 수업 설문에서 학생들 가장 도움이 된 활동이라고 응답하였다.

서평 쓰기 과제의 중요성과 필요성에 대한 논의가 많은 데 반해 이를 어떻게 가르쳐야 하는지에 대한 논의는 부족한 편이다. 이 글에서는 교수학습 모형은 읽기를 통한 서평 장르에 대한 이해와 더불어 독서토론과 함께 과정 중심 쓰기 교육을 제안하고 있다. 서평 쓰기 교육을 통해 학생들의 읽기 능력과 함께 학술적 글쓰기 수준도 향상되길 기대한다.

참고문헌

강여순(2005), 「서평쓰기 프로그램 구안」, 『국어교과교육연구』 9, 193~232쪽.

김남미(2017), 「비평적 문식성 신장을 위한 서평글쓰기 교육」, 『교양교육연구』 11(2), 한국교양교육학회, 175~210쪽.

김지수(2019), 「Rasch 모형을 활용한 서평쓰기 수행평가 채점 기준 개발 및 타당화 연구」, 한국교원대학교 석사논문.

류보라·서수현(2013), 「중학생의 독후감에 나타난 독해 양상 분석 연구」, 『청람어문교육』 47, 청람어문교육학회, 35~60쪽.

박현희(2017), 「대학의 학술적 서평 쓰기 교육의 과정 중심 접근」, 『교양교육연구』 11(1), 한국교양교육학회, 173~208쪽.

박혜영(2015), 「장르 탐구형 쓰기 교육 방법 연구: 쓰기 장르에 대한 북미수사학적 접근」, 제279회 한국어교육학회 학술대회 자료집, 23~39쪽.

서수백(2017), 「대학생 작문 분석 기반 글쓰기 교육 연구: 대학생 서평 작문 분석을 대상으로」, 『인문연구』 81, 123~160쪽.

심지현(2014), 「서평쓰기를 위한 읽기 쓰기 통합교육 수업 사례 연구」, 『교양교육연구』 8(5), 한국교양교육학회, 131~156쪽.

안상희(2017), 「대학 신입생 필자의 리포트 쓰기 수행 연구」, 고려대학교 박사논문.

윤철민·김해인(2017), 「인문계열 대학생들의 리포트 쓰기 어려움에 대한 연구」, 『리터러시 연구』 20, 한국리터러시학회, 127~153쪽.

이순영·최숙기·김주환·서혁·박영민(2015), 『독서교육론』, 사회평론아카데미.

이영호(2012), 「텍스트를 중심으로 한 작문교육 연구 방법: 서평쓰기 교육을 중심으로」, 『작문연구』 15, 한국작문학회, 69~97쪽.

이지영·박소희(2011), 「초등학생의 책 선택 요인에 관한 이론적 고찰」, 『한국초등국어교육』 46, 269~299쪽.

이화여자대학교 교양국어 편찬위원회(2016), 『우리말과 글쓰기』, 이화여자대학교 출판부.

최수현(2013), 「학술적 글쓰기로서 논문 서평 쓰기 수업 모형 연구」, 『교양교육연구』
　　7(5), 한국교양교육학회, 163~195쪽.

Baker, L., & Brown, A. L.(1984), "Metacognitive skills and reading". In P. D. Pearson,
　　R. Barr, M. L. Kamil, & P. Mosenthal(eds.), *Handbook of Reading Research*, NY:
　　Longman, pp. 353~394.

Caverly, D. C., Nicholson, S. A., & Radcliffe, R.(2004), "The effectiveness of strategic
　　reading instruction for college developmental readers", *Journal of College Reading
　　and Learning*, 35(1), pp. 25~49.

Chall, J. S.(1996), *Stages of Reading Development*(2nd ed.), NY: Harcourt Brace.

Flower, L.(1990), "Negotiating academic discourse", In Flower et al., *Reading to write:
　　Exploring a cognitive and social process*(pp. 221~252), Oxpord University Press.

Smith, M.(1990), "A longitudinal investigation of reading attitude development from
　　childhood to adulthood", *The Journal of Educational Research*, 83(4), pp. 215~
　　219.

Pressley, M., & Afflerbach, P.(1995), *Verbal Protocols of Reading: The Nature of Constructively
　　Responsive Reading*, Hillsdale, NJ: Lawrence Erlbaum Associates.

자기 탐색을 위한 글쓰기 교수 방법

김현정

1. 글쓰기 교육에 있어서 '자기 탐색'의 필요성과 방향

우리는 글을 통해 타인의 생각을 이해하며, 글로써 자신의 생각을 표현한다. 대학 교육에서는 이러한 읽기와 쓰기 활동을 통해, 학생들의 다양한 사고력을 보다 확장시키고자 주력하고 있다. 이런 점에서 대학에서 이루어지는 교양교육은 단순히 주어진 텍스트에 내재된 지식만을 학습하는 것을 목적으로 삼지 않는다. 보편적 교양교육에서는 텍스트에 내재된 다양한 가치관을 이해하고 세계 민주 시민으로서의 올바른 판단을 내리기 위한 사고력을 증진시키는 것을 더 중요하게 여긴다.

현재, 대다수의 대학에서 교양필수로 지정하여 운영되는 '글쓰기' 관련 교과목도 이러한 대학 교양교육의 방향과 무관하지 않다. 일반적으로 대학 교양필수로 지정된 '글쓰기' 관련 교과는 학습자들이 '나'를 둘러싼 다양한 상황에 대한 객관적이고 비판적인 이해를 바탕으로, 자기 생각을 논리적이고 타당하게 정리하여 이를 타인에게 효과적이고 합리적으로 전달할 수 있는 능력을 기를 수 있도록 하는 데 그 목적을 둔다. 다시 말해, 대학에서 이루어지는 글쓰기 교육은 단순히 이미 주어진 정보를 글로써 객관적으로 전달하는 방법을 익히는 데 그치지 않는다. 그보다는 자신이 습득한 정보를 비판적으로 이해하고, 이를 바탕으로 정립한 자신의 의견을 글이라는 매체를 통해 타인과 소통하는 방법을 익히는 데까지 나아간다.

그런데 오늘날의 대학 신입생들은 텍스트를 비판적으로 읽는 훈련을 제대로 받지 못한 채, 대학에 입학한 경우가 대다수다. 특히, '나'의 생각을 타인에게 드러내는 것에 대한 두려움을 지닌 채 대학에 입학한 경우가 많다. 그러다 보니 텍스트의 중심 생각이 무엇인지에 대해 요약은 할 수 있어도, 그 텍스트의 중심 생각에 대한 자신의 생각을 표현하지 못하는 학생들을 대학 현장에서 흔히 발견할 수 있다.

이런 점에서 그동안 대학 글쓰기 교육에서는 비판적 사고를 높이기 위한 목적으로 다양한 토론식 수업을 적용하고, 그 결과를 글로써 정리하도록 하고 있다. 토론을 거쳐 글을 쓰는 것은 대학 글쓰기 교육에서 효과적인 교수법으로 알려져 있다. 그런데 학생들이 토론이나 글쓰기 과정에서 드러낸 자신의 의견이 온전한 자신의 의견인지에 대한 반성적 접근은 부족한 실정이다. 학생들이 제시한 의견이 정말 자신의 참된 생각을 반영한 것인지, 혹은 교수자나 대중이 기대하는 생각에 자신의 생각을 맞춘 결과는 아닌지에 대해 학생 스스로가 구별 짓기를 할 수 있어야 한다. 실제로 학생들은 자신이 쓴 글이 평가의 대상이 된다는 것을 인식하면서 글을 쓰기 때문에, 자신의 '진짜' 입장보다는 좋은 점수를 받기에 '유리한' 입장을 선택하여 글을 쓰는 경우가 많다. 때로는 학생 스스로가 자신의 입장을 분명하게 정립했다고 할지라도, 타인의 입장을 고려하지 못하는 우를 범하기도 한다. 이는 학생들이 자기 탐색적 사고를 하지 못했기 때문이다. 즉, 자기 생각의 정립 배경에 대한 탐색 없이, 기존의 방식대로만 사안을 바라보고자 하는 학생들의 태도에서 비롯된다.

이러한 상황을 고려할 때, 대학 글쓰기 교육에서 주목할 부분은 '자기 탐색'의 과정이다. 타인의 생각을 반복적으로 되풀이하는 글이 아닌, 자신만의 관점과 입장을 지닌 글을 쓰기 위해서는 글쓰기 주체로서의 '나'에 대한 탐색이 필요하기 때문이다. 따라서 이 글에서는 학문 또는 사회공동체에서의 한 구성원으로 살아가기 위한 올바른 가치관과 자신의 입장을 견지할 수 있는 태도를 익히기 위한 목적에서의 '자기 탐색'에 초점을 두어, 자기 탐색을 위한 글쓰기 교수·학습과정안을 제안하고자 한다.

본격적으로 자기 탐색을 위한 글쓰기 교수·학습과정안을 살펴보기 전에, 먼저 대학 글쓰기 교육에서 의미하는 '자기 탐색'이란 무엇이며, 글쓰기 교육에서 '자기 탐색'이 왜 필요한지에 대한 검토가 선행될 필요가 있다. 글쓰기 교육에 있어서 '자기 탐색'이란, 특정 사안에 대한 입장과 태도를 견지할 때에 나의 어떠한 배경이 자신의 결정에 어떻게 영향을 미쳤는지를 객관적으로 살펴봄으로써, 자신에 대해 비판적이고 성찰적인 태도를 지니는 것을 의미한다. 본격적인 글을 쓰기 전에 이루어지는 자기 탐색을 통해, 학생들은 자신의 선입견이나 편견, 또는 주변 환경과 상황에 따라 자신의 입장과 태도가 달라질 수 있음을 깨달아야 한다. 그리고 이러한 과정이 학생들에게 글쓰기 주체로서의 올바른 가치관과 입장을 정립할 수 있는 계기이자, 타인의 시선에 의해 나의 진짜 목소리를 잃어가는 것을 경계할 수 있는 계기가 되어야 한다.

그런데 대학 글쓰기 교육에 있어서 '자기 탐색'은 때때로 '자기 성찰'이라는 용어와 혼재되어 사용되기도 한다. '자기 탐색'이나 '자기 성찰'은 공통적으로 자기 자신을 반성적으로 살펴본다는 점에서 비슷한 의미를 지니고 있다. 그런데 그동안의 '자기 성찰'을 다룬 글쓰기 교육에 관한 연구들을 살펴보면, 자기 성찰은 자기 자신을 반성적으로 살펴보는 과정에서 '자기 치유'적 효과를 얻는 방향에 치중된 경우가 있다.

자기 성찰적 글쓰기를 통해 자기 치유의 효과를 얻는 경우가 많다는 점은 이미 여러 연구(정연희, 2013; 김영희, 2015; 장만식, 2016)를 통해 입증되어 온 바이다. 다만 대학 교양필수 교과목으로서의 글쓰기 교육이라는 특수한 상황을 고려한다면, 치유적 효과를 주된 목적으로 한 자기 성찰적 글쓰기 교육은 신중히 접근해야 한다. 자기 치유를 위해 자신의 내밀한 상처를 드러내어 자기의 상처와 직면할 수 있도록 하는 글쓰기는 대학 교양필수로서의 '글쓰기' 교과보다는 인성 교육을 더 강조하는 다른 교과나 비정규 교육 프로그램 등에서 다루어지는 것이 더 효과적일 수 있기 때문이다. 실제로 자기 성찰적 글쓰기가 '자기 치유'

목적으로 운영되는 경향과 자신의 과거 기억에 대한 탐색과 복원에 치중되는 것에 대한 우려의 목소리도 존재한다. 권채린(2017: 418~419)은 자기 성찰에 미숙한 학생들에게 기억의 도정에 집중하는 글쓰기를 하도록 하면, 과거를 낭만화하거나 상처의 재확인에 그치는 문제가 있다고 지적한다. 따라서 이 글에서는 자기 치유적 목적에서의 자기 탐색 혹은 자기 성찰이 아닌, 글쓰기 주체로서의 나를 정립하기 위한 목적에서의 자기 탐색에 초점을 두고자 한다.

대학 글쓰기 교육에 있어서 자기 탐색의 과정이 필요한 이유는 학문공동체 구성원으로서, 그리고 주체적인 한 '개인'으로서의 자기 생각과 입장을 온전히 반영한 글을 쓸 수 있는 반성적이고 성찰적인 태도를 기르기 위해서이다. 브루스 맥코미스키는 기존의 글쓰기 교육이 '교수자가 미리 지정해 준 텍스트'와 수업 시간에 '선 결정된 윤리적 판단'으로 인해 학생들이 글쓰기를 인식의 과정으로서 바라보지 못한다는 문제를 지닌다고 지적하였다(McComiskey, 2000; 김미란 역, 2012: 8 재인용). 그의 저서를 한국어로 번역하여 소개한 김미란(McComiskey, 2000; 김미란 역, 2012: 15 재인용)은 그를 '사고 자체에 대해 사고할 수 있는 방식'을 가르칠 수 있는 글쓰기 연구자로서 소개하고 있는데, 이러한 브루스 맥코미스키의 접근 방식은 글쓰기 교육에서의 '자기 탐색'과도 일정 정도 연결되는 지점이 많으리라 본다.

자신의 생각이 담긴 한 편의 글을 완성하기 위해서는 자기 생각이 무엇인지를 정확히 인지하는 것이 필요하다. 이는 본격적인 글쓰기 이전에 자신의 '생각'을 '생각/탐색'해 보는 과정이 선행되어야 함을 뜻한다. 즉, 내가 어떠한 사안이나 현상에 대해 내린 판단 그 자체보다는, 내가 그러한 판단을 내릴 수밖에 없던 근거들을 외부적 요인과 더불어 내부적 요인, 즉 나 자신 안에서 찾아보는 훈련이 필요하다.

우리는 자신의 생각이 타당하다고 여기는 근거를 찾을 때에 주로 외부에서만 근거를 찾는 경향이 있다. 즉, 다양한 논리적 근거를 찾을 때에 관련 텍스트나 전문가의 의견, 통계 자료 등과 같이 나의 외부에 존재하는 자료를 기반으로 삼는다. 그런데 자기 생각의 근거를 찾다 보면, 때로는 자기 생각과 반대되는 근거 또한 발견하기도 한다. 이럴 경우, 쟁점화된 주장에 대한 여러 근거 중 특정 근거들을 취사선택하는 자신의 행동이 과연 객관적인 판단 속에서 이루어진 것인지, 아니면 자신이 처한 여러 상황과 배경, 또는 선입견에 근거한 판단에서 이루어진 것인지에 대한 자기 탐색 과정이 이루어져야 한다. 내 생각의 근원이 어디에서 오는지에 대한 탐색을 통해 나의 '사고'를 '사고'해 보는 것이야말로, 글쓰기 교육에서 함께 다루어야 할 내용인 것이다.

기존의 글쓰기 교육에서 이러한 자기 탐색을 전혀 시도하지 않았던 것은 아니다. 2003년에 나온 연세대의 『글쓰기』 교재를 살펴보면, 「제2장 주체인 '나'」와 「제6장 자기 탐색」과 같이 두 개의 장에 걸쳐 글쓰기 주체로서의 나를 탐색해 볼 수 있도록 내용을 구성해 놓은 바 있다. 이들 두 장 중 제6장에서는 '내 생각의 기원과 근거'를 역사적·사회적 관점에서 탐색해 볼 수 있도록 했다(신형기 외, 2003: 87~103). 그리고 이러한 자기 탐색 활동은 이후에 이어지는 다양한 텍스트에 내재된 사회적 담론을 분석하고, 이에 관한 자신의 입장을 정리해 보는 과정으로 연결될 수 있도록 하고 있다.

최근의 경우에는 내 생각의 기원과 근거를 찾기 위한 과정으로서 역사적·사회적 관점에서 나 자신을 탐색하는 과정보다는 자신의 개인사적 체험을 중심으로 자기 탐색을 시도하는 경우가 더 많다. 대표적으로 경희대의 경우에는 '내 생애 최고의 순간, 내가 사랑하는 것, 나를 슬프게 하는 것들, 나에게 영향을 미치는 사람, 나를 둘러싼 것들, 내가 원하는 삶과 사회'와 같이 자신의 개인사적 체험을 통해 '나는 누구인가'를 탐색할 수 있도록 하고 있다(오태호, 2012: 74). 경희대 교재 이외에도 자기 탐색 또는 자기 성찰을 위한 글쓰기 활동을 자기소개서나 자아성찰에세이와 같이 '나의 체험'에 바탕으로 한 글쓰기 활동으로 국한하여 살펴본 연구들도 많다(나은미, 2009; 김영희, 2010; 박호관, 2014; 한래희, 2014; 김주현, 2016; 김태웅, 2018; 박성준, 2018). 이러한 활동 역시 자기 탐색적 활동으로서의 의미를 지닌다. 그러나 자기 탐색의 목적을 자신을 되돌아보는 성찰로 국한하지 않고, 바람직한 사회구성원으로서의 의사 결정을 내릴 수 있는 민주 시민을 양성하는 것으로 확장할 필요가 있다. 그런 측면을 고려한다면, 다양한 사회 현상이나 논쟁에 대한 내 생각의 근원을 찾는 작업으로서의 자기 탐색에 좀 더 집중시킬 수 있는 교육 내용과 교수법이 필요하다.

2. 자기 탐색을 위한 글쓰기 교수·학습과정안

이 장에서는 대학 글쓰기 교육과정 안에서 다양한 사회 현상이나 논쟁에 대한 내 생각의 근원을 탐색해 보는 과정으로서의 자기 탐색을 위한 글쓰기 교수·학습과정안을 제시해 보고자 한다. 이를 위해 수업 차시는 세 차시에서 여덟 차시 이내로 구성했다. 이는 대학마다 다루는 글쓰기 교육 내용과 시수가 상이하다는 점을 고려한 것으로, 각 대학의 실정에 따라 자기 탐색을 위한 글쓰

〈표 1〉자기 탐색을 위한 글쓰기 교수·학습과정안 요약

단계		차시 (50분)	주요 교수·학습 내용	비고
〈도입〉 학습 동기 유발 및 글쓰기 주체로서의 자기 탐색의 중요성 이해		1차시	• '나는 누구인가'에 대한 자기 탐색하기 • 동료에게 나를 소개해 보기 • 동료에게 소개한 나의 모습을 다시 한번 성찰해 보기	1차시로 통합 운영 가능
		2차시	• 타인과 구별되는 나의 생각 표출 경험 나누기 • 주체적인 나만의 생각을 표현하는 것에 대한 중요성 공감하기	
〈전개〉 자기 탐색을 통한 내 생각의 근원 찾기	논쟁적 텍스트에 대한 자기 입장 정립하기	3차시	• 최근 쟁점 사안 중 자신이 관심 있는 주제 정하기 • 개별적으로 찾은 관심 주제 공유하기 • 조별 토론을 할 주제 정하기	교수자가 주제를 정할 경우, 생략 가능
		4차시	• 〈논쟁적 텍스트 1〉분석하기 • 논쟁적 텍스트를 바탕으로 조별 토론하기 • 조별 토론 시 제시한 자신의 입장을 재탐색해보기	1차시로 통합 운영 가능
		5차시	• 〈논쟁적 텍스트 2〉분석하기 • 논쟁적 텍스트를 바탕으로 조별 토론하기 • 조별 토론 시 제시한 자신의 입장을 재탐색해보기	
	논증적 에세이 평가하기	6차시	• 동료가 쓴 〈논증적 에세이 1〉에 대해 피드백하기 • 조별로 동료 피드백 내용 공유하기	1차시로 통합 운영 가능
		7차시	• 동료가 쓴 〈논증적 에세이 2〉에 대해 피드백하기 • 조별로 동료 피드백 내용 공유하기	
〈정리〉 자기 탐색을 통한 글쓰기 자가 평가		8차시	• 동료 피드백의 경험을 바탕으로, 자신의 글을 평가해 보기 • 글쓰기의 모든 과정에서 글쓰기 주체로서 '나'를 탐색하는 것의 중요성 이해하기	전개 단계와 통합 시, 생략 가능

기 교수·학습과정안 시수를 각기 다르게 적용해 볼 수 있도록 하기 위함이다. 따라서 이 글에서는 기본적으로 여덟 차시의 교수·학습과정안을 제시하되, 대학의 상황에 따라 일부 차시는 축소 또는 확대하여 운영할 수 있음을 밝혀둔다.

우선 여덟 차시 분량의 교수·학습과정안 주요 내용을 〈표 1〉과 같이 요약적으로 제시한 다음, 구체적인 내용은 〈도입-전개-정리〉의 세 단계로 나눠 살펴보고자 한다.

2.1. 도입(1~2차시)
: 학습 동기 유발 및 글쓰기 주체로서의 자기 탐색의 중요성 이해

여덟 차시의 수업 중 도입 단계에 해당하는 1차시와 2차시는 학생들에게 글쓰기에서 자기 탐색이 필요한 이유를 이해시키고 자기 탐색 활동의 취지에 대한 공감대를 형성하는 것을 목표로 한다. 이를 위한 구체적인 교수·학습과정안을 제시해 보면 다음과 같다.

도입 단계인 1차시에서는 '나'에 대한 객관적인 인식을 통해, 나를 탐색해 보는 과정이 주를 이룬다. 대학 글쓰기 교육의 수강생이 주로 대학 신입생이라는 점을 고려했을 때, 본격적인 글을 쓰기 전에 글쓰기 주체로서 '나'를 탐색해 보는 과정이 필요하다. 이런 점에서 1차시에서는 그동안 부모나 교사의 지도하에 진로를 결정하고 자신의 미래를 설계했을 학생들에게 자신의 참모습을 타자화하여 바라볼 수 있는 계기를 마련해 주고자 했다. 이를 위해 1차시에서는 학생들이 '나는 누구인가'를 스스로 탐색해 보고, 자신을 타인에게 소개해 보는 활동과 글쓰기에 있어서 자기 탐색이 왜 필요한지를 깨달을 수 있도록 동기 부여를 위한 동영상 자료를 활용하는 안을 제시했다(〈표 2〉 참조).

이 글에서 추천하는 동영상은 오프라 윈프리가 스펠만 대학 졸업식에서 한 축사를 재편집한 3분 분량의 동영상(체인지 그라운드, 2018)이다. 이 동영상을 보면 오프라 윈프리가 스펠만 대학 졸업식 축사에서 졸업생들에게 나는 누구이며 무엇을 원하는지를 생각해 볼 수 있도록 질문을 던지면서, 그녀 스스로가

〈표 2〉 1차시 교수·학습과정안

단계	수업 방향	수업 내용 및 활동
도입	학습 동기 유발	• '나는 누구인가'에 대해 스스로 질문을 던져 보고, 오프라 윈프리의 '나는 누구인가'와 관련된 강연 동영상을 시청한다. ◦ 보조 자료: 오프라 윈프리의 스펠만 대학 졸업식 축사 동영상(체인지 그라운드, 2018)
	학습 목표 제시	• 글쓰기의 주체로서 '나'를 바라보기 위해 '나는 누구인가'에 대해 스스로 탐색해 볼 수 있다.
	강의 흐름 안내	• '나는 누구인가'에 대한 자기 탐색하기 • 동료에게 나를 소개해 보기 • 동료에게 소개한 나의 모습을 다시 한번 탐색해 보기
전개	활동 1	• '나는 누구이며, 나는 어떤 삶을 원하는가'에 대해 스스로 질문을 던지고 답을 내림으로써 자기 탐색을 해본다. ◦ '나'에 대한 브레인스토밍을 통한 마인드맵 그리기 ◦ 마인드맵에서 자신을 잘 드러낼 수 있는 핵심 키워드 3개 선택하기
	활동 2	• 핵심 키워드 3개를 넣어 동료에게 나를 소개해 본다.
	활동 3	• 동료에게 소개한 나의 모습과 정반대된 나의 모습은 없는지 자신의 모습을 되돌아본다. ◦ 보조 자료: 히라노 게이치로의 분인 관련 글(平野啓一郎, 2012; 이영미 역, 2015)
정리	활동 정리	• '나는 누구인가'를 분명히 인식하는 노력이 필요함을 강조한다.
	차시 예고	• 자기 탐색을 통해 자신의 생각/입장/판단의 근원을 찾아보고, 자신의 생각/입장/판단을 재정립해 본다.
	마무리	• 수업을 마무리한다.

'진정한 나 자신'이 되기 위해 노력해 왔음을 학생들에게 진솔하게 전달하고 있다. 동영상 시청 후, 교수자는 오프라 윈프리가 스펠만 대학 졸업생들에게 던진 질문과 동일한 질문을 학생들에게 제시함으로써, 학생 스스로가 '나는 누구이며 무엇을 원하는지'를 생각하도록 유도해 볼 수 있다.

  그런데 학생들에게 질문을 던져보면, '나는 누구인가'를 명쾌하게 인식할 수 있는 학생이 그리 많지 않음을 발견할 수 있다. 따라서 학생들이 '나'에 대한 생각을 자유롭게 펼쳐볼 수 있도록 하기 위한 몇 가지 수업 전략이 필요하다. 이 글에서 제안하는 수업 전략은 일반적으로 많이 알려진 '브레인스토밍을 통한 마인드맵 작성하기'와 '나 자신을 동료에게 소개해 보기'이다. 즉, 학생들에게 나에 대한 마인드맵을 그려보도록 한 다음, 자신이 그린 마인드맵에서 핵심 키워드 3개를 선정하여 동료에게 자기 자신을 소개해 보도록 하는 것이다. 이는 학생들에게 막연하게 '나는 누구인가'를 생각해 보도록 하는 것보다는 자기 자신을 탐색해 볼 수 있는 수업 활동을 제시해 줌으로써, 구체적으로 자기 자신의 탐색 결과를 표출해 볼 수 있는 효과가 있다.

일반적인 자기 탐색적 글쓰기를 위한 교수·학습과정안을 살펴보면, 자기와 관련된 다양한 경험을 솔직하게 드러내는 활동만으로 그치는 경우가 많다. 즉, 학생들이 타인에게 자기 자신을 소개한 내용을 재탐색해 보는 과정을 포함하는 경우는 찾기가 어렵다. 타인에게 자기 자신을 소개한 내용을 재탐색한다는 것은 타인에게 소개한 자신의 모습이나 생각이 왜곡된 것은 아닌지를 반성적으로 살펴본다는 것을 의미한다. 다시 말해, 내가 표현한 나의 경험이나 생각이 정말 나의 온전한 생각을 반영하고 있는지, 또는 동료에게 소개하는 나의 모습이 '진실된 나'의 모습인지에 대해 재탐색하는 것이다.

그런 의미에서 이 글에서 제안하는 교수·학습과정안에서는 의도적으로 학생들에게 자신을 소개한 모습과 정반대되는 나의 모습이 있는지 생각해 보도록 함으로써, 자신이 1차적으로 탐색한 나의 모습을 재탐색해 보는 과정을 거치도록 했다. 이때에 이러한 과정이 필요한 이유를 설명하는 데 도움이 될 만한 읽기 자료를 학생들에게 제시해 주는 것이 좋다.

이 글에서 제시한 교수·학습과정안을 적용하는 데 있어서 활용한 읽기 자료는 일본의 소설가 히라노 게이치로가 쓴 '분인(分人)'과 관련된 글이다. 히라노 게이치로는 『나란 무엇인가』라는 글에서 "한 명의 인간은 '나눌 수 없는 (Individual)' 존재가 아니라 복수로 '나눌 수 있는(dividual)' 존재"(平野啓一郎, 2012; 이영미 역, 2015: 78 재인용)이기 때문에, '개인(個人)'이라는 용어보다는 '분인(分人)'이라는 용어로 인간을 지칭하는 것이 옳을 것이라고 제안한다. 그리고 단하나의 '진정한 나'라는 것은 존재하기 어려우며(平野啓一郎, 2012; 이영미 역, 2015: 79 재인용), 여러 타자와의 상호작용 속에서 형성된 다양한 분인 중의 한 모습이 그 상황에 맞춰 나의 모습으로 나타나게 된다고 말한다(平野啓一郎, 2012;

이영미 역, 2015: 120~123 재인용). 이러한 히라노 게이치로의 '분인(分人)' 개념을 통해 학생들에게 나의 다양한 분인들을 떠올리게 하고, 어떠한 행동이나 중요한 의사결정을 내릴 때에는 나의 어떤 분인이 전면으로 드러나는지를 반성적으로 살펴볼 수 있도록 안내해 줄 수 있다.

이러한 1차시 과정에서의 주안점은 학생 스스로가 탐색한 자신의 모습을 재탐색해 봄으로써 학생들에게 자아 탐색의 의미를 깨닫게 해주어야 한다는 것이다. 1차적으로 탐색한 자신의 모습 또는 자신의 생각을 한 번 더 탐색해 보는 과정에서 좀 더 본질적인 자기 자신의 모습을 발견할 수 있도록 안내해야 한다. 그리고 이러한 경험을 통해, 향후 다양한 글을 쓸 때마다 글쓰기 주체로서 자신의 생각을 재탐색해 볼 수 있도록 추가적인 안내가 이루어져야 할 것이다.

2차시에서는 1차시의 활동에 이어, 자신의 생각이나 입장을 재탐색하되 타인과 나의 생각을 비교해 보면서 자기 자신을 탐색하는 활동이 이루어질 수 있도록 한다. 이러한 활동의 의도는 학생들이 자신의 글이 평가 대상이라는 것을 염두에 둔 나머지, 평가자의 의도에 맞춰 내 생각을 솔직히 드러내지 못하고 있음을 스스로 인식해 볼 수 있도록 하기 위함이다(〈표 3〉 참조).

이를 위해 먼저 학생들에게 자신이 내 삶의 주인으로서 주체적인 판단과 행동을 해오고 있는지를 동료 학생들과 나눌 수 있도록 한다. 구체적으로 타인과 구별되는 입장을 지녀본 적이 있는지를 생각해 보고, 관련 경험을 조원들끼리 나눠보도록 할 수 있다. 이때, 그러한 경험이 없다면 왜 없는지, 있다면 어떠한 경험이 있는지를 나눠보고 그렇게 행동한 이유도 함께 생각해 보도록 한다.

이 활동을 통해 발견하게 되는 것은 학생들이 대체적으로 타인과 다른 생각이나 입장을 드러내는 것을 두려워하고 있다는 것이다. 이에 대해 교수자는 학생들의 입장에 공감대를 표시하되, 과연 이러한 태도가 바람직한 태도인지에 대해 생각해 볼 수 있도록 유도한다.

이때 학생들에게 '애빌린 패러독스(Abilene paradox)'를 소개해 주는 것도 유용하다. 제리 하비가 만들어낸 용어인 '애빌린 패러독스'는 가족 중 어느 누구도

〈표 3〉 2차시 교수·학습과정안

단계	수업 방향	수업 내용 및 활동
도입	학습 동기 유발	• 내 삶의 주인으로서, 주체적으로 내 삶의 방향을 결정해 왔는지에 대해 생각해 본다.
	학습 목표 제시	• 자신의 생각을 주체적으로 표현하는 것이 중요함을 인식할 수 있다.
	강의 흐름 안내	• 타인과 구별되는 나의 생각 표출 경험 나누기 • 주체적인 나만의 생각을 표현하는 것에 대한 중요성 공감하기
전개	활동 1	• 타인과 다른 생각이나 입장을 가져본 적이 있는지를 생각해 보고, 관련 경험을 나눠본다. ◦ 경험이 없다면 왜 없는지, 있다면 어떠한 경험이 있는지를 나눠본다. 그리고 그러한 이유에 대해서도 생각해 본다.
	활동 2	• 모든 사람이 동일한, 혹은 비슷한 생각만을 가진다면, 우리 사회는 어떠할 것인가에 대해 생각을 나눠본다. ◦ 교수자는 학생들에게 제리 하비의 '애빌린 패러독스'와 애쉬의 '동조 실험'의 내용을 설명해 주며, 자신의 생각을 주체적으로 표현하는 것의 중요성을 강조한다. ◦ 보조 자료: ① EBS 다큐프라임 〈인간의 두 얼굴 2부〉 중 애쉬의 동조 실험 재현 관련 동영상(EBS다큐, 2013) ② 최진석의 「자신의 주인으로 산다는 것」 글(강신주 외, 2014: 203~233) 또는 강연 동영상(플라톤아카데미TV, 2014)
정리	활동 정리	• 나의 생각과 타인의 생각을 구별짓고, 자신만의 생각을 정립할 수 있는 노력이 필요함을 강조한다.
	차시 예고	• 1안: 수업 시간에 함께 토론할 만한 최근 쟁점 사안에 대해 조사해 보고, 자신이 토론하고 싶은 주제를 한 가지 골라 이유와 함께 제출하도록 안내한다. • 2안: 수업 시간에 함께 토론할 만한 쟁점 사안을 제시해 준다. 그런 다음, 학생들에게 해당 사안에 대한 자신의 입장을 정하여 이와 관련된 텍스트를 찾아오도록 안내한다. (※ 2안 채택 시 3차시 수업 생략)
	마무리	• 수업을 마무리한다.

멀리 떨어진 애빌린에서 식사하는 것을 원하지 않았지만, 나서서 반대하는 사람이 없었기 때문에 결국 원하지 않았던 애빌린에 가서 식사를 하게 된 제리하비의 일화에서 탄생한다. 제리 하비는 이 일화를 바탕으로 집단 내에서 의사 결정 시 어느 누구도 '아니오'라고 대답하지 못하여 결국 원하지 않은 결정을 내리는 모순적인 형태를 '애빌린 패러독스'라 명명했다(Harvey, Jerry B., 1988;

이수옥 역, 2012: 18~22 재인용). 학생들에게 이러한 애빌린 패러독스 관련 일화를 통해, 타인의 눈치를 보느라 내 생각을 주체적으로 표현하지 못할 때에 결국 모두가 원하지 않은 결과에 이를 수도 있다는 점에서 내 생각을 주체적으로 말하는 태도가 필요함을 강조할 수 있다.

제리 하비의 '애빌린 패러독스' 이외에도 애쉬의 '동조 실험'의 내용을 소개할 수도 있다. 애쉬의 '동조 실험'은 집단에 속한 한 개인이 정답을 알고 있음에도 불구하고, 자신을 제외한 집단 구성원들이 틀린 답을 말할 때 자신도 틀린 답을 말하는 것에 동조하는 심리를 보여주는 실험이다. 애쉬는 이 실험을 통해 인간이 개인의 판단보다는 집단과 타인의 판단에 의존하려는 경향이 있음을 보여주고자 했다. 애쉬의 동조 실험을 설명할 때에는 이 실험을 재현한 EBS 다큐프라임의 〈인간의 두 얼굴 2부〉 프로그램 동영상(EBS 다큐, 2013)을 함께 감상해 보면 더욱 효과적이다.

이러한 애빌린 패러독스와 애쉬의 동조 실험을 소개한 다음, 내 생각과 타인의 생각을 구별짓고 자신만의 생각을 정립할 수 있는 노력이 필요함을 강조한다. 이때에는 최진석 교수가 경희대와 재단법인 플라톤 아카데미가 공동으로 기획한 인문학 프로그램에서 강연한 자료를 활용하는 것도 유용하다. 최진석 교수는 이 강연을 통해 자기 삶의 주인으로서 살아가는 것의 의미를 생각해 볼 수 있도록 하고 있다. 이러한 최진석 교수의 강연은 학생들에게 과연 자기 삶의 주인으로서 살아본 적이 있는지 스스로 생각해 보도록 하는 데 도움이 될 만하다. 이 강연 동영상(플라톤아카데미TV, 2014)은 인터넷에 공개되어 있으며, 『나는 누구인가』라는 책에 「자신의 주인으로 산다는 것」(강신주 외, 2014: 203~233)이라는 제목으로 수록되어 있기 때문에 관련 자료를 교수자가 수업 상황에 맞춰 활용해 볼 수 있다. 다만, 동영상 원본의 분량은 50여 분이기 때문에 교수자는 동영상 중 일부 내용만을 발췌하여 보여준 후에, 강의 원고가 수록된 『나는 누구인가』(강신주 외, 2014)를 학생들에게 읽을 수 있도록 권장해 보는 것이 좋다. 이와 같이 해당 보조 자료와 관련된 생각들을 학생들과 충분히 나눈 다음에, 교수자는 건전한 사회로 발전하기 위해서는 서로 다른 입장의 의견들이 공론화될 수 있어야 함을 알려준다.

이와 같은 1차시와 2차시의 내용은 각 대학의 상황에 따라 한 차시로 축소하여 운영할 수 있을 것이다. 다만, 도입 단계를 통해서 교수자는 학생들이 자신을 탐색해 보는 경험을 부여하고, 글쓰기 주체로서의 '나'를 정립해 볼 수 있도록 하는 데 중점을 두는 방향으로 지도하는 것이 바람직하다.

2.2. 전개(3~7차시): 자기 탐색을 통한 내 생각의 근원 찾기

전개 단계는 도입 단계의 내용을 확장하여 구체적으로 자기 탐색을 통한 자신의 입장을 정립하는 단계이다. 1차시와 2차시의 도입 단계에서 학생들이 개인적 측면에서 자기 자신을 탐색했다면, 3차시부터 7차시까지는 공적인 측면에서 자기 자신을 탐색할 수 있는 활동을 다루는 것이 필요하다. 즉, 공적인 이슈에 대한 자기 생각을 재탐색해 봄으로써, 자기 생각의 근원이 무엇인지를 깨달을 수 있도록 하는 데 초점을 맞추어야 한다. 이는 공적 이슈에 대한 자신의 입장을 정립한 다음, 이를 논증적 에세이로 정리해 보는 과정에 필요한 절차적 단계이기도 하다.

이 단계에서는 각 차시별로 논쟁적 이슈를 담고 있는 텍스트를 함께 읽고, 텍스트에 관한 자신의 입장을 정리해 보는 활동이 중심이 된다. 그리고 자신의 입장(주장)과 근거만을 제시하는 과정에서 그치는 것이 아니라, 자신이 이러한 입장(주장)을 취하게 된 배경에 대한 탐색의 과정을 거칠 수 있도록 한다.

이러한 활동을 좀 더 구체적으로 세분화하면 세 단계의 활동으로 나눠볼 수 있다. 첫 번째 활동은 논쟁적 이슈를 다룬 텍스트를 분석하는 것이다. 텍스트 분석은 크게 쟁점 사안, 저자의 입장(주장)과 근거를 정리해 보는 방식으로 진행해 볼 수 있다.

논쟁적 이슈를 다룬 텍스트 선정은 크게 두 가지 방식으로 진행해 볼 수 있다. 한 가지는 교수자가 텍스트를 선정하여 학생들에게 제시하는 방법이며, 다른 하나는 학생들이 텍스트를 선정하도록 하는 것이다. 전자의 경우에는 보통 대학마다 사용하는 글쓰기 교재에 제시된 여러 텍스트 중의 하나를 교수자가 선택하여 수업 시간에 활용하는 방법이 보편적이다. 그런데 이 방식은 교수자가 별도의 텍스트를 선정하기 위한 노력을 기울이지 않아도 된다는 장점은 있으나, 해당 텍스트가 시의성 측면에서 적절하지 않은 경우가 종종 발생한다. 즉, 글쓰기 교재가 출판되면 보통 3~4년 이상을 개정하지 않고 사용하는 경우가 많기 때문에, 교재에 수록된 지문이 학생들의 흥미도나 사회의 시의성 측면에서 교체될 필요성이 제기되는 경우가 많다. 따라서 글쓰기 교재에 관련 텍스트가 수록되었더라도, 교수자가 수강생의 특성이나 시의성 등을 고려하여 텍스트를 교체하는 경우도 흔하다.

이러한 점을 고려하여 이 연구에서는 글쓰기 교재에 제시되어 있는 텍스트를 활용하기보다는, 학생들이 직접 관련 텍스트를 선정하는 방식을 제안하고자 한다. 이때 학생들이 관련 텍스트를 선정하기 위해 선행되어야 할 작업은 '어떠한 주제의 텍스트를 선정할 것인가'이다. 이를 위해, 교수자는 학생들에게 미리 수업의 목표와 방향을 알려준다. 그런 다음, 최근 쟁점 사항으로 부각되는 이슈가 무엇인지를 학생들에게 조사해 오도록 하고, 다양한 쟁점 사항 중에서 자신이 토론 주제로 삼고 싶은 주제와 이유를 간략하게 제시하도록 과제를 부여한다. 이와 같이 학생들에게 스스로 최근의 쟁점 사항 중에서 자신이 흥미롭게 생각하는 주제를 한 가지 고르도록 선택권을 주는 이유는 사회의 여러 쟁점을 스스로 탐색해 볼 수 있는 학습 기회를 주기 위함이다. 이는 교수자가 정해준 주제만 생각하는 것이 아니라 학생이 자기주도적으로 사회의 여러 쟁점 사안들을 조사해 보도록 함으로써, 자신이 관심을 두고 있는 사회 현상이 무엇인지를 스스로 살펴보도록 하는 효과를 줄 수 있다.

이와 같이 학생들이 스스로 토론할만한 주제를 정하여 이를 제출하면, 교수자는 학생들이 제출한 과제를 수합하여 정리한 결과를 학생들과 공유한다. 실제 수업 현장에서 이러한 과제를 부여할 경우, 학생들이 선택한 주제는 중복되는 것도 많지만 당시의 이슈에 따라 다양하게 제시된다. 실제, 2019-2학기 수업 현장에서 학생들이 제시한 주제들을 살펴보면 〈표 4〉와 같다.

〈표 4〉 쟁점 토론 주제

- 인터넷 실명제 도입
- 사형제도 유지
- 동물 실험 허용
- 적극적 안락사 허용
- 흉악 범죄 피의자 신상 공개
- 낙태죄 폐지
- 군대에서의 휴대폰 사용
- 원자력 에너지 사용
- 소년법 폐지

이렇게 여러 토론 주제가 수합되면, 교수자는 각 토론 주제에 대해 간략하게 배경 설명을 해준 다음에 학생들에게 해당 분반에서 함께 토론할 주제를 선택하도록 한다. 이때 주제에 대한 배경 설명을 교수자가 단독으로 할 수도 있지만, 그 주제를 제안한 학생들에게 제안 이유를 설명해 보도록 기회를 주는 것도 좋은 방법이다. 그런 다음, 학생 스스로가 관련 주제에 관한 배경지식을 쌓을 수 있도록 10여 분 정도 스마트폰 등을 활용하여 관련 자료를 검색해 볼 수 있는 시간을 별도로 마련해 주는 것이 좋다.

이러한 준비 과정을 거친 후에는 학생들의 선호도 등을 고려하여 토론 주제를 최종적으로 정하면 된다. 이때 교수자는 먼저 학생들의 선호도를 조사하여 여러 개의 주제 중에서 3~4개의 주제로 범위를 압축한 다음, 압축한 주제 중에서 찬반의 의견이 가장 대립적으로 나타나는 주제를 수업 중 토론 주제로 최종 결정한다.

실제로 2019-2학기 수업에서 최종 선택된 주제는 '인터넷 실명제 도입' 또는 '사형제도 유지'였다. 분반마다 학생들의 성향에 따라 주제가 달라지기는 했지만, 학생들은 당시 가장 이슈가 되었던 '악성 댓글로 인한 연예인 자살 사건'과 '흉악 범죄 발생 사건'에 영향을 받아 주제를 선택하게 되었다고 주제 선택의 이유를 밝힌 바 있다.

이와 같이 3차시 활동을 통해 토론 주제가 최종 확정되면, 교수자는 학생들에게 각 주제에 대한 읽기 자료를 학생들에게 찾아오도록 안내한다. 이 과정 역시 주제 선정뿐만 아니라 그 주제 관련 읽기 자료 또한 학생 스스로가 찾아보도록 함으로써, 학생들이 자신의 입장을 탐색해 볼 수 있도록 하기 위한 절차이다.

이상의 내용을 교수·학습과정안으로 정리하면 〈표 5〉와 같다.

〈표 5〉 3차시 교수·학습과정안

단계	수업 방향	수업 내용 및 활동
도입	학습 동기 유발	• 최근에 이슈가 되는 쟁점 사안으로 무엇이 있는지를 학생들과 가볍게 나눠 본다.
	학습 목표 제시	• 최근의 이슈가 되는 쟁점 사안으로 무엇이 있는지를 찾아보고, 함께 토론해 볼만한 주제를 선택할 수 있다.
	강의 흐름 안내	• 최근 학생들이 관심을 지니고 있는 쟁점 사안 공유하기 • 수업 중 함께 토론할 만한 주제 정하기
전개	활동 1	• 이전 차시에서 과제로 제출한 최근 관심 쟁점 사안을 공유해 보고, 각 쟁점 사안의 내용을 교수자 또는 주제를 제안한 학생이 간략히 설명한다.
	활동 2	• 학생들이 제시한 관심 쟁점 사안 중 수업 시간에 함께 토론해 볼 주제를 정한다. ◦ 주제를 정하기에 앞서, 스마트폰 등을 활용하여 관련 주제에 대해 정보를 검색해 보면서 배경 지식을 습득한다. ◦ 학생들이 배경 지식을 찾은 이후에는 다음의 원칙에 따라 최종 토론 주제를 결정한다. → 1차 선별 원칙: 학생 선호도에 따라 3~4개로 압축 → 2차 선별 원칙: 해당 분반 학생들의 찬반 의견이 가장 대립적인 주제로 최종 선정
정리	활동 정리	• 최종 선정된 주제를 교수자가 다시 한번 정리해 준다.
	차시 예고	• 최종 선정된 주제를 다룬 텍스트를 찾아오도록 안내한다.
	마무리	• 수업을 마무리한다.

다음 4차시에서는 학생들이 찾아온 관련 주제에 대한 텍스트를 조별로 공유하고, 텍스트의 내용을 분석하고 평가해 봄으로써 자신의 입장을 정하는 활동이 주를 이룬다. 학생들은 먼저 자신이 찾아온 텍스트를 읽고 글쓴이의 입장(주장)과 근거를 정리하여 평가해 본다. 그런 다음, 조별 활동을 통해 각자가 찾은 텍스트와 텍스트 분석 및 평가 결과를 공유한다. 이러한 활동을 통해, 학생들은

토론 주제에 대한 다양한 입장과 근거들을 확인할 수 있게 된다. 이때에 조별 활동의 내용을 정리할 수 있는 활동지(〈표 6〉 참조)를 활용하면 좋다.

〈표 6〉 조별 활동지

자신의 텍스트	텍스트 제목	
	주장	
	근거	
동료 1의 텍스트	텍스트 제목	
	주장	
	근거	
동료 2의 텍스트	텍스트 제목	
	주장	
	근거	
동료 3의 텍스트	텍스트 제목	
	주장	
	근거	

이렇게 자신이 찾아온 텍스트 내용을 공유한 다음, 본격적으로 조별 토론을 통해 서로의 생각을 나눠본다. 이러한 활동에서 특별히 학생들에게 안내할 것은 조별 토론 과정에서 제시된 찬반 의견에 대한 근거를 정리하되, 자신과 반대되는 의견에 대한 근거는 좀 더 구체적으로 정리할 수 있도록 하는 것이다. 이는 자신과 다른 의견에 대해 한 번 더 생각해 볼 수 있는 기회를 주기 위함이다.

다음으로 조별 토론 후 개별적으로 자신의 생각과 반대되는 입장에서 자신의 입장을 반성해 본 다음, 최종 입장을 정리해 보는 것이다. 이를 위해서 교수자는 〈표 7〉의 개별 활동지를 학생들에게 배부하여, 구체적으로 학생들이 생각한 내용을 정리할 수 있도록 유도한다. 〈표 7〉에 제시한 개별 활동지의 내용을 살펴보면, 학생들이 자신의 입장에 대한 근거를 공적 근거와 사적 근거로 나눠 생각해 볼 수 있도록 했다. 이때의 공적 근거란 일반적으로 글을 쓸 때 제시할 수 있는 근거이며, 사적 근거는 글에서는 밝힐 수 없으나 자신이 이러한 입장을 취하게 된 개인사적 근거를 뜻한다. 예를 들어, 사적 근거는 자신이 특정 입장을 취하게 된 개인사적 배경이나 계기는 무엇이었는지, 그러한 입장을 취함으로써 내가 얻게 되는 이득/손해가 무엇인지, 그리고 반대의 입장을 취함으로써 내가 얻게 되는 이득/손해가 무엇인지 등이 있을 수 있다.

〈표 7〉 개별 활동지

1차 입장		자신의 입장을 정리하기
공적 근거 1	내용	자신의 입장에 대한 첫 번째 공적 근거 제시하기
	반박	자신이 제시한 첫 번째 공적 근거를 반대의 입장에서 생각해 보기
공적 근거 2	내용	자신의 입장에 대한 두 번째 공적 근거 제시하기
	반박	자신이 제시한 두 번째 공적 근거를 반대의 입장에서 생각해 보기
공적 근거 3	내용	자신의 입장에 대한 세 번째 공적 근거 제시하기
	반박	자신이 제시한 세 번째 공적 근거를 반대의 입장에서 생각해 보기
사적 근거	내용	자신의 입장에 대한 사적 근거 제시하기
	반박	자신이 제시한 사적 근거를 반대의 입장에서 생각해 보기
최종 입장		자신의 입장을 최종 정리하기
최종 입장을 택한 이유		최종 입장을 택한 이유를 제시하기

이와 같이 공적 근거와 사적 근거를 제시해 봄으로써, 학생들은 자신이 선택한 입장을 좀 더 객관적으로 살펴볼 수 있게 된다. 또한 각각의 근거에 대해 반대의 입장에서 반박을 함으로써, 자기 입장의 타당성을 재탐색해 볼 수 있다. 이때, 학생들은 1차 입장에 대한 근거를 반대 측의 입장에서 반박하는 과정에서, 자신의 입장을 변경할 수도 있고 그대로 유지할 수도 있다. 대신 학생들이 스스로 자신의 입장에 대한 근거를 좀 더 면밀하게 탐색해 볼 수 있도록 교수자가 유도하는 것이 이 단계의 핵심이다.

이러한 과정을 통해 기대할 수 있는 효과는 학생들이 논쟁적 사안에 대한 자신의 입장이 정말 객관적이고 타당한 근거에 바탕을 둔 것인지, 아니면 개인

사적인 배경의 영향을 받아 이러한 입장을 지니게 된 것인지를 탐색하는 계기를 마련할 수 있다는 점이다. 이러한 활동을 통해 학생들은 논쟁적 이슈에 관한 자신의 입장을 정립할 때, 내 생각을 재탐색해 보는 것이 중요함을 깨닫게 된다.

그런 측면에서 5차시에서도 새로운 논쟁적 이슈를 다룬 텍스트를 대상으로 4차시와 동일한 활동을 재반복해 볼 수 있다. 한 차례의 활동으로는 학생들이 충분히 자기 자신을 탐색하기 어렵기 때문에, 한 차시를 더 추가하여 관련 활동을 해보도록 한 것이다(〈표 8〉 참조).

〈표 8〉 4~5차시 교수·학습과정안

단계	수업 방향	수업 내용 및 활동
도입	학습 동기 유발	• 좋은 글을 쓰기 위해서는 관련 주제 및 문제에 대한 자신의 입장을 분명하게 정하는 것이 필요함을 알려주며, 어떻게 자신의 입장/태도를 정할 수 있을 것인지에 대한 학생들의 생각을 들어본다.
	학습 목표 제시	• 자기 탐색을 통해 주체적으로 자신의 입장을 정립할 수 있는 태도를 지닐 수 있다.
	강의 흐름 안내	• 논쟁적 이슈를 다룬 텍스트 분석하기 • 논쟁적 이슈를 다룬 텍스트를 바탕으로 조별 토론하기 • 조별 토론 시 제시한 자신의 입장을 재탐색해보기
전개	활동 1	• 각자가 준비한 논쟁적 이슈를 다룬 텍스트를 읽고 논쟁이 되는 사안이 무엇인지를 분석한 다음, 자신의 입장을 정리해 본다.
	활동 2	• 조별로 조원들이 분석한 텍스트 내용을 공유한 다음, 해당 주제에 대해 함께 토론해 본다. (※ 〈표 6〉 조별 활동지 양식 참조)
	활동 3	• 토론 후 개별적으로 자신의 생각과 반대되는 입장에서 자신의 입장을 반성해 보고, 자신의 최종 입장을 정리해 본다. (※ 〈표 7〉 개별 활동지 양식 참조)
정리	활동 정리	• 자기 탐색의 결과를 공유함으로써, 자기 탐색이 필요한 이유를 공감해 볼 수 있도록 한다.
	차시 예고	• 해당 차시에서 논의한 주제에 대한 자신의 입장을 정리한 논증적 에세이를 써올 수 있도록 안내하고, 수업 시간에 동료 피드백을 할 것임을 안내한다.
	마무리	• 수업을 마무리한다.

4~5차시의 활동이 끝난 다음에는 학생들이 최종적으로 정한 자신의 입장을 논증적 에세이로 정리해 볼 수 있도록 과제를 부여한다. 그리고 6~7차시를 통해 학생들이 쓴 글을 함께 읽고 피드백을 해보는 활동으로 이어간다(〈표 9〉 참조).

〈표 9〉 6~7차시 교수·학습과정안

단계	수업 방향	수업 내용 및 활동
도입	학습 동기 유발	• 이전 차시에서 부여한 과제 수행 경험담을 가볍게 나눠본다.
	학습 목표 제시	• 동료 학생이 쓴 논증적 에세이를 읽고 피드백해 봄으로써, 좋은 논증적 에세이의 요건을 탐색하여 이해할 수 있다.
	강의 흐름 안내	• 논증적 에세이를 대상으로 한 동료 피드백 방법 이해하기 • 개별적으로 동료 학생이 쓴 논증적 에세이 피드백하기 • 조별로 동료 피드백 내용 공유하기
전개	활동 1	• 교수자가 논증적 에세이 피드백 방법을 제시해 준다.
	활동 2	• 교수자가 제시한 피드백 방법에 맞춰 개별적으로 동료 학생이 쓴 논증적 에세이를 피드백해 본다.
	활동 3	• 조별로 피드백한 내용을 공유한다. • 조별로 공유한 내용을 전체 수업 구성원들과 다시 한번 공유한다.
	활동 4	• 교수자가 조별로 제시한 피드백 내용을 종합 정리하여 최종 피드백을 해준다.
정리	활동 정리	• 동료 피드백의 소감을 나눠보고, 다시 한번 좋은 논증적 에세이의 요건을 정리한다.
	차시 예고	• 자신이 과제로 작성한 논증적 에세이를 스스로 평가할 것임을 안내한다.
	마무리	• 수업을 마무리한다.

학생들이 쓴 과제를 동료 학생들과 공유하고 피드백을 나누는 행위는 논쟁적 이슈에 관한 다른 학생들의 글을 읽어보며 각자의 생각이 어떻게 정리되었는지를 공유해 보는 계기가 된다. 그리고 다른 학생의 글이 담고 있는 주장과 근거에 견주어 다시 한번 자기 생각의 타당성을 확보해 가는 효과 또한 얻을 수 있다.

이러한 동료 피드백은 단순히 다른 학생의 글을 확인해 보고 그 글을 평가하는 데서 그치지 않는다. 동료 피드백은 다른 사람의 글을 함께 평가해 봄으로써 좋은 글의 요건을 스스로 익히고, 더 나아가 동료 피드백을 한 경험을 바탕으로 자신의 글을 스스로 객관적으로 평가해 볼 수 있도록 하는 것을 목표로 한다. 다시 말해, 평가의 주체를 교수자가 아닌 학생으로 삼음으로써, 학생 스스로가 좋은 글의 요건이 무엇인지를 탐색해 볼 수 있도록 하는 것이다.

수업 중 동료 피드백을 하기 위한 구체적인 절차는 다음과 같다. 우선, 교수자가 먼저 한 편의 글을 선택하여 공개 피드백을 실시한다. 공개 피드백 대상 글은 사전에 학생들의 신청을 받아 선정하는 것이 좋으며, 공개 피드백을 할 경우에는 글쓴이의 이름을 감추고 진행함으로써 공개 피드백 신청에 대한 학생들의 두려움을 없애준다. 첫 번째로 실시하는 공개 피드백은 교수자가 주도적으로 진행할 수 있다. 이는 교수자가 먼저 피드백 사례를 보여줌으로써, 학생들이 스스로 피드백하는 방법을 익힐 수 있도록 하기 위함이다(김현정, 2017: 553~571).

다음으로 또 다른 학생의 글을 대상으로 조별로 함께 피드백을 해보도록 한다. 이를 통해, 평가의 주체를 교수가 아닌 학생으로 전환시킴으로써, 학생들이 주체적으로 좋은 글의 요건이 무엇인지를 탐색해 가며 동료 학생의 글을 평가할 수 있다. 때로는 동일한 부분에 대해 상반된 피드백이 나오는 경우도 발생한다. 이럴 경우에는 학생들 간의 심도 있는 토의를 거치도록 함으로써, 좀 더 생각의 깊이를 더할 수 있도록 유도하는 것이 좋다.

마지막으로 조별로 논의한 피드백 결과를 전체 학생들과 공유한다. 이때 교수자는 조별로 제시한 피드백 내용의 적절성을 검토하고, 해당 글의 수정 방향을 학생들과 함께 모색해 보는 방식으로 피드백 내용을 최종 정리해 주면 된다.

이상에서 살펴본 다섯 차시 분량의 전개 단계는 글쓰기에 필요한 자신의 입장이나 생각을 재탐색해 보는 과정을 포함하고 있다. 이를 통해 학생들은 쟁점 사안에 대한 자신의 입장을 정립할 때에 주체적으로 자기 자신을 탐색해 볼 수 있는 역량을 기를 수 있게 될 것이다.

2.3. 정리(8차시): 자기 탐색을 통한 글쓰기 자가 평가

자기 탐색을 위한 글쓰기 교수·학습과정안의 마지막 단계는 글쓰기 자가 평가를 해보는 것이다. 이 단계에서는 자신이 쓴 글을 스스로가 탐색적으로 평가해 보는 것뿐만 아니라, 자신이 쓴 글에 반영된 자기의 모습을 재탐색해 보는 것도 포함된다.

이를 위해 학생들이 교수자가 설명해 준 논증적 에세이 피드백 방법을 듣고 자신의 글을 스스로 평가해 보도록 한다. 이 과정은 지난 6~7차시에서 진행된 동료 피드백의 과정을 자신의 글에 적용한 것으로서, 학생들은 동료 피드백의 경험을 바탕으로 자신의 글을 객관화하여 살펴보는 경험을 한다. 동료의 글을 보면서 발견했던 여러 문제점들이 자신의 글에서도 발견된다는 것을 인지하면서, 학생들은 자기 글의 수정 방향을 스스로 찾아보게 되는 것이다.

그런데 자신의 글에 대해 혼자서 객관적으로 평가하기 어려운 부분이 있기 때문에, 자신의 글에 대한 평가와 수정 방향을 조원들과 함께 논의해 보는 과정이 추가적으로 필요하다. 조원들끼리 서로의 글에 대한 평가 결과와 수정 방향을 나눠보면서 서로 다르게 생각하는 부분이 있는지, 있다면 이를 어떻게 조율하면 좋을지 함께 고민해 보는 것이다.

이러한 조별 활동을 거쳐 학생들은 최종적으로 글에 담긴 자기 입장이나 생각을 스스로 재점검해 보면서 자신의 입장을 확정 짓게 된다. 그리고 이러한 과정이 반영된 최종 수정본을 과제로 제출하면 되는 것이다.

이때 교수자는 학생들이 제출한 1차 과제물에 대한 내용 평가는 하지 않고, 최종적으로 수정한 과제물을 평가하는 것이 바람직하다. 이는 글쓰기 수업에서 이루어지는 다양한 피드백 결과가 최종적으로 학생들이 실제적으로 작성하는 글에 반영될 수 있도록 하기 위함이다. 아울러, 글쓰기 과정에서 학생들이 여러 차례의 자기 탐색적 사고를 할 수 있도록 유도하는 데에 있어서도 유용하다.

이를 위한 구체적인 교수·학습과정안을 제시해 보면 다음 〈표 10〉과 같다.

〈표 10〉 8차시 교수·학습과정안

단계	수업 방향	수업 내용 및 활동
도입	학습 동기 유발	• 자신의 글을 평가해 본 경험을 가볍게 나눠본다.
	학습 목표 제시	• 자신의 글을 스스로 탐색적으로 평가해 보고, 글쓰기의 모든 과정에서 글쓰기 주체로서 '나'를 탐색하는 것의 중요성을 이해할 수 있다.
	강의 흐름 안내	• 자신의 글 평가하기 • 조별 토의를 통해 자신의 글의 수정 방향 점검하기
전개	활동 1	• 교수자가 설명해 준 논증적 에세이 피드백 방법을 듣고 자신의 글을 스스로 평가해 본다.
	활동 2	• 자신의 글을 평가한 내용을 조별로 공유해 보며, 글의 수정 방향을 함 께 나눠본다.
정리	활동 정리	• 자신의 글을 스스로 평가해 본 소감을 함께 나누고, 글쓰기의 과정에서 자기 자신과 자신이 쓴 글에 대한 재탐색의 과정이 중요함을 최종 정리 한다.
	과제 예고	• 피드백 내용을 반영하여 최종적으로 수정한 글을 제출할 것을 안내한다.
	마무리	• 수업을 마무리한다.

이상과 같이 정리 단계에서는 글쓰기의 마지막 최종 단계에서도 자기 탐색이 필요함을 학생들에게 인지시켜 주는 것이 필요하다. 그리고 더 나아가 글쓰기의 각 과정마다 자기 탐색이 어떻게 이루어졌는지를 재정리해 보고, 글쓰기에 있어서 자기 탐색이 필요한 이유를 학생들이 공감할 수 있도록 해주는 것이 필요하다.

3. 자기 탐색을 위한 글쓰기 교수 방법의 의의

이 글에서 제안한 자기 탐색을 위한 글쓰기 교수·학습과정안은 그동안 대학 글쓰기 교육 현장 안에서 많이 이루어진 자기 체험 중심의 자아 성찰 혹은 탐색의 과정을 보다 학술적/공적인 영역 안에서 이루어질 수 있도록 하는 데 초점을 둔 것이다. 이는 그동안의 자기 체험을 기반으로 한 자기성찰(탐색)적 글쓰기 교육의 필요성을 인정하되, 이를 개인의 과거 체험을 회상적으로 기술하는 것에서 벗어나 공적인 이슈에 대한 자기 판단의 근원을 탐색해 보는 것으로 확장시키기 위한 것이다. 이러한 교육 방안은 그동안의 글쓰기 교육과정에서 자기 탐색의 과정이 자기성찰에세이를 쓰는 데에만 국한되어 있다 보니, 학생들이 자칫 나를 소재로 한 글쓰기에서만 자기 탐색의 과정이 필요하다는 잘못된 인식을 할 수 있다는 우려에 대한 보완적인 교육 방안인 셈이다.

이러한 측면에서 이 글에서는 자기 탐색을 위한 글쓰기 교수·학습과정안을 크게 '도입－전개－정리'의 세 단계로 구성했다. 이때의 도입 단계에서는 두 차시에 걸쳐 자기 탐색에 대한 동기 유발과 자기 탐색의 의의를 살펴보는 것으로 내용을 구성했다. 이 단계에서는 기존의 자기 탐색을 위한 글쓰기 교수·학습과정안에서 많이 다룬 바와 같이 자기 자신을 살펴보는 것에서 시작된다.

전개 단계는 총 다섯 차시에 걸쳐 자기 탐색을 통한 내 생각의 근원을 찾아보는 과정으로 구성했다. 도입 단계는 개인적인 영역 안에서 자기 자신을 탐색해 보는 것이라면, 전개 단계는 공적인 영역 안에서 자기 자신을 탐색해 보는 것이다. 이 단계에서는 학생들이 논쟁적 이슈에 대해 자신의 생각을 동료들과 토론해 보고, 이를 글로 정리해 보는 과정을 담고 있다. 이는 일반적인 논증적 글쓰기 교수·학습과정안과 유사할 수 있다. 다만, 이 과정에서 교수자는 학생들에게 자신의 입장을 최종적으로 정하기 전에 충분히 자기 탐색의 과정을 거치도록 안내함으로써, 자기 탐색적 글쓰기가 이루어질 수 있도록 세심히 유도해야 할 것이다. 또한 논증적 글을 완성한 다음에도 동료 피드백을 통해, 다시 한번 자신과 타인의 생각을 비교해 봄으로써 '탐색'의 과정이 이어갈 수 있도록 할 필요가 있다.

'정리' 단계는 한 차시로 구성했다. 이 단계에서는 전개 단계에서 이루어진 논증적 글에 대한 동료 피드백을 마치고 나서, 자신의 글을 최종 점검해 보는 단계이다. 이 단계를 통해 학생들은 최종적으로 자기 탐색을 통해 자신의 글을 완성하게 되는 것이다.

이러한 단계별 자기 탐색적 활동을 다시 한번 정리하면 〈표 11〉과 같다.

〈표 11〉 단계별 자기 탐색적 활동

단계	도입	전개		정리
	학습 동기 유발 및 글쓰기 주체로서의 자기 탐색의 중요성 이해 ⇒	자기 탐색을 통한 내 생각의 근원 찾기	⇒	자기 탐색을 통한 글쓰기 자가 평가
활동	• '나는 누구인가' 마인드맵 그리기 • 동료에게 '나' 소개하기 • 동료에게 소개한 나의 모습 성찰하기	• 논쟁적 이슈를 다룬 텍스트 분석하기 • 논쟁적 이슈를 다룬 텍스트를 바탕으로 조별 토론하기	• 동료가 쓴 논증적 에세이 피드백하기 • 조별로 동료 피드백 내용 공유하기	• 동료 피드백의 경험을 바탕으로, 자신의 글을 평가하기
탐색	• 개인적 측면에서의 '자기 탐색'	• 공적 이슈에 담긴 사회적 쟁점 탐색하기 • 공적 이슈에 대한 자신의 생각 탐색하기	• 동료가 쓴 글을 읽고 동료의 생각 탐색하기 • 좋은 글의 요건 탐색하기	• 자신의 글을 탐색적으로 읽고 평가하기
재탐색	• 동료에게 소개한 나의 모습 재탐색	• 타인의 생각이나 글을 비교해 가며, 자신의 생각 재탐색		• 자가 평가를 통한 좋은 글의 요건 재탐색
탐색의의	• 학습 동기 유발 • 자기 탐색의 목적 이해 • 타인과 구별되는 나의 생각 정립의 필요성 이해	• 자기 탐색을 통한 내 생각의 근원 찾기 • 타인의 글 평가를 통한, 좋은 글의 요건 이해		• 주체적으로 자신의 글을 탐색하여 평가할 수 있는 능력 계발 • 글쓰기 주체로서의 자기 탐색의 중요성 이해

　　이러한 자기 탐색적 활동을 통한 글쓰기 교육은 글쓰기 주체로서의 나의 생각을 정립하는 데 의의가 있다. 기존의 글쓰기 교육에서는 글쓰기 지도 과정에서 학생들에게 자신의 입장을 정립해 보도록 하는 데 그쳤다면, 자기 탐색적 활동은 자기 생각에 대한 재탐색을 통해 자신의 생각을 객관화시키고 자신의 정체성을 보다 더 분명하게 할 수 있다.

　　이때 자신의 생각을 객관화시킨다는 것은 합리적인 사고를 바탕으로 내 생각의 타당성을 따져본다는 것을 의미한다. 홍세화는 『생각의 좌표』에서 자기 성찰 (탐색)의 출발은 곧 "'지금 내가 생각하는 바'가 어떻게 형성되었는지에 대한 물음"(홍세화, 2009: 15)에서 비롯된다고 말한다. 아울러 내 생각이 어떻게 내 생각으로 자리 잡았는지를 탐색해 보고자 하는 사람은 내 생각보다 더 타당한 의견을 접했을 때에 내 생각을 바꿀 수 있지만, 그렇지 않은 사람은 그저 기존의 내 생각을 고집하는 사람으로만 남는다고 경계한다(홍세화, 2009: 15~19). 따라서 '폭넓은 독서, 열린 자세의 토론, 직접 견문, 성찰'을 통해 끊임없이 사회를 비판 적으로 바라보는 안목으로 이미 형성된 자신의 생각을 수정해 감으로써 자신의 주체성을 확장해 갈 것을 강조한다(홍세화, 2009: 20~26).

이를 참고해 볼 때, 자기 탐색을 위한 글쓰기 교육은 글쓰기 주체로서 자기 자신의 생각을 점검해 보는 데 그 의의가 있다. 스스로 자신의 생각을 정립하지 못한 채, 평가자의 시각에 자신의 입장을 맞추는 것은 참된 자기 자신의 모습을 상실하는 것이다. 따라서 일회적 차원에서 자기의 과거를 회상하던 자기 성찰과 탐색 활동을 보다 확장하여, 전 장르에 걸쳐 학생들이 자신의 생각을 스스로 재탐색해 볼 수 있는 교수·학습과정안이 마련되어야 할 것이다.

4. 자기 탐색을 위한 글쓰기 교수 방법의 유의점

글쓰기에 있어서 자기 탐색은 중요하다. 자기 탐색은 글쓰기에 있어서 당연한 과정이지만, 이에 대한 구체적인 고려 없이 글쓰기 교육이 이루어지는 경우가 많다. 교수자는 대학 글쓰기 교육을 통해 대학 신입생들이 학문공동체의 한 구성원이자 글쓰기의 한 주체로서 자신의 생각을 스스로 정립하고 글을 쓸 수 있을 것으로 기대한다. 그러나 정작 학생들이 자신의 생각을 스스로 정립하 여 주체적으로 글을 쓰고 있는지에 대한 반성적인 검토는 충분히 이루어지지 않았다.

이 글은 이러한 점을 고려하여 대학 글쓰기 교육 안에서 의도적으로 자기 탐색을 해볼 수 있도록 하는 데 주안점을 두고자 했다. 아울러 자기 탐색을 위한 글쓰기 교육의 내용을 자아성찰에세이와 같은 사적 내용이 아닌, 논증적 글쓰기와 같은 공적 내용으로 확장하고자 했다.

이 글에서 제안한 자기 탐색을 위한 글쓰기 교수·학습과정안의 핵심은 자기의 생각에 대한 재탐색을 통해, 자기 생각의 근원을 성찰해 보는 데 있다. 이를 위해, 깊이 있는 탐구 없이 타인의 시각으로 현상을 바라보던 것에서 벗어나 사회의 한 구성원으로서 자신만의 입장을 견지할 수 있는 태도를 익힐 수 있는 활동이나 수업 보조 자료 등을 각 차시별로 제시해 보았다. 또한 그동안 대학 글쓰기 교육과정에서 일반적으로 이루어졌던 피드백 과정 역시, 자기 탐색이라는 틀 안에서 설명하고자 했다. 이러한 일련의 과정을 종합하여, 본문에서는 '자기 탐색을 위한 글쓰기 교수·학습과정안'을 총 여덟 차시로 제시해 보았다.

다만, 각 대학의 글쓰기 관련 교과목 시수 등이 서로 다르기 때문에, 이 글에서 제안한 자기 탐색을 위한 글쓰기 교수·학습과정안을 그대로 적용하는 데 어려움이 있으리라 본다. 따라서 이 글에서 제안한 총 여덟 차시의 자기 탐색을 위한 글쓰기 교수·학습과정안은 대학의 상황에 따라 충분히 변형 가능하다. 이 글은 자기 탐색을 위한 글쓰기 교수법을 소개하기 위한 목적에서 기술된 만큼 여덟 차시에 걸쳐 독립된 글쓰기 교수·학습과정안을 제시하였으나, 대학의 시수와 교육 내용에 따라 단계적으로 나눠 적용해 볼 수 있다. 즉, 도입 단계에 해당하는 1~2차시의 내용은 글쓰기 관련 교육과정의 초반부에서 다루고, 전개 단계의 내용은 여러 장르의 글쓰기를 수행하는 과정 중에 적용해 볼 수 있다. 그리고 정리 단계에 해당하는 내용은 각 글쓰기 피드백 실습 과정에서 적용해 볼 수 있으며, 수업 중이 아닌 수업 이후의 학생 활동으로 대체하여 활용해 볼 수도 있을 것이다.

이러한 적용의 성공 가능성은 '자기 탐색'이 결국 글쓰기를 하기 위한 기본 전제임을 교수자와 학습자 모두가 충분히 인식하는 것에서부터 출발한다. 글쓰기에 있어서 자기 탐색이란 자신의 생각이 결국은 내가 속한 사회와 여러 환경의 영향하에서 형성된 것임을 인정하고, 이렇게 형성된 자신의 생각이 과연 옳은 것인지를 스스로 되묻는 것에서부터 시작한다. 이를 위해서 글쓰기 교육 현장에서 교수자들은 학생들이 평가받기에 유리할 것으로 판단되는 생각만을 글로 표현해 내지 않고, 사회 현상이나 자신의 생각을 깊이 있게 성찰하여 탐색할 수 있도록 하는 활동 등을 수업 시간에 마련하는 전략이 필요하다.

그동안 자기 탐색을 위한 글쓰기 활동으로 가장 대표적인 것은 자아성찰에세이를 쓰도록 하는 것이었다. 이러한 자아성찰에세이 쓰기는 가장 직접적으로 자기 자신을 성찰하고 탐색하는 활동임에는 분명하다. 그런데 자칫 자아성찰에세이와 같이 '나'를 소재로 한 글쓰기 활동에서만 자기 자신을 되돌아보는 것으로 한정하여 글쓰기 교육이 이루어지는 것은 지양해야 할 것이다. 대학생들이 학문공동체에서 써야 할 글들은 다양한 텍스트에 대한 자신의 생각을 반영해야 할 글들이 많다. 따라서 이러한 자신의 생각을 요구하는 모든 글쓰기 활동에서 학생들은 스스로 자기의 생각을 탐색해 보면서, 자기 생각의 타당성을 살펴볼 수 있는 훈련이 자연스럽게 이루어져야 한다. 이를 통해 학생들은 자신을 둘러싼 다양한 공동체와의 진정한 '소통과 대화'를 할 수 있게 될 것이며, 더 나아가 올바른 가치관을 형성할 수 있을 것이다. 또한 그동안 대학 글쓰기 교육의 주요한 목표로 언급되어 왔던 사고력 증진이라는 측면을 고려할 때에 자기 탐색은 사고력 증진을 위한 주요한 전략이 될 수 있는 것이다.

그런 측면에서 이 글에서는 자기 탐색을 위한 글쓰기 교수 방법으로서 자아성찰에세이 쓰기를 사례로 들지 않고, 토론을 통한 논증적 에세이 쓰기를 사례로 제시하고자 했다. 그런데 이는 글쓰기 수업 중 극히 일부분에 해당하는 것으로, 논증적 에세이가 아닌 다른 장르의 글쓰기에서도 자기 탐색을 위한 글쓰기 교수 방법을 응용하여 적용해야 할 것이다. 즉, 서평이나 학술 논문 쓰기의 경우에도 텍스트를 비판적으로 읽어가면서 "나는 이 텍스트의 내용에 대해 어떻게 생각하고, 그 이유는 무엇인가?"와 같은 질문을 비롯하여 "다른 사람은 이 텍스트에 대해 어떻게 생각하고, 그 이유는 무엇인가?"와 같은 질문에 이르기까지 자기 탐색의 과정을 거쳐야 한다. 그리고 학생들이 이러한 과정을 직접 해볼 수 있도록 교수자는 학생들에게 자기와 타인의 생각을 탐색해 볼 수 있는 활동지를 고안하여 제공해 주는 것이 필요하다.

아울러, 교수자 스스로도 학생들이 글쓰기의 내용을 구상할 때에 자신의 주체적인 의견보다 평가자인 교수자의 시각을 의식하도록 수업 분위기를 형성하고 있는 것은 아닌지에 대해 반성해야 할 것이다. 학생들이 자기 내면의 생각을 깊이 탐색해 볼 겨를도 없이 교수자의 권위에 짓눌려 지레 교수자의 생각에 자신의 생각을 맞추고 있는 것은 아닌지 교수자 스스로의 자기반성도 함께 이루어져야 하는 것이다. 이를 통해 학생들이 어떠한 글을 쓰든지 간에 스스럼없이 자기 생각을 표출할 수 있도록 하되, 자기 생각의 근원을 깊이 있게 탐색해 보도록 유도하는 자기 탐색적 글쓰기 교육이 글쓰기 교육과정 안에 자연스럽게 정착될 수 있기를 기대해 본다.

참고문헌

EBS 다큐(2013), 「EBS 다큐프라임-EBS Docuprime 인간의 두 얼굴 제2부 사소한 것의 기적_#001」(동영상), https://www.youtube.com/watch?v=65msXWsLHjw (검색일: 2019. 10. 31.)

강신주 외(2014), 『나는 누구인가』, 21세기북스.

권채린(2017), 「'자기 성찰적 글쓰기'의 논증적 가능성 탐색을 위한 시론」, 『우리어문 연구』 57, 우리어문학회, 409~483쪽.

김영희(2010), 「'자기 탐색' 글쓰기의 효과와 의의」, 『작문연구』 11, 한국작문학회, 45~109쪽.

김영희(2015), 「'내면아이(inner child)' 개념을 활용한 자기 상실 애도의 글쓰기」, 『문 학치료연구』 36, 한국문학치료학회, 197~251쪽.

김주현(2016), 「왜 성찰적 글쓰기인가?: 2016 이화 에크리 기행문 수상작을 중심으로」, 『수사학』 27, 한국수사학회, 141~176쪽.

김태웅(2018), 「'자아성찰 글쓰기'를 통해 본 대학교양교육의 목적과 의미」, 『국제어 문』 76, 국제어문학회, 431~458쪽.

김현정(2017), 「대화주의적 관점에서의 동료 피드백을 활용한 글쓰기 수정 방법과 의의」, 『인문사회과학연구』 18(1), 부경대학교 인문사회과학연구소, 547~575쪽.

나은미(2009), 「대학 글쓰기 교육에서 자서전과 자기소개서 쓰기 연계 교육 방안」, 『화법연구』 14, 한국화법학회, 115~141쪽.

박성준(2018), 「인문지리학 기반 '다중 매체 읽기'를 통한 자기 성찰적 글쓰기의 교수 학습 방안 연구」, 『한국문예창작』 17(2), 한국문예창작학회, 73~103쪽.

박호관(2014), 「자아 성찰적 글쓰기의 교육 내용과 교수·학습 사례 분석」, 『우리말글』 63, 우리말글학회, 69~101쪽.

신형기 외(2003), 『글쓰기』, 연세대학교 출판부.

오태호(2012), 「자기 성찰적 글쓰기의 이론과 실제: 경희대 '글쓰기 1' 교재 『나를 위한 글쓰기』와 수업 사례를 중심으로」, 『우리어문연구』 43, 우리어문학회,

65~99쪽.

장만식(2016), 「자기치유적 글쓰기로써의 자기소개서 쓰기 사례 연구」, 『한국청소년 상담학회지』 1(1), 한국청소년상담학회, 119~138쪽.

정연희(2013), 「교양교육으로서의 대학 글쓰기 교육에서 자기 성찰적 글쓰기의 의미: 공감과 치유의 효과를 중심으로」, 『어문논집』 69, 민족어문학회, 59~84쪽.

체인지 그라운드(2018), 「나는 누구이고, 무엇을 원하는가」(동영상), https://www.youtube.com/watch?v=to-IrP6tGbE(검색일: 2019. 10. 31.)

플라톤아카데미TV(2014), 「[나는 누구인가] 자신의 주인으로 산다는 것(최진석 교수)」(동영상), https://www.youtube.com/watch?v=xqkdjSR5eIw (검색일: 2019. 10. 31.)

한래희(2014), 「자아 이미지와 서사적 정체성 개념을 활용한 자기 성찰적 글쓰기 교육 연구」, 『작문연구』 20, 한국작문학회, 335~378쪽.

홍세화(2009), 『생각의 좌표』, 한겨레출판.

平野啓一郎(2012), *Watashi toha Nanika*; 이영미 역(2015), 『나란 무엇인가』, 21세기북스.

Harvey, J. B.(1988), *The Abilene Paradox and Other Meditations on Management*; 이수옥 역(2012), 『생각대로 일하지 않는 사람들: 애빌린 패러독스』, 엘도라도.

McComiskey, B.(2000), *Teaching Composition as a Social Process*; 김미란 역(2012), 『사회 과정 중심 글쓰기: 작문교육 패러다임의 전환』, 경진출판.

취업 목적 장르의 정체성과 자기소개서 및 면접 교육의 설계[※]

나은미

1. 취업 목적 장르의 통합 필요성

이 글은 취업 목적 장르의 정체성에 대해 논의하고 대학에서 취업 목적 장르의 교육 방법을 탐색하기 위한 것이다. 취업이 대학평가의 중요한 지표가 되고, 청년실업이 장기화되는 상황에서 자기소개서 쓰기 및 면접 능력에 대한 대학 당국 및 학생의 요구가 날로 높아가는 상황이다.[1] 이러한 요구는 자기소개서 쓰기 교육의 필요성으로 이어졌고, 실용글쓰기 교육의 핵심 유형으로 자리하고 있는 상황이다.[2] 또한 관련 연구도 활발하게 진행되어 왔다.[3] 한편 취업에서

※ 이 글은 『리터러시 연구』 9권 2호(2018.5, 한국리터러시학회 창간호)에 실린 논문임을 밝혀 둔다.

1) 대기업 합격 취업자들을 대상으로 합격요인을 분석한 변대호(2012)에 따르면 합격 요인으로 자신감 24%, 표현력 10.6%, 자기소개서 9.6%, 면접 예행연습과 실무경험이 5.7%로 자기소개서 와 면접을 합하면 20%가 넘는다. 이는 자기소개서 및 면접이 합격에 중요한 영향 요인임을 보여준다.

2) 자기소개서 쓰기에 대한 교육은 대학에서 쓰기 체제로 전환되기 이전에도 명시적으로는 아니더 라도 암묵적으로 이루어져 왔다.

면접의 비중과 중요성이 강조되면서 면접 교육에 대한 요구도 커진 상황이다.4)

지금까지 자기소개서는 작문 영역에서, 면접은 화법 영역에서 따로 연구되어 왔다. 이러한 접근은 산출 결과로서 텍스트의 특성을 고려한 것으로 보인다. 전자에 대한 연구는 다양한 관점에서 다양한 연구가 상당한 정도로 축적된 상태이다. 학생 필자가 자기 자신을 쓰기 내용으로 하는 쓰기는 교육 대상의 측면에서 볼 때 대학생을 대상으로 하는 유형과 고등학생을 대상으로 하는 유형으로 나눌 수 있다. 면접 역시 교육 대상의 측면에서 대학 입시를 목적으로 한 입시 면접과 직업을 얻기 위한 취업 면접으로 나눌 있다5)

'입시 목적', '취업 목적'이라는 수식 표현을 통해서 알 수 있듯이 자기소개서와 면접은 모두 구체적인 목적, 즉 필요에 의해 생겨난 쓰기 및 말하기 유형을 지칭한 것임을 알 수 있다. 그런 점에서 취업 목적의 자기소개서와 면접은 '취업'이라는 구체적인 공통 목적을 가지고 있다. 글쓰기와 말하기로 텍스트의 구현은 다르지만 목적 측면에서 볼 때 자기소개서와 면접은 하나의 부류로 볼 수 있는 것이다.

이 글에서는 이러한 점에 착안하여 자기소개서와 면접의 장르 정체성과 통합 교육의 필요성에 대해 논의하고 구체적인 수업 방안을 제안한다.

---

3) 자기소개서류에 대한 선행연구는 신호철·임옥규(2017)를 참고할 수 있다. 이 글에서는 자기소개서에 쓰인 용어를 토대로 자기류, 자아류, 자(서)전류로 분류하여 연구의 흐름을 일목요연하게 정리하고 있다.

4) 블라인드 채용이 전면 시행되면 면접의 중요성은 더욱 커질 것이다. 블라인드 채용이란 "채용과정(서류·필기·면접)에서 편견이 개입되어 불합리한 차별을 야기할 수 있는 출신지, 가족관계, 학력, 외모 등의 항목을 걸러내고 지원자의 실력(직무능력)을 평가하여 인재를 채용하는 방식"을 말한다. 정부는 블라인드 채용의 목적을 '차별적인 평가요소를 제거'하고, '직무능력을 중심으로 평가'하기 위한 것이라고 밝히고 있다(관계부터 합동, 2017년 7월, 공공기관 블라인드 채용 가이드라인).

5) 자기소개서에 비해 면접 지도에 대한 연구는 소략하다. 특히 표현에 초점을 둔 연구는 나은미(2012), 장재훈·부기철(2016) 정도를 찾을 수 있을 정도이다. 다만 면접의 경우 면접에 영향을 주는 요인에 대한 연구는 다수 보인다. 전지현·김재윤(2005)은 인사담당자와 지원자들이 중요하게 여기는 요인을 분석한 것이고, 진서현(2014)은 면접에서 입사 성공 요인을 분석한 것이고, 김정아(2010)는 모의면접이 진로신념이나 진로태도에 미치는 영향을 분석한 것이다.

2. 취업 목적 장르의 정체성과 교육의 방향

2.1. 취업 목적 장르의 특성과 통합·연계 교육

취업 목적 자기소개서를 보는 관점은 성찰 및 표현, 설득, 자기 탐색과 설득의 결합 장르로 보는 견해가 보인다. 자기소개서가 성찰, 자기서사, 자기형성 과정으로서 글쓰기를 포함해야 한다는 견해는 박순원(2012)을 들 수 있다. 그는 자기형성 과정으로서 글쓰기를 "자기 자신을 갱신하고 성장시켜 새로운 나를 형성하는 과정으로 인식하는 것"이라고 하면서 "있는 그대로의 자신을 표현하는 글쓰기를 넘어서서 자신의 변화를 꾀할 수 있는 글쓰기 방식"이라고 보고 있다. 한편 신정숙(2015: 83)은 "내용적 측면에서 자기 탐색적 성격을 띠고 있을지라도 근본적으로 글쓴이가 인사담당자에게 자신이 지원하는 회사·직무에 가장 적합한 인재라는 사실을 설득하기 위한 논증형식에 기반하고 있기 때문에 논증방식(주장+논거제시)에 기반해야 한다."고 보았다. 한편 나은미(2009)는 자서전과 취업 목적 자기소개서의 연계 방안을 제안한 것이다.

성찰 목적의 담화와 취업 목적의 담화는 학습자 자신이 내용 생성의 원천이라는 점 때문에 늘 함께 논의 되어 왔다. 문제는 의사소통 목적이 무엇인지에 따라 선별 정보와 담화의 구성 전략이 달라진다는 점이다. 이는 의사소통 목적과 담화의 방식이 밀접하게 연관되어 있기 때문이다.[6] 실제로 성찰 목적의 텍스트와 취업 목적의 텍스트는 "쓸 대상의 측면에서 공유되지만 텍스트 지식과 텍스트 문법 지식 측면에서 상이하다"(나은미, 2011: 189). 그러므로 교육의 주안점을 논의하기 전에 취업 목적 자기소개서와 면접 담화가 어떤 의사소통 상황 속에서 발생한 것인지, 즉 특정 장르가 형성된 과정과 그 작용 과정을 면밀하게 들여다 볼 필요가 있는 것이다.

---

6) 소개서는 누구에게 어떤 목적으로 소개하는지가 내용 구성의 중요한 기준이 된다. 성별이 다르다 해도 동년배에게 친구로 사귀기 위해 소개하는 경우와 여자와 남자의 관계로 발전하기를 희망하는 소개팅에서 소개하는 경우는 정보 내용과 소개 방법이 다를 것이다.

장르란 한 사회의 특정 상황에 대한 반복적인 담화 범주(conventional category of discourse)를 말한다(Miller, 1984: 163). 즉 장르는 특정한 상황의 반복적 수행과 담화 범주의 상호작용인 것이다. 우리가 일반적으로 장르의 텍스트 측면인 어떤 글의 유형이라고 인식하는 것들은 이러한 상호작용이 한 사회에서 전형적인 의사소통의 방식이 되었다는 것을 의미한다. 전형은 반복의 산물이기 때문이다.

장르를 의사소통 사건의 세트(set)로 보는 Swales(1990: 58)는 특정 장르가 유지되는 이유를 의사소통의 효율성으로 설명한다. 의사소통의 과정에서 담화 구성원들이 공유한 의사소통 목적에 대한 인식이 담화에 대한 스키마 구조를 형성하고 이 스키마가 담화의 내용(content)과 문체(style)를 선택하거나 또는 선택하지 못하도록 제약으로 작용한다는 것이다.

즉, 장르는 특정 의사소통 목적의 반복적 수행과 연관된 것이며, 이러한 반복적 수행과 연관된 특정 담화가 구성원들 사이에 인식되고, 이러한 인식이 관습의 근거가 된다. 그래서 담화의 내용과 형식에 대한 선택과 배열은 개인의 자율적 의지라기보다 사회적 선택과 제약이 된다.

작문 교육 분야에서 자주 볼 수 있는 '학문 목적 글쓰기', '성찰 목적 글쓰기', '취업 목적 글쓰기' 등과 같은 표현은 이러한 의사소통 목적과 텍스트 유형의 형성 관계를 잘 보여준다. 이는 학문을 하는 데 또는 성찰을 하는 데에 효과적인 담화방식이 존재하며, 이러한 담화 방식에 대한 인식이 담화공동체 화자들 사이에 공유된 스키마로 작동된다는 것을 의미한다.

그러므로 의사소통의 목적 측면에서 볼 때 자기소개서와 면접은 하나의 장르로 볼 수 있다. 글과 말의 효과적인 담화 방식이 다르다는 점에 착안하여 따로 논의되어 왔지만 의사소통 목적을 고려한다면 따로 논의하는 것보다 전체 채용 과정 속에 연계된 하나의 담화방식으로 보는 것이 효과적이다. 실제로 채용과정에서 이력서, 자기소개서, 면접은 담화내용의 측면에서 볼 때 상호 보완적인 관계에 있다.[7] 이러한 관계를 인식하지 못한 지원자는 면접에서도 자기소개서

---

7) 매사추세츠 주의 인사담당자 대상 인터뷰 결과로 만든 Massachusetts Resume Guide(2005)에 의하면 "효과적인 이력서는 인사담당자가 지원자의 자질과 능력을 한 눈에 알아보기 쉽게 강조

에 쓴 내용을 반복하여 말하곤 한다. 특히 최근의 자기소개서가 질문형식으로 이루어지다보니 면접을 자기소개서의 내용을 말로 하는 것이라고 생각하는 학생들이 의외로 많다.

한편 자기소개서와 면접은 각각 글과 말로 구현되지만 언어적 작용의 측면에서 보면 자기소개서에 구어적 특성이 있고, 면접에서도 문어적 특성이 있다는 것을 알 수 있다. 예컨대 최근의 자기소개서의 항목은 질문과 응답 형식으로 되어 있어 구어의 대화쌍과 같은 성격을 보이며, 면접의 경우 구어의 특성인 즉시성이 강하지만 미리 예상 질문을 만들고 준비한다는 점은 문어의 특성인 완결성을 지향한다. 이러한 점을 고려한다면 취업 목적 장르를 하나의 복합장르로 규정하고 이력서, 자기소개서, 면접 등을 각각의 하위 텍스트로 보는 것이 효과적일 것이다.8)

2.2. 취업 목적 장르의 텍스트 유형과 교육 초점

교육의 초점을 논의하기 전에 먼저 취업 목적 자기소개서와 면접의 장르 정체성에 대해 논의해야 한다.9) 우리가 최종 결과물로 구현하고자 하는 자기소개 텍스트와 면접 담화와 같은 유형은 특정한 의사소통 목적을 달성하는 데 최적화된 방식과 연관된 것으로 한 사회에서 장르로 인식된 것이기 때문이다. 즉, 텍스트는 장르 작용에 관여하는 요소로 "발신자의 의도에 따라 규정된

한 것으로써 인터뷰를 유도한 것"이라고 하였다. 이러한 가이드는 기업이 이력서와 자기소개서를 상호 보완적인 텍스트로 보고 있음을 잘 보여준다.

8) 이력서, 자기소개서, 면접은 각각의 하위 장르가 완결성을 추구하면서도 내용 생성의 근원이 지원 대상자라는 점에서 한 작가가 같은 주제나 인물로 작품을 잇달아 지은 연작소설과 유사한 면이 있다.

9) 중등교육과정에서 글의 유형은 목적에 따라 정보전달, 설득, 사회적 상호작용, 자기 성찰, 학습으로 분류하고 있다. 선행연구에서 글의 유형에 대해 언급한 성찰이나 설득은 이러한 분류에 근거했을 확률이 높다. 그런데 실제로 우리가 접하는 많은 텍스트들은 구분이 명료하지 않을 뿐 아니라 위의 분류 어디에도 소속시키기 어려운 경우가 많다. 예를 들어 제품 사용설명서는 정보전달 유형인가? 노래 텍스트는 정보전달 유형인가? 나에 대해 쓴 것은 모두 표현 텍스트인가? 그렇다면 자기소개서는 표현 텍스트인가?

것으로 한 텍스트가 수신자에게 주는 교시"라고 할 수 있다. 교시란 "수신자에게 발신자가 발신을 원하는 이해의 양식에 대해 알려 주는 것"을 의미한다 (Heinemann & Viehweger, 1991; 백설자 역, 2001: 181 재인용).[10]

이러한 텍스트의 기능은 "일정한, 규약적으로 타당한, 곧 의사소통 공동체에서 구속력 있게 규정된 수단들을 이용하여 텍스트에 표현된 생산자의 '의사소통 의도'"라고 할 수 있다(Brinker, 1985; 이성만 역, 2004: 129). 다시 말하자면 수용자에게 텍스트는 생산자가 무엇을 하고자 하는 것인지, 예컨대 제보를 위한 것인지, 호소를 위한 것인지를 수용자가 파악할 수 있게 해 주는 생산자의 지침(교시)인 것이다(Brinker, 1985; 이성만 역, 2004: 129).

텍스트의 유형화를 기능의 관점에서 분류한 그로세(Heinemann & Viehweger, 1991; 백설자 역, 2001: 181 재인용)의 분류에 의하면 자기소개서와 면접은 요구 중심 텍스트로 분류할 수 있다. 취업 목적의 이력서, 자기소개서, 면접은 발신자인 채용자가 수신자인 지원자에게 자신들이 원하는 역량을 가진 사람인지를 알아내기 위한 정보를 요구하는 질문을 하고 지원자가 그 요구에 부응하는 방식으로 답변을 구성하는 특성을 갖는다.

즉, 취업 목적 자기소개서와 면접은 지원자가 자유롭게 표현하고 싶은 정보를 표현하는 것이 아니라 지원자가 채용하고 싶은 사람인지를 판단하기 위한 정보를 채용자가 요구하는 형식인 것이다. 학생 지원자들이 이러한 점을 놓칠 경우 자기 자신이 표현하고 싶은 자신의 모습을 서술하는 데 그칠 수 있다. 그러므로 자기소개서의 항목은 단순한 항목이 아니라 정보를 요구하는 표지이며, 면접의 질문 역시 채용자의 의도된 정보를 요구하는 표지임을 이해해야 한다.

---

10) 나은미(2009: 121)에서는 취업 목적 자기소개서가 '기업이 원하는 인재'임을 설득해야 하지만 주장이 명시적으로 드러나지 않는다는 점에서 광고의 설득전략과 유사한 측면이 있음을 언급한 바 있다. 또한 자신에 대한 정보를 쓰기 대상으로 하지만 '취업 목적'과 '성찰 목적'으로 쓰기 목적이 다르며, 이러한 장르 지식의 다름이 텍스트 구성 및 언어 표현의 다른 전략으로 이어져야 함을 주장한 바 있다(나은미, 2011: 189~190).

(1) 그로세의 텍스트 기능에 따른 텍스트의 유형

텍스트 부류	텍스트 기능	보기
규범 텍스트	규범 기능	법령, 정관, 위임장, 인증된 출생신고서와 혼인신고서
친교 텍스트	친교 기능	축하서한, 애도서한
집단표시적 텍스트	집단표시 기능	집단노래(예, 프랑스 국가)
문학 텍스트	문학적 기능	시, 소설, 희극
자기표현중심 텍스트	자기표현 기능	일기, 전기, 자서전, 문학적 일기
요구중심 텍스트	요구 기능	상품광고, 정당의 계획, 언론 논평, 청원서, 신청서
중간부류 텍스트	두 가지 기능	가령 요구기능과 정보전달 기능을 지닌 텍스트
사실정보중심 텍스트	정보전달 기능	뉴스, 일기예보, 학술텍스트

한편 Heinemann & Viehweger(1991)는 텍스트의 유형이 하나의 층위에서 정해지기보다 기능에서 출발하여 다양한 계층적 층위에서 분화되고 융합된다고 본다.

(2) 하이네만과 피이베거의 텍스트 분화 과정

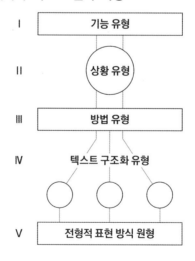

텍스트의 유형에 관여되는 가장 상위 요소는 텍스트의 기능이다. 텍스트의

기능 유형은 의사소통으로 달성하고자 하는 것, 즉 목적이 무엇인지와 연관된 것이다. 예컨대 심리적 부담에서 벗어나게 하는 '자기 자신의 상태 표현하기', 파트너와 교류를 시작하거나 유지하게 하는 '교류하기', 파트너의 정보를 알아내거나 파트너에게 정보를 전할 수 있는 '정보 교환하기', 파트너로 하여금 어떤 일을 하게 할 수 있는 '조정하기'와 같은 것이다.

상황 유형이란 상황에 따른 텍스트 분화를 말하는 것으로, 의사소통 상호작용자의 사회적 역할이 대등한지 대등하지 않은지, 의사소통 참여자가 개인 사이인지, 집단과 집단 사이인지, 개인과 집단 사이인지 등을 말한다. 이러한 점은 텍스트 생산에 매우 중요한 영향을 끼친다. 예컨대 교류하기의 경우도 동등한 사이인 학생과 학생이 상호 정보를 교환하는 방식과 교수와 학생이 교류하는 방식은 매우 다르다. 텍스트의 발신자와 수신자의 수, 즉, 의사소통 참여자의 수도 텍스트 유형에 미치는 상황요소이다.

또한 상호작용 파트너가 공간과 시간을 점유하는지도 텍스트의 유형화에 영향을 미친다. 특히 시간과 공간은 구어와 문어를 가르는 중요한 요소이다. 예컨대 공간과 시간을 점유하는 대면 의사소통은 전형적인 구어의 의사소통이며, 문어(글말)의 경우 시간과 공간을 공유하지 않는 특징을 보인다.[11]

방법이란 어떤 상황에서 목적을 효과적으로 해결하기 위한 행위자의 행동 방식을 말한다. 예컨대 취업 목적 자기소개서의 경우 자신이 지원하는 회사에 적합한 인물임을 입증하기 위해 '경험'을 근거로 사용한다거나, 자신을 채용해 달라고 마지막에 '호소하는 전략'을 쓴다거나 하는 방법을 들 수 있다.

텍스트의 전략적 방법은 텍스트 구조화 유형을 결정하는 토대가 된다. 편지글의 경우 안부 인사(또는 날씨 인사)와 감사말의 마무리 구조와 같은 것이다. 그리고 이런 구조화 유형 안에서 표현 방식이 선택된다. 표현 전략은 문장 구조, 어휘뿐 아니라 단락을 구성하고 주제를 효과적으로 표현하기 위한 어조, 문체

---

11) 하지만 모든 의사소통 상황을 구어와 문어의 상황으로 구분할 수 있는 것은 아니다. 예컨대 전화로 메모를 하는 상황은 시간은 공유하되 공간은 공유하지 않는 상황이다. 한편 최근 댓글 형식의 글쓰기, SNS 글쓰기 등 인터넷 공간에서의 글쓰기는 시간과 공간에 대한 다양한 공유 형식을 띠는 매우 복잡한 양상을 보인다.

등 광범위한 영역에서 진행된다. 그래서 구조가 동일하더라도 표현 방식이 달라지므로 세상에 동일한 텍스트는 존재할 수 없다.

취업 목적 자기소개서와 면접은 채용자의 질문과 이에 응답하는 구조로 이루어진 다면적 구조의 특성을 보인다. 즉 채용자는 질문으로 정보를 요구하고 있으며, 응답자는 이에 대해 대답을 하는 방식으로 자신이 채용자의 요구조건에 부합하는 인물임을 입증하는 담화 방식인 것이다. 그래서 취업 목적 장르는 요구의 의도를 분석하는 과정과 자신이 요구조건에 부합하는 사람임을 입증하는 과정이 결합된 다층적이며 복합적인 장르라고 할 수 있다. 다층적이라는 것은 자기소개서와 면접이 질문과 응답의 서로 다른 층위가 하나의 텍스트를 이룬다는 것을 의미하며, 복합적이라는 것은 이력서, 자기소개서, 면접 내용이 상호 보완적 관계를 이룬다는 것을 의미한다.

이러한 취업 목적 장르를 다층적 분화과정으로 정리해 보면 다음과 같다.

(3) 자기소개서와 면접의 장르 분화과정

항목＼유형	자기소개서	면접
기능	질문(요구)에 응답(정보 제공)하기	질문(요구)에 응답(정보 제공)하기
상황	지원자와 지원처가 동등하지 않음	면접자와 면접관이 동등하지 않음
방법	경험 및 직무 지식 중심	경험 및 직무 지식 중심이되, 자기소개서 연계 및 보완
텍스트 구조화	글로 질문에 응답. 분량 중요	말로 질문에 응답, 제한 시간 중요
전형적 표현방식	핵심 내용과 경험을 통한 상세 서술	핵심 내용 먼저, 근거나 이유 제시

취업 목적 장르의 주요 기능은 채용자의 정보 제공 요구에 응답하는 것이며, 상황은 지원자와 채용자가 동등하지 않은 관계이다. 또한 최근에는 특정한 직무에 필요한 제한된 인원을 채용하는 경우가 많으므로 자기소개서에 기술하는 방법은 특정 직무에 지원하는 경우에는 해당 직무 경험을 중심으로 기술하는 것이 좋다. 인턴이나 아르바이트도 특정한 직무와 연관된 것을 중심으로 기술하

고, 그렇지 않을 경우 연관성이 잘 드러나도록 기술할 필요가 있다.

또한 학업 경험과 여행, 봉사, 아르바이트 등의 경험도 해당 직무와 연관성을 포착하여 기술하는 것이 좋다. 예컨대 한 곳에서 오랫동안 아르바이트를 한 경험을 통해 한번 맺은 인연을 오래 유지하는 것이 자신의 가치관임을 입증하는 사례로 쓸 수도 있고, 업종을 불문하고 다양한 분야에서 아르바이트를 한 경험을 다양한 업종의 사람들을 만나보기 위한 것으로 서술할 수 있다. 즉 어떤 능력과 가치관을 입증하는 사례가 존재한다기보다 그 경험을 지원자가 어떻게 보았는가가 중요한 문제라는 것을 의미한다.

텍스트 구조화 전략은 자기기소개서와 면접 모두 지원자의 경험을 효과적으로 입증할 수 있는 방식이 필요하다. 다만 면접에서는 자기소개서의 경험을 반복하여 말하지 않도록 해야 한다. 면접관들은 이미 자기소개서를 읽은 상태이니 내용을 연계할 경우 보완하는 선에 그치는 것이 좋다.

기업이 지원자의 과거 경험을 묻는 이유는 그 경험 속에서 지원자의 행동 패턴을 발견할 수 있다고 보기 때문이다. 그리고 과거의 행동 패턴을 통해 미래의 행동도 예측할 수 있다고 본다(DeLuca, 2002; 하영목 역, 2006: 135). 그래서 단순히 경험을 서술하는 데 그치기보다 해당 경험에서 문제를 해결하기 위해 지원자가 구체적으로 어떤 행동을 취했는지, 그 경험을 통해 배운 것이 무엇인지가 명시적으로 드러나게 기술하는 것이 좋다.

그러므로 자기소개서와 면접 교육이 효과적으로 이루어지기 위해서는 취업 목적 장르에 대한 이러한 장르적 특성에 대한 이해를 전제로 실습 교육이 이루어질 필요가 있다.

3. 자기소개서와 면접의 통합·연계 교육 방법

위에서도 언급했듯이 취업 목적 장르는 취업과 채용이라는 동일한 상황 맥락 속에서 발생한 복합장르라고 볼 수 있다. 예컨대 글말로 구현되는 자기소개서와 입말로 구현되는 면접은 상황과 방법의 차이로 텍스트의 구조 유형이 분화된 것이다.[12] 그러므로 자기소개서와 면접 교육이 따로 따로 진행되기보다 유기적인 통합 구조 속에서 진행될 때 효과를 극대화할 수 있다.

다음은 필자가 한 한기 동안 진행하는 통합 교육 방식의 흐름이다.[13]

(4) 취업 목적 장르의 수업 흐름

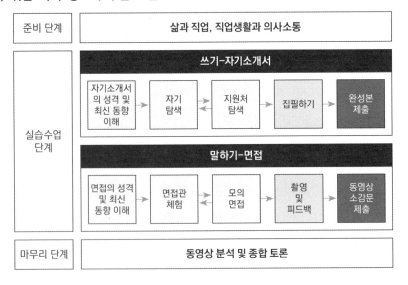

이 수업은 크게 준비 단계, 실습 수업 단계, 마무리 단계로 이루어진다. 실습 전 준비 단계는 삶과 직업, 의사소통과 직업에 대한 이해를 목표로 한다. 직업이

---

12) 필자는 나은미(2009)에서부터 자서전과 취업 목적 자기소개서의 연계 교육을 제안한 바 있다. 저학년에서 자기 탐색과 진로 결정을 위한 자서전 쓰기를 수행하고, 탐색 후 저학년 기간 동안 진로와 연관된 과목들을 수강하거나 자격증을 준비한 후, 3~4학년 때 취업 목적 자기소개서를 쓸 것을 제안한 것이다.

13) 필자 역시 2007년 강좌를 개설(비즈니스 글쓰기, 2013년 취업전략 글쓰기로 명칭 변경)한 초기에는 자기소개서 쓰기에 초점을 두었다. 그런데 수강 후 설문조사에서 면접을 함께 다루었으면 하는 학습자의 요구가 있었다. 현실적인 어려움(수강생 수와 면접 실습의 어려움 등)이 여전히 상존하기는 하지만 2009년부터 면접 내용을 포함하였으며, 2016년부터 〈취업전략과 자기표현〉으로 교과목 명칭을 변경하여 운영하고 있다. 수강 인원은 30명 이내로 하고 있으며, 수강 대상은 실질적인 취업을 준비하는 3~4학년이다. 2학년의 경우 면담을 한 후 수강 여부를 결정하고, 1학년의 경우는 수강을 허용하지 않는다.

삶의 질에 미치는 영향은 매우 큰데, 수명의 연장으로 직업 활동 기간이 점점 길어지는 점을 고려하면 그 영향력은 더욱 커질 것이다. 그럼에도 불구하고 실질적인 직업 탐색과 교육의 기회가 거의 없다. 개인의 차이는 있지만 직업을 통해 자아를 실현하며, 사회적 인정을 얻고, 생계의 재원을 확보한다. 그러므로 현대사회에서 직업이 어떤 의미인지, 나의 가치와 부합하는 직업이 무엇인지 고민하는 기회를 반드시 가져야 한다.

이러한 탐색 과정은 원하는 직업은 선택하는 것이 현실적으로 쉬운 일이 아니라고 하더라도 쉽게 포기해서는 안 될 중요한 일이다. "직업선호도는 개인이 추구하는 가치와 밀접한 관련성을 지니며 직업 결정에 중요한 요인이 되기 때문이다."(Johnson & Elder, 2002; 박연복, 2017: 4 재인용) 특히 생애 첫 직업은 이후 경력의 출발점이 되며, 직장은 바뀌어도 직무는 잘 바뀌지 않는다는 점을 고려하면 첫 직장은 매우 중요하다. 그러므로 취업 목적 장르의 담화 구현에 대한 교육에 앞서 삶과 직업의 관계, 가치관과 직업의 관계 등에 대해 탐색하는 기회를 가질 필요가 있다.

생애주기로 볼 때 대학생 시기는 청년기이다. 청년기는 "꿈을 형성하고 성인 생활을 위한 인생구조를 설계하고 준비하는 시기"(Levinson)이고, "자기에 대한 자유로운 탐색기"(Allport)이며, "정체감 위기의 시기"(Erikson)이다(김애순, 2010: 43 재인용). 즉 이 시기는 부모에게 의존적인 학령기에서 독립적인 자아로서 삶을 영위하는 성인기로 이행하는 시기이다. 그래서 이 시기에 삶에 대한 성찰과 탐색을 적절하게 수행하지 못하면 건강한 성인기로 이해하는 데 어려움을 겪을 수 있다.

특히 직업에 대한 탐색은 이 시기에 겪어야 할 가장 중요한 요소 중 하나이다. 직업 탐색 과정에서 청년들은 막연하게 꿈꾸어 왔던 이상과 자신을 둘러싼 환경 및 능력 사이에서 좌절하기도 하고 고립감이나 생의 무가치함을 느끼기도 한다. 하지만 직업에 대한 고민과 갈등의 시간, 자신의 꿈과 환경 및 능력을 탐색하고 조율의 시간을 가진 사람들이 그렇지 않은 사람들보다 건강한 성인의 삶을 영위한다는 연구 결과는 청년기의 갈등과 좌절이 무가치한 일이 아님을 잘 보여준다.14)

자기소개서와 면접 수업은 이론과 실습으로 이루어진다. 이론은 채용의 전 과정에서 이력서, 자기소개서, 면접의 역할이 무엇인지, 최근 자기소개서와 면접이 비중이 증가하고 있는 이유는 무엇인지 등을 포함한다. 채용절차와 각각의 서류가 갖는 의미를 인지하는 것은 구체적인 쓰기와 말하기 훈련에 앞서 반드시 짚고 가야 할 내용들이다.[15]

자기소개서에 대한 강의 단계 및 구조는 다음과 같다.

(5) 자기소개서 수업의 구조 및 단계

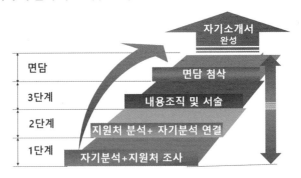

---

14) Marcia(1966,1980)는 청년기에 직업에 대한 확고한 신념, 종교적 이념, 정치적 가치관, 성적 지향 등에 대해 어느 정도 정체성을 발달시키고 있는지를 위기(crisis)와 관여(commitment)의 차원에서 조사하였다. 그 결과 위기와 관여의 과정을 모두 겪은 사람들이 그렇지 않은 사람들보다 건강하고 안정적인 삶을 영위하는 것으로 나타났다. 위기란 "직업 선택이나 가치관 등의 문제로 고민하고 갈등하고 방황하면서 진지하게 자기탐색을 하고 있는 경우"를 말하고, 관여란 "직업 선택, 가치, 이념 등에 대한 방향이나 우선순위가 비교적 확고하게 설정되어 있고, 실제로 그것을 성취하는 데 필요한 활동을 적극적으로 하고 있는 경우"를 말한다(김애순, 2010: 54~56). 그런데 이 두 과정을 모두 겪은 사람들은 "야망이 높고 스트레스가 심환 상황에서도 지적 수행 수준이 높았으며, 부정적 평가에도 자존심이 덜 상하고 권위적인 가치에 덜 복종적"이었다. 반면 위기의 과정을 겪지 않은 사람들은 "권위주의적 가치를 중요시 여겼고 자신에 대한 부정적 평가에 심적인 타격이 컸으며 스트레스 상황에서는 지적 과제의 수행이 저조하였고 실패에 대해 비현실적인 태도를 보였다."고 한다. 이러한 연구 결과는 청년기의 직업에 대한 탐색과 자신을 둘러싼 환경과 능력에 대해 고민하고 조정하는 기회가 필요함을 잘 보여준다.

15) 이 과정에서 필자는 대학 본부의 취업지원팀과 연계한 수업을 진행한다. 최신의 취업 정보는 자기 탐색과 지원처 조사 과정에서 전략적으로 활용되어야 한다. 취업 지원팀은 직업 및 진로 상담사가 상근하고 있으며, 각종 채용 정보를 관리하고 있기 때문에 필요한 정보를 얻을 수 있다. 각 대학은 대체로 취업을 지원하는 행정팀을 운영하고 있으므로 이러한 기관과 연계하거나 지원을 받는 것이 어렵지 않을 것이다.

자기소개서는 쓰기 전 단계로 자기탐색과 지원처 조사를 한다. 자기 탐색은 가장 큰 범주에서는 학생 자신이 가장 중시하는 가치관, 즉 어떤 사람으로 살고 싶은지를 탐색하기 위한 방법으로 '묘비명' 쓰기를 활용한다. 묘비명 쓰기를 통해 학생들은 자신의 가치관을 발견할 수 있다. 즉 자신이 어떤 사람으로 살았는지는 결국 어떤 사람으로 살고 싶은지를 발견하는 과정이 된다. 이 묘비명은 자기소개서의 집필 과정에서 전체 제목을 잡는 데 활용된다. 한편 하고 싶은 일에서 노력하면 할 수 있는 일, 지금의 환경과 능력 조건에서 할 수 있는 일의 순서로 범위를 좁혀가면서 취업이 가능한 지원처를 찾는 방법도 병행한다.16)

지원처 탐색은 NCS(국가직무능력표준, National Competency Standards)홈페이지를 기본으로 참고하되 각종 취업 포탈사이트 등도 활용한다. NCS는 "산업 현장에서 직무를 수행하기 위해 요구되는 지식, 기술, 소양 등을 내용을 국가가 산업부문별, 수준별로 체계화한 것으로, 산업 현장의 직무를 성공적으로 수행하기 위해 필요한 능력(지식, 기술, 태도)을 국가적 차원에서 표준화한 것"이다 (www.ncs.go.kr).

자기소개서를 집필하기 전에 지원하고자 하는 직무에 필요한 능력이 무엇인지 확인해야 하는데, 직무 단위 능력을 확인하기 위해서는 지원하고자 하는 직무에 대한 직무 기술서를 활용할 수 있다. 직무란 "직책이나 직업상에서 책임을 지고 담당하는 일"을 말한다. NCS에서는 표준화된 직무기술서를 제공하고 있는데, 각 직무에 필요한 능력 및 태도, 자격증 등을 명시하고 있어, 자기소개서 집필 전에 반드시 확인해야 한다.17)

---

16) 4학년의 경우는 지원하고자 하는 회사가 몇 개로 좁혀져 있으며, 최소한 지원하고 싶은 업종 정도는 정해져 있다. 하지만 2학년과 3학년들의 경우는 노력하면 할 수 있는 일을 탐색하는 과정을 통해 취업 준비에 대한 자극을 받기도 한다.

17) 현재 NCS에서는 총 474개의 직무기술서를 제공하고 있다. 다만, 이 사이트에서는 구체적인 경험 정보를 알기는 어려우므로 따로 구직사이트나 취업포털 사이트 등을 이용하면 취업에 성공한 경험자들의 정보를 구할 수 있다.

(6) NCS의 직무기술서 샘플

NCS 기반 채용 직무기술서
-전략 및 기획(조사·정책연구)-

채용 분야	분류체계		대분류	중분류	소분류	세분류
			02. 경영회계사무	01. 기획사무	03. 마케팅	03. 통계조사
			04. 교육·자연·사회과학	03. 직업교육	01. 직업교육	02. 기업교육
						03. 직무분석

능력 단위	(통계조사) 06.자료분석 (기업교육) 03.교육과정 개발 (직무분석) 01.직무분석 목적 설정 04.직무분석 자료 수집 08. 직무분석 결과 정리
직무수행 내용	(통계조사) R&D인력과 관련된 조사목적에 따라 과학적이고 체계적인 조사계획, 자료 수집, 통계분석을 통해 조직의 의사결정을 할 수 있도록 정보를 제공하는 일이다. (기업교육: 과학기술인력교육) 국가과학기술 관련 공공기관이 추구하는 목적과 비전에 적합한 인재를 개발하기 위하여, 인재상과 인재개발 전략에 의거하여 교육기획, 교육과정의 개발과 운영, 교육성과의 측정과 평가, 교육 사후관리 등을 수행하는 일이다. (직무분석) 직무의 내용을 체계적으로 밝히는 활동으로, 조직에서의 인력 운용에 있어 채용, 배치, 직무전환, 승진, 평가, 보상, 교육훈련, 경력개발 등 인적자원관리 및 개발에 활용하기 위하여 각 직무와 관련된 기초적이고 구체적인 정보를 수집, 분석하여 해당 직무에서 수행하는 과업, 책무, 지식, 기술 태도 등을 도출하고 분석한 직무정보를 조직 내에 공유하는 일이다. *직무수행내용은 NCS상의 능력단위 정의를 참고하되 기관 특성에 맞게 수정하였습니다.
필요지식	정부의 과학기술인력 정책 이해, 경영환경분석, 유관기관의 인력개발 현황 이해, HRD/ HRM과 관련한 지식, 정부의 중장기 과학기술정책 이해, 조사방법론, 과학기술 분야 지식, 과학기술정책 *필요지식은 NCS상의 내용을 참고하되 기관 특성에 맞게 수정하였습니다.
필요기술	기획력, 논리적 표현력, 기획보고서작성, 정략·정석분석 방법 기술, 문제해결능력, 경영분석 *필요기술은 NCS상의 내용을 참고하되 기관 특성에 맞게 수정하였습니다.
직무수행 태도	분석적 사고, 성취지향성, 책임감, 적응성/융통성, 종합적 사고, 전략적 사고
직업 기초능력	문제해결능력, 의시소통능력, 대인관계능력, 자원관리, 수리능력
관련 자격증	사회조사분석사 1급, 사회조사분석사 2급, 연구개발관리사
참고 사이트	NCS 홈페이지: http://www.ncs.go.kr 국가과학기술인력개발원 홈페이지: http://www.kird.re.kr

자기 탐색과 지원처 조사가 이루어진 후에는 지원처의 질문을 분석하여 요구되는 능력과 부합할 만한 적절한 경험과 연결하는 과정이 필요하다. 일반적인 글쓰기와 달리 주제는 '질문 항목'으로 정해져 있기 때문에 어떤 경험이 어떤 질문 항목에 어울리는지 발견하고 글로 연결하는 것이 중요하다.[18] 문제는 질문의 의도가 무엇인지 명시적으로 보이지 않는 질문이 많다는 것이다. 그래서 실제 질문 내용보다도 질문의 의도가 무엇인지 탐색하는 것이 더 중요하다. 면접의 경우도 마찬가지이다. 예컨대 다음과 같은 질문은 질문의 내용이 다소 다르게 보이지만 지원동기를 묻는 질문에 해당한다(최윤정·김세준, 2009: 106~119).

(7) 지원동기를 묻는 질문의 유형들

- 우리 회사가 당신을 뽑아야 하는 이유 세 가지를 써 보시오.
- 이 일을 할 때 필요한 가장 중요한 자질이 무엇이라고 생각합니까? 본인이 그러한 자질을 갖추었는지 구체적으로 설명해 보시오.
- 다른 회사에 동시에 합격한다면 어떻게 하시겠습니까?
- 당신의 강점이 우리 회사를 성장시키는 데 어떤 기여를 할 수 있다고 생각합니까?

조직하기 단계에서는 자신이 어떤 사람으로 보일 것인지를 결정하고 그러한 사람으로 보일 수 있는 내용을 선별한다. 이는 일반적인 쓰기 과정에서 논지를 세우는 것과 유사하다. 자기소개서는 항목마다 질문으로 구성되어 있지만 그러한 구성 내용이 유기적 관계를 이루면서 ○○○이라는 사람의 자기소개서를 이루는 것이다. 그러므로 하나의 항목에 기술된 모습과 다른 항목에 기술된

---

18) 지원처 조사를 한 후 필요한 것을 탐색하게 하는 방법보다 자기 탐색이 먼저 이루어지고, 후에 지원처에 필요한 정보를 선별하는 방법이 좋다. 전자의 방법을 쓸 다른 지원처를 대상으로 자기소개서를 작성할 경우 다시 탐색 과정을 거쳐야 하기 때문이다. 더 근본적인 문제는 전자를 선택할 경우 제한된 자신을 탐색할 가능성이 높다. 취업을 위한 탐색이라기보다 자기 탐색 후 자신의 가치관과 준비 정도에 적합한 지원처를 탐색할 것을 권장한다.

모습이 모순될 경우 거짓이라고 판단할 확률이 높다.[19] 학생들이 이러한 점을 인식하게 함으로써 거짓 진술이나 부분적 조작 진술을 미연에 방지할 수 있다. 이 과정에서 전체 제목과 소제목 붙이기를 활용할 수 있다. 소제목으로 항목의 핵심을 표현하고, 전체 제목으로 항목 간의 유기적 관계를 확보하면서 글의 전체 논지, 즉 자신이 보이고 싶은 모습을 그릴 수 있도록 표현하는 것이다.

초고 쓰기 단계에서는 구체적인 항목별로 단락을 구성한다. 단락을 구성할 때는 STAR기법을 활용할 수 있다. S는 상황(Situation), T는 해결 과제(Task), A는 행동 또는 태도(Action or Attitude), R은 결과(Result)를 의미한다.[20] 즉 경험을 서술할 때 그러한 경험이 어떤 상황에서 일어났는지, 그리고 그때 해결해야 할 과제, 즉 문제는 무엇인지, 자신이 취한 구체적인 행동이나 태도는 무엇인지, 그 결과는 어떠했는지 등을 서술하는 방법이다. 주의해야 할 점은 자기소개서가 질문에 응답하는 구조이기 때문에 바로 STAR구조로 들어가지 말고, 질문에 대답을 하는 형식으로 핵심 내용을 적은 후에 STAR로 상술하는 것이 좋다.

고쳐 쓰기 단계에서는 내용 측면에서 일관성 있는지, 즉 글을 읽고 어떤 사람인지가 떠오르는지를 점검한다. 이때 점검은 스스로 하는 것보다 학생 동료와 교수의 피드백을 받는 것이 좋다. 필자는 유사한 직종뿐 아니라 다른 직종의 지원자들이 번갈아 가며 읽고, 자기소개서에 기술된 인물이 어떤 사람으로 보이는지 의견을 듣는 과정을 포함한다.

마지막으로 다 쓴 후에는 형식을 다시 검토한다. 요구하는 형식과 분량에 맞는지 반드시 검토한다. 인사담당자들과 취업준비생이 중요하다고 생각하는 항목을 조사한 전지현·김재윤(2005: 181)의 조사에 따르면 '정확한 철자, 간결한 문장, 과장 없는 진술 항목에 대해 인사담당자들이 취업준비생들보다 중요하다

---

19) 자기소개서의 비중이 높고, 쓰기 힘들기 때문에 좋은 자기소개서를 짜깁기하여 제출하는 경우가 있는데 이런 경우 하나의 자기소개서 속에 서로 모순된 정체성이 보이게 된다. 물론 기업의 인사 담당자들은 이러한 사실을 충분히 인지하고 있기 때문에 통과되기 어려울 것이다.

20) 이 기법은 NCS에서도 권장하는 기법이다. 사실 NCS 권장 이전에서 경험을 서술하는 방법으로 유통되고 있던 것인데, 이는 중요사건 기술법이라고 한다(DeLuca, 2002; 하영목 역, 2006: 135). 자세한 내용은 박상진·황규태(2000)를 참고할 수 있다.

고 생각한 것으로 나타났다.[21] 즉, 형식을 단순한 형식이 아니라 기본이라고 인식하고 있음을 잘 보여준다.

면접 수업의 구조 및 단계는 다음과 같다.

(8) 면접 수업의 구조 및 단계

- **면접 질문 및 질문 의도 작성**(면접자 자기소개서 참조)
  ◦ 직무지식 질문(동일 전공자), 상황질문, 과거 행위 질문 등

- **면접관 체험**
  ◦ 면접관의 눈으로 면접자 관찰하기 체험

- **면접자 체험**
  ◦ 1:1 면접, 다른 면접자 관련하도록 함

- **동영상 촬영 및 분석**
  ◦ 주어진 형식에 동영상을 분석하고 소감을 씀

면접실습은 면접관 체험과 면접자 체험으로 이루어진다. 학생들은 면접관 체험을 먼저 한 후, 면접자 체험을 한다. 한편 면접관 체험에 앞서 모든 수강생은 질문을 스스로 만들고 그 질문을 한 이유(의도)를 함께 쓰도록 한다. 질문의 유형은 과거 경험을 통해 능력을 판단할 수 있는 질문, 특정한 상황에서 어떤 행동을 할 것인지를 묻는 질문, 직무 지식을 알아보기 위한 질문 등 질문의 유형을 다양하게 구성하고 있다. 전공이 유사한 학생들은 직무 지식 질문을, 전공이 다른 학생들은 과거 행위 질문이나 상황 질문을 작성하도록 조를 편성한다. 직무 지식 질문은 해당 전공 이외의 학생들은 질문을 만들기도 어려울 뿐

---

21) 면접의 경우도 '분명한 의견 제시, 자연스러운 억양, 중요한 낱말의 강조 등의 항목에서 인사담당자들이 취업준비생보다 중요하다고 여기는 것으로 조사되었다(전지현·김재윤, 2005: 181).

아니라 응답 내용이 효과적인지도 알기 어렵기 때문에 전공 안배를 적절하게 하는 것이 중요하다.

(9) 중요사건 기술법의 유형(박상진·황규태 2000:95)

면접 유형	사례
과거행위 질문	• 당신의 과거 직무경험에 근거하여 동료를 돕기 위해 취한 행동 중 가장 중요한 행동은 무엇입니까? • 당신이 아주 효과적인 판매 프레젠테이션을 개발한 구체적인 예를 제시하시오.
상황적 질문	• 당신보다 작업 경험이 많은 동료가 개선된 작업과정 표준에 불만을 제기하면서 그대로 하지 않는다면 당신은 어떻게 하겠습니까? • 당신이 판매 프레젠테이션을 하는 과정에서 전혀 모르는 기술적인 질문을 받았다면 어떻게 대처하겠습니까?
직무지식 질문	• 당신이 안전요원들을 데리고 브레인스토밍을 주관한다면 어떤 단계를 밟아야 할지 말해보시오. • 텔레비전 광고 캠페인을 개발할 때 어떤 요소들이 고려되어야 하는지 말해보시오.

면접관 체험 전에 면접관들은 자신에게 배정된 학생이 제출한 자기소개서를 미리 읽고 미진하거나 의심쩍은 부분, 보완이 필요한 부분 등을 토대로 질문을 작성한다. 학생들은 면접관의 입장이 되어 직무와 연관된 질문을 미리 생각해 볼 수 있으며, 면접의 태도와 질문에 답변하는 방법 등에 대해서도 생각할 기회를 가진다.

모의 면접 과정은 모두 촬영되고, 면접 후 면접관이 면접 내용을 평가하는 시간을 갖는다. 면접관의 질문 의도가 무엇이었는지, 면접자는 면접관의 질문 의도를 파악했는지 등을 검토하고, 잘한 점 부족한 점 등을 수업 중에 평가한다. 또한 면접자는 면접 과정에서 어려운 점이 무엇이었는지, 생각했던 것과 어떤 점이 다른지 등을 자유롭게 이야기한다. 한편 면접자들은 자신의 면접 상황을 촬영한 동영상을 분석하고 소감을 쓴 과제를 제출하는 것으로 한 학기를 마무리한다.

4. 취업 목적 장르의 유기적 지도 필요

경제 성장 둔화와 일자리 감소, 대학 평가에서 취업률이 평가 기준 중 하나가 되면서 대학에서 자기소개서와 면접에 대한 교육의 필요성 및 요구가 지속적으로 증대되어 왔다. 그리고 이러한 필요와 요구는 관련 표현 능력의 향상을 목적으로 한 강좌의 개설과 연구로 이어지고 있는 상황이다. 자기소개서에 대한 연구는 대학 실용 글쓰기 유형 중 가장 중요한 유형으로 자리잡아가고 있고 관련 연구도 상당한 정도로 진척된 상황이다.

이 글에서는 취업 목적 장르의 정체성을 탐구하고 구체적인 지도 방안을 제안하였다. 장르란 특정 상황에 대한 반복적인 담화 범주이기에 장르 작용에서 텍스트 및 구체적 담화 표현 방식은 결과물이자 동시에 장르 작용에 관여되는 중요한 요소이다. 그러므로 취업 목적 장르의 정체성을 규명하는 것은 지도 방안을 논의하기 전에 반드시 선결해야 할 문제이다.

의사소통 목적 측면에서 볼 때 자기소개서와 면접은 글과 말로, 표현 매체 측면에서 다른 것처럼 보이지만, 요구된 질문에 응답하는 방식이라는 점에서 유사하다. 필자는 전체 채용 과정에 연관된 복합장르로 보고, 각각을 상호 유기적이고 보완적인 하위 장르로 볼 것을 제안하였다. 또한 기능 측면에서 볼 때 채용자의 요구를 담지한 질문과 이에 응답하는 구조로 이루어진 다층적 구조임 밝히고, 이에 적절한 단계별 수업 설계를 제안하였다.

장르 정체성을 규명하고 전체 흐름을 제안하다보니 구체적인 표현전략을 깊이 있게 논의하지 못한 감이 있다. 이에 대해서는 후고를 기대하기로 한다.

참고문헌

김애순(2010), 『청년기의 갈등과 자기 이해』, 시그마플러스.

김정아(2010), 「모의면접이 진로신념과 진로태도 성숙도에 미치는 영향에 관한 연구」, 『비서·사무경영연구』 19(2), 한국비서학회, 119~135쪽.

나은미(2009), 「대학 글쓰기 교육에서 자서전과 자기소개서 쓰기 연계 교육 방안」, 『화법연구』 14, 한국화법학회, 113~139쪽.

나은미(2011), 「장르 기반 텍스트, 문법 통합 모형에 대한 연구: 취업 목적 자기소개서를 대상으로」, 『우리어문연구』 41, 우리어문학회, 167~195쪽.

나은미(2012), 「대학에서의 면접 교육의 방향 및 지도 방법」, 『화법연구』 21, 한국화법학회, 47~79쪽.

나은미(2016), 「NCS 직업기초능력으로서 의사소통능력의 검토와 대학에서 의사소통교육의 방향」, 『작문연구』 28, 한국작문학회, 93~122쪽.

박상진·황규태(2000), 「면접구조화가 면접의 신뢰성과 타당성에 미치는 영향 연구」, 『인사조직연구』 8(2), 한국인사·조직학회, 93~110쪽.

박순원(2012), 「자기 형성 과정으로서의 글쓰기 방법 연구: 자기소개서를 중심으로」, 『우리어문연구』 43, 우리어문학회, 153~175쪽.

박연복(2017), 「대학생의 취업선호도 유형 분류 및 개인 변인의 영향력 분석」, 『직업능력연구』 20(3), 한국직업능력연구소, 1~27쪽.

변대호(2012), 「대기업 취업자들의 자기소개서와 면접의 시사점」, 『직업능력개발연구』 15(2), 한국직업능력개발원.

신정숙(2015), 「취업용 자기소개서 지도방안 연구」, 『동남어문논집』 40, 동남어문학회, 83~113쪽.

신호철·임옥규(2017), 「대학 글쓰기 교육에서 '자기소개서'의 재구성 연구」, 『어문론집』 71, 293~323쪽.

장재훈·부기철(2016), 「기업의 채용 목적에 부합하는 맞춤형 취업지도 방안 연구: 취업준비생의 마음가짐, 자기소개서 작성방법, 면접 준비방법을 중심으로」,

『취업진로연구』 6(2), 45~69쪽.

전지현·김재윤(2005), 「취업 커뮤니케이션에 관한 연구」, 『비서·사무경영연구』 14(1), 한국비서학회, 169~191쪽.

진서현(2014), 「공개채용 면접과정에서 입사성공의 예측 및 결정요인에 관한 연구」, 『취업진로연구』 4(1), 63~90쪽.

최윤정·김세준(2009), 『뽑고 싶어 안달나게 하는 면접 답변법』, 북블래닛.

Miller, C.(1984), "Genre as social action", *Journal of Speech*, 70, pp. 151~167.

Swales, J.(1990), *Genre Analysis*, Cambridge University Press.

Heinemann, W., & Viehweger, D.(1991), *Textliguistik: Eine Einfuhrung*; 백설자 역(2001), 『텍스트언어학 입문』, 역락.

Brinker, K.(1985), *Linguistische Textanalyse: eine Einfuhrung in Grundbegriffe und Metho*; 이성만 역(2004), 『텍스트 언어학의 이해』, 역락.

DeLuca, M. J.(2002), *Best Answers to the 201 most frequently asked Interview Questions*; 하영목 편저(2006), 『면접의 기술, 최고의 질문 최고의 대답』, 가산출판사.

관계부터 합동(2017), 『공공기관 블라인드 채용 가이드라인』.

쓰기 지식의 과목 간 전이를 위한 수업 방법

: '글쓰기에 대한 글쓰기(Writing About Writing)' 접근법을 기반으로

이원지

1. WAW 접근법의 출현 배경 및 목표

'글쓰기에 대한 글쓰기(Writing About Writing, 이후 WAW)' 접근법[1]은 미국 대학 신입생 글쓰기 교육의 한계를 지적하면서, 그 대안으로 등장한 하나의 교육 운동이다. 대학 신입생 글쓰기 교육의 일반적인 목표는 대학 내 다양한 학술 분야에서 이루어지는 글쓰기를 수행할 수 있는 능력을 함양하는 것이다. 그래서 신입생 글쓰기 교육은 한 학기, 혹은 두 학기 동안의 수업만으로 대학에서 이루어지는 다양한 양식의 글쓰기에 학생들을 대비시켜야 하고, 더 나아가 대학에서

---

1) WAW를 소개하거나(정희모, 2015a; 이윤빈, 2014·2015a) 이를 적용한 수업모형을 설계한(김록희·정형근, 2017; 한상철, 2018) 국내 연구들은 WAW '교육법' 혹은 WAW '교수법'이라는 용어를 사용한다. 이는 WAW를 처음 주장한 Downs와 Wardle이 WAW를 "pedagogy"라고 지칭한 결과일 것이다. 하지만 2019년에 발간된 『*Next Steps: New Directions For/in Writing about Writing*』에서는 WAW를 "pedagogy(교육법)"라고 지칭하지 않고, 대신에 "approach(접근법)"로 지칭할 것이라고 밝힌다. 이 글에서도 'WAW 접근법'이라는 용어를 사용할 것인데, WAW를 하나의 접근법으로 간주하는 것이 'WAW의 교육 원리 아래 다양한 수업 방식을 설계할 수 있다'는 이 글의 주요 주장과 부합하기 때문이다.

의 글쓰기 능력이 졸업 후 직업 현장으로까지 이어질 수 있도록 지도해야 하는 책임을 안게 되었다. 이 목표는 한 맥락에서 학습한 쓰기 지식 및 기술이 다른 맥락으로 쉽게 전이(transfer)된다고 가정했을 때 실현 가능한 것처럼 보였다. 하지만 WAW 접근법은 글쓰기 수업에서 이루어진 쓰기 학습이 전공 수업, 직업 현장 등 다른 맥락에서도 그 효과를 발휘하기는 어렵다고 주장하면서 대학 신입생 글쓰기 교육의 목표가 실현 불가능한 것이라고 비판한다. 그래서 WAW 를 본격적인 하나의 교육 운동으로 이끈 Downs & Wardle(2007)은 쓰기 지식의 전이를 최대한 높이는 방안으로 '글을 쓰는 방법(how to write)'이 아니라 '글쓰기에 대해서(about writing)' 배우는 교육 방식을 제안하게 된 것이다.

대학 신입생 글쓰기 수업에서 배운 쓰기 지식 및 기술이 다른 과목으로 쉽게 전이될 것이라는 확신은 보편적/일반적 글쓰기의 존재를 전제한 것에서 비롯되었다. 모든 상황이나 맥락에서 통용되는 보편적/일반적 글쓰기가 존재한다면, 그 기술을 연마하는 것만으로 글쓰기 수업뿐만 아니라 다른 전공 수업에서도 새롭게 요구되는 글쓰기를 쉽게 수행할 수 있기 때문이다. 이에 대해 WAW 접근법은 "글쓰기는 그 글쓰기가 이루어지는 상황에 따라 다양한 양상을 띠기 때문에 모든 상황을 아우르는 보편적/일반적 글쓰기는 존재하지 않는다"고 반박하였다.

Russell(1995)은 활동 이론(Activity Theory)을 통해 보편적/일반적 글쓰기의 존재를 부정하였다. 활동 이론은 특정한 공동체 내에서 인간 행위와 관련된 다양한 요소들의 상호 관계를 파악하는 이론이다(정희모, 2015b: 182). 활동 이론에서 인간의 행위는 활동 체계(Activity System)라는 기본 단위를 통해 분석되는데, 그 활동 체계를 구성하는 요소, 즉 '주체(subject)', '목적(object)', '매개 수단/도구(tools)'의 내용에 따라 인간의 행위는 구체적이고 실제적으로 나타난다. 인간의 행위마다 그 세부 요소의 내용이 다르기 때문에 무수히 다양하게 나타나는 세부 요소의 조합 양상을 아우르는 보편적/일반적 행위는 존재할 수 없다. 오직 구체적이고 실제적인 특정한 행위만이 주체(들)과 객체, 매개 수단이 상호작용하는 하나의 활동 체계가 될 수 있다(이윤빈, 2015a: 147).

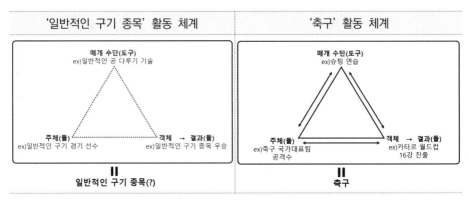

〈그림 1〉 '일반적인 구기 종목'과 '축구'의 활동 체계

〈그림 1〉[2]은 '일반적인 구기 종목'과 '축구'의 활동 체계를 보여준다. 실체가 모호한 '일반적인 구기 종목'이라는 행위는 그 세부 요소도 모호한 내용으로 구성될 수밖에 없으며, 그렇기 때문에 세 가지의 요소가 상호작용하지도 못한다. '일반적인 구기 경기 선수'(주체)가 '일반적인 구기 종목 우승'(목적)을 위해 '일반적인 공 다루기 기술'(매개 수단)을 사용한다고 한다면, 이 행위(혹은 종목)가 구체적으로 어떤 것인지 규정할 수 있는가? 이와 같은 원리로 '일반적 글쓰기'도 어떤 도구를 통해, 어떤 목적을 달성하는 행위인지 구체적으로 설명할 수 없다. 그렇기 때문에 '일반적 글쓰기'가 존재할 수 있는지, 그리고 존재한다고 해도 그것을 어떻게 가르칠 것인지에 대해 의문이 들 수 있다. 반면에 비교적 구체적이고 실제적인 행위인 '축구'의 경우, '축구 국가대표팀 공격수'(주체)가 '카타르 월드컵 16강 진출'(목적)을 위해서 '슈팅 연습'(매개 수단)을 하고 있다는 구체적인 요소가 설정될 수 있고, 이 요소들은 상호작용한다는 것도 확인할 수 있다. '글쓰기'도 어떤 도구를 사용하여 어떤 목적을 수행할 것인지를 명확하게 설정해야 의사소통적으로 유의미한 글쓰기가 될 수 있다. 글쓰기는 도구, 목적 등 상황 요소의 내용에 따라 그 양상이 달라지는 행위이기 때문이다.

---

2) 〈그림 1〉은 이윤빈(2015a: 146~147)이 Russell의 구기 종목 비유에 대해 설명한 내용을 토대로 구성되었다.

보편적/일반적 글쓰기의 모호한 존재를 증명한 Russell(1995)의 영향을 받은 Wardle(2004)은 심화된 활동 체계 모형을 통해 대학 신입생 글쓰기 교육이 마주한 한계를 설명하였다. 이 활동 체계에서는 주체(subject), 목적(object), 도구(tools)에 더하여 규칙(rules), 공동체(community), 역할 분배(division of labor) 등의 요소가 상호작용하여 행위를 이루어 낸다. "글쓰기를 학습한다는 것은 어떤 활동 체계의 특정 방식에 따른 글쓰기를 배우는 것"(정희모, 2015a: 157)이다. 그래서 글쓰기 수업의 쓰기 지식 및 기술이 다른 전공과목으로 전이될 수 없는 이유는 바로 각 상황의 활동 체계를 이루는 요소가 다르기 때문이다. 이렇게 두 맥락에서의 글쓰기 행위를 이루는 요소가 서로 같지 않을 때, 활동 이론에서는 이를 '모순'이라고 설명한다. 하나의 맥락에서 새로운 맥락으로 진입하고자 하는 필자가 이 모순을 만났을 때 해결하고자 노력한다면 새로운 담화공동체에 진입할 수 있겠지만, 이 모순을 해결하지 못하면 글쓰기 주체는 새로운 담화공동체에서 아무 쓸모없는 가짜 장르를 구사하게 될 것이다.

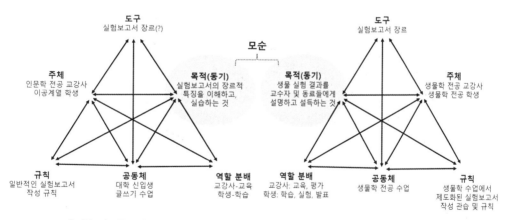

〈그림 2〉 글쓰기 수업과 생물학 전공 수업에서의 실험보고서 작성 활동 체계

〈그림 2〉[3]는 대학 신입생 글쓰기 교육에서 작성하는 실험보고서와 생물학

---

3) 정희모(2015b: 197)가 학교 교육 장르와 직업 교육 장르의 활동 체계 사이에 존재하는 모순을 설명하며 사용한 그림을 요소의 내용만 바꾸어 차용한 것이다.

수업에서 작성하는 실험보고서는 절대 같은 장르일 수 없다는 사실을 보여준다. 간단하게 말하면 두 맥락에서의 글쓰기는 당장 그 '목적'부터 다르기 때문이다. 대학 신입생 글쓰기 수업에서 작성하는 실험보고서는 "실험보고서 양식의 장르적 특징을 이해하고 실습하기 위해서" 쓰는 것이다. 하지만 생물학 수업에서 작성하는 실험보고서는 "생물 실험 결과를 교수자 및 동료들에게 설명하고 설득하기 위해서" 작성된다. 대학 신입생 글쓰기 수업에서는 실험보고서가 주의를 기울여야 하는 대상인 동시에 도구이지만, 생물학 수업에서 실험보고서는 그저 실험 결과를 전달하는 도구일 뿐이다. '실험보고서'라는 동일한 명칭의 장르라고 해도 그 장르가 사용되는 상황(도구, 목적 등)이 다르면 동일한 장르라고 할 수 없다. 따라서 학술적 글쓰기 장르의 일반적이고 가시적인 규칙만 익혀서는 제 기능을 하는 장르를 구사할 수 없는데, 상황을 벗어난 글쓰기는 의미가 없기 때문이다.

대학 신입생 글쓰기 교육을 비판하는 입장은 '글쓰기와 상황(맥락)의 밀접한 관계'에 주목하였는데, WAW 접근법은 더 나아가 상황(맥락)을 글쓰기 행위가 이루어지기 위한 필수 조건으로 간주한다. 글쓰기의 규칙, 형식, 양식, 내용 등은 그 글쓰기가 이루어지는 구체적인 상황에 따라 달라진다. 즉, 글쓰기 상황의 개수만큼 글쓰기의 유형이 존재한다. 그래서 의사소통적으로 제 기능을 하는 글쓰기를 수행하기 위해서 필자는 그 구체적인 글쓰기 상황에 직접 처해서 그 상황이 요구하는 글쓰기가 무엇인지를 파악해야 한다. 하지만 대학 신입생 글쓰기 수업 안에서는 학생들이 처하게 될 아주 다양하고 복잡한 글쓰기 환경을 모두 구현하지 못한다. 아무리 글쓰기 수업에서 특정 장르의 글쓰기 방법을 배운다고 하더라도 구체적인 글쓰기 상황을 떠난 장르는 단지 모방된 형태일 뿐이다. 장르는 "맥락-특정적(context-specific)이며, 복잡하고, 자연스럽게 발생하는 수사적 상황 및 상황적 요구(exigencies)와 분리될 수 없"(Wardle, 2009: 767)기 때문이다.

그래서 WAW 접근법은 대학 글쓰기 수업에서 다양한 글쓰기 상황을 예측할 수 없고, 또한 구현할 수도 없다는 사실을 인지하고, "어떤 수사적 상황에 처하더라도 각 상황에서 필요로 하는 글쓰기 유형을 분석해낼 수 있는 능력을 함양하는 교육 과정"을 제안한다. Downs & Wardle(2007: 576)과 Wardle(2009: 771)에서는 Perkins & Salomon(1992)[4]이 제안한, 학습의 전이를 높이는 세 가지 교육 방법을 참고하는데, 1) 원리 추출하기, 2) 자기 성찰하기(self-reflection), 3) 인식하기 (mindfulness)가 그것이다. 이 세 가지 방법을 수행하는 원리는 바로 '어떤 현상을 대상화하여 관찰하는 것'이다. 즉, 어떤 현상에서 가시적으로 나타나는 기술이나 양식만을 수동적으로 학습하는 수업보다는 그 현상을 대상화하여 관찰 및 분석함으로써 현상의 원리를 파악하는 수업이 학습의 전이를 높일 수 있다는 것이다. 이를 글쓰기 수업에 적용하면 학생들은 글을 쓰는 방법이 아닌, 글쓰기가 수행되는 원리를 학습함으로써 앞으로 새로운 글쓰기 상황을 만날 때마다 그 상황이 요구하는 글쓰기 양식, 규칙, 형식 등을 파악할 수 있는 능력을 기를 수 있다. WAW 접근법에서 학생들은 글쓰기를 "신비로운 재능(a mysterious talent)'이 아닌, 연구할 수 있는 활동(a researchable activity)"(Downs & Wardle, 2007: 559~560)으로 인식하게 될 것이다.

2. WAW 접근법 수업의 원리 및 방식

WAW 접근법 수업의 핵심 원리는 대학 신입생 글쓰기 수업에서 글쓰기 과정과 주체를 '대상화'하여 관찰하고 연구하자는 것이다. 그리고 이 원리를 구체적으로 실현하기 위해 초기 WAW 접근법은 대학 신입생 글쓰기 수업을 '글쓰기 연구에 대한 입문(Intro to Writing Studies)' 수업으로 재구성해야 한다고 제안한다. 이 수업에서 학생들은 글쓰기 연구 분야의 논문들을 기반으로 글쓰기 자체를 관찰하고 분석하며, 또한 글을 쓰는 주제도 글쓰기 과정, 주체, 수사적 환경 등과 같이 글쓰기에 관한 것만을 다룬다. 이는 '글쓰기를 기초적이고, 보편적인 기술로 보는 관점'에서 '글쓰기를 학생들에게 소개되어야 하는 지식을 담고

---

4) Perkins & Salomon(1992), "Transfer of learning", In Husen & Postlethwaite(eds.), *International encyclopedia of education*, 2, Pergamon Press.

있는 학과목으로 보는 관점'으로 변화하는 것이다(Downs & Wardle, 2007: 553). WAW 접근법이 이러한 수업방식에 기대하는 바는 두 가지이다. 먼저 상황에 밀접하게 연결된 글쓰기를 수행할 수 있다. 글쓰기 수업에서 다루는 내용이 모두 글쓰기와 관련된 것들이기 때문에 학생들은 수업 현장에서 학습한 내용을 가지고 글쓰기를 수행할 수 있다. 기존 대학 신입생 글쓰기 수업에서 흔히 다루어온 인문학적 주제들(예를 들어, '집단주의의 폭력성') 대신 글쓰기 연구 분야의 주제들(예를 들어, '필자로서 나와 글쓰기 과정')을 다룸으로써 학생들에게 요구하는 수행(읽기, 사고하기, 쓰기)과 강좌가 다루는 내용 영역의 일치를 도모하게 된 것이다(이윤빈, 2014: 458). 다음으로 글쓰기 연구 분야의 전문적 이론을 다루는 것은 특정한 상황에서의 글쓰기 연습이 아닌, '글쓰기 원리를 파악할 수 있는 기회'가 될 수 있다. Wardle(2009: 782~783)은 "학술적 장르를 쓰는 법을 배우기보다는 학술적 장르를 분석하도록 학생들을 돕는다는 목표가 전도유망"하기 때문에 WAW 수업에서는 "학생들이 마주치게 될 다양한 학과의 장르들을 위한 가교(bridge)"를 제시해야 한다고 주장한 바 있다. 그 "가교(bridge)"는 바로 학생들 스스로 글쓰기 원리를 추출해낼 수 있는 능력을 의미한다.

WAW 접근법의 교육 방향 및 기본 원리를 정립한 연구인 Downs & Wardle(2007)과 실제 WAW 수업에서 사용하기 위해[5] Wardle & Downs(2014)가 출판한 교재 『*Writing about Writing*』[6]의 목차를 통해 WAW 접근법이 제안하는 수업의 요소 및 방식을 자세히 살펴볼 수 있다. WAW의 초기 수업모형은 아래 〈그림 3〉[7]과 같이 세 가지 요소로 이루어져 있다.

---

5) Downs는 Utah 대학교와 Utah Valley 주립 대학의 두 번째 학기 작문 수업에서 약 25,000명을 대상으로 글쓰기에 대한 글쓰기(Writing about Writing) 강의를 시행하였고, Wardle은 Dayto 대학교에서 유사한 커리큘럼을 시행하였다(Downs & Wardle, 2007: 551).

6) 이 교재는 개정판이며 정희모(2015a: 162~163)에서 주요 목차를 소개하고 있다. 『*Writing about Writing*』 초판은 2011년에 발행되었다.

7) Downs & Wardle(2007)과 Wardle & Downs(2014)의 내용을 토대로 작성한 것이다.

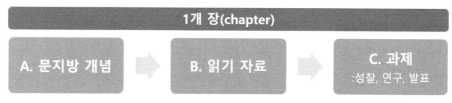

〈그림 3〉 WAW 수업의 세 가지 요소 및 구성

〈그림 3〉은 WAW 초기 수업모형을 이루는 세 가지 요소의 관계를 보여준다. 도입부를 제외하고 총 5개 장으로 이루어진 WAW 교재 『*Writing about Writing*』은 각 장마다 문지방 개념, 이에 따른 읽기 자료, 그리고 세 가지 유형의 과제(성찰, 연구, 발표)를 포함한다. 먼저 각 장마다 그 장에서 습득해야 하는 글쓰기 원리, 즉 문지방 개념(threshold concepts)이 제시되고[8] 그 문지방 개념과 관련이 있는 읽기 자료가 수록되어 있다. 그 다음에는 학생들이 해당 장에서 제시한 읽기 자료를 토대로(혹은 해당 읽기자료가 제시하는 분석 틀을 사용하여) 수행할 수 있는 세 가지 유형의 과제들을 제시한다.

먼저 문지방 개념(threshold concepts)이란 어떤 분야에 진입했을 때 그 분야를 이해하기 위해 획득해야만 하는 필수 개념이나 내용들을 말한다(정희모, 2015a: 164). 새로운 전공 분야에 진입하여 그에 맞는 글쓰기를 고민할 때, 바로 글쓰기 이론들이 문지방 개념의 역할을 할 수 있을 것이다. WAW 교재 『*Writing about Writing*』(2014)은 각 장에서 문지방 개념을 하나씩 제시한다. 예를 들어, 이 교재의 2장 〈공동체 속의 개인〉에서는 "글쓰기는 활동을 매개한다. 다시 말해 글쓰기는 특정한 무언가를 완성하고, 어떤 행위가 가능하도록 만든다."라는 문지방

---

8) Wardle & Downs(2014)에서 제시하는 각 장의 문지방 개념은 다음과 같다. 1장(문식성들): 글쓰기에서는 이전의 문식적 경험, 즉 과거의 읽기, 쓰기 경험을 통해 현재의 읽기, 쓰기를 구성한다. 2장(공동체 속의 개인): 글쓰기는 활동을 매개한다. 다시 말해 글쓰기는 특정한 무언가를 완성하고, 어떤 행위가 가능하도록 만든다. 3장(수사학): 학생들에게 주요한 수사적 개념을 소개하는 것, 즉 좋은 글쓰기는 상황, 독자, 목적과 연동되어 있다. 4장(과정): 글쓰기는 지식 생산 과정으로 지식을 계속 획득하도록 하며, 과정을 반복하도록 한다. 글쓰기는 완성체가 될 수 없다. 5장(다중모드): 글쓰기는 본질적으로 기술적이다. 글쓰기는 인위적인 도구를 포함한다(정희모, 2015a: 164~165 재인용).

개념을 제시하고 있다. 글쓰기 과정에서 추출된 원리인 문지방 개념은 다른 학과목 글쓰기를 수행하기 위한 도구가 될 수 있다.

다음으로 읽기 자료(readings)는 글쓰기, 수사학, 글쓰기 이론에 관한 논문들로 WAW 교재에는 약 60편이 수록되어 있다(정희모, 2015a: 166). 이 논문들이 제시하는 개념이나 이론은 학생들로 하여금 전공 글쓰기나 직업 영역의 글쓰기에 진입했을 때 적용 과정을 도와주는 문지방으로서 기능한다. Downs & Wardle(2007: 560)은 교수자 혹은 교실 상황에 따라 다양한 읽기 자료 묶음을 사용할 수 있지만, 읽기 자료를 선정할 때 두 가지 조건을 고려해야 한다고 주장한다. 먼저 학생들이 쓰기 과정에서 쉽게 경험할 수 있는 문제를 다루는 자료, 다음으로 이론적인 자료보다 구체적이고 실증적인 자료가 유용하다는 것이다. 예를 들어, WAW 교재의 2장 〈공동체 속의 개인: 텍스트는 어떻게 활동을 매개하는가?〉에서는 Swales의 '담화공동체의 개념', McCarthy의 '딴 세계의 이방인: 간학문적 글쓰기 속의 대학생', Kain & Wardle의 '활동 이론: 글쓰기 교실을 위한 소개' 등의 글쓰기 이론 논문을 제시한다.

마지막 WAW 수업의 요소로는 성찰, 연구, 발표 등 세 가지 유형의 과제가 있다. 성찰 과제(reflective assignments)는 제시된 읽기 자료가 제시하는 글쓰기 관련 개념이나 이론을 바탕으로 자신의 글쓰기 과정을 회상하고 관찰하는 과제이다. 읽기 자료를 참고하여 자신의 텍스트, 글쓰기 경험, 과정 등을 성찰하거나 분석한다. 그리고 연구 과제(research assignments)에는 설문 조사, 인터뷰, 쓰기 과정에 대한 관찰, 텍스트에 관한 담화 분석 등이 포함된다(정희모, 2015a: 167). 학생들은 이 과제를 통해 글쓰기 연구 분야가 관심을 가지는 이슈에 대해 직접 연구를 수행하는데, 연구라는 것이 단순히 사실을 편집하는(엮는) 것이 아니라 지식을 생성하는 것이라는 점을 배우게 될 것이다(Downs & Wardle, 2007: 562). 마지막으로 발표 과제(presentation assignments)는 두 가지 과제를 통해 얻은 결과를 다른 사람들에게 공유하고, 평가를 받는 과정이다. Downs & Wardle(2007: 563)은 글쓰기를 단지 종이에 원고를 작성하는 것으로 여기는 학생들의 생각을 바꿔야 한다고 주장하면서, 작성된 원고를 바탕으로 구두 발표를 하거나 학생들 간 워크숍을 진행하는 것은 더 유의미한 아이디어를 생성하는 데에 도움이 될 것이라고 강조한다.

하지만 현재의 대학 신입생 글쓰기 교육을 글쓰기 연구에 대한 입문 수업으로 전환하는 것은 그 필요성과 실현 가능성이 모두 낮다. 방대한 양의 읽기자료를 선정하고 소화하는 일, 그리고 글쓰기 연구 분야의 전문적인 이론을 교수·학습하는 것은 교수자와 학생 모두에게 큰 부담이 되기 때문이다. 하지만 보편적/일반적 글쓰기의 존재에 의문을 제기하고 쓰기 지식의 전이를 높이기 위해 글쓰기 원리를 추출하는 훈련을 해야 한다는 WAW 접근법의 입장은 현재 대학 글쓰기 교육에 시사하는 바가 크다. 정희모(2015a: 169)는 우리 현실에서 WAW를 실시하기는 어렵지만, WAW가 보편적 글쓰기나 일반적 글쓰기의 존재에 대해 던지는 의심과 문제의식에 대해서는 주목할 필요가 있다고 주장한다. 이윤빈(2014: 471; 2015a: 159)도 WAW 교육 과정을 국내 FYC 교육에 곧바로 적용하는 문제에 대해서 강좌 전체 내용을 재구성해야 한다는 부담이 있고, 그 과정에서 적합한 읽기 자료를 확보하는 일도 그리 간단한 문제가 아니지만 학생들로 하여금 글쓰기에 대한 사고와 성찰을 할 수 있게 하자는 WAW의 관점을 글쓰기 강좌의 교수학습 내용에 반영할 필요가 있다고 평가하였다.

국내 대학 글쓰기 교육 현장에서 글쓰기 연구 분야의 전문적인 이론을 다루는 것의 부담을 생각하면 WAW 접근법 도입에 대한 국내 연구들의 후하지 않은 평가는 당연하다. 그런데 최근 WAW를 주장하는 연구자들은 WAW를 하나의 '교육법(pedagogy)'이 아니라 '접근법(approach)'으로 간주한다는 입장을 밝혔다. WAW 접근법을 처음으로 제안한 Wardle과 Downs를 포함한 여러 학자들은 WAW 접근법의 성과 및 진행 현황을 점검하기 위해 2019년에 『Next Steps: New Directions For/in Writing about Writing』을 출간하였다. 이 책의 서문에서는 "의도적으로 WAW '교육법(pedagogy)'이 아닌, '접근법(approach)'으로 부르고자 한다"고 선언한다. WAW가 접근법이 된다는 것은 글쓰기 자체를 하나의 대상으로 관찰하자는 WAW의 기본 원리 아래 다양한 유형의 수업모형 및 과제가 생성될 수 있다는 것, 그리고 기존 대학 신입생 글쓰기 교육의 틀을 완전히 바꾸지 않고도 필요한 부분에 WAW적 요소를 삽입할 수 있다는 것을 의미한다. 이는 WAW 접근법이 던지는 문제의식에는 동의하지만 기존 대학 신입생 글쓰기 교육의 전면적 수정을 감행할 수 없었던 국내 대학의 현실에 주어진 희소식이다. 국내 글쓰기 교육 현실이 겪고 있는 여러 모순을 해결하기 위한 대안으로 WAW를 자유로운 방식으로 차용할 수 있는 가능성이 열린 것이다.

WAW의 기본적인 원리, 즉 글쓰기 과정이나 글쓰기 주체를 대상화하여 관찰하는 것은 다양한 학과(맥락)에서의 글쓰기를 준비시켜야 하는 국내 대학 신입생 글쓰기 교육의 고민을 덜어줄 수 있다. WAW 접근법의 원리와 목표를 실현하면서도 국내 대학에 현실적으로 적용할 수 있는 방법을 고민한다면, 학생들이 글쓰기 수업에서 학습한 쓰기 지식 및 기술을 다른 전공 수업에서 수행하는 글쓰기에서도 사용할 수 있도록 돕는 교수·학습 방법을 설계할 수 있을 것이다.

3. 쓰기 지식의 과목 간 전이를 위한 수업모형 설계

3.1. 쓰기 지식의 과목 간 전이를 위한 수업의 목표 및 단계

이 글에서는 WAW 접근법의 목표 및 수업 원리를 접목하여 쓰기 지식의 과목 간 전이를 높이는 수업모형을 제안하고자 한다. 이 수업은 아래와 같이 세 가지 목표에 의해서 설계되었다.

목표 1	특정한 수사적 상황의 장르를 분석해보는 연습에서 그치지 않고, 어떤 수사적 상황에서든지 장르 패턴을 분석할 수 있는 능력을 함양한다.
목표 2	필자의 정체성이 실제 자아와는 다르다는 사실을 이해하고, 학술적 필자로서의 정체성, 즉 '학술적 저자성'을 인지한다.
목표 3	목표 학술 담화공동체의 장르적 특징을 분석한 다음, 이 장르적 특징을 실습함으로써 해당 수사적 상황을 최대한으로 체험한다.

첫째, 학습자는 이 수업을 통해 특정한 수사적 상황의 장르를 분석해보는

어떤 수사적 상황에서든지 장르 패턴을 분석할 수 있는 능력을 함양한다. 대학 신입생 글쓰기 교육을 글쓰기 연구에 대한 입문 수업으로 전면 수정해야 한다는 WAW 접근법의 교육 방향은 다수의 학자들에 의해 비판을 받았다. 특히 비판을 받은 지점은 '글쓰기 이론을 학습하는 것이 쓰기 지식의 전이를 얼마나 보장할 수 있는가?'였다. 글쓰기 수업 내에서 학습한 글쓰기 이론도 하나의 특정한 맥락에서 이루어진 것이기 때문에 다른 전공 수업의 맥락에서는 적용되지 않을 수도 있다는 의견인 것이다. 이에 이 글은 WAW 수업에서 학생들이 글쓰기 이론을 통해 '텍스트 및 수사적 상황을 분석할 수 있는 도구(틀)'를 습득할 수 있어야 한다고 주장한다. WAW 접근법을 접목한 국외 연구들의 수업모형을 살펴보면 WAW 교재에 수록된 읽기자료를 매주 1편 이상 활용하고 있다. 하지만 이 읽기자료의 대부분은 글쓰기의 거시적이고 추상적인 원리를 파악하는 목적을 가지고 있다. 이와 같은 자료를 통해 습득한 쓰기 지식이 다른 맥락으로 전이될 것이라고는 확신할 수 없다. 따라서 읽기자료를 선정할 때 텍스트나 수사적 상황을 분석할 수 있는 일정한 도구나 틀을 제공하는 논문을 포함하여야 한다. 예를 들어, 이윤빈(2015b: 122)에서 장르를 분석하는 데에 활용한 Johns (2008: 244)의 장르 분석 질문 목록[9]을 읽기 자료로 제시할 수 있다. 한 맥락에서 학습한 쓰기 지식을 '그대로' 다른 맥락에서 사용하기란 불가능한 일이다. 왜냐하면 글쓰기는 매우 구체적이고 실제적인 행위로서 그 글쓰기가 이루어지는 상황(맥락)에 의해 좌우되기 때문이다. 따라서 쓰기 지식의 과목 간 전이를 최대한 높이기 위해서는 어떤 글쓰기 상황을 만나든지 그 상황에서 필요한 글쓰기 유형을 분석해낼 수 있는 능력을 함양해야 한다. 장르 패턴을 분석하는 훈련이 특정한 상황에서의 단발성 연습으로 끝나지 않기 위해서는 글쓰기 논문을 통해 글쓰기 원리를 추출하고 상황을 분석하는 데에 유용한 도구를 습득해야 한다.

둘째, 학습자는 이 수업을 통해 필자의 정체성이 실제 자아와는 다르다는

---

9) Johns(2008: 244)이 제시한, prompt analysis for genre awareness를 위한 질문의 항목은 다음과 같다. 장르 명칭, 쓰기 맥락, 쓰기 목적, 독자 성격, 필자 역할, 평가 기준, 글의 내용, 자료 활용, 글의 형식, 사용 전략, 기타 요구. Johns(2008), "Genre awareness for the novice academic student: An ongoing quest", *Language Teaching*, 41(2), pp. 237~252.

사실을 이해하고, 학술적 필자로서의 정체성, 즉 '학술적 저자성'을 인지한다. '학술적 저자성'이란 학술적 글쓰기에서 "자료를 비판적으로 해석하고 자신의 관점을 전면화할 수 있는 주체"(이윤빈, 2016: 146)[10]이다. Downs & Wardle(2007: 571~573)에서 정리하고 있는 WAW 수업에 대한 학생 피드백[11]을 살펴보면 '학습자가 학술적 글쓰기의 대화적 성격을 이해하고, 학자로서의 정체성을 가지고 학술적 글쓰기에 임하는 것'이라는 점을 확인할 수 있다. '학술적 저자성'의 구축은 WAW 접근법이 강조하는 핵심 목표 가운데 하나이지만, 선행 수업모형이 쉽게 간과한 부분이기도 하다. 이 글은 여기에서 더 나아가 대학 입학 전의 필자 정체성에서 대학 입학 후 학술적 맥락에서의 필자 정체성으로 '전환'되는 과정을 학습자가 인지하고 경험해야 한다고 주장한다. 그래서 대학 입학 전 필자의 경험을 '기초적 필자의 글쓰기 경험'으로, 대학 입학 후 글쓰기 수업에서 학술적 에세이를 작성한 경험을 '학술적 필자의 글쓰기 경험'으로 규정하고, 각 경험에 대해 성찰하고 그 두 유형의 경험을 비교하는 과제 수행 단계를 설정하였다. 글쓰기의 원리를 이해하고 수사적 상황에 따라 어울리는 글쓰기를 수행하기 위해서는, 다양한 수사적 상황에서 글쓰기를 하게 될 필자로서의 자신에 대한 이해 및 성찰이 필요하다. 이 수업을 통해 학생들은 글쓰기 상황에 따라서 필자의 정체성과 목소리가 달라진다는 사실, 그리고 학술적 글쓰기란 전문 연구자들의 연구 업적을 단순 편집하여 전달하는 것이 아니라, 그 연구자들

---

10) 이윤빈(2016: 145~146)은 학생들이 필자의 관점은 포함하지 않고 자료들만을 짜깁기하여 제출하는 경향에 대해 '학술적 글'에 대한 학생들의 인식을 살핀 결과, 이들의 문제는 무성의함이 아닌 학술적 저자성(academic authorship)의 부족에 있는 것으로 판단된다고 주장하였다.

11) 첫 번째 피드백은 글쓰기에 대한 자기-인식(self-awareness)이 증가했다는 점이다. 학생들은 이 강의가 진행되는 동안 자기 자신의 글쓰기에 대해서 많이 생각했다고 진술한다. 두 번째 피드백은 읽기 기술이 향상되었다는 것인데, 특히 읽기 자료에 등장하는 자료를 하나의 정체성을 가진 저자(사람)로 인지하기 시작했다는 점이 주목할 만하다. 세 번째 피드백은 대화(conversation)로서의 연구 글쓰기에 대한 새로운 이해가 생겼다는 것이다. 이는 두 번째 피드백과 이어지는 것으로 연구 글쓰기는 단순히 그 분야에서 인정받는 사람들의 의견을 편집하는 것이 아닌, 그 사람들과 필자로서의 내가 의견을 주고받으며 지식을 생성하는 과정이라는 것을 이해하게 된 것이다. 이 강좌의 학생들은 학술적 연구자들이 어떻게 스스로 저자성(authority)을 얻고 입장을 진술하는지에 대해 경험하며, 그들의 글쓰기를 더 "저자성 있게(authentic)"으로 만들고자 노력한다(Downs & Wardle, 2007: 571~573).

의 대화에 학생 스스로도 학술적 저자로서 참여하는 것임을 이해하게 될 것이다.

셋째, 학습자는 이 수업을 통해 목표 학술 담화공동체의 장르적 특징을 분석한 다음, 이 장르적 특징을 실습함으로써 해당 수사적 상황을 최대한으로 '체험'한다. 초기 WAW 수업모형에서는 그 명칭 그대로 '글쓰기에 대한 글쓰기'만을 강조하였다. 그래서 학습자는 글쓰기 과정 및 경험, 수사적 상황 등과 같이 글쓰기 관련 주제만을 가지고 글을 썼다. 바로 이 지점, 즉 글쓰기 관련 주제만으로 글을 쓰도록 하는 수업 방식은 학생들의 흥미를 떨어뜨릴 수 있으며, '교양 필수'라는 수업 조건에서 굳이 시행할 필요성도 적다고 비판을 받았다. 신입생을 대상으로 하는 교양 필수 수업에서 글쓰기 주제만을 다루는 것은 학생들의 쓰기 동기에 부정적인 영향을 미칠 것이다. 그래서 WAW 수업의 주요 과제인 '목표 담화공동체 분석' 결과를 직접 실습하고 체험해볼 수 있는 기회가 필요하다. 목표로 하는 담화공동체의 글쓰기 규칙을 조사하는 것에서 그치지 않고 그 규칙이 구체적인 내용과 만났을 때 어떻게 작용하는지를 체험할 수 있어야 한다. 그래서 WAW 수업에서 제시하는 세 가지의 과제 유형인 '성찰', '연구', '발표'에 더하여 '실습 과제'를 추가하였다. '실습 과제'의 목적은 목표 담화공동체의 장르적 특징을 직접 실습해보는 것이다. 그리고 이 과제의 쓰기 주제는 학생이 목표로 하는 학술 분야의 이슈가 될 것이다. 이 과제를 통해 학생들은 자신이 직접 조사한 장르 규칙을 적용해보는 연습과 동시에 앞으로 자신이 진입하게 될 담화공동체의 수사적 상황을 체험하는 훈련을 하게 될 것이다. WAW 접근법에서는 직접 구체적인 수사적 상황에 처해야 제 기능을 하는 장르를 구사할 수 있다고 주장하지만, 개별 주체의 특수성을 중시하는 WAW 접근법의 교육 방향을 고려했을 때 이러한 실습 과제를 통해 구체적인 수사적 상황을 체험해보는 것도 필요하다고 판단하였다.

위의 세 가지 목표를 반영하여, 쓰기 지식의 과목 간 전이를 높이기 위한 수업모형을 설계하였다. 이 수업은 도입을 제외하고, 5단계로 설계되었다. 각 단계에서 수행하는 과제 유형 및 목표는 아래 〈표 1〉에서 확인할 수 있다.

〈표 1〉 WAW 접근법을 접목한 수업의 단계별 과제 유형 및 목표

단계	과제 유형	목표
도입	–	• 활동 이론(Activity Theory)을 통해 글쓰기와 상황(맥락)의 밀접한 관계를 이해한다. • 글쓰기 원리를 추출하는 훈련을 통해 과목 간 전이 정도를 높일 수 있다는 WAW의 목표 및 기본 원리를 이해한다.
1. 기초적 필자로서의 글쓰기 경험 성찰	[과제1/성찰] 기초적 필자의 경험 성찰 에세이	• 글쓰기 상황에 따라서 필자 정체성이 달라진다는 점을 이해한다. • 대학 입학 전에 작성한 텍스트를 분석함으로써 기초적 필자로서의 글쓰기 경험을 성찰한다.
2. 목표 학술 담화공동체 장르 분석	[과제2/연구] 목표 담화공동체 장르 분석 보고서	• 담화공동체의 개념을 이해하고, 담화공동체에 따라 장르의 형식, 규칙, 언어표현 등이 달라진다는 점을 인지한다. • 학생이 목표로 하는 학술 담화공동체의 텍스트를 분석함으로써, 그 공동체의 글쓰기 양상을 파악한다.
3. 목표 학술 담화공동체 장르 실습	[과제3/실습] 목표 담화공동체 장르에 기반한 학술적 에세이	• 학생이 목표로 하는 담화공동체 장르의 규칙에 따라서 학술적 에세이를 작성한다.
4. 학술적 필자로서의 글쓰기 경험 성찰	[과제4/성찰] 학술적 필자의 경험 성찰 에세이	• '학술적 저자성'의 개념과 학술적 글쓰기의 대화적 속성을 이해한다. • 학생이 작성한 학술적 에세이를 분석함으로써 학술적 필자로서의 글쓰기 경험을 성찰한다.
5. 두 유형의 글쓰기 경험 비교	[과제5/발표] 필자 경험 비교 PPT(파워포인트)	• 기초적 필자와 학술적 필자의 글쓰기 경험 및 텍스트를 비교함으로써 새로운 글쓰기 상황을 만났을 때의 대응 방안에 대해 논의한다.

그리고 아래의 〈표 2〉[12]는 수업 단계별로 사용되는 읽기 자료 목록을 정리한 것이다. 2~3개의 읽기 자료가 하나의 묶음으로 제시되며, 이 수업에서는 총 5묶음의 읽기 자료를 사용한다. 읽기 자료 가운데 국외 논문의 경우 번역본을 제공한다. 읽기 자료를 활용하는 순서는 다음과 같다. 먼저 학생들이 수업 전에

---

12) 읽기 자료의 자세한 출처는 [부록]에서 정리하였다.

해당되는 읽기 자료를 읽어오고, 수업에서 교수자가 그 자료에 대한 해설 강의를 한다. 이어서 읽기 자료에서 제기된 글쓰기 관련 질문에 대해 조별로 토론을 시행한다.

〈표 2〉 수업 단계별 읽기 자료 목록

자료 번호	해당 단계	자료 목록
읽기 자료①	도입	A. 정희모(2015), 〈활동 이론을 통한 직업 문식성 교육방안〉 B. 이윤빈(2015), 〈대학 글쓰기 교육에 대한 비판적 논의 및 대안적 교육 방안 검토〉 2장, 3장 3절
읽기 자료②	1. 기초적 필자로서의 글쓰기 경험 성찰	A. Ivanič(1998), 『글쓰기와 정체성』 1장(서론) '필자 정체성의 4가지 양상' 부분 B. *정희모(2015), 〈활동 이론을 통한 직업 문식성 교육방안〉 3장을 활용한 분석표(〈표 4〉)
읽기 자료③	2. 목표 학술 담화공동체 장르 분석	A. Swales(1990), 『장르 분석: 학술 및 연구 맥락에서의 영어』 2장(담화공동체의 개념) B. *Thonney(2011), 〈학술적 담화 관습 교수〉, 349~ 356쪽
읽기 자료④	3. 목표 학술 담화공동체 장르 실습	A. Swales(1990), 〈공학계열 외국인 대학원생과 그들의 서문〉 B. Carrell(1988), 〈cohesion은 coherence가 아니다〉 C. *Wikborg(1990), 〈스웨덴 학생 글쓰기에서의 응집성 단절 유형: 단락 나누기의 오류〉, 134쪽
읽기 자료⑤	4. 학술적 필자로서의 글쓰기 경험 성찰	A. Ivanič(1998), 『글쓰기와 정체성』 4장(학술적 글쓰기에서 정체성의 문제)
	5. 두 유형의 글쓰기 경험 비교	B. *정희모(2015), 〈활동 이론을 통한 직업 문식성 교육방안〉 3장을 활용한 분석표(〈표 4〉)

※ 표시는 텍스트 분석틀만 발췌하여 살펴보는 자료이다.

이 글에서 사용하는 읽기 자료는 다음과 같은 특징을 가진다. 첫째, 각 단계에서 사용하는 읽기 자료가 서로 관련이 있고 순환한다. 문식성(1장), 수사학(3장), 다중모드 글쓰기(5장) 등과 같이 글쓰기 관련 주제인데, 단원별로 관련 읽기 자료를 수록하였다. 하지만 이러한 구성은 한 단원에서 읽은 자료가 다음 단원의 자료와 직접적으로 연결되지 않으며, 수업 전체에서 다루는 읽기 자료가 하나의 흐름을 구성하지 않는다. 이를 보완하기 위해 이 글에서는 수업의 핵심 주제인 "상황에 따라 글쓰기 양상이 달라지기 때문에 필자는 자신이 처한 상황의 글쓰기 원리를 분석해내서 글을 써야 한다."는 개념을 수업 내에서 단계적으로 이해할 수 있도록 읽기 자료를 구성하였다. 예를 들어, 도입 단계에서 읽은 '활동 이론', 'WAW의 교육 방향' 등과 관련된 자료는 1단계의 '필자 정체성', 2단계의 '담화공동체' 개념과 연결된다. 둘째, 이 수업에서 선정한 읽기자료는 텍스트를 분석할 수 있는 분석틀이나 도구를 제시하는 연구를 포함한다. 이에 대해서는 이 수업의 목표를 밝히는 부분에서 설명한 바 있다. 이 수업은 장르를 분석해보는 단발성 연습이 아니라 앞으로 다양한 수사적 상황을 분석하는 데에 사용할 수 있는 도구 습득에 중점을 두었다. 그래서 Thonney(2011)의 학술적 글쓰기가 취하는 여섯 가지 조건, Swales(1990)가 제시한 연구 논문 초록의 네 단계, 그리고 Wikborg(1990)에서 보여주는 글의 흐름이 깨지는 유형 등과 같이 텍스트 분석 도구 혹은 기준을 제공하는 논문을 다수 포함하였다.

3.2. 쓰기 지식의 과목 간 전이를 위한 과제 및 수업 구성

〈표 1〉의 단계 구성과 〈표 2〉의 단계별 읽기 자료를 반영한 실제 수업 모형은 〈표 3〉과 같다. 이 수업은 WAW 초기 수업모형과 같이 글쓰기 연구 주제에 따라 구성되지 않았다. 기존 대학 신입생 글쓰기 교육 과정의 일반적인 구성을 유지하되, 글쓰기 경험 성찰 및 비교, 목표 담화공동체 장르 분석, 글쓰기에 필요한 쓰기 지식 학습 등과 같은 'WAW적 활동'을 포함하였다.

〈표 3〉 WAW 접근법을 접목한 수업의 주차별 구성

단계	주차	수업 내용 (*학): 학생 활동	수업 전 준비 사항	과제 (성찰, 연구, 발표, 실습) 다음 주차 수업 전까지 제출
도입	1	• 수업 목표 및 방식 안내를 위한 이론 강의 (WAW 개요, 활동 이론) • 〈읽기 자료①〉 해설 강의		

단계	주차	수업 내용 (*학): 학생 활동	수업 전 준비 사항	과제 (성찰, 연구, 발표, 실습) 다음 주차 수업 전까지 제출

1	2	• [과제1]을 위한 이론 강의(필자 정체성)
		• 〈읽기 자료②-A〉 해설 강의
		  (*학)〈읽기 자료②-A〉 토론하기
		• 〈읽기 자료②-B〉를 활용한 텍스트 분석표 설명
		  하기(〈표 4〉)
		  (*학)대학 입학 전 작성 텍스트 분석하기
			• 〈읽기 자료②-A〉
			  읽어오기
			• 대학 입학 전 글
			  쓰기 활동 결과
			  물 5편 가져오기
				[과제1/성찰]
				기초적 필자 경험
				성찰 에세이

2	3	• [과제2]를 위한 이론 강의(담화공동체 개념, 학
		  술적 글쓰기 관습)
		• 〈읽기 자료③-A〉 해설 강의
		  (*학)〈읽기 자료③-A〉 토론하기
			〈읽기 자료③-A〉
			읽어오기	

	4	• 〈읽기 자료③-B〉의 학술적 글쓰기 분석 도구
		  설명하기
		• 장르 분석 및 보고서 작성 사례 설명
		  (*학)〈읽기 자료③-B〉를 활용하여 학술 담화공
		  동체 장르 분석하기
			목표
			담화공동체의
			글쓰기 장르 1편
			가져오기
				[과제2/연구]
				목표 담화공동체
				장르 분석 보고서

3	5	[과제3] 준비 강의(1): 학술적 글의 구성 • 〈읽기 자료④-A〉 해설 강의 • 논제 설정 및 주제 탐색	〈읽기 자료④-A〉 읽어오기	[과제3] *자료 찾기
	6	[과제3] 준비 강의(2): 선행연구 항목화 • 자료 찾기(자료 검색 및 인용 방법) (*학)선행연구 항목화하여 정리하기	검색한 자료 가져오기	
	7	[과제3] 준비 강의(3): 연구 위치 설정 • '연구의 구별점' 사례 및 기능 강의 (*학)'연구의 구별점' 쓰기		[과제3] *개요 짜기
	8	중간고사 기간		

	9	[과제3] 준비 강의(4): 어휘표현 익히기
		(〈읽기 자료④-A〉 참고)
		• 목표, 인용, 필자 지칭 등의 경우에서 관용적으로
		  나타나는 어휘표현
		• 각주 및 참고문헌 작성법
		  (*학)각 단락에서 사용되는 표현 찾고 공유하기		

	10	[과제3] 준비 강의(5): 글 요소 간 연결성
		• 〈읽기 자료④-B, C〉 해설 강의
		  ('거시적 응집성'과 '미시적 응집성')
		  (*학)〈읽기 자료④-C〉를 활용하여 응집성 단절
		  사례 찾기
			〈읽기 자료④-B,
			C〉 읽어오기
				[과제3/실습]
				목표 담화공동체
				장르에 기반한
				학술적 에세이

	11	• [과제3/실습] 개별 강평 및 질의응답 (*학)학술적 에세이 고쳐 쓰기	[과제3/실습] 가져오기	[과제3] *수정고 제출

쓰기 지식의 과목 간 전이를 위한 수업 방법   257

단계	주차	수업 내용 (*학): 학생 활동	수업 전 준비 사항	과제 (성찰, 연구, 발표, 실습) 다음 주차 수업 전까지 제출

4	12	• [과제4]를 위한 이론 강의
		  (학술적 저자성, 필자의 전환)
		• 〈읽기 자료⑤-A〉 해설
		  (*학)〈읽기 자료⑤-A〉 토론하기
			〈읽기 자료⑤〉
			읽어오기	

	13	(*학)[과제3/실습] 학술적 에세이 텍스트 분석하기(학술적 필자로서의 경험 성찰): 〈읽기 자료②-B〉를 활용한 텍스트 분석틀(〈표 4〉) 활용		**[과제4/성찰]** 학술적 필자 경험 성찰 에세이
5	14	(*학)기초적 필자와 학술적 필자로서의 경험을 비교하는 성찰 및 토론	[과제1/성찰], [과제4/성찰] 가져오기	**[과제5/발표]** 필자 경험 비교 PPT
	15	(*학)필자 경험 비교 PPT 발표 및 토론	필자 경험 비교 PPT	

(1) 1단계(2주차): 기초적 필자로서의 글쓰기 경험 성찰

1단계에서는 "[과제1/성찰] 기초적 필자의 글쓰기 경험을 성찰하는 에세이"를 작성한다. 먼저 교수자는 [과제1/성찰]을 수행하기 위해 필요한 개념인 '필자 정체성'에 대해 이론 강의를 한다. 그리고 〈읽기 자료②-A〉에 대한 해설 및 학생 토론을 시행한다. 〈읽기 자료②-A〉는 Ivanič(1998)의 단행본 『글쓰기와 정체성』 1장(서론)에서 "필자 정체성의 4가지 양상"이라는 제목의 절이다. 학생들은 필자 정체성의 유형(자전적 자아, 담론적 자아 등)을 살펴봄으로써 글을 쓰고 있는 자아는 실제 자아와 분명히 다르다는 사실을 인지하게 될 것이다. 그 다음에는 〈읽기 자료②-A〉를 토대로 대학 입학 전, 즉 학술적 맥락에 진입하기전 작성한 글쓰기 결과물을 분석함으로써 기초적 필자(대학 입학 전 필자)의 글쓰기 경험을 성찰한다. 학생들이 수집할 수 있는 대학 입학 전 글쓰기 결과물은 대학 입시 논술문, 자기소개서, 고등학교 과제, 프로젝트 지원서, 온라인 게시물 등 A4 1페이지 이상 분량의 텍스트이다. 이 텍스트를 분석하기 위해서 교수자는 정희모(2015), 〈활동 이론(Activity Theory)을 통한 직업 문식성 교육방안〉을 활용한 분석틀(〈표 4〉)을 제시한다. 학생들은 이미 도입 단계에서 정희모(2015)의 논문을 읽었기 때문에 어떤 맥락에서 이 논문에 포함된 분석표를 활용하는지 쉽게 이해할 수 있다.

〈표 4〉 글쓰기 경험 성찰을 위한 텍스트 분석표

번호	항목		세부 질문
(1)	주체		이 텍스트는 어떤 유형의 필자가 작성하였는가? (대학 입학을 희망하는 고등학교 3학년 학생, 고등학생 학술 프로젝트에 참가하는 고등학교 2학년 학생 등)
(2)	목적		이 텍스트는 어떤 목적을 이루기 위해서 작성되었는가? (대학에 합격하기 위해서, 백일장에서 수상하기 위해서 등)
(3)	도구		이 텍스트를 작성하기 위해서 어떤 도구들을 활용하였는가? (워드 프로그램, 사전, 논문 등)
(4)	공동체		이 텍스트는 어떤 공동체에서 작성되었는가? (고등학교 3학년 윤리와 사상 수업, 봉사활동 동아리 등)
(5)	규칙		이 텍스트를 작성하기 위해 반드시 준수해야 하는 규칙이나 양식은 무엇인가? (분량, 글자 크기, 사진의 삽입 여부 등)
(6)	역할 분배		이 텍스트와 관련된 역할에는 어떤 것들이 있는가? (필자-자료 조사 및 작성, 교사-평가 등)
(7)	관습	단락의 구성	이 텍스트는 몇 개의 단락으로 이루어져 있으며, 각 단락의 주제는 무엇인가?
		필자 지칭어	이 텍스트에서 필자는 무엇이라고 지칭되는가? (필자는, 나는, 저는, 본 연구는 등)
		필자 공기 서술어	이 텍스트에서 필자를 주어로 하는 문장은 어떤 서술어를 사용하고 있는가? (생각한다, 주장한다, 서술한다 등)

*정희모(2015b: 192~193) 보완.

〈표 4〉는 정희모(2015b:192~193)가 활동 체계 요소를 활용하여 직업 문식성 결과물을 분석한 결과를 참고하여 구성한 텍스트 분석표이다. 정희모(2015b: 190)는 활동 체계의 여섯 가지 요소를 포함하여 업무 보고서의 형식과 관련한 관습(문체, 전문 기호, 사진, 도표 등)도 중요한 분석 도구가 될 수 있다고 주장하였다. 이에 이 수업은 활동 체계 요소 여섯 가지에 더하여 '담화공동체의 관습'을 분석 요소로 추가하였다. 관습 부분에는 단락의 구성, 필자 지칭어, 필자 공기 서술어 등이 포함되는데, 이는 각 글쓰기 상황에서 관습적으로 나타나는 어휘 표현이나 내용의 구성 양상 등을 살펴보기 위한 것이다. 이 분석표를 활용하여

학생들은 대학 입학 전 작성한 글 5편을 분석하고, 성찰 에세이를 작성한다.

(2) 2단계(3~4주차): 목표 학술 담화공동체 장르 분석

2단계에서는 "[과제2/연구] 목표 담화공동체의 장르를 분석하는 보고서"를 작성한다. 여기에서 '목표 담화공동체'란 학생이 신입생 글쓰기 교육 이후에 진입하고자 하는, 혹은 진입해야 하는 학술 분야를 의미한다. 2단계는 2주에 걸쳐서 시행되는데, 먼저 3주차에는 교수자가 [과제2/연구]를 위해 '담화 공동체 개념', '학술적 글쓰기 관습'에 대한 이론 강의를 한다. 그리고 〈읽기 자료③-A〉에 대한 해설 및 학생 토론을 실시한다. 〈읽기 자료③-A〉는 Swales(1990)의 단행본 『장르 분석: 학술 및 연구 맥락에서의 영어』의 2장이다. 2장의 제목은 "담화공동체의 개념(The concept of discourse community)"인데, '담화공동체'라는 개념의 정의와 예시를 설명한다. 수업에서는 2장 전체를 다루지 않고, 2장의 2절~4절만 읽는다. 2장 2절에서는 스피치 공동체와 담화공동체 개념을 비교함으로써 담화공동체의 개념을 설명하였으며, 2장 3절에서는 담화공동체의 6가지 특징을 정리하였다. 그리고 2장 4절에서는 'Hong Kong Study Circle'이라는 단체가 앞 절에서 설명한 담화공동체의 6가지 특징과 어떻게 부합하는지를 보여주었다. 이 자료에서 제시하는 담화공동체의 6가지 특징은 아래와 같다.

① 담화공동체는 광범위하게 합의된 공통의 공적인 목표의 집합을 가진다.
② 담화공동체는 그 구성원들 간의 상호 의사소통의 구조(방법)를 가진다.
③ 담화공동체는 그 참여의 방법을 주로 정보와 피드백을 제공하기 위해서 사용한다.
④ 담화공동체는 그 목표를 의사소통적으로 발전시키는 과정에서 하나 혹은 그 이상의 장르를 활용하고, 소유한다.
⑤ 담화공동체는 장르를 소유하는 것에서 더 나아가, 몇 가지 구체적인 어휘를 습득한다.
⑥ 담화공동체는 적절한 정도의 관련 내용 및 담화적 전문지식을 갖춘 구성원을

필요한 정도로 가진다.

학생들은 이 자료를 읽고 토론함으로써 담화공동체는 고유한 의사소통 수단과 특정한 어휘표현을 가지고 있다는 사실을 인지하게 될 것이다. 이로 인해 학생들은 자신이 처한, 혹은 진입하게 될 학술 분야에서 사용하는 어휘나 장르적 양식을 익힐 필요가 있다는 사실도 이해할 수 있다.

4주차에는 목표 담화공동체의 학술적 글쓰기에 대한 관찰 및 분석을 본격적으로 시행한다. 먼저 학생들은 자신들이 나중에 진입하게 될 학술 담화공동체의 장르적 특징을 잘 보여주는 학술적 글쓰기 1편을 수집해온다. 그리고 〈읽기 자료③-B〉 Thonney(2011)의 논문 〈학술적 담화 관습 교수〉에서 제시하는 "학술적 글쓰기의 여섯 가지 표준 특징(six standard moves in academic writing)"을 활용하여 해당 학술적 글이 그 표준을 충족하고 있는지 분석한다. Thonney(2011)는 24편의 연구 논문을 분석하여, 빈번하게 나타나는 학술적 글쓰기의 특징을 추출한 결과를 예시와 함께 정리하였다. 3주차에서 학생들은 Swales(1990)의 담화공동체 개념을 학습하면서 하나의 담화공동체는 특정한 형식의 장르를 지닌다는 점을 이해했을 것이다. 그리고 4주차에서 학생들은 '담화공동체는 고유한 방식으로 의사소통을 한다는데, 그렇다면 학술 분야는 어떤 방식으로 소통을 하는가?'에 대해 살펴보는 것이다. 학술적 글쓰기는 어떤 특징을 지녀야 하는지, 학술적 글쓰기의 장르적 특징은 다른 글쓰기 장르와 어떻게 다른지에 대해서 살펴본다. [과제2/연구]를 수행하기 위한 유용한 분석 도구 Thonney(2011: 349~356)가 제시한 학술적 글쓰기의 여섯 가지 구성은 다음과 같다.

① 학술적 필자들은 다른 필자들이 해당 주제에 대해 쓴 것에 응답한다.
② 학술적 필자들은 자신의 연구가 가진 가치를 진술하고 해당 연구의 계획을 설명한다.
③ 학술적 필자들은 자신이 취한 입장에 대해 다른 필자들이 반대할 수도 있다는 것을 인정한다.
④ 학술적 필자들은 저자성의 목소리(a voice of authority)를 차용한다.

⑤ 학술적 필자들은 학술적 용어와 해당 학문 분야의 전문 용어를 사용한다.

⑥ 학술적 필자들은 종종 표, 그래프, 그리고 이미지를 사용하여 주장의 근거를 강화한다.

학생들은 위의 여섯 가지 특징을 가지고 자신이 수집해온 학술적 글을 분석함으로써 학술적 글의 특징을 이해할 수 있다. 자신이 가져온 글이 위의 6가지 기준과 어떻게 부합하는지, 다른 점이 있다면 어떻게 다른지 등에 대해서 분석해보는 활동을 수행하고, 그 결과를 보고서로 작성한다.

2단계를 통해서 학생들은 담화공동체란 무엇인지, 그리고 특히 학술적 담화공동체는 어떤 형식의 글쓰기를 수행하는지에 대해서 학습한다. 이는 1단계에서 대학 입학 전 글쓰기 경험을 성찰한 것과 맞물리면서 필자는 자신이 속한 담화공동체가 추구하는 의사소통 방법을 터득해야 한다는 것을, 그리고 그에 따라 필자의 목소리와 정체성도 변해야 한다는 것을 이해하게 된다. 또한 3단계에서 담화공동체 장르를 직접 실습하기에 앞서, 학술적 글쓰기는 고등학교 때의 글쓰기와는 그 맥락이 달라졌기 때문에 다른 글쓰기 규칙을 적용해야 한다는 것도 인지하게 된다.

(3) 3단계(5~11주차): 목표 학술 담화공동체 장르 실습

3단계에서는 "2단계에서 분석한 목표 학술 담화공동체의 장르적 특징을 바탕으로 [과제3/실습] 학술적 에세이"를 작성한다. 이 과제는 이 수업에서 이루어지는 쓰기 과제 중 유일하게 글쓰기 관련 주제를 다루지 않는 글쓰기(실습 과제)이다. 학생들은 앞으로 진입하고자 하는 학술 분야와 관련된 이슈에 대해 글을 쓴다. 이 단계는 [과제3/연구]를 위한 총 5주간의 준비 과정과 1주간의 개별 강평 및 수정 과정으로 이루어진다. 첫 번째 준비 과정(5주차)에서는 '학술적 글쓰기는 어떤 내용으로 구성되는가?'에 관한 것을 논의한다. 학술적 글쓰기에는 연구의 목표 및 필요성을 서술하기까지 구성해야 하는 내용의 흐름(선행연구 정리, 선행연구와 다른 점 등)이 있다는 사실을 학습하는 것이다. 먼저 〈읽기 자료④

-A〉에 대한 해설 및 학생 토론을 시행한다. 〈읽기 자료④-A〉는 Swales(1990)의 〈공학계열 외국인 대학원생과 그들의 서문〉이라는 논문인데, 연구 논문의 서문에서 빈번하게 취하는 내용 단계를 제시하였다. 이 논문은 실제 대학원생이 작성한 연구 논문의 서문이 이 네 단계의 내용을 어떻게 포함하고 있는지 살펴봄으로써 이 내용의 흐름을 지키지 않았을 때에는 어떤 문제가 생기는지, 각 내용 단계에서 관용적으로 사용하는 문구는 어떤 것들인지 등에 대해서 설명한다. 이 자료는 3단계에서 학술적 글쓰기를 준비하는 과정(5주차~9주차) 동안 반복해서 참고할 것이다.

Step 1. (분야 설정) 도입 부분에서 나의 연구 분야를 드러내기 위해 무엇을 해야 하는가?
Step 2. (선행연구 정리) 선행연구를 어떻게 조직화하여 서술할 것인가?
Step 3. (본 연구의 구별점 명시) 선행연구의 한계가 있다는 점을 어떻게 보여줄 것인가?
Step 4. (본 연구의 개요) 나의 연구가 선행연구의 한계를 보완하고자 한다는 것을 어떻게 드러낼 것인가?

그 다음에 학생들은 이 네 단계의 내용을 기반으로 자신의 연구 주제와 논제를 설정한다. 학생들은 연구를 기반으로 하는 학술적 글쓰기가 반드시 포함해야 하는 내용 단위를 기준으로 연구 주제 및 논증 방법 등을 구상할 수 있다. 이 과정에서 학생들은 글의 형식(글에 들어가야 할 내용 단위)을 먼저 파악한 다음 주제를 고민하는 과정을 통해 장르적 특징이 내용에 미치는 영향에 대해 이해할 것이다.

두 번째 준비과정(6주차)은 '내가 설정한 주제와 관련 있는 다른 연구들은 어떤 입장을 취하는가?'에 관한 것이다. 이 과정에서 학생들은 선행연구를 조사하고, 자료를 정리하고, 더 나아가 그 자료의 입장에 따라 항목화하는 작업을 수행한다. 학생들은 5주차에 살펴본, 학술적 글쓰기가 포함해야 하는 내용 단위를 기반으로 논제를 설정하고 각 내용에서 사용될 자료를 찾는다. 그리고 찾은 자료를 바탕으로 선행연구 부분을 정리해야 하는데, 교수자는 단순히 선행연구의 내용을 정리하는 것에서 더 나아가 선행연구를 그 입장에 따라 항목화할 수 있도록 지도한다. 학술적 에세이 쓰기 과제에서 선행연구를 항목화하는 작업은 중요한데, 이는 자신의 연구 위치를 정하기 위한 기본 작업이기 때문이다.

세 번째 준비과정(7주차)에서는 '자신이 쓰고자 하는 연구 주제가 선행연구와 어떤 점에서 다른 입장을 취하고 있는가? 혹은 어떤 점에서 같은 입장을 취하는가?'에 대해 고민함으로써 연구의 위치를 정하는 작업을 수행한다. 이 과정은 학술적 글쓰기에서 필자의 목소리를 구축하는 데에 중요한 활동이다. 이는 Swales(1990)가 제시한 네 단계 가운데 Step 3(연구의 구별점 명시)을 조금 더 구체적으로 살펴보는 것이다. 학생들은 자신의 연구가 어떤 위치에 처해있는지를 파악함으로써 학술적 저자로서 목소리를 낸다는 것의 의미, 다른 연구들과 대화를 하는 방법, 연구의 방향을 구체적으로 설정하는 방법 등에 대해서 훈련할 수 있다.

네 번째 준비과정(9주차)[13]에서는 '학술적 글쓰기에서 관습적으로 사용하는 어휘표현에는 어떤 것들이 있는가?'에 대해 학습한다. Swales(1990), 〈공학계열 외국인 대학원생과 그들의 서문〉에서는 학술적 글쓰기를 구성하는 각 내용이 어떤 어휘표현을 사용하는지에 대해서도 언급하고 있다. 이는 선행 연구를 서술할 때의 통사적 패턴과 시제를 선택하는 것, '연구의 구별점'을 서술할 때에는 역접 연결 장치를 사용하는 것, 연구의 개요를 소개하는 부분에서 사용되는 전형적인 표현 방식('본 연구의 목표는…') 등과 같은 것들이다. 이 과정에서 학생들은 2단계에서 배운 담화공동체의 특징, 학술적 글쓰기의 특징 등을 다시 소환할 수 있다.

다섯 번째 준비과정(10주차)은 본격적으로 글을 쓰기 직전에 이루어지는 과정으로 '단락과 단락, 문장과 문장이 서로 연결되기 위해서는 어떤 전략을 사용할 수 있는가?'에 대해서 학습한다. 〈읽기 자료④-B〉 Carrell(1988), 〈cohesion은 coherence가 아니다〉, 〈읽기 자료④-C〉 Wikborg(1990), 〈스웨덴 학생 글쓰기에

---

13) 8주차는 중간고사이므로 제외되고, 9주차부터 네 번째 준비과정이 시작된다.

서의 응집성 단절 유형: 단락 나누기의 오류〉는 응집성(coherence)이라는 개념을 다루는 논문들이다. 먼저 Carrell(1988)은 결속 장치(cohesive ties)가 글의 매끄러운 흐름을 보장한다는 기존 주장에 적극적으로 반박하면서, 글의 흐름을 성사시키는 요인에는 문법적인 관계뿐만 아니라 독자의 배경지식, 상황적 요소 등도 포함된다고 주장하였다. 그리고 텍스트 외적인 요소에 의해 성사되는 글의 흐름을 응집성이라고 하였다. Carrell(1988)과 같은 입장에서 응집성의 존재를 강조하는 Wikborg(1990)는 학생 글에서 빈번하게 나타나는 응집성 단절 유형 및 빈도를 정리하였다. 학생 글에서 의미의 흐름이 끊기는 부분을 찾고 그 원인을 정리한 것이다. 총 11개의 응집성 단절 유형은 크게 두 층위로 나뉜다. 먼저 '화제 구조화의 문제'로 단락이나 글 전체 층위에서 일어나는 응집성 단절 유형이다. 여기에는 화제가 명시적이지 않은 경우, 갑자기 다른 화제로 이동한 경우, 단락을 잘못 나눈 경우, 그리고 큰제목과 소제목 등을 잘못 설정한 경우 등이 포함된다. 다음은 '결속성(cohesion)의 문제'로 문장 층위에서 나타나는 응집성 단절의 유형이다. 그래서 문장이 서로 연결되지 않는 경우, 잘못된 결속 장치를 사용한 경우, 결속 관계에 있는 두 대상이 너무 멀게 떨어진 경우 등이 포함된다. 이 두 논문의 요지는 "텍스트 표면의 문법적인 연결 관계(표면적인 언어자질)인 결속성만이 글의 매끄러운 흐름을 보장할 수 없으며, 텍스트의 심층적, 내용적, 의미적 연관성을 의미하는 응집성까지 갖춰야 한다는 것"이다. 이 자료를 통해 학생들은 이 읽기 자료를 통해 글의 매끄러운 의미 흐름을 보장하는 요소에는 표면적인 문법 장치뿐만 아니라 텍스트 외부의 요소(상황, 맥락, 독자의 지식 등)도 개입한다는 사실을 인지할 것이다. 이러한 쓰기 지식을 아는 것이 글의 질을 보장한다고 확신할 수 없지만 결속성과 응집성의 개념, 그리고 그 관계를 알고 있는 것만으로 글을 쓰는 데에 긍정적인 영향을 줄 수 있다. 5주간 이어지는 준비과정을 거쳐 학생들은 관심 있는 학술 분야의 연구 주제를 가지고 [과제4/실습]을 수행한다.

11주차에는 학술적 에세이를 작성한 다음 이를 대상으로 개별 강평 및 수정의 과정을 거친다. 강평은 5단계로 이루어진 준비과정에서 논의한 내용에 따라 학술적 글쓰기의 요소를 포함했는지 여부, 연구의 구별점이 뚜렷하게 드러났는지 여부, 해당 담화공동체의 관습적인 형식이나 표현을 사용하고 있는지 여부 등을 중심으로 평가한다.

(4) 4단계(12~13주차): 학술적 필자로서의 글쓰기 경험 성찰

4단계에서는 "[과제4/성찰] 학술적 필자의 글쓰기 경험을 성찰하는 에세이"를 작성한다. 먼저 12주차에 교수자는 [과제4/성찰] 작성을 지도하기 위해 '학술적 저자성', '수사적 상황에 따른 필자의 전환' 등에 대한 이론 강의를 시행한다. 그리고 〈읽기 자료⑤-A〉에 대한 해설 및 학생 토론을 실시한다. 〈읽기 자료⑤-A〉는 Ivanič(1998)의 단행본 『글쓰기와 정체성』에서 4장에 해당되는 부분이다. 4장의 제목은 "학술적 글쓰기에서 정체성의 문제"인데, 내용의 요지는 학술적 글쓰기를 수행하는 필자의 정체성은 실제 자아와 다르다는 것이다. 이 자료를 통해 학생들은 학술적 글쓰기의 필자가 된다는 것은 실제의 자아와는 다른 목소리와 정체성을 가진다는 것을 의미한다는 사실을 학습한다.

그 다음 13주차에는 3단계에서 작성한 학술적 에세이를 분석함으로써 학술적 필자의 글쓰기 경험을 성찰하는 에세이를 작성한다. 이 분석에서도 2단계에서 대학 입학 전 글쓰기 경험을 성찰하기 위해 사용한 텍스트 분석틀인 〈표4〉를 활용한다.

(5) 5단계(14~15주차): 두 유형의 글쓰기 경험 비교

마지막 5단계에서는 이 수업의 최종 과제인 [과제5/발표] 필자 경험 비교 PPT 작성을 수행한다. 이 과제는 [과제1/성찰] 기초적 필자 경험 성찰 에세이와 [과제4/성찰] 학술적 필자 경험 에세이를 바탕으로 두 유형의 필자 경험을 비교하는 것이다. 그리고 이 과제는 비교 결과를 동료들과 공유하는 것을 최종 목표로 한다. 학생들은 파워포인트(PowerPoint)를 사용하여 두 글쓰기 경험을 성찰하고 비교한 결과를 동료 학생들에게 시각적으로, 그리고 압축적으로 발표한다. 학생들은 발표 자료를 준비하고, 또 동료들과 글쓰기 경험을 공유함으로써 수사적 상황에 따라 필자의 정체성, 문체, 위치 등이 달라진다는 점을 배우고 앞으로 자신이 처하게 될 수사적 상황에서는 어떤 필자의 정체성을 취해야 하는지에 대해서 성찰하게 될 것이다.

4. 수업의 요약 및 기대효과

이 글에서는 WAW 접근법의 글쓰기 교수·학습 원리를 활용하여 글쓰기 수업에서 학습한 쓰기 지식 및 기술을 다른 전공 수업에서도 활용할 수 있는 정도를 높이기 위한 수업모형을 제안하였다. WAW 접근법이 제안하는 수업 방식의 골자는 기존 대학 글쓰기 교육을 '글쓰기 연구에 대한 입문' 수업으로 전환함으로써 글쓰기 자체에 대해서만 연구하고 분석하는 글쓰기 수업을 시행하는 것이다. 글쓰기는 그 글쓰기가 이루어지는 상황(맥락)에 따라 다양한 형태로 나타나기 때문에, 다양한 글쓰기 상황(맥락)을 아우르는 보편적인 글쓰기란 존재할 수 없다. 그래서 글쓰기 수업에서 학습한 쓰기 지식을 다른 전공 수업에서 그대로 활용하는 것은 불가능하다. 글쓰기 수업에서의 글쓰기와 다른 전공 수업에서의 글쓰기는 각각의 글쓰기가 이루어지는 상황이 명백하게 다르기 때문이다. 이에 WAW 접근법은 대학 글쓰기 수업에서 다양한 글쓰기 상황을 예측할 수 없고, 또한 구현할 수도 없다는 사실을 인지하고, '학생들이 어떤 수사적 상황에 처하더라도 각 상황에서 필요로 하는 글쓰기 유형을 분석해낼 수 있는 능력을 기르도록 하는 교육 과정'을 제안한다.

WAW 접근법의 초기 수업모형은 글쓰기의 원리를 추출하는 능력을 글쓰기 연구 관련 논문을 통해 함양하고자 하였다. 이는 대학 신입생 글쓰기 교육을 '글쓰기 연구에 대한 입문' 수업으로 전면 수정해야 한다는 매우 혁신적인 주장이었다. 하지만 실제 대학 신입생 글쓰기 수업에서 글쓰기 연구 분야의 전문적인 이론을 학습하는 것은 현실적으로 불가능하며, 그 필요성 또한 낮다. 또한 글쓰기 관련 주제만을 다루게 되면 학생들의 흥미나 동기가 떨어질 수 있고, 글쓰기 이론이 쓰기 지식의 자동적 전이를 보장하지 않는다는 비판이 제기되었다. 이러한 비판을 의식한 듯이 2019년에 WAW 접근법의 연구자들은 WAW를 교육법(pedagogy)이 아닌, 접근법(approach)으로 부를 것이라고 밝힌다. WAW가 접근법(approach)이 되면서 WAW의 초기 수업모형을 그대로 따르지 않고 WAW의 교육 방향 및 원리를 실현하는 다양한 형태의 과제나 수업모형을 구성할 수 있게 되었다.

이에 이 글은 WAW 접근법의 쓰기 교육 방향을 대학 글쓰기 교육 현실에 맞게 구현하는 동시에 쓰기 지식의 과목 간 전이를 최대한 높이는 수업을 설계하였다. 먼저 이 수업은 세 가지 사항을 목표로 한다. 첫째, 학생들은 이 수업을 통해 특정한 수사적 상황의 장르를 분석해보는 연습에서 그치지 않고, 어떤 수사적 상황에서든지 장르를 분석할 수 있는 능력을 함양한다. 그래서 글쓰기와 관련된 거시적이고 추상적인 이론을 보여주는 자료가 아닌, 텍스트나 수사적 상황을 분석하는 데에 사용할 수 있는 분석 도구(틀)를 소개하는 논문을 주요 읽기 자료로 선정하였다. 둘째, 학생들은 필자의 정체성이 실제 자아와는 다르다는 사실을 이해하고, 학술적 필자로서의 정체성, 즉 '학술적 저자성'을 인지한다. 수업 전반부에서 학생들은 기초적 필자로서의 글쓰기 경험을 성찰하고, 수업 후반부에서는 학술적 필자로서의 글쓰기 경험을 성찰함으로써 수사적 상황에 따라 달라지는 필자의 목소리와 정체성을 학습하게 될 것이다. 셋째, 학생들은 목표 학술 담화공동체의 장르적 특징을 분석한 다음, 이 장르적 특징을 실습함으로써 해당 수사적 상황을 최대한 체험한다. 그래서 이 수업은 WAW 초기 수업모형이 제시하는 과제의 세 가지 유형(성찰, 연구, 발표)에 더하여 '실습 과제' 유형을 추가하였다. '실습 과제'의 긍정적 효과는 학생들이 이 과제에서는 자신이 관심 있는 분야 관련 주제를 가지고 글을 쓰기 때문에 기존 글쓰기 교육 과정의 큰 틀을 유지할 수 있다는 점이다. 학생들은 이 과제를 통해 자신들이 앞으로 진입하게 될 수사적 상황을 미리 경험해볼 수 있는 기회를 경험할 수 있다.

위의 세 가지 목표를 달성하기 위해 이 수업은 도입을 제외한 5단계에 의해 진행된다.

[1]단계: 기초적 필자로서의 글쓰기 경험 성찰

[2]단계: 목표 학술 담화공동체 장르 분석

[3]단계: 목표 학술 담화공동체 장르 실습

[4]단계: 학술적 필자로서의 글쓰기 경험 성찰

[5]단계: 두 유형의 글쓰기 경험 성찰

이 수업의 중심 활동은 학생들이 진입하게 될 담화공동체의 장르를 분석하고 실습하는 [2]단계와 [3]단계이다. 그리고 [2]/[3]단계를 중심으로 그 앞에서는 대학 입학 전에 쓴 텍스트를 분석함으로써 기초적 필자의 글쓰기 경험을 성찰한다([1]단계). [2]/[3]단계에서 학술적 글쓰기를 수행한 이후에는 학술적 필자의 글쓰기 경험을 성찰한다([4]단계). 마지막으로 [5]단계에서 학생들은 [1]단계에서 수행한 기초적 필자의 글쓰기 경험에 대한 성찰 결과와 [4]단계에서 이루어진 학술적 필자의 글쓰기 경험에 대한 성찰 결과를 비교 및 발표한다.

이 수업이 기대하는 성과는 학생들이 글쓰기를 '특정 개인에게만 주어지는 재능의 영역'이 아닌 '누구나 연구하고 분석할 수 있는 대상'으로 인식하는 것이다. 이는 곧 글쓰기 본질에 대한 학생들의 인식이 바뀌는 것이기 때문에 매우 유의미한 변화라고 할 수 있다. 학생들에게 글쓰기란 갈고 닦아야 하는, 혹은 선천적으로 주어지는 신비로운 재능이었다. 하지만 학생들은 이 수업에서 글쓰기 경험을 성찰하거나 자신 혹은 타인 작성한 텍스트를 분석하는 활동을 통해 각 상황이 요구하는 글쓰기 방식을 인지한다면 누구나 제도화된 장르에 따라 글쓰기를 수행할 수 있다는 사실을 깨닫게 된다. 결과적으로 학생들은 새로운 수사적 상황을 만났을 때 기존에 가지고 있는 쓰기 능력으로 글쓰기를 수행하는 게 아니라, 그 상황에 맞는 글쓰기 유형을 분석해내고 그 목적, 규칙 등에 맞게 글쓰기를 통제하게 될 것이다.

[부록] 읽기 자료 목록

〈읽기 자료①〉

A. 정희모(2015), 「활동 이론(Activity Theory)을 통한 직업 문식성 교육방안」, 『작문연구』 24, 한국작문학회, 179~210쪽.

B. 이윤빈(2015), 「대학 글쓰기 교육에 대한 비판적 논의 및 대안적 교육 방안 검토」, 『작문연구』 24, 한국작문학회, 177~219쪽.

〈읽기 자료②〉

A. Ivanič(1998), *Writing and Identity: The discoursal construction of identity in academic writing*, John Benjamins.

B. 정희모(2015), 「활동 이론(Activity Theory)을 통한 직업 문식성 교육방안」, 『작문연구』 24, 한국작문학회, 179~210쪽.

〈읽기 자료③〉

A. Swales(1990), *Genre analysis: English in academic and research settings*, Cambridge University Press.

B. Thonney(2011), "Teaching the conventions of academic discourse", *Teaching English in the Two Year College*, 38(4), p. 347.

〈읽기 자료④〉

A. Swales(1990), "Nonnative Speaker Graduate Engineering Students and Their Introductions: Global Coherence and Local Management", *Coherence in Writing: Research and pedagogical perspectives*, pp. 187~207.

B. Carrell(1988), "Cohesion is not coherence", *TESOL quarterly*, 16(4), pp. 479~488.

C. Wikborg(1990), "Types of coherence breaks in Swedish student writing: Misleading paragraph division", *Coherence in Writing: Research and pedagogical perspectives*, pp.

131~149.

〈읽기 자료⑤〉

A. Ivanič(1998), *Writing and Identity: The discoursal construction of identity in academic writing*, John Benjamins.

B. 정희모(2015), 「활동 이론(Activity Theory)을 통한 직업 문식성 교육방안」, 『작문연구』 24, 한국작문학회, 179~210쪽.

참고문헌

김록희·정형근(2017), 「대학 글쓰기 교육에서의 장르 문식성 제고 방안 연구」, 『학습자중심교과교육연구』 17, 학습자중심교과교육학회, 353~374쪽.

이윤빈(2014), 「미국 대학 신입생 글쓰기(FYC) 교육의 새로운 방안 모색」, 『국어교육학연구』 49(2), 국어교육학회, 445~479쪽.

이윤빈(2015a), 「대학 글쓰기 교육에 대한 비판적 논의 및 대안적 교육 방안 검토」, 『작문연구』 24, 한국작문학회, 177~219쪽.

이윤빈(2015b), 「장르 인식 기반 대학 글쓰기 교육 프로그램의 개발 및 적용」, 『작문연구』 26, 한국작문학회, 107~142쪽.

이윤빈(2016), 「대학 글쓰기 교육에서 학술적 글쓰기에 대한 규정 및 대학생의 인식 양상」, 『작문연구』 31, 한국작문학회, 123~162쪽.

정희모(2014), 「대학 글쓰기 교육에서 학습 전이의 문제와 교수 전략」, 『국어교육』 146, 한국어교육학회, 199~223쪽.

정희모(2015a), 「미국 대학에서 '글쓰기에 관한 글쓰기' 교육의 특성과 몇 가지 교훈」, 『리터러시 연구』 10, 한국리터러시학회, 151~178쪽.

정희모(2015b), 「활동 이론(Activity Theory)을 통한 직업 문식성 교육방안」, 『작문연구』 24, 한국작문학회, 179~210쪽.

한상철(2018), 「대학 신입생 글쓰기 교육과 '학습 전이'의 문제」, 『어문연구』 97, 한국어문교육연구회, 379~400쪽.

Bird, Downs, McCracken, & Rieman(eds.)(2019), *Next Steps: New Directions For / in Writing about Writing*, University Press of Colorado.

Downs & Wardle(2007), "Teaching about writing, righting misconceptions: (Re)Envisioning 'First-Year Composition' as 'Introduction to Writing Studies'", *College Composition and Communication*, pp. 552~584.

Harper(2017), "What More Could I Have Done?: A Graduate Student's Experience

Teaching Writing About Writing", *All Theses and Dissertations*, 7277.

Sánchez , Lane & Carter(2014), "Engaging writing about writing theory and multimodal praxis: Remediating WaW for English 106: First Year Composition", *Composition Studies*, 42(2), pp. 118~146.

Wardle(2004), "Can Cross-Disciplinary Links Help Us Teach 'Academic Discourse'in FYC?", *Across the Disciplines*, 1, pp. 1~17.

Wardle(2009), "Mutt Genres and the Goal of FYC: Can We Help Students Write the Genres of the University?", *College Composition and Communication*, pp. 765~789.

Wardle & Downs(2014), *Writing about Writing: A college reader*, Bedford/St.

제**3**부 수업 전략과 활동 중심의 쓰기 지도

글쓰기 학습자들의 주제 구성력 신장을 위한 교육 전략

김미란

1. 지식 융합 시대와 능동적인 글쓰기 주체의 요청

21세기 지식 융합의 시대는 지식을 수동적으로 습득하는 것이 아닌 스스로 창출해 내는 인재상을 중시한다. 지식을 융합해 자기화하여 새로운 지식을 생산해내는 능력이 그 어느 때보다 강조되고 있는 것이다. 그런데 대학의 글쓰기 교육과 관련해서는 이것이 새로운 목표나 지향점은 아니다. 학술적 담론 공동체인 대학은 새로운 지식의 창출을 통해 정체성을 유지하므로, 이 능력을 키우는 데 글쓰기 교육의 목표가 맞추어지는 것은 자연스럽다. 말하자면 한국의 대학 글쓰기 교수자들은 학습자들이 새로운 지식을 산출해낼 수 있는 역량을 강화하는 데 집중하여 쓰기 교육을 실시하고 있다. 하지만 교육 목표에 걸맞은 교수—학습 방법론이 충분히 개발되어 있다고 보기는 어렵다. 교육 목표와 실제 수행 사이의 간극이 있는 상황이다.

그렇다면 대학의 글쓰기 교육을 통해 이 능력을 적극적으로 신장시키려면 어떤 방법이 필요할까. 이 글에서는 새로운 지식의 창출 능력은 창의적 발상과 통합적 사고에 기초한다는 전제 하에서 방법을 모색한다. 창의적 발상이 없다면 새로움은 생겨날 수 없으며, 통합적 사고가 없다면 새로움이 있더라도 한 편의 글로 구체화할 수 없기 때문이다. 창의적 발상과 통합적 사고는 글을 쓰는 모든 단계에서 중요하다. 그 중 이 글에서 주목하는 것은 글쓰기 전(前)단계에 해당하는 주제 찾기 과정이다. 글을 쓰기 위한 첫 단계인 주제 찾기 과정에서부터 창의적으로 발상하고 이를 통합적으로 수렴해야 그 결과물로서 한 편의 가치 있는 글을 얻을 수 있기 때문이다. 요컨대 주제 찾기 과정은 학생들이 창의적 발상과 통합적 사고를 토대로 지식을 스스로 창출하는 능력을 기르는 데 적지 않은 영향을 미친다. 그리고 이 능력은 학습자들이 스스로 발굴한 주제를 실제 글로 조직화할 수 있도록 주제를 구성하는 훈련을 해야 얻어질 수 있다. 주제 구성력은 학생들이 주어진 주제에 수동적으로 반응하는 것이 아닌 스스로 가치 있는 주제를 발굴하는 능력인 바, 한 편의 글을 조직하는 내적 동력으로 작동한다(도정일, 2008: 124~125). 이 주제 구성 능력을 학습자들이 교육을 통해 기를 수 있도록 교수자들은 그에 맞는 교수-학습 전략을 갖추고 있어야 한다.[1]

사실 학습자들이 새로운 지식을 창출하면서 성공적으로 글을 쓸 것인지 여부는 주제를 찾는 과정에서 어느 정도 예측 가능하다. 글쓰기에 실패할 가능성이 있는 상투적인 주제를 선택했음에도 불구하고 교수자들이 이에 대해 조언하지 않으면, 학생들은 글을 다 쓴 뒤에 주제를 긴급하게 변경해야 하는 상황에 직면하게 될 것이다. 이것은 겪지 않아도 될 시행착오를 경험하는 일일 뿐이다. 불필요한 경험은 학습자의 의욕을 저하시키고, 글쓰기에 대한 두려움과 거부감

---

[1] 대학 글쓰기 연구자들이 제안하는 주제 설정을 위한 교수-학습 전략은 두 가지로 대별된다. 하나는 학습자들이 교수자가 제시한 텍스트를 읽고 다양한 주제를 추출해내는 전략이다(송명진, 2016이 대표적이다). 다른 하나는 학습자가 교수자의 개입 없이 자율적으로 주제를 정하는 전략이다(서승희, 2017이 대표적이다). 두 전략은 장단점을 모두 보이는데, 전자의 경우 범위를 제한함으로써 학습자들이 주제를 명료화하기 쉽다는 것이 장점이나 주제의 범위를 인위적으로 통제함으로써 학습자가 원하는 주제를 다루는 데 제한이 있다는 단점이 있다. 후자의 경우는 학습자의 자기주도적인 태도를 인정한다는 점이 긍정적이지만, 주제 탐색 능력이 없는 학습자는 주제 선택에서 실패할 가능성이 전자보다 높을 수밖에 없다는 문제가 있다. 이 글에서는 후자의 접근 방법을 택하되, 학습자가 주제 탐색 능력을 기를 수 있도록 교수자가 효과적으로 교육적 개입을 하는 방안을 모색하고자 한다.

을 강화한다. 교수자들은 학습자들이 최대한 시행착오를 겪지 않도록 주제를 구성하는 과정에서부터 조력해야 한다. 즉, 주제를 발견하고 구성할 수 있도록 교수자들은 그에 부합하는 교수−학습 전략을 갖추어야 할 책임이 있다. 주제를 찾는 전 과정을 학생들에게 맡겨두기보다는 교수자들이 그에 맞는 학습 전략을 적절하게 운용하며 이 과정에 적극적으로 관여하는 것이 중요한 것이다. 그랬을 때 학습자들이 성공적으로 글을 쓸 수 있는 가능성이 커진다.

이 글에서는 학생들이 창의적인 주제를 발굴하여 새로운 지식을 생성할 수 있도록 훈련하기 위해 일상에 초점을 맞추어 교수−학습 방법을 제시하고자 한다. 일상은 누구나 경험하는 것이라는 점에서 접근성이 높은 제재이다. 나아가 일상은 학생들이 살아 있는 지식을 스스로 만들어내기가 용이한 제재라는 장점이 있다. 일상을 관찰하고 그에 대한 비판적, 창의적 해석을 가하면서 유의미한 문제의식을 찾는 훈련은 자기 삶과 글쓰기가 밀착되어 있음을 실감하는 데에도 중요하다. 삶과 동떨어져 있고 경험과 연결되지 않은 주제는 그 자체로 아무리 중요한 문제라 해도 학생 자신에게는 '의미 있는' 것이 되기 어려운 법이다(도정일, 2008: 125). 자기 스스로 지식을 생산하는 경험을 거의 해 보지 못한 채로 초·중등교육 과정을 마친 한국의 대학 신입생들에게 일상에서 주제를 찾는 경험은 특히 필요하다. 다만 이때 염두에 두어야 할 것은 학생들이 자기 경험에 대한 상식적인 이해를 넘어서서 이를 가치 있는 지식으로 재구성할 수 있도록, 즉 일상을 재발견할 수 있도록 교수자들이 주제에 대한 다각적인 접근 방법을 제공해야 한다는 점이다. 그랬을 때 학생들은 스스로 의미 있는 주제를 찾아 글을 써나가는 즐거움을 누릴 뿐만 아니라 학술 공동체에서 요청하는 지식 창출 능력을 신장시키는 데서 오는 성취감을 맛볼 수 있을 것이다.

교수자가 주제 찾기를 위한 교수−학습 전략을 갖추어 학습자들에게 필요한 훈련을 적극적으로 실시해야 한다는 것을 강조하는 데에는 다음과 같은 이유가 있다. 오늘날 한국의 대학 글쓰기 교수자들은 과정 중심 쓰기 원리에 따라 학생들을 가르치는 데 익숙한 편이다. 하지만 주제를 잡는 과정은 특별한 교수−학습 방법론 없이 학습자에게 맡겨두는 것이 일반적이다.[2] 이 글에서는 주제를 찾는 과정을 대체로 학습자들에게 맡기는 관행이 생겨난 이유를 한국 글쓰기 교수자들의 특성을 중심으로 찾아보고(2장), 주제 찾기 수업을 효율적으로 진행하기 위해 필요한 학습 전략을 자세히 제시하고자 한다(3장). 여기서 학습 전략은 일상에서 의미 있는 주제를 찾는 훈련에 집중되어 있으므로, 이 수업을 〈일상의 재발견〉이라 칭하면서 교수-학습 방법론을 제안할 것이다. 본고에서 〈일상의 재발견〉 수업을 중심으로 학생들의 주제 찾기 능력을 키우기 위해 제안하는 교수-학습 방법론은 '주제 찾기 전략1: 주제 좁히기'와 '주제 찾기 전략2: 글감의 맥락 찾아 주제화하기' 두 가지이다. 이 방법론들은 질문법을 중심으로 하는 발견 학습(heuristics)을 적용한다는 점이 특징적이다.[3] 발견 학습은 교수자의 직접적 설명에 의존하지 않고 학습자 스스로 깨우치는 것을 목적으로 하는 탐구 학습이다. 학생들에게 질문을 던져 글을 쓰기 전에 주제에 대해 다각적으로 생각해 보는 기회를 제공한다는 특징이 있다(김미란, 2019: 397).

이 글에서 제시하는 발견 학습을 위한 질문법은 수업 안내문과 과제 안내문의 형태를 띤다. 그런데 교수자가 실제 수업에서 학생들의 생각을 진척시키기 위해서 제시하는 안내문은 수업 전에 미리 정리된 형태로 준비해두는 것이다. 하지만 실제 수업에서는 학생들의 반응을 살피면서 교수자가 즉석에서 질문을 던지는 일이 수시로 일어난다. 다만 문제는 교육 현장에서 즉각적으로 학생들에게 던지는 질문이기 때문에 충분한 훈련을 해두지 않으면 교수자가 던지는 질문이

---

2) 교수자의 교육적 개입은 주로 초고를 쓴 후 수정하는 단계에 집중된다. 수정이 글의 완성도를 높이는 데 중요한 기여를 하기 때문이다. 글쓰기 연구 중 수정 연구가 차지하는 비중도 높아서 초기 논문인 구자황(2008), 정희모·이재승(2008)을 비롯해서 최근 논문인 지현배(2017), 이다운(2019)에 이르기까지 다수의 논문이 제출되어 있다. 글 수정하기 단계에서 채택되는 주요한 교수 학습 전략은 교수자의 피드백이다. 이에 비했을 때 주제 찾기 과정에 대한 교육적 개입은 상대적으로 비중이 낮다. 그중 아이디어 생성 및 조직하기 단계에서 본보기 글 제시하기등의 지도법을 적용한 연구(최윤정, 2012), 체계적으로 주제를 선정하도록 하기 위해 화제 탐색, 연구 범위 분석 및 대상 확정, 주제문 작성, 참고문헌 검토, 글쓰기 계획서 점검의 5단계를 밟는 지도법을 제시한 연구(서승희, 2017), 주제 선정을 위한 전(前)단계로 체험에세이 쓰기를 실시하여 주제를 심화시키는 방법을 제시한 연구(박현희, 2019) 등이 눈에 뜨인다. 하지만 주제 찾기 과정을 위한 교수-학습 방법론을 집중적으로 개발한 연구라고 보기는 어렵다.

3) 필자는 학생들이 텍스트적, 수사학적, 맥락적 수준의 질문에 답하는 방식으로 발견적 탐구 학습을 구상한 브루스 맥코미스키의 방법(McComiskey, B., 2000; 김미란 역, 2012)을 적극적으로 활용하여 교수법을 개발해 왔으며, 이 글은 그 일부를 이룬다.

라 해도 그 질을 담보하기가 어렵다는 것이다. 이와 같은 점을 염두에 두어 여기에서는 수업 현장에서 학생들에게 질문을 던질 때 활용할 수 있는 질문 목록까지 제시하고자 한다. 단, 질문법에 기초한 발견 학습을 글쓰기 전단계인 주제 찾기 과정에 적용할 때 교수자가 기억해 두어야 할 것은 학생들의 탐구 능력을 신장시키기 위해 개인 활동뿐만 아니라 집단 활동을 통한 타자와의 지속적인 교류를 할 수 있도록 해야 한다는 점이다. 이와 같이 주제 찾기 전략1 과 2는 질문법을 중심으로 하되, 교수자 및 모둠원과의 상호작용을 통해 학습자 가 탐구 능력을 신장시킬 수 있도록 세심하게 설계되었다.

2. 한국 글쓰기 교수자들의 쓰기 경험과 교육의 특성

한국의 대학에서 글쓰기 교육을 시행한 지 20여 년의 시간이 흘렀다. 이 기간 동안 대학 글쓰기 교육을 담당한 주체들은 어떤 사람들일까? 다소 거칠게 말한 다면, 현재 대학의 글쓰기 교수자들은 대체로 1980~2010년대에 대학과 대학원 과정을 거치면서 인문학을 공부한 사람들이다. 이 시기 한국 대학에서는 맑스주 의 및 프랑크푸르트 비판이론, 탈근대주의, 구조주의, 탈구조주의, 페미니즘, 비판적 문화 연구, 탈식민주의 등이 이론적 위세를 떨쳤고, 대다수의 교수자들 은 (그에 비판적이든 그렇지 않든 상관없이) 이 이론들의 영향권 안에서 교육 받고 성장했다. 그리고 이것은 교수자들이 비판적 사고를 예각화하는 경향을 낳았다. 비판적 사고의 육성은 현재 한국 대학의 글쓰기 목표 중 주요한 일부를 이룬다. 물론 이것은 이론의 풍요로운 지원을 받으며 글쓰기 주제를 다룰 수 있는 능력 을 갖춘 교수자들이 상당수임을 의미하는 것이기도 하다.

다른 한편으로, 1990년~2000년대에 들어와 각 대학에서 글쓰기 교육이 본격 화되면서 교육에 적용할 수 있는 이론이 긴급히 요구된다. 주요 글쓰기 연구자 들 및 교수자들은 국내에 소개된 미국의 과정 중심 쓰기 이론에 주목하였고 이것은 곧바로 대학 글쓰기 교육의 이론적 기반을 형성했다. 2000년대 초반에 이르면 과정 중심 쓰기가 교재의 주요 학습 방법으로 선택되는 것이 관행이 될 정도로 이 이론의 파급력은 컸다. 교수자들이 글쓰기의 과정을 중요한 학습 방법으로 채택하거나 적어도 부분적으로 활용하고 있는 것은 현재 일반적인 현상이다.

그런데 전문 필자인 교수자들은 오랜 숙련을 거쳤기 때문에 자신의 글쓰기 주제를 다루는 데 익숙하지만, 학생들은 주제를 찾는 과정부터가 낯선 경험이다. '계획하기, 아이디어 생성하기, 아이디어 조직하기, 글쓰기, 교정하고 편집하기'(Flower, L., 1993; 원진숙·황정현 역, 1998)가 학생들이 한 편의 결과물을 산출하기 위해 밟는 과정이라면, 학습자들은 이중 주제를 찾는 과정인 '계획하기, 아이디어 생성하기'에서부터 어려움을 겪는다. 하지만 실제로 교수자들이 주로 관심을 기울이는 것은 초고에 대한 조언이다. 글쓰기 과정 중 교정하고 편집하기에 교육적 관심이 집중되어 있는 셈이다.[4] 나머지 과정은 대개 학습자에게 맡겨진다. 이것은 교수-학습법이 많이 개발되지 않은 탓이기도 하지만 교수자들 스스로 글을 쓰는 행위는 개인적인 것이라고 여기기 때문이기도 하다.

사실 교수자들은 장기간 형식주의 쓰기 교육을 받아 이를 내면화한 사람들이기도 하다. 전문 필자가 되는 관례에 따라, 이들은 혼자서 범례가 되는 글을 읽고 이를 통해 주제를 설정하고 내용을 서술하는 방식을 익혔으며, 범례를 모범 삼아 문체를 갈고 닦으며 좋은 글에 대한 상(像)을 만들어 나갔다. 또한 글을 쓸 때 생기는 다양한 시행착오를 저마다 개인적으로 겪으면서 전문 필자로 성장했다. 석·박사학위를 수여받기까지 혼자서 쓰고 수정하고 다시 쓰는 긴 과정을 밟았기 때문에 이들에게 글쓰기는 홀로 고독하게 무엇인가를 쓰는 행위로 상상된다. 고독한 주체의 개인적인 쓰기 행위라는 글쓰기 표상이 이들의

---

4) 교수자들이 선택하는 가장 일반적인 글쓰기 교수법은 초고에 대한 조언이다. 하지만 교육 효과를 극대화하기 위해 이 교수법에는 더 치밀한 전략이 따라야 한다. 교수자의 조언인 이른바 피드백은 많은 학생을 상대로 진행하는 강의식 수업의 한계를 보완해 주는 효과적 도구로 인식되기 때문에 다수의 교수자이 활용하지만(송명진, 2016), 실제 지도는 강의식으로 이루어질 가능성이 상존한다. 교수자가 강의 방식으로 학습자에게 수정사항을 일방적으로 전달할 가능성이 있으며, 이때 이루어지는 조언의 교육적 효과는 낮다. 임상우·김남미는 이 점에 주목하면서 강의식 조언이 아닌 학습자가 자신의 사고과정을 잘 들여다 볼 수 있도록 교수자가 질문법을 적극적으로 활용하였을 때 학습자의 깊이 있는 글 수정이 가능함을 입증하였다(2017: 117~119).

내면에 잔존할 수밖에 없는 이유이다.

대부분의 대학 교재에서조차 쓰기 과정은 주로 개인적인 행위로 간주되는데, 이것은 교재 개발자인 교수자들의 자기 경험이 반영되어 있는 대표적인 사례이다. 교재에서 협동 학습의 가치가 강조되기도 하지만 대체로 보조적이다. 협동 학습을 실제 수업에서 적극적으로 활용하는 교수자들은 더욱 적다. 물론 글쓰기를 순개인적인 작업으로 간주하는 경향은 교수자들에게 익숙한 과정 중심 쓰기 교육 자체가 개인의 인지 과정에 초점을 맞추기 때문에 발생하는 것이기도 하다. 하지만 전문 필자로 성장하기까지의 교수자 개인의 글쓰기 경험도 무시하기는 어렵다. 대부분의 대학 교재가 혼자서 독학해도 좋은 방식으로 구성되어 있는 것은 그 중요한 징후이다. 그 점에서 한국 교수자들이 실제 교육 현장에서 글쓰기의 내용과 형식, 방법 등을 선택하고 수업을 진행할 때 자신의 쓰기 경험이 실질적인 영향을 미친다는 것은 교수—학습 방법을 개발할 때 염두에 두어야 할 중요한 사항 중 하나이다.

이와 같이 볼 때, 글쓰기의 전 과정을 학습자 개인에게 맡기는 것을 최소화하기 위한 방안을 강구하는 것은 지금까지의 교육 관행을 바꾸는 일에 해당하는 일이기도 하다. 글쓰기 연구자들은 실제 수업에서 활용할 가능성이 높은 교수—학습법을 더 적극적으로 개발하되, 이것이 학습자간, 교수자—학습자 간의 상호작용을 증진시키는 방향에서 이루어져야 교재에서부터 실제 교육 행위에 이르기까지 교육 관행의 변화가 가능해질 것이다.

3. 주제 찾기 능력 신장을 위한 교수 – 학습 방법론 개발

3.1. 〈일상의 재발견〉 수업 계획

학습자들이 새로운 지식을 스스로 창출해내는 즐거움을 맛보기 위해서는 창의적으로 발상하고 이를 통합적으로 수렴하면서 주제를 다루는 방법을 익히는 것이 중요하다. 그리고 이것은 학습자간, 교수자—학습자 간의의 원활한 상호작용을 통해 극대화되어야 할 것이다. 이 글에서 제안하는 '주제 찾기 전략 1: 주제 좁히기'와 '주제 찾기 전략2: 글감의 맥락 찾아 주제화하기' 두 과정은 바로 이 점을 겨냥하고 있다. 그리고 이 두 과정은 〈일상의 재발견〉 수업의 전반부에서 집중적으로 이루어진다. 다음은 일상에서 주제를 발굴하여 한 편의 글을 작성하는 전 과정을 보여주는 수업 계획서이다. 이중 주제 찾기는 1~5차시 수업에서 중점적으로 다룬다.

〈표 1〉 일상의 재발견 수업 계획서

차시(75분)[5]	수업 내용	과제
1차시	가주제와 참주제	
2차시	주제 정하는 방법 익히기1 • 글쓰기 목표와 접근 방법에 대한 안내문 제공	과제: 일상에서 글감 2개 찾아오기
3차시	주제 정하는 방법 익히기2 • 일상에서 찾아온 글감 2개로 모둠별 토론 실시 • 교수자는 제출한 학생의 글감을 훑어보고 즉석에서 조언이 필요한 학생 중심으로 간단히 논평함	과제: 글감 1개 확정해서 관점 정리해 오기(면담용)
4차시	주제 구성 훈련을 위한 주제 면담	면담 후 과제: 제재와 관련된 맥락 10가지 이상 찾아 적어오기
5차시	주제 구성을 위한 맥락 읽기 강화 활동 • 모둠별로 〈과제: 제재와 관련된 맥락 10가지 이상 찾아 적어오기〉 검토 후 맥락 읽기 강화 활동 실시	과제: 주제 최종 확정 후 〈과제: 내가 선택한 주제에 대해 다음의 질문을 중심으로 생각 정리하기〉 작성해서 제출
6차시	개요 짜기 실습	과제: 자신의 주제에 맞는 개요 작성해 오기
7~8차시	개요 면담 • 모둠별 상호평가 및 교수자의 조언 받고 수정하기	
9차시	초고 쓰기	
10~11차시	초고 면담 • 10차시에 모둠별 돌려 읽기 진행 후 바로 면담 실시	재고 제출

〈표 1〉에서 확인할 수 있듯이 '주제 찾기 전략1: 주제 좁히기'는 1차시 수업에 적용되며, '주제 찾기 전략2: 글감의 맥락 찾아 주제화하기'는 2~5차시 수업에 적용된다. 구체적인 내용은 다음과 같다.

3.2. 주제 찾기 전략1: 주제 좁히기

'주제 찾기 전략1: 주제 좁히기'는 1차시 수업을 위한 것이다. 사실 주제 좁히기는 대학의 주제 찾기 수업에서 자주 활용하는 방법이다. 이때 일반적으로 중시하는 것은 가주제에서 참주제로 좁히는 방법을 학생들이 익히는 일이다. 그렇지만 여기서는 학생들이 상투적이지 않은 주제로 글을 쓰고 싶어 하지만, 어떻게 해야 글의 상투성을 피할 수 있는지 잘 알지 못한다는 점에 초점을 맞춘다. 강조점의 차이는 교육 내용 및 교육 효과의 차이를 낳는다. 상투성을 피하는 훈련에 중점을 두는 것은 학습자들이 이를 위한 학습도, 훈련도 받아본 적이 거의 없다는 판단에 의한다. 많은 교수자들은 글을 처음 써 보는 학생들은 주제를 지나치게 넓게 잡는 특징이 있음을 경험적으로 알고 있다. '주제 찾기 전략1: 주제 좁히기'는 이 문제를 해결하기 위한 것이다. 즉 글의 상투성은 주제의 범위가 지나치게 넓을 때에도 생겨난다는 사실을 학생들이 깨닫게 하는 데에 목적이 있다. 학생들은 발견 학습 〈예1〉의 사례를 비교하면서 이 점을 분명하게 이해한다. 이 발견 학습은 학습자간, 교수자-학습자 간의 상호작용을 최대화하면서 스스로 지식을 창출해가는 것을 목표로 한다.

◆ 발견 학습

※ 지금부터 우리는 몇 가지 주제를 검토하면서 창의적 주제는 어떻게 만들어지는지를 살펴보고자 합니다.

---

5) 필자는 성균관대학교에서 창의적 글쓰기 강좌를 담당하고 있으며, 이 강좌는 주 2회 75분 수업으로 진행된다. 따라서 이에 준해 수업 계획서를 구상했다.

1) 〈예1〉의 주제에 대한 질문에 답하며 대학 신입생이 다루는 데 적합한 주제는 무엇인지 생각해 봅시다.(조별 활동)

> 〈예1〉 ㄱ. 한국 민족주의의 역사적 전개 과정과 특징
> ㄴ. 다문화 가정의 차별과 한국의 배타적 민족주의

① ㄱ 주제와 ㄴ 주제를 비교해 보고 유사점과 차이점을 말해 봅니다.

② ㄱ 주제를 창의적으로 다루기 위해 무엇을 고민하고 준비(공부)해야 하는지 생각해 봅시다.

③ ㄴ 주제를 창의적으로 다루기 위해 무엇을 고민하고 준비(공부)해야 하는지 생각해 봅시다.

④ ㄱ 주제와 ㄴ 주제 중 대학 신입생인 내가 다루는 데 적합한 주제는 무엇이라고 생각합니까. 이유는 무엇입니까.

2) 〈예2〉의 주제에 대한 질문에 답하며 주제를 구체적으로 다루면서 새로운 지식을 창출하는 데 적합한 주제는 무엇인지 생각해 봅시다.(조별 활동)

> 〈예2〉 ㄱ. 다문화 가정의 차별과 한국의 배타적 민족주의
> ㄴ. 중등학교에서의 다문화 교육 실태와 배타적 민족주의
> ㄷ. 결혼 이주 여성에게 강요되는 한국 문화 수용과 배타적 민족주의

① ㄱ, ㄴ, ㄷ 주제를 비교해 보고 유사점과 차이점을 말해 봅니다.

② ㄱ, ㄴ, ㄷ 주제 중 대학 신입생인 내가 가장 잘 다룰 수 있는 주제는 무엇입니까. 잘 다룰 수 있는 이유는 무엇입니까. 경험을 반영할 수 있기 때문입니까. 그에 대한 지식이나 관점이 있기 때문입니까. 아니면 다른 이유가 있습니까.

③ ㄱ, ㄴ, ㄷ 주제 중 내가 가장 잘 다룰 수 있는 주제는 내가 창의적으로 접근하기도 쉽습니까.

3) 〈예1〉과 〈예2〉를 살피면서 우리는 주제를 좁히는 과정이 창의적인 주제를 찾는 데 도움이 된다는 점을 알게 되었습니다. 정리하자면, 주제를 좁히는 것은 글감의 범위를 좁히고(예1: 한국의 민족주의 〉다문화 가정 〉중등학교의 다문화 교육, 예2: 한국의 민족주의 〉다문화 가정 〉결혼 이주 여성), 좁힌 글감에 대한 나의 관점을 구체적으로 정하는 일입니다.

주제를 찾아가기 위해 학습자가 모둠원들과 토론하면서 스스로 탐구하는 것을 목적으로 하는 발견 학습에서 교수자들이 염두에 두어야 할 사항은 다음과 같다. 〈예1〉의 사례의 경우, 〈ㄱ. 한국 민족주의의 역사적 전개 과정과 특징〉과 〈ㄴ. 다문화 가정의 차별과 한국의 배타적 민족주의〉는 누가 글을 쓰는가에 따라 모두 다 새롭고 독창적인 생각을 담을 수는 있다. 다만 대학 신입생이 첫 번째 주제를 제대로 다루기는 매우 어렵다. 범위가 너무 넓기 때문이다. 이 주제로 글을 쓰려면 먼저 민족주의에 대한 충분한 이론적, 실제적 검토가 뒷받침되어야 한다. 그 다음 정치, 사회, 경제, 문화, 교육 등 특정 영역과 국면을 선택해 한국 사회의 민족주의적 특징을 집중적으로 논해야 한다. 갖추고 있는 지식도, 특정 영역과 국면에 대한 분석력도 크지 않은 대학 신입생이 짧은 시간에 해결할 수 없는 글쓰기 주제인 것이다.

그런데도 이 주제를 선택한다면 전문가들이 쓴 글을 읽고 요약하거나 짜깁기해서 글을 쓸 가능성만 높아진다. 주제에 대해 잘 모르기 때문에 인터넷에 떠다니는 정체모를 일반론을 거의 베끼다시피 옮겨 적은 학생도 생겨난다. 어느 경우도 자기 글이 아니다. 주제의 범위가 너무 넓으면 학생들은 모방하거나 짜깁기한 상투적인 글쓰기를 반복하게 된다. 자기 주도적으로 지식을 만들고 다듬어가는 경험을 하지 못하게 되는 것이다.

그 점에서 〈ㄱ. 한국 민족주의의 역사적 전개 과정과 특징〉보다는 이를 좁힌 〈ㄴ. 다문화 가정의 차별과 한국의 배타적 민족주의〉가 학생들이 다루기가 훨씬 쉽다. 자기 글을 쓸 가능성이 높아진다는 뜻이다. 즉 두 번째 주제는 첫 번째 주제보다 범위가 좁아서 학생들이 좀 더 구체적으로 다가갈 수 있는 여유가 생긴다. 그렇다면 〈다문화 가정의 차별과 한국의 배타적 민족주의〉는 더 이상 좁힐 수 없는 가장 이상적인 주제인가. 그렇지는 않다. 〈예2〉는 범위를 더 좁혔을 때 내 글을 쓸 가능성이 더 커진다는 것을 학습자들이 이해하도록 하기 위한 것이다.

첫 번째 주제인 〈ㄱ. 다문화 가정의 차별과 한국의 배타적 민족주의〉보다는 두 번째 주제 〈ㄴ. 중등학교에서의 다문화 교육 실태와 배타적 민족주의〉와 세 번째 주제 〈ㄷ. 결혼 이주 여성에게 강요되는 한국 문화 수용과 배타적 민족주의〉가 더 구체적이다. 한국 사회에서 다문화 가정에 대한 차별은 다양한 방식으로 이루어지고 있기 때문에 〈다문화 가정의 차별과 한국의 배타적 민족주의〉라는 주제로 글을 쓰면 다양한 차별 사례를 나열하여 상식적인 글을 쓸 가능성이 커진다. 짧은 기간 안에 한 편의 글을 완성해야 하는 대학 글쓰기 수업의 특성상 이 주제를 선택하게 되면 학생들은 다문화 가정의 차별 양상과 사례를 수집하는 데 머문다. 그 이상을 탐구할 시간을 얻기 어렵기 때문이다. 물론 스스로 새로운 자료를 발굴하는 것이 아닌 전문가들이 조사한 내용을 참고하는 것은 자료를 발굴해 본 경험이 없기 때문에 생겨나는 태도이기도 하다. 그러므로 주제에 어울리는 자료를 찾는 훈련도 매우 중요하다.6) 하지만 이것은 주제의 성격 때문에 생겨나는 일이기도 하다. 이 주제는 학습자들이 전문가들의 글 여기저기서 쓸거리를 조금씩 떼어내어 짜깁기 하는 데 머물게 될 가능성을 낮추지 못한다. 이런 글은 구성도 나열식이기 쉽다.

이와 달리 〈ㄴ. 중등학교에서의 다문화 교육 실태와 배타적 민족주의〉나 〈ㄷ. 결혼 이주 여성에게 강요되는 한국 문화 수용과 배타적 민족주의〉로 주제를 좁히면, 다양한 차별 양상 중에서 하나만을 집중적으로 다루게 되어 학생 스스로 필요한 자료를 찾고 탐구하여 자기 의견을 전개할 수 있는 여지가 커진다. 또한 이렇게 주제를 좁히는 것이 새롭고 독창적인 생각을 만들어내는 데에도 중요하다. 주제의 범위가 좁아지면, 학생들이 쓰고자 하는 내용을 능동적으로 선택하고 자기 주도적으로 서술할 수 있는 가능성이 커지기 때문이다. 또한 주제에 대한 독창적인 생각과 문제의식을 얻을 여유가 생겨난다. 주제를 바라보는 자기만의 시각과 접근 방법이 생길 가능성이 증대되는 것이다. 좀 더 능동적으로 주제에 접근하게 됨에 따라 글의 구성도 나열식에서 벗어나 자신의 주제에 맞는 흐름을 갖출 가능성도 높아진다. 대학 신입생들의 주제 발굴 과정에 교수자가 적극적으로 개입해야 하는 이유이다.

---

6) 이에 대해서는 '주제 찾기 전략2: 글감의 맥락 찾아 주제화하기'에서 다룬다. '주제 찾기 전략2: 글감의 맥락 찾아 주제화하기'는 학습자들이 자료 찾기 능력을 키우는 데 도움을 준다.

3.3. 주제 찾기 전략2: 글감의 맥락 찾아 주제화하기

주제를 아무리 좁혀도 전문가의 글에 의존하는 학생들이 여전히 많다면 그것은 다양하고 새로운 자료를 발굴해 본 경험이 없기 때문이다. '주제 찾기 전략2: 글감의 맥락 찾아 주제화하기'는 스스로 다양하고 새로운 자료를 발굴하여 다루는 대상에 깊이 있게 접근하도록 훈련하기 위한 것이다. 이 활동을 통해 학습자들은 전문가들이 쓴 글에 대한 의존도를 낮추면서 자기 힘으로 대상을 다루는 경험을 하게 된다. 사실, 다룰 대상과 주제를 능동적으로 발굴했어도 자료를 찾는 과정에서 전문가들이 쓴 글만 선택하는 학생들이 많다. 이것은 글을 쓸 때 활용할 수 있는 자료란 전문가들의 글에 한정되는 않는다는 것을 배우지 못했기 때문이다. 따라서 이에 대한 충분한 이해가 필요하며, 학습자들은 주제 찾기 전략2를 통해 이를 파악하게 된다.

글감에 어울리는 자료를 찾아 주제와 연결시키는 주제 찾기 전략2 활동의 수업 목표는 일상의 경험에서 글감을 찾아 맥락을 조사하여 주제로 구체화하는 것이다. 구체적인 수업 진행 방법 및 내용은 다음과 같다.

3.1.1. 주제 정하는 방법 익히기

'주제 정하는 방법 익히기'는 2·3차시 수업에서 집중적으로 이루어진다. 먼저 학생들은 사례글 분석을 통해 1차시에서 배운 주제 정하기 방법을 다시 확인한다. 사례글은 성균관대학교 창의적 글쓰기 교재에 실려 있는 김용석의 「회전문의 기만」을 대상으로 한다. 학생들은 사례글을 통해 글감과 의견(관점)이 만나 주제를 이룬다는 점을 재확인한다. 참고로 사례글의 주제는 '회전문을 통해 드러나는 우리 사회의 폐쇄적인 소통 방식에 대한 비판적 성찰'이며, 주제문은 '열림을 가장한 닫힘의 연속인 회전문은 영원히 닫힌 사회를 상징하는 미개한 통과구조이다.'이다.

다음으로 교수자는 '하이힐, 오글거리다, 놀이공원, 온라인 국민청원, 커피, 유기농'과 같은 사회적, 문화적, 정치적 삶으로 구성되는 한국인의 일상에서 흔히 쓰이는 단어를 학생들에게 제시한다. 그 다음 학생들을 6인 1모둠으로 나누고, 모둠별로 단어를 1~2개씩 배당한다. 각 모둠마다 사회자를 정한다. 모둠별로 단어 1개당 3~5분 동안 브레인스토밍하며, 학생들은 각 단어와 관련해 생각나는 모든 것을 말한다. 적극적인 학생들 위주로 활동이 진행되기 않도록 하기 위해 필요에 따라서는 교수자가 사회자에게 모둠원 1인당 2개 이상 아이디어를 제시하게 하라고 주문할 수 있다. 사회자는 아이디어 산출 활동에 참여하면서 모둠원들의 아이디어를 모두 적어둔다. 활동이 끝났으면 사회자는 기록해 둔 모둠의 아이디어를 발표하고 교수자는 이를 칠판에 적는다. 교수자는 칠판에 적은 단어들을 중심으로 '하이힐, 오글거리다, 놀이공원, 국민청원, 커피, 유기농'의 사회적, 문화적, 역사적 맥락 읽기를 실시한다. 맥락 읽기는 한 단어에 10~15분 정도 걸리는 활동이다. 이때 중요한 것은 학생들에게 질문하면서 맥락 읽기를 함께 하도록 유도하는 일이다. 즉 질문법을 적극적으로 활용하여 수업을 진행하는 것이 관건이다. 다음은 교수자가 활용할 수 있는 질문법 사례이다.

[사례] 하이힐

□ 학생들의 브레인스토밍: 불편하다, 빨간색, 또각또각, 위험하다, 길거리 오물, 대일밴드, 멋있다, 전문직 여성, 당당함, 고통, 뾰족하다, 연예인, 외모지상주의

□ 교수자는 사회자가 발표한 브레인스토밍 내용을 칠판에 적은 뒤, 질문법을 활용하여 학생들이 사회적, 문화적, 역사적 맥락 읽기를 하면서 주제에 깊이 있게 접근할 수 있도록 유도한다. 다음은 실제 수업 상황과 그때 들은 답변을 반영한 질문들이다.

 1. 하이힐을 신고 있는 학생 손 들어주세요. 1명뿐이군요. 그럼 여러분들은 지금 무슨 신발을 신고 있나요.[7]

 2. 불편하다는 단어를 첫 단어로 떠올렸는데 이유는 무엇인가요. 평소의 경험

인가요. 평소 불편했던 경험이 있는 사람 손 들어볼까요. 생각보다 하이힐을 신어 본 경험이 없는데도 불편하다는 생각을 하게 되었다면 이 생각은 어디에서 나온 것일까요. 주변에 하이힐을 신은 사람들이 많습니까. 직업, 연령, 세대 등으로 볼 때 주로 어떤 사람들인가요.

3. 내 어머니 세대도 하이힐로 브레인스토밍을 한다면 여러분처럼 불편하다를 제일 먼저 떠올릴까요. 하이힐에 대한 어머니 세대의 인식은 어떨까요. 할머니 세대의 인식은 어떨까요. 나아가 근대 초 신여성들의 인식을 어땠을까요.
여러분 세대와 달리 어머니 세대는 불편함을 감수하고 하이힐을 많이 신었군요. 그렇다면 불편하다는 객관적 사실이 하이힐을 신는 행위를 통제하는 유일한 요인이 아닐 수도 있겠군요. 하이힐 신기를 권장한 다른 사회적 요인이 있었다는 것인데, 그것은 무엇일까요. 이제 여러분에게 돌아와서, 여러분은 불편하기 때문에 하이힐을 신지 않기보다는 다른 요인 때문에 하이힐을 신지 않을 가능성은 없나요. 있다면 그 요인은 무엇일까요.

4. 여러분이 떠올린 단어를 조합하면 '전문직 여성은 하이힐을 신는다.'라는 문장이 만들어집니다. 내 주변에서 전문직 여성이 하이힐을 신는 모습을 자주 보았나요. 손을 들어볼까요. 그렇지 않은 학생들이 더 많군요. 그렇다면 이 생각은 어디에서 나온 것일까요.
내가 전문직 여성이 되었을 때 나는 하이힐을 신을 생각인가요. 손을 들어보세요. 몇 명 되지 않네요. 그렇다면 왜 나는 이런 생각을 하게 되었나요. 내 생각은 어디에서 온 것일까요. 즉 내 생각에 영향을 준 것은 무엇인가요.

5. '전문직 여성은 하이힐을 신는다.'라는 문장으로 볼 때 전문직 여성과 외모지상주의는 어떤 관계가 있나요. 전문직 여성은 여성미를 극대화하기 위해 하이힐을 선택합니까. 그렇지 않다면 외모지상주의는 하이힐과 어떤 관계가 있는 것인가요.

6. 남학생은 하이힐 신은 여성과 운동화 신은 여성은 어떤 여성에게 더 호감을 느끼나요. 운동화 신은 여성을 선호한다는 학생이 많은데 여러분 아버지 세대로 그렇게 생각했을까요. 생각의 변화는 어디에서 온 것일까요. 즉 생각을 변화시킨 계기들에는 무엇이 있을까요. 또한 여러분들의 신에 대한 생각의 변화는 여성을

대상화하는 남성 중심적 사고를 극복한 사례에 해당할까요.

7. 전문직 여성이 되었을 때 하이힐을 신을 생각이 없다고 손 든 학생들 중 사회에 나가 취업을 했을 때 하이힐을 신으라는 요구가 있으면 어떤 태도를 취할 것인가요. 신지 않겠다는 학생들이 하나도 없군요. 그렇다면 오늘날 젊은 여성들은 주체적으로 하이힐대신 운동화를 선택하지만 하이힐에 대한 사회적 요구가 있으면 수용한다는 점에서 보수적이라고 여러분의 생각을 정리해도 좋을까요.

8. 남학생은 미래의 여자 친구나 아내가 하이힐을 신을 생각이 없으나 직장에서 하이힐을 신으라는 요구가 있다면 신지 않아도 된다고 조언할 것인가요. 한 명도 없군요. 그렇다면 오늘날 젊은 남성들은 여성들이 운동화를 신는 것에 우호적이지만, 하이힐에 대한 사회적 요구에는 순응한다는 점에서 보수적이라고 여러분의 생각을 정리해도 좋을까요.

이와 같은 질문이 계속 이어진다. 질문에 답하면서 학생은 자신의 기호나 취향, 생각이 모든 세대와 동일하지 않으며 다른 사회적, 문화적, 역사적 맥락에서 만들어진다는 점을 이해하게 된다. 즉 학생들은 자신이 접근하는 대상에 대한 사회적, 문화적, 역사적 맥락을 파악해야 선입견이나 상식적인 의견에서 벗어나 창의적인 주제를 발굴할 수 있음을 이해한다. 그리고 이 과정을 거쳐야 주제를 정교하게 다듬을 수 있음을 파악한다. 또한 이 과정에서 다양한 추론이 이루어져야 한다는 점을 알게 된다. 추론은 글의 논리를 찾고 완성하는 데 필요한 도구이지만, 주제를 찾아나가는 과정에서도 중요한 역할을 한다는 점을 학생들이 알게 되는 것은 중요하다. 말하자면 학생들은 위와 같은 교수자의 질문에 답하면서 다루고자 하는 대상이 놓여 있는 맥락을 최대한 다각적으로 파악하는 것뿐만 아니라 파악해나가는 과정에서 필요한 추론까지 시도하면서 생각의 맥을 잡는 훈련을 하고 있는 것이다. 이것이 새로운 지식을 창출하는 데 적합한 가치 있는 주제를 발굴하는 과정이다.

---

7) 참고로, 이 수업에서 하이힐은 단화가 아닌 모든 구두를 포괄하는 용어로 사용되기도 한다.

일상의 구성 요소들에 대한 사회적, 문화적, 역사적 맥락 읽기를 통해 창의적인 글을 쓸 수 있는 글감을 찾아나가는 과정을 연습한 학생들이 다음으로 할 일은 2개의 글감을 찾는 과제를 수행하는 것이다. 과제를 준비하면서 글감을 찾는 과정이 주제를 구성하는 과정임을 이해하는 것이 중요하므로 이를 위한 다음의 안내문을 제공한다. 안내문은 발견 학습을 위한 것이다.

≪'일상의 재발견' 글쓰기를 위한 과제 안내문: 일상에서 글감 찾기≫

1. 수업 목표: '글감 찾아 주제 확정하기 훈련'을 통해 주제를 찾는 능력을 기른다.
2. 과제: 다음 수업 시간 전까지 글감 아이디어를 2개 이상 준비합니다. 글감 및 이 글감이 왜 글로 다룰 가치가 있는지도 반드시 함께 적습니다. 이를 위해 아래의 [참고1], [참고2]를 반드시 확인합니다.
3. 제출 방법: 온라인 〈과목자료실〉에 올려 다른 조원들과 공유할 수 있도록 합니다.

[참고1] 글감을 찾기 위해 지녀야 할 태도: 글감 탐색하기
좋은 글감을 얻기 위해서는 글감을 탐색해 보아야 합니다. 탐색 결과 새로운 발상으로 접근하는 것이 가능하다면 글감으로 선택합니다. 이를 위해 다음 '글감 탐색의 경로'를 잘 읽고 내 머릿속에 떠오르는 글감에 대한 나의 상식적인 생각에 의문을 제기합니다. 이 과정을 밟아야 글감이 다룰만한 것인지를 판단할 수 있습니다.
다음의 '글감 탐색의 경로'는 지난 시간에 하이힐에 대해 교수자가 질문한 내용을 정리한 것입니다. 이를 참조하여 나의 글감에 대한 다각적인 접근을 한 뒤 글감을 확정하도록 합니다.

 * 글감 탐색의 경로: 상식적인 생각에 의문을 제기하라
 ① 생각의 출발점: 지난 수업 시간의 브레인스토밍 결과에서 보이듯 학생들은 하이힐이 불편한 신이라고 느끼고 있다. 이와 동시에 학생들은 전문직 여성은 하이힐을 신는다고 생각하고 있다. 요약하면 하이힐은 불편하지만 전문직 여성들은 이 신을 신는다는 것인데 이 생각이 타당한지, 이 생각에는 어떤 상식적인

의견이나 고정관념이 담겨 있는지를 다음처럼 꼼꼼히 살펴보는 것이 필요하다.

② 제기할 수 있는 의문점
- 오늘날 하이힐은 누가 신는가. 왜 신는가.
- 신는 정도와 하이힐에 대한 관념 등에서 세대별 차이나 성별 차이 등이 있는 가. 유의미한 차이인가.
- 한국 사회에서 하이힐을 신는 행위와 관념 등은 과거와 동일한가. 변하였다면 어떻게 변하고 있는가(이때 과거의 기준은 언제인가도 염두에 두어야 함, 예: 1920년대 신여성 혹은 나와 한 세대 전인 어머니 세대처럼 과거의 기준은 구체적이어야 함).
- 현재 한국 사회에서 하이힐을 신는 행위는 자율적으로 선택되는가, 사회적으로 강제되는가. 즉 하이힐 신기를 권하는 사회적 압력이 우리 사회에 존재하는가. 과거에는 존재했는가. 어떤 방식으로 존재했거나 존재하고 있는가.
- 실제로 오늘날 여성들은 불편하기 때문에 하이힐을 신지 않는가.
- 과거의 여성들은 불편함을 왜 감수했는가.
- 과거에 불편함을 감수하였을 때 얻을 수 있는 것이 오늘날에는 사라졌거나 중요하지 않은 것이 되었는가.
- 오늘날 여성들은 불편하게 느껴지는 것은 모두 거부하는 추세인가. 즉 불편함보다 중요한 다른 요인들은 없겠는가.
- 전문직 여성은 하이힐을 신는다는 학생들의 생각은 실제와 일치하는가. 만일 하이힐 인식과 실제 신는 정도가 차이가 난다면(한마디로 전문직 여성이 하이힐을 신는 비율이 생각보다 낮다면) 이것은 어떻게 해석해야 하는가. 즉 전문직 여성은 하이힐을 신는다는 생각은 어디에서 온 것인가.
- 오늘날 여성은 하이힐대신 무엇을 신는가.
- 이 대체 신발(운동화)은 젊은 여성들만의 전유물인가.
- 젊은 여성들은 대체 신발이 단지 편하기 때문에 신는가.
- 학생들은 브레인스토밍을 하면서 하이힐과 외모지상주의를 연결시켰는데, 이 대체 신발은 외모지상주의를 완전히 벗어난 주체적인 선택인가. 즉 미와 패션의 일환으로서 운동화를 신는 관행은 없는가.
- 결론적으로 운동화는 하이힐의 급진적 거부인가.

③ 의문점의 제기를 통해 글감에 새롭게 접근한 사례

사례1〉 운동화는 하이힐에 대한 비판적 사고의 산물이라기보다는 유행의 산물이다. 즉 하이힐의 수요자가 줄어들고 운동화의 수요가 늘어나는 것이 바로 고정된 여성성의 탈피로 이해되기는 어렵다.

사례2〉 우리 시대의 여성에게 하이힐은 일상적으로 신는 신발이라기보다는 전문직 여성에 대한 선망의 형태로 남아 있다.

사례3〉 오늘날 젊은 여성들은 주체적으로 운동화를 선택하지만 취업 시 하이힐에 대한 요구가 있으면 수용하겠다고 생각한다는 점에서 보수적이다.

이처럼 맥락을 읽어가면서 대상에 접근하였을 때 주제에 대한 더 깊은 이해에 도달할 수 있습니다. 이와 같은 과정을 밟아 주제 의식을 심화시키는 것이 이 과제의 목적입니다. 이를 통해 대상을 보는 눈을 키우고 대상에 대한 창의적으로 접근하는 능력을 기르고자 합니다. 과제를 잘 수행해 오기 바랍니다.

[참고2] 마지막으로 글감에 대해 다음을 생각하라

1. 글감에 대한 상식적인 접근을 피하고 있는가. 즉 나의 접근 방식에 새로운 점이 있는가 혹은 나의 접근 방식은 창의적인가. 또한 타당성이 있는가.

2. 대상에 대한 면밀한 접근을 하여, 피상적, 나열식 글을 피할 수 있겠는가. 위의 ' [참고1] 글감을 찾기 위해 지녀야 할 태도: 글감 탐색하기'는 다루려는 대상에 대한 면밀한 접근을 통해 피상적인 나열식 글을 피하기 위한 것이다. 이처럼 대상에 대한 자신의 관점과 의견을 정하기 전에 먼저 그에 대해 다각도로 탐색하는 것은 좋은 주제를 찾기 위해 매우 중요하다.

학생들이 일상에서 두 개의 글감을 찾는 과제를 수행한 뒤 참여하는 3차시 수업은 모둠별로 과제를 검토하고 상호 조언하는 데 초점을 맞춘다. 검토의 기준은 '[참고1] 글감을 찾기 위해 지녀야 할 태도: 글감 탐색하기'와 '[참고2] 마지막으로 글감에 대해 다음을 생각하라'이다. 학생들이 글감을 주제로 구체화하기 위해 토론을 벌이는 동안 교수자는 〈온라인 과목자료실〉에 올린 과제를 점검하고 우수 과제들을 선별해서 잠시 학생들의 활동을 멈추게 한 뒤 이 과제들을 학생들과 공유한다. 한편으로는 부족한 과제 중 반드시 오늘 조언해야 할 과제들만 추려서 수업 후 간단하게 면담한다. 보통 2, 3명이 면담 대상이 된다.

3.1.2. 주제 구성을 위한 맥락 읽기 강화 활동

'주제 구성을 위한 맥락 읽기 강화 활동'은 5차시에 이루어지는 활동이다. 이 시간에는 사회적, 문화적, 역사적 맥락 읽기 과제인 〈과제: 제재와 관련된 맥락 10가지 이상 찾아 적어오기〉에 대한 모둠별 토론이 집중적으로 이루어진다. 다음처럼 이 과제를 위해 제재와 관련된 맥락 10가지 이상 찾아 적어오기 과제를 위한 안내문을 제공한다. 시간이 많지 않을 때는 생략 가능한 활동이다.

〈제재와 관련된 맥락 10가지 이상 찾아 적어오기 과제 예시〉

* 글감: 금수저
* 관점: 금수저를 비난하는 한편으로 이를 선망하는 청년세대에 대해 비판적으로
　　　　접근하는 글을 쓸 예정임.

* 맥락 10가지 이상 찾기
　1. 〈네이버뉴스라이브러리〉를 검토함.
　[맥락 읽기]: 〈네이버뉴스라이브러리〉에 있는 신문 자료를 조사한 결과 적어도 1999년까지 금수저는 되지 않았음. 건물주에 대한 대중적 욕망도 발견되지 않음. 2015년도 이후에 자료가 급증하는 것으로 보아 이 욕망은 비교적 최근에 만들어진 것으로 보임.

　2. 포털 검색: 네이버 웹툰 〈금수저〉, 대중가요 〈금수저〉 등의 사례가 발견됨.
　[맥락 읽기]: 오늘날과 같은 의미의 금수저가 대중문화에 적극적으로 반영되어 있음을 보여주는 사례임.

　3. 인터넷 잡지와 신문 기사 검색
　1) 이름이 어딘지 친숙하게 느껴진다면? 딩동댕! 조나스 쿠아론은 〈그래비티〉의 알폰소 쿠아론 감독의 아들이다. 사회 여기저기에서 금수저 논란이 일고 있는 요즘, 명감독인 아버지의 뒤를 이어 2대째 감독이 된 아들, 딸들은 어떤 평가를 (…중략…) ("영화판에도 금수저? 명감독의 아들, 딸이 감독이 될 때", 〈매거진: 영화의 시시콜콜〉, 2016.10.5.)

---

2) 부모의 재력 덕에 특별한 노력 없이도 '잘 사는' 자녀들을 '금수저'라고 부른다. 연예계에도 이 '금수저'를 물고 태어난 이들이 곳곳에 숨어 있다. 하지만 이들이 금수저 (…중략…) ("금수저 물고 태어났지만 '노력파' 근성으로 인정받은 스타 7명", 〈엔터테인먼트〉, 2018.05.15.)

[맥락 읽기]: 금수저에 대한 비판과 선망을 동시에 강화하는 기사 사례들임.

4 사전적 정의

금수저: 부유하거나 부모의 사회적 지위가 높은 가정에서 태어나 경제적 여유 따위의 좋은 환경을 누리는 사람을 비유적으로 이르는 말.

[맥락 읽기]: 금수저에 대한 사전적 정의가 존재한다는 것은 그만큼 금수저가 주목할 만한 사회적 현상이 되었다는 것을 의미함.

5. 인터넷 질문

Q: 제가 금수저인가요? 올해 20살이고요 한달 용돈은 200정도고 부가적으로 (…중략…)

A: 아버지의 능력으로나 재력으로는 금수저가 맞습니다. 그러나 경제적으로 부를 누린다 해서 모두가 다 금수저는 아닙니다. 거기에 맞는 (…중략…)

[맥락 읽기]: 금수저에 대한 선망을 노골적으로 표현하는 사례들임.

—이하 생략—

5차시에 '주제 구성을 위한 맥락 읽기 강화 활동'이 끝나면 학생들은 〈내가 선택한 주제에 대해 다음의 질문을 중심으로 생각 정리하기〉를 과제로 수행한다. 이것은 앞에서 수행한 사회적, 문화적, 역사적 맥락 읽기를 토대로 주제를 확정하도록 유도하는 과제이다. 주제 찾기와 개요 작성하기를 이어주는 과제이기도 하다. 발견 학습의 일환으로 질문법을 적극적으로 활용한 안내문을 다음처럼 제공한다. 시간이 많지 않을 때는 생략 가능하다.

〈과제: 내가 선택한 주제에 대해 다음의 질문을 중심으로 생각 정리하기〉

여러분들은 지금 개요를 짜기 위한 준비 중에 있습니다. 여기서는 개요를 짜기 위해 창의적이면서 설득력이 높은 주제를 구상하였는지를 스스로 점검합니다. 이것은 실제 글쓰기에 도움이 되는 개요를 작성하는 데 큰 도움을 줄 것입니다.

수업 시간에 배웠듯이 주제는 대상과 그에 대한 나의 관점(의견)으로 이루어져 있습니다. 그리고 주제를 잘 정해야 상투적인 글에서 벗어나 창의적이면서 타당성 있는 글을 쓸 수 있습니다. 내 글의 가치는 그렇게 해서 높아집니다.

지금부터 우리는 자신이 선택한 주제에 대해 다음의 질문을 중심으로 생각을 정리합니다. 즉 다음은 글감과 관점을 선택한 후 개요 짜기 전에 숙고해 보아야 사항들입니다.

1. 대상에 대한 나의 관점을 맥락화하고 근거를 보강해 봅시다.
 1) 대상에 대한 나의 관점은 비판적입니까, 수용적입니까. 아니면 중도적(비판적 수용)입니까.

 2) 대상을 바라보는 나의 관점은 우리 사회의 일반적인(상식적인 혹은 한국 사회에서 지배적인) 관점입니까, 이와는 다른 관점입니까.
 ⇒ 자신의 관점이 일반적인(상식적인 혹은 지배적인) 관점과 같거나 비슷하다고 관점이라고 판단하는 학생은 다음의 질문에 답하시오.
 ① 내 관점이 일반적인(상식적인 혹은 지배적인) 관점과 같거나 비슷하다면 상투적인 글을 쓰게 될 가능성이 없습니까. 이유는 무엇입니까.
 ② 내 글은 일반적인(상식적인 혹은 지배적인) 관점으로 쓴 글과 어떤 점에서 차별화됩니까. 그것은 사소한 차이입니까, 완전히 다른 글을 만들 수 있는 중요한 차이입니까.
 ③ 이 관점의 차이는 글로 다룰 가치가 있습니까.
 ④ 내가 대상을 바라보는 관점은 어떤 근거에 따른 것입니까. 근거는 어떤 점에서 타당합니까.
 ⑤ 더 생각해 볼 근거를 찾아보시오.

⇒ 자신의 관점이 일반적인(상식적인 혹은 한국 사회에서 지배적인) 관점과 다른 관점이라고 판단하는 학생은 다음의 질문에 답하시오.

① 나의 관점으로 주제에 접근했을 때 글의 전개는 일반적인(상식적인 혹은 지배적인) 관점으로 접근했을 때와 어떻게 달라질 것인가 예상하시오.

② 내 글은 일반적인(상식적인 혹은 지배적인) 관점으로 쓴 글과 어떤 점에서 차별화됩니까. 그것은 사소한 차이입니까, 완전히 다른 글을 만들 수 있는 중요한 차이입니까.

③ 내가 대상을 바라보는 관점은 어떤 근거에 따른 것입니까. 근거는 어떤 점에서 타당합니까.

④ 더 생각해 볼 근거를 찾아보시오.

2. 대상에 대한 사회문화적 맥락 읽기를 시도해 봅시다.

1) 대상에 대한 우리 사회의 일반적인(상식적인 혹은 지배적인) 관점에 동의하는 사람은 어떤 사람들입니까. 동의하지 않는 사람들은 어떤 사람들입니까.

2) 이들은 집단적으로 구분할 수 있는 특징을 지니고 있습니까. 집단적으로 구분할 때 성, 계급, 세대(나이) 등 필요한 범주를 선택하시오.

3) 대상의 특징을 역사적으로 이해하기 위해 신문 기사를 중심으로 자료를 조사해 봅시다.

네이버 뉴스 라이브러리에 들어가서 과거에 이 대상이 소비되는 방식은 무엇이었는지, 주로 누가 소비하였는지도 살펴봅시다(소비 방식과 소비 주체 살펴보기).

또한 소비 주체와 소비 방식을 검토하면서, 이 주체들의 소비 방식이 우리 사회의 어떤 구조나 사고방식을 만들어내었거나 강화하였는지 분석합시다.(가령 김용석의 「회전문의 기만」은 우리 사회의 수직적, 권위적 위계 구조와 회전문을 연결시켜 설명하였습니다.)

4) 최근 신문 기사를 살펴보면서 오늘날의 소비 주체와 소비 방식은 어떠하며, 이것이 우리 사회의 어떤 구조나 사고방식을 만들어내거나 강화하는지 분석합시다. 과거와 유사합니까. 차이가 있습니까. 유사하거나 차이가 나는 이유는 무엇이라고 생각합니까.

3. 종합적으로 나의 주제에 대해 판단해 봅시다.

1) 지금까지 다양한 측면에서의 내가 선택한 주제에 대한 맥락 읽기를 해 보았습니다. 이를 통해 볼 때 내가 선택한 대상에 대한 성찰은 다룰 만한 가치가 있는 주제라고 생각합니까. 이것은 글을 처음 읽었을 때와 동일한 판단입니까, 아니면 맥락 읽기를 통해 달라지거나 더 강화된 판단입니까.

2) 지금까지 살펴본 내용을 바탕으로 내가 선택한 주제를 구성하는 제재와 관점을 재검토합니다. 개요를 짜기에 충분한 내용이 들어 있습니까. 좀 더 보완해야 할 사항은 무엇입니까. 어떤 자료를 더 찾아보아야 합니까. 이제부터는 전문가들이 쓴 자료를 찾아 내 생각을 강화하시오.

4. 주제 찾기 훈련의 가치를 강조하며

학생들이 주제를 찾아 정교화하는 것은 글쓰기의 성공 여부를 결정하는 매우 중요한 작업이다. 하지만 이 과정에 교수자가 적극적으로 개입하여 학습자의 능력을 강화하고 있다고 보기는 어렵다. 주제를 찾고 이를 정교화하는 것 자체를 훈련시키는 교수자들이 많지 않은 것이다. 이 문제를 해결하기 위해 본고에서는 학생들이 주제를 찾아 정교화하는 과정을 체계적으로 밟을 수 있는 교수–학습 방법론의 개발에 집중하였다. 자기 주도적인 글쓰기 경험이 거의 없는 대학 신입생 학습자라는 특성상 일상에서 의미 있는 주제를 찾는 훈련을 하는 데 초점을 맞추었으며, '주제 찾기 전략1: 주제 좁히기'와 '주제 찾기 전략2: 글감의 맥락 찾아 주제화하기'를 교수–학습 방법론으로 구체화하였다. 이 방법론에서 가장 중요한 것은 질문법을 중심으로 하는 발견 학습을 적용한다는 점이다. 이 방법의 강점은 학습자간, 교수자–학습자 간 능동적인 상호작용을 강화하면서 학습자 스스로 주제를 탐구·정교화한다는 데에 있다. 실제 수업에서 활용할 수 있는 방법론이지만 교수자가 이에 대한 충분한 이해를 하는 것이 관건이므로 질문법을 체화하기 위한 교수자의 자기 훈련이 먼저 필요하다.

참고문헌

구자황(2008), 「수정과 피드백이 글쓰기에서 동인(動因)이 되는 방식을 위한 탐구」, 『어문연구』 56, 어문연구학회, 323~343쪽.

김경훤·김미란·김성수(2016), 『창의적 사고 소통의 글쓰기』, 성균관대학교출판부.

김미란(2019), 「대학생들의 학문 탐구 능력 신장을 위한 글쓰기 교재 개발 방법론 모색: 발견 학습(heuristics)을 적용한 개요 짜기를 중심으로」, 『반교어문연구』 52, 반교어문학회, 377~408쪽.

도정일(2008), 『시장전체주의와 문명의 야만』, 생각의나무.

변홍규(1994), 『질문제시의 기법』, 교육과학사.

서승희(2017), 「학술적 글쓰기 주제 선정을 위한 단계별 지도 사례 연구」, 『학습자중심교과교육연구』 17(12), 학습자중심교과교육학회, 101~117쪽.

송명진(2016), 「대학 글쓰기 주제 선정 현황과 '주제 정하기' 교육 방안 연구」, 『리터러시 연구』 16, 한국리터러시학회, 219~239쪽.

이다운(2019), 「글쓰기 학습자의 자기효능감 강화 및 실제적 문제 개선을 위한 교수자 피드백 방법 연구」, 『우리어문연구』 64, 우리어문학회, 359~386쪽.

임상우·김남미(2017), 「주제의 깊이 확보를 위한 대학 작문 교과의 피드백 방안」, 『리터러시 연구』 19, 한국리터러시학회, 95~128쪽.

지현배(2017), 「ICT 활용 글쓰기 피드백 시스템의 현황과 전망」, 『리터러시 연구』 22, 한국리터러시학회, 175~195쪽.

정희모·이재승(2008), 「대학생 글쓰기의 수정 방법에 관한 실험 연구: 자기첨삭, 동료첨삭, 교수첨삭의 효과를 중심으로」, 『국어교육학연구』 33, 국어교육학회, 657~685쪽.

최윤정(2012), 「대학생 소논문 작성 지도 사례 연구: 아이디어 생성 및 조직하기 단계를 중심으로」, 『어문연구』 155, 한국어문교육연구회, 405~430쪽.

Flower, L.(1993), *Problem-solving Strategies for Writing*; 원진숙·황정현 역(1998), 『글쓰

기의 문제해결전략』, 동문선.

McComiskey B.(2000), *Teaching Composition as A Social Process*; 김미란 역(2012), 『사회과정 중심 글쓰기: 작문교육 패러다임의 전환』, 경진출판.

글쓰기 워크숍의 이론과 실제※

김주환

1. 왜 글쓰기 워크숍인가?

대학에 와서 학생들은 많은 쓰기 과제를 부여받는다. 교수들은 과제를 부여하고, 학생들은 주어진 과제에 맞춰 글을 써서 제출하고, 다시 교수들은 학생들의 결과물을 일정한 준거에 따라 평가한다. 교수들은 '강의와 관련된 내용을 얼마나 습득했는지'를 중심으로 평가하기 때문에 학생들은 자신이 얼마나 강의에 관심과 열의를 갖고 있는지, 관련 지식을 얼마나 많이 습득했는지를 보여주기 위해서 글쓰기를 한다. 이러한 과제로서의 글쓰기에 대해서 어떤 학생은 '영혼 없는 요약하기'라고 표현하기도 했다.

이처럼 학교에서 이루어지는 글쓰기는 대체로 평가를 목적으로 이루어지는 경우가 많다. 그런데 평가중심(assignment-based)의 글쓰기는 여러 가지 폐단을 안고 있다. 평가중심의 글쓰기는 독자에게 자신의 생각과 감정을 전달하는 것이

※ 이 글은 김주환(2016), 「작가 의식을 기르는 글쓰기 워크숍」, 『대학작문』 18호를 바탕으로 재구성하였음.

아니라 선생님을 기쁘게 하거나 높은 점수를 얻기 위해서 자신이 아는 것을 보여주는 것이 글쓰기라는 인식을 갖게 만든다. 또한 기대했던 목적을 충분히 달성하지 못한 학생들은 자신을 실패자라고 생각하기 때문에 글쓰기를 회피하게 된다(Leung & Hicks, 2014: 601).

결과 중심의 글쓰기 지도가 가진 이러한 한계를 극복하기 위해서 과정 중심의 글쓰기 지도가 도입된 지도 오래되었다. 과정 중심의 글쓰기 지도는 글쓰기의 과정에서 능숙한 필자들이 사용하는 기능·전략을 숙달시키는 데 초점을 두고 있다. 이러한 글쓰기의 기능·전략에 대한 지도는 미래의 글쓰기 상황에서 활용할 수 있는 기능·전략들을 선별하여 미리 숙달시키는 것을 목표로 한다. 그러나 글쓰기의 실제적인 맥락을 고려하지 않은 기능·전략 중심의 지도는 학생들의 글쓰기 능력을 향상시키는 데 한계가 있다는 비판을 받는다.

최근에는 과정 중심의 글쓰기의 대안으로 장르 중심의 글쓰기를 강조하고 있다. 장르 중심의 글쓰기는 탈맥락적인 기능·전략의 숙달에서 벗어나 글쓰기의 사회적 관습을 익힐 수 있다는 장점이 있다. 그러나 장르 중심의 글쓰기 지도 또한 실제적인 맥락을 반영하기보다는 전통적인 수사학적 장르 지식 중심의 지도로 흐르고 있다는 비판을 받는다. 장르가 고정되어 있지 않다는 관점에서 보면 특정한 장르에 대한 규범이나 지식의 습득이 학생들의 글쓰기 능력을 향상시키는 데는 한계가 있기 때문이다.

많은 글쓰기 연구자들은 학생들이 '선생님을 만족시키거나' 혹은 '높은 점수를 얻기 위해서'가 아니라 자기 자신을 위해서 글을 쓸 때, 글에 대한 애착과 책무성이 높아진다고 한다. 독자에게 자신의 이야기를 들려주기 위한 실제적인 목적으로 글을 쓸 때, 작가 의식이 형성되기 때문이다. 학생들은 글쓰기에 대한 지식이나 기능을 익혀서 글을 쓰는 것이 아니라 글을 쓰면서 필요한 지식과 기능을 익힌다. 학생들로 하여금 작가가 하는 것처럼 실제적인 목적으로 글을 쓰도록 지원하는 것이 글쓰기 워크숍이다.

글쓰기 워크숍은 학생들이 작가가 되어 자신의 작품을 만들 수 있도록 환경을 조성하고, 교사와 동료 학생들과 글에 대해서 서로 협의하면서 자신의 글쓰기 능력을 발전시킬 수 있도록 지원한다. 글쓰기 워크숍은 학생 중심의 활동이며 실제적 맥락을 강조하고, 교사와 학생 간의 상호작용을 격려한다는 점에서 현재의 글쓰기 지도 방법을 개선하는 대안이 될 수 있다.

2. 글쓰기 워크숍의 특징

글쓰기 워크숍은 1960년대 말과 1970년대 초의 쓰기 과정 운동(writing process movement)의 출발과 함께 시작되었다. 글쓰기 과정 운동은 일반적으로 Janet Emig(1971)의 작업으로부터 시작되었다. 종래의 글쓰기 지도는 대체로 교사가 과제를 부여하고, 학생들은 쓰고, 그것을 교사가 평가하는 형태로 진행되었다. 이러한 결과 중심의 글쓰기 지도에서는 글쓰기 과정에서 필자가 무엇을 하는지에 대한 관심이 없었다. Emig(1971)은 고등학생들의 글쓰기 과정에 대한 관찰과 인터뷰를 통하여 글쓰기 과정에서 학생들은 어떤 아이디어나 낱말을 넣을 지에 대해 스스로 질문하고 대답하는 등 다양한 사고 활동을 한다는 것을 발견하였다. 이것은 글쓰기 지도에서 중요한 것은 글쓰기의 결과물뿐만 아니라 글을 쓰는 동안 학생들의 마음속에서 일어나는 일이라는 것을 보여주었다.

Emig(1971)으로부터 시작된 글쓰기 과정 연구는 이후 많은 연구자들에 의해 확산되었는데 크게 인지적 관점과 사회적 관점으로 구분할 수 있다. 1980년대 초에는 인지적 관점의 글쓰기 과정에 대한 연구가 이루어졌다(Bereiter, 1980; Flower & Hayes, 1981; Scardamalia, 1982). Flower & Hayes(1981)는 글쓰기의 과정이 계획하기, 번역하기, 수정하기로 구성된다는 것을 밝혔으며 이를 교실에 직접 적용하였다. 그들은 이러한 초인지 전략을 직접 교수법과 모방하기를 통해 지도하였다.

1980년대 중후반에는 사회적 관점에서의 연구가 확산되었다(Graves, 1983; Calkins, 1983). 사회적 관점에서의 글쓰기 과정은 사고의 자연적인 순환 과정으로 이루어진다. 자연적인 순환과정을 위해서는 필자들이 학습자 공동체의 실제적인 경험 속에서 자유롭게 주제를 선정할 수 있어야 한다. 글쓰기의 과정은 주인의식을 요구하며 필자의 입장에서 조절되는 사고의 단계를 포함한다. 사회적 관점에서는 글쓰기의 과정이 연습하기, 초고쓰기, 수정하기, 편집하기로 확장된다.

글쓰기 워크숍이라는 용어는 Graves(1983)와 Calkins(1986)에 의해서 만들어졌으며, 나중에 Atwell(1987)에 의해서 확장되었다. Graves는 '우리가 그들을 내버려둔다면 학생들은 쓸 수 있다.'라고 하여 학생들의 자발적인 활동을 강조하였다. 그리고 Calkins은 쓰기 과정에 초점을 둔 미니레슨을 도입함으로써 글쓰기 워크숍을 체계화하였다. Nancie Atwell은 중등학교에서 글쓰기 워크숍 모델을 도입하여 풍부한 실천 사례를 제공하였고, Kate Wood Ray 등은 초등학생들을 대상으로 글쓰기 워크숍을 실천하였다(Karsbaek, 2011). 이들 연구자들의 실천적인 노력에 의해서 글쓰기 워크숍은 미국의 초등과 중등 교실에서 학생들의 글쓰기 능력을 향상시킬 수 있는 핵심적인 방법으로 자리 잡게 되었다.

〈The Fay School writing workshop〉

우리나라에서도 글쓰기 워크숍은 쓰기 지도의 핵심적인 방법으로 여러 연구자들(신헌재·이재승, 1994; 원진숙, 2001; 한철우·홍인선, 2005; 황재웅, 2008)에 의해 소개되어 왔다. 글쓰기 워크숍을 학교 현장에 적용한 사례들도 조금씩 나타나고 있는데, 초등학교(전제응, 2011)나 고등학교(황재웅, 2008)뿐만 아니라 대학교(오현진, 2012; 박영기, 2014)에서도 실천 사례들이 보고되고 있다. 우리나라의 초·중등 교실에서도 헌신적인 교사들에 의해 학생들의 실제적인 글쓰기 활동이 이루어지고 있고 학생들의 글모음도 출판되는 경우가 있으나 글쓰기 워크숍처럼 교육 프로그램으로 체계화되지는 않았다.

글쓰기 워크숍에서 사용하고 있는 워크숍이라는 말의 사전적 정의를 보면 원래 작업장이라는 의미였다. 글쓰기는 자신과 주변 세계에서 의미를 발견하는 과정이기 때문에 작가는 자신의 작품을 만들기 위해서 많은 시간과 노력을 기울이는 예술가와 다르지 않다. 따라서 예술가들이 자신의 작업장에서 작품을 만드는 것처럼 학생들 또한 교실이라는 작업장에서 자신의 작품을 만드는 것이다. 글쓰기 워크숍에 참여하는 학생들은 그저 교육이나 훈련의 대상으로 글쓰기 지도를 받는 것이 아니라 자신의 작업을 하는 작가들(writers)이다. 학생들은 작가로서 자신의 글을 계획하고 자료 조사를 하며, 다양한 독자들이 읽을 것을 전제하여 교정과 편집, 출판에 이르는 전 과정을 경험하게 된다.

전통적인 글쓰기 지도에서는 학습의 책임이 교사에게 주어지며 학생들은 규칙을 암기하고 글과 관련된 부분적인 지식을 이해하는 데 그칠 뿐이다. 학생들은 실제적인 글쓰기를 하는 경우가 드물기 때문에 작가가 되지 못한다. 그러나 글쓰기 워크숍에서는 학생들이 자기 글에 대한 자유와 책임을 갖는 진정한 의미에서의 '작가'가 된다(Solley, 2000). 그런데 글쓰기 워크숍에서는 학생 필자 혼자서만 작업을 하는 것이 아니다. 글쓰기는 개인적인 활동이지만 워크숍에 참여하는 작가들은 서로 협의하고 도와가면서 각자의 글을 써나간다. 교사 또한 이러한 협의와 협력의 과정에 적극적으로 참여하여 좋은 글을 쓸 수 있도록 지원하는 것이다.

글쓰기 워크숍이 이루어지기 위해서는 학생들이 글쓰기 작업을 할 수 있는 환경이 갖추어져야 한다. 예술가들이 작업을 하기 위해서 다양한 도구와 재료를 갖춘 스튜디오가 있어야 하는 것처럼 학생들이 글쓰기 작업을 하기 위해서도 적절한 작업 공간이 필요하다. 워크숍 교실에는 학생들이 편안하게 자신의 작업에 몰두할 수 있는 공간, 학생들이 모여서 협의할 수 있는 공간, 글쓰기에 필요한 필기구나 노트북과 같은 도구, 참고할 수 있는 사전과 관련된 책 등이 구비되어야 한다. 즉, 교실은 학생들이 학습하는 공간이 아니라 작가들이 자신의 작업을 수행하기 위한 작업장이 되는 것이다.

Solley(2000)는 이러한 물리적 환경 외에도 글쓰기 워크숍이 성립하기 위한 필수적인 요건들을 다섯 가지로 제시하였다. 첫째, 작가들의 공동체가 형성되어야 한다. 워크숍에서는 자신의 글과 다른 사람의 글에 대해서 항상 적극적인 협의가 이루어져야 하기 때문에 구성원들 간의 신뢰와 믿음이 있어야 한다. 둘째, 작가 의식이 있어야 한다. 작가 의식이야말로 글쓰기의 강력한 동기가 되기 때문에 학생들이 자신의 글에 대한 자부심을 갖도록 하는 것이 중요하다. 셋째, 선택권이 주어져야 한다. 학생들은 글의 주제, 장르, 길이, 시간, 과정 등의 모든 문제에 대해서 스스로 선택할 수 있어야 한다. 선택권이 보장되어야 글에 대한 책임감이 생기고 이것이 또한 강력한 글쓰기의 동기가 된다. 넷째, 충분한 시간이 필요하다. 좋은 예술 작품을 만들기 위해서 오랜 시간 동안 노력하듯이 글쓰기 또한 충분한 시간이 주어져야 좋은 글을 쓸 수 있다. 학생들은 글쓰기의 과정에서 쓰기 전략을 학습하기 때문에 충분한 시간이 주어져야 한다. 다섯째, 글쓰기 과정에 대한 지식을 갖춘 교사가 필요하다. 글쓰기 워크숍에서는 글쓰기 과정에 따라 어떤 전략을 사용해야 할 것인지 교사의 미니레슨이 이루어질 뿐만 아니라 학생 개개인의 글에 대해서 교사는 피드백을 제공해야 하기 때문에 전문적인 지식을 갖춘 교사가 필요하다.

3. 글쓰기 워크숍의 운영 방법

글쓰기 워크숍은 학생 스스로의 자율적 활동을 강조하기 때문에 흔히 학생 중심의 활동으로 인식하는 경향이 있다. 그러나 글쓰기 워크숍 교사의 직접적인 지도와 학생 스스로의 활동이 균형을 갖춘 교수학습 방법이다. 일반적으로 글쓰기 워크숍은 미니레슨 → 스스로 쓰기 → 나누기 순서로 운영되는데, 미니레슨을 통해서 교사의 쓰기 전략에 대한 지도가 이루어지고 학생들은 이것을 스스로 쓰기 활동을 통해서 자신의 글쓰기에 반영한다. 그리고 매시간 끝나기 5분 전에 학생들은 함께 모여서 자신이 수행한 결과를 나눈다. 미니레슨에서 *스스로 쓰기*로 가면서 활동의 책임이 교사로부터 학생에게 점진적으로 이양된다.

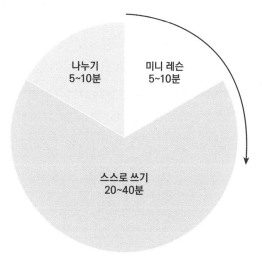

〈글쓰기 워크숍 진행 과정〉

글쓰기 워크숍은 한 두 시간으로 끝나는 것이 아니라 짧게는 몇 주 에서부터 길게는 1학기까지 진행되는 경우가 많다. 흔히 읽기 워크숍과 결합해서 운영되는데 학생들은 관심 있는 주제에 대해서 자료를 찾아 읽고 정리한 다음, 이를 바탕으로 글쓰기 워크숍이 진행된다. 이 경우 학생들은 1학기 동안 주제 중심의 읽기와 쓰기를 경험하게 된다.

글쓰기 워크숍의 구성 요소에 대해서는 연구자마다 조금씩 다르지만, 공통된 활동은 미니레슨, 독립적인 쓰기와 협의하기, 나누기, 출판하기 등이라고 할 수 있다. 글쓰기 워크숍이 다른 글쓰기 활동과 다른 점은 작가로서 글쓰기의 실제적 과정을 체험하는 것이다. 이를 위해서는 주제와 장르를 자유롭게 선택하는 것이 필수적이다. 따라서 내용 선택, 미니레슨, 독립적인 쓰기와 협의하기, 나누기, 출판하기 다섯 가지가 글쓰기 워크숍의 핵심요소라고 할 수 있다.

3.1. 내용의 선택Choices about content

글쓰기 워크숍은 학생들이 작가로서 글쓰기의 전 과정을 체험하는 것이다. 작가는 자신의 이야기를 독자에게 들려주는 사람이기 때문에 '무엇을 쓸 것인가?' 하는 문제는 온전히 학생 자신이 선택해야 한다. 지금까지 학생들은 대부분 '점수를 잘 받기 위해서', 혹은 '교사를 위해서' 어쩔 수 없이 해야 하는 과제로서의 글쓰기를 해 왔다. 그러나 글쓰기 워크숍에서는 어떤 주제, 장르로 어떻게 이야기할 것인지는 온전히 학생 자신의 선택에 의해서 결정된다. 작가들이 하는 것처럼 독자들에게 어떤 이야기를 들려줄 것인지 탐색하고 스스로 선택해야 하는 것이다.

주제를 선택하는 것은 글쓰기에서 매우 중요한 문제이다. 주제를 선택할 때에는 자신이 쓸 수 있는 내용인지를 먼저 탐색해야 하고, 그 다음으로는 독자들이 읽을 만한 것인지도 따져 봐야 한다. 학생들이 선택한 주제가 공동체에 해악을 끼칠 것이라고 생각된다면 이에 대한 논의도 필요하다. 또한 학생들은 자신이 쓰고자 하는 장르를 선택해야 한다. 학생들이 장르에 대한 이해가 부족하다면 자신이 선택한 장르의 특징이나 구조 등에 대해 조사, 연구가 필요하며, 이에 대한 교사의 적절한 지도나 안내가 이루어질 필요가 있다.

3.2. 미니레슨mini-lesson

미니레슨은 전통적인 교사의 지도와 가장 가까운 것으로, 짧고 초점화된, 교사의 직접적인 지도라고 할 수 있다. 대체로 미니레슨은 워크숍을 시작하기 전에 5~10분 정도로 진행되며, 학생들의 작문에 대한 요구나 교육과정의 목표에 따라 기획된다. 미니레슨에서 다루는 내용은 대체로 워크숍의 진행 과정, 작문의 과정에서 요구되는 전략이나 기술, 좋은 글의 요건, 편집의 기술 등이다. 미니레슨은 전체 학급 혹은 모둠이나 개인별로 다양하게 진행할 수 있다. 교사는 작문에 대한 책을 읽어주거나 필자로서 자신의 경험을 소개하거나, 혹은 학생들의 경험을 소개함으로써 학생들에게 필요한 작문의 지식과 전략을 제공할 수 있다.

3.3. 스스로 쓰기와 협의하기independent writing and conference

글쓰기 워크숍의 1시간 중에서 35~45분 정도는 학생들이 실제로 글을 쓰는 시간이다. 이 시간은 학생들이 교사가 부여한 쓰기 과제를 수행하는 것이 아니라 그들 자신을 위해 마련된 쓰기 과제에 집중하는 시간이다. 이 시간에 학생들은 습작하기, 계획 세우기, 다시 읽기, 교정하기, 다른 친구들과 협의하기(conference)를 한다. 교사는 이 시간에 교실을 돌아다니며 학생들과 그들의 글쓰기에 대해 논의한다. 이것이 글쓰기 워크숍의 핵심이라고 할 수 있다.

글쓰기 과정에서 학생들이 가장 힘을 기울이는 것은 탐구 활동이라고 할 수 있다. 학생들은 주제를 어떻게 다룰 것인지 여러 가지 관점에서 검토해야 할 뿐만 아니라 관련된 자료들을 찾아서 읽고 자신의 견해를 뒷받침할 자료를 찾아야 한다. 여러 가지 디테일 중에서 어떤 것이 자신의 논지를 잘 뒷받침하는지를 선택해야 한다. 또한 자신이 선택한 장르에 맞게 구조화하는 방법, 자신의 목소리를 어떻게 조절해야 할지도 판단해야 한다. 이를 위해서는 장르의 구조와 특징, 맞춤법과 같은 표기의 관습에 대해서도 탐구할 필요가 있다.

3.4. 나누기sharing and reflection

교사와 학생, 학생과 학생 간의 협의를 통해서 학생 글에 대한 반응을 계속해서 서로 나누지만, 이를 학급 전체 차원에서 나누는 시간이 필요하다. 이때에는 교실 한 쪽에 마련된 작가석(Author's Chair)을 활용할 수도 있다. 작가의 자리에 앉아서 학생들은 자기 작품을 발표하고 교사나 학생들과 서로 반응을 나누는 것이다. 교사는 학생들에게 적절한 질문과 피드백을 제공하여 원고를 개선할 수 있도록 도와줘야 한다. 이처럼 반응을 나누는 시간은 학급 전체 단위로 진행할 수도 있지만 모둠으로 나눠서 진행할 수도 있다. 특히 긴 글을 읽고 반응을 나눠야 하는 상황에서는 모둠이나 필요하다면 파트너를 지정해서 서로 반응을 나누는 것도 가능하다.

다른 학생의 글을 읽고 반응을 할 때는 글을 고칠 때 도움이 될 수 있도록 긍정적인 피드백을 제공해야 한다. 나머지 학생들이 반응을 할 때, '이 글을 통해서 배운 것은 무엇인가?', '필자가 무엇을 잘 했는가?', '필자에게 질문하고 싶은 것은 무엇인가?'와 같은 질문들을 활용한다면 좀 더 적극적인 피드백이 가능할 것이다. 발표하는 학생도 다른 친구들의 반응을 독자의 목소리라고 생각하면서 듣고 자신의 글을 개선하는 데 반영하도록 노력해야 한다. 반응 나누기의 궁극적인 목적은 필자의 글을 개선하는 데 있기 때문이다.

3.5. 출판하기 Publication

학생들은 자신의 글쓰기 결과물을 출판하고 이것을 무대에서 실제적인 청중과 나누어야 한다. 따라서 출판하기 과정은 학생들의 글을 묶어서 출판하는 과정과 이를 같은 반 학생들이나 다른 반 학생들, 부모님들 앞에서 발표하는 과정을 포함한다. 출판의 방식은 학생들의 글을 모아서 책으로 만드는 것이 가장 좋다. 학급 문집의 형태로 발행하여 학급이나 도서관에 보관해서 여러 사람들이 볼 수 있도록 해야 한다. 발표를 할 때는 '저자의 의자'를 활용해서 학생들이 자신의 글을 읽고 청중들과 반응을 나눌 수 있어야 한다.

출판은 글쓰기의 결과물을 실제적인 독자와 나누는 것이기 때문에 학생들의 쓰기 능력을 향상시키는 강력한 동기가 된다. 출판이라는 목표가 있을 때 학생들은 끊임없이 글을 고치고 편집하는 과정을 반복할 수 있는 힘을 얻기 때문이다(Tompkins, 2012). Ray(2001)는 출판의 의미를 크게 세 가지로 구분하였는데, 첫째, 학생들이 쓴 글이 출판업자에 의해서 출판될 수 있을 정도로 경쟁력이 있고, 둘째, 교사와 학생 모두가 만족할 수 있는 선에서 글이 마무리가 되었으며, 셋째, 공공적인 성격을 갖추었다는 것을 의미한다. 학생들의 글쓰기 동기를 높이고 결과물의 완성도를 높이는 방법이 출판이라는 것을 알 수 있다.

4. 글쓰기 워크숍의 운영 사례

글쓰기 워크숍 활동은 3학년 학생들을 대상으로 한 작문교육론 시간에 수행되었다. 작문교육론 수업의 전반기는 작문의 이론 중심으로 진행되었고, 중간고사 이후 6주에 걸쳐서 본격적인 글쓰기 워크숍이 이루어졌다. 글쓰기 워크숍은 일반적으로 쓰기 전 활동(prewriting), 초고쓰기(drafting), 수정하기(revising), 편집하기(editing), 출판하기(publishing) 5단계로 이루어진다(Tompkins, 2012). 이 수업에서도 이러한 과정에 따라 글쓰기 워크숍 활동이 진행되었으며, 전 과정에서 미니레슨과 협의하기, 발표하기가 이루어졌다. 최종 결과물은 학생들이 직접 편집, 인쇄하여 단행본 형태로 출판을 하였다.

글쓰기 워크숍 진행 과정

시간	워크숍 절차	세부 활동 내용	활동의 유형
1주차	쓰기 전 활동	• 3~4명씩 모둠 편성 • 주제와 구성의 적절성 검토	미니레슨 모둠별 협의하기
2주차	초고쓰기	• 초고에 대한 피드백 • 내용과 조직 중심으로	미니레슨 모둠별 협의하기
3주차	수정하기(1차)	• 피드백 내용의 반영 여부 • 내용, 조직, 표현 등	미니레슨 모둠별 협의하기
4주차	수정하기(2차)	• 글에 대한 전체적인 반응과 피드백	전체 발표하기
5주차	편집하기	• 편집에 대한 안내 • 편집에 대한 반응과 피드백	미니레슨 전체 발표하기
6주차	출판하기	• 출판팀 구성 • 책 제목/차례 정하기	편집팀의 협의 전체 토의

쓰기 전 활동(prewriting)에서는 글쓰기 워크숍에 대해 안내하고 주제와 장르를 자유롭게 선정하도록 했다. 자신이 쓴 글이 출판이 될 것이라는 것에 대해서 학생들은 부담스럽다는 반응을 보였다. 주제나 장르 선정을 자유롭게 선정할 수 있다는 것에 대해서도 부담스러워했지만 한편으로는 흥미를 나타내기도

했다. 학생들은 먼저 주제를 선정하고 간단한 개요를 작성한 다음에 모둠별로 협의를 했다. 선정된 주제와 장르에 대해서는 동료 피드백과 교수 피드백이 함께 제공되었다. 주제 선정에 대한 협의 이후에도 주제를 바꾸는 학생들도 있었지만 대부분의 학생들은 주제를 좀 더 구체화하면서 작업이 진행되었다.

주제에 대한 협의가 끝난 다음에는 초고쓰기(drafting)를 했다. 초고가 비교적 완성도 높게 나온 학생들도 있었지만, 내용이 거칠고 산만한 경우가 많았다. 초고에 대한 피드백은 주로 내용 선정과 구성 중심으로 이루어졌다. 학생 상호 간의 협의는 비교적 원만하게 이루어진 편이지만, 모둠에 따라서는 상대방의 글에 대해 소극적인 태도로 비평하는 경우도 있었다. 학생들은 아무래도 남의 글에 대해서 자유롭게 이야기하는 데 익숙하지 않은 탓이라고 할 수 있다. 지도 교수는 모둠별 미니레슨 형태로 혹은 개인별 피드백의 형태로 내용과 구성 전반에 대해 피드백을 제공하였다.

학생들은 협의한 내용을 반영하여 수정하기(revising) 활동을 하였다. 내용을 풍부하게 하기 위해서 디테일을 보완하기도 하고, 글의 구성을 새롭게 하기도 했다. 첫 번째는 내용과 구성 중심으로 수정하였으며, 두 번째는 세부적인 묘사의 치밀함이라든지 독자 중심의 표현을 어떻게 할 것인가를 중심으로 수정하였다. 편집하기 단계에서도 내용과 표현에 대한 수정은 계속되었다. 두 번째 수정을 한 다음에는 전체 구성원들에게 발표하고 반응을 나누었다.

전체 발표와 모둠별 발표를 거쳐 완성된 최종 원고를 바탕으로 편집하기(editing)가 이루어졌다. 미니레슨을 통해서 편집 체제를 안내하고 독자가 쉽게 이해할 수 있고 흥미를 갖도록 하는 편집 방법들을 검토하였다. 특히 적절한 이미지를 활용하여 글에 대한 관심과 흥미를 높이도록 하였다. 완성된 편집본도 다시 전체 구성원들에게 발표해서 결과물을 공유하도록 했다.

출판(publishing)을 위해서 다섯 명의 학생으로 출판팀을 구성하였다. 출판팀은 최종적인 편집, 교정 작업을 진행하고 인쇄소를 섭외하는 등 출판과 관련된 실무적인 일을 모두 맡아서 진행했다. 출판팀이 가장 고민한 것은 책의 제목과 차례를 정하는 일이었는데, 책 제목은 결국 전체 회의를 통해서 정했고 차례는 출판팀에서 주제와 장르를 고려해서 정하였다. 표지 디자인도 학생들의 아이디어로 만들어졌는데, 디자인을 전공한 친구의 도움을 받아 완성했다. 글쓰기 워크숍의 마지막 시간은 책을 만든 소감을 나누고 자축하는 것으로 마무리되었다.

〈2017년도 글쓰기 워크숍 자료〉

글쓰기 워크숍이 끝난 다음에 학생들은 '글쓰기에 대한 글쓰기' 형식으로 글쓰기 워크숍 과정을 되돌아보는 반성적 글쓰기를 수행했다. 여기에 기술된 학생들의 소감을 보면 글쓰기 워크숍이 학생들에게 어떤 영향을 미쳤는지를 잘 알 수 있다.

살면서 스스로가 작가라고 생각하며 글을 쓴 적은 거의 없었던 것 같다. 학교 문집에 싣기 위해 글을 쓴 적이 몇 번 있었지만 나의 글을 수많은 글 중 하나라고 생각했기 때문에 특별한 마음가짐으로 글을 쓰지는 않았다. 이번 글쓰기 워크숍에서는 글의 주제부터 장르와 삽화, 수정과 편집에 이르기까지 모두 내가 결정하고 참여하였기 때문에 진짜 작가의 마음으로 글을 쓰게 되었다. 내 글에 대해 책임감을 느꼈고, 좀 더 잘 쓰고 싶다는 욕심도 가지게 되었다. 글을 쓸 때 좀 더 진지하게 임하는 자세를 가지게 된 것 같다.

처음 과제를 받고는 주제와 장르를 많이 고민했다. 가장 큰 고민은 '좋은 점수를 받기 위한 글'을 쓸 것인가, '내가 하고 싶은 말'을 쓸 것인가 하는 것이었다. 오랜 고민 끝에 내린 결론은 내가 하고 싶은 말을 글로 써 보자는 것이었다. 그렇게 결정하게 된 가장 큰 이유는 이번 글쓰기가 내 인생에 있어 제대로 써보는 첫 글이었기 때문이다. 학창시절부터 지인들의 연애 상담을 많이 해 왔던 경험을 살려 그들의 고민 중 가장 일반적이면서도 간과하고 있는 부분에 대해 쓰기로 했고, 주변에서도 그러한 아픔을 겪고 있지만 굳이 내가 나서서 얘기를 해주지 못한, 혹은 어딘가에서 같은 문제로 고민하고 있을 이들을 내포 독자로 선정하였다.

글쓰기 워크숍의 특징 중의 하나는 학생들이 자신의 글에 대한 주인의식(ownership)을 갖도록 한다는 점이다. 작가들이 자신의 작품에 대한 자부심과 책무성을 느끼는 것처럼 학생들도 자신의 글을 쓰기 때문에 '작가 의식'을 갖게 된다. 지금까지 학생들은 과제로서의 글쓰기에 익숙해져 왔기 때문에 교수나 교사가 만족할만한 글을 쓰기 위해서 노력했다. 그러나 글쓰기 워크숍에서는 학생들 자신이 독자와 소통하기 위해서 글을 쓴다. 학생들의 소감에서도 이러한 '작가 의식'을 확인할 수 있다.

이전에는 주제, 형식이 거의 주어진 글쓰기를 주로 했다면 글쓰기 워크숍에서는 글의 주제를 정하는 것부터 형식 등 자유롭게 스스로 정하는 거였다. 직접 주제를 정해서 글을 쓰니 더 수월하게 글이 써진 것 같다. 그렇게 쓴 글을 출판하는 과정을 위해 글 편집을 하는 과정까지 경험해보니 하나의 글이 완성되고 독자에게 보여지기 까지 오랜 시간과 노력이 따른다는 것을 느꼈다. 기존의 글쓰기는 완성 후에만 피드백을 받아서 피드백 후에는 고쳐 쓰기를 안했었다. 그런데 워크숍은 주제를 정하는 것은 물론 글 완성하기 까지 여러 번의 피드백을 받았고 글을 쓰는데 피드백을 참고하여 글을 쓸 수가 있어서 훨씬 더 괜찮은 글이 나올 수 있었던 것 같다.

글쓰기 워크숍에서는 교사와 동료의 피드백을 바탕으로 끊임없이 글을 수정한다. 린다 플라워는 글쓰기의 인지적 과정이 계획하기, 초고쓰기, 수정하기로 이루어지며 이 과정은 선조적으로 진행되는 것이 아니라 회기적인 특성을 갖는다고 하였다. 능숙한 필자는 계획해서 쓴 다음에도 다시 독자 입장에서 읽고 다시 계획하고 쓰는 과정을 반복한다. 그러나 사실 많은 학생들이 작문의 회기적 특성에 대해서 알아도 이를 자신의 글쓰기에 적용하지는 못한다. 그러나 글쓰기 워크숍에서는 각각의 과정을 순차적으로 진행하면서 서로 피드백을 주고받기 때문에 회기적인 활동을 적극적으로 수행할 수밖에 없다.

세 차례의 피드백이 끝난 후, 내가 처음 쓴 초고를 다시 읽어보고 격하게 공감할 수 있었다. '모든 초고는 걸레다.' 글의 구조를 바꾸고, 표현을 바꾸는 퇴고 과정이 얼마나 내 글의 완성도를 높여주었는가를 실감하게 했다. 협력적 글쓰기를 하면서 얻게 된 것은 독자를 고려하는 것이다. 협력자는 내 글을 독자의 시선으로 봐주기 때문에 내 글의 부족한 점을 객관적으로 말해주어서 나 스스로 퇴고할 때는 미처 생각지 못했던 점을 짚어주었다. 그 덕분에 내 글을 독자와 같은 객관적인 눈으로 바라볼 수 있었다. 글쓰기 워크숍은 협력자의 피드백을 받고 글을 고쳐 쓰면서 글의 완성도를 높일 수 있는 활동이었다. 그리고 독자인 협력자와의 즉각적인 상호소통을 통해 독자의 반응에 대한 두려움을 극복하고 좀 더 편히 글을 쓸 수 있는 시간이었다.

혼자서 글을 완성한 후 교수님이나 동료들의 피드백을 받았을 때는, 솔직히 이미 완성되었고, 평가가 끝난 글인데 피드백을 적용해서 새로 쓴다고 해서 무슨 소용이 있겠나 싶어 특별히 피드백을 받아도 내 글에 적용시키지 않았었다. 하지만 글쓰기 워크숍에서는 교수님과 동료들의 피드백이 여러 차례에 걸쳐 쏟아졌고, 나는 피드백을 받을 때마다 내 글에 이 피드백을 어떻게 수용하고 내 글에 어떻게 적용시켜야 하는지 고민해야만 했다. 그러면서 자연스레 교수님과 동료들, 즉 내 독자들이 어떻게 해면 내 글을 더 쉽고 재미있게 읽을 수 있을지 생각하게 되었다. 글쓰기 워크숍은 독자의 의견을 즉각적으로 반영하여 글을 개선시킬 수 있다는 점에서 이전의 글쓰기 지도와는 다르다.

글쓰기 워크숍이 학생들의 글쓰기 능력의 발달에 도움이 될 수 있었던 가장 핵심적인 요인은 협력적 의사소통이라고 할 수 있다. 글쓰기 워크숍에서 이루어지는 협의는 학생 상호간의 협의와 발표를 통한 공유하기, 그리고 교사와 학생 간의 협의로 구분할 수 있다. 학생들은 개인별 협의와 전체 학생들을 대상으로 하는 발표 등을 통해서 다양한 방식으로 의사소통을 한다. 이러한 협의 과정을 통해서 학생들은 자신의 글에 대한 예상 독자들의 반응을 미리 들어볼 수 있다.
학생들은 동료나 교사와의 협의를 통해서 자기 글에 대한 독자의 반응을 확인하게 될 뿐만 아니라 자신의 글을 개선할 수 있는 아이디어도 얻게 된다. 따라서 동료 학생들과 지도 교사의 반응과 피드백은 학생들의 글쓰기 활동을 격려하고 이를 더 발전시키는데 핵심적인 역할을 한다. 학생들의 설문조사 결과를 보면 동료와 교사의 피드백 모두 도움이 되었다고 응답했으나 교사의 피드백을 더 신뢰하는 것으로 나타났다. 5점 척도의 응답에서 교수의 피드백은 4.5를 기록했으나 학생의 피드백은 4.0을 기록했다.

글쓰기 워크숍은 나에게 또 다른 고민거리도 던져주었다. 어떤 워크숍 동료는 내가 소개한 콘텐츠 중에 자신이 개인적으로 좋아하는 콘텐츠가 있었는데 표현이 부정적이라는 피드백을 했었다. 이 피드백을 받고 여러 번 다시 생각했었는데 아무리 생각을 해봐도 내 표현이 콘텐츠를 소개하는데 문제가 없고 적절했다고 생각했기 때문에 수정을 하지 않았다. 다른 몇몇의 피드백 중에서는 수용하기 어려운 피드백들도 있었고, 심지어는 여러 피드백이 반대되는 부분도 있어 피드백만 따라가다가는 어느 누구도 만족시키지 못할 부분도 있었다. 독자와 필자의 상호작용은 중요하지만 필자인 내가 독자를 어느 정도 수준까지 고려하고 수용할 것인지 결정하기는 또 굉장히 까다로운 문제인 것 같다. 이번 글의 경우에선 그럴 때는 필자인 나를 만족시키는 방향으로 썼다.

이 학생이 지적한 것처럼 교사나 동료 학생들의 반응은 매우 다양하기 때문에 학생 필자를 당혹스럽게 할 수 있다. 그러나 자신의 글에 대한 다양한 반응을 통해서 학생들은 서로 다른 관점에 대해서 배울 수 있다. 자신의 글을 읽는 실제 독자들이 다양한 관점에서 서로 다른 반응을 보일 것이라는 전제 하에서 글을 수정할 경우 훨씬 많은 독자의 반응을 이끌어낼 수 있을 것이다. 어쨌든 독자의 다양한 반응을 받아들여서 어떻게 자신의 글을 개선할 것인가 하는 것은 오직 필자 자신의 몫이다. 따라서 학생들이 워크숍에 어떤 태도로 참여하는가에 따라서 그 결과가 달라질 수 있다.

딱딱한 주제로 재미있는 글을 쓰기 위해 읽고 고치기를 반복했다. 그 과정에서 여러 번 피드백을 받고 수정했다. 한 편의 글을 쓰기 위해서 이렇게 많은 시간과 노력을 투자하기는 처음이다. 글을 완성하고 수정하기 전의 글과 비교해보니 엄청난 발전을 이루었다는 것을 느꼈다. 걱정으로 시작했던 워크숍이 자신감을 안겨주었다. 이번 경험이 나의 삶에서 큰 자리를 차지할 것 같다. 어린왕자에서 '네 장미를 그렇게 소중하게 만든 것은 네가 장미에게 쓴 시간 때문이지'라는 구절이 나온다. 나의 글이 소중하고 자랑스러운 이유는 워크숍 기간 동안 쏟은 노력과 시간 때문일 것이다. 워크숍은 새롭고 즐거웠으며 가치 있었다.

2차 피드백이 있기 전의 2주 동안 나는 수없이 많은 고민을 했다. 인공지능이라는 주제를 버리고 연예인 스폰서에 대한 글을 써 보기도 하고, 자유학기제에 대한 글을 썼다가 완전히 날려버리기도 했다. 결국은 다시 인공지능이라는 주제로 돌아와, 소재는 같지만 주제를 완전히 바꾸어 '인공지능과 미래'라는 제목으로 글을 썼다. 인공지능의 발달이 인간에게 불러일으킬 수 있는 문제점에 관한 내용이었다. 인공지능에 관한 논문은 인공지능 분야에서 비전문가인 내가 이해하기 어려운 것들이 많았고, 웹사이트에는 다들 뻔한 이야기만 하고 있어서 학교 도서관에서 인공지능에 관한 책을 참고하여 자료를 얻었다. 그러나 이번에는 근거가 글의 주제를 뒷받침할 수 있는가에 너무 초점을 두다보니, 동료들에게 '글이 재미없다'는 피드백을 받았다. 그 피드백을 받고도 나는 '인공지능에 관한 글인데 재미있을 수가 없지!' 라며 스스로를 합리화했다. 그런데 교수님의 피드백도 어김없이 혹평이었다. 저번 글보다는 나아졌지만, 인공지능에 관한 문제점만 쭉 적어놓으니 글이 너무 옹색해 보인다는 것이 그 이유였다.

글쓰기 워크숍에서는 학생들이 글쓰기 전 과정을 차례로 거치면서 오랜 시간에 걸쳐서 한 편의 글을 완성한다. 또한 각각의 과정에서 친구나 교수의 피드백을 받고 같이 협의하면서 글을 쓴다. 따라서 한 편의 글에 들인 정성이나 노력의 양은 이전의 어떤 글보다 많다는 것을 알 수 있다. 좋은 글이란 이렇게 오랜 시간 숙고하고 다시 읽고 고치는 과정의 반복을 통해서 생산되는 것임을 체험하게 되는 것이다. 오랜 시간 동안 글을 쓴다는 것은 글의 주제와 표현에 대해 충분히 탐구하고 숙고하는 데 많은 노력을 기울인다는 것을 의미한다.

좋은 글이란 독자의 입장에서 읽을 만한 가치가 있다고 느끼게 하는 글이다. 즉, 독자에게 새로운 정보를 제공하거나 감동을 줄 수 있을 때 좋은 글이라고 할 수 있다. 최종 결과물을 통해서 보면 글의 완성도가 높고 성취 수준이 높은 글은 세상에서 뭔가 새로운 '의미'를 이끌어낸 글이다. 세상에 대한 새로운 의미를 발견하기 위해서는 글의 주제나 표현에 대해 깊이 있게 '탐구와 조사'가 이루어져야 한다. 흔히 '탐구와 조사'는 정보텍스트에만 해당되는 것이라고 생각하는 경향이 있지만, 자신이나 자기 주변에 대한 글을 쓸 때도 탐구와 조사가 필요하다. 자취 경험을 수필로 쓴 학생의 경우에도 "같이 살고 있는 룸메이트와 자취를 하고 있는 친구와의 인터뷰를 통해 내용을 선정하였다. 자취에 대한 설문조사를 가져오기도 했다."라고 했다. '나의 대2병 극복기'라는 글을 쓴 학생의 경우에도 자신의 경험을 바탕으로 쓴 글임에도 불구하고 자신의 일기나 관련 자료를 찾아서 정리하는 노력을 기울였다. 경험을 재구성하기 위해서도 세부 디테일을 살리기 위한 자료 수집이 필요하다는 것을 알 수 있다.

5. 교수와 학습의 균형을 갖춘 글쓰기 워크숍

글쓰기 워크숍은 학생 스스로가 주제와 장르를 선택하고 글쓰기 전 과정을 책임지는 학생 중심의 활동이다. 글쓰기 워크숍은 평가라고 하는 글쓰기 외적 목적에 따라 글을 쓰는 것이 아니라 독자와 소통하고자 하는 글쓰기 자체의 목적에 따라 글을 쓰기 때문에 글쓰기의 동기가 강하다. 글쓰기 워크숍의 초기 연구자인 Graves는 학생들에게 글쓰기에 대한 지식을 가르칠 것이 아니라 글을 쓰도록 하는 것이 중요하다는 것을 강조하였다.

그러나 학생들의 자발적인 활동에만 맡기는 것은 학생들의 글쓰기 능력을 향상시키는데 도움을 주지 못할 수도 있다. 학생 개인의 특성이나 장르의 특징에 따라 학생들의 글쓰기 성과에 차이가 있었다는 결과는 학생 활동에만 맡기는 것이 한계가 있음을 보여준다. 글쓰기 워크숍의 역사에서 보면 이를 보완하기 위한 활동으로 교사 중심의 미니레슨이 제안되었다. 초기에는 교사가 조력자의 위치에 머물렀다면 미니레슨 이후의 교사는 학생들의 글쓰기에 적극적으로 개입하는 지도자의 위치로 변화한다.

글쓰기 워크숍은 학생들이 자신의 글을 쓰는 경험을 갖는 것을 넘어서 글쓰기의 과정에서 필요한 지식과 기능을 익힐 수 있도록 설계될 필요가 있다. 이를 위해서는 글쓰기의 전 과정에서 학생들에게 필요한 지식과 기능을 제공할 수 있도록 미니레슨을 체계적으로 기획해야 한다. 이 미니레슨에서는 글의 주제와 장르 특성에 대한 안내에서부터 초고쓰기, 수정하기, 편집하기 등 각 과정에서 필요한 지식과 기능, 그리고 협의하기와 공유하기 활동 안내를 포함할 필요가 있다.

글쓰기 워크숍은 학생들의 자발성에 기초한 학생중심의 활동이지만 교사의 체계적인 계획과 지도가 필요하다. 교사가 다양한 장르에 대한 지식을 갖추고 학생들을 지원하지 못한다면 학생들은 자신의 글쓰기 능력을 발전시킬 수 있는 계기를 갖지 못하게 된다. 교사 중심의 글쓰기 지도는 학생들의 실제적인 글쓰기 능력을 향상시키는 데 한계가 있지만, 반대로 학습자의 자발적인 활동에만 전적으로 의지하는 것도 한계가 있다. 그러므로 글쓰기 워크숍은 교사의 체계적인 계획과 지도와 학생들의 자발적인 활동이 균형을 갖춘 교수학습 방법이라고 할 수 있다.

참고문헌

박영기(2014), 「워크숍을 활용한 주제 글쓰기 교과 운영 사례 연구」, 『교양교육연구』
8, 한국교양교육학회, 11~37쪽.

오현진(2012), 「워크숍을 활용한 대학생 글쓰기 교육 방안에 대한 연구: 비평문 쓰기
를 중심으로」, 『새국어교육』 90, 한국국어교육학회, 57~85쪽.

신헌재·이재승(1994), 『학습자 중심의 국어교육』, 서광학술자료사.

원진숙(2001), 「초등 국어과 교수 학습 모형 개발 연구: 쓰기 영역을 중심으로」, 『국어
교육학연구』 12, 국어교육학회, 287~316쪽.

전제응(2011), 「쓰기 워크숍 방식의 고쳐쓰기 지도가 초등학생의 쓰기 동기에 미치는
영향」, 『청람어문교육』 43, 청람어문교육학회, 225~250쪽.

한철우·홍인선(2005), 「자기 주도성 향상을 위한 독서 워크숍 지도 방안」, 『독서연구』
13, 한국독서학회, 237~266쪽.

황재웅(2008), 「쓰기 워크숍에 의한 작문 교육 방안」, 『국어교육』 127, 한국어교육학
회, 163~193쪽.

황재웅(2010), 『쓰기 워크숍의 이론과 실제』, 한국문화사.

Alley, M. & Orehovec, B.(2007), *Revisiting the writing workshop: Management, assessment,
and mini-lessons*, New York, NY: Scholastic Inc.

Atwell, N.(1998), *In the Middle: New understandings about writing, reading, and learning*
(2nd ed.), Portsmouth, NH: Heinemann.

Calkins, L. N.(1994), *The Art of Teaching Writing*, Portsmouth, NH: Heinemann.

Graves, D. H.(2003), *Writing: Teachers and Children at Work*, Portsmouth, NH:
Heinemann.

Fletcher, R., & Portalupi, J.(2001), *Writing workshop: the essential guide*, Portsmouth,
NH: Heinemann.

Karsback, B.(2011), "Writer's workshop: Does It Improve the Skills of Young Writers?",

Illinois Reading Council Journal, 39(2), pp. 3~11.

Leung, C. B., & Hicks, J.(2014), "Writer identity and writing workshop", *Writing & Pedagogy*, 63, pp. 583~605.

Ray, K. W., & Laminack, L. L.(2001), *The writing workshop: Working through the hard parts (and they're all hard parts)*, Urbana, IL: National Council of Teachers of English.

Solley, B. A.(2000), "Writing: past, present, and future", In B. A. Solley, *Writers' workshop: Reflections of elementary and middle school teachers*(pp. 1~10), Needham Heights, MA: Allyn & Bacon.

Tompkins, G. E.(2012), *Teaching writing: balancing process and product*, Boston, Massachusetts: Pearson.

비판적/창의적 사고 능력 함양을 위한 독서토론 지도 방법[※]

이승윤

1. 독서토론과 의사소통

대학의 기초교양 교육에서 의사소통 교육은 핵심적인 영역에 속한다. 교과목명과 상관없이 읽기, 말하기, 쓰기 등 의사소통능력의 강화를 위하여 활용되고 있는 수업 방법은 프레젠테이션·토론·토의·고전 읽기·요약하기·독서감상문 쓰기·학술적 글쓰기·성찰적 글쓰기·제안서 쓰기 등 실로 다양하다. 이 방법들은 서로 교차되기도 하고 순차적으로 활용되기도 하면서 시너지 효과를 얻을 수 있다. 본고에서 다루고자 하는 '독서토론'은 읽기—말하기—쓰기 통합적 교육을 위하여 유용하게 활용되는 수업 방법 중 하나이다.

독서토론은 독서 능력과 토론 능력을 함께 기를 수 있다는 장점을 지닌다. 본고에서 말하는 독서 능력이란 단순히 읽기의 기술을 의미하지 않는다. 적은 분량 혹은 일부분의 텍스트가 아니라 책으로 출간된 구성체로서의 텍스트를

※ 이 글은 2015년 한국리터러시학회에서 발행한 『리터러시 연구』 13호에 발표한 논문을 수정 보완한 것이다.

익숙하고 쉽게 읽는 능력을 포함한다. 우리나라 대학생의 독서 실태는 양적인 측면에서나 질적인 측면에서 결코 만족할만한 수준이라고 할 수 없다(손종업, 2013).[1] 여러 대학에서는 "대학생 필독 도서" 목록을 제시하기도 하고, 이를 바탕으로 공모전을 개최하기도 하지만 대개는 일회성 행사에 그치고 있는 수준이다. 또한 선택과목으로 '독서와 토론', '명저 읽기' 등의 유사 교과목이 개설되기도 하지만 대부분은 학생들의 호응이 저조한 것이 현실이다.

더불어 최근에는 방대한 분량의 정보 환경에 놓이면서 구성된 텍스트에 대한 '독서'의 의미보다는, 선별적으로 자료를 읽고 재구조화하는 능력을 요구하고 있기도 하다. 하지만 '선별'과 '재구조화'의 능력 또한 기본적인 독서 능력 위에서 가능하다. 기초체력을 가지지 못한 기술은 무의미하다. 책읽기의 중요성은 여전히 유효하다. 필자가 제시하는 독서토론의 방법은 의사소통의 강화와 더불어, 대학생의 독서 실태에 대한 문제의식을 기반으로 독서 환경의 조성 및 독서 능력의 함양이라는 교육목표로 설계한 것이다.

이 글에서 말하는 토론 능력 역시 의사소통의 표현적 기술 혹은 언술만을 의미하지 않는다. 어떤 문제를 분석적으로 접근하고 "그 분석을 토대로 합리적인 해결책을 찾을 수 있는"(이광모, 2005: 165) 능력, 그리고 자신의 주장을 "논리적으로 증명하고", "다양한 입장의 가능성과 차이를 인정하는"(구자황, 2007: 293~294) 사고력과 상호이해 능력을 포함한다.

의사소통능력이란 표현력과 사고력 그리고 인격적 측면이 아울러 성장해야 한다. 그런데 어느 측면에 조금 더 집중적인 교육목표를 설정하느냐에 따라 지도 방안이 달라질 수 있다. 본고에서는 사고력에 초점을 맞추어 필자의 수업 사례를 분석함으로써 비판적/창의적 사고 능력 함양을 교육목표로 하는 독서토론 지도 방안을 모색해보고자 하였다.

비판적 사고 능력의 함양은 "비판적 지성의 산실이라는 대학의 전통적 이상

---

1) 손종업은 한국 대학생의 독서량을 캠브리지대 대학생들과 비교하면 문맹 수준이라고 해야 할 정도이며, 독서의 질에서도 하버드대 학생들과 비교하면 시간 죽이기 위주의 독서를 하고 있어 문제가 심각하다고 지적하고 있다.

을 회복하기 위해, 그리고 풍부한 감성과 높은 덕성을 갖춘 비판적 지성인의 양성이라는 전인 교육적 인성 교육의 이상을 실현하기 위해" 시급히 요청되는 교육목표이다(박정호, 2011: 137).[2] 또한 창의적 사고 능력의 함양은 초등교육과 정에서부터 고등교육과정까지 모든 과정에서 교육목표가 되어 왔으나, 최근 들어 대학에서 더욱 강조되고 있는 교육목표이다. 21세기 지식기반 사회에 필요한 지식의 생산자로서 대학 학습자를 보았던 관점에서 탈피하여, 다양한 가능성을 창출하는 창조자로서 대학 학습자를 교육하고자 하는 것이다(최상민, 2015: 236).

이처럼 대학의 대표적인 교육목표라고 할 수 있는 비판적 사고와 창의적 사고 능력의 함양은 독서토론을 통해서 성취할 수 있다. 읽기 교육은 단순히 문학적인 소양을 넓히고 감정을 풍부하게 하는 데 그쳐서는 안 되며(신현규, 2010: 105), 사고력 향상에 도움이 되도록 지도해야 한다.

이러한 읽기에 대한 필요성과 강조는 최근 출간된 새로운 교재의 편성에서도 확인할 수 있다. 예컨대 2013년 연세대학교에서 새로운 계열별 글쓰기 교재를 집필하면서 읽기의 방법을 제1부에 구성하고 대화적(창의적) 읽기,[3] 분석적 읽기, 비판적 읽기 등 구체적인 방법을 하위 항목으로 제시하기도 하였다. 또한 서울대의 〈독서 세미나: 고전에 길을 묻다〉와 같은 교과목의 경우에도 단지 읽기를 통한 "교조적인 인성덕목의 선정과 훈계"가 아니라, "고전읽기, 능동적 참여(발표와 토론 경험과 체험 등의 활동), 자기 삶에 적용을 통해 삶의 가치에 대한 탐색과 성찰을 심화"를 지향하고 있다(박현희, 2019: 32).

한편 대학에서의 토론 교육은 "학문의 영역에서 공통적으로 요구되는", "논리력과 비판적 사고 능력을 키우"고 "사태에 대한 균형 잡힌 시각과 판단", "해결

---

2) 박정호는 이 글에서 비판적 사고가 단지 지능적 활동만을 의미하는 것은 아니며 인격적인 태도를 갖출 때 비로소 완성된다고 보았다.

3) 『비판적 읽기와 소통의 글쓰기』의 구성을 보면, 1부 1장으로 '대화적 읽기'가 제시되어 있는데, 여기서 대화적 읽기란 기본 정보 읽기부터 전문적·창의적 읽기까지를 아우르고 있다. "대화적 읽기란 텍스트가 제공하는 지식과 정보에 대한 이해를 통해 창의적 사고를 형성하는 능동적 읽기를 의미한다."(유광수 외, 2013: 16)

해야 할 문제에 대한 유연한 태도"를 갖추도록 한다(최형용 외, 2009: 173~174). 또한 하나의 논지를 구성하고 자기의 주장만을 강화하는 것이 아니라, 토론을 통해 "상대의 관점을 살피고 그에 관한 수용과 거부에 대한 판단력이 향상"(정은주, 2019: 132)되어 가는 것을 기대해 볼 수 있다.

김우진은 독서 토론이 비판적 독서를 완성하는 데 필요한 이유로 토론을 준비하면서 '근거의 근거'를 제시할 수 있으며, 내용에 대한 완전한 숙지에 다가설 수 있으며, 대안을 모색해보고, 사실과 의견을 구분할 수 있는 훈련을 할 수 있다는 점 등을 들고 있다(김우진, 2019: 76). 그런데 "대학이나 사회 여러 분야에서 활발히 이루어지고 있는 정책토론과 달리 독서토론의 경우 아직 보편화된 모형", 적극적으로 활용되고 있는 모형이 거의 없는 것이 현실이다(김양선, 2009: 30). 독서토론은 주제토론보다 하나의 논제에 집중하기 어렵고, 책의 내용에 대한 산만한 질의응답으로 채워질 우려가 있다. 따라서 보다 세심한 수업 설계가 요구된다.

이 글에서는 이러한 문제의식을 토대로 일차적으로 비판적/창의적 사고에 대한 기존의 논의들을 점검하고, 그의 구체적인 적용으로써 여러 토론 수업의 모델을 살펴보도록 한다. 이를 바탕으로 '독서 토론' 수업의 구체적인 구성과 지도 방안을 모색해보도록 한다.

2. 비판적/창의적 사고와 토론의 전제

한국교육과정평가원은 김연정(2002)의 연구를 토대로 인간의 고차적 사고 능력을 일곱 가지 범주로 나누고 있다. 일곱 가지 범주 중에 수리성 방향의 극단에 있는 기호적 사고(Formal Symbolic Thinking)와 예술성 방향의 극단에 있는 상징적 사고(Material Symbolic Thinking)를 제외하면, 분석적(Analytical)·추론적(Inferential)·종합적(Synthetical)·대안적(Alternative)·발산적(Divergent) 사고가 보편적이고 일반적인 사고 능력의 범주에 속한다(박은미, 2006: 42).

분석적 사고에는 텍스트 이해와 개념 분석 등이, 추론적 사고에는 연역 및 귀납 추론이, 종합적 사고에는 평가와 판단, 전체적 조감 등의 사고 활동이 포함된다. 또한 대안적 사고에는 관점 혹은 발상의 전환, 결론 도출이나 문제의 해결 등이, 발산적 사고에는 유창한, 혹은 융통성 있는, 그리고 독창성 있고 정교한 사고 활동이 포함된다.

이 글에서는 이 다섯 가지 사고 능력을 비판적 사고 능력과 창의적 사고 능력 두 가지 범주로 크게 나누고 전자에는 ① 분석적, ② 추론적, ③ 종합적 사고와 ④ 대안적 사고 중 결론 도출이나 문제의 해결을, 후자에는 ⑤ 발산적 사고와 ④ 대안적 사고에서 관점 혹은 발상의 전환을 포함시켜 연구 대상을 분석하고자 한다.4) ④ 대안적 사고는 사전적 의미로 '문제가 적절히 해결되지 않았을 경우에 다른 해결 방안을 지속적으로 시도할 수 있는 사고 능력'을 가리킨다. 이처럼 다른 해결 방안을 지속적으로 시도할 경우 관점 혹은 발상의 전환을 통해 문제 해결에 도달할 수 있는데, 이 발상의 전환이 곧 창의적 사고에 포함되는 것이다.

배식한(2011: 175)에 의하면, 비판적 사고란 논증행위의 상황에서 "주어진 견해와 근거를 분명한 형태로 재구성하고, 근거의 확실성과 타당성을 점검하고, 문제가 있을 경우 그것을 해결할 수 있는 방안이나 대안이 되는 견해를 제시하여, 더 나은 견해를 도출하고 입증하는 과정"이다. 이 주장에 따르면 대안적 사고는 논증 행위의 일부이다. 창의적 사고에 포함되는 대안적 사고는 논증 행위를 가리키는 것이 아니라 발상의 전환으로 나타나는 사고의 결과라는 점에서 차이를 지닌다.

사실, 사고 능력의 개념 및 범주 규정은 연구자에 따라 조금씩 차이를 보이며, 사고 능력의 범주마다 확연하게 항상 그 특성을 구분해낼 수 있는 것도 아니다. 비판적 사고가 "논리적 사고, 합리적 사고, 반성적 사고, 과학적 사고 등과 유사

---

4) ① 분석적, ② 추론적, ③ 종합적, ④ 대안적 사고는 논리적 사고에 해당하며, ⑤ 발산적 사고는 협의의 창의적 사고에 해당하므로 논리적 사고와 협의의 창의적 사고로 범주를 나누어 분석할 수도 있다. 그러나 필자는 창의적 사고에 발상의 전환이나 관점의 전환을 포함해야 한다고 생각하므로 대안적 사고 중 이와 관련된 특징을 창의적 사고 범주에 넣고, 대학 교양교육의 목표에서 반드시 추구되어야 하는 비판적 사고를 더 중요한 개념으로 보아 이를 기준으로 분석에 활용하기로 하였다.

한 용어로 사용되기도 하고, 서로 다르게 정의되기도"(박은미, 2006: 39)하는 것은 그러한 어려움을 방증하는 것이다.

본고는 '비판적 사고'를 관찰·경험·반성·추리·의사소통 등을 통해 수집되거나 생산된 정보를 능숙하게 개념화·적용·분석·종합·평가하는 지적으로 숙달된 과정으로 보는 마이클 스크리븐(Scriven. M. & Paul, R. W., 1987)의 견해에 동의한다. 그리고 여기에 논증 행위의 일부로서 대안적 사고는 비판적 사고에 포함시키고, 사고의 결과로 나타난 발상의 전환은 창의적 사고에 포함시켜 연구대상을 분석해보고자 한다.

한편 창의적 사고는 "새로운 것을 만들어 내는 능력과 관련"되어 있으나, "새롭다고 해서 창의적인 것은 아니며, 새로운 것들 중에서 그 영향력이나 효용성에 있어 뛰어난 것에 붙여지는 일종의 찬사"라 할 수 있다(이정모 외, 2009: 485). 창의적 사고는 광의의 의미에서 종합적, 대안적, 발산적 상징적 사고를 포괄하며, 협의의 의미에서는 길포드(Guilford, 1950)가 생각한 "발산적 사고"5)가 핵심이다(Gardner, 1993: 59). 그리고 그 중간지점에 일반적인 창의적 사고의 개념에 대안적, 발산적 사고가 포함된다(한국교육과정평가원, 2002).

비판적 사고와 창의적 사고를 대비되는 사고 능력으로 보는 견해가 있는가 하면, 창의적 사고에 비판적 사고가 포함되는 것으로 혹은 비판적 사고에 창의적 사고가 포함되는 것으로 보는 견해도 있다. 니커슨(Nickerson, 1999)은 '창의적 사고'는 개방적, 혁신적, 독창적, 무제한적인 사고이며 주로 탐색 또는 관념의 생성과 관련이 있다고 주장한다. 반면 '비판적 사고'는 논리적, 집중적, 제한적, 학문 지향적 사고이며 실제적이고 실용적인 문제를 주된 대상으로 한다는 점에서 대비되는 것으로 보았다. 이와는 달리 김연정(2002: 81)은 "발산적 사고가 의미하는 협의의 창의성 개념을 제외한 나머지 2가지 창의성 개념, 즉 문제해결과 같은 유용성의 준거를 중시하는 광의의 창의성 개념이나 기존 정보들의 변형이나 조합을 기반으로 한 과정으로서의 창의성 개념은 모두 비판적 사고 개념에 포섭"되는 것으로 파악하고 있다. 사고력을 세분화하고 범주를 나누는

---

5) 'divergent thinking'으로 '확산적 사고'로 사용하기도 한다.

데에 어려움이 있음에도 불구하고 이와 같은 분석을 시도하고자 하는 까닭은 사고 능력 함양을 위한 독서토론 수업의 보다 발전적인 지도 방안을 모색하기 위한 것이다. 다음은 박정진·윤준채의 비판적·창의적 질문과 반응을 분석하기 위한 분석틀을 재구성한 것이다.

〈표 1〉 비판적·창의적 질문과 반응 분석틀(박정진·윤준채, 2004: 125~126)

	하위 요소	하위 요소를 촉진하는 질문
비 판 적 사 고	문제의 규명 및 명료화	• 같은 점과 다른 점을 찾아내시오. • 범주를 조직화하시오. • 문제를 규명하시오. • 개인과 그룹의 생각과 관념을 해석하시오. • 관점을 분석하시오.
	문제와 관련 정보의 평가 및 판단	• 증거를 확인하시오. • 아이디어나 사건을 순서화하시오. • 주로 생각을 지지하는 증거를 제시하시오. • 정보를 사실과 의견으로 구분하시오. • 정보를 평가하시오. • 타당하고 믿을 만한 정보를 선택하시오. • 타인의 의견에 대해 장점과 문제점을 판단하시오. • 편견, 허위보도를 판단하시오. • 논쟁을 분석하시오.
창 의 적 사 고	유창한 사고	• 모든 가능한 경우를 생각해 내시오. • 한 문제에 대하여 여러 가지 해결책을 만드시오. • 문제 해결을 위하여 다양한 방법을 생각해내시오.
	융통성 있는 사고	• 친숙한 것을 친숙하지 않은 상황에 적용하시오. • 사물이나 현상들 간의 관련성을 찾으시오. • 우리가 당연하게 생각하는 것을 조금 바꿔보시오. • 기존의 생각이나 사물에 대한 편견을 바꾸시오.
	독창성 있는 사고	• 다른 사람과 다르게 생각해 보시오. • 문제를 일상적인 방식과 다르게 해결하시오. • 생각을 새로운 상황에 적용해 보시오.

토의와 토론은 어떤 문제에 대해 최상의 해답을 얻기 위한 집단적인 공동의 노력이라는 점에서 목적이 같다고 할 수 있다. 그러나 토의가 어떤 문제 해결을

위하여 의견 일치를 보기 위해 서로 협동하여 이야기하는 형식이라면, 토론은 그 문제의 대립점에 대하여 긍정과 부정으로 갈려서 의견을 전면에 나타내는 형식이라는 점이 다르다. 주제토론과 달리 독서토론은 구체적인 논제가 주어지지 않아 텍스트 본래의 의미를 제대로 파악하지 못하거나, 텍스트에 기반하지 않고 학생 개인의 주장과 의견들을 전면에 내세움으로써 독서토론 원래의 목적과 동떨어진 장면들이 연출될 우려가 있다.

박정진과 윤준채(2004)의 분석틀은 이러한 우려를 다소간 줄이면서 막연하고 추상적인 읽기에 구체적인 질문을 제시해줌으로써 비판적/창의적 사고로 유도할 수 있도록 한다. 위의 표에서 제시된 질문들은 실제 독서토론 수업을 진행하면서 두 차례 강조되었다. 첫 번째는 독서토론 수업을 시작하면서 주어진 텍스트를 보다 능동적으로 읽도록 하기 위한 것이었으며, 다음은 텍스트에 대한 일차적인 독서를 마친 상태에서 실질적인 토론문을 작성하기 위해서였다.

학생들의 능동적인 독서에 개입하지 않으면서도 읽기와 토론을 위한 손쉬우면서도 명료한 일종의 팁(tip)을 제공한 셈인데, 구체적인 질문을 제시해줌으로써 얻을 수 있는 효과는 무엇보다 집중성이다. 이러한 방법적 적용을 통해 주제토론에 비해 독서토론이 가지는 약점, 즉 책의 내용에 대한 산만한 질의응답으로 채워지거나, 텍스트에 기반하지 않은 논지의 이탈로 빠지지 않고, 보다 집중력 있고 예각화된 토론으로 이어질 수 있었다.

3. 독서토론 학습 모형의 구안과 적용 사례

토론의 형식은 여러 가지가 있을 수 있다. 두 사람의 토론자와 한 사람의 사회자로 진행되는 2인 토론, 그리고 주장과 반론 등을 각각 책임지는 역할을 부여하여 진행하는 2인 1조 혹은 3인 1조 토론이 있다. 또 법정에서 행하는 반대 신문(訊問)을 응용한 반대신문식 토론(the cross examination debate)이나, 일반적으로 전문 분야에서 자주 활용되는 패널 토론이나 심포지엄도 토론에 포함할 수 있다(임태섭, 1997: 401).

실제 대학에서 활용되는 독서토론의 유형은 CEDA식 토론, 역할 토론, 피라미드 토론, 응용배심원 토론, 개방형 독서토론 등이다. 각각의 토론 방법은 나름의 장점과 한계를 가지고 있다. 이때 한계는 사실 토론 자체가 가지고 있는 문제점이라기보다는 강의 시수, 수강인원, 계열별·전공별 학생들 간의 차이, 공간의 문제 등 외부적인 조건과 제약들로 말미암는 것이 대부분이다.

예컨대 '역할 토론'의 경우 여러 등장인물이 등장하는 문학작품을 텍스트로 삼아 학생들의 적극적인 참여를 유도하면서 매우 흥미롭게 토론을 진행할 수 있는 장점이 있다. '역할 토론'은 여러 등장인물이 등장하는 책을 읽고 여러 명의 발표자가 각자 등장인물이 되어 등장인물의 입장에서 논의되는 주제에 대해 자유롭게 토론하는 방식이다. 이때 인물 배정은 몇 명의 등장인물을 대상으로 할 것인지 결정한 후 한 사람이 한 명씩 배역을 맡는 것이 좋다. 토론에 참여하는 학생들은 자신이 맡은 등장인물의 명패를 준비하여 책상 앞에 놓도록 한다. 수업 시간 내내 발표자 학생은 등장인물로 불리게 된다. 발표자 학생은 연극을 하듯이 모든 말투와 행동을 자신이 맡은 인물과 동일하게 하며 토론에 임하는 것이다. 역할 토론은 토론 능력 중에서 ① 상대방의 주장을 상대방의 입장에서 이해할 수 있는 능력을 키우고, ② 자기 자신의 생각을 객관화할 수 있는 능력을 키우는 데 적합한 방법이다(이재성, 2010).

하지만 이 방법은 캐릭터가 분명한 여러 인물이 등장하는 소설과 같은 문학텍스트의 경우에는 바로 적용이 가능하지만 그 외에는 적용이 제한적일 수밖에 없다는 한계가 있다. 또한 이 방법이 학생들의 적극적인 참여를 유도하고 흥미롭기는 하지만, '토론'에 방점이 찍히기보다는 '역할'에 유인되어 '역할극'의 수준에 멈출 위험성도 존재한다. 이렇듯 교육 현장에서 이루어지는 토론은 무엇보다 교육의 목적에 부합하는 형식과 규칙을 사전에 결정하는 것이 필요하다

필자가 진행한 독서토론 수업[6]은 우선 한 팀을 10명으로 구성하여 한 권의

---

6) 이 글에서 다루고 있는 독서토론 수업은 인천대학교 '글쓰기' 분반의 사례이다. 인천대학교는 교양필수로 '글쓰기이론과 실제' 2학점(3시간)을 운영하고 있으며, 한 강좌 당 수강생은 30~40

책을 읽도록 하고, 토론 논제를 정한 후 찬성과 반대 5:5로 다시 팀을 나누어 진행하였다. 토론 논제를 정할 때에는 교수자와 상의하여 조정하도록 하였으며, 찬성과 반대 팀원들이 패널이 되어 발표를 하고 청중 학생들까지 참여하여 질의응답을 하는 방식으로 토론을 진행하였다.

15주 한 학기 교과과정 중에 독서토론은 4주 동안 진행하였다. 10여 명씩 4팀으로 나누고, 교수가 제시한 8권의 도서[7] 중 한 권씩 총 4권을 선정하였다. 8권의 도서는 비교과 프로그램으로 운영 중인 〈독서 멘토링 교실〉에서 학생들이 희망도서로 선택한 작품 중에서 선택하였다. 본고에서 분석하고자 하는 수업 사례는 인문계와 이공계 각각의 분반에서 동시에 선택한[8] 도서, 스펜서 존슨의 『누가 내 치즈를 옮겼을까?』(2000, 진명출판사)를 읽고 이루어진 독서토론이다.

1998년 뉴욕에서 발행된 『누가 내 치즈를 옮겼을까?』는 월스트리트에서 베스트셀러가 되었을 뿐만 아니라, 2000년 한국에 번역 출간되어 베스트셀러에 오르기도 하였다. 우리나라에서는 현재 초등학생들도 읽어야 할 필독서처럼 여겨지고 있으나 출간 당시 타깃 독자는 직장인이었다. 생존경쟁에서 살아남고자 직장인의 자기계발 도서로 기획 출판된 것이었으며, 한국어로 옮긴 이영진 역시 'IMF 통제경제' 시대의 고통을 겪고 변화를 도모해야 하는 한국인에게 긴요한 책이 될 것이라고 밝히고 있다. 무엇보다 독서토론 수업에서 이 책이 가지고 있는 장점은 익히 알려진 도서로서 학습자에게 동기부여를 할 수 있고, 다른 도서보다 비교적 명쾌하게 논제를 선정할 수 있다는 점이다.

명 내외이다.

7) 8권의 도서는 다음과 같다. 김구(2002), 『백범일지』, 돌베개; 안소영(2006), 『책만 보는 바보』, 진경문고; 최재천(2011), 『통섭의 식탁』, 명진출판사; 박경리(2013), 『일본산고』, 마로니에북스; 스펜서 존슨(2000), 『누가 내 치즈를 옮겼을까』, 진명출판사; 쓰지하라 야스오(2002), 『음식, 그 상식을 뒤엎는 역사』, 창해; 볼프 슈나이더(2006), 『위대한 패배자』, 을유문화사; 마이클 샌델(2013), 『돈으로 살 수 없는 것들』, 와이스베리.

8) 같은 책을 "인문계와 이공계 각각의 분반에서 동시에 선택"하였다는 점이 일단 연구자의 관심을 끌었다. 보다 흥미로운 것은 막연하게 가지고 있던 계열별 학생들의 차이를 토론과 피드백을 진행하면서 보다 분명하게 확인할 수 있었다는 점이다. '차이'는 질적 수준의 높낮음이라기보다는 학생들이 고등학교부터 인문계/자연계로 나뉘면서 서로 다른 독서체험을 가지게 되고, 대부분 각자의 리그에서 학습된 렌즈를 통해 세상을 바라봄으로써 생성된 것으로 보인다.

독서토론 논제는 '시대의 흐름에 발맞춰 변화해야 한다.'로 확정하였다. 토론의 논제는 대체로 참과 거짓을 판단하는 사실 논제, 옳고 그름을 주장하는 가치 논제, 그리고 어떤 사안의 실행과 거부를 결정하는 정책 논제 등 크게 세 가지 유형으로 나누어진다. 본고에서 살펴볼 독서토론의 경우 도서의 주제와 관련된 가치 논제를 선정하여 그것이 옳다고 여기는 팀과 그르다고 여기는 팀으로 나뉘어 패널 토론 방식으로 진행하였다.[9]

찬성과 반대 팀은 각각 토론 요약문을 제출하도록 하였는데, 요약문의 구성은 '① 용어의 개념, ② 도서 관련 추가 설명, ③ 논제 입장에 대한 주장 근거' 등 3가지 항목을 중심으로 작성하도록 하였다.

① 용어의 개념은 팀별로 자유롭게 설명이 필요하다고 여겨지는 용어를 선정하고 개념 역시 팀원의 의견을 반영하여 정리하도록 하였다.

② 도서 관련 추가 설명은 논제 이외에 도서에 나타나 있는 소주제를 중심으로 팀원이 도서를 이해하는 데에 필요하다거나 주장을 펼치는 데에 긴요하다고 여겨지는 부분을 자유롭게 설명하도록 하였다.

③ 논제 입장에 대한 주장 근거에서는 찬성과 반대 각 입장의 근거와 증거 사례들을 제시하도록 하였다.

먼저, 팀별로 제출한 패널 요지 가운데 ① 용어의 개념 부문을 살펴보면, 이공계와 인문계가 서로 다른 특징이 발견된다. 작성 과정에서부터 차이를 보이는데, 이공계는 찬성팀과 반대팀이 함께 이 선택 도서에서 중요한 용어의 개념을 규정하고 있다. 반면, 인문계는 각 팀이 상의 없이 용어의 개념을 정리하였는데,

---

9) 독서토론의 방법이 항상 찬성과 반대의 입장을 미리 정하고 진행되어야 하는 것은 아니다. 서정혁은 '개방형 독서토론'의 방법에서 대주제와 지정 도서는 미리 정하지만, 구체적인 토론 논제와 찬반 입장을 미리 확정하지 않는 토론 방식을 제안한다. 실제 토론이 이루어지는 당일 토론 시간에 학생들 스스로 논제를 제시하도록 하는 것이다. '개방형 독서토론'의 진행 방식은 다음과 같다. 우선 논제 제시 단계에서는 팀별로 한 명씩 해당 저서의 핵심 내용을 요약하고 대주제 및 핵심 내용과 관련 있는 논제를 2개씩 제시한다. 그 다음 논제 설정 단계에서는 팀별로 한 명씩 상대팀이 제시한 논제 2개를 평가하고, 2개의 논제 중 1개를 선택한다. 이렇게 선택된 논제 들 중 A팀이 제시하고 B팀이 선택한 논제를 제1논제로, B팀이 제시하고 A팀이 선택한 논제를 제2논제로 정하여, 각 팀이 2분 동안 숙의 시간을 가진다. 다음으로 제1논제와 제2논제 순으로 자유롭게 제한된 시간 내에서 토론한다(서정혁, 2009).

이 때문인지 인문계의 경우 청중 평가에서 '변화'의 개념이 달라 혼란스러웠다는 지적이 많았다. 아래는 이공계와 인문계의 용어 개념 정리 비교표이다.

〈표 2〉 이공계·인문계 용어의 개념 정리 비교

이공계 찬성·반대팀	인문계 찬성·반대팀
• '치즈'는 행복을 가져다주는 것을 의미하는 상징물이다. 따라서 그것은 재산이나 건강, 이상향, 생계수단 등 여러 가지로 해석될 수 있다.(찬성·반대팀) • '미로'는 삶 자체로 볼 수 있으며 미로를 탐험하는 과정은 사람들이 인생에서 도전하고 적절한 길을 찾아가는 것으로 생각할 수 있다.(찬성·반대팀) • 이 책에서 '변화'는 1초씩 지나가는 변화가 아니라, 치즈 창고에 있던 치즈가 하루아침에 사라졌다는 것을 인지할 수 있을 정도의 상황적 변화를 의미한다. 또한 선도하는 변혁, 혁신을 통해 주도하는 변화가 아니라, 책의 본문에서 "작은 변화를 알아차리면 큰 변화를 예측할 수 있다."라고 말하듯 상황이 바뀌면 그 상황에 맞춰 변화하는 것을 의미한다.(찬성·반대팀) ※ 찬성·반대 팀이 용어 개념을 함께 정리함	• '치즈'란 찾아 얻고자 하는 것, 그리고 대대로 물려주고(받고) 싶은 것 그 이상을 의미하므로 꿈, 명예, 건강, 돈, 행복 등을 의미한다.(찬성팀) • 이 책에서 '변화'란 치즈와 관련된 것이다. 치즈는 항상 그 자리에 무한정적으로 존재하지 않는다. 먹으면 없어지기도 하고 심지어 오래 두면 상하기도 하고 빼앗기기도 한다. 그러므로 변화란 꿈이 없어지거나 건강이 상하거나 돈을 빼앗기는 것들을 의미한다.(찬성팀) • 여기에서 '변화'란 눈에 보이는 외적인 측면일 수도 있고, 자신의 가치관과 의식의 변화 등 내적인 측면일 수도 있다.(반대팀) ※ 찬성·반대 팀이 용어 개념을 서로 상의하지 않음

이공계는 '치즈', '미로', '변화' 세 가지 용어에 대하여 개념을 정리하였으며, 인문계는 찬성팀의 경우 '치즈'와 '변화'를, 반대팀의 경우 '변화'만을 정리하고 있다.

'치즈'의 개념을 정리하면서 이공계는 행복을 상위 개념에 놓고 '재산, 건강, 생계수단, 이상향' 등을 행복을 구성하는 하위 개념의 요소들로 보았다. 이와는 달리 인문계는 건강이나 재산(돈), 꿈, 명예 등과 '행복'을 대등한 위치에 놓고 '치즈'를 대체할 수 있는 용어들로 보았다. 옳고 그름을 떠나 이것은 이공계 학생들이 구조화 혹은 체계화하는 데에 익숙함을 나타내는 것으로 파악된다.

'변화'의 개념 정리를 비교해보면, 이공계는 '세포 수준'의 변화가 아니라 '상황'의 변화로 전공의 특성을 살려 명확하게 규정하고 있다. 반면, 인문계는 다양한 사례를 열거하거나 분류하는 것으로 대신하고 있다. 사실, 인문계 학생들은 변화의 개념을 명확하게 규정하고 시작하지 않아서 토론 내내 어려움을 겪었다. 하지만 '변화'를 규정할 때나 '치즈'를 규정할 때나 다양한 경우를 연상하여 떠올리는 확산적 사고, 즉 창의적 사고를 활발하게 발휘하고 있다는 점은 평가할 만하다.

1개의 분반씩만을 비교 분석한 것이기는 하지만, 이공계와 인문계 전공 분야 특성을 보여준다. 독서토론을 지도할 때에 다른 전공적 특성이 보완될 수 있도록 지시사항을 마련해 준다면 더욱 수업의 질을 높일 수 있을 것으로 판단된다. 또한 찬성 반대 팀이 함께 상의하여 중요한 용어들의 개념을 정리하도록 지도한다면, 분석적 사고 능력을 기르는 데에도 도움이 되고 효과적인 토론에도 도움이 될 수 있을 것이다.

4. 계열에 따른 독서토론 지도 방법

토론의 첫 단추는 동일한 지평 위에서 합의된 개념 규정으로부터 꿰어져야 한다. 그렇지 않은 경우 토론이 진행되면서 혼란에 빠지거나, 발전적 토론으로 나아가지 못하고 공회전으로 시간을 낭비할 수도 있음을 확인하였다. 따라서 아직 토론에 익숙하지 않은 학생들에게 교수자가 적극적으로 개입하여 토론의 공분모를 가질 수 있도록 유도해야 한다.

이 장에서는 보다 구체적으로 이공계열 학생과 인문계열 학생들이 토론을 진행하면서 보여주는 인식과 접근 방법의 공통점과 차이점에 대해 살펴보도록 한다.

다음은 이공계와 인문계 찬성팀에서 밝힌 '주장의 근거'에 해당하는 항목들이다.

〈표 3-1〉 이공계 찬성팀 주장의 근거

이공계 찬성팀 주장의 근거
• 변화해야 발전하기 때문이다. 이미 지나가 버린 것에 집착하는 태도는 자신이 속한 상황에 어떤 변화가 일어나는지 지각할 수 없고 주어진 상황을 발전시킬 수도 없다. 예를 들어 코닥사는 필름 제조로 큰 이윤을 남겼던 과거의 성과 방식에 집착하여 디지털 시대 변화에 따르지 못하여 파산에 이르고 말았다. 따라서 주위 상황에 적극적으로 반응하고 새로운 방법을 찾는 것이 좀 더 삶의 질을 개선할 수 있다. • 두려움을 없앤다면 반드시 성공한다. 감당할 수 있는 두려움은 현실에 안주하고 구태에 집착하려는 태도를 바꾸게 하는 촉매 역할을 한다. 예를 들어 마라톤 대회에서 1등을 하지 못했다고 실패한 것이 아니라, 42.195km에 대한 두려움을 극복하고 완주했다는 것만으로도 성취감을 느껴 행복해질 수 있다. • 변화는 자신의 본질을 보호하기 때문이다. 변화는 자신의 본질을 변화시키는 것이 아니라 오히려 자신의 본질을 보호하고 이끌어갈 수 있게 해주는 것이다. 예를 들어 정년퇴임을 앞둔 사람의 경우 생계수단의 변화가 다가오고 있으므로 다른 생계수단을 찾아 변화를 도모해야 한다. 이때 변화는 자신의 본질을 보호하는 데에 반드시 필요한 것이다.

〈표 3-2〉 인문계 찬성팀 주장의 근거

인문계 찬성팀 주장의 근거
• 세계는 항상 변화하고 있기 때문이다. 따라서 신속하게 변화에 대응한다면 새로운 것을 얻을 수 있으나 그렇지 않다면 뒤처지게 될 것이다. 예를 들어 19세기 말 조선과 일본을 비교해볼 수 있다. 일본은 메이지유신으로 근대화를 추진하였으나 조선의 흥선대원군은 쇄국정책을 펴면서 세계 변화에 발맞춰 나가지 못했다. 그래서 서양의 열강과 일본의 침략을 받아 비극의 역사를 남기게 되었다. • 우리나라는 급속한 경제정책의 변화를 추진함으로써 이른바 '한강의 기적'이라는 경제발전을 이루었다. 세계는 항상 변화하고 있으므로 변화하지 않는 것은 정지한 것이 아니라 뒤로 밀려나는 것이기 때문에 변화에 신속하게 대응해야 한다. • 변화하지 않는 건 변화가 틀렸다는 판단 때문이 아니라, '집착'이나 '두려움'이라는 마음의 작용 때문이다. 올바른 현실 인식을 하지 못하고 좋았던 과거에 집착하거나 현실에 안주하려는 성향이 변화를 가로막는다. 예를 들어 공산주의를 채택한 북한과 중국 두 나라의 다른 행보를 살펴볼 수 있다. 북한은 독재정권을 유지하는 데에 가장 효과적인 경제체제인 폐쇄적인 공산주의, 곧 '전에 먹던 치즈'에 대한 집착을 버리지 못했고 결국 지금은 심각한 경제난에 시달리고 있다. 반면에 중국은 시장을 개방하는 새로운 경제체제, 곧 '새 치즈'를 받아들이는 시도를 하여 지금 눈에 띄는 성장을 이루고 있다. 그러므로 쇠퇴하지 않기 위해서는 빠르게 발맞춰 변화해야 한다.

두 계열의 학생들 모두 나름의 근거를 가지고 찬성의 입장을 밝히고 있다. 몇몇 사례만으로 계열별 특성을 일반화할 수는 없지만 그럼에도 일정한 차이가

발견되었다. 위에서 제시한 학생들의 주장에서도 확인할 수 있는 것처럼 이공계 학생들의 경우는 자신의 주장을 뒷받침하는 논거로 '코닥사의 실패 사례'와 같은 시사적인 내용이나, 마라톤에 대한 비유처럼 일상에서 쉽게 떠올릴 수 있는 사례들을 주로 활용하였다.

반면 인문계열 학생들은 흥선대원군의 쇄국정책이나 '한강의 기적', 북한과 중국의 경제 정책과 같은 역사적 사건이나 배경 등을 찬성의 논거로 적극 끌어들이고 있다. 이는 이공계열 학생들로부터는 발견하지 못했던 특징들이다. 이러한 모습은 그동안의 독서체험과 중등교육시절부터 축적된 지식과 정보의 차이 때문일 것이다. 그렇다면 교수자는 이공계열 학생들에게 반면교사로 삼을 수 있는 과거의 역사적 사례나 관련 문헌들을 활용하여 논거를 확보할 수 있도록 독려할 수 있을 것이다. 반면 인문계열 학생들에게는 현재의 핫이슈, 시사적인 쟁점들을 적극 고려해 볼 것을 추천해 줄 수 있을 것이다.

한편 독서토론을 진행하면서 패널로 참여한 찬성, 반대 팀원들을 제외한 30여명의 학생들 역시 수동적인 청중으로 관람하는 것이 아니라, 독서토론 수행자로서 직접 질의응답에 참여하도록 하였다.[10] 패널 외의 참여자들도 선정된 도서를 읽어오도록 하였으며, 토론 마지막 15분 동안 패널 평가와 토론 참여 소감 및 질의를 필기로 작성하여 제출하도록 하였다. 질의는 직접 토론 중에 발언한 것이든 발언하지 않은 것이든 상관없이 적도록 하였다.

토론은 3시간 수업 시간 내에 마쳐야 하므로 발언 기회를 얻지 못하는 학생들이 있을 수 있고, 그로 인해 수업에서 소외되는 학생들이 생길 수 있다. 따라서 독서토론을 시작하기에 앞서 청중들이 적극적으로 수업에 참여할 수 있도록

---

10) 기존의 '응용 배심원 토론'의 방법 역시 청중들의 적극적이고 능동적인 개입을 유도하는 토론 방법이라 할 수 있다. 이 방법은 우선 하나의 작품 주제에 대하여 찬반으로 나뉜 팀이 자유롭게 토론한 후, 찬반 작품 토론이 이루어질 때 맡은 팀원들 외의 학생들은 배심원으로 참여한다. 배심원은 평가와 판정만 하는 것이 아니라 사회자의 유도에 따라 토론에도 참여할 수 있다. 따라서 이 토론은 사회자의 역할이 중요하다. CEDA식 토론이 엄격한 규칙과 역할 수행에 의해 이루어졌다면, 이 토론은 보다 자유로운 형식으로 이루어져 수강 학생 전원이 적극적으로 참여 할 수 있다는 장점을 지닌다(김주환, 2011).

토론을 평가하고 질문 내용을 적을 수 있는 평가표를 나누어주었다.

〈표 3-3〉 독서토론 평가표

No.		평가 문항	점수
1		텍스트에 대한 전반적인 이해는 타당한가?	1 2 3 4 5
2		주요 개념에 대한 정리가 잘 되어 있는가?	1 2 3 4 5
3	찬성측	논거는 타당하며 설득력 있게 제시되었는가?	1 2 3 4 5
4	토론자	상대를 존중하고 경청하는 태도를 취했는가?	1 2 3 4 5
5		발언 시간과 순서를 잘 지켰는가?	1 2 3 4 5
6		토론 결과에 승복했는가?	1 2 3 4 5
7		텍스트에 대한 전반적인 이해는 타당한가?	1 2 3 4 5
8		주요 개념에 대한 정리가 잘 되어 있는가?	1 2 3 4 5
9	반대측	논거는 타당하며 설득력 있게 제시되었는가?	1 2 3 4 5
10	토론자	상대를 존중하고 경청하는 태도를 취했는가?	1 2 3 4 5
11		발언 시간과 순서를 잘 지켰는가?	1 2 3 4 5
12		토론 결과에 승복했는가?	1 2 3 4 5
13		시작할 때 논제를 잘 설명하였는가?	1 2 3 4 5
14		주제에서 벗어나지 않도록 잘 조정하였는가?	1 2 3 4 5
15	사회자	한쪽으로 치우치지 않고 중립을 잘 지켰는가?	1 2 3 4 5
16		시간과 규칙을 잘 지키도록 유도하였는가?	1 2 3 4 5
17		결론을 요약하고 논점을 잘 정리하였는가?	1 2 3 4 5
18		청중의 호응은 어느 정도인가?	1 2 3 4 5
19	청중	청중과의 질의응답은 잘 진행되었는가?	1 2 3 4 5
20		감정적인 표현이나 대응을 삼갔는가?	1 2 3 4 5
총점		/ 100	
총평 및 질의			

평가표는 20개 항목 전체 100점 만점으로 구성하였다. 청중들은 각 항목에 점수를 매기고, 반드시 총평 및 질의를 적어 제출하도록 하였다. 인문계와 이공계 청중 대부분은 찬성과 반대 양측에 질문하기보다 한 쪽의 입장에 서서 반대측에 질문하는 경우가 많았다. 또한 대부분 독서토론 중 나왔던 내용들 가운데 의문이 나거나 반문이 생기는 것을 중심으로 질문을 남기고 있다. 이것은 발언하지 못한 학습자들이 많았음에도 패널 토론을 관찰하면서 대부분 독서토론에 참여하고 있었다는 것을 나타내는 것이라고 할 수 있다.

질문 가운데 비교적 창의적인 질문이라고 할 수 있는 것은 "뒤처지는 것이 잘못인가?"라는 질문과 "저항이 순응하지 않는 것인가?"라는 질문이다. 전자는 찬성팀 발언에 대한 질문이며, 후자는 반대팀 발언에 대한 질문이었다.

전자는 '시대의 변화에 발맞춰 변화해야 한다'에 찬성하는 팀에서 변화를 거부하는 것을 도덕적으로 잘못인 것처럼 여기고 비난하는 것은 문제가 있음을 지적하는 질문이다. 도덕적 잣대를 적용하게 되면 그로 인해 사회적 처벌까지 발생할 수 있는데, 변화에 따르거나 거부하는 행동이 사회적 처벌의 대상이 될 수는 없으며, 그렇게 되어서도 안 된다는 의견이다. 뒤처져 경제적 손실을 보거나 문화적 지체를 경험할 수는 있으나 그것이 도덕적으로 잘못된 행동은 아니라는 지적이다.

후자는 저항 역시 시대에 순응하는 것일 수 있다는 발상의 전환을 보여준 질문이다. '저항'이라는 단어와 '순응'이라는 단어는 일반적으로 상반되는 것으로 인식되고 있으나, 이 학생은 그러한 생각을 뒤집는 질문을 하고 있다. 한 시대에는 변화를 따르는 세력과 변화에 저항하는 세력이 공존하며, 이 두 부류가 한 시대를 구성하기 때문에 저항 세력 역시 시대에 순응하는 것이라는 의견이다. 비교적 발상의 전환을 보여준 두 개의 창의적 질문은 모두 인문계 학생으로부터 제출되었다.

다음으로 살펴볼 확산적 사고, 즉 창의적 사고를 보여준 질의자 역시 인문계 학생들이 많았다. "앨빈 토플러도 말했듯이 경제성장과 민주화는 동시에 이루어질 수 없다는 말에 동의하는 편이구요, 그럼 그 당시 노동자나 국민의 인권이나 행복을 위해 경제성장을 포기하거나 늦추어야 했다고 생각하시는지요?"라는 질문과, "한비자가 『오두』라는 저서에서 '지금 선왕의 정치로 오늘의 백성을 다스리고자 하는 것은 수주대토(守株待兎)와 같다.'라고 말했다. 이는 시대의 흐름에 기민하게 대처해야 함을 말한 것이다. 이에 대해서 어떻게 생각하는가?"라는 질문이다.

이공계의 경우 『누가 내 치즈를 옮겼을까』 외에 다른 저서나 저자, 위인 등을 언급하면서 질문하는 경우는 드물었다. 요컨대 이공계가 대상 도서에만 집중하여 분석적으로 질문하였다면, 인문계는 여타 인문학적 지식을 활용하는 질문들이 상대적으로 눈에 띄었다. 엘빈 토플러나 한비자 외에도 전태일이라든가 자급자족의 삶을 선택하고 공동체 생활을 이끈 스콧 니어링 등을 연상해낸 것도 인문계열 청중들이었다. 이러한 청중들의 특징은 패널들의 특징에서도 발견된다.

이공계 청중의 질문에는 "그 의견에 타당한 근거는 무엇인가?"라든가, "발언에 대한 이유와 구체적인 사례는 어떤 것이 있는가?" 등과 같이 근거를 요구하는 추론적 사고의 질문들이 많았다. 이는 인문계 청중 질문에서는 발견되지 않는 특징이었다. 또한 "변화를 따르지 않는 삶이 과연 여유 있는 삶인가? 여유는 무슨 뜻으로 사용하였는가?"와 같이 용어의 개념을 묻는 분석적 사고의 질문도 이공계에서 나왔다. 비판적 사고에 포함되는 추론적 사고나 분석적 사고에 의한 질의들은 대체로 이공계 청중들의 질문에서 더 많이 나타나 있음을 알 수 있다.

패널에 대한 청중들의 질의와 각 패널들의 응답까지 모두 마친 후 독서토론 수업 전반에 대한 학생들의 소감과 만족도를 조사해 보았다. 여기에서도 이공계와 인문계열 학생들 간의 차이점들이 발견되었다. 일단은 독서토론이어서 주제토론보다 더 어려웠다는 의견이 많았는데, 인문계의 한 학생은 "책을 읽고 하는 토론이라 그런지 읽는 사람에 따라 이해가 달라 약간 혼란스러웠다. 모두 동일하게 이해했으면 정확한 토론이 되었을 텐데 아쉽다."고 하였으며, 이공계의 한 학생도 "주제토론이 아니라 독서토론이라 독자가 읽는 것에 따라 생각이 달라 어려웠던 것 같다."고 하였다. 두 계열 모두 독서에 대한 부담과 함께 '합의된 개념으로부터의 출발'이라는 기본적인 전제가 충족되지 못함으로써 생긴 아쉬움을 토로한 것이다.

한편 토론의 준비과정과 진행, 결과에 대한 소감을 적은 이공계 학생 29명 중에 21명이 주제토론이 아니라 독서토론이어서 '어려웠다/힘들었다/혼란스러 웠다'고 응답하였으나, 인문계 학생 중에는 23명 중에 5명만이 그와 같은 의견 을 내었다. 이는 토론에 노출될 기회가 적은 이공계열 학생들이 인문계열 학생 들보다 상대적으로 더 어려움을 겪고 있음을 토로하고 있는 것이다.

흥미로운 것은 어렵고 힘들었다는 소감을 더 많이 밝힌 이공계의 학생들이 독서토론에 대해 '재미있었다/좋았다/흥미진진하였다/의미있었다'고 긍정적 인 반응을 보인 것이다. 이공계 학생 중 약 60%의 학생, 인문계 학생 중에는 약 25%의 학생이 이처럼 응답하였는데 인문계의 학생들보다 더 많은 숫자가 긍정적인 소감을 표명한 셈이다.

이러한 현상은 인문계 학생들에 비하여 이공계 학생들의 경우 평소 전공 외 독서나 독서 후 활동 경험이 많지 않기 때문이라 추측해볼 수 있다. 그 결과 낯선 토론 활동 자체에 대한 어려움을 토로하면서도 한편으로는 기대감이나 호기심이 동반되어 나온 것이라 파악할 수 있다.

5. 토론 모형의 개발

글쓰기와 말하기는 의사소통의 두 축이다. 하지만 대부분의 대학에서는 '글 쓰기' 관련 교과목을 필수교과로 운영하고 있는 반면, '토론' 관련 교과목은 선택의 영역에 포함시키고 있다. 따라서 실제 '토론'에 대한 훈련은 토론에 개인 적인 관심을 가진 학생들의 동아리 활동이나 각 대학이나 기관에서 일회성으로 주최하는 토론 대회 등을 통해서 드러나기 마련이다.

그러한 문제를 해결하기 위해 실제로는 많은 교수자들이 '글쓰기' 관련 교과 목 내에서 조별 모둠 활동이나 발표 등을 통해 '토론'과 관련한 수업을 진행하고 있다. 어찌 보면 현재의 이러한 모습이 이상적이지는 않지만 가장 일반화되어 있고 현실적인 모습일지도 모른다. 그렇다면 15주 내의 학사 일정 중 토론 수업을 어떻게 배치하고 운영하는 것이 효과적일까? '토론' 수업을 통해 학생들의 '비판적/창의적' 사고를 이끌 방법은 무엇일까?

본고는 '글쓰기' 수업 내에서 4주 동안 진행한 구체적인 텍스트가 주어진 '독서토론'의 방법을 통해 이를 해결해 보고자 하였다. 4주의 기간 동안 여러 권의 책 중 토의를 거쳐 한 권을 선택하고, 같은 독서체험을 공유하며 토론문을 작성하고 패널 토의와 청중평가에 이르는 과정은 '읽기-말하기-글쓰기'의 과정이 압축적으로 운영되는 과정이기도 하다.

한편으로 '독서토론'의 이러한 과정 중에서 필자가 주목한 것은 토론 수업에서도 계열에 따른 서로 다른 특성들을 발견할 수 있었다는 점이다. 그렇다면 '글쓰기'뿐 아니라 '토론' 수업에서도 계열별 특성에 따른 지도 방안이 고려되거나 모색되어야 한다.

만약 계열별 혹은 전공별로 토론의 모형들이 개발될 수 있다면 지금까지 대부분의 교수자들이 가지고 있는 편견들, '이공계 학생들은 토론을 잘 하지 못 한다'거나 '좋아하지 않는다.' 그래서 '이공계 학생들은 가르치기가 힘들다.'는 식의 편견은 수정될 수 있을 것이다. 그렇게 보이는 이유는 이공계열 학생들이 중등교육과정에서부터 상대적으로 토론의 기회를 자주 갖지 못했기 때문이며, 시의적절하고 마땅한 읽기 텍스트가 제공되지 못했기 때문이다. 실로 "못해서 안 하는 것이 아니라 안 하니까 못하게 된 것"이다. 여러 대학에서 '계열별 글쓰기' 교재가 개발되고, 전공에 따른 의사소통 교육의 필요성이 강조되는 것과 마찬가지로 향후 '토론'에 대한 계열별 특성에 따른 보다 구체적인 수업 방안도 모색될 수 있을 것이다. 앞으로의 과제로 남겨 놓는다.

참고문헌

구자황(2007), 「대학 글쓰기 교육을 위한 예비적 고찰」, 『어문연구』 53, 어문연구학회, 279~298쪽.

김양선(2009). 「대학 독서 토론 교육의 모형 연구: 텍스트 읽기, 말하기, 쓰기 통합 모형을 중심으로」, 『인문과학연구』 23, 강원대 인문과학연구소, 27~49쪽.

김연정(2002), 「창의성과 비판적 사고」, 『인지과학』 13(4), 한국인지과학회, 81~90쪽.

김우진(2019), 「대학 교양수업으로서 비판적 독서와 토론」, 『동아인문학』 47, 동아인문학회, 57~82쪽.

김주환(2011), 「배심원 토론 수업의 교육적 효과」, 『교육연구』 50, 성신여대 교육문제연구소, 73~101쪽.

박은미(2006), 「귀추에 의한 가설: 연역적 수업 프로그램이 창의적 사고와 비판적 사고 및 과학적 태도에 미치는 영향」, 이화여자대학교 박사논문.

박정진·윤준채(2004), 「읽기 수업에서의 질문 들여다보기: 비판적 창의적 질문을 중심으로」, 『독서연구』 12, 한국독서학회, 119~144쪽.

박정호(2011), 「대학에서 비판적 사고 교육의 의의」, 『시대와 철학』 22(2), 한국철학사상연구회, 137~166쪽.

박현희(2019), 「인성함양을 위한 고정 활용 강좌의 운영 특성과 효과: 서울대 '독서세미나: 고전에 길을 묻다' 교과목을 중심으로」, 『교양교육연구』 13(5), 한국교양교육학회, 11~34쪽.

배식한(2011), 「논증과 논증행위: 비판적 사고 교육의 관점에서」, 『철학사상』 42, 철학사상연구소, 151~183쪽.

서정혁(2009), 「'찬반 대립형 독서토론' 모형 연구: 교보·숙명 전국독서토론대회 모형을 중심으로」, 『독서연구』 21, 한국독서학회, 257~284쪽.

손종업(2013), 「대학생들은 왜 책을 읽을 수 없는가」, 『교수신문』, 2013. 6. 10.

신현규(2010), 「'글쓰기' 교양과목 교수 방법」, 『교양논총』 3, 중앙대학교 교양교육연구소, 92~142쪽.

유광수 외(2013), 『비판적 읽기와 소통의 글쓰기』, 박이정.

이광모(2005), 「대학 교양교육으로서 '토론'과 '글쓰기'의 의미와 방향」, 『철학과현실』 67, 철학문화연구소, 162~172쪽.

이재성(2010), 「다양한 토론 방식을 적용한 '독서와 토론' 수업 모형의 토론 자기 효능감 연구」, 『새국어교육』 85, 한국국어교육학회, 247~267쪽.

이정모·강은주·김민식 외(2009), 『인지심리학』(3판), 학지사.

임영환 외(1996), 『화법의 이론과 실제』, 집문당.

임태섭(1997), 『스피치 커뮤니케이션』, 연암사.

정은주(2019), 「대학 교양필수 교과 '독서와 토론'에 관한 고찰: 경남대 사례를 중심으로」, 『교육철학』 73, 한국교육철학회, 121~139쪽.

최상민(2015), 「대학생 글쓰기 수업에서 학습자의 창의성을 이끌어 내기 위한 비계 설정 전략」, 『대학작문』 11, 대학작문학회, 235~260쪽.

최형용·김수현·조경하(2009), 『열린 세상을 향한 발표와 토론』, 박이정.

Gardner, H.(1993), *Creating Minds*; 임재서 역(2004), 『열정과 기질』, 북스넛.

Scriven, M.(1987), *Theory and Practice of Evaluation*, EdgePress.

Spencer Johnson, M. D.(1998), *Who moved My Cheese?*; 이영진 역(2000), 『누가 내 치즈를 옮겼을까?』, 진명출판사.

글쓰기 교육에서의 어휘, 문장 교수법

김남미

1. 어휘, 문장 교육에 대한 불만들

전공 교수들의 불만은 주로 어휘 문장 규범과 관련된 것들인 경우가 많다. 그들의 불만은 두 가지 지점으로 해석된다. 첫째는 교양 글쓰기 수업을 완료한 학습자라면 적어도 맞춤법은 기본적으로 준수할 수 있어야 한다는 생각이다. 학습자들이 제출한 리포트에 맞춤법 오류가 너무 많다는 점에 대한 지적이다. 둘째는 교양 글쓰기 수업을 수행한 학습자라면 적어도 무슨 말인지 알 수 있는 문장을 구성할 수 있어야 하는데 그렇지 않다는 불만이다. 전공 교수들은 학부생의 문장이 너무 길고 복잡하여 리포트에서 하고자 하는 말이 무엇인지 이해하기 어렵다며 교양 글쓰기 수업에서 좀 더 잘 가르쳐달라고 부탁하곤 한다.

교양 글쓰기 교육 전문가들로서는 억울한 지점이 없지 않다. 어떤 대학 교재에든 맞춤법이나 올바른 문장에 대한 부분이 있으며, 이를 몇 주에 걸쳐 공들여 가르치기 때문이다. 교양 글쓰기 영역에서 가르치는 어휘, 문장 교육들이 전공 교육으로 '전이(transition)'[1]되지 않은 것처럼 보이는 이런 현상은 단순히 교양과 전공 사이의 전이 문제와만 관련된 것이 아니다. 언어 기호와 언어 기호의 실제 사용과 관련된 문제다. 언어 기호는 언어가 갖는 추상성을 특히 강조한 것으로 언어 능력의 본질과 문법에 내재하는 규칙을 중심으로 구성된다. 반면 언어의 실제 사용은 언어 기호들이 실제 맥락과 만나 상호작용하는 원리와 관련되어 있다.

언어 규범이 탈맥락적 문법으로서만 기능하기 때문에 구체적인 맥락 안의 어휘 문장 문제로 환원되기 어려운 것이다. 대학 수업에서 문장을 교육할 때는 이러한 탈맥락적인 문법의 특성을 맥락 안에서의 역할과 함께 다루어야만 규범과 실제를 아우를 수 있다. 어휘, 문장을 가르치는 교수자는 규범으로서의 어휘, 문장과 텍스트 안의 어휘, 문장이 다르다는 점을 학생들에게 이해시켜야 한다. 낱낱의 어휘 문장에 대한 앎이 곧바로 수업 과제 등의 글 안에서 어휘, 문장 활용법으로 전환되지 않는다. 낱낱의 어휘, 문장은 개별체로서의 자격을 지니지만[2] 생산된 글, 즉 텍스트 안에서의 어휘, 문장은 보다 큰 단위인 단락이나 전체 글의 질서에 의해서 새로운 위계를 부여받게 된다. 글을 잘 쓴다는 것은 전체 글의 질서를 위해 어휘나 문장의 역할을 제대로 부여할 능력이 있음을 함의한다.

이 글의 목적은 개체로서의 어휘, 문장과 텍스트 안에서의 어휘 문장이 어떻게 다르며, 대학 수업 내에서 이들의 차이를 어떻게 지도할 수 있는가에 대해 논의하는 데 있다. 2장에서는 개체로서의 어휘, 문장을 규범의 문제로 접근할 것이며, 3장에서는 생산하려는 텍스트와의 관련성 상에서 어휘, 문장 지식이 어떻게 기여하는가에 대해 논의할 것이다. 각 부분에서 규범으로서의 어휘,

---

1) 교양−전공 글쓰기 교육 간의 '전이(transition)' 문제는 국내외를 막론하고 글쓰기 관련 학계에서 중요하게 다루어 온 오랜 과제이다. 이 문제의 중요성에 대해서는 정희모(2014), 이윤빈(2014) 등에서 논의된 바 있다.

2) 여기서 '단어'와 '어휘' 간 관계를 변별할 필요가 있다. 단어는 개별체로서 '독립할 수 있는 최소 단위'인 반면 어휘는 단어와 단어의 관계에 주목하는 단위다. 유의어, 반의어, 상위어, 하위어, 동음이의어, 다의어, 연어 등 단어 관계의 총합을 지칭하는 것이 어휘다. '어휘'가 이런 단어 관계를 본다는 점에서 '단어'라는 개념보다 총체적이지만, 하나의 텍스트 내적 질서에서 갖는 유기성을 기준으로 삼을 때는 덜 총체적이다. 언어학적 개념으로서의 '어휘' 자체가 탈맥락적인 단위이기 때문이다.

문장과 텍스트 내의 어휘, 문장을 구분하는 것이 어떤 중요성을 갖는가에 대해 논의할 것이다. 대학 글쓰기 교육에서 특히 중요한 영역은 후자다. 이에 3장의 논의를 보다 더 비중 있게 다룰 것이다. 즉, 텍스트 내에서 중요한 어휘, 문장이 무엇인지, 그리고 그 단위들이 텍스트의 생산과 어떻게 관련되는가에 대해 보다 구체적으로 논의할 것이다.

2. 규범으로서의 어휘, 문장

2.1. 어휘 규범

국어의 규범은 크게 네 가지로 나뉜다. '표준어, 맞춤법, 외래어 표기법, 로마자 표기법'이 그것이다. 여기서 외래어 표기법과 로마자 표기법은 대학 수업에 직접적으로 도움을 주는 부분은 아니다. 다만, 학습자들이 전공 수업의 특수 용어를 우리말로 바꾸거나 대학 졸업 후 업무에서 해당 사항이 필요한 경우는 제법 된다. 특히 직무에 관련한 외래어 표기법은 어떤 보편성이나 일반성을 갖는 경우가 많지 않다. 그래서 문서에 외래어를 표기해야 할 일이 생길 때는 korean@go.kr이라는 사이트를 이용하도록 지도하는 것이 좋다. 국립국어원 홈페이지로 한국어 규범과 관련해서는 가장 신뢰도 높은 사이트이다. 그러니 표준어, 맞춤법, 외래어 표기법과 관련된 질문이 생기면 이 사이트에서 확인하는 것이 가장 믿을 만하다.

맞춤법과 표준어는 대학 내에서든 졸업 후에든 생산하게 되는 다양한 문서 작업에 유용한 정보이므로 원리를 알고 활용할 수 있도록 하는 것이 필요하다. 하지만 한 학기 정도의 교양 강좌에서 맞춤법에 할애할 수 있는 시간이 그리 많지 않은 것도 사실이다. 아니, 교양 글쓰기 강좌에서는 이보다 중요한 것이 훨씬 많기 때문에 규범 관련 논의에 시간을 낭비할 수 없다는 것이 정확한 표현이다. 그래서 교양 글쓰기 강좌에서 강조하여야 할 맞춤법 관련 원칙을 정해 두고 이에 준하여 수업을 진행하는 것이 효율적이다.

(1) 맞춤법 관련 강의 원칙

　　① 학습자 주도 교정 원칙

　　② 원리 중심의 교육

　　③ 중요도 중심의 교육

　대학의 교양수업 내에서 이루어진 맞춤법 강의에서 무엇보다 중요한 것은 (1)①의 학습자 주도 교정 원칙이다. 많은 글쓰기 연구에서 대학 학습자들의 맞춤법 오류는 그렇게 많지 않다고 보고된다. 실제 수업에서 우리가 만나는 사례와는 차이가 나는 보고라 생각할 수도 있다. 하지만 속을 들여다보면 그렇지도 않다. 학습자 글에서 맞춤법 오류가 많아 보이는 이유는 두 가지다. 첫째, 비슷한 원리를 가진 것을 여러 번 틀리는 경우, 둘째, 마감 등의 외적 요인으로 교정 시간을 갖지 못하는 경우이다. 이 두 경우 모두 학습자가 자신의 글을 스스로 수정할 기회를 제공하는 것이 규범 교육에 유용하다. 첫 번째 유형에서는 학습자들에게 자신의 글을 수정할 기회를 제공하면서 자신의 문서에서 거듭되는 오류를 발견할 것을 요구하면 된다. 두 번째 유형의 경우는 맞춤법의 교정을 위해 마감 시간을 교정 시간을 제외하고 생각할 것을 요구하는 방식을 활용할 수 있다. 과제를 낸 이후에 자기 맞춤법 오류 사례를 자기 글로부터 이끌어내는 방식을 활용할 수도 있다.

　(1)②는 학습자들이 맞춤법을 이해할 수 있도록 지도하는 원칙이다. 학습자들에게 어려운 맞춤법을 묻고 그 중 중요하다고 생각하는 것을 수업 시간에 다루는 방식이 유용하다. 학습자들에게 규범을 가르칠 때 가장 먼저 질문해야 할 것은 맞춤법과 표준어의 차이다. 맞춤법은 우리말을 제대로 적는 표기법이니 문서의 정확한 표기에 관심을 가진다면 맞춤법에 주목해야 한다. 대학의 글쓰기 과제 결과물은 문서이니까. 그런데 맞춤법 논의에는 항상 표준어라는 말이 등장한다는 점에 주목해야 한다. 맞춤법과 표준어는 아주 긴밀한 관계를 갖는다. 표준어를 제대로 알아야 맞춤법을 제대로 지킬 수가 있다. 즉, 맞춤법 원리는 표준어 원리를 알아야 이해할 수 있다는 말이다. 맞춤법 총칙을 보면 표준어 원리를 앎으로써 맞춤법 이해에 도달할 수 있다는 점이 확인된다.

(2) 맞춤법 총칙

    1항: 한글 맞춤법은 표준어를 소리대로 적되 어법에 맞도록 함을 원칙으로 한다.

    2항: 문장의 각 단어는 띄어 씀을 원칙으로 한다.

  (2)의 1항은 맞춤법이 표준어와 어떤 관련이 있는지를 보여준다. 맞춤법은 표준어를 소리대로 적는 것이다. 당연히 표준어의 소리가 어떤 것인지를 알아야 맞춤법을 제대로 지킬 수 있다. 위의 1항의 어법에 맞도록 한다는 말의 의미 역시 중요하다. '맞춤법은 어렵다'를 소리 나는 대로 적으면 [마춤버븐 어렵따]로 소리가 난다. 이를 소리 그대로 적는다면 의미가 전달되지 않는다. '맞춤법', '은', '어렵다'처럼 원래 형태를 표기에 고정시켜서 적어야 읽는 사람이 무슨 의미인지를 알 수 있다. 이렇게 의미와 표기의 관계가 명확히 드러나도록 적는 것이 '어법에 맞게 적는' 것이다. 국어의 문법 원리 그것이 '어법'이다.[3] 한국 사람이 쓰는 말을 확인하고 그 원리로 맞춤법을 이해해야 맞춤법을 제대로 지킬 수 있다.

  (2)의 맞춤법 총칙 2항은 띄어쓰기와 관련된 것이다. 우리가 하나의 단위로 생각해 외우고 있는 것들이 단어다. 단어인지 아닌지를 확인하는 가장 일반적인 방법은 사전을 찾는 것이다. 사전 항목들은 단어를 기본으로 삼아 기록된다. 중요한 것은 각각의 단어들이라 하더라도 하나의 단위로 묶여 새로운 단어가 되면 붙여 적는다는 점이다. 가장 간단한 예로 '꽃밭'을 보자. '꽃'도 단어이고 '밭'도 단어라 하여 '꽃 밭'이라고 적어서는 안 된다. '꽃'과 '밭'이라는 단어가 꽃과 밭을 가리키는 말이 아니기 때문이다. '꽃밭'은 밭 중의 하나로 꽃을 심는

---

3) 여기서 학습자들은 "표준어 화자가 아닌 사람이 표준어 소리나 어법을 알 수 있을까?"라고 질문할 수도 있다. 당연히 알 수 있다. 우리는 아주 어려서부터 표준어를 배웠다. 표준어를 사용하지 않는 사람들조차 그렇다. TV에서든 인터넷에서든 우리는 표준어를 중심으로 말하는 데 익숙하다. 게다가 초등학교 때부터는 본격적으로 표준어만을 배웠다. 모든 교과서는 표준어로 이루어져 있다. 그 오랜 세월을 표준어를 읽고, 듣고, 써 온 우리다. 자신이 표준어 화자가 아니라고 생각하는 사람도 그 사람의 머릿속에는 표준어 원리가 들어 있다는 말이다. 자신이 말하는 말 하나, 자신이 배운 표준어 하나 이렇게 두 가지의 언어를 자연스럽게 쓰는 것이다. 게다가 표준어든, 자신이 쓰고 있는 말이든 두 말의 어법에 관한 원리는 거의 비슷하다. 표준어이든 여러분이 쓰는 방언이든 하나의 언어라고 말하는 것은 어법이 같기 때문이다.

밭이다. '꽃', '밭' 각각의 단어가 합쳐져서 새로운 의미가 생겼다. 그러니 '꽃밭'이라고 붙여 적는 것이고 사전에도 실려 있다. 띄어쓰기가 어려운 것은 하나의 단어인지 아닌지를 구분하기가 어렵기 때문인 경우가 많다. 이를 극복하는 방법은 실제 예를 대상으로 자꾸만 확인하는 것이다.

그래서 (1)③의 두 번째 맞춤법 강의의 원칙은 중요한 것 중심으로 교육한다는 것이다. 맞춤법에서 중요한 것은 크게 두 가지로 나누어 생각할 수 있다. 첫째는 문서 작업에서 오류가 자주 나타나는 것들이다. 대표적인 예들을 몇 가지 제시하면 아래와 같다.

(3) 자주 틀리는 맞춤법
　　① 안 돼
　　② 낳은, 난, 나은
　　③ 며칠
　　④ 로서, 로써
　　⑤ 사이시옷 표기
　　⑥ ㅡㄹ로 끝나는 용언의 명사형(예: 졸다 ㅡ 좀)
　　⑦ 'ㅡ대(다고 해)', 'ㅡㄴ데', 'ㅡ데(과거 회상)'
　　⑧ '받아들이다 ⇦ 받아드리다(×), 들여다보다 ⇦ 드려다보다(×)

(3)은 일상적으로 알려진 대표적 맞춤법 오류 유형들이다. 교수가 (3)과 같은 목록들을 기억해 두고 학습자들이 맞춤법에 대한 궁금증을 피력할 때 대중이 일반적으로 어려워하는 부분이라는 점을 교수가 안다는 점을 노출하는 것도 도움이 된다. 예를 들어 '맞춤법에 대한 질문 중 1, 2, 3위 안에 반드시 나오는 것이다'와 같은 표현은 학습자들에게 맞춤법에도 더 중요한 것과 그렇지 않은 것이 있다는 것을 공유할 수 있는 방법이 된다. (3)①의 '안 돼'와 관련된 문제는 두 가지다. 첫째는 '돼'의 발음 문제이고 둘째는 띄어쓰기의 문제다. 국어에서 용언과 관련된 맞춤법은 기본형을 잡아서 해소하는 것이 가장 쉽다. '돼'의 기본형은 '되다'이며 '돼다(×)'와 같은 기본형이 없다는 것은 학습자들이 잘 알고

있는 사안이다. 기본형 '되다'에서 '안 되'만을 적는 것은 '안 먹어'에서 '안 먹'으로 종결한 것과 같은 오류이다. 용언이 어미 없이 사용될 수 없는 것은 한국어라는 언어가 가지는 가장 대표적인 특성이다. 그 대표적인 특성을 실례로서 강조하는 것이다. 두 번째 문제인 띄어쓰기는 '안'과 '돼'가 하나의 단어가 아니라는 점으로 해결할 수 있는 문제다.

(3)②의 '낳은, 난, 나은'과 같은 예도 주요 질문으로 나오는 예들이다. 특히 젊은 층에서 흔히 오류가 생겨난다. 역시 기본형 '낳다, 나다, 낫다'를 잡게 하여 해결하는 것이 좋다. 여기서 특히 중요한 것은 발음이다. '아이를 낳은, 말썽이 난, 병이 나은'과 같이 모음이 연결되면 이들의 발음이 비슷해지기에 오류가 생긴다는 점을 공유하는 것이 중요하다.[4] 그래서 함께 쓰이는 말과 함께 기본형을 확인하는 습관으로 이 문제를 해결해야 한다. '낳다[나타]'의 'ㅌ'은 '낳'의 'ㅎ' 받침을 적어야 함을 보이는 징표다. 국어에서 'ㅎ'으로 끝나는 용언은 모음을 만나면 발음되지 않는다. 언제나 그렇다. 게다가 '낫다[낟따]'는 불규칙 용언이기 때문에 모음이 연결되면 'ㅅ'이 사라진다. '낳은'과 '나은'이 발음이 똑같아지는 원인이 된다. 이를 원리 중심으로 접근하지 않으면 문제가 복잡해지기만 한다는 점을 학습자와 공유하는 것이 중요하다.

(3)③은 공무원들이 가장 싫어하는 맞춤법 중의 하나다. '몇 년, 몇 월, 몇 일(×)'로 적어야 의미상의 짝이 분명해진다. 그런데 이들 중 유독 '몇 일'만 '며칠'로 적는 것이 올바르다. 화가 나는 것도 당연하다. 그런데 언어는 의미와 소리로 구성된다. 의미상으로는 '몇 년, 몇 월, 몇일(×)'이 일관된 것이지만 소리로는 그렇지 않다. '몇 월[며뤌]'의 발음은 국어의 원리를 그대로 보여준다. 절대로 [며췰]로 소리 나지 않는다. 우리말 합성어의 발음 원리다. 'ㅊ'이 뒤로 넘어가면 의미 손상이 생기기 때문에 '몇[멷]'의 'ㄷ'으로 바뀌어야만 뒷음절로 넘어갈 수 있는 것이다. '몇+월'이라는 것을 발음이 분명히 보여주는 것이다. 그런데 '며칠'은 언제나 [며칠]로만 소리가 난다. [며딜]이나 [면닐]로 소리 나지 않는다.

---

4) 사실 맞춤법의 오류는 부주의나 수준의 미약함에서 생긴다기보다는 언어 자체가 가지는 변화상에서 생기는 일이 더 많다.

이 발음은 '며칠'이 '몇＋일'이라는 판단을 망설이게 한다. 어디로부터 온 것인지 불분명할 때 소리 나는 대로 쓰는 것이 원칙이다. '며칠'을 '며칠'로만 쓰게 된 사연이다.

(3)④의 '로서', '로써'는 학습자들이 많이 궁금해 하는 질문이기는 하지만 그렇게 어렵지도 유용하지도 않는 문제다. 대학의 학습자들에게는 '로서'는 'as(자격)'로 '로써'는 'by(수단)'로 가르쳐주는 것만으로 교정이 가능한 맞춤법이다. 이 '로서, 로써'와 관련된 문제가 부각되는 이유는 두 가지다. 첫째 이 '로서'와 '로써' 앞에 어떤 단어가 오게 되면 적어도 삼음절이나 사음절 위치에서 '써'와 '서'가 발음된다는 것이다. 이런 음절에서는 발음으로 거의 구분되지 않는다. 일상에서 별로 구분되지 않는 것을 문서상에 반영하려 하니 혼동이 생기는 것이다. 더 재미있는 것은 젊은 학습자들이 일상에서 '로서'나 '로써'를 쓰는 일이 거의 없다는 것이다. 시험 문제로 주로 만나게 되는 맞춤법이라는 말이다. 둘째, 사실 이 '로서'와 '로써'가 가장 현란하게 움직이는 부분은 법 조문이다. 이 조항들의 복잡성 때문에 공무원 시험에서 단골로 출제되는 문제가 된 것이다. '학습자들에게 조직생활에서 조문과 관련된 '로서'와 '로써'가 보다 복잡하게 해석될 수 있다는 점을 강조해 둘 필요가 있는 지점이다.

(3)⑤의 '사이시옷 표기 원칙'은 모두가 어려워하는 원칙 중 하나이지만 체크리스트 하나로 간결히 해결할 수 있다.

〈표 1〉 사이시옷 표기 원칙

	조건	등교＋길 ⇨ 등굣길		깨＋잎 ⇨ 깻잎	
① 의미	○○의 ○○	등교의 길	○	깨의 잎	○
② 종류	고유어가 듦	등교(한자어), 길(고유어)	○	깨(고유어), 잎(고유어)	○
③ 발음	뒷말 첫소리의 된소리	[등꼳낄]	○	–	×
	ㄴ이나 ㄴㄴ의 생김	–	×	[깬닙]	○

사이시옷은 '~의'의 의미로 구성된 합성어 사이에 들어가는 표기다. 그래서 그 의미를 먼저 확인해야 한다. '등교의 길'이나 '깨의 잎'에서 '의'가 하는 역할

을 확인하는 것이 중요하다. 두 번째는 합성어를 구성하는 것 중 적어도 하나는 고유어여야 한다. 한자와 한자 사이에는 사이시옷을 넣지 않는 것이 원칙이다.[5] 마지막은 발음이다. '등교+길'을 합쳤는데 '길'이 된소리로 난다면 '길'의 앞에는 반드시 'ㅂ, ㄷ, ㄱ'으로 소리 나는 것이 있어야만 한다. 한국어 소리의 대원칙이다. 이 발음 때문에 'ㄷ'으로 소리 날 수 있는 'ㅅ'을 적어 주는 것이다. '깨+잎' 역시 마찬가지다. 둘을 합쳤으면 [깨입]으로 소리 나야 한다. 그런데 'ㄴ'으로 소리 나는 것은 여기에 무엇인가 'ㄴ'으로 바뀔 수 있는 것이 들었다는 말이다. 그 소리가 'ㅅ'이다. 학습자들에게 강조해야 하는 것은 'ㅅ' 때문에 이렇게 발음 나는 것이 아니라 그렇게 발음하기 때문에 'ㅅ'을 적는 것임을 강조하는 것이다. 일상에서 구현하는 말소리의 원리가 규범의 원리라는 점을 강화하여야 학습자들이 자기 안에서 문법을 발견하고 활용할 수 있게 되는 것이다.

(3)⑥의 맞춤법은 학습자들이 취업을 하였을 때 유용한 것이다. 관료들이 특히 많이 쓰는 명사형 종결과 관련되기 때문이다. 여기서 중요한 것은 명사형으로 종결할 때 기본형의 받침을 유지하게 하는 것이다. 그래야 의미 전달이 쉽기 때문이다. 여기서 특히 눈여겨봐야 할 어휘는 'ㄹ'로 끝나는 어간이다. 국어에는 'ㄹ'로 끝나는 어간이 특히 많다. 이 'ㄹ'은 규칙적으로 탈락되기 때문에 표기할 때 자주 오타가 생긴다. 대표적인 맞춤법 예시가 '날으는(×)'이다. '날다'와 같은 동사는 'ㄴ'을 만나면 탈락하는 것이 일반적이다. 그 일반적인 원리에 따라 '날다'의 활용형이 '날으는'이 아니라 '나는'이 되는 것이다.

맞춤법을 강의할 때 학습자들에게 'ㄹ다'의 형태를 갖는 기본형을 최대한 많이 떠올리게 하는 것도 좋은 방법이다. 간단히 예를 제시하면 아래와 같다.

---

5) 이에 대해서는 대학의 학습자도 잘 알고 있는 사실이다. 이때 예외가 되는 사례 6개를 함께 논의할 수도 있다. 예외: 곳간, 툇간, 찻간, 셋방, 숫자, 횟수

〈표 2〉 ㄹ말음 어간

	예	+ㄴ	명사형
① 동사	갈다, 걸다, 날다, 놀다, 밀다, 살다, 일다, 알다, 졸다	가는, 거는, 나는, 노는, 미는, 사는, 이는, 아는, 조는	갊, 걺, 낢, 놂, 밂, 삶, 읾, 앎, 좖
② 형용사	길다, 걸다, 달다, 멀다	긴, 건, 단, 먼	긺, 걺, 닮, 멺

명사형으로 종결시킬 때 어간 말 'ㄹ'을 남겨야만 함을 보이는 대표적 예는 '마포구에서 삶'과 '마포구에서 삼'의 비교다. 둘을 구분해 적지 않으면 '거주'인지 '구매'인지를 구분하기 어렵다. 때문에 '삶'과 '삼'을 구분해 적는 것이다.

(3)⑦, (3)⑧은 모두 발음과 연관된 예들이다. 맞춤법 원리 자체가 '소리 나는 대로'와 '어법에 맞게'를 대 원칙으로 삼고 있기 때문에 자신의 발음이 맞춤법에 관여하는 것은 당연한 일이다. 하지만 학습자가 같은 뜻을 가진 말은 같은 모양으로 적어야 의미를 유지할 수 있다는 점을 명심할 수 있도록 하여야 한다. 그래야 발음에만 집중하여 생기는 오류를 막을 수 있다.

대학의 학습자들이 익혀야 하는 언어 규범의 중요한 한 축은 띄어쓰기이다. 띄어쓰기와 관련된 문제는 주로 학습자들의 단어에 대한 판단 문제와 긴밀히 관련된다. 역시 오류 빈도가 높은 것, 중요한 것 중심으로 몇몇 예를 짚어보자.

(4) 자주 틀리는 띄어쓰기
　　① '-하다'의 띄어쓰기
　　② 의존 명사 '만큼, 대로, 뿐, 만'의 띄어쓰기
　　③ 의존 명사 '지', '데'의 띄어쓰기
　　④ 조사 '보다, 같이'의 띄어쓰기
　　⑤ 서술격 조사 '이다'의 띄어쓰기
　　⑥ '및', '등'의 띄어쓰기

문서 작업에서 가장 주의하여야 할 띄어쓰기가 (4)①의 '-하다'와 관련된 것이다. 일단 이와 관련된 띄어쓰기 오류가 잦을 수밖에 없다는 사실을 학습자들과 공유하는 것이 중요하다. 국어에는 본동사로 쓰이는 '하다'와 접미사로 쓰이는 '-하다'가 있기 때문이다. 일단 국어에는 접미사 '-하다'가 붙은 어휘의 수가 굉장히 많다. 여기서 '굉장히'라는 말을 붙일 수 있는 이유는 그 생산성 때문이다. 현재 한국어에 살아 있는 접미사 중에서 단어를 가장 왕성하게 만들어 내는 것이 이 '-하다'다.

〈표 3〉 '하다'와 '-하다'

	본동사	접미사 '-하다' 결합형
동사	하다	보고하다, 설명하다, 설득하다, 분석하다, 실험하다, 측정하다, 이야기하다, 진단하다, 조사하다, 사랑하다, 전투하다, 연구하다, 발표하다, 토론하다, 토의하다, 비평하다, 평가하다, 논의하다, 주장하다, 주도하다, 주저하다, 명명하다
형용사	-	고요하다, 엄숙하다, 정정당당하다, 엄정하다, 면밀하다, 심각하다, 투명하다, 공정하다, 공평하다, 평행하다, 정숙하다, 미미하다, 완전하다, 온전하다,

학습자들은 '본동사'로 쓰이는 '하다'와 접미사가 붙은 단어를 구분하기 어렵다고 생각하지만 이를 구분하는 일은 그렇게 어렵지 않다. 일단 서사 장르가 아닌 한 대학의 문서에서 '하다'를 본동사로 적어야 하는 경우는 그리 많지 않다. 직무형 글쓰기에서도 마찬가지다. 정보 전달형 글쓰기가 갖는 객관성, 명료성, 간결성을 생각하였을 때 접미사 '-하다'가 붙은 어휘를 사용하는 것이 더 유용하다. 그 강력함은 문서에서 명사 뒤에 붙는 '하다'는 붙여서 적는다고 말하여도 될 만큼이다. 컴퓨터 작업에서는 이와 관련된 띄어쓰기가 자동전환으로 이루어지므로 크게 걱정할 문제가 아니라는 점을 학습자와 공유하는 것도 가능하다.

중요한 것은 단어를 만드는 가장 쉬운 방법이 이미 있는 말에 어떤 것을 더하는 것이라는 점을 공유하는 것이다. 이미 있는 말에 '-하다'와 같은 접미사를 붙여 말을 만들면 이미 있는 의미를 그대로 활용하는 동시에 품사만을 전환한 새로운 말을 쓸 수 있게 되는 것이다. 여기서 중요한 것은 '새로운 말'의

함의다. 여기서 새로운 말은 '단어'이고 국어에서 단어를 단위로 띄어쓰기를 결정한다. 이미 있는 말에 접미사가 붙어 하나의 단위가 되었으니 당연히 붙여 적어야 하는 것이다.

(4)②, (4)③의 의존명사의 띄어쓰기는 학자들 간에도 표기법에 대한 견해가 갈리는 부분이다. 언어 변화를 어떻게 표기에 반영하는가에서 의존명사는 쟁점에 있는 품사일 수밖에 없다. 그러니 품사 등에 대해 민감하지 않은 일반인들이 의존명사와 관련된 띄어쓰기를 어려워하는 것은 당연한 일이다. 우리는 규범에 지나치게 위축되어 있다. 그래서 학습자들은 규범을 맞추지 못하는 것에 대해 자책하는 일이 많다. 이러한 자책은 교양글쓰기 교육에서 가장 중요한 글의 생산을 위축시키는 일로 이어지기도 한다. 이 지점은 교양글쓰기 담당자들이 가장 우려하여야 할 사안이다.

(4)의 띄어쓰기를 가르치는 데서도 마찬가지다. 규범의 어려움은 언어 자체의 변화에서 생기는 당연한 혼란스러움인 경우가 더 많다. 그리고 그 혼란스러움을 주재하는 것은 우리말을 사용하는 언중이다. 규범을 가르칠 때 이 지점에 대해 학습자와 거듭 공유하는 것이 중요한 이유다. (4)②의 '만큼, 대로, 뿐, 만'을 제대로 띄어쓰기 어려운 이유는 이들의 품사가 둘이기 때문이다. 의존명사인 '만큼, 대로, 뿐, 만'과 조사인 '만큼, 대로, 뿐, 만'이 있는 것이다. 이 둘을 구분하는 방법은 의외로 간단하다. 앞에 오는 언어 형식의 품사만 확인하면 된다. 조사는 기본적으로 앞에 '명사, 대명사, 수사'를 둔다. 이런 기본적인 원리를 공유하는 것만으로 학습자들의 띄어쓰기를 교정할 수 있다.

〈표 4〉 '만큼, 대로, 뿐, 만'의 띄어쓰기

	만큼	대로	뿐	만
① 조사	나만큼, 영어만큼, 글쓰기만큼	나대로, 영어대로, 글쓰기대로	나뿐, 영어뿐, 글쓰기뿐	나만, 영어만, 글쓰기만
② 의존명사	할 만큼, 보는 만큼, 한 만큼	하는 대로, 보는 대로, 공부한 대로	할 뿐, 살 뿐, 갈 뿐	할 만, 살 만, 갈 만

의존명사와 관련된다는 점에서는 '만큼, 대로, 뿐, 만'과 같지만 조금 더 구분하기 어려운 띄어쓰기가 (4)③의 '데'와 '지'에 관련된 띄어쓰기다. 이 '데, 지'는 의존명사와 어미로 구분된다. 의존명사 '데'와 '지'의 의미에 집중해 두어야 오류를 줄일 수 있다. 의존명사 '지'에는 시간의 의미가, '데'에는 공간의 의미가 들었다. '시작한 지가 오래다'에 나타나듯 '지'가 갖는 시간성을 구분해 내는 것은 어렵지 않다. 하지만 '데'가 갖는 공간성은 의미가 마모되어 명확하지 않은 경우가 많다. 가장 쉬운 예는 '공부하는 데가 너무 좁다'와 같은 예다. 하지만 문서에서는 '부분, 측면' 등으로 바꿀 수 있는 의미의 '데'가 훨씬 더 많이 쓰인다. 학습자들에게 스스로의 글쓰기 생산물에서 이런 종류의 '데'를 찾는 활동을 시킴으로써 자기 어휘 사용법을 발견하게 하는 것이 띄어쓰기 오류를 줄이는 데 유용하다.

(4)④에 보인 '보다, 같이'의 띄어쓰기는 전문가들의 문서에서도 자주 오류가 나타나는 예들이다. 직접적인 오류의 예를 들면서 논의해 보자.

> 例 접근 방식에 문제가 ㉠있었다기보다는 관련 사업의 인적 물적 자원에 문제가……
> 대학 글쓰기 ㉡자료같이 전문적 내용을 포함한 것들은 미리……

예문의 ㉠에서 '보다'는 조사로 앞말에 붙여 적어야 한다. '있다'라는 용언이 선행하지만 이를 명사형으로 만들어주는 '-기'가 연결되었기 때문이다. ㉡의 '같이'는 원래 의미인 '동(同)'의 의미를 잃고 '유사(類似)'의 의미를 갖는 보조사로 바뀌었기 때문에 앞말에 붙여 적어야 한다. 이 두 가지 사안은 학습자들에게 낯선 것들이면서 문서에서 노출되는 일이 많기 때문에 오류가 잦다. 독서의 과정이나 글의 생산과정에서 이들 예들을 만날 때 띄어쓰기까지 확인하는 과정을 거치게 하는 것이 필요한, 대표적인 사례들이다.

(4)⑤에 보인 '이다'의 띄어쓰기는 학습자의 학령이나 전공에 따라 오류의 빈도가 달라지는 예이다. '이다'의 띄어쓰기 오류가 가장 많이 나타나는 전공은 이공계이며6) 재외국민이나 외국인 학습자에게서도 많이 나타난다. 사실 '이다'

의 띄어쓰기 오류는 한국어 문법에서 be동사에 대한 취급과 관련된다. '이다'를 be동사로 착각하는 경우에 띄어쓰기 오류가 발생한다는 말이다. 이 문제를 해결하기 위해서는 한국어 규범 문법에는 be동사를 설정하지 않는 이유를 학습자와 공유하는 활동이 필요하다. 영어에서 2형식으로 be동사가 쓰이는 용법은 한국어의 서술격 조사 '이다'와 그 역할이 같다. 조사이기 때문에 앞말에 붙여 적는 것이다. 또 국어에는 영어 형용사의 서술적 용법 be동사를 필요로 하지 않는다. 우리말의 형용사에는 이미 'be'동사가 들어 있기 때문이다.[7]

(4)⑥의 '및'이나 '등'의 띄어쓰기 원리는 명료하다. '및'이나 '등'의 의미가 어느 한 단어에 귀속되지 않기 때문에 띄어쓰기 역시 구분하는 것이다. 이런 문제에 대해서는 학습자에게 원리를 묻고 답할 때까지 기다리는 방법을 추천한다. 대학의 학습자들은 생각보다 원리를 탐색하는 데 익숙해 있다. 다만 원리를 묻고 기다려주는 기회에 노출된 경험이 적을 뿐이다.

2.2. 문장 규범

대학의 학습자에게든, 일반 대중에게든 어떤 문장을 쓰고 싶으냐고 질문하면 아래와 같은 답이 나온다.

(5) 문장에 대한 학습자 니즈
① 짧은 문장
② 간결한 문장
③ 논리적인 문장

6) 일상에서 게임이나 앱 메뉴얼에서 이 '이다'의 띄어쓰기 오류를 많이 보게 되는 상황과 맞닿아 있다.

7) 대학의 학습자들에게 한국어의 형용사와 영어 형용사의 차이를 알도록 하는 탐구학습은 생각보다 유의미한 활동으로 수행될 수 있다. 예를 들어 '국어에서 '이다'를 띄어 적지 않는 이유, 한국어의 형용사와 영어 형용사의 차이' 등을 탐구문제로 제시하고 조별로 답을 발표하는 방식을 활용할 수 있다.

④ 멋지고 아름다운 문장

하지만 (5)와 같은 요구는 문장 자체만을 대상으로 교육해서 충족될 수 없는 것들이다. 글의 종류나 목적에 따라 (5)의 각 항목에 대한 충족도가 달라지기 때문이다. 이 말은 텍스트를 벗어난 상태로의 문장만으로 '충분히 짧은지, 충분히 간결한지, 충분히 논리적인지' 등에 대한 답을 내기가 어렵다는 것을 의미한다. 특히 대학의 학업을 위한 글이나 사회의 직무를 위한 글의 경우는 더욱 그러하다. 글의 장르나 목적이나 분량 등 문장의 충실성 판단에 관여하는 요인은 생각보다 많다.

그럼에도 불구하고 학습자들이 (5)와 같은 니즈를 가지고 있다는 점은 유의할 필요가 있다. 학습자 니즈 자체를 수업내용으로 전환하여 활용하여야 하는 이유가 되기도 한다. (5) 자체만을 유인물로 만들어 활용하는 방안도 유용하다.

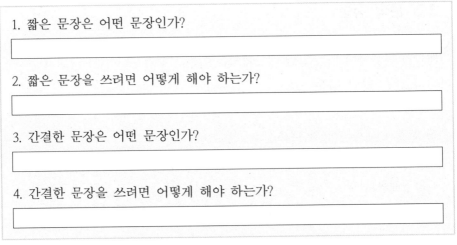

1. 짧은 문장은 어떤 문장인가?

2. 짧은 문장을 쓰려면 어떻게 해야 하는가?

3. 간결한 문장은 어떤 문장인가?

4. 간결한 문장을 쓰려면 어떻게 해야 하는가?

[유인물 1] 문장의 역할을 확인하는 유인물

[유인물 1]과 같은 내용을 활용하는 데 특히 중요한 것은 학습자들이 질문에 대해 답을 내릴 때까지 충분히 기다려 주는 것이다. 학습자 주변을 돌면서 특정 학습자가 내용을 생산했을 때 개별적으로 질의 응답을 하는 것도 좋은 방식이

다. [유인물 1]의 목적은 텍스트를 떠난 문장의 길이, 간결성, 논리성이 무의미한 것이라는 것을 깨닫는 것이다. 이 목적에 주목한다면 학습자가 유인물에 내놓는 답변은 어떤 것이든 수업에서 유용한 내용이 될 수 있다.

[유인물 1]의 활동은 학습자가 직접 생산한 글을 대상으로 확장하는 것도 가능하다. 이럴 때는 학습자 스스로 자신의 글에서 가장 중요한 문장을 선정하고 그 문장이 간결하고 논리적으로 되기 위해 어떤 수정 방향이 좋은가에 대한 논의로 이어질 수 있다. 글 안에서 문장의 역할을 고려하면서 중요도에 따라 문장을 수정할 수 있도록 하는 것이다. 우리가 올바른 문장이라는 영역의 하위 단위에서 다루는 아래의 항목들 역시 마찬가지다.

(6) 올바른 문장 쓰기의 요건
　① 문장 성분의 호응
　② 중복 표현
　③ 중의성
　④ 적절한 어휘 사용
　⑤ 번역투 문장
　⑥ 문장 군더더기

학습자 글 안에서 수정해야 하는 중요한 문장을 고르고 이를 중심으로 남은 문장들의 역할을 배정하는 훈련이 올바른 문장 쓰기 교육에서 전제되어야 할 것들이다. (6)의 각각의 항목에 대해 길게 강의하는 것보다는 학습자들이 작성한 과제에서 스스로 자기 글의 문장 특성을 이끌어내고 수정 방향을 설계할 수 있도록 기회를 주는 방식이 학습자에게 더 유용하다. 이러한 기회는 학습자들이 선택한 예에 대해 몇 마디라도 기술할 수 있는 기회가 되는 동시에 자신의 문장 쓰기 방식에 대해 이해하는 길이 되기 때문이다. 이와 관련된 보다 자세한 논의는 3장의 텍스트 내의 문장에 대한 논의에서 구체화할 것이다.

3. 텍스트와 어휘, 문장

3.1. 핵심어, 주제문

사실 규범 중심의 교정 교육이 학습자의 글쓰기 능력 신장에 도움을 주기 어렵다는 연구들에서는[8] 텍스트 구성 요소들 간의 위계가 더 중요하다고 생각한다. 하나의 텍스트를 구성하는 문장이나 어휘들 중에는 더 중요한 문장이나 더 중요한 어휘가 있게 마련이다. 여기서 주목하는 문장이나 어휘가 2장에서 다룬 어휘나 문장과는 다른 차원의 접근이 필요하다는 사실을 학습자들이 이해하는 것이 글쓰기 교육에서 특히 중요하다.

[유인물 2]는 학습자들에게 2장에서 다룬 탈맥락적 상황에서의 단어나 어휘와 특정 텍스트 안에서의 핵심어가 다르다는 것을 훈련시키기 위해 활용하는 유인물의 일부이다.

[유인물 2]의 ①의 '문장'과 ②의 '문장'은 그 의미가 다르다. ②의 의미가 더 쉽다. 이는 문자 그대로 영어 'sentence'로 번역할 수 있는 개별 문장이며 사전적 의미 그대로 '생각이나 느낌의 최소 완결체'로서의 문장이다. 앞 장에서 다룬 '문장'이 이 최소 완결체로서의 의미다.

하지만 [유인물 2]의 ①은 이런 의미로 한정되지 않는다. [유인물 2]에서 말하는 '문장력'이 단지 'sentence power'로 해석될 사안이 아니라는 말이다. [유인물 2]의 문면에 따르면 '문장력'은 '지식을 표현할 적절한 수단'이자 '지식을 효과적으로 전달할 수 있는 적절한 수단'이다. 이것은 개별 문장 자체의 힘으로 생기지 않는다. 문장력을 군이 '문장'과 관련된 말로 표현하려면, '문장력'은 좋은 '주제

---

8) 1963년 이후로 많은 연구자들이 문법에 대한 자세한 교수 코멘트는 학습자의 쓰기 능력 개선에 미미한 효과를 보일 뿐이라는 것을 밝혀 왔다(Braddok, Lloyd-Jones & Schor, 1963; Morrow, 1984 등). 최근 연구에서는 Bizzell, P.(2000) 등의 연구에서 논의되어 왔다. 제2언어 글쓰기에서조차 교수의 문법 요소에 대한 자세한 언급은 학습자에게 부정적 효과를 불러일으킨다고 말한다. 예를 들어 Smeke(1984)에서는 교정(correction)이 학생의 정확성과 풍부성을 증대시키지 못하고 학생들의 부정적 태도를 불러일으킨다고 말하고 있다. Cane & Cane(1990) 등에서도 교사 중심 교정의 부정적 효과에 대해 언급하고 있다(김남미, 2012: 289에서 재인용).

> **〈명문10〉예시**
>
> 　좋은 글을 쓰는 데 빠질 수 없는 또 다른 요소는 바로 문장력이다. 풍부한 지식을 전달하기 위해서는 ① 문장의 힘이 필요하다. 아무리 좋은 지식을 가지고 있다고 하더라도 이것을 표현할 적절한 수단을 가지지 못한다면 아무 소용이 없다. 문장력이 없으면 아무리 똑똑해도, 책을 많이 읽었어도 소용이 없다. 책을 통해 얻은 지식을 효과적으로 전달할 수단을 가지지 못하기 때문이다. 나는 언제나 학생들에게 우선 문장연습부터 하라고 이야기한다. ② 문장을 제대로 배우지 않으면 학교에서든, 회사에서든 좋은 평가를 받을 수 없다.

- ①과 ②의 차이를 써보자.

☞ _____

- 예문을 토대로 '문장력을 기르기 위해서는 문장연습을 해야 한다'는 결론을 냈을 때 생길 수 있는 문제를 써보자.

☞ _____

[유인물 2] 핵심어와 단어 사이의 차이를 확인시키기 위한 유인물

문'을 효과적인 구조로 표현하였을 때 생긴다. 그래서 대학 글쓰기를 제대로 수행하기 위해서는 '주제문'과 이에 관련된 구조를 설계하는 과정이 중요하다.[9) 그리고 글쓰기 주제와 관계있는 구조를 설계하려고 할 때 주목하여야 할 지점이 핵심어다.

　학습자가 생산 중이거나 생산한 텍스트는 수많은 단어로 구성되어 있다. 하지만 정작 자신의 주제문(thesis statement)[11)을 구성하는 핵심어(구)는 3~5개를 넘

---

9) 김남미(2019: 49)에서는 "글의 거시 구조를 이루는 주제나 구조는 텍스트의 전반적이고 요약적인 구조로서 중심개념이나 총체적 응집성(global coherence)을 갖는다. 주제는 이를 구성하는 핵심어들의 관계로 표상되며 이들 관계를 투사한 구조는 문법적으로 횡적, 종적 관계를 읽을 수 있는 틀이 된다. 학술적 글쓰기의 질적 수준을 개선하는 과정은 핵심어나 개요에 반영된 횡적, 종적 관계를 메타적으로 인식하는 과정이 되며, 이는 글을 구성하는 총체적 틀을 조정하는 행위임"을 논의한 바 있다.

10) 이재성·정희모(2005), 『글쓰기전략』, 들녘, 28쪽.

11) '주제의 깊이'에 접근하는 단위는 다르지만, 주제와 주제문의 관계를 고려한 수업 설계에서 이윤빈(2013)이 시사하는 바는 크다. 이윤빈(2013: 78)에서는 주제의 깊이 산정을 위해 '개념적 구체성의 수준, 의미적 심화, 주제 간의 의미적 관계 등'의 원칙을 설정한 바 있다. 이를 3.1.에서

지 않는다. 자신이 텍스트에서 말하고자 하는 바를 압축한 핵심어(구)가 무엇인지를 찾고 주제문을 구성하는 활동이 대학 내에서 의미 있는 글을 구성하는 데 가장 중요한 활동이 된다.

따라서 교양 글쓰기의 전체 수업 초반에 이 '핵심어'와 '단어, 어휘' 간의 차이를 인지할 수 있도록 교육하고 다른 텍스트를 읽을 때나 자신의 텍스트를 생산할 때 염두에 둘 수 있도록 교육하는 것이 필요하다. 그리고 이 핵심어와 주제, 핵심어와 구조 간의 관계를 활용하여 요약문 쓰기나 피피티 구성에 활용할 수 있다는 것도 강의 초반부 이론 설명 부분에 반영하는 것이 좋다. 그리고 이후의 수업에서도 이들의 관계를 지속적으로 강조해야 한다. 특히 자신의 이전 글에서 핵심어를 찾게 하고 이들 간의 관계를 통해 주제문을 구성하거나 구조를 설계하게 하는 작업을 피드백에 중에 요구하는 것 역시 중요하다. 다음 〈그림 1〉은 학습자들의 이전 개요로부터 핵심어를 찾아내고 이들 간의 관계를 통해 구조를 설립하는 활동을 그대로 그림으로 나타낸 것이다.12)

결국 학부생 글이 대학 내에서 의미 있는 수준을 담보할 수 있도록 지도하기 위해서는 학습자 스스로 주제문, 핵심어, 구조 간의 관계를 설정할 수 있도록 이끌어야 한다. 그렇기 때문에 교양 글쓰기 교육 내에서 이들 핵심어, 주제문에 대한 개념과 인식이 내재화되어 자신의 글에 반영될 수 있도록 조직화하는 연습이 더욱 중요하다.

논의하는 '주제-주제문' 간의 관계에 적용해 보자. '개념적 구체성, 의미적 심화, 주제(여기서는 문장 주제)들은 학습자들이 자신의 '주제문을 확보'하기 위해 자신의 이전 text를 읽는 데 주요 기준으로 작용할 수 있다(김남미, 2018: 22에서 재인용). 이 글에서 말하는 '주제문을 이윤빈(2013)의 용어로 표현한다면 '담화 주제'라는 용어를 사용할 수 있을 것이다. 하지만 대학글쓰기에서 '담화'라는 용어 자체의 외연을 무엇으로 보는가에 대한 명료한 설정이 필요하기에 이 논문에서는 '담화 주제(discourse topic)'라는 용어 대신 '주제문(thesis statement)'이라는 용어를 사용한 것이다.

12) 이 그림은 김남미(2016: 57)에 '개방 체계를 반영한 개요'라는 이름으로 제시된 그림이다. 여기서 개방 체계란 학습자들의 이전 글로부터 더 생각하여야 할 지점을 빈칸으로 만들어 이들을 채워 넣는 과정을 보인 것이다. 이때 빈칸에 채워 넣어지는 것들이 해당 글의 핵심어(구)가 된다.

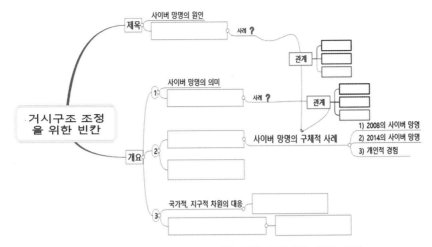

〈그림 1〉 핵심어 간 위계 조정을 통해 구조화를 이끈 사례

3.2. 핵심어와 문장 간결성

앞 장에서 논의한 바대로 짧은 문장 자체가 좋은 문장인지는 알기 어렵다.[13]

---

13) '짧은 문장' 자체가 문장의 수준을 의미하는 것은 아님을 보여주는 대표적인 사례로 들 수
있는 것이 아래 문장이다.

"흉강경 수술에 임할 의사들이 갱의실에서 수술복으로 갈아입고, 수술장 방 앞에 있는 수도에서
소독약이 든 수세미 같은 기구로 손톱 밑에서 팔꿈치까지 소독을 하고, 간호사가 건네주는 소독된
타월로 물기를 닦은 후 역시 간호사가 입혀주고 묶어주는 대로 완전 소독된 수술 가운으로 갈아입
는 걸 지켜보면서 영빈은 초록색 모자와 마스크만 쓴 다음 수술장 안으로 들어갔다."(박완서,
『아주 오래된 농담』: 주세형(2007: 28)에서 재인용)

아래는 김남미(2014:18)의 해석을 원문 그대로 옮긴 것이다.

"이 문장은 띄어쓰기를 포함해 201자예요. 많이 긴 문장이지요. 포함된 서술어도 10개가 넘습니
다. 10개가 넘는 홑문장을 합한 문장이라는 거죠. 아주 복잡한 구조를 가졌겠지요. 하지만 아주
훌륭한 문장이에요. '왤까요?'를 중심으로 앞뒤를 비교해 보세요. 환자와 아무 연고가 없는 수술실
의사들의 중무장에 비해 연고자인 '영빈'의 차림이 극심하게 대조되고 있어요. 이런 대조를 통해
작가는 글에 표현되지 않은 아주 많은 사연을 전달합니다. 가족으로서 환자에 대한 걱정과 안타까
움이 얼마나 크겠어요. 하지만 아무것도 할 수 없이 의사들을 지켜볼 뿐이지요. 거기서 느끼는
무력감은 중무장하는 의사들에 대한 서술이 길어지면 길어질수록 더 깊어집니다. 저는 이 문장에
서 이런 사연들을 느낍니다. 간결성을 추구한다고 이 문장들을 홑문장으로 쪼개놓는다면 어떨까
요? 앞서 제가 느낀 감흥들도 함께 사라지겠지요. 좋은 문장은 말하고자 하는 의도를 제대로
표현한 문장입니다."

하지만 많은 학습자들은 자신의 글 안에서의 문장이 짧은 문장이 되어야 한다는 생각을 한다.

〈명문14〉 예시〉	① 수정 이후의 좋아진 점을 적어 보세요.
● 수정 이전 글(18면) 제가 대통령이 되면 기회의 평등, 과정의 공정함, 결과의 정의라는 국정운영 원칙을 바로 세우겠습니다.	☞
☞ 수정 글(19면) 제가 대통령이 되면 '공평'과 '정의'가 국정운영의 근본이 될 것입니다. 기회는 평등할 것입니다. 과정은 공정할 것입니다. 결과는 정의로울 것입니다.	② 어떤 수정 전략을 활용하였을지 생각해 보세요. ☞

〈그림 2〉 핵심어와 짧은 문장의 관계를 익히게 하는 유인물

〈그림 2〉의 ①에 대하여 학습자들은 '간결해짐, 말하는 바가 분명해짐'이라는 응답을 한다. 그리고 어떤 전략이 ①의 결과를 가져오게 한 것인가에 대한 ②에 대한 답변은 대개 '문장이 짧아짐'이라는 답을 한다. 문장을 짧게 만드는 것으로 문장의 간결성이나 명료성을 이끌 수 있다는 생각이 반영된 것이다. 하지만 실제로는 그렇지 않다. 만일 〈그림 2〉의 수정글에서 앞의 두 문장이 없다면 이러한 간결성이나 명료성을 확보하기 어렵다. 사실 〈그림 2〉의 수정글이 주는 효과는 수정글의 두 번째 줄의 핵심어로부터 야기된 것이다. 이를 더 명료하게 보여주는 것이 〈그림 3〉이다.

---

14) 김남미(2015: 212), 「짧은 문장 쓰기의 비밀: 윤태영, 『윤태영의 글쓰기 노트: 대통령의 필사가 전하는 글쓰기 노하우75』, 책담, 2014를 읽고」, 『대학작문』 12, 대학작문학회, 211~214쪽. 괄호 안은 서평 대상글의 원문 페이지.

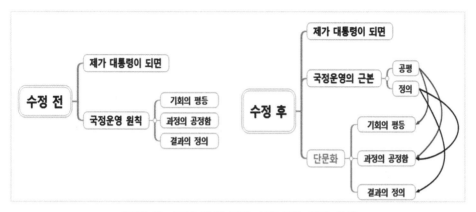

〈그림 3〉 〈그림 2〉의 문장 수정 전후 관계 도해

〈그림 3〉의 우측 수정 전의 글에서의 핵심어(구)는 '기회의 평등, 과정의 공정함, 결과의 정의'이다. 반면 수정 후 글의 핵심어는 두 번째 항목에 적힌 바대로 '공평'과 '정의'이다. 핵심어(구)가 줄어든 것이다. 핵심어(구)의 수가 줄었다는 것은 텍스트 내에서 강조해야 할 지점의 수가 줄어들었다는 것을 의미한다. 이 두 개 핵심어구가 마지막 부분의 단문화를 통해 생기는 산만함을 줄여주는 효과로 작용한다.

〈그림 2〉의 ①에 대한 학습자의 응답 중 하나가 흥미롭다. 해당 학습자는 '수정 후'의 글이 더 좋아진 점에 대하여 '바이브가 있다'로 답하였다. 바이브는 '느낌, 분위기' 등의 의미를 갖는 단어로 학습자들은 랩 가사의 리듬감을 표현할 때 주로 사용한다. 이러한 응답은 '비슷한 유형의 짧은 문장이 배열될 때'의 효과를 직관적으로 보여준다. 대구법을 통한 리듬감의 형성을 학습자들의 용어로 표현한 것이다. 그리고 학습자의 이러한 반응은 수업 내에서 중요한 화두로 활용할 수 있다. 〈그림 2〉의 수정 결과나 〈그림 3〉의 '단문화' 과정을 통해 만든 짧은 문장의 효과는 사실은 이와 같은 리듬감 등을 이끄는 수사법의 영역에 해당한다는 점을 공유하기에 좋은 반응이기 때문이다. 그리고 대학 내 글쓰기나 직무적 글쓰기를 제대로 수행하기 위해서는 수사적으로 표현된 부분의 직설적 의미나 전략을 제대로 읽어내는 활동이 필요하다는 점을 강조하기에도 좋은 반응이다.

4. 규범 vs 핵심어, 주제문

이 글은 개체로서의 단어, 어휘, 문장과 텍스트 안에서의 어휘 문장이 다르다는 점으로부터 출발하였다. 맥락으로부터 벗어나서 존재하는 단어나 어휘, 문장에 대한 접근은 규범과 관련된 것이며, 이들에 대한 개별적 접근은 텍스트를 생산하는 데 직접적으로 기여하지 않는다. 텍스트 생산에 직접적으로 관여하는 어휘나 문장은 '핵심어'나 '주제문'이라는 다른 용어로 접근되어야 한다. 특정 텍스트에서 가장 중요한 위계를 갖는 어휘가 '핵심어'이며 이들의 관계를 보여주는 것이 주제문이기 때문이다. 대학의 학습자가 글을 제대로 쓰기 위해서는 현재 자신이 생산하고 있는 텍스트의 '핵심어(구)'가 무엇인지를 알며 이들의 관계를 '주제문'으로 구성해내는 전략을 익힐 수 있어야 한다.

탈맥락적 어휘, 문장을 교육하는 규범 교육은 중요도 중심으로 원리 중심으로 교육되어야 하며, 학습자가 스스로 규범을 수정할 수 있는 기회를 제공하는 것으로 교육되어야 한다. 특히 개설 가능 학기와 시수가 한정되어 있는 교양 글쓰기 과정에서 어휘 및 문장 교육의 상대적 비중을 줄이면서도 문서 규칙을 따르는 것의 중요성을 공유하는 방식으로 지도되어야 한다. 반면 텍스트와 관련된 주제문이나 핵심어의 개념은 글쓰기 이론을 다루는 초반에서부터 그 개념을 정확하게 인지하고 중요성을 공유하는 것이 바람직하다. 그리고 이후 이루어지는 요약하기나 확장하기, 발표하기, 글쓰기 과제 수행하기 등 전 과정에 걸쳐서 핵심어(구)와 주제문이라는 개념을 적극적으로 활용할 수 있도록 지도하기 바란다.

참고문헌

김남미(2012), 「대학 학습자 글쓰기의 첨삭지도 방안」, 『우리말연구』 30, 우리말연구
학회, 269~296쪽.

김남미(2014), 『100명 중 98명이 헷갈리는 우리말 우리문장』, 나무의철학.

김남미(2015), 「짧은 문장 쓰기의 비밀: 윤태영, 『윤태영의 글쓰기 노트: 대통령의
필사가 전하는 글쓰기 노하우75』(책담, 2014)를 읽고」, 『리터러시 연구』 12,
한국리터러시학회, 211~214쪽.

김남미(2016), 「문법장치 '와/과'를 활용한 개요 수정 사례」, 『국어교육연구』 37, 서울
대학교 국어교육연구소, 29~64쪽.

김남미(2018), 「주제-주제문의 의미 관계를 통해 본 대학글쓰기 교육의 과제」, 『언어
와정보사회』 33, 서강대학교 언어정보연구소, 1~29쪽.

김남미(2019), 「학술적글쓰기의 질적 개선을 위한 문법: 대학에서의 장르 중심 문법
교육」, 『문법교육』 35, 한국문법교육학회, 27~60쪽.

이윤빈(2014), 「미국 대학 신입생 글쓰기(FYC) 교육의 새로운 방안 모색」, 『국어교육
학연구』 49(2), 국어교육학회, 445~479쪽.

이재성·정희모(2005), 『글쓰기전략』, 들녘.

정희모(2014), 「핵심 의사소통 역량 강화를 위한 대학 교양교육 발전 방안; 대학
작문 교육과 학술적 글쓰기의 특성」, 『작문연구』 21, 한국작문학회, 29~56쪽.

Bizzell, P.(2000), "Basic Writing and the issue of correctness, of what to do with 'mixed'
form of acadmic discourse", *Journal of Basic Writing*, 19(1), pp. 4~12.

Braddok, R. Lloyd-Jones, R. & Schor, L.(1963), *Research in Written Composition*,
Urbana, IL: National Council of Teachers of English.

Cane, P. & Cane, E.(1990), *Write for first certificate*, London: Nelson Books.

Morrow, S. R.(1984), A model for grammar instruction using error analysis in a college
Freshman composition course, *Dissertation Abstracts International*, 46, 2546A.

글쓰기 교육에서 교수 학습과 연계한
상호주관적 평가 방법[※]

이윤빈

1. 대안적 대학 글쓰기 평가 방안의 필요성

"학점을 어떤 기준으로 주신 건지 모르겠습니다. 저는 직전 학기에 수강한 글쓰기 강좌에서 다른 교수님께 A학점을 받았습니다. 이번 학기에도 똑같이 출석하고 열심히 글을 썼는데 교수님은 왜 C학점을 주셨나요? 지난 학기에 저와 함께 A학점을 받은 친구는 이번에 교수님께도 A학점을 받았는데 그 친구나 저나 글은 비슷하게 쓰는 것 같습니다." (학생1)

"한 학기 내내 글을 잘 쓴다고 하셨는데 학점은 B가 나왔네요. 글쓰기 점수는 좋았는데 중간고사, 기말고사 점수가 낮아 학점을 이렇게 주신 건가요? 만약 그렇다면 글쓰기 학점을 객관식·단답형 평가 점수가 좌우하는 건 불합리하지 않나요?" (학생2)

※ 이 글은 『대학작문』 21호에 게재된 「대학 글쓰기 교육에서 교수 학습과 연계한 상호주관적 평가 방안」(2017, 대학작문학회, 11~46쪽)을 수정 보완한 것이다.

"저는 한 학기에 150명 안팎의 학생을 담당합니다. 150명이 네 번만 글을 써도 600편입니다. 학생들의 쓰기 과정을 일일이 봐주고도 싶고, 그 글이 어떤 기준에서 왜 그렇게 평가되었는가를 납득 가능하게 설명해주고 싶지만, 현실적으로 어렵습니다." (교수자A)

대학 글쓰기 교육 현장에서 평가는 언제나 '뜨거운 감자'다. 뱉을 수도 없고 삼키기도 어려운 뜨거운 감자와 같이, 대학 글쓰기 강좌에서 평가는 수행하지 않을 수 없지만 만족스럽게 수행하기 어려운 난감한 과업이다.

대학 글쓰기 교육에서 평가를 수행해야 하는 당위적인 이유는 평가가 갖는 교육적 기능에서 우선 찾을 수 있다. 평가는 학습자의 학업성취 정도를 측정하고, 학습 동기를 고취시킨다. 또한 교수자가 설정한 교육 목표가 타당한 것이었는지, 교육 내용 및 방법이 학습자의 수준에 적절한 것이었는지 판단하게 하는 근거 자료의 역할도 담당한다(이명실, 2008: 69). 한편, 평가를 수행해야 하는 보다 현실적인 이유도 있는데, 그것은 학생들에게 학점을 부여해야 한다는 것이다. '글쓰기'와 '평가'는 본질적으로 상호배타적인 개념이라는 관점(Wolcott & Legg, 1998: 2), 특히 상대평가는 글쓰기 교과의 수업 목표, 교육 내용, 교수 학습 방법에 모두 부합하지 않는다는 관점(이상원, 2014: 271)을 가진 교수자가 적지 않음에도, 대부분의 대학에서는 상대평가를 통해 학점을 부여할 것을 요구한다. 그래서 어떤 이유에서든 교수자는 평가를 위한 여러 가지 방안을 사용하지 않을 수 없다.

그러나 대학 글쓰기 교수자 대부분이 경험적으로 알고 있듯이, 교육 현장에서 사용되는 각종 평가 방안들은 제각각의 이유에서 논란의 대상이 되곤 한다. 가장 빈번히 사용되는 것은 '총체적 평가'다. 평가자가 글 전체를 하나의 단위로 보고 글에 대한 전반적 인상에 의존하여 점수를 부여하는 방법이다. 이 방법은 글을 평가하는 가장 효율적인 방법으로 자주 사용되지만, 평가자의 주관에 따라 평가 결과가 결정되기에 평가자 간 일치도나 평가자내 일치도가 낮다는 문제, 즉 평가 신뢰도를 보장 받기 힘들다는 문제를 갖는다. 그래서 학생1과 같은 불만을 초래하곤 한다. 한편, 평가 신뢰도 논란을 방지하고, 객관적인 평가를 수행하기 위해 선다형·단답형 문제를 사용한 '간접 평가'를 실시하는 경우도 있다. 그러나 글쓰기 교과에서 학생들의 쓰기 능력 수준을 직접 측정하지 않는 간접 평가 방식을 사용하는 것은 평가의 타당도 문제를 야기하기 마련이다. 학생2의 문제제기가 그 전형적인 사례다.

최근에는 총체적 평가와 간접 평가의 한계를 극복하기 위한 방안으로 '포트폴리오 평가'를 사용하기도 한다. 이때 포트폴리오는 학습자의 쓰기 과정 및 결과물이 총체적으로 반영된 자료철로, 초고 및 완성고뿐 아니라 쓰기 과정에서 생산한 메모나 작업 일지, 동료와의 협의 기록, 반성적 자기 평가서 등을 폭넓게 포함한다(김병길, 2009: 149). 포트폴리오 평가는 학습자의 발전 과정을 전체적으로 평가할 수 있다는 장점을 갖는다. 그러나 포트폴리오 구성을 위한 세부 과제를 개발하고, 학습자의 포트폴리오 구성을 도우며, 평가 기준을 구분하고 적용하기 위한 교수자의 부담이 매우 크다는 문제가 있다(서수현, 2008: 32). 교수자A의 토로에서 볼 수 있듯이, 한 명의 교수자가 많은 학생들을 평가해야 하는 상황에서는 평가의 효율성에 대해 고민하지 않을 수 없는 실정이다.

이 글은 대학 글쓰기 교육 현장에서 평가와 관련하여 나타나는 다양한 문제들에 대한 고민으로부터 시작되었다. 대학 글쓰기 평가에 대한 학생1, 학생2, 교수자A의 불만과 고민을 최소화할 수 있는 평가 방안이 필요하다는 문제의식을 기반으로, 대학 글쓰기 교육 현장에서 사용할 수 있는 대안적인 평가 방안을 마련하기 위해 기획되었다. 구체적으로, 이 연구는 글쓰기 평가 이론에 대한 논의를 토대로 대학 글쓰기 교수 학습과 연계한 상호주관적 평가의 원칙 및 방안을 구성하고, 이를 실제 교육 현장에서 적용한 사례를 검토하는 데 목적을 둔다. 여기서 '상호주관적 평가'란 교수 학습이 이루어지는 구체적인 현장인 교실 공동체의 구성원들이 평가 목적·평가 주체·평가 준거에 대해 합의하고, 이에 근거하여 평가를 수행하는 것을 의미한다. 또한 상호주관성(intersubjectivity)[1]

---

1) 상호주관성(intersubjectivity)은 '모든 사람들의 주관에 의해 공통적으로 의식되는 특징', '많은 주관 사이에서 서로 공동으로 인정하는 것'을 의미하는 개념이다. 현상학자 E. 후설의 이론에서 사용되었으며, 공통주관성, 또는 간주관성(間主觀性)이라고도 부른다(서울대학교 교육연구소, 1995). 최근 문학 이론에서는 '텍스트에 대한 독자의 경험이 수동적인 것이 아니라 능동적이라는

을 형성하는 교실 공동체의 구성원들은 교수자와 학습자를 말한다.

이를 위해, 2장에서는 대학 글쓰기 평가와 관련된 이론적 논의를 통해 교수 학습과 연계한 상호주관적 평가 방안을 구성한 맥락을 밝힐 것이다. 이후, 3장에서는 상호주관적 평가 방안의 구체적인 내용과 절차를 소개하고, 실제 대학 글쓰기 교육 현장에서 해당 방안을 사용하여 교수 학습과 평가를 수행한 사례를 검토하고자 한다.

2. 글쓰기 평가에 대한 이론적 논의

2.1. 글쓰기 평가에서 객관주의와 주관주의

글쓰기 평가의 역사와 쟁점을 정리한 미국의 수사학자 Yancey(1999)는 쓰기 평가의 역사를 "신뢰도와 타당도 개념이 서로 그 중요성을 우위에 두기 위해 경쟁하다가 현재는 공존하고 있는 상태"(Yancey, 1999: 484)로 규정한 바 있다. 이러한 규정을 바탕으로, 그는 미국 쓰기 평가의 역사를 세 시기로 구분했다. 첫째, 평가의 신뢰도를 추구하여 간접 평가가 주류를 이룬 시기(1950~60년대), 둘째, 평가의 타당도에 주목하여 직접 평가의 하나인 총체적 평가가 활발히 이루어진 시기(1970~80년대), 셋째, 평가의 타당도와 신뢰도에 대한 강조가 공존하며, 다양한 상황에서 작성된 복합적 문서의 집합체로서 포트폴리오 평가가 주목되는 시기(1980년대 중반~현재)가 그것이다.

한편, 쓰기 평가의 역사를 교육 평가사의 일반적인 변화 양상에 대입하여 이분하는 시각도 존재한다. 쓰기 평가의 이념이 객관주의에서 주관주의로 이행된 것으로 보는 시각이다(Huot, 1996; White, 1990; 정희모, 2010). 교육 평가에서

사실을 강조하여, 작품 해석에 대한 독자의 창조적 역할을 부여하는 개념'으로 사용되기도 한다 (Hawthorn, 2003; 정정호 역, 2003: 487에서 재인용). 이 글에서 '상호주관성' 개념은 교수자와 학습자가 '좋은 글'에 대한 각자의 주관을 가지고 있음에도, 상호 합의를 통해 평가 목적·평가 주체·평가 준거에 대한 공통된 인식을 공유한다는 의미에서 사용되었다.

객관주의는 평가의 정확성·신뢰성·효율성을 강조하여 평가의 표준화를 지향하는 경향을 지칭하고, 주관주의는 평가 대상인 학습자의 특성이나 성취 과정, 과목의 특성을 고려하여 다면적인 평가를 지향하는 경향을 뜻한다(이기종, 2000: 63). 정희모(2010: 228)는 교육 평가의 전반적인 경향과 마찬가지로, 쓰기 평가의 이념이 평가의 신뢰도를 추구하는 객관주의로부터 타당도를 강조하는 주관주의로 변화해온 것으로 규정했다. 이러한 구분은 Yancey(1999)의 구분보다 적절해 보인다. Yancey가 '타당도와 신뢰도에 대한 강조가 공존'한다고 언급한 포트폴리오 평가에서 추구되는 신뢰도가 전통적인 의미의 객관적 신뢰도와는 다른, 주관성2)에 기반한 신뢰도라는 점에서 우선 그러하다. 또한 쓰기 평가의 역사를 미국의 경우에 한정하지 않는다면, 객관주의에서 주관주의로의 거시적인 변화에 주목하는 것이 우리 대학 글쓰기 평가와 관련된 논의의 초점을 보다 명확히 하는 일이 될 것으로 판단한다.

널리 알려진 논의를 간략히 정리하면 다음과 같다. 쓰기 평가의 객관주의에서 추구되는 가치는 신뢰도(reliability)로, 이는 '(평가 대상을) 얼마나 안정적으로 일관성 있게 측정했는가의 정도'를 뜻한다(성태제, 2002: 84). 비유하자면, '저울이 얼마나 오차 없이 정확한 측정값을 제시하는가?'를 문제 삼는 것이다. 동일한 대상을 아침과 저녁에 저울에 달았을 때의 무게가 다르면 안 되고, 저울A와 저울B가 달았을 때의 무게가 다르면 안 되듯이, 쓰기 평가에서도 측정한 결과값이 정확하고 객관적이며 일관되어야 한다는 것을 가장 중요한 가치로 삼는 것이다.

따라서 이러한 입장에서는 학습자의 쓰기 지식을 선다형·단답형으로 묻는 간접 평가를 객관성을 담보하는 가장 긍정적인 평가 방식으로 간주한다. 반면, 학습자의 쓰기 능력을 글을 통해 직접 평가하는 방식은 평가자간 신뢰도나

---

2) 포트폴리오 평가에서 추구되는 신뢰도는 예컨대 Belanoff(1991)에서 설명했듯이, 특정 포트폴리오의 통과 여부(pass/fail)에 대해 두 명 이상의 평가자가 '합의'함으로써 확보되는 것으로서 주관적인 성격을 갖는다. 이러한 신뢰도는 간접 평가에서 평가 방식 자체를 통해 근본적으로 확보되는 신뢰도나 총체적 평가에서 평가자간 훈련을 통해 추구되는 신뢰도, 즉 객관적으로 수치화할 수 있으며 수치 향상을 목적으로 추구되는 신뢰도와는 본질적 차이를 갖는다.

평가자내 신뢰도를 담보하기 어려우므로 개선의 대상이 된다. 예컨대 Diederich 외(1961: 58)에서 53명의 평가자가 300편의 글을 9점 척도를 사용하여 평가했을 때 전체 글의 94%(282편)가 7개 이상의 등급에 걸치는 평가를 받았던 결과(평가 자간 신뢰도=.31)는 객관주의의 입장에서는 문제적이다. 만약 불가피하게 직접 평가를 실시해야 한다면, 신뢰도를 높이기 위한 평가자 훈련이 반드시 선행되어야 한다고 강조한다(Godshalk et al., 1966; Wolcott & Legg, 1998: 67).

그러나 이와 같은 쓰기 평가에 대한 객관주의 입장은 필연적으로 주관주의 입장의 비판(Belanoff, 1991; Elbow, 1996; Huot, 1996; Moss, 1998; Weigle, 2002)에 부딪친다. 문제의 핵심은 객관주의에서 강조하는 신뢰도가 타당도를 보장하지 않는다는 데 있다. 쓰기 평가의 주관주의에서 중요시하는 타당도(validity)는 '(평가 방법이) 측정하고자 하는 능력이나 특성을 제대로 측정하고 있는가의 정도' (한국교육평가학회, 2004: 377), 즉, '평가 목적에 따른 평가 방법의 적합성 정도'를 의미한다. 비유하자면, '무게를 재는 데 적합한 도구로서 자가 아닌 저울을 사용하고 있는가?'를 문제 삼는 것이다. 오차 없이 정확한 길이를 재는 자, 즉 신뢰도가 매우 높은 자를 사용하고 있다고 해도 애초의 목적이 무게를 재는 데 있다면 자의 신뢰도는 아무 의미를 가질 수 없다. 요컨대 타당도에 대한 증명이 선결되지 않는다면 평가 자체가 무의미해지는 것(정희모, 2009: 284)이다.

그러므로 이러한 입장에서는 글쓰기 능력이라는 본질적으로 추상적인 대상을 평가하는 데 있어 객관성을 확보하려는 불가능한 노력[3]을 하는 대신, 쓰기의 복합적이고 다면적인 특성을 평가하는 데 적합한 방안부터 모색해야 할 것으로 본다. 타당도의 측면에서 볼 때 간접 평가는 학습자의 쓰기 수행 능력이 아닌 쓰기 지식을 평가하는 데 그치므로 당연히 배제된다. 한편, 학습자의 쓰기 능력

---

3) 정희모(2009: 285)는 글쓰기 평가에서 신뢰도를 추구하는 일이 글쓰기의 본질적 성격을 훼손할 가능성이 많다는 사실을 강조하면서 다음과 같이 설명했다. "평가의 측면에서 글쓰기는 암기 과목이나 수리 과목과 다르게 그 능력을 수치로 환산하기 어렵다. 아울러 글쓰기의 인지과정은 매우 복합적이고 다층적이어서 그에 대한 명확한 질적 판단을 내리기도 힘들다. 글을 쓰기 위해 과제 하나를 이해하는 데도 수많은 변이성이 따르고, 작성된 텍스트를 해석하는 데도 일관된 법칙이 없다. 따라서 글쓰기에서 객관성, 정확성, 공정성을 따지는 방법은 다른 과목과 다르게 매우 어려울 수밖에 없다."

을 글을 통해 직접 평가하는 여러 방안들은 타당도를 어떻게 규정하는가에 따라 인정되기도 하고 배척되기도 한다. 예를 들어, Yancey(1999)는 직접 평가 방안들(총체적 평가, 분석적 평가, 주요 특성 평가, 포트폴리오 평가 등)은 모두 간접 평가에 비해 높은 타당도를 갖춘 것으로 보았다. 반면, 타당도에 대하여 좀 더 엄격한 관점을 가진 입장(Belanoff, 1991; Camp, 1993; Moss, 1998)에서는 한 편의 글을 일회적으로 평가하는 방안들은 학습자의 복합적이고 다면적인 쓰기 능력을 측정하는 데 적합하지 않다고 판단한다. 따라서 포트폴리오 평가를 실시 하여 다양한 상황에서 작성된 여러 양식의 글과 쓰기 과정상의 산물을 평가하는 것이 타당도를 확보하는 길이라고 주장한다(Belanoff, 1991).

쓰기 평가에 대한 주관주의 입장은 신뢰도에 앞서 확보되어야 할 타당도를 추구한다는 점에서 쓰기의 본질에 보다 적합한 평가를 수행할 수 있는 가능성을 갖는다. 그러나 이때 결코 간과되어서는 안 될 사항이 존재한다. 그것은 주관주의 입장에서 추구하는 타당도는 평가가 이루어지는 구체적인 맥락 안에서 의미를 갖는다는 점, 그리고 평가를 수행하는 교수자뿐 아니라 평가 대상이 되는 학습자에게도 타당도의 의미가 충분히 공유되어야 한다는 점이다.

먼저, 모든 평가는 구체적인 맥락 안에서(context-specific) 이루어진다.[4] 대단위 평가와 소규모 평가, 학업성취도 측정 목적의 평가와 학습 동기를 고취시키려는 목적의 평가는 그 맥락이 다른 만큼 타당도를 확보하기 위한 평가 방식 또한 동일할 수 없다. 또한 특정 평가 방식의 타당도가 평가 주체의 입장에서만 확보되고 평가 대상과 공유되지 못한다면, 적어도 교육의 국면에서 해당 타당도 는 의미를 갖기 어렵다. 비유를 이어가자면, '무게를 재기 위해 저울을 사용해야 한다.'는 광범위한 명제는 '신체검사장에서 몸무게를 잴 때는 전자체중계를,

---

4) 이는 이른 바 '생태학적 쓰기 평가관(ecological approach of writing assessment)'에서 강조하는 사항이기도 하다. 생태학적 쓰기 평가관에서는 교육과 평가가 이루어지는 교실을 교실 밖 문식 환경과 유사한 하나의 작은 생태계로 간주한다. 그리고 실제성·지속성·전인성·과정 중심·통합성·개별화·대화성의 원리를 근간으로, 획일적인 평가보다는 일정 기간을 두고 여러 차례에 걸쳐 학습자들이 교수 학습 과정에서 보여주는 다양한 쓰기 수행 국면들을 포착하여 기술하고 해석해가는 평가를 수행해야 한다고 주장한다(원진숙, 1999). 이때 평가는 교실 생태계의 한 부분으로서 교수 학습과 통합되어 진행된다(Jett-Simpson et al., 1997; 원진숙 역, 2004: 24에서 재인용).

과학실에서 추를 잴 때는 용수철저울을 사용해야 한다.'는 명제로 구체화될 때 비로소 그 타당도의 실체성을 담보할 수 있다는 것이다. 또한 적어도 저울 사용의 목적이 교육과 관련되어 있다면, 어떤 저울을 왜 사용하는가에 대한 정보는 저울과 관련된 이해 당사자들에게 충분히 공유될 필요가 있다. 이것이 이 글이 주관주의 입장의 연장선상에서, 교수 학습과 연계한 상호주관적 평가 방안을 구성할 필요성이 있다고 판단한 이유다.

2.2. 글쓰기 평가에서 상호주관주의 특성

〈표 1〉은 이제까지 논의한 쓰기 평가에 대한 객관주의와 주관주의 입장, 그리고 이 글이 취하고 있는 상호주관주의 입장을 간략히 정리한 것이다. 이를 중심으로 쓰기 평가에 대한 상호주관주의 입장의 특성을 살펴보면 다음과 같다.

〈표 1〉 쓰기 평가에 대한 객관주의·주관주의·상호주관주의 입장의 비교

	객관주의	주관주의	상호주관주의
핵심 가치	신뢰도	타당도	• 교실 공동체 내 타당도 • 교수·학습자 간 신뢰도
핵심 질문	평가 결과가 정확하고 일관성이 있는가?	평가 방법이 평가 목적에 부합하는가?	• 평가 방법이 교실 공동체 내에서의 평가 목적에 부합하는가? • 평가 과정 및 결과가 교수·학습자의 상호주관적 합의를 얻는가?
평가 방식	주로 간접 평가 (선다형·단답식 평가)	직접 평가 (총체적·분석적·주요 특성·포트폴리오 평가 등)	주로 직접 평가
장점	객관성/공정성/효율성	적합성	• 맥락 적합성 및 교육 연계성 • 절차 공정성 및 학습자 성취감
단점	• 대체로 타당도↓ (타당도 부재 시 평가 무의미) • 평가자 훈련 실시: 효율성↓	• 대체로 신뢰도↓ • 평가 방안별 타당도(적합성)에 대한 견해차 존재	• 교수자의 사전 준비 및 유연한 대처 필요

먼저, 상호'주관주의' 입장은 기본적으로 주관주의 입장의 연장선상에서, 평가의 타당도를 제1가치로 삼는다. 그러나 이때의 타당도는 평가가 이루어지는 구체적인 맥락을 한정(限定)한 상태에서 추구되는 가치이며, 특히 교수 학습이 이루어지는 특정한 교실 공동체를 단위 맥락으로 전제한다는 분명한 특성을 갖는다. 예컨대 주관주의 입장에서는 학생 선발을 위한 대규모 평가 맥락에서의 타당도를 추구할 수도 있겠으나, 상호주관주의 입장에서는 평가 목적이 교육과 밀접한 관련을 갖는 교실 현장으로 타당도 추구의 맥락을 분명히 제한한다는 뜻이다. 따라서 상호주관주의 입장의 평가 방안을 구성하는 데 있어 핵심적인 질문은 '평가 방법이 교실 공동체 내에서의 평가 목적에 부합하는가?'다. 또한 교실 공동체 내에서의 평가 목적은 해당 공동체의 교육 목적과 불가분의 관계에 있으므로, 이 질문은 곧 평가 방법과 교수 학습 내용과의 연계성을 문제 삼는 것이기도 하다.

다음으로, '상호'주관주의 입장은 평가가 이루어지는 구체적인 맥락을 교실 공동체로 한정했을 때 공동체 구성원인 교수자와 학습자가 형성하는 신뢰도를 제2가치로 삼는다. 이때의 신뢰도는 객관주의 입장에서 추구하는 수치(數値)로 환산되는 신뢰도와는 다르며, 앞서 Belanoff(1991)과 Yancey(1999)가 언급한 신뢰도, 즉 평가 관련자들 간의 '합의'에 의해 형성되는 신뢰도를 뜻한다. 다만, 이들이 전제한 '합의'의 주체가 포트폴리오를 평가하는 2명 이상의 교수자(담당 교수자 및 외부 교수자)를 의미한 반면, 상호주관주의 입장에서 신뢰도를 추구하는 합의 주체는 강좌의 교수자와 학습자를 의미한다는 점에서 명확한 차이가 있다. 또한 이들이 합의를 위한 대상으로 상정한 것이 학습자의 수행 결과(포트폴리오)에 국한되어 있었다면, 상호주관주의 입장에서의 합의 대상은 평가의 과정 및 결과를 아울러 포함한다는 차별성을 갖는다. 교수자와 학습자는 평가 목적·평가 주체·평가 준거에 대해 합의하며, 이를 바탕으로 이루어진 평가 결과 또한 일방적으로 전달되기보다는 학습자의 주체적 수용 과정을 거치게 된다. 요컨대 상호주관주의 입장에서 중시하는 두 번째 질문은 '평가 과정 및 결과가 교수자와 학습자의 상호주관적 합의를 얻는가?'다. 이때 '상호주관성'이란 다양한 주관을 가진 주체가 서로 공동으로 인정하는 것(각주 1 참조)으로서, 교수자와 학습자가 글을 바라보는 각자의 주관적 안목을 가지고 있음에도 상호 합의를 통해 평가에 대한 공통된 인식을 공유한다는 의미에서 사용된 개념이다.

따라서 상호주관주의 입장에서 구성한 평가의 장점은 이 입장에서 추구하는 타당도 및 신뢰도의 개념과 밀접히 연관된다. 먼저, 상호주관적 평가는 그것이 이루어지는 맥락을 특정한 교실 공동체에 한정한 상태에서 타당도를 추구함으로써 '맥락 적합성 및 교육과의 연계성'을 갖는다는 장점이 있다. 즉, 평가 방법을 해당 교실 공동체에서의 교수 학습 및 평가 목적에 부합하도록 설계하고, 이를 공동체 구성원들이 공유함으로써 평가의 당위성을 확보할 수 있다는 것이다.

또한 상호주관적 평가는 평가 과정 및 결과에 대한 교수자와 학습자의 상호주관적 합의를 중시함으로써 '절차의 공정성 및 학습자의 성취감'을 확보할 수 있다는 장점을 갖는다. 상호주관적 평가에서 학습자는 일방적으로 평가를 받는 수동적인 대상이 아니라, 교수자와 함께 평가의 제반 사항에 대해 합의하고 평가에 관여하는 능동적인 주체다. 교수자는 평가 과정에 학습자를 개입하게 함으로써 평가 절차의 공정성을 분명히 할 수 있고, 학습자는 쓰기 평가의 능동적 주체로 참여함으로써 성취감과 효능감을 경험할 수 있다.

한편, 이 상호주관적 평가를 수행할 때에는 학습자와 평가 준거에 대해 합의하기에 앞서 교수자가 다양한 평가 준거 사례를 마련할 필요가 있다는 점, 합의 과정에서 학습자의 다양한 견해에 유연하게 대응하고 이를 효과적으로 종합할 수 있어야 한다는 점에 유의할 필요가 있다. 그러나 일단 교수자가 이러한 상호주관적 평가를 경험하여 숙달된 이후로는, 오히려 다른 평가 방안을 사용할 때보다 효율적으로 평가 및 피드백을 제공할 수 있다는 측면이 더욱 부각된다. 다음 장에서 구체적 사례를 통해 이상의 논의 내용을 확인할 것이다.

3. 상호주관적 대학 글쓰기 평가 방안의 내용과 절차

3.1. 상호주관적 평가 방안의 원칙

대학 글쓰기 교수 학습과 연계한 상호주관적 평가 방안을 구성할 때 전제할 기본 원칙 및 교수자와 학습자의 역할을 살펴보면 다음과 같다. 먼저, 〈표 2〉는 평가 목적, 평가 과정, 평가 준거, 평가 결과의 측면에서 상호주관적 평가의 기본 원칙을 정리한 것이다.

〈표 2〉 상호주관적 평가의 기본 원칙

부문	원칙 내용
1. 평가 목적	교실 공동체 구성원이 상호주관적으로 합의한 교수 학습 목표에 대한 달성 정도를 측정함
2. 평가 과정	교실 공동체 교수 학습의 일부로서, 교수 학습과 연계하여 이루어짐
3. 평가 준거	교실 공동체 구성원 간 대화와 협의를 통해 상호주관적으로 구성됨
4. 평가 결과	교수자의 제공 및 학습자의 반응 절차를 통해 최종 도출됨

첫째, 이 평가의 목적은 교실 공동체 구성원이 상호주관적으로 합의한 교수 학습 목표에 대한 달성 정도를 측정하는 데 있다. 이 평가를 통해 교수자는 학습자의 글에 대한 점수를 산정하지만, 이는 학습자가 가진 쓰기 능력의 진점수(true score)[5]를 나타내는 것이 아니며 공동체 안에서 합의된 목표의 달성 정도를 나타내는 잠정적인 점수임이 분명히 전제된다.

둘째, 이 평가의 과정은 교실 공동체 내 교수 학습의 일부로서, 교수 학습과 연계하여 이루어진다. 학습자는 평가 주체의 하나로서 일련의 평가 절차에 참여하는 과정에서 '좋은 글'의 요건에 대해 고민하고, 글에 대한 감식안을 습득하며,

---

5) 진점수(true score)는 피험자가 측정 오차 없이 검사에서 얻을 수 있는 이론적(가상적)인 능력 점수를 말한다(한국교육평가학회, 2004: 345).

자신의 글쓰기에 대해 성찰할 수 있는 기회를 갖게 된다.

셋째, 이 평가의 준거는 교실 공동체 구성원 간 대화와 협의를 통해 상호주관적으로 구성된다. 학습자는 학기 초에 가장 기본이 되는 평가 준거를 스스로 구성 및 조정하는 훈련을 하며, 이후 교수 학습 과정에서 사용되는 쓰기 장르에 따라 교수자가 제안한 평가 준거의 타당도를 평가하고 합의하는 방식으로 평가 준거 설정에 참여한다.

넷째, 이 평가의 결과는 교수자의 일방적인 제공으로 완료되지 않으며, 교수자가 제공한 평가에 대한 학습자의 반응을 통해 최종적으로 도출된다. 교수자는 학습자와 함께 구성한 상호주관적 평가 준거를 사용하여 평가 및 피드백을 제공하며, 학습자는 이에 대해 수용하거나 논리적 근거를 들어 미수용함으로써 평가 결과를 조정할 수 있다.

한편, 상호주관적 평가에서 교수자와 학습자의 역할을 나타내면 〈표 3〉과 같다.

〈표 3〉 상호주관적 평가에서 교수자와 학습자의 역할

교수자	학습자
1. 교수자는 교육 및 평가의 제1주체인 동시에, 교실 공동체의 교수 학습 및 평가가 원활히 진행될 수 있는 관리자의 역할을 한다.	1. 학습자는 교육 및 평가의 공동주체로서, 교실 공동체의 교수 학습 및 평가 과정에 능동적으로 참여한다.
2. 교수자는 학습자에게 평가 관련 이론을 소개하고, 평가 준거 구성을 위한 다양한 자료를 제공하며, 평가 준거 구성 시 학습자 간 의견을 조율한다.	2. 학습자는 스스로 구성 및 합의한 교실 공동체 내에서의 상호주관적 평가 준거의 효용과 한계를 인지한다.
3. 교수자는 구성된 평가 준거를 사용하여 평가 및 피드백을 제공하며, 이에 대한 학습자의 반응을 종합하여 최종 평가 결과를 도출한다.	3. 학습자는 교수자가 제공한 평가 및 피드백에 대해 평가의 공동주체로서 능동적으로 반응한다.

상호주관적 평가에서 교수자는 교육 및 평가의 제1주체다. 이는 교수자가 교실 공동체의 교수 학습 및 평가를 주도하는 관리자의 역할을 한다는 것을 뜻한다. 대학 글쓰기 강좌를 수강하는 학습자는 대부분 아직 쓰기 경험이 부족

한 대학 신입생이므로, 이들에게 아무런 사전 준비 없이 평가 주체로서의 역할을 다할 것을 요구할 수는 없다. 교수자는 학기 초에 학습자들이 장차 평가에 주체적으로 참여할 수 있는 기본 교육을 실시하고, 평가 준거 구성을 위한 다양한 자료(평가 준거 사례 및 예문)를 제공하며, 평가 준거 구성 시 학습자 간 의견을 유연하게 조율하는 역할을 수행한다. 또한 구성된 평가 준거를 사용하여 평가 및 피드백을 제공한 이후에는 이에 대한 학습자의 반응에 열려 있는 자세로 대응해야 한다. 특히, 학습자가 평가 결과에 이의를 제기할 경우 이를 교수자의 권위 문제로 연결시키는 오류를 범해서는 안 되며, 학습자가 제시한 논리의 타당성에 대해 충분히 숙고할 수 있어야 한다.

또한 상호주관적 평가에서 학습자는 교육 및 평가의 공동주체다. 그러므로 교실 공동체의 교수 학습 및 평가 과정에 책임감을 가지고 능동적으로 참여할 필요가 있다. 먼저, 학습자는 스스로 구성하고 합의한 교실 공동체 내에서의 상호주관적 평가 준거의 효용 및 한계를 분명히 인지해야 한다. 특정 장르의 평가 준거가 쓰기 능력의 절대치를 측정하기 위해 구성되었다기보다는 공동체 안에서 해당 장르의 교수 학습 목표에 대한 달성 정도를 측정하기 위한 것임을 숙지한다. 또한 학습자는 교수자가 제공한 평가 및 피드백을 수동적으로 받아들이는 데 그치지 않고, 공동 평가자의 입장에서 자신의 글을 검토함으로써 평가의 신뢰도를 점검할 수 있어야 한다. 그리고 이러한 과정이 학습자 자신의 쓰기 능력 및 글에 대한 감식안을 높이기 위한 교수 학습 과정의 일부라는 사실을 숙지할 필요가 있다.

3.2. 상호주관적 평가 방안의 실제

대학 글쓰기 교수 학습과 연계한 상호주관적 평가 방안의 단계 및 세부 절차를 나타내면 〈표 4〉와 같다.

〈표 4〉 교수 학습과 연계한 상호주관적 평가의 단계 및 세부 절차

단계	주차	세부 절차	주체
1. 상호주관성 형성하기	1~3	① 학생이 생각하는 '좋은 글'(장르 무관1, 특정 장르1) 소개하고, '좋은 글'의 요건에 대해 토론 및 발표하기	학습자
		② '좋은 글'의 맥락적·상호주관적 기준에 대해 이해하기	교수자
		③ 장르1의 평가 준거 설정 및 평가하기	학습자
		④ '좋은 글'의 최소 요건으로서 평가 준거 및 사례 공유하기	공동
2. 장르별 교수 학습 및 평가하기	4~11	① 장르 교육 및 해당 장르의 평가 준거 및 사례 공유하기	공동
		② 장르 평가 준거 사용하여 평가 및 피드백 제공하기	교수자
		③ 제공된 평가 및 피드백에 대해 반응하기	학습자
		④ 해당 장르에 대한 최종 평가 도출하기	교수자
3. 집단별 교수 학습 및 평가하기	12~14	① 개별 경험 장르에 대한 집단별 글쓰기 및 공유하기	학습자
		② 장르 평가 준거 사용하여 평가 및 피드백 제공하기	학습자
		③ 제공된 평가 및 피드백에 대해 반응하기	학습자
		④ 해당 장르에 대한 최종 평가 도출하기	교수자
4. 한 학기 수행 성찰하기	15~16	포트폴리오 점검 및 성찰적 글쓰기	학습자

대학 글쓰기 강좌가 운영되는 1개 학기(16주)를 기준으로 할 때 상호주관적 평가는 (1) 상호주관성 형성 단계, (2) 장르별 교수 학습 및 평가 단계, (3) 집단별 교수 학습 및 평가 단계, (4) 한 학기 수행 성찰 단계의 네 단계로 이루어진다. 각 단계 및 세부 절차의 구체적인 진행 사항을 실제 교실 현장에서 이루어진 교수 학습 및 평가 사례를 통해 살펴보면 다음과 같다.

검토할 사례는 서울 소재 A대학교에서 연구자가 담당한 〈글쓰기〉 강좌다. 1주에 2회(각 2시간) 수업이 진행되며, 대학 신입생(사회계열) 24명이 수강했다.6)

---

6) 이 글에서 제안하는 교수 학습과 연계한 상호주관적 평가는 〈표 4〉의 기본 형식을 기반으로 다양하게 실행될 수 있다. 이하 사례 분반의 교수 학습 및 평가 내용은 상호주관적 평가가 실행될 수 있는 하나의 구체적 사례를 소개하기 위해 제시되는 것으로, 사례 분반 학생들의 수행 양상 자체를 분석하는 데 기술의 목적이 있지는 않다. 따라서 사례 기술의 초점을 교수

다음은 해당 강좌의 주차별 강의 진행 내용을 정리한 것이다.[7]

〈표 5〉 상호주관적 평가를 사용한 사례 강좌의 진행 내용

주	강좌 진행 내용(주체: 교수자 △, 학생■)	과제(*)/교실 실습(∘)	단계
1	• 강좌 운영 방식 안내(△) • [글쓰기1]을 위한 강의(△)	* [글1] 자기탐색 글쓰기(초고) ∘ 학생이 생각하는 '좋은 글' 가져 오기	1
2	'좋은 글' 워크숍1: '좋은 글' 및 그 요건에 대해 토론 및 발표하기(■)	∘ '좋은 글'의 요건에 대한 〈활동지 1〉작성	1
	'좋은 글' 워크숍2: '좋은 글'의 맥락적·상호주 관적 기준 이해하기(△)	* [글1] 가져오기	
3	'좋은 글' 워크숍3: 〈평가 준거표(글1)〉 만들기 (■)	∘ 〈평가 준거표(글1)〉 구성 시 교수 자가 제공한 다양한 평가 준거 사례를 참고함	1
	'좋은 글' 워크숍4: 장르1의 평가 준거 설정 및 공유하기(△■)	∘ 〈평가 준거표(글1)〉를 구성하고, 이를 사용한 평가 사례를 확인 하기 * [글1] 최종고 작성하기	
4	• [글쓰기2]를 위한 강의(과정 학습1): 화제, 독자, 목적, 장르 이해하기(■) • 〈평가 준거표(글2)〉에 대해 합의하기(△■)	∘ 교수자가 제시한 〈평가 준거표 (글2)〉 및 사례를 중심으로 토론 및 합의함	2
5	• [글쓰기2] 맥락 바꿔 글쓰기(■) • [글1] 평가/피드백 제공 및 강평, 질의응답 (△■)	∘ [글쓰기2](교실 실습) ∘ [글1] 평가/피드백에 대한 〈활동 지2〉 작성	2
6	• [글쓰기3/4]를 위한 강의(과정 학습2): 구성 하기(△) • [글쓰기4]를 위한 조별 실습1(■)	∘ [조별과제1] 학술 보고서 목차 작 성하기	2

학습 및 평가의 구체적 실행 절차를 설명하는 데 맞추되, 그 과정에서 필요 시 학생들의 수행 양상을 언급할 것이다.

7) A대학교의 〈글쓰기〉 강좌는 총점합산 상대평가 방식으로 학점이 부과된다. 사례 강좌의 학점은 각 항목별 점수를 다음과 같이 배분하여 산정된다. 출결(10)＋참여도(15)＋글쓰기(75)=총합 (100). 이때 참여도(15)에는 준비물(2)＋활동지1-10(10)＋포트폴리오(3) 점수가 포함되고, 글쓰 기(75)는 총5회 실시되어 각 15점이 배분된다. 이상의 사항은 강좌 첫날 학생들에게 공지된다.

주	강좌 진행 내용(주체: 교수자 △, 학생 ■)	과제(*)/교실 실습(◦)	단계
7	• [글쓰기3/4]를 위한 강의(과정 학습3): 자료 찾기 및 인용하기(△) • [글쓰기3/4]를 위한 강의(과정 학습4): 단락 쓰기(△)	◦ 자료 찾기 및 인용하기 실습 ◦ 단락 쓰기 실습	2
8	중간고사 기간		2
9	• [글쓰기3/4]를 위한 강의(과정 학습5): 논증 하기(△) • 〈평가 준거표(글3/4)〉에 대해 합의하기(△■)	◦ 교수자가 제시한 〈평가 준거표 (글3/4)〉 및 사례를 중심으로 토론 및 합의함 ◦ [글쓰기3] 학술 에세이 쓰기	2
10	• [글2] 평가/피드백 제공 및 강평, 질의응답 (△■) • [글쓰기4]를 위한 강의(과정 학습6): 수정하기(△)	◦ [글2] 평가/피드백에 대한 〈활동지3〉 작성	2
11	• [글3]에 대한 필자/동료 점검하기(■) • [글3] 평가/피드백 제공 및 강평, 질의응답 (△■)	◦ [글3]에 대한 필자/동료 점검을 위한 〈활동지4〉 작성 ◦ [글3] 평가/피드백에 대한 〈활동지5〉 작성	2
12	필자의 의자1: [글쓰기4] 조별 학술 에세이 쓰기(■)	◦ [글쓰기4](교실 실습) * 필자 조의 [글4] 원고 평가하고, 가져오기	2
13	• 필자의 의자2/3: 각 필자 조의 [글4] 원고에 대해 평가자 조의 평가 및 피드백 제공, 필자 조는 이에 대해 반응하기(■) • 필자의 의자4: 각 필자 조의 [글4] 원고에 대한 최종 평가 도출하기(△■)	◦ 평가자 조는 필자 조의 [글4]를 〈평가 준거표(글3/4)〉 사용하여 평가 및 피드백 함(〈활동지6/7〉) ◦ 각 필자 조의 글에 대한 교수자의 최종 평가 및 피드백 제공, 질의 응답	3
14	• 필자의 의자2/3: 각 필자 조의 [글4] 원고에 대해 집단별 피드백 평가 및 피드백 제공하기, 필자 조는 이에 대해 반응하기(■) • 필자의 의자4: 각 필자 조의 [글4] 원고에 대한 최종 평가 도출하기	◦ 평가자 조는 필자 조의 [글4]를 〈평가 준거표(글3/4)〉 사용하여 평가 및 피드백 함 (〈활동지8~10〉) ◦ 각 필자 조의 글에 대한 교수자의 최종 평가 및 피드백 제공, 질의 응답	3
15	• 한 학기 강좌 내용 정리(△) • 〈평가 준거표(글5)〉에 대해 합의하기(△■)	* 포트폴리오 정리 및 성찰적 글쓰기(글쓰기5)	4
16	기말고사 기간		4

3.2.1. 단계1(1~3주): 상호주관성 형성하기

교수 학습과 상호주관적 평가를 연계하여 수행하기 위한 1단계는 '상호주관성 형성하기'로, '좋은 글' 워크숍을 중심으로 진행된다. 이 단계에서는 교수자와 학습자가 (1) 맥락을 초월하여 언제나/누구에게나 '좋은 글'이란 존재하지 않는다는 것, (2) 그럼에도 교실 공동체 맥락 안에서 상호주관적으로 '좋은 글'의 최소 요건을 설정할 수는 있다는 것에 대해 합의하고, 장르1([글쓰기1]의 장르)에 대한 상호주관적 평가 준거를 함께 구성해본다. 그럼으로써 앞으로 교수 학습과 연계한 상호주관적 평가가 이루어질 수 있는 토대를 구축한다.

먼저, 1주차에 교수자는 강좌 운영 방식을 안내하고, [글쓰기1]을 위한 주제 강의[8]를 한다. 학생들은 [글쓰기1]에 대한 평가 준거를 모르는 상태에서 교수자가 요구한 자기탐색 글을 과제로 작성한다. 또한 2~4주차에 시행되는 '좋은 글' 워크숍을 위해 자신이 '좋은 글'이라고 판단하는 글을 2편 준비해온다. 1편은 어떤 장르든 무관하며, 다른 1편은 '대학에서 통용될 수 있는 글'이라고 학생 스스로 생각하는 것을 가져오게 한다.

2주차부터는 '좋은 글' 워크숍을 실시한다. 첫째로, 학생들은 4인 1조(사례 분반 24명: 6개 조)로 집단을 이루어 자신이 '좋은 글'이라고 생각한 글을 서로에게 그 이유와 함께 소개한 뒤, 두 부문의 '좋은 글'을 평가할 수 있는 요건을 함께 생각하여 전체 학생 앞에서 발표한다. 사례 분반 필자의 경우, 장르를 제한하지 않은 글로서는 시, 소설, 수필 등의 문학적 글을, '대학에서 통용될 수 있는' 글로서는 신문 칼럼, 대학 교재의 일부, 논문, 선배가 좋은 점수를 받은 보고서 등을 가져와서 소개했다. 전자의 부문에서 '좋은 글'의 요건으로는 '독자를 감동시키는 것' 외에는 통일된 답이 나타나지 않았으며, 후자의 부문에

---

8) 주제 강의의 제목은 '나는 무슨 주의자인가'다. 강의에서는 동일한 시대, 유사한 환경에서 태어나 대조적인 삶을 산 역사적 인물들을 이들을 움직인 동력(動力)으로서의 '-주의(신념)'의 측면에서 조명한다. 그리고 대학 신입생인 학습자 역시 스스로 인지하든 하지 못하든, 또한 그것이 거창한 것이든 그렇지 않은 것이든 각자의 삶을 움직이는 '주의'를 가지고 있고 이는 앞으로 변화해갈 것임을 설명한다. 이후, 현재 자신의 '주의'를 찾아보는 방법을 제시한 뒤 '○○주의자'로서의 자신을 소개하는 설명문을 쓰게 한다.

서 '좋은 글'의 요건으로는 '주제가 명확할 것', '유용한 지식을 담고 있을 것', '구성이 논리적일 것'과 같은 답이 여러 번 중복되어 나타났다.

둘째로, 교수자는 학생들의 토론 및 발표 내용을 언급하며, 한 학기 교수 학습 및 평가 활동의 전제가 되는 다음 두 명제를 학생들과 공유한다. 하나는 맥락을 초월하여 언제나/누구에게나 '좋은 글'이란 존재하지 않는다는 것이다. 장르를 제한하지 않았을 때 학생들이 소개한 좋은 글의 종류 및 요건이 매우 다양했듯이, 시공간과 독자를 초월하여 절대적으로 '좋은 글'이 마치 플라톤적 실재처럼 존재하지는 않는다는 사실을 사례와 함께 설명한다. 다른 하나는 그럼 에도 교실 공동체 맥락 안에서 상호주관적으로 '좋은 글'의 최소 요건을 설정할 수는 있다는 것이다. 첫 번째 명제만을 받아들일 경우 우리는 상대주의의 함정 에 빠져 일체의 가치판단과 평가를 할 수 없다는 것, 그러나 '대학에서 통용될 수 있는 글'로 맥락을 제한했을 때 학생들이 제시한 '좋은 글' 및 그 요건에서 최소한의 공통성이 나타났듯이, 교실 공동체에서 하나의 합의된 약속으로서 '좋은 글'을 평가하는 상호주관적 준거를 마련할 수는 있다는 것을 이해하게 한다.

셋째로, 학생들은 1주차에 작성한 '자기탐색 글쓰기' 원고를 가져와 이를 평 가할 수 있는 상호주관적 〈평가 준거표(글1)〉를 구성한다. 교수자는 미리 사이버 강의실에 장르별 다양한 평가 준거표 사례[9]를 올려놓아 학생들에게 검토하게 하고, 수업시간에는 각 평가표의 주요 항목의 의미를 사례를 들어 설명한다. 학생들은 이를 참조하여 먼저 개별적으로 평가 준거표를 구성한 다음, 이를 조원들의 것과 비교 및 협의하여 조별로 하나의 평가 준거표를 만들어 낸다. 이 과정에서 학생들은 평가 준거표를 사용하여 자신 및 조원들의 원고가 얼마나 타당하게 평가될 수 있는가를 지속적으로 확인한다.

넷째로, 교수자는 학생들이 조별로 작성한 〈평가 준거표(글1)〉(사례 분반: 6편)

---

9) 장르별 평가 준거 사례로는 Purves(1984: 박영목, 2008에서 재인용), 박영목(2008: 310), 서수현 (2008), 석주연(2005: 501), 원진숙(1995: 197~201), 이재승(2002: 355)에 수록된 평가 준거표를 제공했다.

를 전체와 공유하고, 협의를 통해 하나의 〈평가 준거표(글1)〉를 구성한다. 협의
는 교수자가 주도한다. 교수자는 미리 준비한 평가 준거표 서식에 학생들이
제안한 항목들의 층위를 구분하고 범주화하여 입력하고, 학생들은 프로젝터
스크린을 통해 이 과정을 확인하며 의견을 제시한다. 교수자는 조별 평가표에서
공통적으로 나타난 항목들을 반영하고, 학생들이 미처 생각하지 못한 항목이
있을 경우에는 새롭게 제안한다. 또한 의견 차이가 나타나는 항목에 대해서는
토론을 실시한다. 예를 들어, 6개 조 중 2개 조가 평가 항목에 포함한 '생각의
독창성과 깊이'[10])에 대해서는 토론 결과, (1) 해당 항목의 평가에 평가자의 주관
성이 개입될 여지가 많다는 견해, (2) 과제 성격상 필자의 신념을 '독창성'이나
'깊이'라는 잣대로 평가하는 것은 타당하지 않다는 견해에 다수의 학생들이
찬동하고, 교수자도 이에 동의하여 해당 항목을 포함하지 않기로 했다. 반면,
일부 학생들이 삭제를 요청한 '표현의 정확성' 항목은 교수자가 해당 항목이
효과적인 의사소통을 위해 중요하다는 사실 및 사례를 들어 반대 의견을 제시하
고, 다수의 학생들도 이에 동의하여 삭제하지 않았다. 이와 같은 과정을 통해
완성된 사례 분반의 〈평가 준거표(글1)〉는 다음과 같았다.

〈표 6〉 사례 분반의 상호주관적 〈평가 준거표(글1)〉

범주	세부 항목	현재 위치
1. 주제의 명료성과 일관성	(1) 글을 통해 전달하고 싶은 '나'의 생각이 무엇인지 명료하게 드 러나는가. (글의 주제문장이 명시적으로 드러나 있거나, 독자가 글을 읽 은 뒤 글의 주제를 한 문장으로 정리할 수 있는가.) (2) 주제와 무관하거나, 주제 전달을 방해하거나, 주제와 모순되는 내용은 없는가.	이대로 좋음 보완 필요함

---

10) 1개 조는 '사고의 독창성', '사고의 심층성', 1개 조는 '창의적이고 깊이 있는 생각'이라는 표현을
썼으나 교수자가 이를 하나의 항목으로 범주화했다.

2. 내용의 충분성과 타당성	(1) 독자에게 주제를 전달하기 위해 필요한 내용이 충분한가. (주제에 익숙하지 않거나 동의하지 않는 독자를 납득시킬 만큼 주제를 뒷받침하는 내용을 충분하고 풍부하게 제시했는가.) (2) 주제를 전달하기 위한 내용이 타당한가. (내용에 논리적 비약이나 왜곡이 없는가. 내용이 타당하고 일관성 있는가.)	이대로 좋음 보완 필요함
3. 구성의 적합성과 완결성	(1) 글 전체의 구성이 자연스럽고 논리적인가. (2) 각 단락의 구성이 자연스럽고 논리적인가. (글 전체 혹은 단락에서: 주제를 효과적으로 전달하는 방식으로 내용이 전개되는가. 필요한 내용이 빠졌거나 불필요한 내용이 들어가지 않았는가. 내용이 유기적으로 연결되어 있는가.)	이대로 좋음 보완 필요함
4. 표현의 정확성과 적절성	(1) 표현이 정확한가. (주술호응이 맞지 않는 문장, 어색하거나 틀린 표현, 번역투 표현은 없는가.) (2) 표현이 적절한가. (대학에서의 글쓰기에 적합하지 않은 유행어, 비속어, 필자만 아는 표현, 제대로 정의하지 않은 현학적인 표현은 없는가.)	이대로 좋음 보완 필요함
5. 기타	(1) 과제가 요구한 글인가. (지금—여기의 나를 움직이는 신념을 하나의 '○○주의'로 규정하고, '○○주의자'로서의 자신에 대해 탐색한 글인가.) (2) 과제의 요구사항(분량, 기한, 제출 형식 등)을 준수했는가. (3) 그 밖의 사항	이대로 좋음 보완 필요함
총평:		총점:

위 〈평가 준거표(글1)〉에서 '범주'는 협의 과정에서 제안된 여러 항목들을 선택 및 분류하여 구분한 것이고, '세부 항목'은 각 범주에서 중요하게 평가되는 사항을 정리한 것이다. 또한 '현재 위치' 및 '총평', '총점' 항목을 두어 학생들에게 각 범주별 평가 및 총체적 점수를 제공하는 동시에 필요 시 간략한 피드백을 제공하도록 구성되었다.

이러한 평가표는 외견상 기존에 사용되어 온 평가표들과 큰 차이를 보이지는 않는다. 그러나 이 평가표는 기존의 평가표와 비교할 때 적어도 다음 세 측면에서 차별성을 갖는다. 첫째, 평가표의 범주 및 세부 항목들이 일방향적으로 제시되지 않고 교수자와 학습자의 상호주관적 합의에 의해 구성됨으로써 일정한 타당도를 확보할 수 있다는 점, 둘째, 평가표 구성 과정에서 학습자가 각 평가 항목 및 평가 방식을 충분히 숙지함으로써 평가 결과에 대한 신뢰도를 높일 수 있다는 점, 셋째, 교수자의 평가 및 피드백 과정에서 효율성을 높일 수 있다는 점이 그것이다. 평가표를 사용하여 피드백을 할 때 교수자는 학생 글에 나타난 문제점을 일일이 서술하지 않고도 각 평가표의 해당 항목에 표시를 함으로써 동일한 효과를 얻을 수 있다. 예를 들어, 학생의 글에 주제와 무관한 불필요한 내용이 포함되어 있을 경우, 교수자는 원고의 해당 부문에 밑줄을 치고 특정 표시(*)를 한 뒤 평가표의 범주1-⑵ 서술 중 "주제와 무관한" 부문에 밑줄을 치고 동일한 표시(*)를 함으로써 효율적으로 피드백을 제공할 수 있다.

이상에서 살펴본 '상호주관성 형성하기'는 한 학기 동안의 교수 학습 및 평가가 이루어지기 위한 토대를 구성하는 가장 중요한 단계다. 마지막으로, 교수자는 구성된 〈평가 준거표(글1)〉를 사용하여 평가가 이루어질 수 있는 다양한 사례를 제시하며, 학생들은 평가표를 숙지한 상태에서 〈글쓰기1〉의 초고를 수정하여 최종고를 작성한다.11)

3.2.2. 단계2(4~11주): 장르별 교수 학습 및 평가하기

2단계는 '장르별 교수 학습 및 평가하기'로, 교수자에 따라 다양한 쓰기 교육을 실시하는 가운데 해당 과정에서 사용되는 쓰기 과제 장르에 대한 〈평가 준거표〉를 구성하게 된다.

이 단계에서 교수자는 자유롭게 쓰기 교육을 진행하되 그 과정에서 사용되는 과제 장르를 중심으로 상호주관적 평가를 실시한다. 사례 분반의 경우, 전반적으로 쓰기 과정을 중심으로 [화제·독자·목적·장르 이해하기(4~5주차) → 구성하기(6주차) → 자료 찾기와 인용하기(7주차) → 단락 쓰기(7주차) → 논증하기(9주

---

11) 학생들에게는 강좌 첫 시간 강좌 운영 방식을 안내할 때 〈글쓰기1〉의 초고는 평가 준거를 숙지하지 못한 상태에서 작성하는 것이므로 〈평가 준거표(글1)〉을 함께 구성한 이후 제출하는 〈글쓰기1〉의 최종고만이 성적에 반영될 것임을 미리 알린다.

차) → 수정하기(10~11주차)]의 순서로 교수 학습을 실시했다. 그리고 이 과정에서 두 종류의 쓰기 과제(글쓰기2, 글쓰기3/4) 장르를 사용했다.

하나는 '맥락 바꿔 글쓰기'(〈글쓰기2〉)로, 학생들에게 화제·독자·목적·장르의 중요성에 대해 강의한 후 이를 글쓰기를 통해 이해할 수 있도록 부과하는 과제다. 구체적으로, 학생이 앞서 작성한 〈글쓰기1〉에서 '화제'만을 고정한 뒤 이를 제외한 맥락, 즉 독자·목적·장르를 달리 하여 새로운 글12)을 쓰게 한다. 다른 하나는 '학술 에세이 쓰기'(〈글쓰기3/4〉)로, 이때 '학술 에세이'란 사례 분반에서 '필자가 다루고자 하는 문제에 대한 기존의 논의를 이해한 상태에서, 해당 문제에 대한 필자의 고유한 주장을 명확히 제시하고 이를 체계적이고 설득력 있게 논증한 글'로 규정되었다. 학생들은 교수자가 제시한 기초 화제(소수자, 대중문화, 대학교육, 공동체의 가치) 중 하나를 골라 구체화한 뒤 이에 대한 주장을 논증하는 글을 개별(〈글쓰기3〉) 및 조별(〈글쓰기4〉)로 작성한다.

각 과제 장르는 사례 분반의 교수자가 과정 중심 글쓰기 교육을 진행하는 가운데 부과한 것으로, 교실 공동체 내에서 진행 중인 교수 학습을 조력하기 위한 목적에서 사용된다. 이때 교수 학습과 연계하여 그 효과를 보다 높이기 위한 방안으로 상호주관적 평가가 시행된다.

장르별 상호주관적 평가를 위한 〈평가 준거표〉는 '좋은 글' 워크숍을 통해 〈평가 준거표(글1)〉를 마련한 과정에 비해 간단하게 구성된다. 교수자가 구성하여 제안한 평가표의 타당도에 대해 교실 공동체가 합의하는 절차를 거치는 것이다.

첫째로, 교수자는 그동안의 과정 학습을 통해 교육한 주요 사항들을 '범주' 및 '세부 항목'으로 포함하여 평가표를 구성한다. 예를 들어, 〈평가 준거표(글2)〉에는 '독자·목적·장르의 결합성', '화제/주제 집약성', '독자에 대한 목적 달성

---

12) 예컨대 '나는 소박한 행복주의자이다'라는 제목으로 〈글쓰기1〉 원고를 작성한 학생K는 교수자(독자)에게 '소박한 행복주의'가 무엇이고 자신이 왜 그것을 추구하는가를 납득시키기 위해(목적) 설명문(장르)을 작성한 맥락을 중심 화제('소박한 행복주의')만을 고정한 채 모두 변경했다. 그래서 '소박한 행복주의는 언제나 옳은가?'라는 제목으로, 소박한 행복주의자로서의 자신(독자)에게, 일상에서의 행복만을 추구할 경우 놓칠 수 있는 주요한 사회적 가치들에 대해서도 주목할 필요가 있음을 설득(목적)하는 편지글(장르)을 작성했다.

정도’, ‘구성 및 표현의 장르 적합성’과 같은 범주가 포함되고, 〈평가 준거표(글 3/4)〉에는 ‘기존 논의 이해력과 이용 능력’, ‘주장의 명료성과 일관성’, ‘주장과 논증의 독창성’, ‘논증의 타당성과 체계성’, ‘표현의 정확성과 적절성’ 등의 범주가 포함된다. 〈표 7〉의 사례에서 볼 수 있듯이, 이는 〈평가 준거표(글1)〉를 토대로 하되, 각 과제 장르에서 강조하여 교수 학습된 사항을 반영하는 방식으로 구성된다.

둘째로, 교수자는 자신이 구성한 〈평가 준거표〉를 교실 공동체에 제안하고, 학생들과 함께 그 타당도에 대해 검토함으로써 상호주관적으로 합의된 최종 〈평가 준거표〉를 도출한다. 학생들은 ‘좋은 글’ 워크숍을 수행했던 경험을 바탕으로, 교수자가 제안한 평가표의 항목별 타당도를 공동 평가자의 입장에서 검토하고, 수정 또는 보완하고 싶은 사항이 있으면 의견을 제시하여 토론한다. 교수자는 워크숍에서와 마찬가지로 토론을 주관하여 최종 〈평가 준거표〉를 완성한다. 또한 다양한 예문을 통해 평가표 구성 항목별 ‘이대로 좋음’과 ‘보완 필요함’의 사례를 제시하여 학생들이 그동안의 교수 학습 과정에서 숙지한 사항을 원활히 적용하여 과제를 수행할 수 있도록 조력한다.

다음은 사례 분반에서 개별·조별 학술적 글쓰기 과제(〈글쓰기3·4〉)의 평가 준거표를 구성한 결과다. 이와 같은 장르별 평가 준거표를 구성하는 과정은 그 자체로 학생들에게 각 장르별 교수 학습 내용을 환기하는 장르 인식(GA: Genre Awareness) 교육(Clark & Hermandez, 2011)이 됨과 동시에, 구체적인 상황 맥락에 적합한 평가 도구를 마련하는 일이 될 수 있다.

〈표 7〉 사례 분반의 상호주관적 〈평가 준거표(글3/4)〉

범주	세부 항목	현재 위치
1. 기존 논의 이해력과 이용 능력	(1) 기존의 논의를 충분히 이해하고 있는가. (필자가 다루는 문제와 관련된 기존 논의를 충분히 이해하고 있는가, 부정확하거나 왜곡하여 이해하고 있지는 않은가.) (2) 기존의 논의를 언급할 때 정확하고 윤리적으로 인용하고 있는가. (인용 및 출처 표시 방법을 정확히 지키고 있는가. 인용한 사실을 밝히지 않거나, 부정확하게 밝힌 곳은 없는가.)	이대로 좋음 보완 필요함

범주	세부 항목	현재 위치
2. 주장의 명료성과 일관성	(1) 필자가 주장하고 싶은 바가 명료하게 드러나는가. (필자의 주장이 하나의 명확한 문장으로 나타나 있는가. 주장이 부재하거나 주장을 불필요하게 자주 반복하지 않았는가.) (2) 주장과 무관하거나, 주장 전달을 방해하거나, 주장과 모순되는 내용은 없는가.	이대로 좋음 보완 필요함
3. 주장과 논증의 독창성	(1) 필자의 주장 및 논증은 문제에 대한/문제를 다루는 필자의 고유한 시각을 보여주고 있는가. (기존 논의의 주장 또는 통념을 그대로 되풀이하지 않고 필자만의 고유한 관점을 제시했는가: 기존 논의에서 나아간 새로운 주장을 제시하거나 또는 기존에 존재했던 주장을 새로운 방법으로 논증했는가.)	이대로 좋음 보완 필요함
3. 논증의 타당성과 체계성	(1) 필자의 주장을 뒷받침하기 위한 이유를 타당하고 충분하게 제시했는가. (주장과 이유가 밀접한 관련을 맺는가. 이유가 타당한가. 이유가 충분한가. 이유 없이 근거만을 제시하지는 않았는가.) (2) 필자가 제시한 이유를 정확하고 충분한 근거로 뒷받침했는가. (이유와 근거가 밀접한 관련을 맺는가. 근거가 정확한가. 근거가 충분한가.) (3) 필요한 경우, 필자의 주장에 대해 예상되는 반론을 충분히 인지하고, 해당 반론보다 필자의 주장이 타당하다는 사실을 설득력 있게 제시했는가. (예상되는 반론을 제대로 인식했는가. 예상 반론을 논리적으로 반박했는가.)	이대로 좋음 보완 필요함
5. 표현의 정확성과 적절성	(1) 표현이 정확한가. (주술호응이 맞지 않는 문장, 어색하거나 틀린 표현, 번역투 표현은 없는가.) (2) 표현이 적절한가. (대학에서의 글쓰기에 적합하지 않은 유행어, 비속어, 필자만 아는 표현, 제대로 정의하지 않은 현학적인 표현은 없는가.)	이대로 좋음 보완 필요함
6. 기타	(1) 과제가 요구한 글인가. (필자가 다루고자 하는 문제에 대한 기존의 논의를 이해하고, 필자의 고유한 주장을 명확히 제시하고 이를 체계적이고 설득력 있게 논증한 글인가.) (2) 과제의 요구사항(분량, 기한, 제출 형식 등)을 준수했는가. (3) 그 밖의 사항	이대로 좋음 보완 필요함
총평:		총점:

한편, 단계1과 단계2에서 교수자가 〈평가 준거표〉를 통해 학습자에게 평가 및 피드백을 제공한 결과는 학습자의 능동적 반응 절차를 거쳐 학기말 성적에 반영되는 최종 평가 결과로 확정된다. 교실 공동체 협의를 통해 〈평가 준거표〉가 도출되면, 교수자는 이를 사용하여 학생들에게 평가 및 피드백을 제공하고, 전체 강평 및 관련된 질의응답을 받는다. 그리고 학생들로 하여금 해당 평가 및 피드백에 대해 〈표 8〉과 같은 〈활동지〉를 작성하게 한다.

〈표 8〉 교수자의 평가 및 피드백에 반응하기 위한 학습자 작성 활동지 형식

번호	교수자 평가 사항	필자의 판단			판단의 이유/근거
1		동의	유보	반대	
2		동의	유보	반대	
3		동의	유보	반대	

〈활동지〉는 교수자가 평가한 주요 사항을 간략히 정리하고, 이에 대해 필자이자 공동 평가자의 입장에서 동의·유보·반대의 판단을 밝히도록 구성되어 있다. 학생들은 교수자가 제시한 평가 점수에 합의하지 않을 경우, 1주 안에 이 〈활동지〉와 함께 교수자의 재평가를 요청할 수 있다. 교수자는 학생이 자신의 평가에 반대하는 논리적인 이유 및 근거를 갖추었을 경우 평가 결과를 조정하고, 그렇지 않을 경우 선행 평가 및 피드백이 제공된 이유를 보다 상세히 설명하는 방식으로 최종 평가 결과를 도출한다. 이러한 과정을 통해 학생들은 필자이자 동시에 자신의 글에 대한 공동 평가자로 기능하며, 협의를 통한 평가의 신뢰도를 높일 수 있다.

3.2.3. 단계3(13~14주): 집단별 교수 학습 및 평가하기

3단계는 '집단별 교수 학습 및 평가하기'로, 〈필자의 의자〉 활동을 중심으로 진행된다. '필자의 의자(author's chair)'는 북미권에서 널리 사용되는 글쓰기 워크숍의 하나로, 필자(또는 필자 집단)의 글에 대해 교실 공동체의 학우들이 질문 및 평가를 하고, 필자(또는 필자 집단)는 이에 답하거나 평가에 대한 반응을 하는 방식으로 진행된다. 대체로 한 학기 간의 교수 학습이 마무리된 학기 말에 실시되며, 교수자는 적극적으로 개입하는 대신 학습자들이 한 학기 동안 배운 사항을 모두 활용하여 주체적으로 활동할 수 있도록 돕는다.

1, 2단계에서의 상호주관적 평가가 교수자 주도로 제시된 평가 결과에 학습자가 반응하는 방식으로 협의가 이루어진다면, 3단계에서의 상호주관적 평가는 학습자 주도로 제시된 평가 결과에 교수자가 반응하는 방식으로 상호주관적 평가가 이루어진다.

첫째로, 학생들은 개별적으로 학술 에세이를 작성했던 경험(〈글쓰기3〉)을 바탕으로 조별로 한 편의 학술 에세이 원고(〈글쓰기4〉)를 작성한다(12주차). 이미 〈평가 준거표(글3·4)〉가 구성되어 있으므로 별도로 평가표를 도출하는 활동은 하지 않는다. 각 조는 완성된 원고를 사이버 강의실에 올리며, 학생들은 다른 조가 작성한 원고를 미리 읽고 평가하여 교실 수업에 참여한다.

둘째로, 각 필자 조의 글에 대한 '필자의 의자' 활동을 실시한다(13~14주차). 필자 조를 제외한 평가자 조의 구성원들은 개별적으로 작성한 평가표를 토대로 필자 조의 글을 다함께 평가한다. 그리고 필자 조가 글에 대한 간략한 설명을 마치면, 평가자 조는 교수자의 사회로 발언권을 얻어 해당 조의 글을 평가하고, 개선할 점에 대해 조언한다. 필자 조는 각 평가자 조의 평가 및 피드백에 대하여 수용하거나 이의를 제기하는 방식으로 토론을 수행한다. 또한 평가자 조 간에도 토론이 이루어지는데, 이는 필자 조 및 모든 평가자 조가 필자 조의 원고에 대한 총체적 평가 점수를 확정할 때까지 지속된다. 교수자는 이 과정에서 학생들이 필자 조의 글에 나타난 주요한 문제점을 인지하지 못했거나 또는 총체적 평가 점수를 교수자의 시각과 매우 다르게 평정한 경우에만 개입하여 토론의 방향을 유도하는 역할을 한다.

셋째로, 필자 조 및 모든 평가자 조들이 합의한 평가에 대한 교수자의 최종 평가 및 피드백이 이루어진다(13~14주차). 교수자는 각 필자 조의 글에 대한 교실 공동체의 평가 의견을 정리하고 피드백 함으로써 최종 평가 결과를 도출한다. 앞선 토론 과정에서 교수자가 적절히 개입하여 토론의 방향을 유도했다면 대체로 학생들의 평가 및 피드백을 정리한 결과는 교수자의 것과 차이를 보이지 않게 된다. 교수자는 학습자들의 평가 결과에 상호주관적으로 합의한다는 사실을 밝히고, 이들이 평가자로서의 효능감을 높일 수 있도록 독려한다. 이때 평가자로서의 성취감이란 곧 한 학기 교수 학습 내용을 통해 글에 대한 일정 수준의 감식안을 갖게 된 학습자로서의 성취감이며, 이는 곧 필자로서의 성취감으로 연결될 수 있다.

3.2.4. 단계4(15주): 한 학기 수행 성찰하기

4단계는 '한 학기 수행 성찰하기'로, 개별 학습자가 그동안의 교수 학습 및 평가를 수행한 결과물의 모음집으로서 포트폴리오를 정리하고, 이에 대한 성찰적 글쓰기를 수행하는 단계다. 포트폴리오에는 그동안 작성한 글(1~4)과 그에 대한 〈평가 준거표1~4〉, 활동지(1~10)가 포함된다.

교수자는 한 학기의 교수 학습 내용을 정리하고, 학생들로 하여금 한 학기 동안의 수행 결과물을 수집한 포트폴리오의 서문(序文)을 작성할 것을 요구한다 (〈글쓰기5〉). 서문에는 (1) 포트폴리오에 포함된 글에 대한 간략한 소개, (2) 각 글의 평가사 및 최종 평가, (3) 한 학기 간의 교수 학습 및 평가 과정에서 느낀 점을 포함하게 한다. 〈글쓰기5〉의 평가 준거표에 대하여도 간략한 협의 절차를 거치는데, 사례 분반의 경우 '성찰 내용의 충분성(성실성)과 진솔성', '표현의 정확성과 적절성', '기타(과제 요구 사항 준수)'의 세 범주만을 포함했다. 다음은 항목 (2), (3)에 대해 사례 분반 학생들이 서술한 내용의 일부다.

(2) 「나는 이기주의자이다」는 내가 처음 생각했던 것과 조원들, 교수님의 평가가 달라서 좀 충격적이었다. 이렇게 말하긴 좀 쑥스럽지만 난 내 글이 더 고칠 것 없이 꽤 잘 썼다고 생각했었다. 그런데 평가표를 만드느라 글을 돌려 읽을 때 모든 조원들이 내 글의 주제는 이기주의가 아니라 개인주의이고 주제와 내용이 일치하지 않는다고 지적해서 놀랐다. (…중략…) 내 생각, 조원들의 생각, 교수님의 생각을 골고루 보면서 내 생각도 변한 것 같다. 이제 나 역시 처음으로 돌아

간다 해도 이 글의 평가(최종 평가를 의미함—인용자)와 동일한 평가를 할 것 같다. (학생C)

(3) 고등학교 때 논술학원을 다니면서 내가 쓴 논술을 매번 평가 받았는데 그럴 때마다 이해 안 가는 것들이 많았다. 왜 그 점수인지 모르겠는 평가나 잘 썼다면 잘 쓴 줄 알고 못 썼다면 못 쓴 줄 알라는 식의 첨삭을 보면 좋은 점수가 나오고 잘 썼다고 할 때도 별로 기쁘지 않았다. 이유를 납득할 수 없었으니까. (…중략…) 나는 내가 평가자가 되어 기준을 만들 수 있고, 내가 왜 그렇게 평가했는지 (교실 공동체의 구성원들에게—인용자) 이야기하는 것이 설득력을 가질 수 있다는 사실이 가장 좋았다. (학생L)

이 단계를 통해 학생들은 한 학기 동안의 교수 학습 및 평가 과정을 검토하고, 이를 통한 자신의 변화를 객관적으로 성찰하게 된다. 학생C의 회고에서 볼 수 있듯이, 학생들은 상호 주관적 평가 준거표를 구성하고, 다양한 평가 주체와의 협의를 거치는 동안 평가자의 시각에서 자신의 글을 객관화하여 바라볼 수 있게 된다. 또한 학생L이 기술한 것처럼 평가 도구 구성 및 평가에 참여함으로써 자신의 글이 보다 타당하고 신뢰롭게 평가 받는다는 만족감과 성취감을 경험할 수 있다.

4. 상호주관적 대학 글쓰기 평가 방안의 의의

이 글은 대학 글쓰기 평가의 타당도, 신뢰도, 효율성에 대한 고민으로부터 출발하여, 대학 글쓰기 교육 현장에서 사용할 수 있는 대안적 평가 방안을 제안하기 위해 기획되었다. 대안적 평가 방안으로 이 연구는 '대학 글쓰기 교수 학습과 연계한 상호주관적 평가 방안'을 구성하고, 그 구체적 내용과 절차를 실제 교육 현장에서의 시행 사례를 통해 검토했다. 이때 '상호주관적 평가'란 교수 학습이 이루어지는 현장인 교실 공동체의 구성원들이 평가 목적·평가 주체·평가 준거에 대해 합의하고, 이에 근거하여 평가를 수행하는 것을 의미했다.

　교수 학습과 연계한 상호주관적 평가는 크게 네 단계로 진행되었다. 첫째, '상호주관성 형성하기' 단계에서는 교수자와 학습자가 맥락을 초월한 타당도와 신뢰도를 확보할 수 있는 평가는 존재하지 않는다는 사실을 확인하고, 교실 공동체 맥락 안에서 상호주관적 평가를 수행할 수 있는 기본 토대를 마련했다. 한 학기 동안의 평가 목적이 교실 공동체 구성원이 상호주관적으로 합의한 교수 학습 목표에 대한 달성 정도를 측정하는 데 있다는 것, 교수자뿐 아니라 학습자 역시 공동 평가자로 기능한다는 것에 합의하고, 함께 첫 번째 과제 장르에 대한 평가 준거를 구성하여 사례 글을 평가했다.

　둘째, '장르별 교수 학습 및 평가하기' 단계에서는 교수자에 따라 자유롭게 쓰기 교육을 진행하는 가운데, 그 과정에서 사용되는 과제 장르에 대한 평가 준거를 함께 구성했다. 그럼으로써 각 장르별 교수 학습 내용을 환기하는 교육을 실시함과 동시에 각 장르에 적합한 평가 도구를 확보했다. 또한 두 단계를 통해 도출된 평가 준거표를 사용하여 교수자가 제공한 평가는 이에 대한 학생들의 능동적인 반응을 거쳐 최종 평가로 확정되었다.

　셋째, '집단별 교수 학습 및 평가하기' 단계에서는 한 학기 동안의 교수 학습 내용을 바탕으로, 집단별로 작성한 과제 장르의 글에 대해 학습자 집단이 주도적으로 평가를 수행했다. 교수자는 필자 집단과 평가자 집단, 평가자 집단들 간의 토론이 원활히 이루어지도록 유도하고, 학습자 집단이 도출한 평가 결과에 평가자의 한 사람으로서 합의하는 제한된 역할을 수행했다. 이를 통해, 학습자들이 필자이자 평가자로서의 성취감을 경험하도록 조력했다.

　넷째, '한 학기 수행 성찰하기' 단계에서는 학습자가 그동안의 교수 학습 및 평가를 수행한 결과물의 모음집으로서 포트폴리오를 정리하고, 이에 대한 성찰적 글쓰기를 수행했다. 포트폴리오의 서문 형식으로 작성하는 성찰적 글쓰기를 통해 이들은 한 학기 동안의 교육 및 평가 과정을 검토하고, 이를 통한 자신의 변화를 객관적으로 성찰했다.

　한편, 교수 학습과 연계한 상호주관적 평가는 다음의 측면에서 평가의 타당도, 신뢰도, 효율성에 대한 고민을 최소화한 것으로 판단된다. 첫째, 이 평가는 교수 학습이 이루어지는 구체적인 교실 공동체를 타당도 추구의 맥락으로 한정하고, 공동체의 구성원들이 평가 주체가 되어 평가 목적에 적합한 장르별 평가 준거를 협의를 통해 구성함으로써 평가의 타당도를 확보했다.

둘째, 이 평가는 교수자뿐 아니라 학습자 역시 평가자로 기능하게 함으로써 평가의 신뢰도를 높였다. 특히, 교수자와 학습자가 장르별 평가 준거를 구성하는 과정에서 다양한 평가 사례를 공유하는 일은 그 자체로 장르별 교수 학습의 일환이 됨과 동시에, 교수자와 학습자 간의 평가 신뢰도를 높이는 평가자 훈련(Rater's training)으로 기능했다. 또한 교수자의 평가가 학습자의 반응을 거쳐 최종 평가로 확정되게 한 것은 학습자가 평가자의 시각에서 자신의 글을 객관화하여 볼 수 있게 하는 교수 학습이면서, 그가 책임 있는 평가자로서 평가 신뢰도 향상에 기여하게 하는 일이기도 했다.

셋째, 이 평가는 교수 학습과 평가를 연계함으로써 평가 및 피드백 과정에서의 효율성을 제고했다. 교수자는 학습자와 함께 구성 및 공유한 평가 준거표를 사용하여 평가를 수행함으로써 타당도 및 신뢰도 문제에 대한 부담이 경감된 평가를 수행할 수 있었다. 또한 평가 준거표의 세부 항목으로 학습자가 인지하고 있는 교수 학습 내용을 나열하여, 학생 글에서 문제가 되는 항목에 간략히 표시하는 것만으로도 효과적인 피드백을 제공할 수 있었다.

대학 글쓰기 교육 현장에서 평가는 학습자와 교수자의 다양한 불만과 고민을 야기하는 문제적 영역이면서, 또한 불만과 고민을 해결하기 위한 대안적 방안이 매우 드물게 제안되어 온 영역이기도 하다. 이 글은 교수 학습과 연계한 상호주관적 평가 방안을 구성 및 소개함으로써 대학 글쓰기 평가가 보다 타당하고, 신뢰로우며, 효율적으로 이루어질 수 있기를 도모했다. 앞으로 대학 글쓰기 교육 현장에서 사용될 수 있는 보다 발전적인 평가 방안들이 풍부히 제안되기를 기대한다.

참고문헌

김병길(2008), 「대학 글쓰기 평가 방법과 실태 연구」, 『작문연구』 8, 한국작문학회, 141~164쪽.

박영목(2008), 『작문교육론』, 역락.

서수현(2008), 「요인 분석을 통한 쓰기 평가의 준거 설정에 대한 연구」, 고려대학교 박사논문.

서울대학교 교육연구소(1995), 『교육학용어사전』, 하우동설.

석주연(2005), 「학술적 글쓰기의 평가에 대한 일고찰」, 『어문연구』 125, 한국어문교육연구회, 493~530쪽.

성태제(2002), 『타당도와 신뢰도』, 학지사.

원진숙(1995), 『논술 교육론』, 박이정.

원진숙(1999), 「쓰기 영역 평가의 생태학적 접근」, 『한국어학』 10, 한국어학회, 191~232쪽.

이기종(2000), 「교육 평가의 또 다른 틀: 주관주의 접근의 가능성 모색」, 황정규 편, 『한국 교육평가의 쟁점과 대안』, 교육과학사.

이명실(2008), 「대학 글쓰기 교육에서 '평가' 방법 재고」, 『작문연구』 6, 한국작문학회, 67~97쪽.

이상원(2014), 「사고와 표현 교과의 상대평가는 적절한가」, 『사고와표현』 7(1), 한국사고와표현학회, 271~292쪽.

이윤빈(2010), 「글쓰기 평가 방법 사례」, 『2010-1 글쓰기 교강사 워크숍 자료집』, 연세대학교 학부대학, 33~42쪽.

이윤빈(2017), 「대학생의 학술적 글쓰기를 위한 전략 교육 방안」, 『작문연구』 33, 한국작문학회, 117~153쪽.

이재승(2002), 『글쓰기 교육의 원리와 방법』, 교육과학사.

정희모(2009), 「대학 글쓰기 평가의 신뢰도와 타당도 향상을 위한 한 방안」, 『작문연구』 9, 한국작문학회, 277~305쪽.

정희모(2010), 「글쓰기 평가에서 객관─주관주의 대립과 그 함의」, 『우리어문연구』 37, 우리어문학회, 217~249쪽.

한국교육평가학회(2004), 교육평가용어사전, 학지사.

Hawthorn, J. M.(2000), *A Glossary of Contemporary Literacy Theory*; 정정호 역(2003), 『현대문학이론용어사전』, 동인.

Leslie, L., & Jett-Simpson, M.(1997), *Authentic Literacy Assessment: An Ecological Approach*; 원진숙 역(2004), 『생태학적 문식성 평가』, 한국문화사.

Belanoff, P.(1991), The myths of assessment, *Journal of basic writing*, 10(1), pp. 54~66.

Camp, R.(1993), "Changing the model for the direct assessment of writing", In M. M. Willianson et al.(eds.). *Validating holistic scoring for writing assessment*, pp. 45~78.

Charney, D.(1984), "The validity of using holistic scoring to evaluate writing", *Research in the Teaching of English*, 18(1), pp. 65~81.

Clark, I. L., & Hernandez, A.(2011). "Genre awareness, academic argument, and transferability", *The WAC Journal*, 22, pp. 65~78.

Diederich, P. B., French, J. W., & Carlton, S. T.(1961), *Factors in judgments of writing ability*, NJ: ETS Research Bulletin Series.

Elbow, P.(1996), "Writing assessment: Do it better, do it less", In E. M. White et al.(eds.). *Assessment of writing*, Modern Language Association of America, pp. 120~134.

Godshalk, F. I.(1966), *The Measurement of Writing Ability*, ED029028.

Huot, B.(1996), Toward a new theory of writing assessment, *College composition and communication*, 47(4), pp. 549~566.

Moss, P. A.(1998), Testing the test of the test, *Assessing writing*, 5(1), pp. 111~122.

White, E. M.(1990), Language and reality in writing assessment, *College Composition and Communication*, 41(2), pp. 187~200.

Weigle, S. C.(2002), *Assessing writing*. Ernst Klett Sprachen.

Wolcott, W., & Legg, S. M.(1998), *An Overview of Writing Assessment*, IL: NCTE.

Yancey, K. B.(1999), Looking back as we look forward: Historicizing writing assessment, *College composition and communication*, 50(3), pp. 483~503.

한국어 학습자의 학술적 글쓰기 지도 방법

: 교차적 쓰기·말하기 활동을 중심으로

김보연

1. 학문 목적 한국어 쓰기 교육의 필요성

언어 교육의 내용은 다양하게 구분될 수 있겠지만 일반적으로는 듣기, 말하기, 읽기, 쓰기 등 언어의 네 기능을 중심으로 한다. 이중 '쓰기'는 매우 고차원적인 언어활동으로 학습자들이 가장 어려워하는 영역이기도 하다. 하지만 이 '쓰기'는 대학에서 학문적 의사소통을 수행하는 학술적 담화 공동체의 일원에게는 반드시 필요한 기능이다. 따라서 대학이나 대학원에서의 학업을 목적으로 한국어를 학습하는 외국인 학습자들이나 이미 한국의 고등 교육 기관에 입학한 외국인 유학생들은 한국어 쓰기 학습에 대한 관심과 요구가 높은 편이다.

2000년대 이후 각 대학별 외국인 유학생의 수가 꾸준히 증가하면서 외국인 유학생을 위한 한국어 글쓰기 교육에 관심을 갖는 대학들도 더불어 늘어났다. 외국인 유학생들을 대상으로 하는 학술적 글쓰기 강의가 개설되었고, 이 수업을 위한 교재가 따로 만들어지기도 했다. 이와 함께 한국어 교육 기관에서도 기존의 일반 목적 교육과는 차별화된 '학문 목적 한국어 교육 과정'을 개설하고 이에 맞는 교육 내용과 교재를 갖추어 왔다.

이 같은 교재들은 대체로 대학이나 대학원에서 강의를 듣거나 발표를 할 때, 또는 보고서를 작성할 때 필요한 학술적 의사소통능력을 기르는 데 중점을 두고 있으며 그 중에서도 쓰기 영역에 무게중심을 두고 있다. 따라서 대학 내 학술적 글쓰기 강의는 물론 한국어 교육 기관의 수업에서도 과정이 진행되는 동안 모든 학생들이 한 편 이상의 학술적 보고서를 완성하도록 하고 있다. 학생들이 직접 글쓰기의 전 과정을 경험하면서 학술적 글쓰기의 특성을 익히고, 내용 생성하기부터 수정하기까지의 쓰기 방법과 자신만의 노하우를 터득하도록 하는 것이다. 동시에 학생들은 이 과정에서 한국어로 학술적인 글을 완성했다는 성취감과 자신감도 쌓을 수 있다. 따라서 학문 목적 한국어 교육 과정에서 학술적 보고서 쓰기 경험은 매우 핵심적이며 필수적인 교육 내용이라고 할 수 있다.

그러나 이처럼 학술적 쓰기 경험을 강조하고 있음에도 불구하고 여전히 많은 학생들은 무엇을, 어떻게 써야 할지 막막해하고 있다. 정희모(2011: 141)에서는 교수자의 입장에서 '작문 이론을 작문 교육에 실제로 적용하기 어렵다'는 문제의식을 제기한다. 그런데 마찬가지로 학생들의 입장에서도 교재에 제시된 설명들을 곧바로 '나의 글'에 적용하기란 쉽지가 않다.[1] 또한 학습자의 어려움은 늘 과정 중 '어떻게'에서 발생하는데 글쓰기 교육의 특성상 교수자의 피드백은 항상 무언가 작성된 후에야 이루어진다는 문제점도 있다. 그리고 한국이라는 '외국의' 학술적 담화공동체에 진입하여 언어와 학문이라는 이중의 경계를 넘어서는 외국인 학생들에게는 언제나 이 같은 어려움이 배가 될 수 있다. 따라서 누구보다도 외국인 학습자들에게는 학술적 글쓰기가 무엇이며, 그것을 '어떻게' 써야 하는지에 대한 구체적인 교수와 안내가 필요하다.

이에 이 글에서는 실제 한국어 교육 현장에서 교수자와 학습자가 다양한

---

1) 이윤빈(2017: 119)에서도 이 문제에 대해 구체적으로 제시하고 있는데, '예를 들어, 브레인스토밍 전략을 통해 내용을 생성한 필자가 생성한 내용을 어떻게 체계화해야 할지 몰라 이와 무관한 개요를 새롭게 작성하는 경우가 자주 발생'하고 '또한 개요 짜기 전략의 결과물이 존재하지만 정작 글을 해당 개요대로 작성하지 못하는 경우도 빈번'한 교육 현장의 현실을 전달해 주고 있다.

방법과 소통을 통해 바로 이 '어떻게'의 과정을 함께 만들어가는 모습을 소개하고자 한다. 또 이 과정에서 학생들이 학술적인 글을 쓸 때 가장 어려워하는 부분은 무엇인지, 이들에게 꼭 필요한 교육 내용은 무엇인지도 고민해 보고자 한다.

이 수업에 참여한 학생들은 한 학기 동안 한 편의 학술적 보고서를 완성하는 것을 목표로 쓰기가 진행되는 동안 세 번의 쓰기 과정 발표를 한다. 이를 통해 자신이 각 과정에서 완성한 결과물과 그 같은 결과물을 만들어내기까지 자신이 내린 수사론적 선택을 교수자와 함께 공유하고 점검한다. 이 활동은 단순한 말하기 연습 이상의 의미를 지니는 것으로 각 쓰기 과정과 '연계'[2]되어 교차적으로 이루어지며 학습자들로 하여금 학술적 글쓰기의 순서와 방법을 보다 분명히 인식하게 한다는 효과가 있다.[3] 또한 학습자들은 자신이 작성하는 내용을 여러 번 입 밖으로 이야기해 봄으로써 화제의 의미와 가치, 보고서의 목적 등을 지속적으로 환기하고 글의 논리적 흐름과 내용의 타당성·충실성 등을 비판적으로 자각할 수 있다.[4]

---

2) 이윤빈(2017: 119)에서는 글쓰기 교육에서 이 '연계'의 문제가 중요하다는 사실도 언급하는데 '전통적인 (쓰기) 전략 교육의 문제점' 중 하나는 '쓰기 전략 간 연계성이 부족하여 특정 쓰기 과정에서 사용된 전략의 결과가 이후의 쓰기 과정에 반영되지 않는 경우가 많다'는 것으로 '각 전략 수행의 결과물들이 글쓰기의 총체적 과정 안에서 자연스럽게 연결'되는 전략의 필요성을 강조하고 실제적인 교수 모형을 제시하고 있다.

3) 이 같은 '교차적 쓰기·말하기 활동'은 2000년대 이후 지속돼 온 '대학 작문 교육에서의 통합 연구'(손혜숙, 2017: 185)의 성과에 영향을 받은 바 크다. 손혜숙(2017: 185)에서는 이 같은 통합 교육은 '통합 형태에 따라 읽기와 쓰기의 통합, 말하기와 쓰기의 통합, 읽기, 말하기, 쓰기의 통합' 등으로 나눌 수 있다고 설명하며 관련 연구사와 그 연구들에서 밝힌 교육 효과의 유의미성을 제시한다. 이처럼 실제 교육 현장에서 통합 교육이 시행되고 그 교육적 의미를 탐구하는 연구들이 이어지고 있다는 것은 언어 기능별 통합 교육이 각 기능에 긍정적인 효과를 주고 있다는 것을 시사한다.

4) 김성숙(2015: 635)에서는 대학 신입생이 고학년으로 성장하는 과정에서 자연스럽게 '직감'적으로 '학술적 과제의 작성 원리를 터득'한다고 설명한다. 즉, 수차례의 '모방' 학습과 그에 대한 '변용'의 경험, 교수자의 피드백이 이 같은 성장을 가능하게 한다는 것이다. 그리고 이 경험은 자연스럽게 필자로서의 '초인지 수준'을 확장시킨다. 대학 4년의 시간보다 훨씬 호흡이 짧은 한국어 교육 기관의 수업(한 학기 10주)에서 이 같은 비약적인 성장을 기대하기란 사실 불가능하겠지만, 하나의 주제에 대해 집중적으로 탐구하고 다양한 수준에서 여러 번 표현하며 피드백 받는 경험은 짧은 기간 내에서라도 학습자의 초인지와 필자로서의 감각을 최대한 끌어낼 수 있는 훈련이 될 것이다.

2. 학문 목적 한국어 교육 과정과 학술적 글쓰기 수업

외국인을 대상으로 하는 한국어 교육은 교육 대상과 그 목표에 따라 크게 '일반 목적 한국어 교육'과 '특수 목적 한국어 교육'으로 나누어질 수 있다. 이중 '학문 목적 한국어 교육'은 특수 목적 교육의 한 갈래인데, 최정순·윤지원(2012: 138)에서는 학문 목적 한국어를 '한국어를 모국어로 하지 않는 외국인 학습자의 대학 입학 전부터 졸업할 때까지 학업 수행과 관련된 전반적인 모든 한국어'라고 정의한다. 따라서 '학문 목적 한국어'는 한국어 교육 현장에서 대학·대학원 등 한국의 고등 교육 기관으로의 진학을 준비하는 예비 교육과 이미 진학한 학생들을 대상으로 학술적 의사소통기능 교육의 의미를 모두 아우른다.

하지만 이 글에서는 학생들의 교육적 요구와 쓰기 과정을 좀 더 면밀히 검토하기 위해 보다 소수의 인원을 대상으로 하는 한국어 교육 기관 내 수업 사례를 살펴보기로 했다. 이 수업을 수강하는 학생들은 아직 정식으로 고등 교육 기관에 입학한 것은 아니기 때문에 학점에 대한 부담이나 전공 학습 등으로 인한 집중력의 분산 없이 학술적 글쓰기 자체에 좀 더 초점을 맞출 수 있다는 특성이 있었다. 또한 한국어 교육 기관의 학술적 글쓰기 수업은 일반 대학의 학술적 글쓰기 강의에서보다 다른 언어 영역과의 연계가 비교적 자연스럽고 자유롭게 이루어질 수 있다. 한국어 교육 기관 내 수업에서는 보통 하루 네 시간 동안 모든 언어 기능을 아우르는 수업이 이루어지며, 소수의 인원이 각자의 쓰기 주제에 대해 자신의 생각을 표현하고 교수자와 피드백을 주고받을 수 있는 기회도 상대적으로 많기 때문이다. 이 같은 환경은 이 연구에서 핵심적으로 소개하고자 하는 학술적 글쓰기 교수법인 '교차적 쓰기·말하기 활동'이 가능한 이유였으며, 이 활동을 통해 학생들은 학술적 글쓰기의 과정과 방법을 집중적으로 경험하고 체득할 수 있었다.

2.1. 수업 개요

이 수업은 서울 소재 A한국어 교육 기관 내 학문 목적 한국어 교육 과정인

'대학 한국어 과정' 수업과 수강생들을 대상으로 한다. 이 기관 홈페이지에서는 '대학 한국어 과정'에 대해 '한국 대학에 재학 중이거나 한국 대학 진학을 목표로 하는 외국인 학생들을 대상으로 하는 프로그램'으로서 '대학 생활 및 대학 강의 수강과 관련된 내용을 집중적으로 가르친다'라고 소개하고 있다.5) 과정 소개에는 대학 강의 수강자만을 언급했지만, 실제 이 과정의 전체(1~6급) 수강생들 중에는 대학원 석사 혹은 박사 과정을 목표로 공부하는 학생들도 상당수다. 과정은 일반 목적 한국어 과정과 마찬가지로 1급부터 6급까지 나누어져 있으며, 6급이 가장 높은 수준이다. 따라서 실제 고등 교육 기관의 학문적 의사소통과 가장 비슷한 수준의 교육과 발표가 이루어지는 급 역시 6급이다.

대학 한국어 과정 6급 수업에서는 기본적으로 언어 지식 영역에 해당하는 어휘·문법과 언어 기능 영역에 해당하는 듣기, 말하기, 읽기, 쓰기가 모두 다루어지며 각 교재의 내용이 학문 영역별 주제를 중심으로 연계되어 있다. 또한 기능 영역은 수업과 교재가 구분되어 있기는 하지만 듣기와 읽기 교재의 주제가 연결되기도 하고, 말하기와 쓰기 활동이 연계되어 이루어지기도 하는 등 실제 수업 진행은 학문적 의사소통이라는 대전제 아래 매우 역동적으로 이루어진다. 특히 이 연구에서 초점을 두고 있는 쓰기 영역의 경우 어휘·문법 교재의 소단원 주제에 대해 배운 단어와 문형을 활용하여 쓰는 활동으로 이어지기도 하고, 하나의 주제에 대해 쓰기와 말하기 활동이 교차로 이루어지기도 한다. 따라서 6급 쓰기 수업의 핵심이라고 할 수 있는 학술적 보고서 쓰기 역시 교수자의 이론 강의나 피드백 외에도 쓰기 과정에 대한 세 번의 발표 단계를 두어 학습자가 자신이 쓰는 내용에 대해 직접 논리적으로 이야기해 보는 경험을 하도록 했다.

2.2. 학습자 특성과 학습 목표

지난 2019년 여름 학기(2019.6.10~8.19) 대학 한국어 과정 6급 수업에 참여한

---

5) 연세대학교 한국어학당 홈페이지 '과정소개〉대학한국어과정', https://www.yskli.com/hp/crse/crseIntro008.do?yskliMenuNo=crseIntro008.

수강생은 모두 5명으로 국적과 학문적 배경이 상이한 이들이었다. 이들의 정보를 정리한 내용은 아래와 같다.

〈표 1〉 대학 한국어 과정 6급을 수강한 학습자 정보

구분	국적	성별	학력 및 학문적 특성	학습 목표
학생1	대만	여	• 자국에서 대학 졸업 • 일본어 전공 • 현 교육 기관에서 일반 목적 한국어 교육 과정 6급 수료	• 한국어와 관련된 업종 취업을 목표로 고급 한국어를 배우기 위해 수강(학문 목적 아님)
학생2	멕시코	남	• 제3국에서 고등학교 졸업 • 한국 대학 입학 준비 • 현 교육 기관에서 1급부터 대학 한국어 과정 수강	• 한국 대학 합격 • 대학 강의 수강을 위한 학문 목적 한국어 학습
학생3	일본	남	• 자국에서 대학 졸업 • 경영학 전공 • 한국 대학원 합격, 입학 예정 • 대학 재학 중 한국의 다른 언어교육기관에서 일반 과정 6급 수료	• 대학원 입학 전 학문 목적 한국어 습득과 연습
학생4	중국	남	• 자국에서 대학 졸업 • 한국어 전공 • 한국 대학원 합격, 입학 예정 • 현 교육 기관 일반 과정에서 중급까지 공부하다가 5급부터 대학 한국어 과정으로 이동	• 대학원 입학 전 학문 목적 한국어 습득과 연습
학생5	중국	여	• 자국에서 대학 졸업 • 약학 전공 • 한국 대학원 입학 희망했으나 중도에 계획 변경 • 현 교육 기관 일반 과정에서 중급까지 공부하다가 5급부터 대학 한국어 과정으로 이동	• 한국 대학원에 입학하고자 했던 계획을 변경해 특정 목표 사라짐 • 고급 한국어 습득과 연습

이 수업에 참여한 학생 다섯 명 중 실제 대학이나 대학원에서의 학문을 목적으로 강의를 수강한 학생은 세 명이었으며 이들 중 한 명은 대학, 두 명은 대학원에서의 학업을 준비하고자 했다. 또한 나머지 두 명의 학생은 학문 목적 한국어

학습이 아닌 일반 목적 한국어 이상의 고급 한국어 학습을 희망하고 있었다. 학력 면에서는 한 명은 고등학교 졸업, 네 명은 대학교 졸업자들이고 전공과 한국어 학습 배경도 다양한 편이었다. 따라서 대학의 학술적 글쓰기 수업에서처럼 이들 모두에게 동일한 주제의 쓰기 과제를 부여하기에는 무리가 있다는 판단이 들었다. 또한 이 수업은 학생들이 차후 대학이나 대학원 혹은 한국어로 학문적 의사소통을 해야 하는 공적인 상황을 예비하는 과정이니만큼 학생들의 필요와 요구에 맞게 개별화된 과제가 더욱 실용적일 것이라는 데 교수자와 학생들의 의견이 일치했다. 따라서 한 학기 동안 완성해야 하는 학술적 보고서의 형식과 분량은 동일하게 준수하되 각 보고서의 주제는 학생들의 관심사 혹은 전공 영역과 관계된 것으로 자유롭게 정하도록 했다.

3. 수업 사례: 교차적 쓰기·말하기 활동을 통해 학술적 보고서 완성하기

학생들은 10주 동안 A4 5장 내외의 학술적 보고서를 완성해야 하며, 보고서 주제는 본인의 관심사와 전공에 따라 자유롭게 정할 수 있다. 쓰기 수업 시간에는 기본 교재인 『대학 강의 수강을 위한 한국어 쓰기 고급』[6]의 내용들 중 쓰기 과정과 직접적으로 연결되는 '02. 개요 작성하기', '03. 서론 쓰기', '04. 논리 전개하기', '08. 결론 쓰기' 등의 단원을 선별적으로 다루며 각 단원에 제시된 연습 문제도 함께 작성해 본다.[7] 이후 학생들은 자신의 보고서 주제에 맞추어 각 쓰기 과정을 다시 한 번 심화하여 되풀이한다.

이 같은 연습 과정에서 학술적 보고서 쓰기의 주요 분절점이 될 수 있는 쓰기 과정은 말하기 발표로 연계되는데 학생들은 이를 통해 자신이 선택한 주제에 대해 지속적으로 말하고 쓰는 과정을 반복하게 된다. 자신이 쓰는 내용

---

6) 연세대학교 한국어학당(2012), 『대학 강의 수강을 위한 한국어 쓰기 고급』, 연세대학교 출판부.
7) 이 책에는 '6. 인용하기', '9. 각주 및 참고문헌 달기'와 같은 단원도 있는데, 이 역시 학술적 글쓰기에서 필수적으로 알아야 하는 내용이므로 학기 중간 쓰기 수업 시간에 전체적으로 한 번 다루고 학생들이 작성한 쓰기 결과물을 바탕으로 지속적으로 피드백한다.

과 자신의 쓰기 과정에 대해 이야기하는 인지 활동은 일종의 '사고 구술(think aloud)'[8]과도 비슷하다고 할 수 있으나 공식적인 발표의 형식을 갖춰야 한다는 측면에서 보다 '체계화된' 혹은 '이중의' 사고 표현 활동으로 보아야 할 것이다. 즉, 필자가 자신의 머릿속에 있는 것을 메모나 문장의 형식으로 '작성'하면서 자신이 왜 이런 아이디어를 떠올렸는지, 또 하나의 아이디어는 어떻게 다른 아이디어로 넘어가는지 말로써 되짚어 보고(1차 사고 표현), 이를 공식적인 발표 형식과 격식에 맞게 되풀이하며 계속 다듬어 정리하는 것이다(2차 사고 표현). 보통 쓰기 자체에만 초점을 맞추는 글쓰기 수업에 비해 한국어 교육 기관의 수업은 언어 기능별 활동의 경계가 좀 더 유연하기 때문에 각 쓰기 과정의 사이 사이 자연스럽게 말하기 활동을 넣어 다음과 같이 학술적 보고서 쓰기의 전체 과정으로 통합할 수 있다.

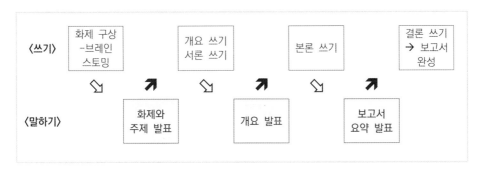

〈그림 1〉 학술적 보고서 완성을 위한 쓰기·말하기 연계 활동

---

8) '사고 구술(think aloud)'이란 말 그대로 인지적 과제를 수행하는 동안에 자신의 머릿속에서 일어나는 '생각을 표현하는 것'(Kucan & Beck, 1997)으로 오랫동안 읽기와 쓰기 연구에서 주요한 분석 틀 중 하나로 사용되어 왔다. 또한 '사고 구술 프로토콜'은 제 2언어 학습 연구에도 적극적으로 도입됐는데 'Yoshida(2008)에 따르면 이 프로토콜은 학생들이 L2 과제를 수행할 때 사용하는 전략들에 대한 정보를 제공'한다고 이야기한다(Abas & Aziz, 2016에서 재인용). 그러나 이 같은 사고 구술 작업은 연구자 입장에서의 용이성뿐만 아니라 학습자 입장에서도 내용에 대한 생각을 정리하고 사고를 정교화하는 데 도움을 준다는 연구 결과(Abas & Aziz, 2016 참조)가 있으며 이 교수법 역시 이 같은 학습 효과에 대한 가정에서 출발했다.

3.1. 화제 및 주제 구상하기

〈그림 1〉의 첫 번째 단계는 화제를 구상하는 '브레인스토밍'으로 학생들은 자신이 관심을 가지고 있거나 학술적 보고서에서 다루어 보고 싶은 화제에 대해 자유롭게 메모한다. 활동 진행은 최대한 학생들의 자율에 맡기며 학생들은 자유로운 분위기 속에서 브레인스토밍 중간 중간 교수자나 동료 학생 누구에게든 자신의 의견을 표현하고 상대방의 의견을 구할 수 있다. 교수자를 포함하여 수업 참여자 대부분이 서로 국적이 다르므로 자신이 선택한 화제에 대해 어느 정도 생각이 정리되면 다른 나라의 관련 사례나 정보, 배경 지식 등을 나누는 모습도 보였다. 이 같은 과정을 바탕으로 학생들이 선택한 화제와 브레인스토밍 시 작성한 단어들 중 핵심이 되는 일부를 제시하면 다음과 같다.

〈표 2〉 학술적 보고서 화제 구상과 브레인스토밍 내용

구분	국적	성별	선택 화제	브레인스토밍 내용(일부 핵심 단어)
학생1	대만	여	미코노미(Meconomy)	'나(Me)'를 위한 '경제(economy)', 욜로(YOLO), 소확행, SNS, 1인 방송, 경제 트렌드
학생2	멕시코	남	행복	한국인, 불행, 스트레스, 청년, 멕시코, 경제 수준, 대가족, 행복
학생3	일본	남	일본 유토리 교육	전인 교육, 도덕 교육 실패, 입시 위주의 교육, 학업 스트레스
학생4	중국	남	중국 대학 교육	청년 실업률, 대학생 포화, 어셈블리 라인, 개별화 교육, 학생 특성, 데이터베이스
학생5	중국	여	1인 미디어	유튜버, 유튜브 스타 청소년 장래희망 부작용, 불법행위, 양면성

학생들은 각자 자국과 한국, 혹은 세계적으로 일어나고 있는 다양한 현상과 사건들 중에서 특히 자신이 관심을 가지고 있는 화제를 하나 선택해 그와 관련되어 떠오르는 단어들을 빠르게 메모했다. 학생들이 메모한 내용을 보면 핵심

화제와 관련해 자신이 생각하고 있는 특정 이미지에 대한 것이 많아 어느 정도 메모가 작성된 후 교수자가 개입하여 '이 화제에 대해 왜 이 같은 단어를 떠올렸는지', '이것과 관련한 특정 사건을 본 적이 있는지' 등과 같은 질문을 던졌다.

예를 들어 학생4의 경우, '중국 대학 교육'이라는 다소 거시적인 화제를 선택했는데 그 같은 화제에 이어서 떠올린 단어들은 '청년 실업률', '대학생 포화', '개별화 교육' 등과 같이 특정 방향으로 모아지고 있었다. 따라서 학생과 대화하며 그가 현재의 중국 교육에 대해 비판적인 입장을 가지고 있다는 점을 함께 발견했고, 그 대안으로 '대학에서의 개별화 교육'을 주장하고 싶어한다는 것 역시 찾을 수 있었다.

학생2도 마찬가지로 '행복'이라는 화제가 다소 거시적이며 추상적인데, 먼저 학생이 학술적 보고서 쓰기라는 과제에서 왜 '행복'이라는 단어를 떠올리게 됐는지부터 함께 이야기해 봤다. 그는 잠시 곰곰이 생각하더니 최근 한 인터넷 사이트에서 다수의 한국 청년들이 한국에서의 삶이 행복하지 않다고 이야기하는 인터뷰 영상을 보게 됐고, 그 영상을 보며 한국처럼 경제 수준이 높은 나라에게 그처럼 많은 청년들이 불행을 이야기하는 것이 의아하게 느껴졌다고 했다. 그리고 자연스럽게 자국인 멕시코와 한국 사람들의 삶을 여러 측면에서 비교해 보게 됐다고 했다. 그런데 이 학생은 앞서 언급한 학생4와 달리 자국어로도 학술적 보고서를 쓴 경험이 없었다. 따라서 학생이 선정한 화제를 보다 객관적으로 표현할 수 있는 '행복 지수'라는 단어를 알려 주고 비공식적인 인터넷 자료보다는 관련 신문 기사와 논문, 다큐멘터리 등을 찾아볼 것을 조언했다.

이 같은 브레인스토밍 과정을 살펴보면 학생들 모두 자신의 관심 화제와 그와 연관해 떠오르는 단어 등은 다양하게 표현할 수 있지만 의외로 자신이 그 화제에 대해 '어떻게 생각하고 있는지'와 '무엇을 보고 혹은 왜 그렇게 생각했는지', 또 그것에 대해 더 알기 위해서는 '어떤 자료를 더 찾아봐야 하는지'에 대해 생각하지 못한다는 것을 알 수 있었다. 즉, 화제를 주제로 논점화하는 것과 그 화제와 관련해 어떤 자료들을 참고하면 좋을지에 대한 생각이 부족했다. 따라서 교수자는 학생들에게 수업 시간에 브레인스토밍한 내용을 바탕으로 ① 자신이 왜 그 화제에 관심을 갖게 됐는지, ② 그 화제는 누구에게, 왜 중요한

지, ③ 자신은 그 화제에 대해 어떻게 생각하고 있는지, ④ 그 화제에 대해 자신이 알고 있는 내용은 무엇인지, 또 ⑤ 이를 더 잘 알기 위해서는 어떤 자료를 찾아보아야 하는지 반복해서 생각해 보고 이 내용을 10분 내외의 말하기 발표로 구성해 보라고 주문했다. 발표 구성에 도움을 주기 위해 교수자는 다음과 같은 발표 구성 활동지를 제공했고, 이는 생각을 정리하는 데에만 사용할 뿐 특별히 문장으로 작성해 제출할 필요는 없음을 밝혔다. 또, 발표를 할 때에는 공식적인 발표 형식과 격식을 갖추되 판서나 PPT 사용은 자유롭게 선택하도록 했다. 다음은 학생들에게 화제와 주제 발표를 위해 제시한 생각해볼 거리와 발표 구성 활동지이다.

〈표 3〉 화제와 주제 발표를 위해 생각해 볼 거리와 발표 구성 활동지

번호	질문 내용
①	이 화제에 관심을 갖게 된 이유/계기는 무엇인가?
②	이 화제는 누구에게, 왜 중요한가?
③	나는 이 화제에 대해 어떻게 생각하는가?
④	이 화제에 대해 현재 내가 알고 있는 내용(사건, 현상, 배경지식 등)은 무엇인가?
⑤	이 화제에 대해 더 잘 알기 위해서는 어떤 자료를 찾아봐야 하는가?

쓰기 과정 발표 1: 화제와 주제 정리	
화제	
주제 (①+③ 화제에 대한 나의 생각)	
화제의 중요성과 필요성 (② 누구에게, 왜 중요)	
화제와 관련해 강조하고 싶은 내용 (④ 현재 내가 알고 있는 내용)	
참고 자료 (⑤ 더 찾아봐야 할 자료)	

학생들은 이 같은 활동지를 가지고 자신이 발표할 내용을 구성했으며 이 과정에서 화제에 대한 자신의 생각을 학술적 보고서의 주제에 맞게 논점화할 수 있었다. 만약 화제에 대한 브레인스토밍 단계에서 바로 개요를 쓰게 했다면 학생들 대부분은 선택한 화제에 대해 구체적인 논점 없이 단순히 자신이 생각한 내용을 서론, 본론, 결론으로 분류만 했을 것이다. 또한 발표 없이 '생각해볼 거리'만을 제시했다면 학생들에 따라 이를 적용한 학생과 그렇지 않은 학생 사이의 편차가 생겼을 것이다. 그러나 모든 학생들이 이 같은 질문을 가지고 자신의 화제를 구체화하고, 이 내용을 여러 번 다듬어 공식적인 발표의 형식으로 이야기하게 함으로써 학생들 스스로 관련 어휘와 지식을 넓힘은 물론 자신이 화제에 대해 지니고 있던 생각과 이 글을 완성하기 위해 나아가야 할 방향 등을 보다 분명히 인지하게 되는 것이다.9) 그리고 이 같은 교육적 효과를 증명 하듯, 첫 번째 화제와 주제 발표에서 학생들은 화제에 대한 자신의 생각, 즉 입장을 발견하여 〈표 4〉10)와 같이 구체화된 주제문을 구성했다.

〈표 4〉 구체화된 학술적 보고서 주제

구분	국적	성별	보고서 주제
학생1	대만	여	미코노미 현상의 의미와 경제에 미치는 영향을 이해해야 한다.
학생2	멕시코	남	한국과 멕시코의 행복 지수와 행복의 구성 요소를 비교하고, 물질보다는 정신적 행복의 가치와 의미를 회복해야 한다.
학생3	일본	남	일본 유토리 교육의 실패를 교훈 삼아 실효성 있는 전인 교육의 모형을 다시 구상해야 한다.
학생4	중국	남	중국 대학은 학생의 특성에 맞는 개별화 교육을 실시해야 한다.
학생5	중국	여	현재 급속히 확산되고 있는 1인 미디어의 양면성을 인지하고 이를 적절히 통제해야 한다.

9) 모국어 화자도 마찬가지지만 외국인 학습자의 경우 한국어로 발표를 하게 될 경우 유창한 언어 사용에 상당한 부담감을 갖고 있다. 따라서 발표 구성 활동지에 따라 본인이 하고자 하는 이야기들을 정리하고, 이를 발표의 격식에 맞는 언어로 다듬고, 이후 여러 번 반복해서 이야기하는 연습은 언어 습득은 물론 자신의 발표 내용과 구성 방식 등을 논리적·비판적으로 검토하는 데에도 효과적이다.

10) 〈표 4〉의 주제문들 중 이후의 글쓰기 과정에서 주제가 다소 변경된 경우, 음영과 볼드로 표시했다.

3.2. 개요와 서론 쓰기

화제와 주제 설정이 끝나면 이 같은 주제를 어떻게 한 편의 학술적 보고서 안에 펼칠 것인지에 대한 구상이 필요하다. 개요와 서론에는 공통적으로 글 전체에 대한 계획이 담긴다는 특성이 있어 이들을 직접 작성하면서 이 구상을 완성해 볼 수 있다.

개요라는 개념을 한국어로 처음 접하는 학생도 있으므로 먼저 교재(『대학 강의 수강을 위한 쓰기 고급』) '02.개요 작성하기' 단원을 통해 개요의 의미와 형식 (서론-본론-결론 구성, 문장식 개요 vs. 화제식 개요)을 제시해 준다. 이때 동일한 주제에 대해 '문장식'과 '화제식'으로 따로 작성된 예시를 함께 보면서 각 개요의 특성과 장단점 등을 파악해 보는 것이 좋다. 왜냐하면 실제 글쓰기 과정에서는 이 두 가지 방식이 모두 활용될 수 있기 때문이다. 우선 핵심 내용만을 요약 정리하는 단계에서는 '개조식'이 유용하겠지만, 이후 이를 가지고 발표를 하거나 각 부분 간 논리적 연결 관계를 고려하며 실제 본문의 문장으로 기술하고자 할 때에는 이를 '문장식'으로 발전시키는 것도 필요하다.

개요의 유형을 학습한 이후 학생들은 직접 자신의 학술적 보고서에 대한 개요를 작성해야 한다. 이때 이론적인 설명을 듣고 곧바로 서론, 본론, 결론의 내용을 채워 넣으려고 한다면 누구든 막막함을 느낄 것이다. 따라서 앞서 '생각해 볼 거리'라는 질문을 통해 화제를 구체화했던 것처럼 개요를 작성하기 전에 필자가 처한 수사론적 맥락을 짚어 본다면 개요 작성에 도움을 얻을 수 있다. 즉, ① 이 글을 쓰는 가장 큰 목적은 무엇인지(설명, 비교·대조, 비판·논쟁, 문제해결 등), ② 이 같은 목적을 가지고 누구(독자)에게 이야기할 것인지, ③ 이 독자에게 최종적으로 전달하고 싶은 메시지는 무엇인지, ④ 이를 전달할 수 있는 가장 효과적인 구성 방식은 무엇인지 등을 고민해 보는 것이다. 이 같은 고민의 내용은 혼자 메모를 하거나 사고구술을 통해 정리할 수도 있고, 화제 구상 때와 동일하게 교수자나 동료 학습자들과 대화를 나누며 생각해 볼 수도 있다.

'미코노미'를 화제로 삼은 학생1은 '미코노미'라는 현상의 의미와 확산 배경을 설명하는 데 가장 큰 중점을 두고 싶어 했다. 즉 이 글의 목적은 '설명하기'가

되는 것이다. 따라서 글의 본론에는 설명하는 내용을 배치하기로 하고, 이후 특히 누구에게, 왜 이 현상에 대해 설명하고 싶은지 물었다. 처음에는 막연히 "현대인들?"이라는 대답이 돌아왔지만 앞서 주제를 구상할 때 했던 것처럼 왜 이 현상이 중요하다고 생각했는지, 어떤 자료들을 보고 이 현상에 관심을 갖게 됐는지 떠올려 보게 했더니 현재 미코노미 소비를 주도하고 있는 20~30대 청년 층에 대한 기사를 통해 이에 관심을 갖게 됐다고 이야기했다. 그리고 관련 기사 들을 찾아보면서 사람들이 자신의 지갑을 열게 하는 기업의 전략을 보다 명확히 인식하고 좀 더 똑똑한 소비자가 되어야겠다는 생각이 들었다고 했다. 바로 이 대화를 통해 막연했던 예상 독자가 20~30대 청년층으로 좁혀졌고, 마지막 결론 부분에서 예상 독자에게 던지고자 하는 필자의 메시지도 결정할 수 있었 다. 마지막으로 예상 독자들에게 미코노미 현상에 대해 효과적으로 설명하고 필자의 메시지도 잘 전달할 수 있는 서론-본론-결론의 구성을 고민해 보도록 했다. 이에 학생1은 자신이 화제로 삼은 '미코노미' 현상에 대해 깊이 있게 이해 하기 위해서는 이 현상의 발생 원인과 현재의 영향, 앞으로의 전망 등 시간의 흐름에 따른 현상 분석이 필요할 것이라는 판단을 내렸다. 이 같은 고민과 대화 를 바탕으로 학생1은 〈표 5〉와 같이 개조식 개요를 완성했다.

〈표 5〉 학생1의 개조식 개요

화제		미코노미
주제		미코노미 현상의 의미를 이해하고 이 같은 트렌드 안에서도 진짜 나를 위한 주체적인 경제관념을 세워야 한다.[11]
제목		미코노미, 나를 위한 경제
개요	서론	• 미코노미 현상의 등장 • 미코노미의 개념과 미코노미 소비의 유형
	본론	1. 미코노미 현상의 등장 원인과 확산 배경 　• 1인 가구의 증가 　• SNS의 등장과 1인 미디어의 발전 2. 미코노미의 현상으로 인한 변화 　• 기업의 상품 특성과 마케팅 전략의 변화 　• 소비자의 역할 변화: 소비 주권의 신장

	3. 미코노미의 현상의 미래
	◦ 개인의 경제적 가치 진화
	◦ 생산과 소비의 불균형 우려
결론	• 미코노미 현상이 경제에 미치는 영향 강조 • 소비자로서의 개인이 갖춰야 할 현명한 태도 제시

학생1이 〈표 5〉와 같이 개조식 개요를 작성하도록 자극을 준 질문들과 학생 스스로 생각한 내용을 정리하게 한 개요 쓰기 활동지는 다음과 같다.

〈표 6〉 개요 작성을 위해 생각해볼 거리와 개요 작성 활동지

번호	질문 내용	수사론적 맥락
①	이 글을 쓰는 목적은 무엇인가?	목적
②	누구를 대상으로 이 글을 쓰는가?	독자
③	그 대상에게 최종적으로 전달하고 싶은 메시지는 무엇인가?	주제/결론
④	메시지를 가장 효과적으로 전달할 수 있는 구성 방법은 무엇인가?	구성12)

개요 작성 활동지	
화제	
주제	
제목	
개요	서론
	본론
	결론

---

11) 개요를 작성하면서 앞 장에서 제시한 주제문이 현재와 같이 변경됐다.

12) '구성' 항목은 수사론적 맥락에 해당되는 것이 아니라 이 같은 맥락 안에서 개요 작성을 위한 전체적인 틀을 고민하는 것을 의미하므로 위와 같은 구분선을 제시했다.

학생들은 위의 활동지를 작성한 후 10분 내외의 개요 발표를 준비했다. 활동지는 개조식으로 작성하지만, 이를 말하기 발표 형식에 맞는 문장으로 재구성하고 서론, 본론, 결론 사이의 논리적 연결 관계를 설명하는 것은 다시 학생들의 몫이었다. 이때의 논리적 연결 관계는 바로 이 글이 놓인 수사론적 맥락(주제, 목적, 독자) 안에서 설명되어야 한다고 강조했다.

개요가 완성되면 바로 서론 쓰기를 시작할 수 있는데, 이 역시 교재의 '03. 서론 쓰기' 단원을 통해 이론적인 학습을 먼저 한 후 이루어졌다. 교재에서는 학생들이 예시로 삼을 만한 학술적 보고서의 서론이 제시되고, 이 서론의 각 문단이 어떤 내용을 담고 있는지 〈표 7〉[13]과 같이 항목화해서 보여 준다.

〈표 7〉 서론의 구성

현황 제시
문제 제기
연구 방법 및 목적
본문 내용 소개

물론 모든 학술적 보고서의 서론이 이와 동일할 수는 없겠지만, 이는 일반적으로 학술적인 글의 서론에 제시되는 내용으로 처음 학술적인 글쓰기를 연습하는 외국인 유학생들에게는 혼란을 덜어 주는 지침이 될 수 있다. 그런데 교재에 실린 예시 글과 위 항목을 접하고 나면, 학생들은 어딘가 익숙한 느낌을 받게 된다. 앞서 화제와 주제를 구상할 때 이미 이 같은 내용에 대해 충분히 고민하고 정리해 봤기 때문이다. 화제와 주제 구상에서 정리했던 활동지를 서론의 구성 항목에 대입시켜 보면 다음과 같다.

---

13) 연세대학교출판부(2012: 26).

〈표 8〉 화제와 주제 구상 활동지와 서론의 구성

서론의 구성	활동지 내용	
현황 제시	참고 자료	
문제 제기	화제의 중요성과 필요성	
연구 방법 및 목적	주제	개요
본문 내용 소개	개요	

　앞서 정리하고 발표했던 활동지 내용을 그대로 서론으로 쓸 수는 없겠지만, 이미 정리했던 내용을 위와 같이 서론의 형식으로 재구성하는 것은 어렵지 않은 일이다. 그리고 '연구 방법'과 '본문 내용 소개' 부분은 개요를 활용해 작성할 수 있다. 앞에서 한 활동과 바로 뒤 활동이 자연스럽게 연결되며 학생들이 과제에 대한 부담감 없이 글쓰기의 과정을 하나씩 밟아나갈 수 있는 것이다.

3.3. 본론 쓰기와 전체 내용 요약하기

　다음은 학술적 보고서에서 가장 중요한 본론을 작성하는 단계이다. 앞에서 아무리 탄탄한 개요를 완성했더라도 막상 아무것도 없는 하얀 화면 위에 글을 쓰려고 하면 막막함과 답답함을 느끼기 마련이다. 또한 개요에서 세운 계획과 달리 필자도 모르게 엉뚱한 방향으로 글이 진행되기도 한다. '1인 미디어'를 화제로 삼은 학생5의 경우가 바로 그랬다.

　학생5는 '현재 급속히 확산되고 있는 1인 미디어의 양면성을 인지하고 이를 적절히 통제해야 한다.'는 주제문을 가지고 개요를 완성했으며, 이에 맞는 서론도 잘 작성했다. 먼저 학생5가 작성한 개조식 개요를 먼저 제시한다.

〈표 9〉 학생5의 개조식 개요

화제	1인 미디어	
주제	현재 급속히 확산되고 있는 1인 미디어의 양면성을 인지하고 이를 적절히 통제해야 한다.	
제목	1인 미디어의 양면성	
개요	서론	• 청소년들의 장래희망을 조사한 통계 자료: 유튜버 등 1인 미디어 운영자가 상위권을 차지 • 1인 미디어의 전 세계적인 유행 현상과 청소년들의 열광

	본론	1. 1인 미디어의 의미와 발전사
		  ◦ UCC → PCC → MCN
		2. 1인 미디어 발전의 원인
		  ◦ IT기술의 발전
		  ◦ 매체 자체의 경쟁력: 생산 비용에 비해 크고 빠른 전파 효과
		3. 1인 미디어의 양면성
		  ◦ 좋은 점: 개방성, 자유성
		  ◦ 나쁜 점: 미디어 내용과 전파에 통제성 약함
		      → 가짜 뉴스 생산, 범죄에 악용
		      → 청소년들에게 악영향

	결론	• 국가, 사회, 개인 모두 1인 미디어의 양면성을 인지하고, 이를 적절하게 제어하고 통제하는 시스템을 구축해야 한다.

학생5는 1인 미디어에 관한 전반적인 지식을 전달하고, 이의 양면성을 강조하고자 했다. 그러나 실제 본론을 작성하는 과정에서 본론 소주제3인 '양면성' 단락이 대부분 1인 미디어의 위험성과 청소년에게 미치는 악영향에 대한 내용으로 채워졌다. 이는 대면 상담을 통해 교수자가 다시 한 번 필자의 의도를 확인해야 하는 부분이었다. 교수자는 필자가 작성한 본론의 소주제3 부분을 짚어 주며, 글을 쓰는 동안 필자의 의도가 '1인 미디어의 부정적인 면을 강조하고 그 위험성을 알리는 것'으로 옮겨졌는지에 대해 물었다. 그렇다면 주제문과 제목을 변경해야 했다. 그러나 필자는 이에 대해 처음부터 끝까지 '양면성'을 강조하고 싶었는데, 자료를 찾다 보니 부정적인 측면을 지적하는 내용을 많이 접하게 됐고 그로 인해 본론 안에서도 자신도 모르게 부정적인 측면을 더 많이 쓰게 된 것 같다고 이야기했다. 글을 쓸 때는 몰랐는데 대면 상담을 하며 자신의

글을 다시 읽어 보니 '양면성'이라는 제목에 어울리지 않게 화제를 균형 있게 다루지 못했다며 이 부분을 수정하겠다고 했다.

다음 일본 '유토리 교육'[14]에 관한 학술적 보고서를 계획한 학생3은 처음에는 자신이 경험한 일본의 유토리 교육에 초점을 맞춰 효과적인 전인교육 모델을 구상해야 한다는 주장을 펴고자 했다. 그런데 이 학생이 보고서를 준비하면서 여러 자료를 찾아본 결과 한국의 전인교육도 일본과 유사한 문제를 겪고 있다는 점을 더 깊이 알게 됐다. 따라서 이 학생은 자신이 처음 설정한 화제의 범위를 좀 더 넓혀 일본과 한국의 교육 현실을 비교하고 유토리 교육의 실패 원인이 한국의 전인 교육에 제시할 수 있는 시사점에 대해 좀 더 구체적으로 논하고 싶어했다. 이 경우 개요를 다시 작성한 것은 아니지만, 수정된 화제·주제·제목에 맞게 본론의 내용을 다음과 같이 다시 정리했다.

〈표 10〉 학생3의 본론 내용 변화

	수정 전	수정 후
화제	유토리 교육	유토리 교육과 한국의 전인교육
주제	일본 유토리 교육의 실패를 교훈 삼아 실효성 있는 전인 교육의 모형을 다시 구상해야 한다.	일본 유토리 교육의 실패를 교훈 삼아 한국에서도 실효성 있는 전인 교육의 모형을 구상해야 한다.
제목	일본의 유토리 교육과 전인 교육의 미래	일본의 유토리 교육이 한국의 전인 교육에 제시하는 시사점

---

14) 유토리 교육은 일본의 교육 정책 중 하나로 입시 경쟁에 시달리는 학생들에게 '유토리', 즉 여유를 주어 모든 학생들의 '기초기본'을 확실히 하겠다는 목표를 가지고 시행되었다. 그러나 이는 학력 저하 논쟁을 불러일으키는 등 많은 비판을 받게 되었고, 이에 따라 일본에서는 수업량 이 늘어나는 등 확실한 학력이 다시 강조되었다. (홍성은, 2013, 「일본 유토리 교육이 우리나라 교육과정에 주는 시사」, 서울교육대학교 석사논문, 1~2쪽 참고.)

	수정 전	수정 후

본론
내용
	1. 전인교육의 의미
	2. 유토리 교육의 내용
	  • 발생 배경
	  • 교육 내용
	3. 유토리 교육의 실패 원인
	  • 심각한 학력 저하 현상
	  • 지역간 교육 수준 격차 심화
	  • 교육적 의미를 잃어버린 교육 내용들
		1. 전인교육의 의미
		2. 일본의 유토리 교육
		  2.1 발생 배경과 교육 내용
		  2.2 실패 원인
		3. 한국의 전인 교육
		  3.1 한국 전인 교육의 역사와 현재
		  3.2 전인 교육에 대한 비판적 의견들
		  3.3 유토리 교육에서 얻을 수 있는 시
		    사점

이처럼 본론을 작성하는 과정에서는 글의 내용이 처음 계획과 달라지는 경우가 있다. 이때 교수자는 필자의 의도가 무엇인지 먼저 파악해야 한다. 만약 학생5의 경우처럼 자신의 의도와 달리 본론이 방향이나 균형을 잃은 것이라면 독자의 눈으로 필자가 다시 처음의 계획으로 돌아올 수 있도록 조언해야 한다. 그러나 학생3처럼 관련 자료를 탐색하는 과정에서 글의 방향이나 초점이 전환된 경우라면 이 같은 전환이 화제·주제·제목은 물론 글 전체와 유기적으로 연결될 수 있도록 도와야 한다.

이 같은 과정을 거쳐 본론을 작성한 후 학생들은 보고서 요약 발표를 준비한다. 이 발표는 이전 개요 발표 때보다는 훨씬 구체적으로 실제 자신이 작성한 내용을 요약해서 소개하는 것이다. 보고서의 주된 목적이 설명이라면 설명의 대상과 요점, 출처 등을 자세히 제시하고 비판과 논쟁을 목적으로 한다면 구체적인 주장과 이유, 객관적인 근거까지 제시해야 한다. 문제해결형 보고서에도 문제점과 그에 상응하는 구체적인 해결책이 모두 담긴다. 발표는 앞선 발표보다 좀 더 긴 15분 내외이며 PPT 자료를 필수적으로 준비해야 한다. 이 과정에서 학생들은 대학에서 하는 것과 동일한 방식으로 발표를 준비하고 수행하는 연습을 할 수 있으며, 자신이 이미 작성한 서론과 본론을 점검하고 앞으로 쓰게 될 결론의 내용도 준비할 수 있다.

따라서 이 발표 과정을 거치고 나면 학생들은 자신의 보고서가 어떤 흐름에 따라 전개되고 있는지 보다 명확히 인지하게 되고 필자로서 화제와 글 전체에 대한 장악력 역시 높아지게 된다. 또한 청중들 앞에서 자신의 이야기를 끝맺음하는 연습을 해 봄으로써 결론의 의미와 중요성도 체득할 수 있다.

3.4. 결론을 첨부하여 보고서 완성하기

교재 '08. 결론 쓰기' 단원에서는 서론 쓰기 단원과 마찬가지로 결론 예시글과 내용 구성 항목을 제시해 준다. 학술적 보고서의 결론에 들어갈 수 있는 내용 항목은 〈표 11〉[15]과 같다.

〈표 11〉 결론의 구성

본론 요약
연구 성과 및 한계
후속 과제 및 전망

학생들은 이미 '보고서 발표'를 통해 자신이 쓴 보고서의 전체 내용을 요약한 경험이 있다. 따라서 이 내용을 결론의 서두에 쓰고, 다음의 항목들에 대해서는 각자 고민해서 결론을 완성했다. 학생들에 따라 내용의 양이나 질, 문장력에는 편차가 있었지만 교재를 통해 미리 결론의 구성에 대해 학습하고 동일한 주제를 가지고 여러 번 글을 쓰고 발표한 경험이 있어서 그런지 대부분의 학생들이 매우 충실한 결론을 완성했다. 다음은 학생4가 작성한 결론이다.[16]

---

15) 연세대학교출판부(2012: 80).

16) 학생4는 결론의 내용을 항목에 맞게 매우 충실하게 작성했다. 그러나 일부 자연스럽지 않은 한국어 문장이 있어 문장에 대해서만 피드백을 받았다. 여기에 제시하는 결론은 문장 피드백 이후의 수정된 글이다.

결론 항목	학생4의 결론
본론 요약	지금까지 현 대학 교육 체제의 문제점 및 대학에서 개별화 교육을 실행할 필요성과 방법에 대해 살펴보았다. 이상의 내용을 간략히 정리해 보면 다음과 같다. (…중략…)
연구 성과 및 한계	이처럼 본고에서는 현 대학 교육의 문제점을 분석하여 대학 개별화 교육 제도의 필요성을 뚜렷하게 밝혔고 그 실행 방안도 모색해 보았다. 그러나 교육사적 맥락 안에서의 개별화 교육 의미와 새로운 의의는 나중을 위한 연구 과제로 남겨 됐다. 이는 본고의 목적이 이 제도의 실현 방향성 수립에 더 맞추어져 있기 때문이기도 했다. 지역이나 학교 간의 교육 자원 불균등 문제, 개별화 교육 시행에 따른 예산 문제 역시 충분히 다루지 못했는데 개별화 교육의 부작용과 함께 이 같은 객관적 한계 조건에 대한 탐구 역시 좀 더 면밀히 이루어져야 할 것이다.
후속 과제 및 전망	그러므로 이어지는 연구에서는 대학에서 개별화 교육을 실현할 수 있도록, 더 많은 사전 조사와 데이터 수집이 필요할 것이다. 앞으로 학생의 미래와 대학, 더 나아가 전 사회의 발전을 이끌 수 있는 개별화 교육에 대한 논의가 더욱 활발하게 이루어지길 바란다.

교수자는 학생들이 작성한 결론의 구성과 내용을 피드백해 주고, 이후 완성된 보고서를 함께 검토하며 글 전체가 유기적으로 연결되고 있는지 확인한다. 또한 처음 계획한 의도와 주제에 맞게 작성됐는지, 학술적 보고서의 형식을 잘 지키고 있는지, 문법에 맞고 자연스러운 한국어 문장을 구사하고 있는지 등을 함께 살핀다. 학생들은 글쓰기의 전 단계를 충실히 밟아 왔고, 모든 과정을 교수자 및 동료 학습자들과 공유하며 피드백 받아 왔다. 따라서 일반적인 과제 작성과 달리 마지막 보고서 완성 기간에는 큰 부담을 느끼지 않았으며, 지금까지 준비해 온 내용을 종합하고 정리한다는 생각으로 보고서를 마무리 했다.

4. 수업의 효과와 탄력적 적용의 필요성

지금까지 한국어 교육 기관 내 학문 목적 한국어 학습자들을 대상으로 이들이 학술적 보고서 한 편을 완성하는 과정을 살펴봤다. 이들은 한 학기 동안 자신이 선택한 주제로 학술적 보고서를 계획하고 작성했으며, 글쓰기의 각 과정마다 자신의 결과물을 '작성된 글'과 '말하기 발표'를 통해 교수자 및 동료 학습자들과 공유했다. 이처럼 쓰기의 과정을 단계별로 나누고 쓰기와 그에 대한 발표를 교차로 진행하는 '교차적 쓰기·말하기 활동'은 다음과 같은 학습적 효과가 있었다.

첫째, 학생들은 글쓰기의 과정을 좀 더 명확하게 인지할 수 있었다. 교수자가 글쓰기 과제를 제시하고 마지막에 그 결과물만을 피드백 하는 것이 아니라 처음부터 끝까지 글쓰기의 각 과정을 안내하고 함께했기 때문에 학생들은 각 과정의 의미와 그 과정에서 해야 할 활동들을 충분히 이해하고 수행할 수 있었다. 단순히 글을 쓰는 활동만이 아니라 그 활동 전후에 자신의 활동 내용을 말하기 발표로 다시 한 번 정리하고 수행했기 때문에 그냥 일반적으로 글만 썼을 때보다 글쓰기의 과정과 절차에 대한 인식이 한층 분명해졌다.

둘째, 자신의 글에 대한 학생들의 필자 의식이 더욱 높아졌다. 많은 수의 외국인 학생들은 학술적인 글을, 그것도 한국어로 작성해야 한다는 사실에 매우 큰 부담을 느끼고 있다. 따라서 교수자가 제시하는 과제에 대해 자신이 필자로서 이 글을 주도하고 있다는 생각보다는 어떻게든 과제의 의도와 형식에 맞춰야 한다는 수동적인 자세를 취하곤 한다. 그러나 교차적 쓰기·말하기 활동을 반복하면서 학생들은 자신이 선택한 화제에 대한 어휘와 지식을 풍부히 넓혀 나갈 수 있었다. 그리고 같은 화제를 두고 여러 번, 다양한 방향에서 고민해 봄으로써 수업에 참여하는 그 누구보다 자신이 이 화제에 대해 잘 알고 있다는 자신감도 얻었다. 또한 발표를 하기 위해 수차례 연습하는 과정과 청중들 앞에서 자신이 준비한 내용을 직접 이야기하는 경험은 이 내용이 '자신의 것'이라는 확신도 심어줄 수 있었다. 모국어 학습자들이라면 쓰기 연습만으로도 충분할 수 있겠지만, 한국어로 학술적인 글쓰기를 연습하는 외국인 학습자들에게는 이 같은 교차적 말하기 발표가 자신감과 글 내용에 대한 장악력을 높여 주는 매우 효과적인 도구가 될 수 있는 것이다.

마지막 셋째는 이처럼 길고 지난한 쓰기 과정이 결국은 학생들의 쓰기 능력으로 전이될 수 있다는 점이다. 실제로 일부 학생들은 한 학기 동안 동일한 화제에 대해 반복적으로 쓰고 발표하는 활동에 부담감을 표하기도 했고, 다른 학생들에 비해 학술적 글쓰기의 경험이 부족했던 한 학생의 경우 매 과정마다 혼란과 어려움을 겪었다. 그러나 각 과정마다 쓰기와 말하기 발표를 연계하며 학생들 스스로 자신이 작성한 글과 자신이 내린 수사론적 선택에 대해 충분히 탐색할 수 있었고 실제 작성한 글뿐만 아니라 자기의 글쓰기 습관이나 문제점, 논리적 사고력 등에 대해서도 많은 것을 발견해 냈다. 때문에 단순히 이 학술적 보고서를 완성하는 것을 넘어 글쓰기 자체에 대한 지식과 자신에게 필요한 전략 등을 습득할 수 있었다. 실제로 학술적 보고서 쓰기와는 별도로 한 학기에 두 번 실시되는 작문 시험에서 거의 모든 학생들이 높은 점수를 받았으며, 처음 학기를 시작할 때에 비해 한국어로 글을 쓰는 것 자체에 큰 부담감이나 막막함을 느끼지는 않았다.

이처럼 학술적 글쓰기를 연습하기 위한 '교차적 쓰기·말하기 활동'은 실제 학생들의 글쓰기 실력을 높여 주고, 한국어로 학술적인 글을 쓰는 방법과 전략을 습득하게 해 준다는 이점이 있다. 그럼에도 불구하고 이 활동은 교수자가 처음부터 끝까지 모든 학생들의 결과물을 꼼꼼하게 피드백하고 서로 활발하게 의사소통할 수 있는 시간적·물리적 환경이 마련되어야 한다는 점에서 많은 제약을 안고 있다. 따라서 '교차적 쓰기·말하기 활동'의 기본 틀과 효과성은 담보하되 강의의 목표나 과제의 성격, 구성원들의 의지에 따라 그 구체적인 절차나 내용은 다양한 방식으로의 변용과 탄력적인 적용이 필요할 것이다.

작문 교육의 역사가 시작된 이후 지금까지 학술적인 글쓰기를 지도하기 위한 다양한 방법과 전략들이 제안되었고 실제로 여러 효과적인 교수법들이 교육 현장에서 활용되고 있다. 이 글에서 소개한 '교차적 쓰기·말하기 활동' 역시 이처럼 앞서 축적된 여러 연구들과 교수법의 성과에 기대어 이루어졌다. 따라서 앞으로도 이 교수법은 여러 연구 및 교육 현장에서의 경험들과 영향을 주고받으며 보완과 개선을 거듭할 것이다. 그러나 이 교수법 안에 담고자 했던, '학술적 글쓰기'라는 낯선 세계에 한 발 한 발 용기를 내어 다가서는 외국인 학습자들이 그들 자신의 목소리를 발견하고 필자로서의 자신감을 찾기를 바라는 교수자의 첫 마음과 지향만은 오래 남기를 바란다.

참고문헌

김성숙(2015), 「정보 기반 학술 담론 공동체의 전문 저자성 습득 양상에 대한 고찰」, 『현대문학의 연구』, 한국문학연구학회, 629~656쪽.

손혜숙(2017), 「읽기, 말하기, 쓰기를 연계한 통합적 의사소통 교육 방안 연구」, 『리터러시 연구』 19, 한국리터러시학회, 183~211쪽.

연세대학교 한국어학당(2012), 『대학 강의 수강을 위한 한국어 쓰기 고급』, 연세대학교 출판부.

이윤빈(2017), 「대학생의 학술적 글쓰기를 위한 전략 교육 방안: 쓰기 과정별 전략의 연계를 중심으로」, 『작문연구』 33, 한국작문학회, 117~154쪽.

정희모(2011), 「작문 이론의 구체성과 실천성: 작문 이론의 구체화와 교육적 접근에의 필요성」, 『한국어문교육』 10, 고려대학교 한국어문교육연구소, 289~310쪽.

최정순·윤지원(2012), 「연구 동향 분석을 통해 본 학문 목적 한국어교육 연구의 실태와 제언」, 『어문연구』 74, 어문연구학회, 131~156쪽.

홍성은(2013), 「일본 유토리 교육이 우리나라 교육과정에 주는 시사」, 서울교육대학교 석사논문.

Abas & Aziz(2016), "Exploring the Writing Process of Indonesian EFL Students: The Effectiveness of Think-Aloud Protocol", *Advances in Language and Literary Studies*, 7(2), pp. 171~178.

Kucan & Beck(1997), "Thinking Aloud and Reading Comprehension Research: Inquiry, Instruction, and Social Interaction", *Review of Educational Research*, 67(3), pp. 271~299.

연세대학교 한국어학당 홈페이지 '과정소개〉대학한국어과정'
https://www.yskli.com/hp/crse/crseIntro008.do?yskliMenuNo=crseIntro008
(2020.3.20 검색)

한국어 유학생의 학업 리터러시 향상을 위한 수업 모형[※]

: 듣기·쓰기 통합의 딕토콤프(dicto-comp)를 중심으로

민정호

1. 학업 리터러시를 고려한 수업 모형의 필요성

최근 '대학원 유학생'을 대상으로 한 글쓰기 분야 연구 경향은 '학술적 글쓰기'에 초점이 맞춰져 있다(민정호, 2019; 최주희, 2017; 이수정, 2017; 정다운, 2016). 대학원 유학생이 한국어 학습에서 제일 어려워하는 기능이 '쓰기'이며, 대학원에서 학술적 글쓰기는 학업 적응에 중요한 역할을 하기 때문이다. 실제 2018년 석사과정 유학생의 수를 살펴보면 21,429명으로 2017년 18,753명보다 상승했지만 전체 유학생 수에서의 비중은 15.2%에서 15.1%로 오히려 감소했다.[1] 어학연수로 한국에 온 유학생의 수가 2017년 35,737명에서 2018년 41,661명으로, 1.5%가 증가하고, 학사과정의 유학생도 2.3%가 증가한 것과 대조적인 결과이다.

※ 이 글은 민정호(2019), 「한국어 교육 전공 대학원 유학생을 위한 듣기·쓰기 중심의 수업 모형 연구: 학업 리터러시 향상을 위한 딕토콤프를 중심으로」(『사고와표현』 12(3), 한국사고와표현학회)를 수정·보완한 것이다.

1) 해당 내용은 교육부에서 공개한 2017년, 2018년 '국내 외국인 유학생 현황 정보'를 참고한 내용이다.

그런데 대학원 유학생을 대상으로 질적 연구를 진행한 민진영(2013)을 보면, '한국어'의 부족과 '논문 쓰기'의 어려움 이외에 '공동체에서의 부적응'에 대한 언급이 있다. 이 부적응의 구체적인 양상은 한국인 동료와의 협업, 교수와의 상담, 수업에서의 필기 등 다양한 맥락에서 요구되는 리터러시의 부족이 원인이 될 것이다. 이처럼 공동체에서의 부적응은 대학원 유학생에게 학업을 어렵게 만드는 원인이 될 것이다.

그래서 '읽고 쓰는 것'으로 대변되는 '학술적 글쓰기'만큼이나 '듣고 쓰는 것'으로 대변되는 '학업 리터러시' 역시 대학원 유학생들의 학업 적응에서 매우 중요하다. 왜냐하면 강의 중 필기, 토론 중 메모, 면담 중 필기 등의 '학업 리터러시'를 통해서 대학원 유학생들은 학술 담화공동체의 구성원들과 의사소통하며 적응할 수 있고, '학술적 글쓰기'에 대한 아이디어나 핵심 지식 등을 얻을 수 있기 때문이다. 민정호(2018)은 대학원 유학생 40명을 대상으로 국내·국외 대학교 졸업 여부를 조사했는데, 전체 40명 중에서 6명만이 국내 대학교를 졸업했고, 나머지 34명은 외국에서 대학교를 졸업한 후에 곧바로 한국으로 온 유학생이었다. 이는 두 가지를 암시하는데, 첫째는 본국에서 대학교를 졸업한 후에 바로 유학을 온 신입생들은 국내 대학교를 졸업한 유학생들과 달리 '한국어 학술적 글쓰기' 경험이 없다는 것이고, 둘째는 '학술적 글쓰기', 즉 학술적 리터러시뿐만 아니라 '학업 리터러시' 경험도 없다는 것이다. 현재 한국으로 유입되는 대학원 유학생들의 현실적인 문제는 '학술적 리터러시'와 '학업 리터러시' 모두 부족하다는 것이다. 이와 같은 상황에도 불구하고, 최근 연구의 초점은 지나치게 학위논문 중심의 '학술적 리터러시'에 있지 않은가 반성적으로 살펴볼 필요가 있을 것이다.

이와 같은 이유로 이 글은 학술적 글쓰기의 중요성을 인정하면서도, 한국으로 들어오는 대학원 유학생의 학습자 개별성을 고려할 때 '학업 리터러시'[2] 역시

---

[2] 학업 리터러시란 대학원 유학생이 학술 담화공동체에서 자주 접하게 되는 다양한 상황에서의 글쓰기 맥락의 총칭임을 밝힌다. 이는 'Academic'이 주는 '학위논문', '학술적 보고서' 등과 같은 전문 저자성을 가리키는 것이 아니라, 'Study'가 주는 '강의', '조별활동' 등에 주목한 것임을 밝힌다. 학업 리터러시의 특징은 2장에서 자세하게 다루도록 한다.

매우 중요하게 다뤄질 필요가 있다고 전제한다. 또한 이와 같은 이유로 '학업 리터러시'를 확보한 대학원 유학생이 학술 담화공동체에서의 학업 적응에 수월할 것이라고 판단했다. 그래서 이 글은 이 학술 담화공동체에서의 '학업 리터러시'의 개념과 특징을 간단하게 정리하고 이와 같은 글쓰기 상황에서의 '듣고 쓰는 능력'을 향상시킬 수 있는 '교수법(technique)'으로 '딕토콤프(dicto-comp)'를 제안한다. 이 딕토콤프를 학업 리터러시에 맞게 수정해서 듣기와 쓰기를 중심으로 수업 모형을 만들고, 대학원 교육과정에서 어떻게 적용할 수 있을지도 함께 살펴보도록 하겠다.

2. 학업 리터러시의 개념과 대학원 유학생의 학습자 개별성

2.1. 학업 리터러시의 개념

우선 듣기와 쓰기를 다루면서 '리터러시'라는 용어를 사용하는 이유부터 밝히겠다. Stubbs(1983)은 담화(discourse)와 텍스트(text)를 음성언어와 문자언어로 나눴다. 이는 텍스트를 문자언어로만 구성된 것으로 제한했기 때문인데, 뉴스처럼 음성언어와 문자언어가 혼합된 텍스트도 많다는 것을 고려하면 리터러시는 텍스트를 읽고 쓰는 것뿐만 아니라 텍스트를 '듣고 쓰는 것'에도 사용할 수 있게 된다. 리터러시는 문맹(illiterate)과 반대되는 개념으로 사회에서 읽고 쓰는 능력을 의미했고, 주로 그 대상이 성인이었다(정혜승, 2008: 150). 그렇지만 지금은 상황에 따른 맥락별, 혹은 세부적인 '기능적 리터러시'로 확장되었다. 이 글도 듣고 쓰는 능력을 기능적 리터러시로 전제하고 이 리터러시의 향상이 곧 학술 담화공동체의 적응을 도울 것이라고 예상하고 논의를 전개한다.

Enkvist(1987: 26)은 텍스트가 '상호작용 맥락(interactional contexts)'이나 '상황 맥락(situational contexts)'과 분리해서는 존재할 수 없다고 밝혔다. Ivanic(1998: 7)은 '학술적 기관(academic institutions)'에 처음 진입하는 신입생의 경우 '낯선 세계의 규칙을 발견(discover the rules of an unfamiliar world)'하게 된다고 지적한다.

여기서 '낯선 세계'는 '상황 맥락'이 될 것이고, '발견한 규칙'은 '상호작용 맥락'에서 요구되는 '의사소통 방법'을 말할 것이다. 결과적으로 기능적 리터러시에서 '기능'이란 학습자가 특정 공동체에서 마주하게 되는 '낯선 세계', 즉 의사소통 상황에서 '텍스트'로 상호작용하기 위해서 요구되는 '규칙'들을 의미할 것이다. 그렇다면 학술 담화공동체에서의 '기능적 리터러시'는 대학원 유학생이 '어떤 상황'에서 '누구'와 '텍스트'로 '어떻게' 의사소통 하는지를 고려해야 한다. 이와 같은 이유로 학업 리터러시를 기능적 리터러시로 전제하고 대학원 유학생이 학술 담화 공동체에서 학술적 활동을 하면서 마주하게 되는 '듣고 쓰는 상황'과 각 상황에서 상호작용할 때 요구되는 '의사소통 맥락'의 특징을 중심으로 학술 리터러시를 살펴보겠다.

대학원 유학생의 듣고 쓰는 상황을 정리할 때 제일 대표적인 상황으로는 '강의 중 필기' 상황이 있다. Freedman(1987: 98)은 학술적 글쓰기의 장르성 획득을 알아보기 위해서 실험을 실시했는데, 이때 강의 중 학습자가 작성한 '노트(Note)'도 보고서(Essay)와 같은 층위에서 분석 대상으로 포함시켰다. 이는 대학원에서 '필기'가 얼마나 중요한지를 나타낸다. 왜냐하면 대학원 수업에서 어느 정도 필기를 할 수 있느냐가 곧 어느 정도 학업적응을 할 수 있느냐를 결정하기 때문이다. 필기뿐만 아니라 한국인 동료와의 조별활동이나, 담당 교수와의 상담 등도 학업 적응에서 중요한 의사소통 상황이다. 최주희(2017: 170~171)은 지도교수, 심사위원, 동일 전공의 한국인 등을 학위논문 완성에 결정적 도움을 주는 조력자로 설정했다. 대학원 유학생에게 '학위논문'의 성공적인 완성은 제일 중요한 학업이라고 전제할 때, 이와 같은 조력자들의 도움을 분명하게 받으려면 대학원 유학생의 '듣고 쓰는 능력'의 향상은 필수적이다. 특히 이와 같은 '도움'은 대학원에서 수업을 듣고, 과제를 하는 학업 일상생활에서 빈번하게 나타나기 때문에, 이때 적절한 학업 리터러시를 갖추지 못한 대학원 유학생은 학업 적응에 어려움을 나타낼 가능성이 높다.

〈표 1〉 듣기·쓰기 중심의 학업 리터러시

	상황	누구	상호작용
학업 리터러시	강의−필기	강의 교수	강의 요약, 재구성, 학위논문 연결
	모둠−메모	모둠 동료	조별 업무, 조별 발표 준비
	상담−메모	지도 교수	학위논문 평가, 개선점, 일정

다만 대학원 유학생이 '필기(메모)'를 모국어로 하는 게 타당하지 않느냐는 반론이 있을 수 있다. 대학원 유학생이 모국어로 필기를 하는 것이 인지적 부담을 덜 수 있기 때문에 이와 같은 반론이 제기될 수 있을 것이다. 그렇지만 대학원 유학생은 한국의 학술 담화 공동체에서 '한국인 동료'와 함께 '의사소통'하면서 학업적응을 해야 한다. 학부 과정에서 필기는 유학생이 '혼자 복습'이나 '학습' 할 목적으로 필기를 하기 때문에 모국어 필기가 용인될 수 있었다. 그렇지만 대학원 과정에서 유학생은 해당 필기를 직접 한국인 동료나 지도교수 등에게 보여주면서 의사소통을 해야 한다. 이와 같은 이유로 학부 과정과 달리 대학원에서의 필기는 반드시 '한국어'를 지향해야 할 것이다.

2.2. 대학원 유학생의 학습자 개별성

민정호(2019b)는 '강의−필기', '모둠−메모', '상담−메모' 등의 학업 리터러시의 상황 중에서 '강의−필기'를 중심으로 연구를 진행했다. D대학교 국어국문학과 일반대학원에 재학 중인 유학생 30명을 대상으로 '필기 양상'을 살펴보고, 학업 리터러시에 대한 '인식 조사'를 실시했다. 이 절에서는 대학원 유학생의 '필기 양상'과 학업 리터러시에 대한 '인식 조사'를 실시한 민정호(2019b)의 내용을 요약하면서 대학원 유학생의 학습자 개별성을 분석해 보겠다.

우선 '필기 양상'과 '인식 조사'에 앞서 '기초정보'부터 살펴보면 25명(83.4%)이 외국에서 학사 과정을 마쳤고, 5명(16.6%)만이 국내에서 학사 과정을 마쳤다. 또한 한국어로 진행되는 수업을 들은 경험은 14명(53.3%)이 있다고 응답했고,

16명(53.3%)이 없다고 응답했다. 한국어로 필기를 했던 경험은 5명(16.6%)이 있다고 응답했고, 25명(83.4%)은 없다고 응답했다. 주목할 부분은 한국어 전공자들이 많아서 한국어로 진행되는 수업을 들은 학생들은 많았지만 실제 한국어로 필기를 경험한 학생은 매우 적었다는 것이다. 한국어로 필기를 한 경험이 있다고 응답한 5명은 모두 국내에서 학사 과정을 마친 학생들이었다. 이와 같은 양상은 대학원 유학생들에게 '학업 리터러시'가 형성되지 않았을 가능성을 높이는 결과이다.

대학원 유학생의 필기 양상은 '무필기형', '부분적 단답형', '단답형', '매개담화 필기형' 등 4가지로 나타났다. '무필기형(3명)'은 전혀 필기를 하지 않은 것이다. 필기를 하지 않은 것에 대해서 유학생들은 교수자가 말하는 핵심 내용을 이해하지 못했고, 그래서 쓰지 못했다고 대답했다. 이는 강의 상황에서 '듣기 능력'의 부족으로 필기를 하지 못했음을 나타낸다. '부분적 단답형(4명)'은 단답식으로 메모를 했지만 상관없는 내용을 단답식으로 적었고, 이로 인해서 교수자의 설명과도 관련성이 떨어졌다. 즉 이들은 필기를 하면서 '핵심 정보'를 놓치고, 정답과 관련된 단어만을 나열했다. '단답형(14명)'은 제일 많았는데, 정답 이외에 교수자가 제공한 설명은 따로 적지 않은 유형을 말한다. 이 유형의 유학생들은 필기를 '정답 찾기'로 인식하고 강의의 내용을 다른 수업의 과제나 자신의 학위논문으로 연결시키지 못했다. 마지막 '매개담화 필기형(7명)'은 1개 이상의 주제에서 정답뿐만 아니라 교수자의 추가적인 설명까지 적은 유형을 말한다. 이 유학생들은 정답과 연계된 추가적인 설명까지도 정확하게 듣고 필기를 했다. 다만 필기의 주제가 모두 3개였는데 이 3개를 모두 매개담화까지 함께 필기한 학생은 없었다. 여기서 2가지 공통점이 나타나는데, 첫째는 30명이 모두 모국어로 필기를 하지 않았다는 것이고, 둘째는 정도의 차이일 뿐 대학원 유학생의 학업 리터러시 능력이 낮았다는 것이다.

학업 리터러시에 대한 대학원 유학생의 인식은 리커트 척도(5점)로 진행되었는데 학사 과정을 국내에서 마친 유학생과 국외에서 마친 유학생으로 나눠서 결과를 종합하면 다음과 같다.

<표 2> 대학원 유학생의 학업 리터러시 인식 양상 결과

문항	국내	국외	평균
① 한국어로 강의를 들을 때 교수의 말을 어느 정도 이해합니까?	4.00	3.42	3.52
② 한국어로 강의를 들을 때 교수의 말을 듣고 '필기'하는 것이 어떻습니까?	3.75	3.00	3.13
③ 한국 친구들과 토론(토의)할 때 '메모'를 잘하는 편입니까?	3.75	3.00	3.13
④ 교수님과 상담을 할 때 들은 내용을 잘 이해합니까?	4.75	3.63	3.83
⑤ 교수님과 상담을 하고 중요한 내용을 잘 메모합니까?	4.25	3.37	3.52
⑥ 대학원 생활에서 한국어를 듣고 쓰는 것이 어떻습니까?	3.50	3.32	3.35
⑦ 대학원 생활에서 한국어를 듣고 쓰는 것이 중요하다고 생각합니까?	5.00	4.63	4.70

대학원 유학생들은 전체적으로는 강의 중 필기, 토론 중 메모 등을 어렵다고 인식하고 있었다. 특히 이런 경향은 국외에서 학사 과정을 마친 유학생들에게서 분명하게 나타났다. 국내에서 학사 과정을 마친 유학생들은 상담이나 메모 등에서 크게 어려움을 나타내지 않는 모습이었고, 무엇보다 학업 리터러시에 대해서 더 높은 인식을 나타냈다. 반면에 국외에서 학사 과정을 마친 유학생들은 필기 뿐만 아니라 듣기에서도 낮은 인식을 보였다. 여기서 고려해야 할 것은 국외에서 학사 과정을 마친 유학생이 25명으로 더 많았다는 사실이다. 이런 인식을 개선하기 위해서는 학업 리터러시를 향상시켜서 이에 대한 자신감을 확보하도록 유도할 필요가 있다. 지금까지 논의를 토대로 대학원 유학생의 학습자 개별성을 정리하면 다음과 같다.

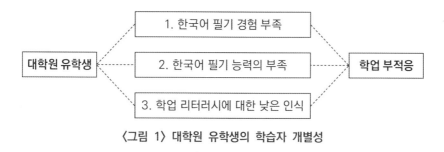

〈그림 1〉 대학원 유학생의 학습자 개별성

대학원 유학생은 국외에서 학사 과정을 마치고 대학원으로 입학을 해서 한국어로 진행되는 수업에서 한국어 필기 능력이 부족하다. 또한 대학원 유학생은 소수 학생을 제외하면 단답형 필기가 대부분이었고, 교수자가 전달하는 다양한 매개 담화들은 누락시켰다. 이는 학위논문이나 다른 글쓰기 맥락에서 활용할 수 있는 다양한 학술적 정보들을 놓치게 되는 결과를 낳는다. 마지막으로 대학원 유학생은 '듣고 쓰는 것'에 전반적으로 낮은 인식을 보였다. 특히 국외에서 학사 과정을 마친 유학생들이 더 낮은 인식을 보였는데, 대학원에 이와 같은 학습자 개별성을 가진 유학생이 편입된다면 '학업 부적응'을 경험할 가능성이 높아진다. 이를 해결하기 위해서 최소 대학원에 입학한 신입생에게는 학업 리터러시를 향상시키기 위한 교육적 장치가 필요할 것이다.

3. 딕토콤프와 듣기·쓰기 중심의 수업 모형

3.1. 학업 리터러시 향상을 위한 교수법, 딕토콤프

　　대학원 유학생은 한국어 필기 경험과 능력이 부족했고, 무엇보다 학업 리터러시의 중요성에 대해서는 높게 인식했지만 학업 리터러시를 어느 정도 갖추고 있냐는 질문에는 낮은 인식을 나타냈다. 실제로 대학원 유학생의 필기 양상은 교수자가 말하는 '정답'만을 단답식으로 적는 유형이 많았고, 이 정답을 풍부하게 이해하기 위해서 제공하는 매개담화까지는 필기하지 않는 모습이었다. 민정호(2019a: 330)는 대학원 유학생이 쓰게 되는 모든 학술 보고서가 '매개 도구'라고 지적했는데, 이는 학술 보고서가 학위논문을 성공적으로 완성하기 위한 경계 학습이 될 수 있다는 지적이다. 이와 같은 관점을 적용한다면 매개담화를 포함한 강의 중 필기의 내용 역시 성공적인 학술 보고서 작성을 위한 매개 도구가 될 수 있을 것이다. 그러니까 학업 리터러시의 확보는 학업 적응에 도움을 줄뿐만 아니라 학위논문의 경계 학습이 되는 학술적 글쓰기의 질적 제고에도 도움을 주는 것이다. 이 글은 이처럼 교수자의 이야기를 듣고, 이를 토대로 매개담화까지 포함한 재창조적인 필기를 하는 데 도움을 줄 수 있는 기법(technique)3)으로 '딕토콤프(Dicto-Comp)'를 제안한다. 왜냐하면 딕토콤프가 문법의 형태 학습을 위한 교수법이지만 내용의 재창조까지 고려하는 '의미 중심의 형태 교수법'이기 때문이다(김인규, 2009).

일반적으로 '딕토콤프'는 '경험적 기법(experience technique)'이다(Nation, 1990). 왜냐하면 '딕토콤프'가 '듣고 쓰는 것'이 강조되는 '과제'를 하기 앞서 학습자의 '인지적 부담'을 감소시켜 주고, 학습자를 준비하게 만드는 역할을 하기 때문이다(Nation, 1991: 14). 본래 '딕토콤프'를 최초로 고안한 Ilson(1962: 299)는 전통적인 '받아쓰기(dictation)'와 '작문(Composition)'만을 학습한 목표어 학습자가 교실과 같은 '통제된 상황(Situations so strictly contolled)'을 벗어나 '자유로운 의사소통(free conversation)' 상황에서 유창한 의사소통을 못 한다는 것을 문제로 지적한다. 그러니까 Ilson(1962: 299)는 통제된 의사소통 상황뿐만 아니라 실제적 의사소통 상황에 부합하는 방향으로 받아쓰기의 엄격함과 글쓰기의 자유로움을 결합한 새로운 교육적 기법으로 딕토콤프를 제안한 것이다. 이와 같은 특징을 갖는 딕토콤프는 통제적 성격과 자유로운 성격을 모두 가진 쓰기 중심의 듣기 교수법으로 실제 의사소통 상황에서 누군가의 말을 듣고 이를 자신만의 언어로 '재구성할 수 있는 능력'을 키우는 데 교육적 효과가 큰 교수법이다.

국내에서 딕토콤프를 다룬 연구들을 살펴보면 주로 Riley(1972)와 Kleinmann & Selekman(1980)의 딕토콤프 절차가 제일 많이 소개되었다. 관련 연구는 박선민(2018), 김민경(2012)가 있는데, 이 연구들은 딕토콤프를 중심으로 수업을 설계·적용한 후에 학습자의 듣기 능력과 쓰기 능력을 확인했고, 듣기와 쓰기 모두에서 효과가 있음을 입증했다. 다만 이 연구들은 딕토콤프의 효과성은 입증했지만 학습자의 의사소통 상황(Situation)이나, 학습자 개별성을 고려해서 딕토콤프의 절차를 변형한 수업 구성과는 다른 성격의 연구들이다. 이와 같은 이유로 이 글은 대학원 유학생의 학습자 개별성을 학업 리터러시의 부족으로 정의하고

---

3) Anthony(1963)은 접근법(approach)을 이론적 틀로, 방법(mothod)을 접근법을 체계적으로 방법화한 것으로, 기법(technique)을 교실 상황에서의 구체적 교수·학습 방법으로 정리했다.

대표적 의사소통 상황을 중심으로 수업 모형을 제안하려고 한다. 이때 수업 모형은 듣기와 쓰기를 통합한 딕토콤프를 중심으로 구성되는데, 대학원 유학생에게 제일 노출 빈도가 높고, 높은 학업 리터러시 능력이 요구되는 '강의 상황'을 중심으로 실제 예시까지 제시하도록 하겠다.

3.2. 듣기·쓰기 중심의 수업 모형

딕토콤프의 대표적인 수업 모형인 Kleinmann & Selekman(1980)은 최초 '글의 개요'를 교사가 설명하고 1차 듣기, 2, 3차 듣기까지 진행된 후에 재구성하기와 확인하기로 진행된다. 이 모형에서 1차와 2, 3차 듣기가 구분된 이유는 1차에서는 '듣기'만 하지만 '2, 3차'에서는 메모를 할 수 있도록 구성했기 때문이다. '재구성하기'에서는 들은 내용과 메모한 내용을 종합해서 원문을 새롭게 재구성하는 과정을 거치는데 이때 똑같이 만드는 것을 지양하고 학습자에게 친숙한 어휘나 표현 등으로 새롭게 재구성하는 것을 지향한다는 특징이 있다. 그런데 이 모형의 절차를 그대로 따라서 대학원 유학생에게 적용하기에는 문제가 있다. 예를 들어서 이 모형의 '글의 개요'를 보면 Kleinmann & Selekman(1980: 382)은 교사가 학습자에게 사용해야 하는 어휘와 통사적 혹은 수사적 단서부터 해당 듣기 대본의 내용과 개요까지 전부 학습자에게 제공하도록 한다. 그렇지만 일반적인 대학원 유학생의 강의 상황을 떠올려보면, 교수자가 해당 강의에서 사용할 어휘나 문법을 미리 유학생에게 알려주고 해당 어휘와 문법을 중심으로 사용해서 강의를 진행하는 상황을 가정하기 어렵다. 오히려 강의는 강의계획서에 따라서 교수자가 자유롭게 진행하고 어려운 어휘나 문법은 유학생이 혼자 해결하는 것이 일반적인 대학원 수업이 될 것이다. 그래서 본 논의에서는 전체적으로 듣고 쓰는 딕토콤프의 절차를 따르지만 수업 과정의 몇 단계는 수정할 필요성을 느꼈다.

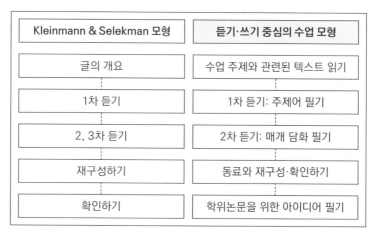

Kleinmann & Selekman 모형	듣기·쓰기 중심의 수업 모형
글의 개요	수업 주제와 관련된 텍스트 읽기
1차 듣기	1차 듣기: 주제어 필기
2, 3차 듣기	2차 듣기: 매개 담화 필기
재구성하기	동료와 재구성·확인하기
확인하기	학위논문을 위한 아이디어 필기

〈그림 2〉 Kleinmann & Selekman 모형과 듣기·쓰기 중심의 수업 모형 비교

우선 〈그림 2〉의 왼쪽은 Kleinmann & Selekman의 딕토콤프 모형이고, 오른쪽은 이 글에서 재구성한 '듣기·쓰기 중심의 수업 모형'이다. 이 모형에서는 '글의 개요'를 '수업 주제와 관련된 텍스트'를 제공해서 읽는 과정으로 바꿨다. 왜냐하면 듣기·쓰기 중심의 수업 모형은 듣기와 쓰기가 중심이 되는 교수법을 지향하지만 강의 상황에서 누락되면 안 되는 것이 '교재(Textbook)'이기 때문이다. 그러니까 대학원 유학생의 강의 상황을 고려하면 교수자의 말을 듣고 무언가를 이해할 때 교재는 반드시 포함되어야 한다. 이는 강의 상황의 '실제성(Authenticity)'을 고려한 조치이다. Bastiaens & Martens(2005: 517)는 '자원(Materials)'의 실제성을 학습 활동 과정에서 사용되는 교육 자료나 매체가 얼마나 실제적인가로 설명했다. 실제 강의 상황을 생각해 보면 대학원 유학생은 교수자가 사용하는 '교재(자료)'와 그 교재에 대한 내용을 말로 설명하는 교수자의 '담화', 그리고 이를 '듣고 쓰는' 대학원 유학생의 '필기'를 떠올릴 수 있다. 그래서 Kleinmann & Selekman 모형의 '글의 개요'처럼 문법이나 어휘를 미리 알려주는 역할이 아니라 강의 상황에서 '교재(자료)'의 역할을 하는 텍스트를 제공하는 것이 대학원 유학생의 학습자 개별성에 부합한다고 판단했다.

듣기·쓰기 중심의 수업 모형에서 '듣기'도 1차와 2차로만 나눴다. 강의 상황에서 교수자가 담화를 반복할 수 있기 때문에 이를 고려한 수정이다. 다만 이 모형에서는

1차부터 필기가 가능하도록 했다. 특히 1차 듣기에서의 필기는 딕토콤프 절차에서 2, 3차 듣기에서 하던 필기와 유사한 성격의 '단답형 필기'를 하도록 구성했다. '주제어'나 '중요한 내용' 등을 간단하게 필기하도록 구성한 것이다. 반면 2차 듣기에서는 '관련 내용 필기'를 하도록 했는데, 이를 설명하기 위해서는 1차 듣기 내용과 2차 듣기 내용을 먼저 설명할 필요가 있겠다. Kleinmann & Selekman의 딕토콤프 모형에서는 1차 듣기와 2, 3차 '듣기 내용'이 똑같은 내용이었다. 그렇지만 이 글에서의 모형은 1차 듣기는 중요 내용이 포함된 '앞부분'을 먼저 들려주고, 2차 듣기에서 앞부분을 포함해서 전체 내용을 모두 들려주는데, 여기에는 앞부분에서 제시된 주제어와 관련된 내용이 포함되어 있다. 2차 듣기에서는 1차 듣기의 내용과 2차 듣기 내용을 연결하기 위한 '기준'을 학습자가 찾고 이를 기준으로 관련 담화에 대한 '요약하기'가 필기의 중심이 된다.

듣기·쓰기 중심의 수업 모형의 '재구성·확인하기'는 딕토콤프 모형의 '재구성하기'와 '확인하기'를 결합한 것인데, 이 과정에서 제일 중요한 것은 '정보차 활동'이다. 그래서 '주제어', '연결을 위한 기준', '요약의 내용' 등을 다른 학습자들이 필기한 내용과 비교하면서 채워나가는 과정이다. 여기서 Kleinmann & Selekman의 딕토콤프 모형과의 결정적 차이는 '아이디어 필기'이다. '아이디어 필기'는 대학원 유학생이 학위논문과 관련해서 자신이 관심을 갖고 있는 분야와 관련된 것을 찾고, 이 내용을 학위논문에 사용할 수 있도록 관련 내용을 함께 필기하는 것이다. '아이디어 필기'를 추가한 이유는 대학원 유학생에게 학위논문이 중요하기 때문이다. Wardle(2009: 776)는 실제 글쓰기 맥락을 강조하면서 '경계학습(boundary)'에 대해서 언급했다. 민정호(2019: 330)는 성공적인 학위논문의 완성을 위해서 학기마다 부과되는 '학술 보고서'가 매개 도구, 즉 학위논문의 경계학습이 되어야 한다고 지적했다. 그런데 학술 보고서가 학위논문의 경계학습이 되기 위해서는 학술 보고서의 수준도 함께 고려되어야 한다. 이를 위해서는 수업 중 교수자가 설명하는 다양한 전공 관련 담화를 충실하게 필기해서 아이디어를 '발견'하고 학술 보고서, 학위논문에 반영해야 한다. 이렇게 정리하면 '아이디어 필기'가 지속적으로 반복된다면 학술 보고서와 학위논문을 위한 경계학습으로의 역할을 할 수 있을 것이다.

3.3. 듣기·쓰기 중심 수업 모형의 실제

이 글에서 구성한 듣기·쓰기 중심의 수업 모형은 학업 리터러시를 중심으로 구성된 수업이다. 이는 앞서 언급했듯이 한국어 필기 경험이 적은 신입생을 대상으로 고안된 것이다. 그러므로 이 모형은 보통 대학원에 입학한 1학기 학생들이 주로 듣는 '선수강 과목'에서 적용될 수 있을 것이다. 교육과정 상 선수강 과목은 1학기나 2학기에 배정되지만, 개설 시기를 떠나서 보통 대학원에 새로 입학한 대학원 학생들이 주로 듣는다. 새로운 학술 담화공동체에 들어온 신입생들이 선수강을 통해서 '학업 리터러시'를 학습할 수 있다면 이들의 학업 적응에 큰 도움이 될 것이다. 전체 15주 과정에서 이 모형은 1주차나 2주차에 적용이 가능할 것이다. 보통 1주차에 오리엔테이션을 한다고 하면 2주차에 적용이 가능하고 그렇지 않다면 1주차부터 적용할 수 있을 것이다. 또한 학습자가 신입생이라고 전제한다면 3주차부터 15주차까지의 강의는 '듣고 쓰는 것' 중심으로 진행될 필요가 있다. 최소한 선수강 과목에서만큼은 과도한 조별활동이나 학습자 개인의 발표수업은 지양하고 대학원 유학생들의 학업 적응을 위해서 듣고 쓰는 리터러시가 형성·안착될 수 있도록 안내하기 위함이다. 이와 같은 내용을 정리하면 아래 그림과 같다.

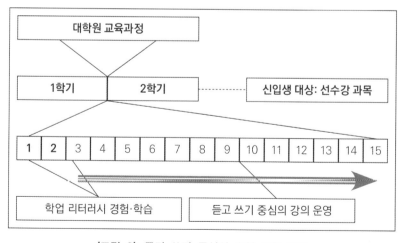

〈그림 3〉 듣기·쓰기 중심의 수업 모형 적용

듣기·쓰기 중심의 수업 모형을 '선수강 과목'에서 적용하도록 제안한 이유는 학습자 개별성 때문이다. 학업 리터러시에 대해서 '친연성(affinity)'이 형성되어야 대학원에서의 학업 적응이 수월하기 때문이다. 대학교를 국내에서 졸업한 유학생이 많지 않기 때문에 신입생 입장에서 '선수강' 강의에서 학술 담화공동체에서의 학업 적응을 위한 태도 형성과 기술 습득에 주안점을 두는 것은 타당할 것이다. 그렇다면 대학원 교육과정의 선수강 과목에서 활용될 수 있는 듣기·쓰기 중심의 수업 모형이 실제로 어떻게 운영될 수 있는지를 살펴보려고 한다. 먼저 이 글에서 제안한 대학원 유학생을 위한 듣기·쓰기 중심의 수업 모형을 정리하면 아래 〈그림 4〉와 같다.

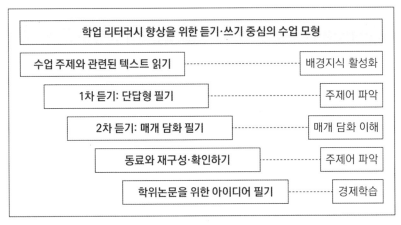

〈그림 4〉 학업 리터러시 향상을 위한 듣기·쓰기 중심의 수업 모형

가장 먼저 '수업 주제와 관련된 텍스트'는 대학원 유학생에게 '교재(자료)'와 같은 역할을 할 수 있는 텍스트를 제공해 주고 먼저 읽도록 하는 것이다. 이는 수업에서 다룰 내용이 무엇인지 소개하고, 이에 대한 배경지식을 학습자가 떠올리도록 하기 위함이다. 이 '배경지식 활성화'도 실제 강의 상황을 고려해서 구성한 것이다. 예를 들어서 '재외동포 한국어 교육의 중심 기관'에 대해서 수업을 진행한다고 전제하면 다음과 같은 읽기 자료가 필요할 것이다.

2016년 7월 12일 국무회의에서 다뤄진 「해외 한국어교육 지원체계 개선 세부 실행방안」에서는 '세종학당'을 중심으로 한국어 교육의 브랜드를 통합한다고 되어 있다. 민간자생단체를 중심으로 운영되는 '한글학교'의 특성을 고려해서 세종학당으로 전환을 원하는 경우에만 심사를 거쳐 전환할 수 있도록 돕는다는 것이 핵심내용이다. 그런데 이렇게 한글학교가 세종학당으로 브랜드가 통합될 경우 '언어교육'은 큰 문제없이 '세종학당'으로 옮겨갈 수 있겠지만, '한글학교'가 담당하는 '민족정체성교육'은 비교적 약화될 가능성이 높다. 한글학교는 세종학당의 '한국어 세계화'와는 별개로 전 세계 거의 모든 지역에 분포하고 열악한 교육 환경 속에서도 재외동포들에게 민족정체성교육을 제공해 왔었다. 따라서 세종학당으로 브랜드 통합을 원하지 않는 한글학교는 학습자를 '재외동포'로 한정하고, '민족정체성교육'이 '언어교육'과 함께 지속적으로 운영될 수 있도록 해야 할 것이다.

〈그림 5〉 배경지식 활성화를 위한 텍스트 예시

〈그림 5〉[4]의 텍스트는 '한글학교'와 '세종학당'에 대한 내용을 담고 있다. 위 텍스트는 대학원 교재로 사용될 텍스트 수준을 고려하여 학술 논문을 편집·재구성한 것이다. 대학원 유학생들은 이 텍스트를 읽으면서 한글학교, 세종학당 등의 주제어와 해당 기관의 차이에 대해서 인지하게 된다. 이는 명시적으로 단어와 문법, 그리고 듣기 내용을 개요로 제시하는 Kleinmann & Selekman의 딕토콤프 모형과는 다르다. 앞서 언급했듯이 대학원 유학생의 강의 상황에서 단어와 문법을 '명시적으로' 먼저 제시하는 경우가 없기 때문이다. 〈그림 4〉처럼 '암시적으로' 대학원 유학생들이 텍스트를 읽으면서 듣기 내용을 인식·예측하는 것이 강의 상황에서 듣고 쓰는 리터러시 형성에 더 도움이 될 것이다.

---

4) 민정호·전한성(2016: 281)의 내용을 요약·정리하여 텍스트로 구성하였다.

1. 재외동포와 재외국민을 위한 한국어 교육기관에는 우선 한글학교가 있다. 한글학교는 110개국에 2,111개 기관이 있는데, 재외국민이나 재외동포들에게 한국어와 한국문화를 가르친다. 보통 주말학교 형태로 토요일과 일요일에 2시간에서 6시간으로 운영되는데, 학교라고 하지만 비정규학교로 학력을 인정받지 못한다. 별도의 교재와 교육과정을 제공하는데, 외교부 재외동포재단에서 담당한다.

2. 한글학교 이외에 재외동포와 재외국민을 위한 한국어 교육기관에는 한국학교와 한국교육원이 있다. 한국학교는 15개국 30개교, 한국교육원은 14개국 34개원 정도가 있다. 한국학교는 초·중·고등학교 대상의 재외국민이나 동포에게 초·중등교육법에 의거해서 교육과정을 운영한다. 반면 한국교육원은 재외국민이나 현지인에게 한국어·한국사·한국문화 등을 가르친다. 한국학교는 정규학교이지만 한국교육원은 교육행정기관이라서 학력을 인정받지 못한다. 한국학교와 한국교육원은 한글학교와 달리 교육부 소속이고, 교재 등을 지원받는다.

〈그림 6〉 1, 2차 듣기 내용 예시

〈그림 6〉[5]은 1차와 2차 듣기에서 사용할 듣기 내용 예시이다. 앞서 제공된 읽기 텍스트가 현재 한글학교와 세종학당에 대한 이슈 중심의 내용을 담고 있었다면 1, 2차 듣기 내용은 한글학교를 중심으로 다루고, 한글학교와 차별점을 갖는 다른 한국어 교육기관을 설명하는 내용을 포함되어 있다. 실제 이 듣기 내용은 한국어 예비 교사를 위해 개발된 교재에서 가져온 것인데, 이 교재는 실제 D대학교 대학원 선수강 강의 교재로 사용되고 있다. 이 역시 실제성을 고려한 선택임을 밝힌다. 1번 단락은 1차 듣기에서 듣는 내용이고, 2번 단락은 2차 듣기에서 듣는 내용이다. 대학원 유학생은 1차 듣기를 듣고 '한글학교'가 주제어임을 인지하고 이 기관에 대한 필기를 한다. 1번과 2번을 함께 듣는 2차 듣기에서는 '한글학교'와의 공통점, 차이점 등을 기준으로 '재외동포와 재외국민을 위한 한국어 교육기관'과 관련된 내용을 필기하게 된다. 이때 딕토콤프는

---

5) 한국어문학연구소·국어교육연구소·언어교육원(2014: 22)의 내용을 요약·정리하여 텍스트로 구성하였다.

별도의 필기 자료를 제공하지만 이 수업 모형에서는 대학원 유학생의 강의 상황을 고려해서 개인 노트에 필기하는 것으로 한다. 이때 강조가 되는 것이 바로 '요약하기'이다. 서혁(1994: 121)는 '요약하기'를 텍스트의 중심 내용을 간략히 옮기는 것으로 정의한다. 다만 '요약하기'는 보통 읽고 쓰는 전략으로 사용되지만(나은미, 2009), 강의 중에 교수자의 말을 전부 복사할 수 없다는 전제에서 강의 필기 역시 '요약하기'가 중요하게 고려되어야 한다. 즉 1차와 2차 듣기에서의 필기는 무도 내용을 요약해서 쓰는 것을 말한다.

이 활동을 진행한 후에 교사는 조별 활동을 구성하고 대학원 유학생끼리 텍스트를 확인하고 재구성하도록 한다. 텍스트를 확인할 때는 조 구성원이 요약한 내용이 다르거나 틀린 경우를 중심으로 서로 확인한다. 그리고 유학생끼리 확인이 끝나면 교사가 한 번 더 듣기 대본을 읽어주는데 이때는 새롭게 필기를 하는 것이 아니라 요약된 텍스트의 내용을 확인하는 것에만 집중한다. 그리고 최종적으로 필요한 내용을 보충하고 내용을 정리하는데, 이때 마지막으로 '아이디어 필기'를 하게 된다. 아이디어 필기는 별도의 활동지에 진행되는 글쓰기가 아니라, 유학생이 최종적으로 완성한 필기 옆에 '다른 색깔 펜'으로 추가 필기를 진행하는 것이다. 이 필기는 학위논문, 혹은 다른 수업에서 제출해야 하는 학술 보고서 등에 활용할 수 있는 방법 등을 전략적으로 필기하는 것이다.

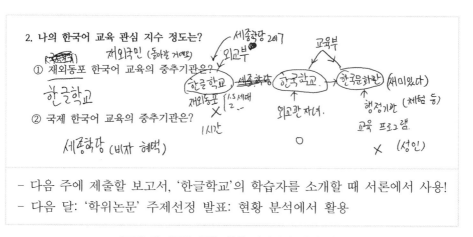

〈그림 7〉 학위논문을 위한 아이디어 필기 예시

한국어로 필기를 경험한 적이 없는 대학원 유학생에게 학위논문까지 고려한 이러한 필기 연습은 강의에서 중요한 정보를 확보하도록 돕고, 필기로 누적된 정보들을 향후 학술 보고서나, 학위논문에서 사용할 수 있도록 도울 수 있다. 그리고 이렇게 강의 중 필기까지도 학위논문으로 연결시킬 수 있어야 이 글에서 제안한 수업 모형이 매개학습의 차원에서 유의미한 교수·학습 기법으로 실제 교육 현장에서 적용·활용될 수 있을 것이다.

4. 학업 리터러시의 중요성과 수업 모형의 의의

리터러시란 학습자의 의사소통 상황을 전제로 요구되는 언어능력을 가리키는데, 대학원 유학생은 강의 상황, 조별 활동 상황, 면담 상황 등 다양한 '학업 상황'에서 이해하고 표현하기 위한 언어능력이 필요하다. 그래서 대학원 유학생들이 구성원들과 의사소통하면서 학술 담화공동체에 자연스럽게 편입될 수 있으려면 강의 상황에서 교수자, 조별 활동에서 한국인 동료, 면담 상황에서 지도 교수 등 여러 조력자들의 담화를 정확하게 듣고 쓰는 것이 요구된다. 민정호(2019b)의 학업 리터러시 실태를 확인한 결과 대학원 유학생들은 한국어 필기 경험이 적었고, 교수자의 다양한 매개 담화를 필기하지 못했으며, 듣고 쓰는 것이 학술 담화공동체에서 중요하다는 것은 인식하고 있었지만 실제로는 자신감이 없는 모습이었다.

이와 같은 문제를 해결하기 위해서 딕토콤프를 중심으로 학업 리터러시 향상을 위한 수업 모형을 제안했다. 다만 딕토콤프는 목표어를 학습하는 일반 목적 학습자를 위해 개발된 기법이기 때문에 이를 동일하게 대학원 유학생에게 적용시킬 수 없었다. 그래서 대학원 유학생의 '강의 상황'을 중심으로 딕토콤프를 재해석해서 '수업 주제와 관련된 텍스트 읽기', '1차 듣기: 주제어 중심 필기', '2차 듣기: 매개담화까지 필기', '정보차 활동을 통한 재구성·확인하기', '학위논문을 위한 아이디어 필기' 등을 중심으로 모형을 새롭게 재구성했다. 그리고 실제 대학원 교육과정에서 이 모형의 적용 가능성을 탐색하고, 실제 수업 설계 예시를 제시했다.

이 모형은 읽고 쓰는 '학술적 리터러시'뿐만 아니라 듣고 쓰는 '학업 리터러시'에 주목하고 대학원의 강의 상황을 실제성 있게 고려해서 듣기·쓰기 중심의 수업을 설계·개발했다는 점에서 의의가 있다. 또한 이 수업의 적용 가능성을 '선수강 과목'에서 찾고 대학원 신입생들의 학업 적응과 성공적인 학위논문의 완성에 도움을 주는 방향으로 수업을 구성했다는 차원에서도 의의가 있을 것이다. 향후 대학원 유학생의 학업 적응을 돕는 다양한 연구들과 수업모형이 개발되어서 대학원 유학생의 저자성 향상과 학술 담화공동체에서의 기능적 리터러시 향상에 도움을 줄 수 있기를 바란다.

참고문헌

김민경(2013), 「딕토콤프(Dicto-comp)가 한국어 학습자의 쓰기 능력과 듣기 능력에 미치는 효과 연구」, 고려대학교 석사논문.

김인규(2009), 「학문 목적을 위한 한국어교육에서 '듣고 받아 적어 재구성하기(dictogloss)' 적용 방안 연구」, 『새국어교육』 82, 한국국어교육학회, 51~72쪽.

나은미(2009), 「대학에서 학문 활동을 위한 글쓰기 교육의 한 방안: 요약문 쓰기를 중심으로」, 『한국어학』 44, 한국어학회, 147~175쪽.

민정호(2018), 「학문 목적 한국어 쓰기에서의 담화종합 수준별 저자성 분석: 대학원 유학생의 계획하기와 수정하기를 중심으로」, 동국대학교 박사논문.

민정호(2019a), 「학술적 글쓰기에서 대학원 유학생의 저자성 개념과 교육원리의 방향 탐색」, 『리터러시 연구』 27, 한국리터러시학회, 313~341쪽.

민정호(2019b), 「한국어 교육 전공 대학원 유학생을 위한 듣기·쓰기 중심의 수업 모형 연구: 학업 리터러시 향상을 위한 딕토콤프를 중심으로」, 『사고와표현』 12(3), 한국사고와표현학회, 219~250쪽.

민정호·전한성(2016), 「지역 맞춤형 융합 한국어 수업 설계 방안 연구」, 『우리말교육 현장연구』 19, 우리말교육현장학회, 279~308쪽.

민진영(2013), 「외국인 유학생의 대학원 학업 적응에 관한 내러티브 탐구」, 연세대학교 박사논문.

박선민(2018), 「한국어 중급 학습자의 딕토콤프활동 양상 및 효과 연구: 듣기와 쓰기 능력을 중심으로」, 숙명여자대학교 석사논문.

서혁(1994), 「요약 능력과 요약 규칙」, 『국어교육학연구』 4, 국어교육학회, 113~142쪽.

이수정(2017), 「내용 지식의 강화와 통합을 위한 한국어 쓰기 교육 연구: 외국인 유학생의 학술 보고서 쓰기를 중심으로」, 한국외국어대학교 박사논문.

정다운(2016), 「외국인 대학원생을 위한 한국어 학위논문 서론 담화표지 교육 연구」, 『어문론집』 68, 중앙어문학회, 391~422쪽.

정혜승(2008), 「문식성(literacy) 교육의 쟁점 탐구」, 『교육과정평가연구』 11(1), 한국 교육과정평가원, 161~185쪽.

최주희(2017), 「외국인 유학생의 한국어 학위 논문 작성 과정 연구: 참조 모델 활용과 조력자와의 상호작용을 중심으로」, 서울대학교 박사논문.

한국어문학연구소·국어교육연구소·언어교육원(2014), 『한국어교육의 이론과 실제 2』, 아카넷.

Anthony, Edward(1963), "Approach, method and technique", *ELT Journal*, 17, pp. 63~67.

Bastiaens, Th. J., & Martens, R.(2005), "The surplus value of an authentic learning environment", *Computers in Human Behavior*, 21, pp. 509~521.

Enkvist, Nils, Erick(1987), "Text Linguistics for the Applier: An Orientation", Connor & Kaplan(eds.), Addison-wesley publishing company, Massachusetts.

Freedman, Aviva(1987), "Learning to Write Again: Discipline-Specific Writing at University", *Carleton papers in applied language studies*, 4, pp. 95~116

Ivanic, Roz(1998), *Writing and identity: The discoursal construction of identity in academic writing*, John Benjamins, Amsterdam.

Ilson, Robert(1962), "The dicto-comp: A specialized technique for controlling speech and writing in language learning", *Language Learning*, 12(4), pp. 299~301.

kleinmann, Howard H., & Selekman, Howard R.(1980), "The Dicto-comp Revisited", *Foreign Language Annals*, 13(5), pp. 379~383.

Nation, Paul(1990), *A system of tasks of language learning*, Sarinee Anivan(ed.), SEAMEO Reginal Language Centre, Singapore.

Nation, Paul(1991), "Dictation, Dicto-comp, and Related Techniques", *English Teaching Forum*, 29(4), pp. 12~14.

Riley, P., M.(1972), "The Dicto-comp", *English Teaching Forum*, 10(1), pp. 21~23.

Stubbs, Michael(1983), *Discourse Analysis: the Sociolinguistic Analysis of Natural Language*, University of Chicago Press, Chicago.

Wardle, Elizabeth(2009), "'Mutt Genres' and Goal of FYC: Can We Help Students Write the Genres of the University?", *College Composiotion and Communition*, 60(4), pp. 765~789.

제4부 디지털 매체를 활용한 쓰기 지도

멀티리터러시(Multiliteracy) 향상을 위한 쓰기 교육 방법※

공성수

1. 매체 환경의 변화와 멀티리터러시

전통적인 '문(文)'의 텍스트들은 보통 '문서(文書)'나 '책(冊)'의 형태로 만들어졌다. 특히 이 과정에서 종이는 핵심적인 역할을 담당했다. 오랜 동안, 종이는 문자를 구체화하는 가장 중요한 질료였으며, 지식을 전달하는 데 필요한 저장매체로 활용되었다. 물론 인쇄기술의 발달은 종이매체의 융성(隆盛)을 효과적으로 뒷받침했다. 활자는 인간이 이용할 수 있는 지식의 양을 기하급수적으로 늘렸을 뿐만 아니라, 근대라고 하는 새로운 시대에 적합한 생각의 방식도 함께 창조했다(McLuhan, 1997; 임상원 역, 2001)).

───────────────

※ 이 글의 1~3장은 대학작문에 발표했던 기존의 논문(공성수·김경수, 2017)을 수정 보완하여 재수록한 글이다. 멀티리터러시 향상을 위한 쓰기 교육을 기획하는 데 있어서, 교육의 목표와 내용을 확인하는 일이 중요하다는 생각에 굳이 이 부분을 다시 싣기로 했다. 다만, 이를 바탕으로 4장에서 고안한 수업모형은 완전히 새롭게 다시 쓴 내용이라는 점도 함께 밝힌다. 요컨대 이 글은, 기존의 논문을 통해 탐색했던 교육의 목표를 구체적인 수업모형으로 실현해본 글이라 할 수 있다. 아울러, 논문이 나오기까지 교신저자로 많은 부분에서 지도해주시고 또한 글쓰기 교육에 관한 중요한 영감을 주셨던 김경수 교수님께도 깊은 감사의 말씀을 올린다.

흥미로운 사실은, 문자를 기반으로 하는 이 같은 매체 환경이 읽기와 쓰기라고 하는 인간의 언어적 소통 방식에도 지대한 영향을 미치고 있다는 점이다. 가령, 보통 글을 읽을 때, 우리는 문서의 맨 첫 글자로부터 시작해 마지막 글자를 향하는 선형적인 경로를 따르는 전략을 취한다. 그런데 이러한 독서의 방식은, 앞선 내용을 읽기 전에는 결코 뒤의 내용을 만날 수 없는 문자 텍스트의 선형적 성격, 그리고 분명한 물리적 부피를 가지고 존재하는 종이 매체의 성격과 무관하지 않다. 게다가 이러한 양상은 쓰기의 과정에서도 유사하게 발견된다. 텍스트를 생산하는 일반적인 방식은 '기-서-결'의 순행적 격자(格子) 안에 사건이나 내용을 배열하는 것이지만, 사실 이러한 글쓰기의 전략이 종이 위에 글을 쓰는 과정에서 고안할 수 있는 가장 수월한 쓰기의 방식이라는 점에 주목해볼 필요가 있다. 요컨대, 종이매체 기반의 문자언어 환경은 "오랜 세월에 걸쳐 인간의 몸에 밴 습관이면서 동시에 사람들의 읽기와 쓰기, 심지어 사유의 방식까지 결정한 근본적인 요인"이었던 셈이다(Walter J., 1982; 이기우 역, 1995).

문제는, 매체 환경의 급격한 변화가 전통적인 쓰기와 읽기의 방식에도 변화를 가져오고 있다는 사실이다. 이미지나 영상 중심의 텍스트가 정보를 전달하는 방식은, 문자 텍스트와는 전혀 다르다. 선형적인 시간의 질서 속에서 내용을 전달하는 문자 텍스트와 달리, 이미지 중심의 텍스트는 시간과 공간을 하나의 평면에 펼쳐놓고, 그 안에 사건의 정보를 입체적으로 배열하기 때문이다. 더나아가, 화면의 편집이 자유로운 동영상 텍스트의 경우라면, 기존의 질서를 아예 해체하고 작가가 원하는 방식으로 새로운 시공간을 조직할 수도 있다.

따라서 이런 다양한 매체를 활용하는 글쓰기의 모습도 전과는 달라질 수밖에 없다. 예를 들어, 다매체 시대의 글쓰기에서 편집이나 퇴고의 작업은 결코 어려운 일이 아니다. 다양한 종류의 자료를 수집하고 활용하는 일도 전보다 훨씬 더 수월해지고, 처음-중간-끝이라는 쓰기의 보편적인 과정에서 자유로워질 수도 있다. 어디서부터 어떻게 글쓰기를 시작해도, 얼마든지 그것들을 자유롭게 조립할 수 있기 때문이다. 글을 쓰는 사람에게, 무(無)에서 유(有)를 창조하는 비범한 재능보다, 수많은 매체와 자료들 속에서 새로운 의미를 발견해낼 수 있는 성실한 혜안(慧眼)이 점점 더 중요해지는 까닭도 이러한 이유에서 비롯된다.

다매체 텍스트를 읽는(보는) 방법 또한, 문자만으로 이뤄진 텍스트를 읽는 것과는 다르다. 자료의 검색이 수월한 디지털 매체를 읽을 때에는 필요한 내용만 골라서 텍스트를 읽어나갈 수 있다. 만약 어떤 독자가 그림이나 사진 같은 시각 매체가 포함된 글을 읽게 된다면, 그들은 화면 전체에 산포된 정보들을 자기가 원하는 순서로 읽어갈 수도 있다. 매체의 다양성이 증가하고 매체의 활용 기술이 발전하면서, 글을 읽고 쓰는 방식에 명백한 변화가 생겨나는 것이다.

그러므로 쓰기나 읽기와 관련된 이러한 변화하는 모습은 근대적 매체를 중심으로 이뤄졌던 세계(관)의 변화를 암시하는 것처럼 보이기도 한다. 문자를 중심으로 기획된 제도가 근대적 '문(文)' 세계의 핵심 원리였다면, 탈근대로의 전환 과정에서 문자의 권위는 낮아지고 매체의 중심은 다양하게 분산되었기 때문이다. 실제로 수많은 웹페이지들에서는 문자는 이미지와 함께 공존하며, 때로 영상이나 소리가 훨씬 더 지배적인 매체로 여겨지기도 한다.

이런 맥락에서 본다면, '멀티리터러시(multiliteracy)' 혹은 '멀티모덜 리터러시(multimodal literacy)'라고 하는, 다매체 상황에서 학습자의 언어적 감수성과 문식성 문제가 쓰기와 읽기 교육의 중요한 화두로 부각되는 일은 자연스럽다. 변화한 매체 환경에 부응하기 위해서 기존의 글쓰기 교육 전략에도 과감한 수정이 필요해진 것이다.

2. 멀티리터러시 향상을 돕는 쓰기 교육의 장점

Cope과 Kalantzis(2000)에 의하면, '멀티리터러시(multiliteracy)'는 크게 두 가지 측면, ① 커뮤니케이션 매체와 양식의 다변화라는 국면과 ② 문화적이고 언어적인 다양성의 증가라는 국면에서 교육학적인 의미를 지닌다. 먼저 매체의 다변화라는 측면에서 본다면 멀티리터러시는, 단일한 매체 언어로 구성된 텍스트를 이해하는 전통적인 리터러시(mere literacy)를 넘어서, 보다 확장된 언어 재현의 양상에 주목하는 경향과 관련된다. 이 경우, 멀티리터러시 교육은 학생들로

하여금 변화한 매체 환경에서 만나게 되는 복합매체 텍스트를 정확하게 이해할 수 있도록 문식능력을 길러주는 데 그 목표를 두게 된다. 한편 문화적인 측면에서 멀티리터러시를 이해할 때, 그것은 지역문화의 다양성과 보편적인 세계문화가 동시에 공존하는 현실에서, 세계의 본질을 이해하고 타자의 차이를 수용할 수 있는 개방적인 태도를 의미하기도 한다. 그러므로 이런 관점에서 멀티리터러시 교육의 목표는 단순한 매체(media) 차원의 문식력 향상 보다는 국적, 성별, 직업, 문화에 따라 달라지는 저마다 다른 특성들을 이해하는 일이 중심이 되기도 한다.

멀티리터러시와 관련된 이러한 개념들은, 디지털 미디어 시대에 문자 언어중심의 리터러시 교육이 가진 한계를 자각하고, 현대인들이 실제의 삶에서 마주하는 보다 다양한 형태의 의사소통 방식을 교육의 장으로 가져온 것이라 할 수 있다. 학생들이 교육을 통해 다양한 매체 언어를 배우고 활용하는 과정에서 보다 창의적인 사유의 방식을 터득할 수 있다고 믿는 것이다. 같은 맥락에서, 멀티리터러시의 향상에 도움이 되는 쓰기 교육에 대한 진지한 고민은 더욱 중요해진다. 요컨대, 멀티리터러시의 향상을 위해 선택할 수 있는 대안은 왜 하필이면 글쓰기 교육이어야만 하는가, 혹은 글쓰기를 통해서 멀티리터러시의 어떤 요소를 어떻게 향상시킬 수 있는가와 같은 질문들은, 자칫 피상적인 수준에 머무를 수 있는 다매체 글쓰기 수업의 한계를 돌파하기 위해서 꼭 생각해볼 문제들이기 때문이다.

따라서 이 장에서는 먼저 멀티리터러시 이론의 관점에서, 글쓰기의 어떠한 특성이 어떻게 멀티리터러시 향상에 기여할 수 있는지, 그리고 멀티리터러시 학습을 위해서 글쓰기 교육은 어째서 효과적인 대안이 될 수 있는지에 대해서 논의하고자 한다. 멀티리터러시 학습의 효과적인 도구로서 글쓰기의 성격을 규정하고, 이를 통해 멀티리터러시 향상을 위한 쓰기 교육의 필요와 당위를 검토하고자 하는 것이다.

2.1. 표현의 증진과 사고의 구체화 도구

글쓰기는 인간이 자신의 생각을 구체화하고 표현할 수 있는 중요한 방식이다. 글쓰기를 통해 머릿속에 떠오르는 막연하고 추상적인 관념들을 구체적으로 형상화하고, 흩어진 단서들을 모아 상위의 주제로 통합하며, 자료를 선별해 보다 논리적인 텍스트의 형식으로 구성할 수 있기 때문이다. 간단한 메모를 통해 새로운 발상을 이끌어 내거나, 쓰기를 통해 풀리지 않던 생각을 정리하고, 그 과정에서 자신의 생각에 논리를 만들어나가는 것들은 "표현의 증진 도구"로서 글쓰기가 가진 분명한 효과라 할 수 있다(권성규, 2016). 글을 쓰는 행위가 쓰는 이의 사고를 더욱 첨예화하게 돕는 일종의 산파(産婆) 역할을 수행하는 셈이다. 실제로 글쓰기의 이러한 속성 덕택에, 쓰기 활동이 다른 매체 텍스트를 기획하는 데에도 중요한 역할을 하게 되는 경우도 많다. 영화 제작을 위한 시나리오, 디지털 게임 설계에 사용되는 시놉시스, 혹은 무대 공연이나 연출에 관한 트리트먼트처럼 글쓰기는 흔히 발상과 표현의 핵심적인 도구로 사용된다. 글쓰기가 다른 텍스트를 생산하기 위한 창조적인 설계 작업, 그 자체가 될 수 있는 것이다.

2.2. 융복합 텍스트의 체험 도구

사실, 글쓰기에서 활용할 수 있는 매체는 문자로만 국한되지 않는다. 학생들이 자기 글의 논리를 강화하기 위해 그림, 도표, 통계, 사진과 같은 자료를 인용하는 일은 자연스럽다(공성수, 2016). 더구나 진화하는 하이퍼텍스트 기술 덕택에, 음악(음향)이나 동영상과 같은 다양한 매체 자료를 글 텍스트에 더욱 쉽게 결합할 수도 있다. 이것은 글쓰기 공간이, 문자에만 국한되지 않고 다양한 매체들을 함께 활용할 수 있는 복합 매체의 공간으로 변화하고 있다는 사실을 알려준다. 바꿔 말하면, 학생들은 글쓰기를 통해 얼마든지 다양한 매체언어를 간접 체험할 수 있으며, 그 과정에서 특정한 매체 언어의 활용방식도 함께 배울 수 있다. 다양한 종류의 자료들 중 더욱 효과적인 내용을 선택할 수 있는 능력,

그렇게 선택한 자료를 특정한 맥락 속에 위치시킬 수 있는 능력, 더 나아가 비판적이고 창의적인 사유를 통해 매체들 사이의 새로운 결합을 창조할 수 있는 능력을 글쓰기 과정에서 얼마든지 획득할 수 있다.

2.3. 다매체 미디어의 해설 도구

다양한 매체들이 결합된, 수많은 복합매체 텍스트(multimodal text)가 존재하지만, 여전히 글은 그것들의 메타－텍스트(meta-text)로서 존재하는 경우가 많다. 어떤 특정한 매체(미디어)를 해설해야만 할 때, 그 내용을 (재)설명하는 텍스트는 대부분 '글'의 형식으로 나타난다. 칼럼, 평론, 비평, 해설, 설명서 등 다양한 종류의 설명적, 비평적 글들이 메타텍스트로서 글이 가진 가치를 증명한다. 물론 이것은 세계의 인식과 해석의 도구로서 글쓰기의 기능에서 비롯된다. 본질적으로 글쓰기란 "문제 해결을 찾아가는 '과정' 중심의 학습"이라는 사실을 감안한다면(정희모, 2001), 다양한 매체의 복합 텍스트를 이해하고 활용하기 위해 필요한 사고의 과정이 글쓰기의 과정과 무관할 수 없다.

2.4. 교수-학습자 친화적 매체

학교 교육이 오랜 세월 문자매체에 의존해왔다는 사실을 부정하기는 어렵다. 교수와 학생 모두에게 문자 텍스트를 기반으로 한 수업활동은 익숙하다. 교재, 교구, 교안 등 교육 과정과 방법의 아주 많은 부분이 문자－글 체계에 의존하고 있는 상황에서, 글쓰기를 멀티리터러시 교육에 활용하는 일은 여전히 효과적이다. 더구나 교수자와 학생 사이의 소통적 도구로서 글이 가지고 있는 장점을 간과하기도 어렵다. 지식이나 의견을 전달하고, 피드백이나 평가가 이뤄지는 대부분의 과정에서 글은 핵심적인 역할을 담당한다. 교육의 주체들이 공유하고 있는 커뮤니케이션의 방식이 말－문자－글을 중심으로 이뤄지고 있다는 점을 고려하면, 글쓰기를 활용한 멀티리터러시 학습은 전략적으로 훌륭한 선택이 될 수 있다.

2.5. 학습 매체로서의 접근성과 수월성

글쓰기는 상대적으로 많은 자원을 요구하지 않는다. 태블릿이나 고성능 노트북, 카메라나 화구(畵具) 같은 비싼 학습 도구가 글쓰기에는 필요하지 않다. 수업 준비를 위해 교수가 추가로 들여야 하는 시간이나 비용도 적다. 따라서 글쓰기는 교육자원의 효율적인 활용을 가능하게 하는 중요한 교육 자산이다.

더구나 이미 구축된 교육 환경과 콘텐츠를 활용하는 데 글쓰기만큼 수월한 교육 방안을 찾기란 쉽지 않다. 기존의 교육 자원을 충분히 활용하고, 저비용 고효율의 교육 환경을 마련할 수 있다는 점은, 글쓰기 수업이 가진 대단히 매력적인 지점이다. 교육 자원의 불평등한 배분에서 오는 교육 양극화를 해소하기 위해서라도, 글쓰기 교육이 가진 장점을 적극적으로 활용할 필요가 있다.

3. 멀티리터러시 향상을 위한 쓰기 교육의 목표와 내용

다매체 시대의 글쓰기 교육이 멀티리터러시의 향상을 위한 실질적인 학습의 도구가 되기 위해서는, 현실적인 교육 목표를 설정하고, 이를 구체적으로 기획할 필요가 있다. 더구나 지금까지의 선행 연구들이, 단순히 소재적인 차원에서 산발적으로 멀티리터러시와 글쓰기 교육의 결합을 시도해 왔다는 점을 감안하면, 그와 같은 연구들을 하나로 묶어줄 교육 이론을 마련하는 일은 더욱 시급하다.

이러한 전제에서, 본고는 글쓰기 교육을 통해 학생들의 멀티리터러시 능력을 키워줄 수 있는 실현 가능한 목표를 설정하고자 한다. 멀티리터러시 글쓰기 교육의 목표를 다음의 3가지 측면, (1) 매체언어의 이해와 활용측면, (2) 인지사고의 확대와 발전측면, (3) 글쓰기 자체의 숙련과 향상측면으로 구분해 정리하는 것이다. 이를 도식화하면 다음의 〈그림 1〉과 같다.

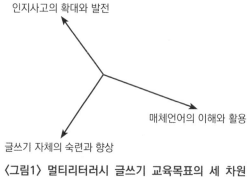

인지사고의 확대와 발전

매체언어의 이해와 활용

글쓰기 자체의 숙련과 향상

〈그림1〉 멀티리터러시 글쓰기 교육목표의 세 차원

3.1. 매체 언어의 이해와 활용 측면

3.1.1. 매체 언어의 특징을 이해한다

문자와 이미지는 본질적으로 서로 다른 성격을 지닌 언어다. 가령, 선형성과 논리성을 중심으로 이뤄지는 글과는 달리, 이미지 안에서 정보는 입체적으로 분산되어 있다. 뿐만 아니라, 그림과 사진, 디자인과 회화, 드라마와 영화처럼 서로 엇비슷한 매체들 사이에도 미묘한 장르적 차이는 존재한다. 그런데 여기에서 흥미로운 점은, 근대사회에서 매체(이미지)는 언어적으로 중재되는 경향을 보인다는 사실이다.

"문자를 통한 재매개를 통해서 다른 매체의 특성을 이해하거나 해석"이 얼마든 가능하다는 사실을 떠올려보자(Flusser, 2002; 윤종석 역, 2002). 이 경우, 매체 각색이나 매체 비평과 같은 글쓰기 활동은 대상 매체언어의 특수성을 이해하도록 만드는 효과적인 전략이 될 수 있다. 대학 글쓰기 교육에서 실제로 행해지는 사례 중, 영화에서 소설로 각색하는 글을 쓰거나, 그림을 보고 비평문을 쓰는 활동을 떠올려보자. 일종의 장르간 바꿔쓰기에 해당하는 이러한 활동은 대상 매체 언어에 대한 완벽한 이해 없이는 불가능하다. 바꿔쓰기의 과정 자체가 대상을 더욱 분명하게 이해할 수 있는 기회가 될 수 있는 것이다. 따라서 글쓰기를 통해 매체 언어의 특징을 이해할 수 있는 기회를 제공하는 것은 중요하다.

멀티리터러시 향상을 위한 글쓰기 교육을 설계할 때에는, 쓰기 활동을 통해 대상 매체 언어의 특징과 성격을 함께 이해할 수 있도록 내용을 구성할 필요가 있다.

3.1.2. 매체 언어의 활용 방법을 이해한다

오늘날 매체 수용자는 누군가 만들어놓은 기성의 콘텐츠를 소비하는 입장에서 벗어나, 콘텐츠를 적극적으로 생산하는 존재로 탈바꿈하고 있다. 웹이나 모바일에서 이뤄지는 쌍방향 플랫폼 안에서는 콘텐츠의 생산자와 소비자가 명확하게 구분되지 않는 경우도 많다.

글쓰기 교육이 작문교육을 넘어서, 본격적인 매체의 활용 교육으로 전환되어야만 하는 것도 바로 이 때문이다. 멀티리터러시 향상을 위한 글쓰기 교육이 학생들에게 기대하는 바는, 매체의 적극적인 생산-소비자로서의 역할이다. 과거처럼 권위적인 저자의 글을 읽고 그것을 해석하는 데 집중하는 것이 아니라, 적극적인 콘텐츠 생산자로서 매체 언어의 활용법을 연습할 수 있어야만 하는 것이다. 따라서 매체를 비판적으로 바라보면서, 그것이 의미를 구성하는 방식을 정확하게 이해하는 능력, 그리고 매체를 활용해 자신의 생각을 다른 사람에게 효과적으로 표현할 수 있는 능력은 중요하다.

3.1.3. 매체 언어의 커뮤니케이션 양상을 이해한다

멀티리터러시 교육은 단순히 매체 도구의 매뉴얼을 학습하는 것과는 다르다. 예컨대 멀티리터러시의 핵심은, 좋은 사진을 찍기 위해 카메라의 사용법을 익히는 것이 아니라, '좋은 사진이란 무엇인가?' '한 장의 사진이 관점에 따라 어떻게 달리 해석될 수 있는가?'처럼 매체를 바라보는 안목을 기르는 데 있다.

그러므로 진정한 의미의 매체 활용은 그것을 둘러싼 코드와 관습을 이해하는 일이라고 할 수 있다. 매체가 의미를 구성하는 과정에서 영향을 미치는 다양한 맥락을 이해할 수 있어야 하는 것이다. 문화와 역사 같은, 매체를 둘러 싼 다층적인 맥락을 충분히 고려하지 않는다면 제대로 된 의사소통은 불가능하다. 그러므로 글쓰기 교육이 멀티리터러시의 향상을 목표로 한다면, 궁극적으로 그것은 학생들이 매체 커뮤니케이션의 다층적인 맥락을 인식할 수 있도록 기획되어야만 한다. 글쓰기와 매체 교육이 서로 다른 매체의 단순한 기계적 결합이 아니라, 매체와 문화의 융합 역량을 기르는데 기여해야만 하는 것이다.

3.2. 인지 사고 기능의 확대와 발전의 측면

3.2.1. 지식과 정보를 습득하고 이해할 수 있다

새로운 정보를 인식하고 지식을 내재화하는 능력은 정보화 시대의 인간이 지녀야 하는 필수적인 조건이다. 더구나 다매체 시대에 텍스트를 둘러싸고 벌어지는 생산자와 수용자 사이의 관계는 이전보다 훨씬 더 복잡하고 다양한 양상으로 전개된다.

이런 점에서라면, 인지사고 학습의 도구로서 글쓰기는 훌륭한 대안이 될 수 있다. 자신의 생각을 정리하고, 정보를 연결해 논리를 펼치는 과정은 글쓰기의 과정과 거의 동일한 패턴을 보여주기 때문이다. 따라서 사고 개발의 도구로서 글쓰기의 장점과 효과를 극대화하는 것은 교육적으로도 중요한 문제가 된다.

더구나 대학교육의 학습 매체로서 글이 차지하는 비중이 크다는 점에 주목해보자. 여전히 대학교육 현장에서 글은 지식을 전달하고 정보를 습득하는 핵심적인 수단이다. 글을 읽고 쓰는 행위 자체가, 지식을 습득하고 처리하는 방식을 익히는 데 꼭 필요한 도구가 되는 셈이다.

3.2.2. 정보의 가치를 평가하고, 주체적인 관점에서 판단할 수 있다

정보 그 자체가 중요한 자산으로 간주되는 현대 정보화 사회에서, 자기에게 필요한 정보를 검색, 수집, 분류, 이해하는 능력도 중요하다. 범람하는 자료들 속에서 유의미한 자료를 선별할 수 있는 능력은 자원의 효율적인 활용과도

곧장 연결된다. 물론 이를 위해서는 정보의 가치를 정확하게 판단할 수 있는 안목이 필수적이다.

이런 점에서 본다면, 글쓰기 교육이 멀티리터러시 교육과 결합할 수 있는 접점은 더욱 늘어난다. 좋은 글을 쓰기 위해서, 대상 텍스트의 가치를 판단하고, 그 과정에서 세계를 이해하는 자기만의 관점을 기르는 일은 중요한 문제이기 때문이다. 문자 텍스트를 중심으로 이뤄져 왔던 쓰기-읽기 교육으로부터, 다매체 기반의 멀티리터러시 쓰기-읽기 교육을 지향하는 이유도 여기에 있다. 다양한 매체들이 결합된 복합 텍스트를 이해하고, 이를 다양한 맥락에서 활용할 수 있는 능력을 향상시키기는 일은 오늘날 정보처리 과정의 핵심적인 부분일 수밖에 없다.

3.2.3. 정보들을 결합해 창의적인 사유를 촉진한다

창의성이란, 이전까지 내가 깨닫지 못했던 것을 새롭게 발견하는 힘이다. 하지만 정보화 시대의 창의적인 사유는 이전에 전혀 없었던 것을 새롭게 만들어내는 것이라기보다는, 무수히 많은 정보들을 효과적으로 조직하는 과정에서 만들어지는 경우가 더 많다. 따라서 창의적인 사고를 촉진하기 위해서, 나의 외부에 있는 셀 수 없이 많은 타자들은 모두 훌륭한 자극이 될 수 있다.

사고와 표현의 도구로서 글쓰기의 본질은 다매체 시대의 다양한 언어를 이해하는 방식과도 연결 된다. 요컨대 글쓰기의 과정이란, 다양한 사유를 통합하고 조율하며 생각을 발견하는 과정임을 고려해보자. 그렇다면 무엇인가를 쓴다는 것은, 쓰는 이가 자기 외부에 이미 존재하는 수많은 다른 언어와 생각들을 인지하고, 그것들을 다시금 자신의 언어로 구체화하는 일이라고 할 수 있다. 한편의 글을 완성하기 위해, 다른 누군가가 만든 자료를 읽고, 분석하며, 다시금 그것들을 조직하는 일은 결국 자신의 사유를 세련화하는 과정 그 자체를 의미하게 된다.

3.3. 글쓰기 능력의 숙련과 향상의 측면

3.3.1. 요약하기summary와 바꿔쓰기paraphrase

글쓰기가 자신의 생각을 구체화하는 특별한 기술이라는 점을 감안한다면, 학생들의 기본적인 글쓰기 실력을 높여주는 일 역시 중요하다. 요약하기와 바꿔쓰기는 글쓰기의 기본적인 단계에서 학생들의 학습 능력을 배가시킬 수 있는 효과적인 목표가 될 수 있다. 요약하기와 바꿔쓰기는 쓰기의 핵심적인 요소일 뿐만 아니라, 머릿속의 추상적인 개념을 언어적으로 형상화하도록 돕는 중요한 기술이기 때문이다.

요약과 바꿔쓰기가 자신의 생각(논지)을 구체화하거나 논거를 만들기 위해서 가장 빈번하게 사용하는 전략이라는 점도 중요하다. 다양한 매체를 글이라는 매체로 정리하고 바꿔쓰는 과정에서 매체 언어의 성격을 이해하는 기회 또한 얻을 수 있다는 점을 고려하면, 요약하기와 바꿔쓰기는 교수-학습의 다양한 지점에 활용할 수 있는 효과적인 방안이 될 수도 있다(공성수, 2017).

3.3.2. 비평하기Critique와 종합하기Synthesis

비평과 종합은 글쓰기 과정 중에 이뤄지는 비교적 상위단계의 기술(전략)이라고 할 수 있다. 학습자의 인지적인 수준과 관련시켜본다면, 비평과 종합은 그가 단순한 지식의 습득이나 이해의 수준을 넘어서 정보의 가치를 주관적으로 판단할 수 있는 단계에 도달했음을 의미한다.

동시에 비평과 종합은 대상 텍스트뿐만 아니라 그것을 둘러싸고 있는 복잡한 사회문화적 맥락을 함께 이해하게 되었음을 보여준다. 비평적이고 종합적인 글쓰기의 과정에서, 학생들은 주체적인 입장에서 대상에 대한 찬반 의견을 결정할 수 있을 뿐만 아니라, 체계적인 논증의 방식을 깨닫게 되기도 한다.

멀티리터러시의 수준과 관련지어 보아도, 이 단계의 글쓰기는 대상 매체의 특성이나 콘텐츠의 내용을 정확하게 이해한 뒤에 이뤄질 수 있으며, 내용의 일부를 선별해 자유롭게 재구성할 수 있는 능력을 바탕으로 하게 된다. 비평과 종합의 과정을 통해, 멀티리터러시의 목표 수준도 함께 높일 수 있는 것이다.

〈표 1〉 멀티리터러시 쓰기 교육의 목표와 세부

교육 목표	세부 목표
매체 언어의 이해와 활용	1. 매체 언어의 특징을 이해한다. 2. 매체 언어의 활용 방법을 이해한다. 3. 매체 언어의 커뮤니케이션 양상을 이해한다.
인지 사고의 확대와 발전	1. 정보를 수집하고, 새로운 지식을 습득할 수 있다. 2. 정보의 가치를 평가하고, 주체적인 관점에서 판단할 수 있다. 3. 정보들을 결합해 창의적으로 사유할 수 있다.
글쓰기 능력의 숙련과 향상	1. 글을 쓰는 과정에서 '요약하기'와 '바꿔쓰기'를 활용할 수 있다. 2. 글을 쓰는 과정에서 '비평하기'와 '종합하기'를 활용할 수 있다. 3. '묘사'나 '서사'의 글쓰기를 할 수 있다. 4. '설명'과 '논증'의 글쓰기를 할 수 있다.

지금까지 멀티리터러시 향상을 목표로 글쓰기 교육을 설계할 때에 고려해야 할 몇 가지 기준을 마련해보았다. 글쓰기는 학습자의 다양한 능력을 바탕으로 이뤄지는 입체적인 활동이다. 따라서 다매체 시대의 글쓰기 교육은 구체적인 교육목표와 내용을 준거로 이뤄져야만 한다. 학생들에게 감상문을 쓰게 하거나, 각색하기 과제를 부과하는 것은, 그것이 단지 재미있기 때문이 아니라, 학습자의 멀티리터러시를 강화할 수 있다고 여겨지기 때문이다. 피상적인 작문수업이나, 무늬만의 매체교육에서 벗어나기 위해서도 글쓰기 수업은 명확한 방향성을 가지고 기획되어야 한다.

세 개의 축으로 고안된 멀티리터러시 쓰기 교육의 목표는 이런 점에서 도움이 될 수 있다. '매체언어의 이해와 활용, 인지사고의 확대와 발전, 글쓰기 자체의 숙련과 향상' 등을 입체적으로 고려함으로써 비로소 체계적인 교수─학습 과정을 설계할 수 있기 때문이다. 더 나아가 이것은, 교수─학습의 구체적인 효과를 예측할 수 있는 평가기준을 고안하는 데도 도움이 될 것이다.

4. 멀티리터러시 향상을 위한 쓰기 수업의 모형

이 장에서는 지금까지 논의한 멀티리터러시 향상을 위한 쓰기 교육의 목표와
내용을 고려하면서, 교실 현장에서 사용가능한 몇 가지 수업 모형을 제안하려
한다. 여기에서 제안되는 수업 모형은 2014~2019년 대학 작문수업과 교양, 그리
고 국어국문학과 전공수업에서 실험했던 과제들을 '멀티리터러시 향상을 위한
쓰기 수업'이라는 본고의 특성에 맞게 다시 유형화한 것이다. 기본적으로 이들
수업 모형은 글과 이미지의 통합적 활용이라는 큰 범주에서 주제를 공유하고
있다. 즉, 그림이나 사진, 동영상과 같은 이미지 매체를 활용해, 이를 적극적으로
글쓰기 작업과 결합시켜 보는 것이다.

보다 구체적으로, 여기에서 제안된 수업 모형들은 대학생을 대상으로 한 다매
체 활동중심의 수업을 위해 기획되며, 앞에서 논의했던 멀티리터러시 쓰기 교육
의 목표와 내용에 근거하고 있다. 이런 맥락에서, 각각의 수업모형은 매체언어
의 이해, 인지사고의 확대, 글쓰기의 숙련의 차원에서 학생들의 다양한 능력을
자극할 수 있도록 고안되고 있을 뿐 아니라, 대체로 〈모형 1〉에서 〈모형 6〉을
향해 갈수록 보다 심화된 인지사고와 학습이 가능하도록 구성된다.

〈표 2〉 멀티리터러시 향상을 위한 쓰기 수업의 모형 개요

모형	강 의 명	개 요	비 고
1	풍경사진－묘사하기	사진으로 풍경을 찍고, 장면을 묘사하기	풍경사진/묘사
2	사진－일기 쓰기	사진으로 일상을 기록하고, 일기로 남기기	셀프사진/수필
3	사진－동화 쓰기	추억이 담긴 사진을 보면서 동화 만들기	옛날사진/동화
4	광고 이미지－비평	광고사진을 선택해, 비평적 글쓰기	광고사진/비평
5	사진－시 창작	자기가 찍은 사진으로 시 창작하기	창작사진/시문학
6	블로그－매거진 출판	다양한 사진과 자료를 활용한 블로그 출판	그래픽사진/잡지

다만 여기에서 제안되는 수업 모형들의 경우, 매체 활동의 대상을 주로 '사진'
으로 한정하고 있다. 이는 사진이 다른 어떤 매체보다도 더 수월하게 교실 현장

에서 활용될 수 있다는 점을 고려한 것이다. 그림, 일러스트레이션, 동영상처럼 쓰기 수업에 활용할 수 있는 시각 매체는 무궁무진하다. 하지만 사진만큼 자유롭게 글쓰기 공간에서 활용할 수 있는 매체를 찾기는 힘들다. 사실, 디지털 미디어에 익숙한 학생들에게 사진은 상대적으로 다루기 쉬운 매체로 간주된다. 학생들은 스마트폰을 통해 바로바로 결과물을 확인하고, 간단한 수작업만으로 어렵지 않게 사진의 포맷이나 내용을 수정하면서, 그것들을 글쓰기 공간에 함께 결합할 수 있다. 손으로 직접 그림을 그리거나, 용량이 큰 편집 툴을 활용해 동영상을 만드는 일에 비하면, 사진을 찍거나 편집하는 일은 대부분의 학생들에게 오히려 쉬운 일로 여겨진다.

따라서 이 장에서 제안되는 수업 모형들은 학생들이 직접 사진을 촬영하거나 활용해 결과물을 만들고, 그것을 쓰기 활동과 연결함으로써 멀티리터러시의 사유를 고도화할 수 있도록 고안된다. 뿐만 아니라, 각각의 수업을 통해 학생들이 매번 다른 글쓰기를 연습할 수 있도록, 쓰기의 장르 또한 '묘사하기, 일기쓰기, 이야기 만들기, 비평하기, 시창작하기, 잡지 편집출판하기' 등으로 다양화했다. 학생들이 다루게 되는 사진 매체 역시 '풍경예술사진, 상업광고사진, 개인앨범사진' 등으로 그 종류를 다양하게 구성해 보았다. 무엇보다 중요한 지점은, 이 수업 모형들이 모두 학습자 중심의 자기 주도적 수업을 지향하고 있다는 사실이다. 이미지와 텍스트 사이에서 벌어지는 상호교섭의 원리를 학생들이 직접 경험할 수 있도록, 체험 중심의 활동을 마련하고 있기 때문이다.

매 시간의 활동을 보다 심화된 철학적 주제와 연결할 수 있도록 내용을 설계하고 있다는 점도 특징이다. 가령, 〈모형 1〉처럼 풍경사진을 찍고 그 내용을 글로 묘사하는 수업은, 근대적 주체의 탄생과 풍경의 발견이라는 철학적 주제를 자연스럽게 떠올릴 수 있도록 내용을 조직할 수 있다. 〈모형 3〉처럼 옛 기억이 담긴 사진을 활용하는 수업이라면, 기억이란 본질적으로 서사적이라는 사실 즉, 과거의 사건이나 기억이 얼마든 새롭게 구성될 수 있다는 것을 깨닫도록 수업을 구성할 수도 있다. 요컨대 미디어 리터러시의 활동을 주위의 인문학적인 사유와 연결할 수 있도록, 우리 시대의 보편적인 철학적 논제들과 수업 중의 과제 활동 사이에 특별한 교육적 접점을 만들어보는 것이다.

4.1. 풍경사진 - 묘사하기

풍경의 발견은 근대적 주체의 탄생과 조응한다. 이를 테면, "풍경이란 곧, 인식틀"이라는 진술은, 외부의 풍경이 자기 내면의 특별한 시선을 통해 비로소 인식된 결과물일 수밖에 없음을 암시한다(柄谷行人, 1997; 박유하 역, 2010). 언뜻 풍경은, 객관적이며 어떠한 인위적인 변형도 가해지지 않은 자연 그대로의 상태로 오해되기 쉽지만, 그런 자연스러운 모습조차 그것을 바라보는 누군가에 의해 (재)발견된 피사체라는 점은 중요하다. 이런 맥락에서라면 외부의 세계를 사진 프레임 속에 담는 행위는, 보는 주체가 자신의 의도에 부합하는 대상을 선택하고 그것을 편집해 특정한 이미지로 고정시키는 일이라고 볼 수도 있다. 풍경은 세계를 응시하는 주체가 자신을 둘러싸고 있는 이 세계를 분할해 특별한 의미로 재구성하는 과정에서 비로소 나타나기 때문이다.

〈모형 1〉 풍경사진 - 묘사하기 수업의 교육 목표와 내용

강의 요약	풍경 사진을 직접 찍고, 사진 속의 내용을 묘사하는 글쓰기
목표	• 인지교육: 대상을 관찰하고 그것을 새롭게 인식할 수 있는 기회를 얻는다. • 매체교육: 사진 매체가 피사체를 포착하고, 의미를 드러내는 방식을 이해한다. • 쓰기교육: 묘사와 설명의 글쓰기 능력을 강화한다.
내용	• 풍경의 발견과 근대적 주체의 탄생 • 프레임과 피사체의 연출, 프레임과 시선의 정치학. • 풍경화와 풍경사진의 역사와 이해 • 묘사적 글쓰기와 설명적 글쓰기의 이해
활동	• 풍경화/풍경사진의 역사와 이론: 시대별로 다른 풍경화(풍경사진)를 보면서, 작가가 대상을 재현하는 방식과 의도를 살펴본다. • 풍경사진 찍기: 자신의 주변을 사진 프레임에 담아본다. • 묘사적 글쓰기: 자기가 찍은 풍경사진의 내용을 묘사하거나 설명해본다.
평가	• 사진 매체와 글 매체의 연결은 적절한가. • 풍경이 가진 의미를 이해하고, 성실한 태도로 대상의 의미를 포착하고 있는가. • 묘사적 글쓰기의 내용과 형식은 적절한가.

따라서 학생들에게 풍경사진을 찍도록 요구하는 일은 자기가 살고 있는 세계

를 특별한 방식으로 재발견하고 재해석하도록 만드는 것이나 다름없다. 주변의 공간을 '풍경 사진'으로 찍어야만 할 때, 학생들은 익숙했던 장소를 낯선 눈으로 다시 바라보지 않으면 안 된다. 특정한 대상이 풍경 사진 속의 피사체로 나타나기 위해서, 그것은 주체의 체험이나 인식 틀을 거치는 동안 특별한 의미로 재구성되어야만 하기 때문이다. 요컨대 어떤 것은 찍을 만한 풍경이 되고, 또 어떤 것은 그 기준에 부합하지 않는 것일까? 단순히 대상 앞에 카메라 렌즈를 가져다 댄다고 해서 피사체가 되는 것은 아니라는 사실을 깨닫게 될 때, 학생들은 자연스럽게 시선의 주체가 어떻게 풍경을 발견하고 (재)구성하는지, 그 원리도 함께 이해하게 된다.

그런데 여기에서, 이 과제가 단순히 '사진 촬영'이라는 활동으로만 끝나지 않고 글쓰기와 결합될 때, 학생들에게 훨씬 더 유의미한 경험이 가능해진다는 사실에 주목할 필요가 있다. 글쓰기 활동이 가져오는 교육적 효과 가운데 하나는, 글쓰기를 통해 끊임없는 반성적 성찰이 이뤄질 수 있다는 점이다.

학생들로 하여금 자신이 찍은 풍경의 내용을 묘사하도록 하는 일은, 대상을 인식하고 선별해 이미지로 정착시키는 일련의 과정을 성찰하게 만든다는 점에서 중요한 교육적 의미를 지니게 된다. 풍경을 바라보는 자신의 생각이나 감정, 특별한 가치관과 의도가 프레임을 구성하는데 얼마든 개입될 수 있다는 사실을, 사진을 묘사하는 과정에서 깨닫게 되기 때문이다.

예를 들어 〈학생자료 1〉에서 이 학생은 왜 하필이면 한가로운 카페의 아름답고 평화로운 풍경이 아니라, 바쁘게 돌아가는 부엌의 뒤편을 담기로 결정했던 것일까? 평소 자주 찾던 카페, 친구들과 함께 대화를 나누거나 차를 마시고 시험공부를 하던 그 공간이 과제 수행의 과정에서 완전히 다른 의미로 나타난다는 점은 흥미롭다.

〈학생자료 1〉에서 글쓴이에게 익숙했던 일상의 공간은 이전과는 전혀 다른 시점으로 묘사된다. 카운터 앞에서 주문을 하고 커피를 받기만 했던 학생이, 거꾸로 바리스타의 입장에서 주문을 받고 커피를 내리는 얼마간의 과정을 섬세하게 묘사한다는 것은, 그가 이 세계를 완전히 다른 관점에서 바라보게 되었음을 보여준다. 늘 보던 익숙한 장면을 거부하고, 카메라의 위치를 바꿔 이 세계를 새롭게 바라보기로 결정했을 때에야 비로소 만들어질 수 있는 것이 바로 〈학생자료 1〉의 풍경이다.

더구나 학생들은 풍경에 관한 글쓰기 과정에서 종종 자기 내면의 모습까지 발견하는 것처럼 보인다. "나는 왜 그것을 사진으로 찍어야만 했는가?", "그것은

〈학생자료 1〉

"산 호세 내추럴 페이퍼 브루 따뜻하게."

2015년 7월 2일 오후 3시 40분, 마포구 카페 ○○○. 조리대 건너편 계산대에서 주문이 들어온다. 가느다란 줄무늬 티에 남색 앞치마를 두른 갈색 단발 여인의 손이 바빠진다. 전기포트에 물을 올리고, 주문 받은 원두를 분쇄기에 넣어 갈아내고, 드리퍼에 필터를 얹고, 머그잔을 데우기 시작한다. 이 모든 일은 30초도 채 되지 않는 사이에 벌어진다.

그녀를 둘러싼 원두를 가는 기계, 에스프레소를 내리는 기계, 두 가지 종류의 필터와, 각종 찻잎이 든 유리병들, 색색의 찻주전자, 정체모를 가루들이 담긴 철제 용기들, 차가운 음료가 담길 유리컵, 흰 바탕에 빨갛고 파란 무늬가 멋을 더하는 도자기잔, 그에 어울리는 컵받침, 반 좀 넘게 차있는 커다란 설탕 항아리, 스테인리스 조리대와 대비되는 하얗디 하얀 전자저울 두 개. 필터에 물이 올라가고 투명한 플라스크에 커피가 방울방울 떨어지기 시작한다. 뜸을 들이는 처음 얼마간 필터 위의 커피 가루는 마치 잘 부푼 브라우니 같다. 만지면 폭신할 것만 같아 손으로 눌러보고 싶은 유혹을 눌러두어야 한다.

어떤 점에서 나의 호기심을 자극했는가?", "지금 저 풍경과 나의 내면은 지금 왜 서로 공명(共鳴)하고 있는가?" 이와 같은 질문들이 끊임없이 '나'의 반성적 사유를 자극하기 때문이다.

그러므로 어떤 점에서 본다면, 풍경사진으로 이 세계를 묘사하는 과제의 근본적인 목표는 대상의 외면을 있는 그대로 설명하는 일로만 국한되는 것은 아닐지도 모른다. 이 수업이 강조하는 궁극적인 교육의 목표가, 매체의 작동방식처럼 단순한 지식을 습득하는 것이 아니라, 매체를 통해 세계를 대하는 학습자의 인식 지평 자체를 확대하는데 있기 때문이다.

따라서 피드백의 과정에서 교수자가 학생들의 반성적 사고를 촉진하도록 돕는 일은 무엇보다 중요하다. 단순히 대상에 대한 묘사를 얼마나 잘 했는가를 평가하기보다, 학생 개인이 자기 내면의 의미 있는 움직임을 발견할 수 있도록 계기를 제공할 필요가 있다.

4.2. 사진 – 일기 쓰기

풍경사진을 묘사하는 일이 사진 찍기와 글쓰기 활동을 통해서 자기 밖의 세계를 이해하는 활동이라면, 사진 – 일기는 자신의 내면을 발견하는데 더욱 집중한다. 앞의 활동에서 학생들이 세계를 바라보는 자기 자신만의 특별한 시선(세계관)을 어렴풋하게 감지할 수 있었다면, 사진 – 일기 쓰기의 작업에서 자기의 내면은 그 자체로 본격적인 탐구의 대상이 된다. 사진으로 형상화되고, 글쓰기로 탐구되는 대상이, 외부의 풍경에서 자기 내면의 풍경으로 이동하는 것이다. 따라서 이 수업에서 지향하는 일기 쓰기란, 단순한 일상의 기록을 넘어서 학생들로 하여금 자기반성과 성찰의 단계로 나아가게 하는 활동을 의미한다. 실제 일어난 사건의 나열이 아니라, 그 사건을 구성하고 있는 다양한 맥락을 발견하고, 그것을 통해 사건의 의미를 이해하도록 유도하는 것이다.

이를 테면, '역사 – 기록하기'의 본질이 실제로는 "사건을 언어화"함으로써 이해 가능한 무엇으로 만드는 데 있다는 점에 주목해보자(岡眞理, 2000; 김병구 역, 2004). 이런 점에서 본다면, 자신의 일상생활을 기록하는 활동은 우리가 쉽게

〈모형 2〉 사진-일기 쓰기 수업의 교육 목표와 내용

강의요약	일상에서 일어난 인상적인 사건을 사진으로 기록하고, 그 내용을 일기로 써 본다.
목표	• 인지교육: 자신의 삶을 성찰하고, 자기의 사유를 세계로 확대할 수 있다. • 매체교육: 사진 프레임이 대상을 선택하고 배제하는 방식을 이해한다. • 쓰기교육: 수필 문학의 특징을 이해함으로써, 자신을 성찰하고 자신의 삶을 서사화하는 글쓰기를 연습한다.
내용	• 자기의 성찰과 세계에 대한 이해의 확대 • 수필 장르와 생에 대한 성찰의 훈련 • 자신의 생각을 구체화하는 능력 • 인생의 서사화(스토리텔링)
활동	• 장르의 이해: 수필이나 일기 형식의 글쓰기가 가진 특징을 이해한다. • 사진 찍기: 일상적인 하루의 일과 중, 가장 기억에 남는 순간을 사진으로 남겨 본다. • 일기 쓰기: 사진을 보면서, 사건의 의미를 성찰하고, 그 내용을 일기로 기록해 본다.
평가	• 사진 매체와 글 매체가 상호소통적으로 잘 소통하고 있는가. • 수필이나 일기의 내용과 형식이 적절한가. • 자기 내면의 생각을 잘 표현하고, 그것을 세계의 문제로 확대할 수 있는가.

이해하기 어려운, 심지어 인지조차 하지 못했던 자기 내면의 모습을 이해하게 만드는 기회가 된다. 예컨대 서사적 사건을, 한 인간이 자신의 인생을 서사화하기 위해 찾아낸 특별한 사건(event)이라고 간주한다면, 일기쓰기의 과정을 통해서 학생들은 바로 그런 사건을 발견하고, 그 의미를 적극적으로 구성해나가게 된다. 시간의 기록이 단순한 정보의 기억이 아니라, 이야기를 통해 보다 적극적으로 그 의미를 만들어가는 과정이 될 수 있는 까닭도 여기에 있다. 서사학적인 관점에서 본다면, 학생들로 하여금 자신의 삶을 기록하게 만드는 일은 어쩌면 그냥 지나치기 쉬운 자신의 일상에 특별한 의미를 부여하는 일종의 스토리텔링 과정인 셈이다.

주목할 지점은, 단순히 자신의 일과를 '글'로만 정리할 때보다 '사진과 글쓰기'라는 특별한 과제의 방식으로 나타내야만 할 때, 멀티리터러시라고 하는 특별한 인지 역량이 훨씬 더 강하게 자극받을 수 있다는 점이다. 예를 들어 자기 발견의 글쓰기를 사진과 결합할 때, 학생들의 자기 인식은 보다 다차원적으로 이뤄진다. 서로 다른 이종의 매체를 결합하는 동안 학생들이 활발한 다매체적 사유를 경험하게 되기 때문이다.

〈학생자료 2〉

(…생략…) 함께 모이면 왈그락 달그락하는 소리가 난다. 어딜 가도 통통 튀고 어느 곳에 모여도 가장 시끄럽다. 분명 서로가 너무 다른데, 그 다름 때문에 공감하지 못하고 서로 본의 아니게 상처를 줄 만한 상황도 분명 많았는데, 언젠지 모르게 이 부분이 움푹 들어간 걸 볼록 튀어나온 쟤가 언제 와서 맞춰주고 있었다. 마치 하나의 퍼즐이 맞춰지듯이 그렇게 말이다. 누구 하나 빠짐없이 톡톡 튀고, 모두가 다른 모양을 하고 있어서 한 명이 빠지면 빈자리가 너무 도드라지게 되었나보다. 소소한 것에도 기쁘고, 함께하면 즐겁고, 서로가 서로의 다른 점이 웃기고, 맛있는 것만 함께 먹으면 금세 모두가 행복해지니까 그래서 떼굴떼굴 부둥켜안으며 굴러온 4년의 시간이, 너무 달라보이던 우리가 사실 전부 함께 달다. 서로가 서로에게 녹여든 시간 동안 사르르 녹으면서 드러난 그 깊은 속들을 보니 이제야 알 것 같다.

〈학생자료 2〉는 이런 점에서 무척 흥미롭다. 과제를 받은 학생들이 서로 협력해 사진이라는 매체가 줄 수 있는 효과를 극대화하고 있기 때문이다. 이를테면, 이 과제에서 학생들은 '사진을 찍고 있는 친구의 사진'을 반복적으로 겹쳐놓음으로써 이야기 속의 이야기를 끊임없이 확장해나간다. 거울 속의 거울 이미지가 끝없이 계속되는 것처럼, 친구들은 사진을 통해 우정의 서사를 끊임없이 이어간다.

게다가 사진 속의 내용이 글로 쓴 이야기(주제)와 교묘하게 연결되어 있다는 사실은 더욱 놀랍다. "마치 하나의 퍼즐이 맞춰지듯이, 한 명이 빠지면 빈자리가 너무 도드라지게" 보이는 자신들의 우정을 설명하기 위하여, 그리고 그 우정이 졸업 후에도 계속 이어질 것임을 기대하면서, 그들이 다름 아닌 미장아빔(mise en abyme)의 사진기술을 활용하고 있기 때문이다.

학생들은 하나의 매체언어가 가진 한계를 또 다른 매체언어로 보완하는 과정에서, 새로운 종류의 언어적 소통방식을 배워나가는 것처럼 보인다. 가령, 어떤 학생들은 대상의 표면을 사진으로 촬영하고 나서, 겉으로는 보이지 않은 숨겨진 의미를 글을 통해 설명하기도 한다. 반대로 자신의 복잡한 심정을 시각적인 이미지를 통해 구체화하는 학생들도 있다. 혹은 적극적인 시각적 연출을 통해 자신의 글을 보다 생생하게 표현하는 경우도 있다. 멀티리터러시의 역량이 높아질수록 자주 발견되는 이런 결과물들은, 학생들이 다매체 활동을 통해서 자신의 사유를 보다 고도화할 수 있음을 반증한다.

4.3. 사진 – 동화 쓰기

글쓰기 교육의 기술적인 측면에서 보자면 매체를 활용한 쓰기 수업의 장점 중 하나는, 다양한 매체 콘텐츠들이 학생들이 글감을 찾는 데 도움이 된다는 사실이다. 막연하게 글을 쓰게 하는 과제보다 구체적인 참고 대상이 있는 글쓰기 과제를 대할 때, 학생들은 훨씬 더 수월하게 이야깃거리를 찾는다. 자료를 기반으로 글쓰기를 한다는 사실만으로도 학생들이 느끼는 글쓰기의 부담은 한결 줄어든다.

〈모형 3〉 사진-동화 쓰기 수업의 교육 목표와 내용

강의요약	앨범 속의 옛날 사진을 꺼내, 사진 속의 내용을 소재로 동화를 만들어 본다.
목표	• 인지교육: 정보들을 종합해, 창의적으로 재구성할 수 있다. • 매체교육: 매체 언어의 특징을 이해하고, 활용할 수 있다. • 쓰기교육: 자료를 활용해, 창의적인 글쓰기를 할 수 있다.
내용	• 기억의 도구로서 사진의 기능과 특성 • 서사의 개념과 구성요소 • 장르(동화)의 특수성과 서사적 글쓰기의 이해
활동	• 시간의 기억과 서사적 재구성: 과거의 기억이 서사적으로 구성되는 방식을 이해한다. • 추억이 담긴 옛 사진을 활용해, 그 기억을 동화 형식으로 재구성해본다.
평가	• 사진 매체와 글 매체의 연결이 적절한가. • 내용이 참신하거나, 장르적 글쓰기의 흥미를 잘 살리고 있는가. • 서사적 글쓰기로서 내용과 형식이 적절한가.

이런 맥락에서, 추억이 담긴 사진을 활용하는 일은 글쓰기를 두려워하는 학생들이 조금 더 편안한 마음으로 쓰기 활동을 시작할 수 있도록 만든다. 대부분의 경우, 앨범 속의 사진은 이미 그 자체로 특별한 순간을 담고 있는 경우가 많기 때문이다.

앨범 속에 잠자고 있는 옛날 사진을 꺼내보는 일은 학생들에게 여러모로 의미 있는 활동이라 할 수 있다. 오래된 사진 속에 담겨 있던 자기 삶의 의미 있는 순간을 다시금 현재로 꺼내놓고, 잊고 있던 자신의 과거를 재구성하는 일은, 자기의 발견과 이해라는 관점에서 학생들에게 특별한 경험이 된다.

추억의 사진과 연결되는 글쓰기가 꼭 동화일 필요도 없다. 사진 속 사건을 다큐멘터리처럼 재구성하는 일도 괜찮고, 시나리오의 한 장면으로 만들 수도 있다. 사진 속의 기억을 담백한 수필처럼 되살려볼 수도 있다. 다만, 다른 여타 장르의 글쓰기보다도 동화를 쓸 때, 학생들은 가장 편안하게 글을 쓰는 것처럼 보였다. 동화라는 장르의 특성상, 자기의 진짜 현실을 굳이 드러내지 않으면서도 사건의 핵심을 풀어낼 수 있었기 때문이다.

예를 들어, 어떤 학생 중에는 잊고 있었던 과거의 나쁜 기억을 동화로 변형해 이야기하는 경우도 있었다. 그리고 이런 학생들의 경우엔 불편하고 가슴 아픈 기억이 동화적 이야기를 통해 승화된다는 점에서, 글쓰기가 자기 치유의 훌륭한 방식인 것처럼 보이기도 했다.

<학생자료 3>

도시락을 나눠 먹은 후에, 과자를 뜯기 시작했지요. 그런데 이게 무슨 일일까요? 과자에서 동물들이 튀어나오는 거였어요. 처음에는 개미, 나비 같은 작은 동물들이 나오더니 나중에는 사슴이랑 여우, 아니 코끼리까지 나오는 거예요. 저는 너무 놀라서 그만 뒤로 넘어지고 말았어요. 개미는 나란히 일자를 만들며 기어갔고요 토끼는 깡총깡총 뛰어갔어요. 사슴은 긴 다리를 뽐내며 성큼성큼 달렸고요 코끼리도 뒤뚱뒤뚱 걸어갔어요. (…중략…)

개미에게는 과자 부스러기를 주고 다람쥐에게는 과자를 작게 잘라서 주었어요. 물론 코끼리에게도 주

고요. 동물들은 신이 난 것 같았어요. 친구들도 이제 무서워하지 않고 모두 함께 놀기 시작했어요. 악기 연주를 잘하는 친구는 잔디밭에 있는 피아노를 치고요, 춤을 잘 추는 친구는 원숭이랑 손을 잡고 춤을 추었어요. 어떤 친구는 토끼를 잡으러 뛰어다니고 어떤 친구는 돼지랑 앉아서 계속 과자를 먹었어요. 또 어떤 친구는 참새랑 함께 노래를 불렀는데요, 제 친구가 더 노래를 잘하는 것 같았어요. 내가 새들의 말을 모르기 때문일까요? 어쨌든 그 광경이 얼마나 우스웠는지 저는 배꼽이 빠지도록 웃었어요. 동물들과 정말로 친구가 될 수 있다는 생각은 하지 못했거든요.

물론 동화라는 장르의 성격을 충분히 활용해가면서 창의적인 글쓰기를 시도하는 학생들도 많았다. 그리고 이처럼 기억의 도구로서 사진의 기능과 특성을

이해하고, 동화가 가진 특별한 장르의 성격을 분명하게 이해하고 있는 이런 학생들의 작업에서, 글과 이미지의 대화는 보다 더 성공적으로 이뤄지는 것처럼 보였다.

가령, 〈학생자료 3〉은 글과 그림을 함께 활용하는 작업이 학생들에게 얼마나 자유롭고 창조적인 상상을 가능하게 만드는지 보여준다는 점에서 흥미롭다. 여기에서 글쓴이는, 사진 속의 한 장면을 이야기의 가장 극적인 순간으로 설정하고, 그에 맞는 이야기를 구성해낸다. 사진 속의 어린 소녀가 과자 봉지를 막 뜯기 시작한 바로 그 순간, 그 안에서 온갖 동물들이 뛰쳐나온다는 설정은 글과 그림이 이루는 완벽한 조화 속에서 성공적으로 형상화된다.

확실히 멀티리터러시의 역량이 높은 학생들의 작업에서, 글과 그림은 높은 수준의 미학적 완성도를 보여준다. 옛 사진과 동화의 결합이 마치 한 편의 완성된 그림책처럼 구성되기도 하고, 때로는 파격적인 연출로 이야기의 극적 긴장감을 높이기도 한다. 매체를 활용하는 능력이 높은 수준에 있는 학생일수록 글과 그림의 연결이 훨씬 긴밀하게 이뤄진다는 점을 감안하면, 학생들의 글과 이미지의 결합이 어느 정도로 밀접하게 이뤄지는지 살펴보는 것만으로도 학생들의 멀티리터러시 수준을 가늠해볼 수 있다.

4.4. 광고 이미지 – 비평

지금까지 고안한 교수학습의 모형이 멀티리터러시 수업의 도입 수준에서 글과 이미지의 접목을 시도했다면, 다매체 활동이 익숙한 학생들에게 매체 언어의 특징에 대한 전문적인 지식을 제공하는 일도 필요하다. 자신의 생각으로만 이야기를 만들고 주변의 세계에 관심을 기울이는 일상적인 수준의 매체 활용을 넘어, 매체 언어 그 자체에 대해 학문적으로 접근하는 것도 멀티리터러시 향상을 위한 쓰기 수업의 중요한 목표이기 때문이다.

이 경우, 비평적 글쓰기는 훌륭한 방안이 될 수 있다. 비평적 글쓰기의 과정을 통해서 자신의 객관적인 입장을 세우고, 관점을 세워 볼 수 있기 때문이다. 이를 테면 비평적 쓰기가 당면한 문제를 해결하는 데 필요한 논리적인 판단과

〈모형 4〉 광고 이미지 – 비평 수업의 교육목표와 내용

강의요약	광고(사진) 속의 이미지를 분석하고, 그에 관한 비평적 글쓰기를 한다.
목표	• 인지교육: 정보의 가치를 평가하고, 주체적인 관점에서 판단할 수 있다. • 매체교육: 매체 언어의 특징과, 커뮤니케이션의 양상을 이해한다. • 쓰기교육: '비평하기'와 '종합하기'를 활용하여, 자신의 관점을 논리적으로 증명할 수 있다.
내용	• 광고의 기능과 역할, 광고 커뮤니케이션의 구조와 맥락의 이해. • 이미지의 구성요소들과 화면 구성의 전략 이해. • 이미지 리터러시와 상업 광고의 전략. • 비평적 글쓰기의 이해.
활동	• 이미지 리터러시와 상업 광고의 전략: 다양한 사례를 통해서, 광고 이미지가 내용을 구성하고, 사람들의 생각을 변화시키는 전략을 이해한다. • 광고 사진 비평하기: 광고 동영상이나 사진을 선택해, 그 형식과 내용을 비평해본다.
평가	• 이미지 매체에 대한 분석이 정확하게 이뤄지고 있는가. • 기호로서 이미지가 가진 특성을 이해하고, 그 소통 방식을 이해하고 있는가. • 비평적 글쓰기가 가진 내용과 형식의 적절성을 지니고 있는가. • 자신의 관점이 분명하게 드러나는 글을 쓰고 있는가.

결정의 계기를 마련해주거나, 대상에 대한 관점을 세우고 그것을 증명하는 힘을 마련해준다는 점은 중요하다. 비평 활동이 학생들에게 "자료의 의미와 한계를 사회적, 문화적 맥락 속에서 검증할 수 있는 안목"(이정옥, 2005)을 길러준다는 점을 고려하면, 쓰기 수업의 중요한 주제로서 비평적 글쓰기 활동은 더욱 중요한 의미를 지니게 된다.

이 경우, 광고 이미지는 멀티리터러시 향상을 도모하는 쓰기 수업에서 활용할 수 있는 효과적인 자료가 될 수 있다. 사실, 광고는 여러 가지 면에서 학습의 도구로 효과적인 매체다. 이를 테면, 광고는 학생들이나 교수자 모두에게 가장 흔하게 만날 수 있는, 친숙한 다매체 텍스트 중 하나다. 원한다면 어디서나 손쉽게 자료를 구할 수 있으며, 매체의 종류(동영상 광고, 사진 광고, 라디오 광고, 인터넷 광고 등)도 다양하다. 특별한 편집의 과정이 필요 없을 만큼 분량이 짧다는 점, 학생들의 흥미를 이끌 수 있는 효과적인 매체라는 점, 그리고 무엇보다 동시대의 중요한 변화를 정확하게 반영한다는 점 등은 교육의 보조재로서 광고

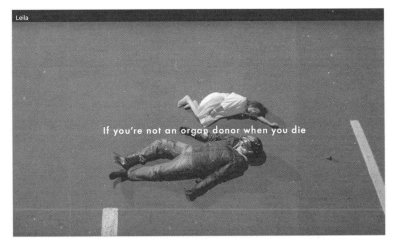

〈학생자료 4〉

　　조금 더 세부적으로 광고의 표현 기법을 보면, 이 광고는 장기를 필요로 하는 환자의 이미지를 연약하게 표현하여 사람들의 동정이나 연민 등을 불러일으키려 했음을 알 수 있다. 광고에서 오토바이 운전자와 함께 죽게 된 장기 수요자는 여성, 어린아이로 묘사되어 있다. 그리고 이 여자아이는 창백한 혈색에 흰색의 옷을 입고 있으며 무기력한 움직임을 보인다. 특히 마지막 장면에서는 검은색 계통의 옷을 입은 키가 큰 오토바이 운전자와 작게 웅크려서 누워있는 흰색 옷의 여자아이가 대비되며 여자아이가 한층 더 안쓰럽게 묘사된다. 이렇게 연약하게 묘사된 장기 수요자는 남성, 성인으로 묘사되었을 때보다 사람들의 감정을 더 강력하게 자극하기 마련이다. 그리고 성가대가 부르는 듯한 경건하고 담담한 분위기의 음악은 광고를 보는 사람들의 안타까운 심정을 심화시킨다.

가 가진 커다란 장점들이라 할 수 있다.

　　더구나 광고라는 장르가 (상품의 판매나 정보의 제공과 같은) 명백한 목표를 가지고 있는 텍스트라는 점을 고려하면, 광고사진 속에 나타나는 커뮤니케이션의 양상은 충분히 흥미롭다. 광고 이미지를 분석하고 비평하는 과정에서, 학생들은 이미지가 구체적으로 어떻게 커뮤니케이션을 시도하는지, 이미지의 언어가 사용할 수 있는 수사적 기법들은 어떠한 것인지에 대해 고민하게 된다. 광고 이미지의 기호적 결합을 분석하는 활동 자체가 멀티리터러시를 향상시키는 효과적인 학습의 방안일 수도 있는 것이다.

4.5. 사진-시 창작

시라는 장르는 개인의 정서를 표현하는데 효과적인, 문학의 오래된 형식이라 할 수 있다. 사람들은 시를 통해서 자기 내면의 추상적인 생각을 형상화하고, 다양한 비유를 활용해 시적 이미지를 만들어낸다. 마찬가지로 자기 자신의 표현이라는 관점에서, 사진은 오늘 날 많은 사람들이 자기를 표현하는 일상적인 방식이다. 페이스북이나 인스타그램 같은 공간에서, 사진 이미지는 그 자체로 사람들의 심리와 정서를 표현하는 보편적인 수단으로 사용된다.

주목할 부분은, 시가 언어를 통해 시적 이미지를 생산하는 일이나 사진을 통해 대상을 구체화하는 일은 수사학적인 관점에서 서로 비슷한 부분이 많다는 것이다. 내면의 감정을 전달하기 위해 시어를 고르는 모습이나, 외부의 대상을

〈모형 5〉 사진-시 창작 수업의 교육 목표와 내용

강의요약	직접 찍은 사진과 창작 시를 결합해, 시화를 제작한다.
목표	• 인지교육: 자신의 내면을 세계로 확장하며, 그것을 창의적으로 표현할 수 있다. • 매체교육: 매체 언어가 가진 특징을 이해하고, 그 효과를 최대한 활용할 수 있다. • 쓰기교육: 글쓰기의 수사적 기법과 효과를 이해한다.
내용	• 시서화의 전통과 사진-시의 등장. • 정서의 표현 도구로서 시(詩) 장르의 특징 • 글쓰기의 수사와 효과에 대한 이해. • 자기 표현의 매체로서 사진 찍기와 시 창작의 유사성.
활동	• 글과 그림의 상호텍스트적 교섭과 전략: 시서화의 전통과 사진-시의 등장에 관한 이론적 배경을 학습한다. • 은유, 환유, 상징 등 시 장르에 나타나는 다양한 수사를 이해한다. • 사진 찍고, 시 창작하기.
평가	• 사진 매체와 글 매체의 연결은 적절한가. • 참신함과 표현력은 어떠한가. • 자신의 생각을 다양한 매체를 활용해 구체화할 수 있는가. • 다양한 수사들을 활용하거나, 그 효과를 이해하고 있는가.

사진 프레임 안에 가두는 모습은 추상적인 관념을 구체적인 이미지로 형상화한다는 점에서 본질적으로 유사한 인간의 사고 활동을 전제하기 때문이다.

따라서 전통적인 문학적 수사의 이론이 사진 이미지가 구성되는 방식이나 이종의 언어 사이에서 일어나는 상호 작용을 설명하는데도 효과적인 도구가 될 가능성은 높다. 언어들 사이에서 발생하는 특별한 효과를 탐색하는 일이 수사학 연구의 목표라면, 문학시간에 배웠던 수사학의 익숙한 이론들은 다매체 텍스트의 언어적 양상을 해석하는 데에도 충분히 적용될 수 있다.

이런 맥락에서 시와 사진을 결합해 일종의 시화(詩畫)를 만들어보는 활동은, 자신의 생각이나 정서를 세련되고 섬세하게 표현할 수 있는 효과적인 학습이 될 수 있다. 물론 학생들이 사진-시 창작하는 과정을 따라가다 보면 그 모습은 제각각 모두 다르다. 어떤 학생들은 시를 먼저 구상한 뒤에 그에 맞는 사진을 구하기도 하고, 반대로 사진을 먼저 찍고 그것으로부터 시를 만들기도 한다.

<학생자료 5>

무심코
그대의 목소리가 나를 부르고
그대의 시선이 나를 향할 때

붉어진 얼굴을 들킬까
어색한 눈맞춤을 들킬까
그저 테이블 위 병뚜껑만 만지작댔다.

끊어질 듯 말 듯
간신히 붙잡고 있는 초록빛의 간절함.
무심코 전한 이 마음.

별 생각 없이 집어든 병뚜껑에서조차
마음이 퐁퐁 튀어 오른다.

하지만 창작의 순서가 어떻든지 그처럼 몇 개의 매체언어들을 활용해 자신의 생각을 구체화할 때, 학생들의 매체 언어를 다루는 방식이나 감각이 함께 세련 된다는 점에 주목할 필요가 있다.

추상적인 관념을 구체적인 시어로 형상화하고 그것을 사진으로 포착하는 일은 학생들에게 다중매체의 언어 메커니즘을 이해하는 데에도 도움이 된다. 또한 학교에서 배운 이론적 지식을 적용해, 사진 이미지의 수사, 더 나아가 다중 매체언어의 수사적 기술을 함께 터득할 수도 있다. 멀티리터러시의 역량이 란 결국 다양한 매체형식으로 존재하는 언어를 자유롭게 활용할 수 있는 힘이라 는 사실을 떠올려본다면, 이처럼 매체언어를 다루는 섬세한 활동이 결국 다양한 매체에 대한 이해와 사유를 확장해줄 수 있다는 사실은 매우 중요하다.

4.6. 블로그 – 매거진 출판

학생들이 과제의 결과물을 교실 안에서 보여주는 것으로만 끝내지 않고 보다 많은 사람들과 공유할 수 있게 된다면, 과제 수행 단계에서 더욱 확실하게 동기 부여가 될 가능성이 높다. 이를 테면 수업 중의 과제가 블로그나 유튜브, SNS로 출판될 수 있다면, 그것은 학생들에게 또 다른 자극이 될 수 있다.

사실, 오늘 날 출판의 상황은 이전과는 아주 판이하게 달라졌다. 소규모 인쇄 를 목표로 한 1인 출판부터, 다수의 익명의 독자들을 대상으로 한 인터넷 출판, 혹은 유튜브나 인스타그램 같은 전혀 새로운 종류의 매체 출판에 이르기까지, 능력만 있다면 학생들은 얼마든 자신의 개인적 작업을 출판할 수 있다. 따라서 글쓰기 수업에서 이처럼 다양한 매체 출판 경험을 제공하는 것은 충분히 의미 있는 일이 될 수 있다. 교실에서 배운 이론과 지식이 실제 세계에 유의미한 것이 되기 위해서라도, 수업의 내용이 변화하는 매체 현실에 적절하게 대응할 수 있어야만 하기 때문이다.

멀티리터러시의 역량을 강화하기 위한 글쓰기 수업도 이러한 매체 상황을 반영할 필요가 있다. 블로그 잡지를 위한 기사나, 유튜브 동영상을 위한 스토리 보드를 만들어 보는 일은 이런 점에서 훌륭한 과제가 될 수 있다.

〈모형 6〉 블로그 - 매거진 출판 수업의 교육 목표와 내용

강의요약	다양한 이미지 자료와 사진 등을 활용해, 출판 편집을 시도한다.
목표	• 인지교육: 자신이 얻은 지식과 정보를 가공하고 다른 사람에게 전달할 수 있다. • 매체교육: SNS, 블로그, 잡지 등 복합매체 활동을 경험하고, 그 특징을 이해한다. • 쓰기교육: 읽는 이(독자)를 염두에 둔, 매력적인 글쓰기의 기술을 터득한다.
내용	• SNS, 블로그, 종이잡지 등 복합양식(multimodal)의 대중매체가 지닌 특징을 이해. • 이미지와 글의 상호텍스트적 결합에서 오는 효과를 이해. • 특정한 주제나 정보를 효과적으로 전달하는 방식을 이해. • 주제와 독자 등 다양한 여건을 고려한 글쓰기 전략의 이해.
활동	• 자기 주변의 특별한 사건이나 현상 등, 다른 사람과 공유할만한 의미 있는 주제를 선택하고 그것을 정보전달의 텍스트로 기획한다. • 주제와 관련된 내용을 취재하고, 그것에 관한 심화된 정보를 요약, 정리한다. • 취재한 내용을 정보 전달의 글쓰기로 구체화하고, 이를 다양한 자료를 활용해 복합양식의 텍스트로 구성, 편집, 출판한다. • 결과물의 공유: 다른 사람들의 작업을 보고 직접 평가해본다.
평가	• 주제를 드러내는 데에, 글쓰기의 내용과 형식은 적절한가. • 다양한 자료들을 연결해 유의미한 결론을 도출할 수 있는가. • 주제에 대하여 성실한 취재가 이뤄졌는가, 또한 그에 대한 심층적인 논의가 이뤄지고 있는가. • 읽는 이를 감안한 글쓰기를 할 수 있는가.

다만 여기에서 중요한 점은, 멀티리터러시 역량을 향상시키는 글쓰기가 단순히 글과 사진을 함께 활용하는 수준으로만 머물러서는 안 된다는 것이다. 단순히 같은 지면에 사진과 글을 동시에 놓는다고 해서 학생들의 멀티리터러시 능력이 향상되지는 않기 때문이다. 블로그에 글을 올리거나, SNS를 활용한다고 해서 매체와 정보에 대한 안목이 갑자기 향상되는 것도 아니다. 따라서 이런 교육에서 중요한 것은, 서로 다른 종류의 매체와 자료를 연결하는 과정에서 기존의 정보가 훨씬 더 풍요로운 의미로 재탄생된다는 사실을 깨달을 수 있도록 계기를 마련해주는 일이다.

사실 책을 읽는 것보다 디지털 매체를 통해 글을 쓰고 읽는 일이 자연스러운 오늘의 학생들에게 이미지와 글을 연결지어 생각하는 일은 이미 자연스러운 사유의 방법인지도 모른다. 인터넷 공간 속의 수많은 웹페이지들이 대부분 글과 사진이 결합된 텍스트(multimodal text)의 형식을 취하고 있다는 사실에 주목해보

자. 이런 매체 환경에 익숙한 어린 학생들이라면, 실제로 정보를 검색하고 획득하는 일 그 자체는 그다지 어렵게 느끼지 않을 가능성도 높다.

그러나 글쓰기 교육의 관점에서 보자면, 이처럼 똑똑한 학생들에게도 아쉬운, 그래서 더욱 요구되는 글쓰기 역량도 있다. 가령, 인터넷 공간의 글쓰기는 빠르고 쉽지만, 글 자체의 밀도는 훨씬 줄어드는 경향을 보인다. 단락의 길이가 짧아지면서, 문장 안에 깊은 생각이 담길 여유가 사라져 버렸기 때문이다. 파격적이고 선정적인 인상이 더 강조되는 이런 글쓰기 상황에서, 어린 학생들이 치밀하고 섬세한 언어적 논리를 배울 수 있는 기회는 줄어들 수밖에 없다.

이런 현실에서, 학생들에게 정말로 필요한 쓰기 수업은 달라질 수밖에 없다. 이를 테면, 수많은 정보 가운데 의미 있는 주제를 발견하고 그것을 특별한 텍스트로 재창조하는 활동은 학생들에게 중요한 경험이 될 수 있다. 주제를 선정하고, 그에 관한 심화된 내용을 취재하며, 그것을 다시금 완성된 텍스트로 가공할 수 있는 능력은 오늘 날의 학생들이 지녀야만 하는 중요한 능력이다. 다른 종류의 매체 자료를 결합해 주제를 강화하거나, 자신의 관점에서 대상을 발견하고 그것의 의미를 재구성하는 일, 자신의 메시지를 타인에게 성공적으로 전달하기 위해 보다 설득력 높은 텍스트로 만드는 일, 이를 위해 독자의 기호와 요구를 파악하는 일도 모두 중요하다. 외부 세계에 대한 관심만큼이나, 자기의 내면을 섬세하게 발견하는 일도 놓쳐서는 안 된다. 그리고 이런 과정에서 이뤄지는 자기 내면의 진지하고 깊은 사유를 끝까지 몰아가는 힘도 중요하다. 결국 멀티리터러시 향상을 위한 글쓰기 교육이 성공적으로 이뤄지기 위해서는, 학생들에게 요구되는 이런 역량들을 자극할 수 있도록 다양한 요소들을 충분히 고려해야만 하는 것이다.

5. 멀티리터러시 시대, 쓰기 교육의 의의

다양한 매체의 복합 양식 텍스트가 대량생산되고 있는 상황에서 매체의 본질을 이해하는 일은 중요하다. 뿐만 아니라, 매체(미디어)가 세계 인식의 방식이면서 동시에 자기표현의 도구라는 점을 감안한다면, 멀티리터러시는 우리 시대의 중요한 교육 목표가 될 수밖에 없다.

사실, 글쓰기는 멀티리터러시를 교육할 수 있는 매우 현실적인 방법이다. 사유와 표현의 도구로서 글쓰기의 본질이 다매체 시대의 세계를 이해하고, 자기를 표현하는데도 도움을 주기 때문이다. 무엇인가를 쓴다는 행위는 쓰는 이가 자기 외부에 이미 존재하는 수많은 언어와 생각을 인식함으로써 마침내 자신의 생각을 구체화하는 일이다. 따라서 학생들의 멀티리터러시 역량을 고려한 쓰기 교육은 학생들이 세계의 다채로운 풍경을 인식하고, 그 안에 존재하는 수많은 타인들을 이해하도록 해준다. 물론 그 과정에서 세계에 특별하게 반응하는 자신의 내면을 이해하게 된다는 점도 간과해서는 안 된다.

어쩌면 이것은 다매체 정보화시대, 멀티리터리시를 위한 쓰기 교육이 추구하는 궁극적인 목표와 관련되는지도 모른다. 때로 인간이 언어적으로 사유하고, 언어를 통해 세계를 이해하는 경향이 있다는 사실은 시사하는 바가 크다. 다양한 매체를 활용하는 쓰기 교육이, 결국 단순한 기술의 교육이라기보다는 인간의 사유를 변화시키는 일이 될 가능성이 크기 때문이다. 새로운 매체의 언어를 배우는 일이 궁극적으로는 학생들로 하여금, 이 세계의 수많은 타자를 이해하고 공감할 수 있는 새로운 방법을 터득하는 길이 될 수도 있는 것이다.

참고문헌

공성수(2016), 「논리적 글쓰기 전략으로서 인용의 기능과 유형 연구: 대학생 글쓰기
　　에 나타난 사례들을 중심으로」, 『교양교육연구』 10(4), 한국교양교육학회, 605
　　~645쪽.

공성수(2017), 「학습자 중심의 요약하기와 바꿔쓰기 교육」, 『국어교육학연구』 52(2),
　　국어교육학회, 129~174쪽.

공성수·김경수(2017), 「멀티리터러시 향상을 위한 글쓰기 교육의 목표와 수업 모형」,
　　『대학작문』 22, 대학작문학회, 11~49쪽.

공성수(2018), 「인식의 확장 도구로서 다매체 글쓰기 교육 연구」, 『리터러시 연구』
　　9(4), 한국리터러시학회, 45~85쪽.

권명아(2002), 「문화산업 시대의 텍스트 독해와 글쓰기 교육」, 『현대문학의 연구』
　　18, 한국문학연구학회, 85~136쪽.

권성규(2016), 「글쓰기, 설계를 위한 유용한 도구」, 『기계저널』 56(7), 대한기계학회,
　　67~69쪽.

권성호·유명숙(2006), 「멀티리터러시 학습을 위한 성찰지원도구의 개발」, 『교육공학
　　연구』 22(1), 한국교육공학회, 139~159쪽.

권성호·김성미(2011), 「소셜 미디어 시대의 디지털 리터러시 재개념화: Jenkins의
　　'컨버전스'와 '참여문화'를 중심으로」, 『미디어와 교육』 1(1), 한국교육방송공
　　사, 65~82쪽.

권순희(2017), 「변화된 문식 환경과 작문 교육의 역할」, 『작문연구』 32, 한국작문학회,
　　29~60쪽.

김동환(2013), 「매체교육과 언어인식」, 『국어교육학연구』 46, 국어교육학회, 215~
　　241쪽.

김영도(2015), 「사진을 활용한 문학적 글쓰기 연구」, 『교양교육연구』 9(3), 한국교양
　　교육학회, 473~512쪽.

김용석(2006), 「영화텍스트와 철학적 글쓰기―글쓰기의 실례를 통한 접근」, 『철학논

총』42, 새한철학회, 433~478쪽.

김용재(1997), 「대중 매체 문화의 국어교육적 함의」, 『한국초등국어교육』13, 한국초
등국어교육학회, 87~108쪽.

김인경(2014), 「영상매체 활용을 통한 설명하는 글쓰기 연구」, 『사고와표현』7(1),
한국사고와표현학회, 189~206쪽.

김종윤·서수현·옥현진(2016), 「디지털 문식성의 정의적 특성 탐색을 위한 정의적
영역 평가도구 구인 간의 관계성 분석」, 『새국어교육』107, 한국국어교육학회,
37~65쪽.

김지영(2012), 「디지털 시대 '사진 쓰기'의 의미」, 『한국콘텐츠학회논문지』12, 한국
콘텐츠학회, 156~159쪽.

김춘규(2014), 「융합적 사고에 기반한 글쓰기 수업 방안 연구」, 『교양교육연구』8(6),
한국교양교육학회, 375~400쪽.

노연숙·현혜연·하동환(2007), 「디지털 카메라를 활용한 유아 사진 교육이 이미지리
터러시 능력 향상에 미치는 영향」, 『한국사진학회지』16, 한국사진학회, 64~
72쪽.

민춘기(2015), 「뉴미디어 시대의 소통과 글쓰기에 대하여」, 『교양교육연구』9(1), 한
국교양교육학회, 181~212쪽.

민현미(2006), 「국어과 '그려쓰기' 교수·학습 방법 연구」, 『한국초등국어교육』32,
한국초등국어교육학회, 155~190쪽.

박정하(2014), 「왜 영화로 글쓰기 교육을 해야 하는가?」, 『한국사고와표현학회 학술
대회 논문집』, 한국사고와표현학회, 9~12쪽.

방상호(2017), 「미국 중등학교 테크놀로지 통합 쓰기 교육의 동향」, 『작문연구』32,
한국작문학회, 1~27쪽.

서유경(2012), 「매체와 국어교육」, 『우리말연구』30, 우리말학회, 41~61쪽.

신종락(2012), 「전자책과 인터넷 글쓰기로 인한 문학 패러다임의 변화와 영향」, 『코
기토』71, 부산대학교 인문학연구소, 435~466쪽.

안미영(2016), 「시대와 공감하는 글쓰기: 비평적 글쓰기의 실제」, 『대학작문』17,
대학작문학회, 71~93쪽.

안정임(2002), 「디지털 커뮤니케이션과 미디어 리터러시: 의미와 연구방향의 모색」, 『교육정보방송연구』 8(3), 한국교육정보방송학회, 5~23쪽.

안혁(2014), 「리터러시를 위한 이미지와 내러티브 관계 분석」, 『언어와 언어학』 63, 한국외국어대학교 언어연구소, 107~132쪽.

엄현섭(2015), 「인문교양과 매체 융합의 상관성」, 『대학작문』 13, 대학작문학회, 163~192쪽.

옥현진·서수현(2011), 「초등학교 1학년 학생들의 그림일기 표현 활동에 나타난 복합양식 문식성 양상 분석」, 『한국초등국어교육』 46, 한국초등국어교육학회, 219~243쪽.

옥현진(2013a), 「문식성 재개념화와 새로운 문식성 교수·학습을 위한 방향 탐색」, 『청람어문교육』 47, 청람어문교육학회(구 청람어문학회), 61~86쪽.

옥현진(2013b), 「디지털 텍스트 읽기 능력과 디지털 텍스트 읽기 평가에 대한 일고찰」, 『새국어교육』 94, 한국국어교육학회, 84~108쪽.

옥현진(2015), 「새로운 글쓰기 방식의 등장과 쓰기 교육」, 『새국어생활』 26, 국립국어연구원, 67~80쪽.

이원숙(2013), 「인식의 확장을 유도하는 예술계열 글쓰기」, 『대학작문』 6, 대학작문학회, 185~211쪽.

이원숙(2015), 「미술작품 감상과 창의력 증진을 위한 글쓰기」, 『교양교육연구』 7(2), 한국교양교육학회, 169~195쪽.

이경화(2000), 「매체 언어의 국어 교재화 방안」, 『한국초등국어교육』 17, 한국초등국어교육학회, 39~56쪽.

이정옥(2005), 「대학 글쓰기 교육의 새로운 방향 모색」, 『작문연구』 1, 한국작문학회, 165~192쪽.

이지호(2010), 「만화와 국어교육: 글쓰기를 중심으로」, 『초등교육연구』 10, 한국초등교육학회, 239~262쪽.

이혜경(2016), 「다중 텍스트를 활용한 대학 글쓰기 지도연구」, 『열린정신 인문학연구』 17(1), 원광대학교 인문학연구소, 317~348쪽.

임지원(2015), 「참여적 글쓰기를 위한 복합양식 리터러시 기반의 매체언어 연구」,

『사고와표현』8(2), 한국사고와표현학회, 279~307쪽.

서수현·옥현진(2013), 「아동의 그림일기에 나타난 글과 그림 간의 의미 구성 방식」, 『아동학회지』34(4), 한국아동학회, 163~177쪽.

장미영(2015), 「다중매체텍스트를 활용한 글쓰기 지도방법 연구」, 『시학과언어학』 31, 시학과언어학회, 207~305쪽.

장창영(2003), 「디지털을 활용한 글쓰기 교수−학습 전략」, 『한국문학이론과 비평』 20, 한국문학이론과 비평학회, 396~417쪽.

장화심·유성호(2006), 「사진을 활용한 시 창작 교육의 가능성」, 『교원교육』22(3), 한국교원대학교 교육연구원, 135~153쪽.

정덕현(2017), 「사진과 내러티브를 활용한 성찰적 글쓰기 수업 연구」, 『문화와융합』 39(2), 한국문화융합학회, 145~176쪽.

정현선(2004), 「디지털 리터러시의 국어교육적 고찰」, 『국어교육학연구』21, 국어교 육학회, 5~42쪽.

정현선(2005), 「'언어·텍스트·매체·문화' 범주와 '복합 문식성' 개념을 통한 미디어 교육의 국어교육적 수용에 관한 연구」, 『한국초등국어교육』28, 한국초등국어 교육학회, 307~337쪽.

정현선(2006), 「'언어·문화·소통 기술'의 관점에서 본 미디어 리터러시의 고찰」, 『한 국학연구』25, 고려대학교 한국학연구소, 71~101쪽.

정현선(2009), 「디지털 시대 글쓰기에 있어 '표현도구'와 '매체특성' 이해의 필요성: 초등학교 어린이의 사진과 글에 대한 분석을 중심으로」, 『어문학』106, 한국어 문학회, 99~130쪽.

정현선(2014), 「복합양식 문식성 교육의 의의와 방법」, 『우리말교육현장연구』8(2), 우리말교육현장학회, 61~93쪽.

정혜승(2008), 「문식성의 변화와 기호학적 관점의 국어과 교육과정 모델」, 『교육과정 연구』26(4), 한국교육과정학회, 149~172쪽.

정희모(2001), 「「글쓰기」 과목의 목표 설정과 학습 방안」, 『한국문학의 연구』17, 한국문학연구학회, 181~204쪽.

정희모(2015), 「창의 융합 과정으로서 작문과 작문교육」, 『독서연구』35, 한국독서학회, 49~77쪽.

주민재(2010), 「대학 글쓰기 교육에서 복합양식적 쓰기의 수용 가능성」, 『새국어교육』 86, 한국국어교육학회, 379~411쪽.

주세형(2006), 「역대 초등학교 1학년 국어 교과서에서 매체 식별 교육 내용의 변천 양상과 국어교육사적 함의」, 『국어국문학』 143, 국어국문학회, 457~484쪽.

황연주(2001), 「영상 정보화 시대에 대처하는 미술교육에서의 '비주얼 리터러시' 교육」, 『미술교육론집』 12, 한국미술교육학회, 137~156쪽.

황영미·이재현(2016), 「스마트 교육 환경에서의 대학글쓰기 교육 모델 연구: 영화평 협동글쓰기를 중심으로」, 『교양교육연구』 10(2), 한국교양교육학회, 11~42쪽.

岡眞理(2000), 『記憶/物語』; 김병구 역(2004), 『기억, 서사』, 소명출판.

柄谷行人(1997), 『日本近代文學の起源』; 박유하 역(2010), 『일본근대문학의 기원』, 도서출판b.

Flusser, V.(2002), *Die schrift: Hat Schreiben Zukunft?*(4th ed.); 윤종석 역(2002), 『디지털시대의 글쓰기: 글쓰기에 미래는 있는가?』(제4판), 문예출판사.

McLuhan, M.(1997), *The Gutenberg galaxy: the making of typographic man*; 임상원 역(2001), 『구텐베르크 은하계』, 커뮤니케이션북스.

Walter J. Ong.(1982), *Orality and Literacy*; 이기우 역(1995), 『구술문화와 문자문화』, 문예출판사.

Cope, B., & Kalantzis, M.(eds.)(2000), *Multiliteracies: Literacy learning and the design of social futures*, Psychology Press.

The New London Group(1996), "A Pedagogy of Multiliteracies: Designing Social Futures", *Harvard Educational Review*, 66(1), pp. 60~93.

플립 러닝을 활용한 글쓰기 교수 방법

엄성원

1. 플립 러닝의 의미와 가치

이 글에서는 최근 새로운 교수법으로 주목받고 있는 대학 글쓰기 강의의 여러 방식 중 비판적이고 창의적인 사고력을 학습자 스스로 증진할 수 있는 '플립 러닝(flipped learning)'의 실제 수업 방식과 그 효용성을 고찰하고자 한다.

지금까지 초중고 교육은 물론 대학의 교육에서도 보편적인 수업 진행 방식은 교육자가 일방적으로 강의하고 학습자들은 그 지식을 수동적으로 흡수하는 과정으로 주로 구성되었다. 교육의 초점은 오로지 교육자에 의해 수업 시간 중에 진행되는 강의에만 맞추어져 왔고, 학습자들이 그 수업 전후에 예습을 하거나 복습을 하는 행위는 자율에 맡겨질 뿐 교육 과정 설계에서 중요시되지 않았다.

하지만 이와 같은 기존의 교수법은 산업화 시대의 사회적 수요에 부응하여 짧은 시간 안에 많은 양의 지식을 단방향으로 전달하는 역할에는 적합하고 효율적이었지만 학습자의 자발성과 창의성 및 비판적 사고력의 계발이 중요한 현대 정보화 사회에서는 그 가치를 점차 상실하고 있는 것이 사실이다.

이러한 시대적인 변화상을 반영하여 강의실 외부에서 온라인 수업을 사전에 실행한 이후에 강의실 내부에서 면대면 수업을 진행하는 역방향의 교수법인 플립 러닝 방식이 관심을 끌게 되었다. 이 교수법은 기존의 수업 진행 과정을 반대로 뒤집었다는 의미에서 '역전 학습', '반전 학습', '역진행 교육', '거꾸로 학습', '뒤집어진 교육' 등으로 다양하게 불리고 있는데 이는 교육자가 일방적으로 지식을 주입하는 과거의 전통적인 교육 방식을 '거꾸로 뒤집어서' 학습자가 자기주도적으로 학습의 결과물을 성취하도록 유도하기 때문에 붙여진 명칭이다.

이 교수법은 학습자가 수동적이고 소극적인 태도로 지식을 전달받는 방식이 아니라 교육 참여자 모두의 능동적이고 적극적인 상호 교류와 협동을 통해 문제해결을 도모하고 그 과정에서 성과물을 공유할 수 있다는 점에서 그 의의와 가치를 인정받을 수 있다. 이 방식은 단순히 온라인 교육과 오프라인 교육을 병용하여 진행한다는 단순한 의미의 '블렌디드 러닝(blended learning)'으로 머물지 않는다(김지선, 2014). 이 교수법은 강의실 내부와 외부에서 각각 수행하는 수업 내용에 있어서 주안점과 가중치를 서로 뒤바꾸어서 운영한다는 점에서 그 교육적인 새로움을 확보하고 있는 것이다.

다시 말해 이 교수법은 강의실 안에서 교육자의 강의가 중요한 것이 아니기 때문에 그 과정은 사전 온라인 수업으로 간단히 대체하고, 대신 한 공간 안에서 학습자들이 스스로 문제를 설정하고 이를 다른 사람들과의 교류를 통해 합리적으로 해결할 수 있도록 다양한 기회를 제공한다는 점에서 가치가 있다. 교육자가 추상적인 이론을 전수하고 종료하는 방식을 고수하는 것이 아니라 교육자와 학습자는 물론 학습자 상호 간의 다양한 토론과 의견 교환을 더 중시하는 방식이기 때문에 긍정적인 효과를 달성할 수 있는 것이다.

이상과 같은 교육 현장의 변화를 배경으로 다음 장부터 플립 러닝을 성공적으로 수행하기 위한 전제 조건을 우선 살펴보고, 이후 이 교수법의 기본 개념과 유형 및 수업 설계 방법을 고찰해 보기로 한다. 이어서 이를 기반으로 하여 플립 러닝을 활용한 대학 글쓰기 교육의 실제 사례를 제시해 보기로 하겠다.

2. 플립 러닝 운영의 전제 조건

'플립 러닝'은 수강생들이 학습하는 내용에 관하여 사전 지식을 지닌 후 스스로 문제의식을 갖게 하여 그에 대한 창의적인 해결책을 교육자가 아닌 동료들과의 협업을 통해 발견하는 것이 핵심이다. 따라서 수업 목표와 그 구체적인 실천 방법을 효율적으로 설정하는 것만큼이나 중요하게 그 배경이 되는 수업 여건을 최적화하는 작업 역시 필수적이다. 플립 러닝을 위한 세 가지 조건은 다음과 같다(엄성원, 2016).

2.1. LMS(Learning Management System) 구축

'수업 전 학습'과 '수업 후 학습'을 원활하게 연계하기 위한 디지털 온라인 시스템이 우선 구축되어야 한다(지현배 외, 2014). 교육자 혼자 주도하여 수업을 운영하는 방식이 아니기 때문에 교육자와 학습자뿐만 아니라 학습자들 상호 간의 원활한 의사소통을 지원하는 온라인 매체의 기능은 이 교수법의 사전 작업으로 중요한 요소이다. 학습자들이 동영상 강의를 온라인으로 제대로 수강 하였는지 교육자가 쉽게 확인할 수 있을 뿐만 아니라 의문 사항을 즉시 답글 형태로 올려 다른 학습자들과 공유할 수 있는 시스템이 가장 유용하다.

2.2. 적정 수강생 인원수 유지

'수업 중 학습'을 효과적으로 진행하기 위해서는 학습자들의 조별 활동이 편리하도록 적절하게 인원수를 제한해야 한다. 조별 활동을 수행하는 학습자들이 학습의 방향을 놓치지 않도록 교육자가 효율적으로 조력하기 위해서는 적정 인원의 수업 구성이 필수적이다. 이에 따라 학습자의 수는 30명 이내로 제한하고 원활한 조별 활동을 촉진하기 위해 5명씩 6개조 정도로 편성하는 것이 좋다. 과다하지 않은 인원으로 조를 구성해야 협업 과정을 통해 서로 교류하고 소통할 수 있다. 학습자들의 친밀한 상호작용을 통해 자신과 상대방의 공통점과 차이점을 인식하게 된다면 그 교육 효과는 증대될 것으로 기대한다.

2.3. 표준 수업 모형과 공통 교안 마련

대학 글쓰기 과목과 같이 교양필수로 지정된 강의의 경우 여러 분반이 개설될 수 있는데 분반마다 교육 효과가 동일하게 달성될 수 있도록 온라인과 오프라인의 체계화뿐만 아니라 표준화된 교수법을 사전에 공유하고 실천해야 한다. 물론 분반별 학습자들의 특성과 역량 차이를 유의해야 하겠지만 기본적인 학습 목표에서 일탈하지 않도록 공통의 교안을 마련하고 워크숍 등을 통해 교수법을 공유할 필요가 있다. 다만 이러한 표준 모형이 교육의 다양성을 해치고 학습자들의 개성을 억압하지 않도록 획일화의 위험을 회피해야 한다.

3. 플립 러닝의 개념과 유형 및 설계 과정

3.1. 플립 러닝의 등장과 기본 개념

시대의 변화에 따라 새로운 교수법이 필요하다는 사실은 누구나 인정하는 명제이다. 현재 교육 현장에서 주로 사용하는 교육자의 설명식 수업 운영은 미래 사회 역량을 갖춘 인재 양성에 한계를 보이고 있기 때문이다. 창의력, 문제해결 능력, 의사소통 능력, 비판적이고 논리적인 사고 능력 등 고차원적 역량은 기존의 교수법만으로 성취할 수 없는 것이 현실이다. 이를 해결하기 위해 학습자들의 협업을 통한 상호보완적 학습이 가능하도록 '협동 학습', '팀 기반 학습', '프로젝트 기반 학습', '문제해결 기반 학습' 등을 그 대안으로 제시하여 왔다.

문제는 이러한 새로운 학습법에도 일정한 한계가 존재한다는 점이다. 협동 학습은 그룹 내의 학습자들의 수준이 일정해야 하고, 강의실에서 진행되는 학습자의 개인 수행 활동 시간이 충분히 보장되어야 큰 효과를 볼 수 있다. 이를 위해 학습자들이 시간을 절약하는 방편으로 강의 전에 수업 내용을 먼저 동영상으로 학습한 뒤에 강의 시간에는 여유를 가지고 스스로 해결하지 못한 과제를 수행하는 새로운 교수법이 등장하였는데 그것이 바로 지금까지 언급한 '플립 러닝'이다. 간단히 말해 이 교수법은 온라인 학습에서 사전에 습득한 지식을 바탕으로 오프라인 수업에서 이를 적용하고 심화하는 교육 방식이다. 이 과정을 간략히 정리하면 다음과 같다.

① 온라인 동영상을 선행 학습한 후 오프라인에서 학습 내용을 간단히 확인한 뒤에 교육자의 소개 강의를 짧게 듣는다. → ② 교육자는 선행 학습을 기반으로 강의실에서 심화된 문제나 실습 과제를 제시한다. → ③ 그룹을 나누어 문제해결 방법을 논의하고 실습 과제를 수행한다. → ④ 질문하고 토론하고 논쟁하면서 학습자끼리 서로 가르치고 배운다. → ⑤ 오프라인 수업 종료 후 정리된 사항을 온라인에 탑재하여 다른 학습자들과 성과를 공유한다.

이 교수법은 수업의 관심을 교육자에서 학습자로 옮기는 작업이고 교육자의 통제를 최소화하는 작업이기 때문에 수강생들은 학습에 있어서 더 많은 책임을 진다는 특징이 있다. 또한 학습자들 스스로 수업에 적극적으로 활동할 수 있는 상황이 제공되고 집단화가 아닌 개별화된 수업이 가능하다는 장점이 있다. 교육자와 상호작용을 더 활발하게 할 수 있고 학습자의 학습 상황이나 문제점을 개별적으로 파악할 수도 있다. 그리고 수강생들 사이의 동료학습을 통해 본인의 관점을 자연스럽게 변화시키고 이를 통해 집단지성으로 심화할 수 있는 기회를 갖는다.

정리하면 이 교수법은 학습효과가 낮은 듣기, 읽기, 시청각 수업 등은 기존의 방식으로 온라인 학습을 통해 이수하고 교육자와 만나는 시간에는 토론, 연습, 실행, 적용, 상호 설명 등으로 학습 효과를 극대화하는 학습자 중심의 참여적 수업을 지향한다. 즉, 최종 학습 목표를 달성하기 위한 하위 목표는 학습자 스스로 습득하고 상위 목표는 교육자의 조력 아래 학습자들 간 협업의 방식으로 성취하는 교수법이다.

3.2. 플립 러닝의 유형

플립 러닝은 학습 목적에 적합하게 다양한 형태로 변형하여 융통성 있게 수업에 적용할 수 있다. 대표적인 플립 러닝 유형은 다음과 같이 네 가지가 있다.

① 기본형 플립 러닝

가장 흔하고 기초적인 형태의 수업으로 수업 전에 동영상 강의를 이수하고 수업 시간 중에는 학습한 내용을 실제로 연습하는 방식이다. 이때 교육자는 학습자들과 1 : 1로 접촉하며 학습 성취도를 개별적으로 확인할 수 있는 장점이 있다.

② 설명형 플립 러닝

교육자가 사전에 직접 동영상을 촬영한 뒤에 이를 학습자들에게 제공하여 각자의 학습 속도에 맞게 시청할 수 있도록 유도하는 방식이다. 이 형태는 암기 해야 할 것이 많거나 반복 학습이 필요한 과목에 유용하다.

③ 토론형 플립 러닝

학습 주제에 알맞은 동영상 자료나 읽기 자료를 사전에 제공하고 수업 시간에 는 이에 관해 다양한 방식으로 토론을 진행하여 그 주제를 심층적으로 탐색하는 방식이다. 학습해야 할 내용이 방대하거나 입장에 따라 논란의 여지가 있는 주제를 다룰 때에 유용한 방법이다.

④ 그룹형 플립 러닝

이 방식은 앞의 '토론형 플립 러닝'과 유사한 과정을 거치지만 수업 중 그룹을 사전에 확정하여 협업을 통해 학습 효과를 증진한다는 차이가 있다. 이 방식은 결과보다 과정에 초점을 맞추는 형태로 교육자의 일방적 강의가 아니라 학습자 들 상호 간의 교류를 통해 자발적인 동료 학습이 이루어질 수 있도록 유도하는 것이 중요하다.

이밖에 수업 이전이 아니라 수업 중간에 동영상을 함께 시청한 뒤 그 내용을 연습하는 형태와 동영상 강의뿐만 아니라 발표나 과제 제출 및 첨삭도 오로지 온라인 시스템을 통해 진행하는 방식도 있으나 이는 온라인과 오프라인을 적절히 분리하여 혼용하는 교수법이 아니기 때문에 일단 논외로 한다.

이러한 다양한 플립 러닝 유형 중 ①은 학기 초에 글쓰기의 기초 개념으로서 단어, 문장, 문단의 의미를 선행 학습한 뒤에 강의실에서 이를 직접 실습할 때에 적합하고, ②는 개요 작성 요령과 과정별 글쓰기에서의 유의할 점 등을 반복 학습시키는 데에 유용하다. 하지만 대학 글쓰기 교과목에서 가장 효과적이고 실용적인 형태는 ③과 ④의 방식이라고 할 수 있다. 이에 대한 자세한 내용은 뒤에서 서술하기로 한다.

이때의 교육자는 주입식 교육을 진행하는 역할이 아니라 개인이나 집단을 자극하고 돕거나 중재하고 조정하는 사람, 즉 퍼실리테이터(facilitator)의 역할을 수행한다는 점을 유념해야 한다. 이 교수법은 학습자들 스스로 학습을 심화시키는 것이 목적이며 자발적으로 성찰하고 학습할 수 있도록 돕는 방식을 택한다. 기존의 교육자는 일방적인 정보제공자의 역할을 주로 수행하였으나 이 새로운 교수법에서는 학습자 그룹의 운영과 활동을 관리하고 촉진하는 학습조력자의 역할을 중시하고 있다.

3.3. 플립 러닝의 수업 설계 과정

플립 러닝을 활용한 대학 글쓰기 강의를 성공적으로 수행하기 위해서는 우선 적절하고 효율적인 '수업 설계' 작업이 선행되어야 한다. 수업 설계란 교육의 목적과 방향 및 방법을 명확하게 정리하는 작업으로 이 과정이 체계적으로 수립되어야 강의의 시행착오를 최소화할 수 있다.

예를 들어 지나치게 과다한 내용을 일방적으로 가르친다거나 수강생의 이해도와 상관없이 진도 확보에만 급급하다면 수업 설계가 애초에 잘못되었기 때문에 발생하는 오류라고 볼 수 있다. 학습자들의 학습 동기를 적극적으로 촉발하고 참여도를 높이기 위해서는 수업 설계를 통한 수강생과의 효과적인 커뮤니케이션 전략을 사전에 수립하는 것이 중요하다.

일반적인 대학 강의의 수업 설계에서 고려해야 하는 사항은 다음과 같다. 첫째, 학습이 완료되었을 때 수강생은 어떠한 능력을 최종 성취해야 하는지 전체 '학습 목표'를 분명히 한다. 둘째, 학습 목표를 달성하기 위해 배워야 하는 내용을 어느 정도까지 한정할 것인지 '학습 분량'을 명확히 한다. 셋째, 수업에서 교육자의 역할과 학습자의 특성을 정확히 파악하고 '수업 환경'을 어떻게 구축할지 결정한다. 이후 동기 유발의 방법, 의사소통의 구체적 방식, 수준별 학습 전략, 교수 방법론 선택, 매체 활용의 범위, 학습자 평가의 기준 등을 유기적으로 설계한다.

특히 플립 러닝을 활용한 교과목의 수업 설계는 단계별로 다음과 같은 점에 유의해야 한다.

① 플립 러닝의 유용성 검토 단계

해당 과목의 학습 목표를 성취하기 위해 이 교수법이 적절하고 효과적인지 먼저 파악하는 작업부터 시작한다. 모든 주차의 수업을 오직 플립 러닝 방식으로만 구성할 필요는 없지만 이 교수법이 해당 과목의 교육 목표 달성에 적합하다는 전제가 먼저 충족되어야 한다. 이어서 플립 러닝 수행에 적절한 교육자의 조건이나 자격뿐만 아니라 수강생의 수준과 성향 및 요구 사항을 분석하고, 온라인과 오프라인 학습 과정에서 다룰 내용의 범위와 이를 직접 수행할 물리적인 환경이 충분한지 확인한다.

예를 들어 일방적인 동영상 강의가 아니라 글쓰기 첨삭과 같이 현장의 면대면 접촉을 통해서만 의미가 있는 내용은 당연히 플립 러닝에 부적합하다. 온라인 이론 강의와 강의실 현장 실습이 분명히 구분되면서도 연계되는 교과 과정이 적합하다. 수강생이 온라인 동영상에 쉽게 접근하고 즉시 의견을 표명할 수 있는 인터넷과 LMS 환경이 충분히 완비되었는지도 확인한다.

② 교과목의 수준 결정과 주차별 강의 개요 설계 단계

우선 수요자 분석을 통해 어느 정도의 범위와 심도까지 교육할 것인지 난이도 수준을 결정하고, 주차별 수업의 수준과 개별 강의 개요를 거시적인 관점에서 수립한다. 온라인 활동과 오프라인 활동을 어떻게 시간적으로나 내용적으로 배분하여 교육할 것인지 큰 관점에서 교수 전략을 계획하는 단계이다.

특히 수업 전/수업 중/수업 후 교육의 학습목표, 학습내용, 학습활동, 평가방식 등을 각각 선정하여 배분하는 작업이 중요하다. 이후 직접 제작한 동영상 자료를 사용할지 아니면 OCW나 K-MOOC과 같은 외부의 강의 자료를 활용할지 학습 내용에 따라 주차별로 결정한다. 대체적으로 교육자가 직접 촬영한 동영상이 학습 효과가 더 크지만 다양성을 통해 단조로움을 피하고 양질의 콘텐츠를 제공하기 위해 유튜브와 같은 기존의 자료를 적절히 활용하는 것도 효율적이다.

③ 교육 자료 수집과 개발 단계

온라인 형식의 수업 전 강의와 오프라인 방식의 수업 중 강의에서 각각 활용할 다양한 교육 자료, 즉 각종 콘텐츠를 수집하고 개발하는 단계가 개강 전에 필요하다.

우선 해당 교과목에 적합한 교수 학습 자료를 선별한 뒤 강의 내용을 사전에 촬영하여 녹화 및 편집하거나 외부의 동영상 자료를 미리 확보한다. 이때 동영상 자료는 시간 설정이 중요하다. 아무리 중요하고 유익한 내용이라 할지라도 10분이 넘어가는 동영상 자료는 학습자들로부터 외면을 받기 쉽다.

또한 개인용 컴퓨터보다는 스마트폰으로 동영상을 시청하는 학습자들이 대부분이므로 모바일 환경에 적합하도록 제작한다. 이 영상 제작 과정에서는 컴퓨터 화면 녹화 프로그램인 오캠을 활용한다든가 스마트폰의 여러 영상 편집 어플의 도움을 받는 것이 좋고, 유튜브의 계정을 만들어 무료로 영상을 편집하고 탑재하는 기능도 사용하는 것이 필요하다.

이어서 수업 중 강의에 사용할 퀴즈, PPT, 활동지, 평가지, 읽기 자료, 그림 자료, 각종 도표 등을 다양하게 제작한다. 이때 주차별 학습 내용과 과정 및 순서뿐만 아니라 예상 소요 시간 및 학습자들의 조별 구성과 중간 점검 방식도 세부적으로 모색한다. 이를 바탕으로 각 주차별, 단계별, 시간별 세부 교수 매뉴얼을 완성한다. 현장 수업에서는 예를 들어 발표조가 모두 결석을 하는 등 돌발 상황이 나타나게 마련이므로 이에 대한 대비책도 어느 정도 미리 마련한다.

④ 온라인과 오프라인 수업 실행 단계

지금까지의 수업 설계 및 개발 자료를 바탕으로 학기 중에 '온라인 선행 교육 → 다양한 방식의 면대면 상호 협업 및 공유 → 마무리 정리 및 중간점검 활동' 등 3단계 교육을 실제로 수행한다. 앞서 언급한 것처럼 온라인 교육에서는 수업 자료가 원활하게 학습자들에게 전달될 수 있고 동영상 강의 수강 여부를 확인할 수 있는 LMS를 적절하게 활용하는 것이 효율적이고, 동영상 강의 이후 혹시 발생할 수도 있을 의문 사항이나 추가 보완 사항을 온라인으로 접수하여 답변을 주는 방식을 활용한다.

이어서 교실 내 수업에서는 선행 학습 결과를 확인하기 위해 퀴즈나 개별 질문 및 답변 과정을 진행하고, 만약 선행 학습 성취가 미흡한 경우 보충 및 심화 강의를 간략하게 실시한다. 이후 사전 학습에서 습득한 지식을 바탕으로 문제풀이, 토의와 토론, 분석 활동, 작문 활동, 조별 활동, 상호평가 활동, 문제기반 학습, 팀 프로젝트, 하브루타 등 다양한 형태의 역동적인 현장 교육 활동이 자발적으로 이루어질 수 있도록 유도한다.

이때 교육자와 학습자뿐만 아니라 학습자 상호 간의 협동 작업이 원활히 수행될 수 있도록 경우에 따라서 카카오톡 단톡방이나 오픈채팅방, 혹은 페이스북이나 인스타그램 등의 SNS를 선별적으로 이용하는 것도 효과적이다. 구글 클래스룸과 같은 다양한 교육 서비스 매체를 사용할 수도 있고 소크라티브, 심플로우, 카훗, 핑퐁과 같은 쌍방향 소통형 수업 어플리케이션을 활용하는 추세도 최근 증가하고 있다.

마지막으로 지금까지 진행한 학습 내용을 요약 정리한 이후에 다음 수업에서 다룰 주제와 사전지식을 간단히 소개한다. 또한 수업 후 과제인 학습활동 소감 정리와 수강생 성찰활동 기록을 온라인으로 탑재할 수 있도록 수업 후 수행활동을 지도한다.

⑤ 플립 러닝의 효용성 평가 단계

학기 종료 시점에 플립 러닝 방식이 해당 교과목에 적합하고 효과적이었는지 평가하는 작업을 진행한다. 학습 목표 달성 여부와 그 성과를 정리 및 분석하고 학습자 만족도 평가와 교육자의 자기평가도 실시한다. CQI 작성과 같은 표준화된 평가 방식을 도입하는 것도 유효하다.

4. 플립 러닝을 활용한 대학 글쓰기 교육의 운영 사례

앞에서 정리한 '교과목 분석 → 주차별 설계 → 콘텐츠 개발 → 현장수업 실행 → 사후 평가' 등 다섯 단계의 플립 러닝 설계 과정 가운데 가장 중요한 부분은 역시 네 번째인 '현장수업 실행'이라고 할 수 있다. 앞서 언급했듯이 이 과정에서는 문제풀이, 토의와 토론, 분석 활동, 작문 활동, 조별 활동, 상호평가 활동, 문제기반 학습, 팀 프로젝트, 하브루타 등 다양한 형태의 교수법이 주차별 학습 목표에 적합하게 적용된다.

대학 글쓰기 교육에서 플립 러닝의 실제 사례를 다각적으로 모색한 연구로는 김지선(2014), 김양희(2015), 엄성원(2016), 전지니(2016), 유육례(2018), 엄성원 (2019) 등의 논의가 대표적이다. 이외에 외국인 유학생을 위한 한국어 글쓰기 과정에서의 플립 러닝 모형을 제시한 김성수(2017)과 이경애(2017)의 논의도 참고할 가치가 있다. 또한 비록 글쓰기 수업이 아니라 다른 계열의 수업을 대상으로 분석한 내용이기는 하지만 '토론 활동', '소그룹 활동', '팀별 프로젝트 활동' 등 플립 러닝 모델을 세 가지 유형으로 정리한 김진선·장미소·박양주(2019)의 논의도 매우 유용하다.

이러한 다양한 기존의 연구 성과를 바탕으로 대학 글쓰기 수업에서 유용한 구체적인 교수법 사례를 몇 가지 정리하여 소개한다.

4.1. 토의와 토론 방식

대학 글쓰기 교실에서 가장 일반적인 현장수업 방식은 '토의와 토론' 후에 발표를 하거나 글쓰기를 진행하는 것이다. 토의나 토론은 합리적인 근거를 바탕으로 상대방을 설득하여 최선의 결과를 도출하는 과정이기 때문에 논리적이고 체계적인 글을 작성하기 위한 사전 작업으로서 매우 적합하다. 이 방식의 장점은 열려 있는 의사소통 과정을 통해 학습자가 수업에 자발적으로 참여할 수 있어서 학습 동기와 관심을 적극적으로 유발할 수 있고, 일관성 있는 대화를 통해 의견을 공유함으로써 사회적인 문제해결 능력을 기를 수 있다는 점에 있다.

우선 선행 학습인 온라인 동영상 강의에서 토의와 토론의 기본 개념과 절차 및 그 차이점을 이론적으로 설명하는 것이 필요하다. 예를 들어 토의는 주어진 문제에 대한 협력적인 논의로서 일치하는 해답을 찾고자 하는 데에 목표가 있지만 토론은 토론자마다 이미 해답이 나와 있는 것으로 상대방을 설득하는 데에 중점을 둔다는 점에서 차이가 있다. 또한 토의는 서로 협력해 논의하면서 생각을 확장하는 전략이지만 토론은 대립을 전제로 자기의 의견을 정면으로 주장해 나가는 방식이다. 그리고 토의는 자유스럽게 논의하고 발언하며 아무런 제약 조건이 없지만 토론은 규칙과 절차 및 방법 등이 엄격히 정해져 있어서 규칙에 따라 주장을 전개해야 한다. 마지막으로 토의는 승패의 문제가 아니기 때문에 타인의 의견을 격하해서는 안 되지만 토론은 찬반의 뚜렷한 의견을 마음에 두고 자신의 주장을 설득하기 위해 적극적으로 반론을 제기한다는 점도 구분해서 전달한다.

이처럼 토의와 토론을 구분하고 그 절차를 설명하는 기초 강의 이후에 토론의 여러 형식과 그 특성을 간략히 소개한다. 예를 들어 원탁 토론, 버즈(Buzz) 토론, 직소(Jigsaw) 토론, 피라미드 토론, 링컨-더글라스 토론, CEDA(Cross Examination Debate Association) 토론, 칼 포퍼 토론, 월드 카페 등 다양한 토론의 종류와 그 핵심내용을 전달하고 각 주차마다 글쓰기 단계나 주제에 알맞은 토론 형식을 선택하여 수행한다.

예를 들어 김양희(2015)는 글쓰기란 이론을 학습해서 형성되는 지식이 아니라 실제로 글을 쓰는 과정에서 교육자와 학습자 간의 협력과 소통을 통해 구축되는 지식이라는 전제 아래 협업을 통한 학습자 주도형 교육 모형을 제안하였다. 특히 글쓰기에 있어서 주제탐색의 중요성을 강조하면서 오프라인 수업에서 학생과 교수, 학생과 동료 학생들 사이에 질문과 토의 및 토론이 중심이 되어야 한다고 주장하였다.

우선 온라인 수업에서는 이론 강의와 더불어 토론 주제에 알맞은 다양한 읽기 자료를 함께 제시해주어야 하며 동영상 학습 이후에 스스로 공부한 내용의 이해 정도를 측정할 수 있도록 온라인 퀴즈를 준비하는 것도 필요하다고 보았다.

이어서 수업 내 학습에서는 온라인 강의를 통해 학습한 개념을 실제로 적용해 보고 토의와 토론을 통해 사고를 심화하는 방안을 마련할 것을 제안하였다. 글쓰기의 경우에는 토론뿐만 아니라 읽기 능력도 매우 중요하므로 다양한 관점을 통해 읽기를 연습하고 이를 기초로 읽기―쓰기의 통합 모형을 제시하였다. 실제 강의에서는 사고력 함양을 위한 토론과 글쓰기 결과물의 피드백을 위한 동료 간의 합평을 중심으로 수업을 구성하였다.

전지니(2016) 역시 토론을 통한 논증 글쓰기 수업에 플립 러닝 방식을 적용하여 그 효용성을 검토하였다. 수업 전 학습자에게 사형제도의 문제점을 다룬 한 편의 영화를 개별적으로 감상하게 하였고, 그 이후 이 영화에서 사형제 폐지의 필요성을 주장하는 논리에 대해 개인적인 의견을 온라인 댓글 형식으로 작성하도록 유도하였다. 이어서 강의실 수업에서는 이 영화의 논증 구조와 관련하여 자유 토론을 진행하였고, 수업을 마친 후에는 학습자 설문 조사를 통해 플립 러닝 방식에 대한 학습자의 만족도를 확인하였다.

영화를 온라인 선행 학습 자료로 선택한 이유는 학습자들에게 친숙함을 주기 위해서인데 영상 세대라고 불리는 요즘 학생들의 성향상 효과가 클 것으로 기대된다. 비록 오프라인 수업 시간에 영화에 대한 단편적인 감상 위주로 토론이 진행될 우려가 있지만 편하고 자유로운 분위기에서 다양한 반응을 도출할 수 있기 때문에 영화라는 익숙한 장르를 선택하였다고 한다.

이처럼 학습자들은 동영상 감상과 댓글 달기라는 수업 전 학습을 이수한 후 강의실 수업에 참여하였고, 교육자는 영화가 다루는 사형제도에 대해 다양한 생각을 자유롭게 표현하도록 유도하면서 토론과 발표를 진행하였다. 마지막으로 토론을 모두 마친 후 교육자는 영화와 그 주차의 글쓰기 주제를 연계하여 예시함으로써 논증의 필요성과 조건에 대해 학습자들이 이해할 수 있도록 지도하는 수업 모형을 제시하였다.

엄성원(2016)도 대학 글쓰기 수업에서 플립 러닝의 전망과 한계를 실제적인 16주 주차별 수업 모형을 통해 조망하였는데 여기에서도 토론이 중요한 수행 요소로 작용하고 있다. 이 교수법은 학습자들이 자발적으로 문제를 제기하고 이를 스스로 해결할 수 있는 창의적인 방안을 마련할 수 있을 뿐만 아니라 토론을 통해 다른 구성원과의 이견을 조율해서 최선의 합의를 도출하는 방법도 연습하기 때문에 가치가 있다고 보았다.

우선 수업 전 학습에서 교육자는 텍스트 자료나 동영상 자료를 사전에 온라인으로 제공하고 학습자들은 이 자료를 바탕으로 글쓰기에 관한 이론적인 측면을 숙지한 뒤 각자 문제제기와 글쓰기 전략 및 개략적인 개요를 수립하여 수업에 참여한다.

이어 수업 중 학습에서 교육자는 선행 학습 내용을 요약 정리하여 학습자들에게 간단히 소개한다. 이어서 조별 토론을 통해 조원이 각자 준비해 온 과제물 중에서 가장 훌륭한 글쓰기 전략이나 개요를 선정하여 발표하고 질의와 응답 과정을 거친다. 이때 마련한 최적의 글쓰기 전략과 개요를 바탕으로 문단 구성 등 구체적인 글쓰기 방안과 글감을 역시 토론을 통해 모색한다.

마지막으로 수업 후 학습에서는 수업 중 학습한 내용을 정리하여 간략한 보고서 형식으로 제출하거나 이를 바탕으로 한 편의 완결된 글을 작성한다. 작성한 글을 온라인에 게재하고 교육자뿐만 아니라 다른 학습자들의 동료 피드백도 일부 수용하는 수업 모형이다.

4.2. 질의와 응답의 문답 방식

본격적인 토의나 토론에 앞서서 학습자 상호 간에 질문하고 대답하는 단순한 '문답 형태'의 수업이 큰 효과를 발휘하기도 한다. 예를 들어 김지선(2014)은 글쓰기의 학습 과정에서 학습자 중심적이고 대화 중심적인 피드백이 가능하도록 수업 모형을 제안하였다. 이를 위해 글쓰기에 필요한 기초 이론을 교육자가 직접 녹화한 동영상을 통하여 온라인으로 선행 학습한 뒤 오프라인 수업 시간에 이를 적용하고 실습하는 교수법을 제시하였다.

이 논의에 따르면 대화 중심의 플립 러닝 방식은 주제를 점검하고 초고를 발표하는 초기 단계에 주로 활용된다. 학습자들이 주제와 구성에 관한 대략적인 계획을 미리 온라인 강의실에 올려놓으면 2~3명의 지정 독자가 주제에 관한 의문점을 답글로 달고 이를 오프라인 수업 시간에 직접 질문하기도 한다. 글쓴이는 이에 대해 답변을 하고 나머지 학습자들도 추가적인 질문과 답변을 통해 문제의식을 공유한다.

이후 온라인 강의실에서 주제를 수정한 뒤 1주일 후 초고를 작성한다. 이 초고를 지정 독자 2~3명이 다시 읽고 질의와 응답을 통해 더 나은 해결책을 모색한다. 이처럼 동료 간의 문답을 통한 초고 작성 과정이 종료되면 마지막으로 교육자는 최종 완성본이 제출된 이후 글 전체의 구성과 문장을 중심으로 피드백을 진행한다.

유육례(2018) 역시 대학 글쓰기 수업에서 플립 러닝을 활용한 '문답식 교수법'을 적용한 뒤 학습자들의 자기주도 역량과 창의융합 능력이 얼마나 향상되었는지 분석하였다. 학습자들은 미리 동영상과 교재를 예습한 이후에 수업에 참여하였고, 강의실에서는 조를 구성하여 동료 학습자들과의 상호 논의를 통해 질문지를 만든 이후 그 질문지를 바탕으로 다른 학습자들과 문답식으로 학습주제를 논의하였다.

이 질문지는 학습자들이 문답을 실행하기 이전에 학습주제에 대한 기본적인 지식과 사고를 확장하기 위해 작성하는 것이다. 이 질문지 작성 및 질의와 응답 과정을 통해 학습자들은 수동적 태도를 버리고 능동적 자세로 수업에 임할 수 있다고 보았다. 마지막으로 각 조별로 논의한 내용을 발표함으로써 당일 학습한 주제를 완료하는 수업 모형을 제안하였다.

4.3. 동료 첨삭 방식

대학 글쓰기 교육에서 플립 러닝 방식이 성공하기 위해서는 교육자에 의한 첨삭뿐만 아니라 수강생들 상호 간의 첨삭 과정도 정교하게 설계해야 한다. 이에 따라 엄성원(2019)은 능동적이고 자발적인 학습자의 참여와 상호작용을 통해 수강생 모두의 창의성과 비판적 인식 능력을 증진하기 위해서는 단계별 '동료 첨삭'의 방식을 도입하는 것이 유용하다고 제안하였다. 이 논의를 정리하면 다음과 같다.

단계별로 적절하게 계획된 동료 첨삭 방식은 단순히 학습자들 사이의 소통과 교류를 원활하게 유지하는 것에 그치지 않고 글쓰기에 있어서 자신과 상대방의 장점과 단점을 동시에 발견하고 인지하여 내면화할 수 있기 때문에 자기주도적인 교육 효과가 더욱 증가할 가능성이 크다.

물론 동료 첨삭의 단점과 한계도 분명히 존재한다. 예를 들어 학습자들 사이의 능력의 편차가 분명히 존재하고, 전문적이지 않은 첨삭으로 인해 공정한 평가가 저해되며, 동료들 사이의 친소 관계에 따라 평가의 극단적인 편차가 발생하는 등 다양한 왜곡 현상이 나타날 수 있다. 따라서 동료 첨삭은 공정하고 객관적인 평가를 위한 것이 아니라 조원들의 참여도를 높이고 능동성과 적극성을 상호 활성화하는 제한적인 용도로 활용하는 것이 바람직하다.

다만 동료 첨삭의 타당성을 조금이라도 더 높이기 위해 단계별로 표준화된 지침을 사전에 항목별로 제공하여 이를 철저히 교육한다면 첨삭의 신뢰도를 확보할 수 있을 것이다. 이뿐만 아니라 그 과정 자체가 실제의 사례를 통한 글쓰기의 기본 원리를 습득하는 것이어서 효용성을 극대화할 수 있다는 이점도 있다. 즉, 동료 첨삭은 공정한 결과를 얻기 위한 객관적인 수단이 아니라 글쓰기 과정에서 학습자 스스로 동기부여를 촉진하기 위한 전략의 하나이다. 이러한 전제를 바탕으로 플립 러닝 수업에서 동료 첨삭의 기본적인 절차를 모색해 본다.

① 수업 전 학습

사전에 학습자들에게 글쓰기와 첨삭에 관한 기초 이론과 읽기 자료 등을 온라인으로 전달하여 수업 중 진행되는 실습에 충분히 대비하고 적응할 수 있도록 지도한다. 주교재가 있을 경우 이를 충실히 요약 정리하여 전달하고, 부교재에 해당하는 각종 자료를 종류와 순서에 맞게 제시하되 너무 많은 분량이 한꺼번에 전달되지 않도록 유의한다. 특히 여러 첨삭의 방식 중 동료 첨삭의 특징과 장단점을 정확히 제시하여 실습에서 즉시 활용할 수 있도록 유도한다.

이때 텍스트 자료, 링크 자료, 프레젠테이션 자료, 사진 및 동영상 자료 등 다양한 보조 교재를 이용하는 것은 의미가 있으나 글쓰기와 첨삭에 관련된 기초 원리를 간단하게 이해하는 수준으로 과다하지 않게 제한하는 것이 바람직하다. 또한 학습자들의 집중력을 유지하기 위해서 동영상 강의는 10분 내외의 시간이 적절하다. 수업 전 강의는 학습 내용을 완벽하게 습득하는 과정이 아니라 흥미를 유발하여 학습자들을 수업 중 강의로 유도하는 역할로도 충분하다.

② 수업 중 학습

수업 중 강의는 수업 전 과정에서 각자 선행 학습한 내용을 기반으로 학습자들과 주요 논점을 공유하고 협의할 수 있도록 분위기를 조성하는 작업부터 시작한다. 이를 위해 수업 전 강의 내용을 상호 정확하게 확인하는 방안으로 단체 퀴즈나 조별 질문 및 답변 과정을 진행하는 것도 좋다. 이 과정을 통해 만약 선행 학습에서 오해가 발생했거나 수준이 미달되었을 경우에는 이를 보완하는 보충 강의를 추가로 실시한다. 이후 조별 토론과 발표의 시간을 진행하면서 교육자는 수시로 피드백을 제공하여 추후 동료 상호 간의 첨삭에도 활용할 수 있도록 유도한다.

특히 이 과정에서 2차에 걸친 동료 첨삭을 기초적으로 실시한다. 사전에 학습한 읽기 자료와 토론을 통해 습득한 지식을 바탕으로 자신의 글을 실제로 완성하기 위한 첫 단계로 개요를 작성해야 하는데 이때 '1차 동료 첨삭'을 구두로 진행한다. 동일한 주제와 자료를 바탕으로 개요를 작성했음에도 불구하고 학습자마다 구조적 차이가 발생하는 점에 대해 상호 비교하고 토의하며 조언하는 과정에서 바람직한 개요의 요건에 대해 스스로 학습할 수 있다. 조별로 가장 우수하게 구성된 개요를 투표로 선정하고 이를 발표하는 과정을 통해 완성도가 높고 타당성이 충분한 개요를 스스로 인식할 수 있도록 1차 동료 첨삭을 수행한다.

이후 이렇게 개선된 개요를 바탕으로 각 항목마다 핵심 단어를 사용해 한두 문장으로 서술하게 한 뒤에 이를 대상으로 '2차 동료 첨삭'을 진행한다. 즉 단어 차원의 개요를 문장 차원의 개요로 확장하는 과정에서 동료들과 상의하면서 첨삭의 과정을 거치는 것이다. 이 단계에서 교육자는 '문장 차원의 기본 점검 기준표'를 학습자들에게 제공해서 첨삭의 객관성과 신뢰성을 높이도록 지도하는 것이 중요하다.

예를 들어 맞춤법과 띄어쓰기는 준수하였는지, 비문은 사용하지 않았는지, 개요 항목의 논제에 적합한 어휘를 구사하였는지, 선행 학습 자료를 정확하게 이해하여 반영하였는지, 개요 전후의 구성은 논리적으로 연계되었는지, 진부한 표현을 피하고 참신한 감각을 발휘하였는지 등을 도표로 제시하여 학습자들이 자발적으로 자신과 조원의 개요를 객관적으로 평가할 수 있도록 지도한다.

③ 수업 후 학습

수업 중 강의에서 동료 첨삭을 통해 완성한 개요를 기반으로 각자 수업 후에 초고를 작성하여 온라인에 탑재한다. 이렇게 탑재된 여러 학습자들의 초고를 교육자뿐만 아니라 다른 학습자들도 댓글의 형식으로 간단하게 평가함으로써 '3차 동료 첨삭'을 수행한다. 이 첨삭 작업은 비록 인상 비평에 그칠 수도 있으나 이 과정을 통해 학습자들은 개요 문장이 문단을 갖추어 논리적으로 확장되는 방식을 비교의 방식을 통해 습득하게 된다.

이렇게 3차례의 동료 첨삭 과정을 통과한 후 학기 말에 최종 완성된 원고를 온라인에 다시 탑재한다. 최종 제출된 원고를 대상으로 이전과 동일하게 교육자뿐만 아니라 다른 학습자들도 참여하는 '4차 동료 첨삭'을 마지막으로 진행한다. 이때 교육자는 다시 '전체 글 작성의 기본 점검 기준표'를 학습자들에게 제공한다.

예를 들어 우선 3차에 걸친 동료 첨삭을 통해 지적된 문제점들이 정확히 수정되어 합리성을 갖추었는지, 사전에 동영상으로 학습한 주제와 자료를 충분히 이해하고 활용하여 문법에 적합한 글을 완성하였는지, 주제에 적합한 단어와 문장을 선택하여 하나의 주제 문장과 여러 개의 뒷받침 문장으로 연결된 문단을 통일성 있게 구성하였는지, 주장의 요지가 분명하고 그 근거가 다양하고도 정확하게 나열되어 설득력을 확보하였는지, 주제에 부합하는 창의적인 소재가 동원되어 논리적이고 일관적인 문단 구성으로 제시되었는지 등을 점검한다.

이처럼 동료 첨삭 과정에서 학습자들에게 단계적으로 제공되는 '기본 점검 기준표'는 평가의 객관성과 신뢰성을 확보하는 데에 기여할 뿐만 아니라 그 과정 자체가 글쓰기의 기본 원리를 이해하고 실천하는 세부적인 절차이기 때문에 글쓰기 교육에서 가치가 있다고 하겠다.

5. 플립 러닝의 한계와 대안

지금까지 대학 글쓰기 교육에서 플립 러닝을 성공적으로 활용하기 위한 전제 조건을 간단히 살펴보았고, 이후 이 방식의 기본 원리와 유형을 이론적으로 확인한 뒤에 수업 설계 방식을 단계별로 상세히 서술하였다. 이어서 기존의 연구 성과를 바탕으로 대학 글쓰기 수업에서 적용 가능한 구체적인 실제 교수법 사례를 세 가지 범주로 나누어서 제시하였다.

플립 러닝은 이상에서 살펴본 것처럼 수동적인 학습자가 교육자의 지식을 일방적으로 수용하는 결과 중심의 교수법이 아니다. 이 방식은 교육자와 학습자는 물론 학습자 상호 간의 다양한 토론과 교류를 통해 수업에 능동적이고 적극적으로 참여함으로써 글쓰기의 문제를 해결해 나아가는 과정 중심의 교수법이다.

이제까지 확인한 것처럼 플립 러닝은 글쓰기 교육에서 그 효용성을 충분히 인정받을 수 있다. 학습자들의 자발적인 참여가 필수적이기 때문에 글쓰기에 있어서 자기주도성을 확보할 수 있고, 다른 동료들과의 피드백을 통해 사고의 범위를 확장하여 창의력, 소통 능력, 협업 능력, 비판적 사고력 등 이른바 4C 역량을 신장할 수 있다. 또한 사전에 정교하게 기획된 수업 설계 과정으로 인해 글쓰기 교육의 과학성과 객관성을 성취할 수 있고, 온라인으로 준비하는 수업 전 학습과 수업 후 학습으로 인해 강의실에서 소요되는 시간과 자원을 절약할 수도 있다.

하지만 플립 러닝은 이러한 장점에도 불구하고 여러 가지 단점 또한 동시에 지니고 있어서 이를 극복할 수 있는 대안 마련이 시급한 실정이다. 우선 이 교수법은 교육자나 학습자 모두에게 초기 학습 부담을 크게 증가시키고 있다. 교육자는 개강 전에 동영상 자료 녹화 등 다양한 콘텐츠를 사전에 준비해야 하는 어려움이 있고, 기존의 주입식 교육과 복습에 익숙한 학습자 또한 강의실 수업의 사전과 사후에 부과되는 예습과 과제로 인해 부담을 느끼지 않을 수 없다. 무엇보다도 가장 큰 난점은, 기존의 수동적인 교육 방식에 익숙한 학습자 들을 어떻게 동기부여에 성공하여 자발적으로 동영상을 학습하게 하고 수업 중 다양한 활동에 참여하도록 유도하느냐의 문제이다.

이러한 플립 러닝의 근본적인 문제점들을 해결하기 위해서는 '교수자 상태', '학습자 상태', '사회적 상태', '인지적 상태' 등 능동적인 참여를 유도하기 위한 네 가지 요소를 세분하여 점검할 필요가 있다(Kim etc., 2014; 김남익·전보애·최정임, 2014: 472 재인용). 이 논문에서 간략하게 도표로 재인용된 네 가지 요소에 기초하여 논의를 추가하고 확장하면 다음과 같다.

교수자 입장에서는 학습자에게 여러 형태의 유인책을 제시해서 수업 활동에 자발적으로 참여할 수 있도록 유도하고, 수강생들의 어려움에 대해 공감하면서 신속한 피드백을 제공해야 한다. 각 조별로 학습 참여도가 높고 적극성을 발휘 하는 학습자를 발굴해 조장 등 책임 있는 역할을 부여함으로써 집단의 자발성을 높일 수도 있고, 동영상 사전 학습부터 강의실 내 활동까지 각 과정별로 세분화 된 부분점수를 부여함으로써 참여를 유도할 수도 있다.

학습자 입장에서는 동영상 시청과 토론 참여 등 과제 수행을 위한 시간을 충분히 확보할 수 있도록 미리 준비하고, 학습 이해도와 참여도를 정당하게 평가받을 수 있는 평가도구를 교육자에게 요구해야 한다. 이를 위해 플립 러닝 수업에 한해 실제 강의실 학습 시간을 일정 부분 감면해줌으로써 학습자의 과제 수행 시간을 보충할 수 있는 정책적인 고려가 필요하고, 각 과정별 평가 방법과 평가 기준을 개강 초에 상세히 공지함으로써 학습자들이 평가의 공정성에 대해 의문을 갖지 않도록 유도한다.

사회적 입장에서는 대학 내 학습 공동체 구축을 적극적으로 지원하면서 교육자와 학습자 사이를 적절히 매개하는 기술적 도구의 지원을 아끼지 않는다. 이를 위해 앞서 플립 러닝을 성공적으로 수행하기 위한 전제 조건으로 제시한 LMS 구축, 소수 수강생 인원수 유지, 표준 수업 모형과 공통 교안 마련 등이 행정적으로 보장될 수 있도록 대학 내 관련 기관과의 사전 조율 작업이 필요하다.

인지적 입장에서는 플립 러닝의 운영 원리를 학습자들이 정확히 인식하게 하고, 수업 전 과정과 수업 중 과정 및 수업 후 과정이 상호 유기적으로 연결될 수 있도록 구체적인 방안을 마련해야 한다. 특히 플립 러닝 방식이 글쓰기 교과목의 학습 목표를 효과적으로 달성하기 위한 적합한 방안이라는 점을 학습자 모두가 인지할 수 있도록 유도하는 것이 중요하다. 이를 위해 다른 일반 교과목보다 더 세심하게 교육의 목적과 방향 및 방법을 명확하게 정리하는 수업 설계에 힘을 기울여야 한다.

만약 이상과 같은 대책이 성공적으로 수행된다면 플립 러닝은 몇 가지 문제점에도 불구하고 학습자 중심으로 급격히 전환하고 있는 현재의 교육 지향점과 일맥상통하기 때문에 대학 글쓰기 교육에서도 그 효과를 충분히 발휘할 수 있을 것으로 기대한다.

참고문헌

김민성·이지은·김규은·김유경(2019), 「플립드러닝형 대학 수업에서 사전학습과 수업참여와의 관계: 소집단 토의 발화 분석을 중심으로」, 『교육심리연구』 33(2), 한국교육심리학회, 257~288쪽.

김남익·전보애·최정임(2014), 「대학에서의 거꾸로 학습 사례 설계 및 효과성 연구: 학습동기와 자아효능감을 중심으로」, 『교육공학연구』 30(3), 한국교육공학회, 467~492쪽.

김성수(2017), 「플립러닝을 활용한 한국어 수업 운영에 관한 연구」, 『교육문화연구』 23(1), 인하대 교육연구소, 529~550쪽.

김성원·윤정진(2016), 「영화를 활용한 플립러닝 기반의 학제간융합 창의성 교양수업 효과」, 『교양교육연구』 10(4), 한국교양교육학회, 457~486쪽.

김양희(2015), 「플립 러닝을 활용한 대학 글쓰기 수업 운영 방안 연구」, 『인문과학연구』 47, 강원대학교 인문과학연구소, 323~352쪽.

김용범(2010), 「수준별 학습패턴을 적용한 블랜디드 러닝 모형의 개발」, 『한국콘텐츠학회논문지』 10(3), 한국콘텐츠학회, 463~471쪽.

김은희·변호승(2018), 「교수자 코칭에 기반한 대학의 플립러닝강좌 개발 모델」, 『컴퓨터교육학회논문지』, 한국컴퓨터교육학회, 39~52쪽.

김준호·김태석(2010), 「대학에서 블랜디드 러닝의 효과성에 관한 연구」, 『국제회계연구』 31, 한국국제회계학회, 111~127쪽.

김지선(2014), 「글쓰기 교과과정 개발을 위한 고찰: 플립러닝을 통한 피드백 중심 수업개발」, 『인문연구』 72, 영남대학교 인문과학연구소, 557~586쪽.

김진선·장미소·박양주(2019), 「대학 플립드러닝의 실제에 관한 연구」, 『평생학습사회』 15(1), 한국방송통신대학교 원격교육연구소, 1~24쪽.

김진희(2018), 「플립드 러닝에 따른 말하기 교육 방법 탐색」, 『교양교육연구』 12(5), 한국교양교육학회, 275~299쪽.

동효령(2017), 「한국어 말하기 교육에서 플립드 러닝의 적용 가능성 탐색」, 『사고와

표현』10(1), 한국사고와표현학회, 163~191쪽.

박기범(2014), 「사회과교육에서 플립 러닝의 교육적 함의」, 『사회과교육』53(3), 한국 사회과교육연구학회, 107~120쪽.

박현진(2019), 「플립러닝 수업에 대한 수업컨설팅 사례 연구: 한국어교육 전공수업을 대상으로」, 『국어문학』71, 국어문학회, 565~591쪽.

부선영·이선윤·이수곤(2019), 「대학 교양 과목에 대한 플립드 러닝 적용의 다영역간 사례 비교 연구」, 『문화와융합』41(1), 한국문화융합학회, 197~226쪽.

서영진·서웅교(2019), 「교육 콘텐츠 영상을 활용한 플립러닝 강의 도입 및 운영에 관한 연구」, 『교양교육연구』13(2), 한국교양교육학회, 331~348쪽.

서정목(2015), 「플립 러닝을 활용한 영어교과목의 융복합적인 운영에 관한 연구」, 『교양교육연구』9(3), 한국교양교육학회, 193~214쪽.

손달호(2009), 「블랜디드 러닝을 통한 e-Learning이 학습자의 학습효과에 미치는 영향」, 『경영경제』42(2), 계명대학교 산학연구소, 1~26쪽.

송주현(2017), 「플립러닝을 활용한 대학말하기 수업에 대한 인식과 효과성 검토」, 『교양교육연구』11(5), 한국교양교육학회, 267~288쪽.

신향근·심현(2018), 「플립드 러닝 기반의 변형 무어교수법 설계 및 적용」, 『교육문화 연구』24(1), 인하대 교육연구소, 117~140쪽.

엄성원(2016), 「플립 러닝을 활용한 대학 글쓰기 교육의 모형 연구」, 『대학작문』15, 대학작문학회, 73~97쪽.

엄성원(2019), 「플립 러닝을 활용한 대학 국어 글쓰기 교육의 표준화 방안: 동료 첨삭의 방식을 중심으로」, 『리터러시 연구』10(1), 한국리터러시학회, 61~83쪽.

오정숙(2015), 「플립드 수업에 대한 대학생들의 경험과 인식」, 『한국교육문제연구』33(4), 중앙대학교 한국교육문제연구소, 1~23쪽.

우종정·김보나·이옥형(2009), 「대학에서 면대면 수업 대안으로서의 블렌디드 러닝에 대한 연구」, 『한국정보기술학회논문지』7(2), 한국정보기술학회, 219~225쪽.

유육례(2018), 「플립러닝을 활용한 문답식 교수방법의 연구」, 『사고와표현』11(3), 한국사고와표현학회, 117~136쪽.

이경·윤영(2017), 「한국어 말하기 능력 신장을 위한 플립드 러닝 기반 문법 교육 방안 연구」, 『교육문화연구』 23(4), 인하대 교육연구소, 333~361쪽.

이경애(2017), 「플립러닝을 적용한 유학생 대상 글쓰기 수업 모형 개발」, 『동악어문학』 72, 동악어문학회, 61~95쪽.

이성주·권재환(2011), 「온라인 학습상황과 학습자의 학습스타일이 블랜디드 러닝 만족도에 미치는 영향」, 『인터넷정보학회논문지』 12(6), 인터넷정보학회, 95~103쪽.

이영란(2019), 「플립드 러닝의 지식 리터러시 효과」, 『리터러시 연구』 10(1), 한국리터러시학회, 85~107쪽.

이예경(2018), 「대학 플립러닝의 학습자 중심성에 대한 학습자의 경험 연구」, 『교육문화연구』 24(5), 인하대 교육연구소, 329~354쪽.

이은석·박양주(2019), 「플립드러닝에 관한 국내 연구의 일반 현황 및 주제 분석」, 『한국콘텐츠학회논문지』 19(5), 한국콘텐츠학회, 74~81쪽.

이재현(2019), 「의사소통 교과목에서의 플립 러닝 교수 학습 방법의 도입과 적용에 대하여」, 『리터러시 연구』 10(6), 한국리터러시학회, 113~143쪽.

이지은·허지운·최문선·장애리(2015), 「블랜디드 러닝을 활용한 통역교수법 사례 연구」, 『번역학연구』 16(1), 한국번역학회, 117~144쪽.

이진남(2014), 「통합형 쓰기 읽기 학습모델의 새로운 시도」, 『사고와표현』 7(2), 한국사고와표현학회, 85~117쪽.

이태하·정연재(2014), 「스마트시대 새로운 기초역량교육 모델 찾기」, 『교양교육연구』 8(6), 한국교양교육학회, 647~673쪽.

이현경·이지연(2017), 「대학 평생학습자 대상 플립러닝 교수학습 모형 탐색」, 『교육문화연구』 23(6(A)), 인하대 교육연구소, 157~182쪽.

이현정·이민하·한진영·최영완(2018), 「대학에서의 학습자 중심 교육으로서 플립러닝 방식에 따른 효과성 비교」, 『교양교육연구』 12(3), 한국교양교육학회, 89~110쪽.

이혜정·홍영일(2010), 「대학수업의 질제고를 위한 이러닝 교수법 온라인 콘텐츠 개발」, 『아시아교육연구』 11(1), 서울대학교 교육연구소, 67~90쪽.

전지니(2016), 「플립러닝을 활용한 대학 글쓰기 수업 방향 연구」, 『리터러시 연구』

16, 한국리터러시학회, 59~87쪽.

조광주·김종두(2016), 「플립러닝 수업에서 대학생들의 행동 성향」, 『한국엔터테인먼트산업학회논문지』 10(4), 한국엔터테인먼트산업학회, 203~214쪽.

조광주·김종두(2019), 「플립러닝 수업에 대한 대학생들의 인식 연구」, 『한국엔터테인먼트산업학회논문지』 13(4), 한국엔터테인먼트산업학회, 241~253쪽.

주길홍(2015), 「효율적인 플립트 러닝을 위한 e-PBL 교수학습모형 연구」, 『융복합지식학회논문지』 3(1), 융복합지식학회, 47~53쪽.

채석용(2015), 「플립 러닝 철학수업에서의 글쓰기」, 『대학작문』 10, 대학작문학회, 205~240쪽.

최지은·김필성·윤마병·김수진·최영준(2019), 「학교수자의 플립드러닝 수업 운영 경험에 대한 내러티브 탐구」, 『교육문화연구』 25(3), 인하대 교육연구소, 111~139쪽.

한규철(2011), 「한국 고대사 블렌디드 러닝 수업의 실제와 방향」, 『고구려발해연구』 39, 고규려발해학회, 197~223쪽.

허균(2009), 「블랜디드 러닝 환경에서 수업만족 영향요인의 구조적 모델 연구」, 『인터넷정보학회논문지』 10(1), 인터넷정보학회, 135~143쪽.

홍광표·강문숙(2015), 「창의성 함양을 위한 디지털 교과서 활용과 학과 블렌디드 학습 모형 개발」, 『사고개발』 11(1), 대한사고개발학회, 65~86쪽.

홍기칠(2016), 「플립 러닝이 대학생의 자기주도학습력과 학습동기에 미치는 효과」, 『사고개발』 12(4), 대한사고개발학회, 41~61쪽.

홍예식(2015), 「플립드 러닝을 활용한 한국어 문화 교육」, 『인문학연구』 20, 가톨릭관동대학교 인문과학연구소, 85~110쪽.

영화를 활용한 글쓰기 교수 방법[※]

황영미

1. 영화로 글쓰기와 창의적 사고력 증진

　미래사회를 짊어질 인재는 폭넓은 지적 소양과 실천적 지혜를 가져야 할 것이다. 지금까지의 교육의 방향은 사회가 요구하는 지적이고 창의적인 인재를 키우기 위한 지향점이 없다고 할 수는 없으나, 교육대상인 학생들의 변화에 대한 인식 부족으로 비효율적인 면이 잔존해 왔다. 시대가 변화해 가는 속도 이상으로 학생들의 의식구조와 태도의 패러다임 자체가 과거와는 현격한 차이로 변화해가고 있다는 점에 대한 고려가 반드시 필요하다. 피교육자의 변화에 발맞추지 않은 대학의 교양 교육은 피상적인 지식전달에 그칠 뿐이며, 학생들을 바람직한 방향의 지식인으로 만들기 어렵다. 세계의 유수의 대학들도 사회의 변화에 따라 교육체제를 바꾸기 위해 학문 간의 유기적인 연관관계를 강조하고 자기 주도적 학습 형태, 다양한 집단과 팀 내의 학습, 매체기반 학습 형태 등으로 탈바꿈하는 노력을 하고 있다.

　※ 이 글은 『영화와 글쓰기』(예림기획, 2009, 절판)에 게재된 글을 수정한 것이다.

고도의 과학 기술로 수많은 이미지가 범람하는 시대인 21세기는 문화의 세기라고 한다. 다양한 문화 중 현대의 문화적 특성에 따라 다양한 미디어 상황의 변화가 현대 우리의 삶에 지대한 영향을 끼치고 있다는 점에 주목해야 한다. 새로운 미디어의 등장은 절대로 그 미디어의 등장 이전으로는 되돌아갈 수 없는 새로운 세계가 열리는 것이다. 새롭게 열린 세계 속에 재빨리 적응한 학생들에게는 이에 상응하는 교육을 하지 않으면 효율적인 교육이 되지 못한다. 이에 학생들에게 접근성이 높은 영화를 엔터테인먼트가 아니라 학문적 영역으로 활용 가능케 하고, 당대의 다양한 문화현상에 대해 교양인으로서 지녀야 할 문화에 대한 지식과 감각을 키워나가는 것이 필요하다.

특히 주제에 대한 문제의식을 갖도록 지도할 때, 영화를 활용하여 주제의식을 갖도록 하면 보다 직접적이고 효율적이다. 간접 경험이지만 마치 직접 경험한 것처럼 강한 문제의식을 주는 것이 바로 영화를 통한 교육의 효과이다. 영화를 통해 스스로 문제인식을 하는 것은 자기 주도적 학습에 상당히 효과적인 방법이다. 영상시대라고 할 수 있는 요즈음 학계에서도 영화와 관련된 학제간 연구 활발히 진행되고 있다. 뿐만 아니라 영상세대인 학생들에게 보다 효과적인 교육을 위해 영화가 적극적으로 수용되고 있는 것은 새롭다기보다 이미 자리를 잡아가고 있는 추세가 되었다. 영화에 익숙하고 관심이 많은 학생들에게 영화를 활용하는 것은 사고력과 표현력을 키우는 데 뛰어난 학습효과가 있기 때문이다. 대학에서는 이미 어떤 교과목이든 영화를 교육에 다양하게 활용하는 방식이 확대되고 있다. 교육에서 영상물을 활용하는 이유 중 그 첫째로 꼽을 수 있는 것은 영화 속에 나타나는 문제 상황에 대해 감독이 제시하는 해석방식을 접할 수 있기 때문이다. 이는 문제상황에 대한 보다 다양한 해결점을 모색하는 데 도움을 줄 수 있다. 영화에는 제시된 문제 상황이나 현상에 대한 감독의 해석과 해결점이 직간접적으로 담겨 있다. 그러므로 영화를 봄으로써 제시된 문제 상황이나 현상에 대한 폭넓은 해석점을 심층적으로 보고 느낄 수 있게 되는 것이다. 다음으로 문자텍스트와 영화텍스트 간의 매체의 차이로 인해 유사한 메시지가 어떻게 다르게 표현될 수 있는가를 체감하는 과정에서 문화적 감식력이 길러질 수 있다는 점이다. 영상텍스트는 문자텍스트보다 직접적이며 감각적으로 전달된다는 이점이 있다. 이는 영상텍스트를 통해 오늘날 요구되는 미디어리터러시의 증진을 꾀할 수 있다는 점이다.

영화를 통한 글쓰기는 창의적 사고 능력의 증진에도 효과적으로 작용한다. 어떤 주제든 주제에 대한 문제의식을 학생들이 스스로 가지게 하는 것이 필요하다. 이때 학생들이 직접경험이 적다는 점을 고려해야 할 것이다. 그러므로 학생들에게 간접체험을 통해 문제인식을 생기도록 하는 것이 무엇보다 중요하다. 문제를 보고도 문제인지를 스스로 인식하지 못하며 사회의 문제가 바로 자신의 문제일 수 있다는 생각을 하지 못하기 때문에 학생들의 관심도와 수준을 고려하여 보다 직접적으로 스스로 문제인식을 가질 수 있도록 유도하는 방법이 필요하다.

다양한 가치와 시각을 접하여 사물이나 현상의 긴밀한 연결성을 인식하고 이에 따라 다양한 현상의 원인을 규명하고 해결책을 찾는 능력을 갖추는 것이 필요하다. 영화 활용교육은 이러한 능력을 효과적으로 증진시킬 수 있다.

2. 영화를 통한 글쓰기 교육의 방법

2.1. 영화를 활용한 토론활동을 통한 글쓰기 지도 방법

영화 텍스트를 감상한 후 유기체인 영화텍스트 속에서 핵심 요소를 독해 포인트를 잡아 뽑아내게 한다. 이 과정에서 독해력이 키워진다. 학생들은 책보다 영화 속에서 훨씬 더 핵심을 잘 잡아내고 이해하는 것을 볼 수 있다.

영화를 통한 글쓰기 지도의 구체적 방법은 영화에서 말하는 내용에서 논점을 찾아 토론을 통해 논점을 확대시켜나가면서 글을 쓰도록 지도하는 것이다.

사례 주제) 외모지상주의

※ 관련영화: 〈여섯개의 시선〉 중 임순례 감독의 〈그녀의 무게〉, 〈미녀는 괴로워〉, 〈슈렉〉 시리즈, 〈저스트 프렌드〉 등 못생기고 뚱뚱한 외모로 인한 갈등을 그린 영화

■ 수업 내용

1. 영화를 감상한 후, 아래와 같은 질문을 한다.
   가) 대학생으로서 외모와 관련하여 갖는 콤플렉스는 무엇인가?
   나) 우리 사회에서 외모 때문에 갖는 차별 대우는 어떤 것이 있는가?
   다) 외모에 집착하는 이유는 무엇인가? 개인적·사회적·심리적인 이유는 무엇인가?
   라) 외모를 중시하는 사회적 경향에 따라 자신의 외모에 대한 성형수술이 많이 이루어지고 있다. 성형 수술하는 것에 대해 어떻게 생각하는가?
2. '외모가 경쟁력이다'로 찬반 토론을 한다.
3. '외모가 경쟁력이 되는가'로 글을 쓴다.

■ 강의지도안 1

학습 주제	영화에서 주제에 대한 사고를 심화시키고 토론을 통해 마련하는 글쓰기의 논거			
학습 목표	1. 영화에서 주제를 찾아낼 수 있다. 2. 토론을 통해 교과내용을 깊이 있게 이해할 수 있다. 3. 논리적으로 문제를 해결하는 능력을 기를 수 있다. 4. 논리적으로 글을 쓰는 능력을 기를 수 있다.			
단계	교수·학습 활동		자료	유의점
	교 수 자	학 생		
계획 하기	☞ 학습 동기 및 흥미 유발 외모컴플렉스와 관련된 영화를 편집하여 보여준다. • 미녀는 괴로워 • 그녀의 누게 • 슈렉 • 저스트 프렌드 ☞ 학습 목표 제시 • 영화에서 주제를 찾아낼 수 있다.	• 영화를 보면서 외모지상주의가 팽배해진 우리 사회에 대해 진지하게 생각해 본다. • 학습 복표를 인지한다.	영화 자료 PPT	영화는 토론으로 나아가기 위한 보조적인 자료가 된다. 그렇기 때문에 학생들이 영화에만 관심을 갖고 다른 활동에 소홀해지지 않도록 수업 목표, 수업의 방향과 관련된 영화의 중요 장면만 보여

	• 토론을 통해 작품을 깊이 있게 이해할 수 있다. • 논리적으로 문제를 해결하는 방법을 기를 수 있다. • 논리적으로 글을 쓰는 능력을 기를 수 있다.			주도록 한다. 또한, 영화를 본 후 토론 활동과 자연스럽게 이어지도록 수업을 진행한다.
탐구 하기	☞ **토론주제 제시하기** • '외모도 경쟁력이다.'를 논제로 제시한다. 논제 설정 배경을 설명한다. ☞ **토론 활동** • 토론을 준비한 모둠을 중심으로 토론을 진행한다. 교사는 사회자가 되어 토론의 방향을 제시하고 원활한 의사소통이 가능하도록 토론을 진행한다. ☞ **토론 활동 평가** • 찬성팀과 반대팀의 승패를 가르고 논제에 대한 의견을 종합적으로 정리한다. ☞ **토론 보고서 작성** • 토론을 지켜 본 배심원들이 찬성팀, 반대팀의 핵심 논거를 정리하고 논제에 대한 자신의 의견을 정리하게 한다. ☞ **개요 작성 및 발표** • 논제를 제시한다. : '외모도 경쟁력이다'에 대한 자신의 견해를 서술하시오. (단 자신의 주장에 대한 반대 의견을 제시하고 그에 대한 재반박을 포함해야 함.) • 논제에 대한 글문을 완성하기에 앞서 글의 개요를 작성한 후 발표하게 한다.	• 논제를 인지하고 공책에 메모한다. • 토론자들은 준비한 대로 적극적으로 논거를 주장하고, 패널이 되는 나머지 학생들은 경청하며, 사회자의 진행에 따라 발언권을 얻어 토론에 직접 참여한다. 토론의 내용을 패널들은 공책에 수시로 메모한다. • 경청한다. 외모가 쟁쟁력이 되는 것에 대해 찬성하든 반대하든 나름의 가치관을 확립한다. • 토론 조의 활동 내용의 장단점을 평가한다. • 배심원들은 노트에 논제에 대한 자신의 생각을 정리한다. • 논제에 대해 정리된 생각을 바탕으로 한 글을 작성하기에 앞서 개요를 작성한다. • 작성한 개요를 발표한다. 발표한 학생의 개요와 자신의 개요를 비교하며 스스로 문제점을 찾는다.	공책 토론 보고서 및 토론팀 논거 카드	• 토론의 논거가 타당하게 준비될 수 있도록 학생들이 사전에 철저히 준비하도록 지도한다. • 토론이 단순한 말싸움으로 끝나지 않도록 논리적으로 발언하고 비판할 수 있게 유도한다. • 토론에 참여하지 않는 학생들도 토론 과정에 적극적으로 참여할 수 있도록 발언권을 부여한다. • 토론한 내용을 바탕으로 학생들이 스스로 한 편의 글문을 완성할 수 있도록 지도한다. 이를 위해 먼저 개요의 필요성을 강조하고 서론 본론 결론의 흐름이 드러나는 개요를 작성하게 한다.
정리 하기	☞ **평가 및 정리** • 발표한 내용에 대해 적절히 강평한다. ☞ **차시 예고** • '외모도 경쟁력이다'에 대한 자신의 견해를 서술하시오. (단 자신의 주장에 대한 반박과 재반박을 포함해야 함. 원고지 10매 내외)를 논제로 한 글쓰기를 과제로 제시한다.	• 경청한다. • 경청하고 논제를 적는다.	PPT	학생들이 한 편의 완성된 글을 작성해야 함을 강조한다.

2.2. 영화를 활용한 질문하기를 통한 글쓰기 전략

글은 문제 상황을 자신의 사고 영역과 만나게 하는 의미부여와 해석의 과정이다. 이 과정에서 선행되어야 할 것은 자신의 사고를 상위 개념으로 범주화하고, 영화의 핵심과 만나는 통로를 만들어 이를 다시 글로 구체화하는 것이다.

(1) 문제 발견 및 분석 능력

영화읽기를 통해 정확하게 영화에서 제시된 문제와 갈등양상을 분석하는 능력을 기른다. 왜 그렇게 생각하는지 영화에서 근거를 댈 수 있도록 지도한다.

(2) 종합능력

영화에서 제시된 양상을 뛰어넘어 사고를 확장하고 종합하는 능력을 질문과 답변을 통해 키운다. 이때 질문은 학생들이 텍스트에서 스스로 찾아내도록 지도하고, 교수자도 미리 가능한 질문을 많이 준비한다.

※ 질문의 사례─원작이 있는 영화: 〈향수〉

〈원작〉
쥐스킨트는 왜?
 1. 왜 18세기인가?(그루누이는 1738년 태어난다)
 2. 그루누이는 왜 자신의 냄새가 없는가?
 3. 왜 냄새의 영역에 관한 이야기를 하는가?
 4. 냄새가 상징하는 바가 무엇인가?
 5. 작품에서 말하고 싶은 바가 무엇인가?
 6. 발디니를 비롯하여 대부분 사람들이 목표를 성취한 후 죽는 이유는 무엇인가?
 7. 그루누이가 마지막에 사람들에게 먹히는 설정은 무엇을 의미하는가?
 8. 작품에서 대주교나 사람들이 비판적으로 그려지는 것은 무슨 의미인가?
 9. 작가의 세계관은 어떠한가?
10. 재판집행 광장에서의 집단광기는 무엇을 의미하는가? 왜 그토록 향기에 취하는가? 왜 나중에는 부끄러워하는가?

그루누이는 왜?

1. 그루누이는 살인자이다, 그는 사악한가? 여인을 죽이고도 죄책감을 느끼지 않는 이유는? 이후 그는 여인들을 죽인 죄값을 치르고 싶어하는가?
2. 왜 아름다운 여성만 살해하는가?
3. 그루누이가 향수를 만들고자 한 이유는 무엇이며 향수에 집착하는 과정은 무엇을 의미하는가?
4. 그루누이가 여성을 왜 죽이는가? 꼭 죽여야만 했는가? 살인의 의미는 무엇인가?
5. 그루누이가 살해하는 것은 환경이 나빠 교육을 받지 못해 윤리나 도덕을 모르기 때문인가, 아니면 좋은 환경에서 태어나고 자랐다면 어떨까?
6. 그루누이라는 존재는 천재인가? 예술가인가? 신인가? 사탄인가? 천사인가? 천재라면 천재의 특성은 무엇인가?
7. 그루누이는 재판집행 광장에서 향수를 뿌린 후, 사람들이 집단난교를 할 때 눈물을 흘리며, 자두를 팔았던 소녀를 생각하며 왜 눈물을 흘리는가?
8. 자두소녀와 그루누이가 죽였던 다른 여성은 차이가 있는가? 로르에 대해서는 어떤가?
9. 그루누이는 왜 마지막에 파리로 돌아가서 몸 전체에 향수를 모두 부어버리는가?
10. 그루누이의 동굴생활은 무엇을 의미하는가?
11. 그루누이는 궁극적으로 자신이 얻고자 하는 바는 이루었는가?

〈영화〉—감독은 왜?

1. 그루누이의 내면이 원작보다 덜 표현된 이유는 무엇인가? 감독의 역량부족인가?
2. 영화에서 그루누이의 동굴생활은 왜 생략되었는가?
3. 감독(톰 튀크베어)의 특성은 무엇인가?
4. 영화에서 내레이션은 왜 넣었는가? 이는 효과적이었는가?
5. 영화에서 발디니가 그루누이를 착취하고 붙잡아두는 것이 잘 표현되지 않았다. 그 이유는 무엇일까?
6. 영화에서 음악은 효과적으로 사용되었는가?
7. 감독의 미장센은 어떤가?(의상, 후각을 나타내는 화면전개, 로케이션, 촬영, 조명, 컬러, 배우의 연기)
8. 도입부를 그루누이가 재판받는 과정으로 설정한 것은 효과적인가?
9. 감독은 원작을 잘 살렸는가? 원작을 잘 살린다는 의미는 무엇인가?
10. 영화에서 편집은 어떤가? 스릴러 장르로서 긴장감은 잘 살린 것인가? 영화적 완성도는 성공적인가?

2.3. 영화와 제시문을 함께 활용하는 글쓰기 전략

2.3.1. 논리적 구성 능력과 표현력

동일한 내용으로도 어떻게 구성하여 개요를 짜는지에 따라 설득력이 차이남을 강조하여 논리적 구성능력을 지도한다. 같은 내용도 문장의 표현에 따라 수준이 다름을 인식하게 하고, 개념어를 습득하여 잘 활용할 수 있는 능력을 키운다.

글쓰기 과정에서 필수적인 일반화를 통한 범주화는 개념어가 없이는 불가능하다. 구체적인 사례들을 묶어내는 말은 보다 상위어에 해당하고, 이러한 상위어는 추상적인 개념어가 많기 때문이다. 개념어보다는 일상어가 친숙한 학생들에게 개념어를 알게 하기 위해서 주제별로 추상적인 개념어가 쓰인 제시문을 활용하는 학습 방법이 효과적이다. 개념어가 들어간 문장에 밑줄을 긋고 학생 스스로 문맥을 통해 파악한 뜻을 써본 후 사전을 찾아 사전적인 의미와 비교하여 개념어의 정확한 뜻을 알게 한다. 바로 사전을 찾지 않고 스스로 뜻을 파악해 보는 연습을 하는 이유는 그 과정에서 사고하는 힘을 기를 수 있을 뿐만 아니라 문맥을 통해 뜻을 정확히 파악하는 연습이 되기 때문이다. 그런 후 개념어를 활용하여 짧은 글 짓기를 하게 한다. 이때 5개 이상의 문장을 짓게 하여 어떤 현상에 적용될 수 있는지 다양하게 생각해 보는 기회를 주고, 반드시 전제와 결론으로 이어지는 짧은 글을 완성하게 하여 논리적으로 사고하는 습관을 갖게 한다. 이러한 연습은 개념어와 친숙하게 해 줄 뿐만 아니라 제시문을 독해하는 능력도 갖게 한다.

개념어를 어느 정도 학습한 후에는 본격적인 사고력 훈련 단계로 넘어 간다. 논증의 필수적인 범주화하는 연습과 사고를 확산하는 과정에서 관계성을 발견하는 연습이 그것이다. 범주화 연습은 제시된 문장과 공통분모를 가지는 유사한 사례를 5가지 제시한다. 예를 들어 '소유하고 싶다'는 문장을 주고 이와 공통분모를 가지는 하위 범주의 구체적인 사례를 적게 하는 것이다. 소유와 관련된 다양한 상황을 쓴 후에는 소유 외의 또 다른 공통점을 찾게 하여 새로운 의미로 현상이나 사물을 해석하게 한다. '소유하고 싶다'는 문장에 대하여 차, 옷, 휴대폰, 집을 갖고 싶다는 사례를 제시했다면 이 모든 것을 종합하여 또 다른 공통점인 '과시하고 싶은 욕구'를 발견하게 하는 것이다. 이러한 연습은 범주화의 개념을 이해하게 할 뿐만 아니라 사물과 현상을 다양한 시각으로 보는 힘을 길러줄 수 있다.

사물을 범주화하는 것과 더불어 꼬리에 꼬리를 무는 생각 연습을 통해 사고의 확산을 훈련하는 것도 필요하다. 다양한 현상들의 관계성을 파악하여 다양한 논거들로 활용할 수 있기 때문이다. 개인과 사회의 범주 안에서 관계를 파악하고 그 안에서 사고를 확산하는 것이 그 예가 될 수 있다. '대중교통을 이용하지 않는다. ―대중교통을 이용하지 않기 때문에 환경이 오염된다. ―환경이 오염되면 우리 사회는 세계의 일부이므로 세계가 오염된다. ―개인은 세계에 속해 있기 때문에 그 피해는 인간에게 돌아오게 된다. ―그러므로 환경오염을 막기 위해서 개인의 실천이 중요하다.'와 같이 첫 문장을 제시해 주고 생각의 꼬리들을 연결하게 하여 그 안에서 관계성을 찾고 사고를 확장하게 한다. 이러한 연습은 관계를 파악하는 힘을 길러주기 때문에 제시문 간의 유사한 점과 유사하지 않은 점을 변별할 수 있게 한다.

〈영화로 글쓰기와 사고력의 관계〉

개념어 학습과 사고의 확산 훈련이 논리적 구성 능력과 글을 쓸 수 있는 기본적인 표현 능력을 갖추게 하며, 귀납과 연역의 사고 훈련은 논술문을 쓰는 실제적 활동과 직결된다. 제시문을 해석하고 논술문제를 해결하는 실제적인 과정은 다음과 같다.

2.3.2. 실제 지도 과정

홍성욱의 『파놉티콘—정보사회 정보감옥』은 개인은 정보의 감옥에 갇혀 있으며, 정보를 관리하는 자가 집단을 지배한다는 내용을 담고 있다. 이에 관한 글을 쓸 때 영화 〈트루먼 쇼〉에 나타난 미디어와 대중의 관음 폭력을 활용할 수 있다. 인간은 존엄한 존재가 아닌 하나의 정보에 불과해진 영화 속 주인공의 예를 통해 누가 PD가 되어 자신의 정보를 조합할지 모르는 현대 사회의 문제점을 지적하는 것이다.

1) 귀납화(제시문의 범주화의 과정)

귀납화하는 것은 다양한 사례들을 수렴한다는 점에서 첫 단계에서 언급한 개념화, 범주화와 일맥상통한다. 개념화와 범주화가 가능해야 논술에서의 귀납화가 가능한 것도 같은 이유이다. 요즘의 논술문제는 단편적인 사실을 물어보는 것이 아니라 유사성과 변별성이 함께 담긴 제시문을 해석하고 그를 통해 자신의 견해를 밝히는 통합적인 사고력을 요구한다. 그렇기 때문에 공통적인 속성이 한 눈에 찾아지는 경우에는 단순한 범주화가 가능하지만 그렇지 않은 경우 귀납화의 과정을 거쳐 공통점을 찾아내야 한다. 그러기 위해 우선 제시문을 한 문장으로 요약한 후 요소 교체와 대응의 방법을 통해 서로 다른 제시문의 연결고리를 찾는다. 입장을 바꿔 생각해 보는 것이 요소 교체의 핵심이다. 요소 교체를 통해 연결고리를 찾은 후에는 제시문간의 공통점을 찾는다. 이러한 귀납화의 과정은 곧 제시문을 요약하고 해석하는 과정이 된다.

1. 요약하기
   (가) 죄수가 간수에 의해 감시당한다.

(나) 정보가 유출되고 있다.

2. 요소 교체: (가)와 (나)를 요약한 핵심 문장을 서로 대응시켜 연결고리 찾기

　　　　　죄수=정보 / 간수=정보를 유출시키는 사람

3. 공통점 찾기: 오늘날의 사회는 정보를 가진 자가 지배한다.

2) 연역화(사고 확산 → 적용)

제시문을 해석하는 귀납화의 과정이 끝나면 연역화의 방법으로 사고를 확산시켜 결론을 이끌어내야 한다. 사고를 확산시키기 위해서는 생각하는 방법을 훈련하는 것이 선행되어야 한다. 이때, 사고를 확산시키는 방법은 다음의 세 가지를 활용할 수 있다. 소크라테스의 문답법, 다른 콘텐츠 활용, 관찰이 그것이다.

문답법은 귀납법을 통해 제시문에 대한 견해를 정리한 것을 바탕으로 하여 '왜?', '어떻게?'라는 질문을 끊임없이 해보는 것이다. 이러한 기법은 확산적 사고를 자극하며 끊임없이 이어지는 질문에 답하는 과정에서 자신의 생각이 정리되고 발전하는 것을 느끼게 될 것이다. 이때 교수자는 조력자로서 학생들이 사고하는 것을 즐기게끔 도와야 한다.

다른 콘텐츠 활용은 외부에서 정보를 입력하여 사고를 확산하는 것이다. 문답법이 스스로 내재되어 있는 답을 찾아가는 과정이라면 이 방법은 외부에서 주어지는 정보를 활용하는 과정이다. 이를 위해서는 평소에 다양한 종류의 책, 영화 등을 접하는 것이 중요하다.

관찰은 현상의 의미를 찾는 것이다. 평소 객관적인 정보를 주의 깊게 보고 나름의 의미를 부여하는 과정이 필요하다. 단순 정보를 입력하는 것이 아니라 사물과 현상을 자신의 생각대로 보고 해석하는 힘은 관찰을 통해 길러질 수 있다.

1. 문답법: 왜 기법을 활용하여 스스로 답 찾기

왜 우리 사회는 정보를 가진 자가 지배하게 되었는가?

어떻게 정보를 유출하는가?

왜 이러한 현상이 일어나는가?

2. 영화 콘텐츠 활용: 영화 〈트루먼 쇼〉[1]에 나타난 미디어와 대중의 관음 폭력을 활용한다. 인간은 존엄한 존재가 아닌 하나의 정보에 불과해진 영화 속 주인공의 예를 통해 누가 PD가 되어 자신의 정보를 조합할지 모르는 현대 사회의 문제점을 지적한다.

3. 관찰: 요즘 들어 빈번하게 일어나는 인터넷상의 정보유출은 현대사회의 문제점을 단적으로 보여준다. 개인이 의도하지 않았는데도 정보를 가진 자에 의해 이용당하는 현실을 통해 정보화 사회에서 한 개인이 얼마나 미디어의 그늘에 구속당하고 있는지 제시한다.

4. 적용: 현대 사회는 정보의 감옥이다.

   → 세계 제3차 대전은 정보의 전쟁이 될 수 있다.

은행잔고가 많아야 쓸 돈이 많은 것처럼, 자기만의 정보와 생각을 많이 가지고 있는 학생이 글쓰기에 유리한 것은 당연하다. 따라서 평소에도 사물이나 현상을 볼 때 생각을 논리적으로 확대시키는 습관을 가지는 것이 무엇보다 중요하다.

---

1) *참조 〈트루먼 쇼〉

   시선에도 권력이 있다. '보는 자'와 '보여지는 자' 사이에 존재하는 권력은 과거에도 있었지만, 미디어가 발달한 현재는 그 권력의 남용이 보다 심각해지고 있다. 영화 〈트루먼쇼〉에서의 트루먼은 자신의 일거수일투족이 모두 대중의 미디어에 공개되는 줄 모른 채 태어나고 생활한다. 보여지는 자인 트루먼은 돌아가신 아버지가 살아 있는 등 이상함을 느끼지만, 자신의 상태를 알지 못한다. 트루먼은 여자 친구로부터 수많은 모니터가 자신을 찍고 있다는 것을 알게 된 후 탈출하게 된다. 관계를 자졌던 모두가 거짓 연기에 불과했던 것이다. 철저하게 보여지는 자로서 살아왔던 자신의 모습에서 진정한 정체성을 찾게 되기까지 트루먼은 많은 용기가 필요했다. 현대는 트루먼과 같이 누구도 미디어에 노출되는 것에서 자유롭지 못할 것이나. 사람들은 다른 사람들을 관음하면서는 즐거워하지만, 자신이 보여지는 자일 수 있다는 생각은 하지 못한다. "빅브라더"라는 말은 사람들을 지배하지만 드러나지 않기에 '보이지 않는 힘'을 가진 신처럼 군림하는 권력자를 말한다. 누군가 우리보다 더 큰 권력을 가진 '빅브라더'가 우리를 감시하는지 우리도 알 수 없다. 이 영화는 미디어가 발달한 시대에 사는 현대인들의 정체성을 다시 한 번 생각하게 하는 영화다.

※ 영화를 활용한 글쓰기 구성 tip

> 1. 도입부: 영화 속 메시지에 대한 깊이 있는 이해를 바탕으로 문제제기 및 관점
>   세우기
> 2. 본문1: 독해포인트를 찾아 자신의 주장의 타당함을 입증하는 단계
>   (설득력 있는 근거를 영화 속 장면이나 캐릭터, 사건 등에서 찾아 제시)
>   본문2: 영화와 사회적 논점과의 연관성 찾기
> 3. 다른 입장에 대한 비판: 예상되는 다른 입장을 비판하여 자신의 견해나 주장을
>   강화
> 4. 마무리: 논의 정리, 논지를 다시 한번 강조

3. 영화를 활용한 글쓰기 구성 가이드

영화를 활용하여 글쓰기 구성을 하는 데 대한 가이드를 이번 장에서는 다루기로 한다. 각각의 주제별로 영화를 선정하고 이에 대한 생각할 문제들과 글쓰기 구성 가이드를 다음과 같이 나열한다.

3.1. 가족제도와 문화

1) 밀리언달러베이비

1. 해당 분야에서 성공할 가능성이 적은, 핸디캡을 가진 사람들이 투지만 가지고도 목표를 달성할 수 있는가?
2. 1의 목표 달성에 타인은 어떤 도움이 될 수 있는가?
3. 자신의 목표를 이해하고 목표 달성에 도움을 주는, 가족이 아니지만 가족 이상으로 생각하는 타인이 있는가?

기—자신의 목표를 달성하는 것에 타인이 어떤 영향을 줄 수 있는지 쓴다.
승—영화에서 퇴출당한 트레이너와 나이 많고 여성인 복서가 서로 의지하며 목표를 달성한 것처럼 핸디캡을 가진 타인도 서로에게 도움을 줄 수 있음을 지적한다.
전—세상에는 가족밖에 없고, 인간은 타인을 위해 살지 않는다는 말이 있다. 그러나 타인이지만 가족이상으로 잘 소통하고 서로의 목표 달성에 도움을 주는 관계가 존재함을 밝힌다.
결—가족 이상으로 서로의 목표 달성을 위해 돕고 소통할 수 있는 타인의 존재가치에 대해 서술한다.

2) 크리스마스에 기적을 만날 확률

1. 가난하고 힘없는 소외된 사람들도 타인을 도울 수 있는가?
2. 어려운 사람들끼리 힘을 합쳐서 좋은 일을 해 내는 경우를 생각해보자.

기—힘없고 소외된 약자도 타인에게 도움을 줄 수 있는가에 대해 쓴다.
승—〈크리스마스에 기적을 만날 확률〉에 등장하는 캐릭터들의 사회적 약자, 노숙자로서의 특성과 힘을 합해 아기를 구하는 에피소드의 의미를 생각해본다.
전—사회에서는 여전히 노숙자, 사회적 약자에 대해 편견을 가진 사람이 많다. 이들에게 공평한 기회가 제공되지 않는 현실에 대해 비판한다.
결—가난하고 어려운 사람들, 즉 사회적 약자도 타인을 돕는 가치 있는 일을 할 수 있는 존재임을 밝힌다.

3) 괴물

1. 능력은 부족하나 가족의 사랑을 바탕으로 기적 같은 힘을 발휘하거나, 가족을 위해 최선의 노력을 해 본 경험에 대해 생각해보자.
2. 사회의 다른 공동체 집단과 가족 공동체의 차이점은 무엇인가?

기―가족의 사랑이 발휘할 수 있는 위력에 대해 생각해본다.
승―능력이 부족한 가족의 구성원이 힘을 합하여 현서를 구하는 에피소드가
　　의미하는 바에 대해 적어본다.
전―현 사회에서 가족이 붕괴되고 개인화되어 가족이 지니는 의미가 무색해
　　졌다고 보는 관점에 대해 비판한다.
결―가족은 현 사회에도 여전히 의미 있으며 혈연 집단이 가지고 있는 특성
　　과 가족 공동체의 가치에 대해 쓴다.

3.2. 다문화

1) 파이란

1. 현재 우리나라에는 수많은 불법 외국인 노동자들이 존재한다. 이들은 불법
   체류자이기 때문에 법률로 인권을 보호해줄 수 없다. 법적으로 이들을 소
   외시키는 것은 정당한가?
2. 나와 타자의 차이를 인식하는 것과 차별은 어떻게 다른가?
3. 외국인 노동자를 어떻게 대우하는 것이 올바른가? 같은 국민으로서 대우해
   야 하는가?

기―외국인 노동자에 대한 차별적인 태도가 갖는 문제점을 제시한다.
승―영화에서 파이란이 차별받고 비인간적인 생존의 조건을 경험하게 되는
　　상황을 제시하고 외국인 노동자에 대한 올바른 처우에 대해 쓴다.
전―우리 사회에 존재하는 수많은 외국인 노동자들에 대한 우리나라 사람들
　　의 인식을 알 수 있는 사례를 비판적으로 제시한다.
결―외국인 노동자에 대한 바람직한 대우의 필요성을 강조하고, 같은 국민으
　　로서 그들을 소외시켜서는 안 되는 이유를 설명한다.

2) 여섯 개의 시선: '믿거나말거나 찬드라의 경우'(2003)

1. 타인에 대한 무관심과 타인을 차별을 하는 것은 어떤 상관이 있는가?
2. 영화의 마지막에서 네팔의 자연 풍경과 잔치 모습, 찬드라의 모습을 보여준 감독의 의도는 무엇이었겠는가?
3. 찬드라의 말을 자막으로 처리하지 않고, 네팔어 그대로 발화하게 한 것은 무엇을 의도한 것이겠는가?
4. 우리사회의 행정편의주의의 문제점을 생각해보자.
5. 행정편의주의의 근본 원인은 무엇이며 그 해결책은 무엇인가?

> 기―타인에 대한 무관심과 행정편의주의가 발생시킬 수 있는 문제점을 제시
> 한다.
> 승―'찬드라'가 행정편의주 때문에 겪게 되는 문제상황을 서술하고 '찬드
> 라'를 대하고 있는 각각의 캐릭터들의 문제점을 지적한다.
> 전―우리 사회의 행정편의주의의 근본 원인과 그 해결책에 대하여 근거를
> 들어 설명한다.
> 결―타인에 대해 관심을 갖고, 행정편의주의보다 사람을 생각하는 정책을
> 펼쳐야 하는 당위성을 지적한다.

3) 처음 만난 사람들

1. 새터민은 우리와 같은 민족인가, 이방인인가?
2. 우리가 새터민을 구별하고 차별하는 근본적인 이유는 무엇인가?
3. 영화에서처럼 수많은 사람들이 우리나라에서 소외되어 살아가고 있는 이유가 무엇이라고 생각하는가?

> 기―다문화로 이행하고 있는 우리 사회의 모습을 제시하고, 영화의 인물들처
> 럼 우리 사회에서 살고 있지만 소외되고 있는 사람들의 고통에 대해
> 설명한다.

승—다문화 사회가 지향해야 할 바람직한 사회상을 제시한다.

전—타문화에 대한 어떤 자세가 다문화 사회를 이끌 수 있을지 구체적인 모델을 제시하고 장점과 한계점을 지적한다.

결—바람직한 사회상을 이룩하기 위해 가져야 할 개인의 태도와 사회적인 노력에 대해 서술한다.

4) 크래쉬

1. 우리와 타인을 구분하는 기준은 무엇인가?

2. 편견 때문에 옳지 않은 판단을 했던 경험을 떠올려 보고, 편견이 가지고 있는 문제점이 무엇인지 생각해보자.

3. 편견을 가지고 있는 것이 긍정적으로 작용할 수 있는가? 있다면 구체적인 사례를 들고 그 이유를 서술해보시오.

4. 타인을 무조건적으로 받아들이는 것과 비판적으로 받아들이는 것, 타인에 대한 편견은 어떻게 다른가?

기—영화에 등장한 인종 차별처럼 편견 때문에 발생할 수 있는 상황을 제시한다.

승—타인을 비판 없이 무조건적으로 수용하는 것이 어떤 문제들을 초래할 수 있는지 영화 속 사건을 예로 들어 설명한다.

전—편견 때문에 발생하게 되는 행동의 결과들이 사회에 도움이 되는 지에 대해 서술하고, 편견이 가지고 있는 한계를 제시한다.

결—비판 없이 타인을 받아들이는 것과 편견을 갖고 타인을 대하는 것의 차이를 설명하고, 타인과 조화를 이루며 살아갈 수 있는 방법을 찾아본다.

5) 그랜 토리노

1. 우리와 다른 인종이 이웃일 때 그들과 어떻게 소통할 수 있을 것인가?

2. 코왈스키는 다문화를 어떻게 수용하는 모습을 보여주었는가?

3. 이 영화는 레비나스가 말하는 '절대적 환대'의 모습을 보여준다. 우리는
   자신을 희생하며 타자를 수용할 수 있는가?

> 기—인종이 다른 사람들과 어떻게 소통하며 살아갈 수 있을지, 현 사회가
>   요구하는 다문화에 대한 자세에 대해 쓴다.
> 승—영화에서 코왈스키는 영웅적으로 다문화를 수용하는 주체의 모습을 보
>   여주고 있는데, 이와 같이 자신을 희생하고 타자를 수용하는 것의 가치
>   에 대해 언급한다.
> 전—타인을 수용하는 것은 어렵다. 우리와 다른 인종이 100만인 시대, 그들의
>   문화를 어떻게 수용하는 것이 바람직한 지에 대하여 쓴다.
> 결—인종이 다른 이웃과 소통하는 것이 시대적 과제로 당면했음을 다시금
>   강조하고, 다문화 사회를 살아가는 올바른 자세에 대하여 서술한다.

3.3. 법과 사회

1) 데드 맨 워킹

1. 사형제도는 어떤 근거로 존치되어야 하는가?
2. 사형제도는 어떤 점에서 위험할 수 있는가?
3. 사형제도는 누구를 위한 사회 정의 실현의 방법이 될 수 있는가?

> 기—사형제도의 존치와 폐지에서 논란이 되는 측면을 제시한다.
> 승—영화 〈데드 맨 워킹〉에서 매튜를 사형에 처하는 것은 타당한 법적 집행
>   인가 아닌가에 대해서 쓴다.
> 전—사형제도에 대한 찬반의 분명한 입장에서 대립되는 의견의 문제점에
>   대해 근거를 들어 비판한다.
> 결—자신의 주장의 타당성을 강조하고 또한 개인의 생명존중과 사회질서
>   유지의 방법이 조화될 수 있는 대안을 찾아본다.

2) 터미널

1. 법은 개인을 억압하기 위해 존재하는가, 편리하게 하기 위해 존재하는가?
2. 법을 지키기 위하여 우리는 어떤 노력을 해야 하는가?

> 기—법이 개인을 억압하기 위해 존재하는지, 편리하게 하기 위해 존재하는지 쓴다.
> 승—국적법으로 인해 어려움을 겪게 된 '나보스키'가 법을 지키기 위해 하는 노력을 그린 영화의 에피소드가 의미하는 것이 무엇인지에 대하여 쓴다.
> 전—현실에서 법이 개인을 억압하는 사례를 찾아보고, 자신의 관점에서 법이 존재하는 이유를 구체적으로 제시한다.
> 결—법이 개인을 위하여 지향해야 할 방향성과 법을 지키기 위하여 우리가 해야 할 노력에 대하여 적는다.

3) 아이엠 샘

1. 개인의 요구와 사회의 목적이 상충될 때 법은 어느 쪽을 우선시 하는 것이 타당한가?
2. 여러 가지 이유로 친부모가 자녀를 키울 수 있는 능력이 없다고 판단될 때 자녀를 공공기관에서 관리하는 것이 친부모에게 맡기는 것보다 더 잘 키울 수 있는가?

> 기—인간의 삶을 개인과 사회로 구분했을 때, 법은 어느 쪽에 서야 하는가에 대해 문제제기를 한다.
> 승—〈아이 엠 샘〉에서처럼 장애 때문에 자녀양육의 능력이 없다고 판단된다고 하더라도 당사자인 부모와 자녀가 간절히 원할 때는 법적인 근거보다 사적인 관계성이 우선할 수 있다는 점을 예시한다.
> 전—사회의 정의 구현과 안정을 위해서 법이 개인의 요구보다 우선하는 것이 타당하게 생각되는 경우를 제시하고 그 역기능을 근거로 이를 비판한다.
> 결—바람직한 사회가 되기 위해서 법이 개인의 요구를 억압하거나 침해할 때, 그 법을 바꿀 수 있음을 주장한다.

3.4. 분단 문제

1) 공동경비구역JSA

1. 우리는 분단문제를 고민하고 있는가?
2. 분단 문제에 대한 적극적 해결책은 무엇인가?
3. 남한과 북한군이 우정을 나누는 에피소드를 통하여 영화가 보여주고자
   한 것은 무엇이었겠는가?

> 기—분단이 지속되어 발생한 우리나라의 문제점에 대해 언급한다.
> 승—남한군과 북한군이 서로의 금기를 깼을 때 죽음으로 귀결되는 에피소드
>   를 등장시킨 영화의 의도에 대해 생각해 보고, 분단이라는 금기를 지킬
>   수밖에 없는 우리의 현실에 대해 쓴다.
> 전—분단이 극복할 수 없는 금기임에도 불구하고, 그 금기를 깨고 새로운
>   사회로 진입해야 함을 밝히고, 분단 문제를 극복할 수 있는 해결책을
>   제시한다.
> 결—분단 문제에 대해 가지고 있어야 할 바람직한 세계관에 대해 언급하고,
>   지금은 분단 극복을 위해 적극적인 노력을 해야 할 때임을 주장한다.

2) 크로싱

1. 통일은 하루빨리 이루어져야 하는가?
2. 남한이 북한의 경제를 감당할 수 있을 때라야 통일이 가능하다는 주장에
   대하여 어떻게 생각하는가?
3. 현 시점에서 이산가족 문제를 해결할 수 있는 현실적인 방안은 무엇인가?
4. 통일의 시기가 늦춰짐으로 인해 발생하는 문제는 무엇인가?

> 기—통일은 하루 빨리 이루어져야 하는가에 대해 논란이 되는 측면을 제시한
>   다.

> 승—영화에서 분단으로 인해 발생하는 가족 간의 이별이 보여주는 비극성을
> 언급하고, 통일이 하루 빨리 이루어져야 하는 이유 중 이산가족의 만남
> 이라는 문제가 중요함을 지적한다.
>
> 전—현실에서는 북한의 경제를 남한이 감당할 수 있을 때라야 통일이 가능하
> 다는 주장을 비판하고, 통일의 시기가 늦춰짐으로 인해 발생하는 문제점
> 을 제시한다.
>
> 결—이산가족 문제를 중심으로 들어 통일이 하루빨리 이루어져야 함을 주장
> 한다.

3.5. 집단 사회의 모순

1) 빌리지

1. 집단의 원로와 유지들이 금기를 이용하여 자신들의 권력을 유지하는 것에
   대해 비판해 보자.
2. 우리 생활 속에서 금지된 것의 구체적인 사례를 제시하고, 그것이 금기가
   된 이유를 생각해보자.
3. 집단 속에서 금기를 지키며 살아가는 것이 안일한 삶의 태도는 아닌지에
   대해 생각해보고 그 집단의 금기를 깨는 것의 가치는 무엇인지 생각해보자.
4. 집단의 모순에 직면한 개인의 바람직한 자세는 무엇인가?

> 기—우리 사회에 금기들이 존재하는 이유를 비판해본다.
>
> 승—영화의 내용에서 이 마을에서 원로들은 왜 사람들이 밖에 나갈 수 없도
> 록 공포를 조장했는가에 대하여 쓴다.
>
> 전—금기가 있기 때문에 우리 사회의 안정성이 유지되는 측면을 제시하고,
> 금기에 대해 대립되는 의견의 문제점에 대해 근거를 들어 비판한다.
>
> 결—집단에서 금기를 지키며 살아가는 것이 안일한 삶의 태도는 아닌지에
> 대해 생각해보고 집단의 금기가 의미하는 바가 무엇이고, 집단의 모순에
> 대한 개인의 바람직한 태도에 대해 언급한다.

2) 제이콥의 거짓말

1. 개인의 힘으로 집단의 모순에 저항할 수 있는가? 제이콥의 행동을 중심으로 정의를 앞세운 개인의 행동이 가지고 있는 의의에 대해 생각해보자.
2. 사회가 불의할 때 개인은 집단이 요구하는 것에 복종해야 하는가? 아니면 죽음을 무릅쓰고 정의로운 판단을 해야 하는가?

> 기—사회가 불의할 때 집단의 요구에 복종해야 하는지에 대한 자신의 생각을 정리하여 도입부를 쓴다.
> 승—영화에서 제이콥이 거짓말을 통해서 유태인들에게 희망을 주는 에피소드가 의미하는 바가 무엇인지 쓰고, 개인의 희생이 집단에 미칠 수 있는 영향에 대해 적어 본다.
> 전—사회가 불의할 때 집단이 요구하는 것에 복종하지 않고 정의를 지킨 개인들을 찾아보고, 그러한 개인의 행동이 갖고 있는 가치를 설명한다.
> 결—개인의 정의로운 판단이 집단의 모순을 극복하고 저항할 수 있는 힘이 될 수 있는지 쓰고, 희생의 가치에 대해 언급한다.

3.6. 교육 문제

1) 장강 7호

1. 교육은 모두에게 평등한 기회를 제공하는가?
2. 현대 사회에서 교육은 무슨 의미인가? 어떤 기능을 하는가?
3. 교육의 혜택이 양극화되어 있는 문제는 어떻게 해결할 수 있는가?

> 기—교육의 혜택이 양극화되고 기회의 평등을 보장하지 못하는 측면을 제시한다.
> 승—〈장강 7호〉에서처럼 가난 속에서도 교육에 대한 강한 열망을 보이는 인물을 통해 우리 사회의 교육이 지향해야 할 방향성에 대해 생각해 본다.

> 전—사회적으로 교육의 기회가 모두에게 평등하지 않게 제공되고 있는 현상을 구체적으로 제시하고, 현 사회에서 교육이 해야 할 역할에 대해 서술한다.
>
> 결—교육에 대한 자신의 관점을 제시하고, 현 사회에서 교육의 혜택이 양극화된 문제를 해결할 수 있는 대안을 찾아본다.

2) 코러스

1. 올바른 교육자는 어떤 자질을 갖춰야 한다고 생각하는가?
2. 교육의 가장 중요한 역할은 무엇이라고 생각하는가?
3. '마티유'를 통해 진정한 스승은 어떤 존재여야 하는지 생각해보자.

> 기—교육의 역할이 무엇이며, 올바른 교육자는 어떠해야 하는지에 대해 생각해 본다.
>
> 승—'마티유'가 '모항주'의 음악적 재능을 찾아주고, 문제아를 변화시키는 영화의 이야기를 통하여 교육이 가지고 있는 힘에 대해서 언급한다.
>
> 전—우리 사회에서 학교가 붕괴되고 진정한 스승을 찾아보기 어려워진 현실을 비판하고 그 근본 이유에 대해 설명한다.
>
> 결—진정한 교육은 학생들의 재능을 발견해주고, 존중해주는 것임을 언급하고, 우리 사회가 지향해야 할 교육관과 스승상을 제시한다.

3.7. 전쟁 문제

1) 적벽대전

1. 소수가 연대하여 다수의 힘을 극복할 수 있는지 생각해보자.
2. 영화에서는 소수가 연합하여 조조의 대군을 압도한다. 그러나 현실에서는 강자가 약자를 억압하는 경우가 더 빈번하다. 이러한 현상이 나타나는 근본적인 이유는 무엇인가?

> 기—소수가 연합하여 다수가 이기는 것이 가능한지에 대하여 문제제기한다.
>
> 승—유비와 주유의 십만 연합군이 조조의 백만 대군을 물리치는 것을 통해 소수가 연대하여 다수의 힘을 극복할 수 있음을 설명한다.
>
> 전—현실에서 강자가 약자를 억압하는 경우가 빈번함을 지적하고, 소수가 연대할 때 강자의 힘을 극복할 수 있음을 밝힌다.
>
> 결—소수가 연대하는 것의 가치를 지적하고, 소수도 강자의 영향력을 극복할 수 있음을 주장한다.

2) 삼국지: 용의 부활

1. 전쟁을 통해 권력을 얻은 사람을 영웅이라 할 수 있는가?
2. 전쟁 상황에서 선과 악의 구분이 가능한가?
3. 삼국지에 등장하는 인물 중 가장 바람직한 인물은 누구라고 생각하는가? 그 이유는 무엇인가?

> 기—전쟁을 통해 얻은 권력이 정당화될 수 있는지에 대하여 생각해 본다.
>
> 승—〈삼국지〉에 등장하는 유비, 조조 등 각각의 캐릭터의 관점에서 전쟁의 결과를 어떻게 받아들일지 생각해 보고, 전쟁 상황에서 선과 악의 구분이 가능한지에 대해 적어본다.
>
> 전—세계 도처에서 전쟁은 여전히 일어나고 있다. 이러한 전쟁이 초래하는 현실은 무엇이며 이를 통해 얻은 결과들이 정당화될 수 있는가에 대해 쓴다.
>
> 결—전쟁에서 선과 악의 구분은 가능한지, 전쟁은 정당화될 수 있는지에 대한 자신의 주장을 정리한다.

3) 집결호

1. 전쟁에서 희생양은 반드시 필요한가?
2. 전쟁이란 극한의 상황에서 부당한 명령에 복종한 것은 어떻게 평가할 수

있는가?

> 기—전쟁이란 극한의 상황에서 상관의 부당한 명령에도 불구하고 개인의
> 정당한 행동이 가능할 수 있는지에 대해 생각한 내용을 적는다.
> 승—〈집결호〉에서 부하들이 죽을 것을 알면서도 명령에 복종한 구지디의
> 행동이 타당했는지에 대하여 쓴다.
> 전—현실에서 부당한 명령과 개인의 정의로운 선택이 상충될 때 개인의 정의
> 의 편에 서서 선택한 개인의 예를 들고, 그러한 선택이 가져온 결과와
> 그 의미에 대해 서술한다.
> 결—극한의 상황에서 명령에 복종하는 것과 개인의 정의로운 선택 중 어떤
> 것이 옳은지에 대하여 적어본다.

3.8. 미래사회

1) 매트릭스

1. 데카르트가 말한 "나는 생각한다. 고로 존재한다"는 말은 우리 육체의 실재
   성을 의심하고 생각하는 존재로서의 인간을 규정한 것이다. 〈매트릭스〉의
   토마스 앤더슨처럼 우리가 매트릭스 속에 살고 있는 존재가 아니라는 것을
   어떻게 확신할 수 있는가?
2. 생각이 가는 곳에 우리의 존재가 소유당하고 있는 것이라고 볼 때, 컴퓨터
   게임 속에 빠져 있을 때 우리는 컴퓨터를 소유하고 있는가 아니면 컴퓨터
   가 우리를 소유하고 있는가?
3. 인간다운 삶의 실현은 물질문명이나 기계문명의 발전으로만 이루어질 수
   있는가?
4. 기계문명이나 물질문명의 발전에만 지나치게 치중했을 때 어떤 한계가
   있으며, 사회는 어떤 위험성이 야기될 수 있는가?

> 기—우리 주변에서 보고 느끼고 생각하는 것을 정신세계와 물질세계를 구분

하여 도입부를 쓴다.

승—물질세계만 치중되는 현실상황에 문제제기를 한다.

전—과도한 물질세계로의 치중이 야기하게 되는 위험성을 쓴다.

결—물질세계와 정신세계의 발전에 대한 바람직한 방향이나 대안을 쓴다.

2) 아일랜드

1. 복제 인간과 인간의 존엄성에는 차이가 있을 수 있는가?

2. 인간 복제는 허용될 수 있는가? 그 이유는 무엇인가?

기—인간 복제로 인해 나타날 수 있는 부작용의 양상과 그 위험성을 제시한다.

승—'아일랜드'에서 나타난 링컨-6-에코가 겪게 되는 어려움의 원인을 쓰고, 복제 인간도 인간처럼 똑같이 존중받아야 하는 인간임을 설명한다.

전—인간 치료를 목적으로 유전 공학 기술이 빠르게 발전하고 있으며, 인간의 장기 등을 제공하는 복제 인간 등에 대한 가능성의 논의도 등장하고 있다. 이와 같은 유전 공학의 발달이 가져올 수 있는 문제점에 대해 지적한다.

결—인간의 생명이 중요하다면 복제인간의 생명도 소중하고 인간이 복제되었을 경우 상상을 초월하는 문제가 발생할 수 있음을 고려하여 인간 복제에 대해 가져야 할 적절한 관점에 대해 쓴다.

3.9. 권위에 대한 자유 의지

1) 마리 포사

1. 억압적이고 부당한 권위에 대해서 저항할 의지가 있는가?

2. 바람직한 사회를 위해서 우리는 무엇을 해야 하는가?

기—억압적이고 부당한 권위에 대해서 저항할 것인가 순응할 것인가에 대해 문제제기한다.

승—영화에서 마을사람들이 권위에 순응하는 태도와 그레고리오 선생님이
파시즘에 대항하는 태도를 비교한다.

전—권위에 대항하는 것은 희생과 고통을 낳을 뿐이며 계란으로 바위치기에
불과하다는 소극적 태도를 비판하고 적극적인 자유를 추구해야 함을
지적한다.

결—바람직한 사회를 이룩하기 위해 부당한 권위에 대해 저항해야 함을 밝힌다.

2) 에린 브로코비치

1. 사회 비리를 알게 되었을 때 그것을 끝까지 추적하여 밝힐 의지가 있는가?
2. 사회를 바꾸기 위하여 우리는 어떤 희생을 감수해야 하는가?

기—사회의 비리를 알게 되었을 때 그것을 끝까지 추적하여 밝히는 것이
옳은지 문제제기한다.

승—'에린'이 사회의 비리를 밝힐 때 그녀 자신이 불리한 위치에 놓이게 됨에
도 불구하고 끝까지 비리를 파헤치는 모습을 통해 감독이 드러내고자
하는 바가 무엇인지 생각해본다.

전—사회의 비리는 한두 사람이 바꿀 수 있는 것이 아니라는 인식을 비판하
고, 개인의 노력으로 사회를 변화시켜나가야 함을 지적한다.

결—사회를 바꾸기 위해 개인이 희생을 감수하며 노력해야 함을 주장한다.

3.10. 세계 평화

1) 마더 테레사

1. 다른 나라의 불쌍한 사람을 위해 자신을 희생하고 타인을 위해 봉사하는
삶을 살아갈 수 있는가?
2. 우리가 타인을 위해 할 수 있는 봉사가 무엇인지 생각해보자.

기─자신과 관계없는 사람을 위해서 희생하고 봉사하는 삶의 가치에 대해 언급한다.

승─테레사 수녀가 고난과 역경 속에서도 사랑과 봉사로 가난한 인도의 사람들을 도왔던 것을 설명하고 개인의 거룩한 희생의 의미를 생각해 본다.

전─봉사의 마음을 가지고 하는 선행을 다른 사람의 비난을 감수하면서까지 봉사할 필요는 없다는 생각에 대해 비판하고 봉사는 그에 따른 희생이 있기 때문에 더욱 가치 있음을 주장한다.

결─희생이 따르더라도 타인을 위해 봉사하는 삶은 가치 있으므로 우리 사회가 추구해야 할 덕목임을 지적한다.

2) 콘스탄트가드너

1. 우리는 세계의 문제를 고민하고 있는가?
2. 세계의 문제에 대한 적극적 해결책은 무엇인가?

기─신자유주의에 의한 강대국 중심의 질서가 약소국에게 피해를 입힐 수 있다는 것을 문제제기한다.

승─영국의 제약회사가 아프리카의 주민들을 실험 대상으로 이용하는 것의 부당함을 고발하는 인권운동가가 위험과 곤경에 처하면서도 그 부당함을 밝히고자 권력과 싸우는 모습을 기술한다.

전─한 개인의 힘으로는 부당한 현실을 타개하기에는 어렵다고 하지만 그러한 부당함과 싸우려는 시도 자체가 중요함을 주장한다.

결─강대국 중심의 질서가 약소국에 피해를 입힐 때 그 부당함에 적극적으로 대항하는 태도를 기르는 것이 필요함을 언급한다.

3.11. 빈부격차와 분배

1) 랜드 앤 프리덤(Land and Freedom, 영국 켄 로치 감독, 1995)

1. 우리 사회 갈등의 하나인 부동산 시장문제에 대한 해결책으로 국회에서

내놓은 '반값 아파트'정책에 대한 실효성에 관해 생각해 보자.

2. 쟁점을 생각할 때는 용어부터 정확히 살펴보아야 한다. 일각에서는 '반값 아파트'정책에서의 '반값'이 실제의 '반값'이 아니라, 과장된 표현으로 기대심리를 부추길 뿐이라는 점을 지적하고 있다. 또한 실제로 '반값 아파트'에 입주하게 되는 사람들은 부동산 시장 문제의 원인을 제공한 집단이 아니므로, 현재의 문제점을 해결할 수 없다고 주장하기도 한다. 쟁점에 대한 해결은 해결책의 부작용과 효과성에 집중하여 생각해 보아야 한다.

> 기—쟁점을 제시하고 해결책의 용어를 정의한다.
> 승—〈랜드 앤 프리덤〉에서 나오는 토지재분배 집단토론을 사례로 사회적 갈등은 개인과 해당 집단의 입장과 관점에서 뿐만 아니라, 국제관계까지 생각해보는 큰 그림 속까지 고려해보는 것이 중요하다는 점을 서술한다.
> 전—문제 상황과 제안된 정책의 연관성을 살펴보아 그 대안을 통해 문제가 개선될 소지가 있는지 없는지의 증거를 제시한다. 유사 선행 사례와 다른 나라의 사례를 근거로 제시한다.
> 결—시장논리에 맡기는 것이 오히려 부작용이 없는지, 다른 대안은 없는지를 살핀다.

2) 책상서랍 속의 동화

1. 양극화된 현실을 개선하기 위해 우리는 어떠한 노력을 할 수 있을까?
2. 빈부격차를 해결하기 위해 사회는 어떠한 조건을 만들어야 하는가?
3. 가난한 이들을 위해 부유한 이들이 가져야 할 삶의 태도는 무엇인가?

> 기—양극화된 현실을 개선하기 위해 사회가 구조적으로 변화해야 함에 대하여 문제제기한다.
> 승—가난한 학교의 웨이민치 선생이 도시에 돈 벌러 간 어린 장휘거를 찾기 위해 방송국에서 몇날며칠을 기다리고 대자보를 쓰는 눈물겨운 노력의 의미에 대해 생각해 본다. 또한 중국 방송국에서 방송을 하여 사람들이 모금을 하고, 학용품과 책을 보내주는 과정의 의미를 생각해 본다.

전—빈부격차의 문제는 시장의 논리에 맡길 수밖에 없다는 시각을 비판하고 국민 모두의 노력으로 해결 가능하다는 것을 주장한다.

결—빈부격차를 해결하기 위해 개인과 사회가 해야 할 노력이 무엇인지 밝힌다.

3.12. 환경과 재난 문제

1) 투모로우

1. 지구온난화로 인한 황사 같은 피해가 더 이상 진행되지 않도록 하는 방법에는 개인이나 국가, 국제적으로 어떤 방안이 있을 수 있는가?
2. 환경오염의 원인은 근본적으로 무엇이며, 환경정책은 어떤 방향으로 나아가야 하는가?

기—지구온난화로 인해 나타나는 피해 양상의 유형과 위험성을 제시한다.

승—'투모로우'에서 나타난 것처럼 소빙하기, 토네이도, 냉풍, 해일 같은 지구온난화 피해의 위험성을 예시하고 영화에서 피해가 증대된 원인에 대해 쓴다.

전—기후환경변화로 일어날 수 있는 황사 같은 자연재해의 피해를 최소화할 수 있는 방안은 개인적, 국가적, 국제적으로 어떤 것이 있을 수 있는지를 서술한다.

결—환경오염의 근본원인을 짚어보고 만일 환경오염이 여기서 멈추지 않는다면 인류의 미래는 어떻게 될 것인가를 생각해 보고 이에 대한 바람직한 방향은 무엇인지를 서술한다.

2) 그날이후

1. 소련연방이 서독을 공격하여 미소 대립이 극단화된 상태에서 상대방 국가에게 핵공격을 하는 것은 정당한 조치라고 할 수 있는가?
2. 북한 핵실험으로 우리나라도 〈그날이후〉에서 나타난 상황과 무관하지 않

다고 볼 수 있는가, 영화 속 상황과 우리나라의 실제상황은 전혀 다른가?

3. 국가적 위기상황은 개인의 삶에 어떠한 영향을 미치는가, 개인은 국가와 어떤 관련을 맺고 살아가는가?

4. 과학기술의 발전에 의한 핵무기는 우리 삶을 한번에 피폐화시킬 수 있다.

기—국가 간의 갈등문제로 핵전쟁이 일어날 수도 있다는 문제 상황에 대해 생각해 본다.

승—〈그날 이후〉에 나타난 핵폭발의 상황과 사람들의 피해 상황을 중심으로 국가간의 문제로 핵전쟁이 일어나서는 안 된다. 평범한 일반인들의 생명과 삶이 무참하게 희생되기 때문이라는 주장을 전개한다.

전—핵전쟁은 일어나지 않을 것이라는 안일한 생각을 비판하고 북핵 문제 해결의 시급성을 강조한다.

결—'북한 핵실험으로 바라본 국가의 생존문제'라는 논제에 관해 정리한 논점을 중심으로 세계정세와 국가와 개인을 연결시켜 자신이 느낀 바와 생각한 바를 쓰고, 핵전쟁의 위험성과 북핵문제의 대안을 제시한다.

---

4. 글쓰기를 위한 영화 글감: 주제별 영화 목록표

분야	연령/글쓰기 주제	전체 관람가	12세 관람가	15세 관람가	18세 관람가
사회	미래사회	• E.T(이티)	• A. I. (에이아이) • 아일랜드 • 아이 로봇 • The Matrix (매트릭스)	• 블레이드러너	• 엑스 마키나
사회	전쟁		• 피아니스트 • 집결호	• 인게이지먼트 • 뮌헨 • 트로이 • 판의 미로 • 적벽대전 • 아버지의 깃발 • 보리밭을 흔드는 바람 • 붉은 수수밭 • 삼국지: 용의 부활 • 카운터 페이터 • 어톤먼트 • 봉오동 전투	• 더 리더: 책읽어주는 남자 • 색,계
사회	휴머니즘		• Smoke(스모크) • 연을 쫓는 아이 • 인어 베러 월드		
사회	다문화		• 처음 만난 사람들 • 여섯 개의 시선 • 그랜 토리노	• 파이란 • 크래쉬2004	• 정글피버
사회	교육	• 장강7호 • 코러스 • 죽은 시인의 사회		• 굿윌헌팅 • 캡틴 판타스틱	
사회	가족제도와 문화	• La Gloire de mon père (마르셀의 여름) • 로큰롤 인생	• Big Fish(빅 피쉬) • 밀리언 달러 베이비 • 꽁치의 맛 • 〈크리스마스에 기적을 만날 확률〉 • 주노 • 괴물 • 어느 가족	• 빈집-고독 • 東京物語 (도쿄이야기) • 飮食男女 (음식남녀) • 중앙역 • 지붕 위의 바이올린 • 가족의 탄생	• 아메리칸 뷰티
사회	결혼관	• 유령신부	• 순수의 시대	• 센스, 센서빌리티	

분야	연령/글쓰기 주제	전체 관람가	12세 관람가	15세 관람가	18세 관람가
사회	약자나 소수에 대한 편견	◦ 슈렉 ◦ 별별이야기	◦ 빌리 엘리어트 ─성별직업편견	◦ 조제, 호랑이 그리고 물고기들 ─장애우 ◦ 브로크백 마운틴 ─동성애 ◦ 메종드히미코 ─동성애	◦ 레인맨 ◦ 오아시스 ─장애우 ◦ 나쁜교육 ─동성애 ◦ 내 어머니의 모든 것 ─동성애
사회	집단 사회의 모순	◦ 우리들의 일그러진 영웅	◦ The village (빌리지) ◦ 마농의 샘 ◦ 제이콥의 거짓말	◦ 7인의 사무라이 ◦ 다우트	◦ 만덜레이 ◦ 헤어
사회	여성 문제		◦ 디 아워스 ◦ 파 프롬 헤븐 ◦ 모나리즈 스마일	◦ 델마와 루이스 ◦ 싱글즈 ◦ 여자, 정혜 ◦ 실비아 ◦ 노스 컨추리	◦ 피아노 ◦ 몬스터
사회	도시화와 소외	◦ 아무도 모른다	◦ 전차남	◦ 중경삼림	
사회	법과 사회		◦ Terminal(터미널) ◦ 식코 ◦ 아이 엠 샘	◦ 런어웨이 ◦ 데드 맨워킹 ─사형제도 ◦ 에린 브로코비치 ◦ 다크나이트	◦ 아메리칸갱스터 ◦ 4개월, 3주… 그리고 2일
사회	분단 문제		◦ 간큰가족 ◦ 굿바이 레닌 ◦ 크로싱 ◦ 공작	◦ 공동경비구역 JSA ◦ 실미도 ◦ 쉬리 ◦ 태극기 휘날리며	
과학	재난에 대한 대처	◦ 인디펜던스 데이 ─외계인 침범	◦ 우주전쟁 ─외계인 침범 ◦ 투모로우 ─지구온난화 ◦ 그 날 이후─핵전쟁 ◦ 얼라이브 ─극한상황 ◦ 컨테이젼 ─유행성 바이러스 침투	◦ 아웃브레이크 ─유행성바이러스 침투 ◦ 감기 ─유행성 바이러스 침투	

분야	연령/글쓰기 주제	전체 관람가	12세 관람가	15세 관람가	18세 관람가
과학	자연보호	◦ 바람계곡의 나우시카 ◦ 원령공주 ◦ 센과 치히로의 행방불명			
역사	역사와 개인	◦ The Last Emperor (마지막 황제)		◦ 한반도 ◦ 패왕별희 ◦ Cold Mountain (콜드 마운틴) ㅡ시대와 개인	
문화	예술가의 열정	◦ Amadeus (아마데우스)	◦ The Phantom of the Opera(오페라의 유령)(2004) ◦ 취화선ㅡ미술	◦ Girl with a pearl earring(진주 귀걸이를 한 소녀)ㅡ미술 ◦ 서편제ㅡ판소리	
정치	권위에 대한 자유 의지	◦ 마다가스카 ◦ 우리들의 일그러진 영웅	◦ 효자동 이발사 ◦ 죽은 시인의 사회	◦ 랜드 앤 프리덤 ◦ The Shawshank Redemption (쇼생크 탈출) ◦ 마리 포사ㅡ파시즘	
철학	개인의 상처와 욕망	◦ The Others (디아더스)	◦ The Sixth Sense (식스 센스) ◦ Scarface (스카페이스)	◦ Mystic River (미스틱 리버) ◦ The Aviator (에비에이터)	
철학	존재에 대한 성찰	◦ 나의 장미빛 인생ㅡ성정체 성 혼란	◦ The Matrix (매트릭스) ◦ 아일랜드 ◦ A. I. (에이아이) ◦ 아이 로봇	◦ 모터 싸이클 다이어리 ◦ 천하장사 마돈나 ㅡ성정체성 혼란 ◦ 봄 여름 가을 겨울 그리고 봄	
국제	오리엔탈리즘		◦ 티벳에서의 7년	◦ 아라비아의 로렌스	
국제	세계 평화		◦ 호텔 르완다	◦ The Constant Gardener (콘스탄트 가드너)	
자본 주의	자본주의 비판		◦ 킹 콩	◦ 트루먼 쇼 ◦ 볼링 포 콜럼바인 ◦ 퀴즈쇼 ◦ 기생충	

참고문헌

황영미(2004), 『다원화 시대의 영화 읽기』, 예림기획.

황영미(2009), 『영화와 글쓰기』, 예림기획.

황영미 외(2015), 『영화로 읽기, 영화로 쓰기』, 푸른사상.

황영미 외(2018), 『영화 로그인: 사고와표현교육』, 한국학술정보.

온라인 피드백을 활용한 글쓰기 교수 방법

지현배

1. 대학에서의 쓰기 교육 현장

대학에서의 쓰기 교육은 교육과정, 교과목, 교수자, 학습자, 강의실, 수강인원, 기자재, 콘텐츠, 평가 방법과 학점 등과 관련된다. 이는 교수 역량이나 콘텐츠의 양과 질은 물론, 행정이나 제도, 환경적인 영향까지 다양한 요인이 복합적으로 작용함을 의미한다. 학습자의 수강 목적, 그리고 그와 연결되는 수강 태도와 의지, 수업 콘텐츠의 구성, 수업 형태, 교수법과 피드백의 형태에 이르기까지 쓰기 교육에서 고려될 요소는 적지 않다. 교재를 개발하고 평가를 공정하게 하는 것을 넘어서는 복잡한 요소들이 맞물려 있다.

음성 언어, 문자 언어에 전자 언어가 자리를 잡았고, 문자 리터러시, 영상 리터러시, 정보 리터러시, 웹 리터러시라는 용어가 사용되는 현장의 상황을 감안하면, 오늘날 대학에서 글쓰기 관련 교과목을 설계하거나 교재를 구성하는 이의 고민이 깊어질 수밖에 없다. 산업 현장의 요구에 대응하는가, 10년 뒤에도 여전히 유용한 역량과 관련 되는가 등의 질문이 꾸준히 제기되고 있다. 최근에는 4차 산업혁명이라는 용어가 쓰기 교육 현장에까지 대두되며, 쓰기 교육 현장은 이들에 대한 답을 준비해야 할 상황이다.

한편 쓰기 교육 현장에서 교과를 개발하고 프로그램을 설계하는 교수자 입장에서 고려 요소가 적지 않다. 쓰기는 내용을 담아내야 하고, 형식을 갖춰야 한다. 내용은 가치 있는 것이어야 하고, 규범을 지키고 있어야 한다. 독자가 고려되어야 하고, 맥락이나 상황에서도 벗어날 수 없다. 목적에 따라 형식은 물론 가치가 달라지고, 표현도 달라진다. 장르 특징에 대한 이해가 필요하고, 절차적 지식이 요구되며 최근에는 협업의 노하우는 물론 미디어리터러시까지 요구된다. 이들 중 일부 혹은 전부를 선택하고 조직하는 작업이 필요하다.

쓰기에는 이해력, 구성력, 판단력, 표현력 등의 역량이 요구될 뿐만 아니라 창의성이나 심미적 가치까지 개입한다. 쓰기에는 읽기가 관련되고, 생각하기, 판단하기, 취사선택하기와 관련된 역량, 그리고 개인의 경험이나 취향은 물론 집단의 지성이 관여하고, 가치가 영향을 끼친다. 자료를 조사 혹은 채굴하는 능력, 기억된 정보를 소환하는 능력, 확보된 정보를 분석하는 능력, 통계 처리 과정을 관리하고 이해하는 능력, 표나 도형을 이해하는 능력까지 작용한다. 이들 역시 교과 설계자의 고민 영역이다.

시선을 교실 혹은 교육 현장으로 돌려 보면, 쓰기의 과정에서부터 수사법, 장르 특징, 각종 규범 등이 교육의 영역이 된다. 사고 능력, 맥락 이해, 추론 능력, 그리고 독창성 등의 향상이 목표가 된다. 교수자와 학습자 사이의 작용은 교수법, 연습 주제, 샘플 원고, 쓰기 이론, 피드백 등이 복합적으로 작용한다. 쓰기 교실에서의 교수학습은 교수에서 학습자에게로 전달되는 일방향의 단선에 머물지 않고, 학습자와 학습자 간, 학습자와 매체 간을 포함한 양방향의 복잡하고 중첩되는 선을 그리게 된다.

2. 온라인 피드백의 개발 배경

대학에서의 글쓰기 교육이 교양교육의 대표 영역이 되었다. 글쓰기 교과는 코어 과목으로 지정되었거나 배분이수 방식을 시행하는 대학의 경우에도 쓰기 과목은 선택에서 제외되지 않는 것이 일반적이다. 이런 사정은 글쓰기 과목이 대학 교육의 필수로 인식되고 있음을 의미하고, 쓰기 교육에 대한 중요성을 교육 공동체가 암묵적으로 혹은 명시적으로 합의하고 있음을 보여준다. 보편 교과로서의 글쓰기는 전문대학도 다르지 않다. 전문대학에서도 NCS 관련하여 쓰기가 주요 과목으로 채택되고 있다.

이러한 사정에도 대학에서의 글쓰기는 정체성과 목표 부분에서 아직 '잠정적'이다. 대학 글쓰기 교육이 중고등학교 교육과정의 연장에 있다고 본다면, 대학에서의 글쓰기는 '학술적인 글쓰기'로 대변될 수 있다. 소위 '아카데믹라이팅'이 대학에서의 글쓰기 교육의 중심에 있을 것으로 기대되지만, 실제로 대학에서의 글쓰기 교과 혹은 그것의 교육 콘텐츠에서 일정한 경향성을 보이지 못하고 있다. 학술적 글쓰기, 자기 성찰의 글쓰기, 글쓰기 과정의 이해, 그리고 전공연계 글쓰기 등 폭이 넓고 다양하다.

대학 글쓰기의 교육 목표나 내용에서도 경향성을 보기 어렵다. 교과목 명칭이 '글쓰기', '사고와 표현', '독서와 작문', '글쓰기와 프레젠테이션' 등의 형태로 운영되는 것도 이를 보여준다. 사고 교육을 위한 쓰기 교육의 개념으로 쓰이기도 하고, 쓰기 교육을 기반으로 말하기, 읽기로 확장하는 이른바 기능교육으로 쓰이기도 한다. 쓰기에 대한 암묵적인 인식이 '소논문 쓰기'에서 극단적으로는 '글씨 쓰기'까지 넓은 스펙트럼을 형성하고 있다. '글쓰기' 교육이 곧 보고서 쓰기, 자기소개서 쓰기로 대변되는 경우도 있고, 글쓰기 과정에 대한 교육을 선행하는 경우도 많다.

이런 사정임에도 글쓰기 수업에서 피드백 혹은 첨삭 지도의 효용성에는 이견이 없다. 학습자의 쓰기 능력을 기르는 가장 효과적인 교수법의 하나이고, 성과 또한 보증 받을 수 있는 것이다. 그런 점 때문에 글쓰기 교육의 교과와 비교과 교육 현장에서 피드백이 일반화되었고, 필수로 인식되기도 한다. 쓰기 교육과 피드백은 그런 점에서 분리해서 논의하기 어렵게 되었다. 그런 점에서 쓰기 교육을 위한 교육 설계에서 가장 비중 있게 논의되어야 할 것이 피드백에 관한 것이다. 피드백의 분야, 방법, 횟수 등에 관련된 것이다.

글쓰기센터 등을 통한 피드백은 전담하는 인력이 있지만, 교과의 경우는 상황이 다르다. 교과의 일부로 진행되는 피드백은 결국 교육을 담당하는 교수자의 몫으로 부담이 전가되었다. 이런 상황에서 교수자의 희생과 열정이 피드백을 운영, 유지하는 동력이자 자산이 되고 있다. 이는 각 대학에서 글쓰기 교과가 독립적으로 운영되기 시작한 시기부터 제기되었던 문제다. 개선할 수 있는 10년 이상의 기회가 있었지만, 그간 뚜렷이 개선된 대학의 사례를 접하기는 쉽지 않다.

대학의 글쓰기 교육 현장에서는 크고 작은 차이는 있겠지만, 글쓰기 분반의 수강생 규모를 정할 때 교육의 효과를 우선 고려해서 최적의 결정을 하는 경우는 흔하지 않다. 교육 효과보다는 많은 경우 정책적으로 혹은 정치적으로 결정된다. 학습의 효과를 위한 설계라기보다는 예산이나 시설의 규모에 따라서 결정되는 것이 현실이다. 교강사들의 전문성이나 피드백의 수고로움에 대한 제도적 뒷받침이나 보상 시스템은 충분하지 못하다. 그럼에도 피드백은 꾸준히 진행되며, 그와 관련된 연구와 효과적인 교수법에 대한 모색이 꾸준히 진행되고 있다.

피드백과 관련하여 수행된 「글쓰기 클리닉과 첨삭 지도 전략」(지현배, 2010) 연구에서 ① 첨삭 항목별 효용을 분석함으로써 '첨삭의 효용'을 크게 기대할 수 있는 것은 '논리와 문단' 영역임, ② 첨삭 지도의 '실태를 분석'함으로써 '첨삭의 항목은 오류 빈도에 비례해서는 안 된다'는 사실을 알게 됨, ③ 첨삭 모형을 제안하면서 '첨삭 매뉴얼'이 강의 균등화와 운영의 효율을 높이는 데 기여할 수 있음을 확인하였다. 이 연구를 통해서 첨삭지도에도 전략이 필요하며, 효과적인 전략을 위해서는 매뉴얼이 필요하다는 교훈을 얻었다.

또한 「첨삭지도의 사례와 수강생의 반응」(지현배, 2011a)에 관한 연구에서는 다음과 같은 사실이 드러났다. ① 첨삭 항목을 분석한 결과 교수자의 첨삭 항목과 수강생의 요구에는 차이가 있었다. ② 첨삭의 효율을 높이기 위해서 첨삭의 표준화 작업이 필요함을 알게 되었다. 실제로 교육 현장에서 피드백을 수행하는 교수자의 수고로움은 모두가 공감하는 것이다. 그럼에도 교수자의 노력이 학생들에게 '영양가 있게' 전달되지 않은 경우도 있다는 점이 발견되었다. 피드백에서 진단과 처방의 핵심 요소에 대한 표준화 작업이 필요하다는 결론을 얻게 된 연구였다.

「첨삭 지도 전략: 글쓰기 교육의 과제」(지현배, 2011b)에 관한 연구에서 첨삭 지도 결과 분석을 통해 얻은 글쓰기 지도 전략은 다음과 같다. ① 이론보다 쓰기 연습 위주로, 모든 영역에 걸친 교육이 필요하다. 쓰기의 과정이나 장르별 쓰기 각각이 아닌 이 모두에 대해서 실습 중심의 지도가 중요하다. ② 전 학년에 걸쳐, 지속적인 지도가 필요하다. 이 연구는 글쓰기 교육에서 교과 수업이 실습 중심으로 이루어져야 한다는 당위를 다시 확인한 연구였다. 실습을 통한 지속적인 교정이 필요하며, 강의자로서의 교수보다는 코치 또는 멘토로서의 교수가 효과적이라는 결과를 확인한 연구였다.

교수자의 피드백 수행에 있어 매뉴얼의 필요성, 그리고 진단과 처방의 표준화 작업의 필요성이 대두되었다. 매뉴얼과 표준화는 맞물린 것으로서 하나를 통해서 다른 하나를 구현할 수 있는 관계이다. 매뉴얼을 통해서 표준화를 이룰 수 있고, 표준화 방안이 마련되면 그것을 토대로 매뉴얼을 만들면 되는 사안이다. 문제는 이것이 닭과 계란의 관계와 같다는 점이다. 교수자의 역할도 그러하다. 교수자의 모습으로 대중에게 각인된, 혹은 교수자 자신에게 각인된 것은 '가르침을 주는' 존재이다. 이는 강의자로서의 역할에 충실한 모습이다.

일련의 연구 결과에서 대두된 두 가지의 문제는 표준화를 통한 매뉴얼의 개발, 그리고 멘토로서의 지속적인 코칭으로 운영되는 교과 설계로 귀결된다. 이에 대한 해답은 기존의 콘텐츠를 가져다 쓸 수 있는 것이 아니라는 것이 문제의 출발이다. 그것은 역설적으로 클리닉 한 건 한 건을 통해서 케이스를 축적하고, 그것에서 공통요소 혹은 빈도가 높은 것으로 일정한 경향성을 추출해 나가는 것을 통해서 도달할 수 있는 과제라는 결론에 도달한다. 문제의 해결책 중 하나는 케이스를 축적하여 데이터베이스를 구축하는 것이다.

IT 활용 클리닉 시스템은 두 가지 목적을 달성할 수 있게 설계되었다. 하나는 공통의 요소를 추출하기 위한 케이스를 축적하는 기능, 다른 하나는 학생들의 실습을 효과적으로 지원하되, 그 과정이 일관되게 적용될 수 있게 '관리'하는 기능이다. 이 조건이 충족된다면 케이스 축적을 통해서 생성되는 일정한 규모의 데이터를 분석함으로써 '합의된' 답에 접근할 수 있고, 그것에 '표준'이라는 이름을 임시로 붙여서 그에 대한 검증 작업을 수행하여 확정된다면 표준안이 수립되고, 그것이 매뉴얼의 기초가 되는 구조이다.

부가적으로는, 시스템 구축을 통해서 클리닉을 수행하기에 시간과 비용을 줄일 수 있는 효과적인 도구로서의 기능을 하는 것이다. 일관된 기준을 적용할 수 있게 하는 것은 표준화이면서 매뉴얼을 구현하는 것이고, 시스템이 클리닉 내용의 충실성을 높이고, 펜과 종이의 한계를 보완할 수 있는 기능을 제공하면서 소요 시간을 줄일 수 있다면 시스템의 효용 가치는 커지게 된다. 이 시스템은 글쓰기센터로 통칭되는 '쓰기 지원을 위한 기구'에서 수행하는 비교과로서의 쓰기 지도와 교과 진행에도 활용할 수 있다.

비교과로 활용한 사례로는 동국대학교 경주캠퍼스의 경우가 있다. 피드백 시스템을 이용한 〈글쓰기 클리닉〉은 글쓰기센터의 비교과 프로그램으로 시행하면서 〈글쓰기 1〉, 〈글쓰기 2〉 교과에서도 수행하고 있다. 2012년 시스템을 구축한 이후 매 학기 3천 케이스 내외의 데이터가 축적되고 있다. 이들은 학년별, 남여 성별, 전공 영역별 특징을 파악하여 교육 프로그램 개선과 교재의 콘텐츠 구성, 교과목 개발 등에 기초 자료가 되었다.

웹 기반으로 한 클리닉 시스템의 설계 작업을 통해서 기대하는 프로세스는 다음과 같은 것이 될 수 있다. 표준 첨삭의 토대를 마련하는 것이다. 피드백 결과로 축적된 자료를 분석하여 첨삭 지도의 항목을 유형화할 수 있다. 교수자의 첨삭 사례에서 항목별 빈도의 상대적 순위를 반영하는 방식이 예다. 각 항목의 핵심 진단 요소들로 체크리스트를 만들고, 그것을 토대로 협의를 통해서 지도 사례를 모형화하여 표준 매뉴얼 단계로까지 확장할 수 있다.

이를 통해서 학교별 혹은 프로그램 맞춤형 매뉴얼이 완성된다면, 그것을 공유하고 교수자 워크숍 등을 통해서 숙지하는 기회를 가진 후에 실전에 활용하고, 그 과정과 결과를 분석하는 선순환 구조를 통해서 지속적으로 개선하는 시스템을 구상할 수 있다. 이런 일련의 과정을 통해서 첨삭 지도의 효율을 높이고, 글쓰기 교육의 질을 개선할 수 있을 것으로 기대한다. 또한 시스템을 활용함으로써 피드백을 진행하는 교수자의 노동 강도를 낮추면서 소요되는 시간을 줄이는 효과를 얻을 수 있다.

3. 시스템의 기능과 활용 방안

온라인 기반 피드백 시스템은 비교과로 활용하는 학교가 있다. 한동대학교 등이 대표적인 경우이다. 시스템을 도입한 대학은 〈글쓰기〉나 〈사고와 표현〉 등 교과 수업에 피드백 시스템을 활용하는 것이 일반적이고, 교과 비교과에 모두 사용하는 학교도 있다. 주요 기능에는 예약을 위한 시스템, 원고에 교정 부호 등을 사용하는 기능, 교수자의 피드백 과정을 보조하고 가이드하는 기능, 교수의 정성 정량적 피드백 내용과 학생들의 누적 데이터 등을 통해 분석지 생성 기능 등이 기본 내용이다.

2012년 전후 초기 버전은 학생의 완성된 원고에 대해서 교수자가 피드백을 하는 기능이 기본이었다. 오프라인 상에서 학생과 교수 간에 이루어지던 것을 온라인상에서 구현한 것에 충실했다. 그 과정을 표준화하고, 기준을 공유하고, 반복되는 쓰기의 수고로움을 줄이는 기능 등이 유용한 것이었다. 그래서 교정 부호의 다양화, 펜 종류와 색깔 다양화 등이 중시되었다. PC화면이나 테블릿에서 피드백을 요청한 학생의 원고에 대해서 피드백 할 수 있는 기능이 중심이었다. 학생의 완성 원고를 빨간펜 방식의 교정이 주된 기능이었다.

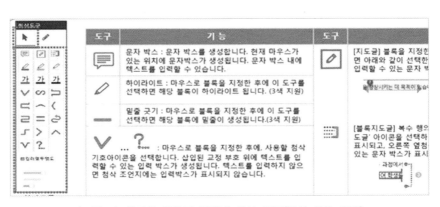

〈그림 1〉 온라인 글쓰기 클리닉 첨삭 도구(첨삭 도구 화면)

〈그림 1〉은 교수자가 사용하는 화면이다. 학생 원고 왼쪽으로 교정 부호와

펜이 다양하게 배치된 화면을 확인할 수 있다. 원고 오른 쪽에는 교수자가 작성한 코멘트가 확인된다. 그리고 아래쪽은 시스템 메뉴의 기능설명 또는 사용방법이 안내 되어 있다. 온라인상에서 구현된 빨간 펜 방식이다. 이에 더해서 〈그림 2〉는 주로 내용에 대한 조언 또는 평가를 할 때의 화면이다. 루브릭(체크리스트)이 제공되어, 피드백에 임하는 모든 교수자가 4개의 기준은 공유한다. 공통기준 이외의 것은 교수자의 재량이다.

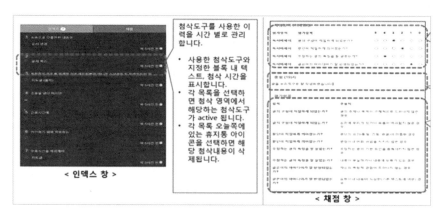

〈그림 2〉 온라인 글쓰기 클리닉 첨삭도구(인덱스 및 채점 화면)

체크리스트는 큰 틀은 공유하면서 원고의 장르 특징에 따라 세부적인 기준은 차이가 있다. 이 기준은 교수자 그룹에서 합의하여 정하는 협의 혹은 숙의의 과정이 필요하다. 반드시 공통안 한 가지로 획일화할 필요는 없지만, 최소한의 기준은 공유하되, 경험의 축적을 통해서 공유의 범위를 넓혀가는 것이 유용한 전략이 될 것으로 판단된다. 피드백의 결과물은 원고에 빨간 펜 방식으로 교정부호를 사용했거나 타이핑한 '첨삭 조언지'와 교수의 정량적 평가가 전체 학생 평균 대비 본인의 점수가 함께 표기된 '분석지'가 제공된다.

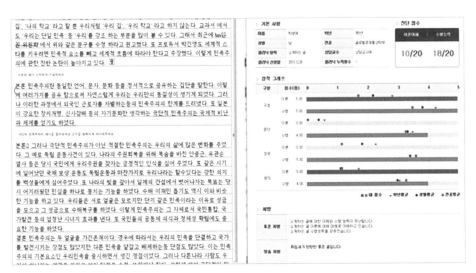

〈그림 3〉 첨삭 조언지(왼쪽) 및 분석지(오른쪽)

분석지에는 학생들의 항목별 쓰기 능력(점수)에 따라 자동으로 생성되는 총평 기능(표준 처방)이 있다. 교수자의 특별한 코멘트는 맞춤 처방으로 제공된다. 분석지는 평가지의 형식으로 구성되었다. 전체 평균 대비 각 항목에 대한 본인의 점수, 시스템이 생성한 표준 처방, 교수자가 작성한 맞춤형 처방 등의 정보로 구성된다. 수강생들에게 분석지는 객관적인 정보를 제공하게 된다. 자신의 성취도를 전체 학생의 평균값과 비교할 수 있다. 첨삭조언지는 빨간펜의 전통을 잇는 것인데, 교정부호를 사용하거나 교수자가 원고를 직접 수정하는 형태는 지양되는 추세다.

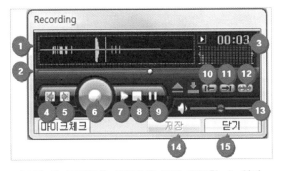

〈그림 4〉 코멘트를 음성으로 함께 제공할 수 있다.

시스템은 개선 작업을 거치면서 각종 편의 기능이 추가되었다. 상용구 등록 기능, 각종 펜 도구 활용, 음성 녹음 기능 등이 그것이다. 음성 녹음 기능은 평균적인 사용 빈도가 높지는 않지만, 교수자가 말을 하면서 펜으로 설명하는 방식으로도 피드백을 할 수 있는 장점이 있다. 일부 학교에서는 화법 교육에 음성 녹음 기능을 활용한 사례도 있다. 상용구 등록 기능은 반복해서 자주 사용하는 문구를 미리 등록하여 '복사'하여 사용할 수 있다. 커서를 필요한 위치에 두고, '붙이기'를 실행하면, 몇 문장 혹은 두세 문단이라도 중복해서 타이핑하는 수고를 덜어 준다.

시스템의 기능은 지속적으로 개선 작업이 이루어지고 있다. 대략 3년 주기로 큰 폭의 변화가 있었다. 2020년 버전의 개선 내용은 교실 수업에서 사용할 기능이 대폭 추가된 것이다. LMS 관련 기능이 강화된 것이 특징이다. 기존의 피드백

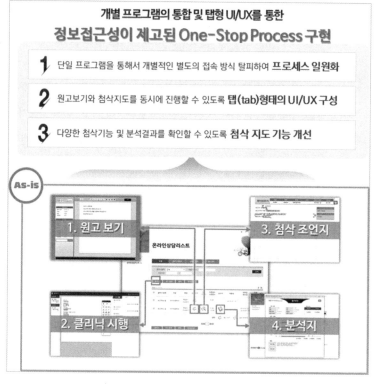

〈그림 5〉 클리닉 시스템 개선 방향

은 '학생의 완성된 원고−교수의 피드백'이 1 : 1로 하나의 방향으로만 진행되었다. 개선 아이디어는 피드백의 시기와 권한이 다양화, 양방향이다. 학생 : 교수의 1 : 1 상황도 다양화했다. 모둠 구성원 간에 상호 피드백도 가능하게 했고, 학생과 교수 사이에 조교 또는 멘토의 단계를 추가할 수 있게 했다. 원고를 작성하는 단계에서도 공동 작업이 가능하도록 했다. 교수의 강의록도 올리는 등 게시판 기능도 강화했다.

피드백을 통해서 다년간 누적된 데이터를 분석함으로써 일정한 경향성을 발견하게 되면, 그것이 학생 집단의 쓰기 경향 혹은 능력을 보여주는 것이므로, 교육과정 개편이나 교육 시스템 설계할 때 그 결과를 반영하면서 시스템을

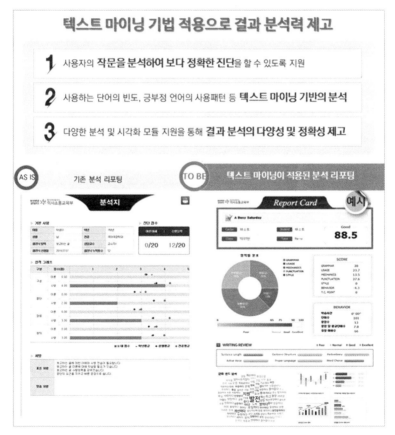

〈그림 6〉 글쓰기 클리닉 분석 및 피드백 개선 방향

개선해 왔다. 이번 개선 작업에서 두드러진 특징이 텍스트 마이닝 기능을 시스템에 담아 낸 것이다. 어휘의 빈도를 주된 기준으로 하는데, 어휘 간의 거리나 반복 패턴 등의 분석 기능을 통해서 질적 경향성까지도 파악할 수 있는 가능성이 열렸다. 데이터 양이 충분하게 축적이 되면, 그것은 학생 그룹의 특징을 잘 보여주는 부가 자료가 될 수 있다.

다음의 표들은 시스템 개선 준비를 하면서 교수자를 대상으로 기존 시스템의 기능 중 유용성과 사용 빈도를 조사한 것이다. 오프라인 개설과 녹음파일 등의 유용성이 낮게 나왔고, 녹음 기능과 쪽지 기능의 사용 빈도가 낮은 것으로 확인되었다. 루브릭과 상용구 등록 기능, 그리고 의견을 타이핑하는 기능 등이 유용성과 사용빈도 면에서 높게 나왔다. 교정부호의 사용이 크게 높지 않은 것이 주목할 사안이다. 교수자들의 다년 간의 경험을 통해서 빨간펜 방식의 첨삭에 대한 효용에 대해서 의문을 갖거나 개선책을 모색하는 움직임으로 볼 수 있다.

〈표 1〉 기존 시스템 기능의 유용성 (교수)

구분	응답비율(%)					평균	표준편차	순위
	1	2	3	4	5			
오프라인 클리닉 개설	28.6	42.9	14.3	–	14.3	2.29	1.380	10
반려	–	–	14.3	14.3	71.4	4.57	0.878	1
쪽지/댓글	–	14.3	28.6	14.3	42.9	3.86	1.215	5
녹음 파일 첨부	14.3	28.6	28.6	28.6	–	2.71	1.113	9
루브릭(체크리스트)	–	–	14.3	42.9	42.9	4.29	0.756	4
상용구 등록	–	–	14.3	28.6	57.1	4.43	0.787	3
교정부호	–	28.6	28.6	–	42.9	3.57	1.397	8
형광펜	14.3	–	14.3	28.6	42.9	3.86	1.464	5
밑줄(또는 중간줄)	–	14.3	28.6	14.3	42.9	3.86	1.215	5
의견 타이핑	–	–	–	42.9	57.1	4.57	0.535	1

<표 2> 기존 시스템 기능의 사용빈도 (교수)

구분	응답비율(%)					평균	표준편차	순위
	1	2	3	4	5			
댓글/쪽지	14.3	28.6	42.9	–	14.3	2.71	1.254	9
녹음	71.4	28.6	–	–	–	1.29	0.488	10
상용구 등록/활용	–	14.3	14.3	28.6	42.9	4.00	1.155	2
교정 부호	–	28.6	–	28.6	42.9	3.86	1.345	4
형광펜	–	28.6	14.3	14.3	42.9	3.71	1.380	6
의견 타이핑	–	14.3	28.6	14.3	42.9	3.86	1.215	4
밑줄 긋기	14.3	–	42.9	14.3	28.6	3.43	1.397	7
행간에 코멘트	–	14.3	57.1	–	28.6	3.43	1.134	7
인덱스로 코멘트	–	–	42.9	14.3	42.9	4.00	1.00	2
맞춤형 처방	–	–	14.3	–	85.7	4.71	0.758	1

4. 시스템 활용 피드백의 사례

글쓰기 피드백(클리닉) 시스템은 동국대학교 경주캠퍼스의 경우 2011년에 구체화되었다. 교과 과정과 비교과 프로그램이 유기적으로 연동되는 '글쓰기 교육 모델' 개발을 위한 과정에서 태동했다. ① 교과 CQI의 시행과 교수자의 역량 강화를 위한 교수자 워크숍과 교과 관리 모델, ② 비교과의 유기적 운영과 통합 관리를 위한 글쓰기 캠프 중심의 비교과 포트폴리오, ③ 교과와 비교과의 상호 보완 시스템으로 글쓰기 피드백을 매개로 한 교과와 비교과 연결이 그것이다. 피드백 시스템이 교과와 비교과를 아우르는 코어의 역할을 하게 설계되었다.

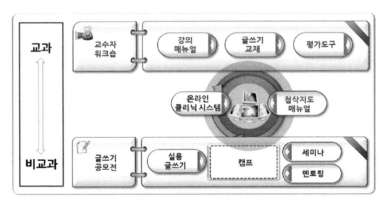

〈그림 7〉 동국대학교 글쓰기 교육 내념도(2011년)

　　현재 사용되는 시스템의 특징은 '진단의 표준화'와 '맞춤형 처방'을 기반으로
한다. 이는 교수자의 전공이나 관심 분야, 글쓰기에 대한 신념, 좋을 글에 대한
주관 등 교수자 요인에 따른 변인을 최소로 하면서 처방의 균질화를 추구하는
취지다. 이는 첨삭 지도 매뉴얼과 병행되면 효과가 배가될 수 있다. 이러한
노력을 통해서 궁극적으로는 '보편 교육'과 '과학적 교수법'을 구현하는 것이
목표다. 지속적인 개선 작업을 통해서 완성도를 높여가는 과정이다. 이를 도표
로 정리한 개략적인 내용은 아래와 같다.

〈표 3〉 진단의 표준화와 맞춤형 처방

표준적 진단 - 불균등 해소	첨삭 항목별 체크리스트를 통해 진단함으로써 진단의 일관성이 확보되고 교수자 변인에 따른 불균등 해소
맞춤형 처방 - 만족도 향상	진단 결과에 따라 시스테믹하게 연동되는 맞춤형 처방을 하게 됨으로써 처방의 질과 수요자의 만족도 향상
균등한 교육 - 수월성 증대	글쓰기의 과정과 장르별 완성 원고에 대한 진단·처방 시스템으로 첨삭의 모델 완성[1]과 지도의 수월성 증대

---

1) 합의 도출, '공통의 기준'은 진단의 표준화와 맞춤형 처방의 완성도를 높이게 된다.

〈표 4〉 보편적 교육과 과학적 교수법

효율성 증대 – 비용의 절감	많은 시간과 숙련된 노동력이 투여되는 첨삭 지도에 표준 시스템을 활용함으로써 효율 증대와 비용 절감
보편적 교육 – 효능감 향상	표준화된 첨삭 시스템으로 비용 대비 효과가 극대화됨으로써 수혜자의 규모 극대화 및 학생의 효능감 향상
과학적 통계 – 교수법 개발	첨삭 지도 결과를 디베이스 자료로 확보하고, 이에 대한 통계적 분석을 통해 교육 프로그램과 교수법 개발

피드백 시스템으로 2011년 개발한 초기 버전을 개량하여 기능을 추가하고 사용자 편의성을 높인 시스템이 2012년 사용되었다(1.0버전). 이 버전의 일부가 개선(1.2버전)된 것이 2013년 금오공대에 도입되었다. 이후 업그레이드버전이 2014년 동국대에서 개발되어(1.5버전) 2017년까지 사용되었다. 이 버전이 호서대(2015년)에 도입되었고, 한동대(2016년)와 서원대(2016년) 등으로 이어졌다. 이들은 모두 시스템을 사용하는 학교에 개별 서버를 구축하여 학교 별로 운영되는 시스템이었다.

클라우드 기반으로 개편(2007년)되면서 건국대 글로컬, 경성대, 조선대 등이 합류한 개선된 버전의 특징과 이를 수업 시간에 활용할 수 있는 팁을 개략적으로 살피면 다음과 같다. 사용 기기가 퍼스널컴퓨터는 물론 모바일, 테블릿 등 멀티 디바이스 사용 환경 구축되었다. 학생이 쓴 원고의 히스토리 관리 기능과 짝(혹은 소그룹) 간의 피드백 기능 등 다원화, 다양화는 교수 개인이 다수의 학생을 1:1로 대하던 방식에서 교수와 학생 모두에게 긍정적 방향으로 개선되었다.

교수자의 반 개설 기능, 학생(회원) 승인 기능, 분반 안에서 학생을 소그룹으로 나누는 권한이 교수자에게 주어져서 교실 수업 운영의 효율을 높일 수 있게 되었다. 완성 원고의 첨삭 기능은 물론, 학생 글의 히스토리 기록과 피드백 이력 관리, 통계 정보의 시각화 등은 학생의 피드백에서 지속성과 객관성을 높일 수 있게 되었다.

합의된 공통 요소로 구성된 표준화된 체크리스트를 활용하는 것은 피드백의 객관성을 높이면서 교수자 간의 차이를 줄이는 효과를 기대할 수 있다. 또한 피드백 결과가 일관된 기준에 따라 누적됨으로써 통계의 과정을 거쳐 일정한 경향성을 파악할 수 있는 것도 중요한 장점이다. 샘플 원고 제공 기능이나, 링크를 통해서 유튜브 등에 올라 있는 영상을 제공할 수 있는 것, 활동지 양식을 다양하게 매 차시 제공하는 기능 등도 수업에서의 활용도를 높일 수 있다.

학교 관리자 권한으로 접근하면, 학습자의 학습 이력과 피드백 결과를 통한 성취 정도, 항목별 성취의 차이 등을 통해서 학생의 쓰기 특징을 파악할 수 있고, 장단점을 분석함으로써 개선을 위한 방향과 정책 수립을 위한 객관적인 근거를 확보할 수 있다. 쓰기 이론이나 교수자의 신념에 의존하던 것에서 쓰기와 쓰기 지도의 결과를 토대로 할 수 있다는 것은, 데이터 기반의 결정을 내릴 수 있는 토대가 형성된다.

5. 온라인 피드백 활용의 과제

대학 글쓰기 교육에서 활용하고 있는 온라인 피드백 시스템은 두 가지 면에서 효과가 검증되었다. 첫째는 표준화된 피드백을 구현하는데 도움이 된다는 점이다. 이는 교수자의 변수를 줄이는 것이며, 루브릭과 매뉴얼을 통해서 실현되었다. 교수자 변인을 줄여서 표준화를 이루는 문제는 지속적으로 협의 되어야 할 숙제이기도 하다. 이러한 계기를 만들었다는 것, 시스템으로 그것이 가능하게 구축되었다는 점에서 의의가 적지 않은 것이다. 둘째는 클리닉을 수기로 할 때에 비해서 시간이 1/2 내외로 줄었다는 점이다. 이는 첨삭지도의 시간대비 비용을 줄이는 효과를 가져 왔다. 정책적인 뒷받침이 충분하지 않은 상황에서 교수자의 노동 강도를 낮추는데 크게 기여한다는 점에서 의의가 있다.

이런 효과와 함께 시스템 운영이 글쓰기 교수-연구자 공동체에 기여하는 바는 분류·정리된 클리닉 자료의 축적이다. 이는 자료의 분석을 통해서 학생들의 쓰기 특징을 파악할 수 있고, 쓰기 능력의 정도를 측정할 수 있다. 각 장르 혹은 영역 별 능력은 물론, 학생의 전공이나 학년, 남녀 등의 특징을 구체적으로 파악할 수 있다는 장점이 크다. 이는 교수자의 경험이나 신념에 의지한 결정을

첨삭지도 케이스 축적
: 자료 분석 결과 반영으로 교육 개선

클리닉을 중심으로
: 교과 – 비교과, 교수 – 수강생의 선순환

시스템에 의지할 수 있게 되었음을 의미한다. 교재의 구성이나 교안의 작성, 교수 방법의 효과 검증 등에 활용될 수 있다. 또한 학생의 쓰기 능력 측정에도 직접적이고 객관적인 근거를 확보할 수 있게 되었다.2)

이런 케이스 분석을 통해서 얻은 결론은 교육 프로그램 개발이나 개선의 근거로 삼을 수 있다. 자의적인 해석이나 경험에 근거한 판단에 의존하지 않고, 객관적인 데이터의 도움으로 방향을 결정하거나 프로그램을 개선할 수 있게 된 점이다. 이는 학교 간의 공동 연구를 가능하게 하고, 데이터를 공유함으로써 케이스를 축적하는 시간을 줄임은 물론 연구 공동체를 보다 견고하게 하는 데 기여한다. 교수자 공동체의 숙의를 가능하게 한다는 점에서 연구 공동체의 활성화에 긍정적인 영향을 미칠 것으로 기대된다. 이는 공동 연구 여건을 성숙시키는 것은 물론, 장기적으로 교육 콘텐츠의 공유와 공통감각을 구축해 가는 과정에서 중요한 역할을 할 수 있을 것으로 기대한다.

온라인 피드백 시스템을 사용할 수 있는 여건을 개선하는 노력을 통해서 시스템 이용자를 늘리는 방안이 필요한 시점이다. 사용하는 대하들 간의 협의체를 활성화하는 것도 하나의 방안이 될 수 있고, 연구자나 교수자들이 연구 공동

---

2) 효능감 측정 등을 통한 간접적인 척도에 의존해야 했던 것에서 직접 자료를 확보할 수 있다는 점에서 진일보 한 것으로 평가된다.

체와 교육 공동체를 견고하게 하는 것도 한 방법이다. 연구와 교육의 교류와 협력을 통해서 쓰기의 기준이나 지침, 지도의 방법이나 요건 등 합의된 영역을 확장하는 작업을 통해서 대학의 글쓰기 교육 콘텐츠와 목표 등의 공통 안을 몇 가지 버전으로 생성하는 단계까지 진전되기를 기대한다.

현재의 시스템 설계의 출발이 오프라인에서 이루어지던 첨삭 지도를 온라인 상으로 구현한 것이었다는 점에서 한계도 있다. 그것은 결과 중심의 피드백에 치중되었고, 면대면 클리닉에 비해서 작자의 의도를 정확하게 파악하기 어려운 한계, 참고 자료를 제공하기 여의치 않은 구조, 클리닉 결과의 즉시 확인의 한계 등이 그것이다. 이들은 오프라인 환경에서 이루어지던 것을 시스템에 반영 하는 방식을 채택한 것에서 비롯된 것이다. 사용 초기에 사용자들의 부담을 덜어주고 온라인 접근성을 용이하게 하기 위한 의도가 크게 작용한 결과이다. '낯선' 것에 대한 경계와 '성가심'에 대한 기우가 제기되는 상황에서 사용자에게 채택되는 문제가 우선 작용한 것이기도 하다.

이런 문제에 대한 개선의 아이디어는 여러 방면에서 제기되고 있다. 과정 중심의 피드백을 구현하는 것, 혹은 히스토리를 관리하면서 지속적으로 진행할 수 있게 시스템을 개선하는 것이 그 하나다. 이미 완성된 글에 대한 빨간펜 방식의 피드백에 온전히 갇히지 않는다는 점에서 피드백 활성화의 중요한 계기 가 될 것으로 기대한다. 그리고 장르별 샘플 원고의 탑재, 글쓰기 과정에서 문서의 통계 정보(글자/어절/문자/문단의 수 등) 제공, 시간 관리(타이머, 스톱워치 등) 기능, 강의 자료(슬라이드 등)의 탑재와 수시 확인 기능, 수행 평가와 연동되 는 기능 등이 그런 아이디어 들이다.

확장성도 주요하게 고려되는 요소 중에 하나다. 영어를 비롯하여 다양한 언어 를 사용할 수 있게 메뉴를 확장 하는 것이 그 하나다. 어플리케이션을 함께 사용하는 것 등은 기술적으로 어려움 없이 가능한 것이다. 모바일 등 접근 가능 한 디바이스를 확장하는 것은 사용자 편의성을 높인다는 점에서 유용한 것이다. 외국어 교육이나 한국어 교육 등은 물론 '글쓰기' 이외의 과목에 활용할 수 있는 확장성이 있다. 또한 다양한 과목에서 함께 사용할 수 있는 범 교과 활용 기능이 구현된다면 학생 아이디를 기준으로 관리하면 보고서 등 모든 원고의 포트폴리오 기능도 겸할 수 있다.

　교수자들의 숙의를 통해서 각 학교의 득성을 구현하는 방법을 찾는 것도 과제이다. 같은 온라인 시스템을 채택하더라도 운영 방식이나 성과에 있어서는 학교 간의 차이가 있다. 그것은 사용 목적이나 범위가 다르기 때문이다. 교과와 연계하여 교과 수업을 중심으로 진행하는 학교, 글쓰기센터에서 비교과로 운영하는 학교 등 운영 방식의 차이가 그 예다. 또한 글쓰기 교육의 목표나 콘텐츠에 따라서 사용하는 주된 영역이 달라지는 것도 그렇다. 교수자 숙의 공동체의 구성과 운영이 필요한 것도 이런 사정 때문이다. 구체적인 성과를 지속적으로 내기 위해서는 정책적인 지원 기반이 필요하다.

　개선의 방향은 범용성과 확장성이 열쇳말이 될 것이다. 휴대전화를 비롯하여 태블릿, 개인용 컴퓨터 등 사용 되는 기기에 최적화된 환경을 제공하는, 소위 반응형 웹 시스템을 구축하는 것이 하나의 방향이다. 그리고 학생의 글―교수의 피드백으로 일방향, 단선으로 이루어지는 방식도 피드백 권한을 학생이나 멘토 (조교) 등이 공유하고, 일방향으로 진행되는 것도 복선화 혹은 쌍방향화하는 것도 반영될 필요가 있다. 피드백 요청과 수행의 권한을 모둠 혹은 분반 등의 단위로 다양화하는 것에 대한 현장의 요구도 긍정적으로 검토될 필요가 있다.

아래는 '쓰기의 과정' 교수–학습에 적용되었던 기준으로, 2014년 버전이다. 피드백 시스템에도 이것이 체크리스트와 루브릭의 형태로 반영되었다. 체크리스트는 동국대 경주캠퍼스 교수자들의 2011~2012년 피드백 사례의 전수 조사를 통해서 빈도가 높은 순으로 각 항목에서 4개씩 선정한 것이다. 피드백의 사례는 체크리스트의 구체적인 예시를 제공하기 위하여 함께 제공된다. 클리닉을 실행하는 화면에서 이들이 제공되고, 교수자가 이 요건들에 대해서 5점 리커트 척도로 완성도를 평가하게 설계되었다.

계획 수립			
	주제	글의 주제를 분명히 하였는가?	주제가 글의 중심 역할을 하지 못한 경우
			주제문 작성 요령을 지키지 못한 경우
	목적	글의 목적을 적절히 고려하였는가?	글을 쓰는 목적과 이유가 분명하지 못한 경우
			글의 형식이 글의 목적에 부합하지 못한 경우
	독자	글의 독자를 적절히 고려하였는가?	독자 대상이 누구인지 명확하게 설정하지 못한 경우
			글의 형식과 수준을 읽는 사람에 맞추지 못한 경우
	분량	원고의 분량을 미리 계획하였는가?	완성 원고의 문단의 수를 정하지 못한 경우
			원고 완성까지의 시간 배분을 감안하지 않은 경우

내용 선정			
	매체	재료를 구할 매체나 소스는 적절한 가?	재료를 생성할 매체를 적절히 선정하지 못한 경우
			선택한 매체의 특징을 적절히 활용하지 못한 경우
	수준	재료가 주제나 필자의 역량에 적절 한가?	재료가 완성 원고에 요구되는 수준에 부 합하지 않은 경우
			준비된 재료가 자신의 역량에 적합하지 않은 경우
	다양	준비된 재료가 다양하고 양이 충분 한가?	준비된 재료의 양이 글을 완성하기에 충 분하지 않은 경우
			준비된 재료가 다양하지 못하거나 편중 된 경우
	분류	재료의 취사선택과 분류가 적절한 가?	재료를 주제별로 적절히 취사선택하지 못한 경우
			재료를 주제별 단계별로 적절히 분류하 지 못한 경우
개요 쓰기			
	전체	개요가 글 전체의 설계도 역할을 하 는가?	글의 내용이 구체적이지 않은 경우
			논리적 맥락이 견고하지 않은 경우
	내용	주제문이 글의 내용을 대표하고 있 는가?	글의 주제가 분명하지 않은 경우
			주제문이 글의 내용을 대표하지 못하는 경우
	구성	개요는 주제문과 중심문단으로 구 성 되었는가?	주제문이 포함되지 않은 경우
			개요가 없거나 일부만 있는 경우
	기술	개요의 항목이 모두 문장으로 기술 되었는가?	기술 방식이 통일되지 않은 경우
			완전한 문장으로 기술되지 않은 경우

문단 쓰기			
	통일	문단은 한 가지 소주제로 통일되는가?	한 문단 안에 둘 이상의 내용이 포함된 경우
			한 문단 안에 군더더기가 포함된 경우
	긴밀	문단을 구성하는 문장은 긴밀하게 연결되는가?	문단을 구성하는 문장이 긴밀하게 연결되지 못한 경우
			주제문이 구체적으로 드러나지 않은 경우
	완결	문단은 하나의 완결된 내용을 담는가?	문단에 포함되어야 할 내용이 누락된 경우
			주제문으로 수렴되지 않은 경우
	크기	문단은 독자와의 소통에 적절한 크기인가?	문단의 크기가 250자 내외를 벗어난 경우
			문장의 길이가 30~40자 범위를 크게 벗어난 경우
문장 쓰기			
	정확	쓰는 사람의 의도가 정확하게 표현되었는가?	의도한대로 정확하게 표현되지 못한 경우
			두 가지 이상의 의미로 해석되는 경우
	간결	한 문장에는 하나의 내용만이 담겨있는가?	한 문장에 둘 이상의 내용이 포함된 경우
			군더더기가 지나치게 많은 경우
	한국	한국어 사용자의 쓰기 방식을 잘 드러내는가?	외래어 또는 외국어를 남용한 경우
			문체의 통일성을 지키지 못한 경우
	수월	독자가 이해하기에 쉬운 문장인가?	문장 성분 간의 호응이 적절하지 못한 경우
			어휘의 용법과 의미를 제대로 이해하지 못한 경우

어문 규범			
맞춤	한글 맞춤법에 맞는가?	철자 표기를 바르게 하지 못한 경우
		띄어쓰기를 바르게 하지 못한 경우
표준	표준어 규정에 맞는가?	준말을 잘못 사용한 경우
		방언을 적절하지 않게 사용한 경우
외래	외래어 표기법에 맞는가?	영어권 어휘를 잘못 표기한 경우
		비영어권 어휘를 잘못 표기한 경우
로마	로마자 표기법에 맞는가?	고유명사 철자를 잘못 표기한 경우
		배열 순서나 부호 등이 적절하지 않은 경우

참고문헌

교양교육원 글쓰기교육센터(2012), 『2012년 2학기 글쓰기 클리닉 시행 결과 보고서』, 동국대학교 경주캠퍼스.

구자황(2008), 「수정과 피드백이 글쓰기에서 동인이 되는 방식을 위한 탐구」, 『어문연구』 56, 어문연구학회, 323~343쪽.

김남미(2012), 「대학 학습자 글쓰기의 첨삭 지도 방안」, 『우리말연구』 30, 우리말학회, 269~296쪽.

나은미 외(2009), 「대학 글쓰기에서의 첨삭 프로그램 현황과 개선 방안」, 『한성어문학』 28, 한성어문학회, 187~216쪽.

박상신 외(2012), 「글쓰기 교육과정 구축 및 운영 사례」, 『대학작문』 5, 대학작문학회, 107~131쪽.

손혜숙(2012), 「대학 글쓰기의 첨삭 지도 사례와 교육적 효과」, 『한민족문화연구』 41, 한민족문화학회, 417~446쪽.

정희모·이재성(2008), 「대학생 글쓰기의 수정 방법에 관한 실험 연구: 자기 첨삭, 동료 첨삭, 교수 첨삭의 효과를 중심으로」, 『국어교육학연구』, 국어교육학회, 657~685쪽.

지현배(2010), 「첨삭의 항목별 효용과 글쓰기 지도 전략」, 『우리말글』 48, 우리말글학회, 55~84쪽.

지현배(2011a), 「글쓰기 첨삭 지도의 실태와 수강생의 반응 분석」, 『대학작문』 2, 대학작문학회, 135~163쪽.

지현배(2011b), 「글쓰기 효능감을 고려한 첨삭 지도 전략」, 『대학작문』 3, 대학작문학회, 157~181쪽.

지현배(2012), 「대학 글쓰기 강좌의 개선을 위한 교재와 강의안 구성 시론」, 『교양교육연구』 6(1), 한국교양교육학회, 125~151쪽.

지현배·김영철(2012), 「첨삭의 표준 문장과 첨삭 조언지 활용 사례」, 『대학작문』 4, 대학작문학회, 93~116쪽.

지현배·안미애·김영철(2013), 「글쓰기 클리닉 프로그램을 통해 본 대학생 글쓰기 교육의 현실과 과제」, 『교양교육연구』 7, 한국교양교육학회, 11~38쪽.

지현배(2017a), 「ICT 활용 글쓰기 피드백 시스템의 현황과 전망」, 『대학작문』 22, 대학작문학회, 175~195쪽.

지현배(2017b), 「온오프라인 융합 글쓰기 피드백 시스템의 설계 개념」, 『문화와 융합』 39(6), 한국문화융합학회, 203~234쪽.

최웅환(2013), 「대학 글쓰기 교육에서의 첨삭 지도」, 『교양교육연구』 7(1), 한국교양교육학회, 331~364쪽.

디지털 플랫폼의 동료 피드백을 활용한 글쓰기 교수 방법※

주민재

1. 교수자 피드백과 동료 피드백의 관계

'수정(revision)'은 글쓰기 교육에서 가장 중요한 분야 중의 하나이다. 실제로 학술연구정보서비스(RISS)의 검색결과에 따르면 글쓰기 '수정' 또는 '첨삭'에 대해 다룬 국내학술논문이 2019년 현재 각각 357건, 251건[1]으로 확인된다. 관련 연구의 수가 많다는 사실은 쓰기 교육에서 '수정' 분야가 갖는 중요도를 짐작할 수 있는 근거 중의 하나일 것이다. 쓰기 능력이 기본적으로 반복적인 쓰기 연습을 통해 획득된다고 할 때, 연습 효과를 극대화할 수 있는 요인 중의

※ 이 글은 '주민재(2014a), 「디지털 플랫폼을 활용한 대학 글쓰기 교육 방안」, 『교양교육연구』 8(4); 주민재(2014b), 「블로그를 활용한 동료 피드백 활동의 특성과 동료 피드백에 관한 학생들의 인식 분석」, 『한어문교육』 31'의 내용과 이후 수행된 최신 연구 결과를 바탕으로 새롭게 구성한 것임을 밝힌다.

1) 학술연구정보서비스(RISS)에서 검색어 '글쓰기 수정', '글쓰기 첨삭'을 입력한 결과이다(검색일자, 2019.10.15). 최근 쓰기 과정을 중요시하는 작문교육에서는 '수정(revision)'이 일반적인 용어이나 결과중심적 관점의 용어인 '첨삭'을 사용한 논문들이 2019년 현재까지 학술지에 게재된 것을 감안하여 '첨삭' 역시 연구자들이 글쓰기 수정과 관련하여 사용하는 용어로 간주했다.

하나가 피드백이라는 점에 이의를 다는 사람은 없을 것이다. 다시 말해 쓰기 교육에서 피드백은 수정하는 과정을 통해 글의 질을 높이는 데 가장 직접적으로 영향을 미치는 요인 중의 하나이다. 피드백은 기본적으로 '글에 대한 독자의 느낌과 의견'이라고 할 수 있지만, 교육 영역에서는 보다 세분화된 분류가 필요하다. 먼저 교수자 피드백(teacher feedback)은 '교수자가 학습자의 쓰기 능력을 향상시키기 위한 목적에서 학생의 텍스트에 대해 반응하고 제공하는 모든 정보', 동료 피드백(peer feedback)은 '글쓰기 과목을 수강하는 학생들이 일대일, 혹은 다중적으로 동료가 작성한 텍스트에 대해 장·단점 및 수정해야 할 부분에 대해 개인적인 평가와 견해를 제시하는 일련의 활동'으로 규정할 수 있다.[2]

현재 대학 글쓰기 교육에서 가장 많이 활용되는 것은 교수자 피드백이다. 교수자 피드백은 신뢰도가 높은 특성 때문에 교육학습 현장에서 가장 많이 활용된다. 학습자 역시 교수자 피드백을 가장 선호하는데, 학습자가 스스로 글의 문제점을 찾는 것이 쉽지 않기 때문이다. 하지만 교수자 피드백에도 문제점이 없는 것은 아니다. 교수자가 학습자의 수준을 정확하게 파악하지 못하면 학습자에게 글의 문제점이나 수정 방향 등을 정확히 제시하는데 실패할 수도 있기 때문이다. 교수자 피드백의 또 다른 문제점은 수강 정원이 많은 경우 교수자에게 과도한 부담이 발생한다는 데 있다. 최근 국내 일부 대학에서 글쓰기 과목의 수강 정원이 다시 늘어나고 있는 상황을 감안할 때, 교수자 피드백의 과도한 활용은 교수자에게 물리적·심리적 측면에서 너무 많은 부담을 지우게 되므로 결과적으로 교육의 질을 담보하기 어렵게 만든다.[3]

---

2) 하이랜드(Hyland, 1998)는 교수자 피드백을 학습자의 쓰기 활동에서 교수자가 학생에게 제공하는 모든 정보로 규정하면서 전달 방법에 따라 구두 피드백(oral feedback)과 문자 피드백(written feedback)으로 구분한다. 이 글에서 '디지털 플랫폼을 활용한 동료 피드백'은 문자 피드백만 대상으로 하되, 비교 대상으로 언급되는 '수업시간 조별 동료 피드백'은 문자 피드백과 구두 피드백을 모두 포함한다.

3) 필자의 경험에 비추어보면 대면 첨삭 시 학생 1명당 일반적으로 15분 정도가 소요된다. 따라서 담당하는 수업 정원이 40명이라면 최소 10시간이 필요하다. 충실한 대면 첨삭이 충실히 이뤄지기 위해서는 사전에 첨삭이 필요하므로 총 소요 시간은 대면 첨삭의 2배 이상으로 늘어난다. 게다가 수업 이외의 시간에 시행해야 하므로 교수자와 학습자가 서로 일정을 조정해야 하는데 이 역시 쉽지 않다. 따라서 정원이 많은 수업의 경우 모든 학생들을 대상으로 대면 첨삭을

동료 피드백은 글쓰기 교육현장에서 교수자 피드백의 비중을 낮추고 학습자에게 보다 능동적인 쓰기를 유도할 수 있다는 점에서 주목할 필요가 있다. 동료 피드백은 학습자가 동료들의 텍스트를 살펴보는 과정에서 쓰기에 필요한 능력들을 인식하고 이를 자신의 쓰기 과정에 반영하도록 유도하는 경향이 강하다(Leki, 1990: 6~8). 교수자 피드백은 세심하게 진행되지 않을 경우 학습자의 쓰기 능력과 이해 수준에 적합하지 않을 수도 있다. 또한 학습자들이 교수자의 피드백을 권위적으로 느낄 가능성 역시 존재한다. 이러한 측면에서 볼 때 동료 피드백은 학습자가 자신과 유사한 수준의 동료들의 관점에서 자신의 글을 인식(Mendoca & Johnson, 1994:746)함으로써 자칫 일방적이거나 권위적으로 수행될 수 있는 교수자 피드백의 대안이 될 수 있다.

동료 피드백은 줄곧 '평가받는' 위치에 있던 학습자를 '평가하는' 위치로 옮겨 놓는 역할을 수행한다. 즉 학습자는 동료 피드백 과정에서 타인의 텍스트를 직접 평가하면서 필자 중심적 관점에서 벗어날 수 있다. 즉, 학습자는 동료 피드백을 통해 보다 객관적인 관점에서 자신의 텍스트에 접근할 수 있는 것이다. 또한 피드백의 경험들은 이후 자신의 쓰기에 적절하게 활용할 수 있으므로 동료 피드백은 교수자 피드백이 제공하지 못하는 부분을 보완할 수 있다. 이 글의 목적은 학습자가 '수정하기'를 보다 원활하게 수행할 수 있는 방법의 측면에서 동료 피드백에 주목하고 이를 보다 효과적으로 운영할 수 있는 방안을 모색하는 것이다. 이를 위해 먼저 협력 학습의 측면에서 동료 피드백에 대한 다양한 관점과 교육 효과에 대해 살펴본 후, 디지털 플랫폼을 활용하여 동료 피드백 효과의 제고 방안에 대해 논의할 것이다.

반복해서 시행한다는 것은 물리적으로 매우 어려운 일이다.

2. 협력학습으로서의 동료 피드백

교수학습에서 동료 피드백 활용의 기대 효과로는 두 가지를 상정할 수 있다. 첫째, 교수자 피드백에 의존하여 문제 해결을 시도하는 학습자에게 보다 능동적인 자세를 유도할 수 있다. 동료 피드백 수행은 학습자가 자신의 글에 대한 동료(들)의 비판적 반응을 인지하는 동시에 동료(들)의 글을 체계적으로 분석함으로써 독자의 관점을 이해하고 쓰기에 필요한 능력과 지식에 대해 스스로 깨닫는 계기가 될 수 있다(Hu, 2005; Marcoulides & Simkin, 1995). 학습자 입장에서는 교수자 피드백이 문제해결에 가장 직접적이면서도 신속한 방법일 것이다. 하지만 교수학습의 측면에서 볼 때, 문제의 신속한 해결이 반드시 긍정적이라고만 볼 수는 없다. 교수자 피드백을 과도하게 활용하면 문제해결 과정에서 학습자의 능동성을 저해할 수도 있기 때문이다. 또한 학습자는 동료 피드백을 통해 쓰기가 독자와의 대화를 기반으로 이루어지는 행위임을 인식하게 된다. 사회구성주의 관점에서 볼 때, 글쓰기는 타인들의 실제 반응에 자극을 받고 나아가 필자와 독자 간에 가시적인 대화가 이루어지는 능동적인 행위이다. 따라서 필자의 글에 반응하는 독자는 협력자의 역할을 수행하게 되고 쓰기-반응 구조의 반복적 순환을 통해 쓰기는 특정한 맥락을 형성하게 된다. '쓰기는 협력적 행위를 통해 수행된다'는 브루피(Bruffee, 1999)의 주장 역시 동일한 관점에서 이해할 수 있다. 그는 필자가 자신의 글에 대한 독자들의 반응에 능동적으로 대응하며 글을 발전시키는 방식, 즉 필자와 독자의 협력을 쓰기의 기본 구도로 파악했던 것이다.

글쓰기 연구자들은 쓰기 과정에서 활용되는 협력학습(collaborative learning)의 효과를 대체적으로 인정하지만 동료 피드백에 대해서는 부정적인 입장을 취하는 경우가 적지 않다. 동료 피드백 과정에서 발생할 수 있는 문제점이 많다고 생각하기 때문일 것이다. 특히 학습자의 피드백 수준이 낮거나 고르지 않은 점은 교수자가 동료 피드백의 활용을 주저하는 주된 이유로 볼 수 있다(Graner, 1987). 학습자가 잘못된 피드백 내용을 그대로 수용할 경우 쓰기 능력의 향상이 아닌 역효과가 일어날 가능성이 높다는 것이다. 쓰기 수준의 하위 집단이 상위 집단에 비해 피드백의 수와 질이 현저히 낮다는 관련 연구 결과(이윤빈·정희모,

2014)는 동료 피드백에서 역효과가 발생할 가능성을 지적하고 있다는 점에서 주목을 요한다. 하지만 이러한 지적은 한정적 조건에서만 타당성을 지닌다는 점을 간과해서는 안 된다. 동료 피드백에 관한 연구들은 일반적으로 '피드백 주체―피드백 수용자'라는 일대일 구도의 피드백을 상정하고 있다. 동료 피드백이 일대일로 이루어지는 경우 학습자들의 피드백 수준이 동일하거나 적어도 전반적으로 일정한 수준에서 수행될 것으로 기대하는 것은 무리이다. 또한 피드백 주체의 쓰기 능력 수준이 충분히 고려되지 않은 상태로 수행되는 동료 피드백은 긍정적인 교육 효과를 거두기 어렵다. 따라서 동료 피드백의 긍정적 효과들을 이끌어내기 위해서는 피드백의 효과를 일정 수준으로 유지할 수 있는 교수방법의 개발 및 활용이 필요하다.

동료 피드백에서 협력학습의 긍정적 효과를 살리는 방법 중의 하나는 피드백이 다중적으로 수행되는 방식(multiple feedback)을 채택하는 것이다. 특정 텍스트에 대해 다수가 피드백을 하게 되면 피드백 주체의 쓰기 능력에 따라 피드백의 질이 좌우되는 한계를 일정 수준 극복할 수 있기 때문이다. 특히 피드백 내용이 수용자는 물론 다수의 피드백 주체들에게 모두 공유된다면 그리고 피드백 내용에 대해 교수자의 메타 피드백(meta feedback)이 더해진다면 보다 높은 피드백 효과를 기대할 수 있다.

3. 동료 피드백 효과의 제고: 디지털 플랫폼의 활용

다수에 의해 동료 피드백이 수행되기 위해서는 기본적으로 피드백 주체와 수용자가 시공간을 공유하는 조건이 충족되어야 한다. 하지만 현재 대학 글쓰기 교육에서 이런 방식의 다중적 피드백은 제한된 시간과 한정된 공간4)으로 인해

---

4) 피드백 주체와 수용자가 시공간을 공유하는 다중적 피드백은 결국 교실에서 수행될 수밖에 없다. 이 경우 제한된 시간과 한정된 공간으로 인해 다중적 피드백이 활발하게 수행될 것으로 기대하기는 어렵다.

원활하게 수행되기 어렵다.5) 또한 피드백의 성격상 텍스트에 관한 부정적인 의견들을 같은 공간에서 미주 보면서 전달하거나 수용해야 한다는 것이 피드백 주체와 수용자 모두에게 심리적 부담으로 작용할 가능성6)도 있다(김연희, 2014: 30; 김남미, 2012: 290; Graner, 1987: 40). 따라서 다중적 피드백을 원활하게 수행하기 위해서는 보다 정교한 대안이 필요하다.

디지털 플랫폼(digital platform)7)은 피드백 주체와 수용자가 시공간을 공유하지 않으면서도 원활하게 동료 피드백을 수행할 수 있는 환경을 제공한다. 블로그(Blog)나 페이스북(Facebook)과 같은 디지털 플랫폼은 시공간의 제약에서 자유롭다. 블로그를 활용한 다중적 피드백은 학생들이 자신의 블로그에 포스팅(posting)한 후, 다른 학생들의 블로그에 피드백 내용을 댓글이나 트랙백(trackback)하는 방식으로 진행할 수 있다. 이렇게 블로그와 같은 디지털 플랫폼을 활용할 경우 학습자는 수업 시간과 같이 제한된 조건에서 피드백을 해야 하는 물리적 부담, 짧은 시간 내에 많은 피드백 내용들을 수용해야 하는 인지적 부담, 부정적인 피드백을 직접 전달할 때 피드백 주체가 가질 수 있는 심리적 부담에서 벗어날 수 있다. 즉, 학습자는 시간적 제약에서 자유로워지면서 숙고를 통한 피드백이 가능한 것은 물론, 다양한 피드백 내용들을 비교하면서 취사선택할 수도 있다.

---

5) 예를 들어 5명으로 구성된 1개 조의 학습자들이 다중적 피드백을 한다고 가정할 경우, 학습자들은 한정된 시간에 각자 4개의 텍스트에 대한 피드백을 수행해야 하는 동시에 많은 양의 피드백 내용을 한꺼번에 수용해야 하는 인지적 부담에 노출된다. 따라서 기존의 교실에서 수행되는 조별활동으로는 다중적 피드백을 효과적으로 수행하기는 현실적으로 어렵다.

6) 김남미(2012)는 "학습자들이 교수나 TA에게 오류를 지적받는 것보다 동료에게 지적받는 일에 대해 더 부담감이나 수치심을 느끼기 때문"에 동료 평가가 매우 조심스럽게 이루어져야 한다고 주장한다. Carson & Nelson(1994)는 집단적 문화가 발달한 중국과 일본 등의 문화권에 속한 학생들은 동료 피드백이 개인의 글쓰기 능력을 향상시키는 데 기여해야 한다는 필요성보다는 학습하는 그룹의 분위기를 어색하게 만들어서는 곤란하다는 생각이 더 강하므로 (텍스트에 대한 자신의 부정적인—인용자 주) 의견을 솔직하게 전달하는 것을 꺼려하는 경향이 있다고 말한다.

7) IT업계에서 플랫폼(platform)은 '어떤 일을 하는데 필요한 공통적인 구조'를 가리키는 개념으로 컴퓨터 운영체제(OS)와 같이 응용 프로그램(application)들이 구동될 수 있는 환경을 가리킨다. 그러나 최근 '각각의 응용 프로그램도 하나의 플랫폼으로 기능할 수 있다'는 서비스 플랫폼 개념이 제기되면서 SNS(Social Network Service)도 독자적인 플랫폼으로 인정된다(김지연, 2013: 13 참조).

이와 함께 교수자가 학습자들의 피드백 내용들을 쉽게 파악할 수 있다는 점도 또 다른 장점일 것이다.[8] 수업시간에 조별로 수행되는 동료 피드백의 경우, 교수자가 피드백 진행 상황이나 내용들을 모두 구체적으로 파악한다는 것은 매우 어려운 일이다. 하지만 동료 피드백에 디지털 플랫폼을 활용하면 학습자들이 피드백에서 가장 신경을 쓰는 부분들이 무엇인지, 공통적으로 지적하는 사항이 무엇인지 등에 대해 교수자가 명확하게 인지할 수 있는 것은 물론, 이를 교수 내용에 반영하는 것이 보다 원활해진다.

디지털 플랫폼을 활용할 때 기대할 수 있는 또 다른 장점은 기존 글쓰기 교육에 쉽게 적용할 수 있으며 추가적 비용도 발생하지 않는다는 점이다. 최근 디지털 플랫폼들은 모바일 기반의 애플리케이션을 지원하므로 스마트폰으로도 활용이 가능하다.[9] 대학 글쓰기의 학습자들은 디지털 플랫폼을 적극적으로 활용하는 세대이므로 플랫폼 활용에 대한 별도의 교육이 필요하지 않은 것으로 보인다. 실제로 교수학습 현장에서 필자가 반복적으로 경험한 바에 따르면, 학습자들은 디지털 플랫폼을 활용하여 피드백을 수행하는 데 어떠한 기술적 어려움도 겪지 않는다.

동료 피드백에 활용할 수 있는 플랫폼은 여러 가지가 있을 수 있지만, 현재로서는 블로그가 가장 적절한 것으로 판단된다. 블로그는 "개인이 자신의 의견을 능동적으로 개진하면서 타인들과의 관계 욕구를 실현"(주민재, 2013: 11)하는 것을 목적으로 하는 플랫폼이다. 오프라인의 네트워크를 유지하거나 공유하는 데 목적을 두고 있는 소셜 네트워크 서비스나 짧은 메시지를 서로 주고받는데 사용하는 마이크로 블로그[10]와는 운영 목적에서 다소 차이가 있다. 블로그 방

---

8) 수업시간에 조별로 수행되는 동료 피드백의 경우, 교수자가 피드백 진행 상황이나 내용들을 모두 구체적으로 파악한다는 것은 매우 어려운 일이다.

9) 노트북과 같은 별도의 기기가 있으면 피드백을 보다 빠르게 수행할 수는 있을 것이다. 그러나 그간 필자의 교수학습 경험에 비추어 볼 때, 학습자들이 노트북이 없어서 피드백 수행에 곤란을 겪는 경우는 발견하지 못했다.

10) 트위터와 같은 마이크로 블로그(Micro blog)는 블로그와 같이 정보를 공유하거나 비동시적 대화를 지원한다. 하지만 실제로는 소셜 네트워크 서비스와 공통되는 기능들이 더 많다. 마이크로 블로그는 대개 친구들과 추종자들(followers)의 네트워크에 역점을 두기 때문이다(설진아,

문자들은 댓글을 통해 원글(post)11)에 대해 자신의 의견을 충분히 표출할 수 있고 블로거(blogger) 및 다수의 다른 방문자들과의 지속적인 토론도 가능하다. 즉, 블로그는 상대적으로 긴 글을 써서 자신의 생각이나 견해를 뚜렷하게 제시하는데 최적화된 플랫폼이다.12) 대학의 쓰기 교육에서 다루는 글의 길이가 일반적으로 짧지 않다는 점을 감안하면, 블로그는 글쓰기 교육에 활용하기에 가장 유리한 플랫폼이라고 할 수 있다. 블로그는 원글(post)에 따른 댓글을 통해 다수가 동시적/비동시적으로 커뮤니케이션을 수행할 수 있기 때문이다.

블로그를 활용하는 동료 피드백은 주로 댓글을 통해 이루어진다. 댓글은 "이전의 온라인 글쓰기에 비해 즉각적인 영향력을 발휘하며 이용자의 적극적인 참여를 쉽게 유도할 수 있는 도구"(이재신 외, 2008: 250)로서 특정 이슈나 텍스트에 대해 다양한 관점들이 표출되면서 논의가 보다 충실하게 이루어질 수 있는 조건을 제공한다. 학습자 간 논의들이 충실하게 진행되려면 댓글 쓰기만이 아니라 댓글 읽기 역시 중요하다. 댓글 읽기는 개인의 태도를 변화시킬 만큼 강력한 힘을 발휘하거나 경우에 따라서는 이슈에 대한 부가적인 정보 습득 채널로서 활용(이재신 외, 2008: 274)되기 때문이다. 학습자는 습득한 부가적인 정보들을

2011: 120). 곽해운 외(2012: 79)에서는 소셜 네트워크 서비스가 일반적으로 오프라인에서 서로 알고 있던 사이의 연결을 위한 서비스 제공에 초점이 맞춰져 있는 데 반해, 마이크로 블로그는 이보다 더 느슨한 연결을 중심으로 서비스로 하는 것으로 분류되기도 한다.

11) 포스트(post)는 블로그의 게시물을 가리키는 용어이다. 본래 게시물과 게시글은 가리키는 대상이 다르다. 게시글은 온전히 문자 텍스트를 가리키는 용어라면, 게시물은 문자 텍스트는 물론 사진 등의 이미지, 음악 등의 사운드 그리고 동영상 모두를 포괄하는 용어이다. 그러나 이 글에서는 블로그 포스트를 '글'로 인식하는 관례에 따라 '게시글'이라는 용어로 일원화하여 사용한다.

12) 김지연(2013: 140)은 이용자들의 이용 행태를 감안할 때, 블로그는 "긴 글쓰기에 최적화되어 있는 플랫폼"이라고 규정한다. SNS에서는 블로그가 상대적으로 오래된 플랫폼으로 인식됨에도 불구하고 포털사이트를 중심으로 여전히 중심적인 위치를 차지하고 있는 이유는 정보 전달에 유리한 긴 글쓰기가 가능하기 때문일 것이다. SNS의 변화 속도가 매우 빠르지만 다량의 정보에 대한 수요와 에세이와 같은 긴 글쓰기에 대한 수요는 여전히 강하며 이는 네이버와 같은 포털사이트에서 블로그를 주요 서비스로 제공하고 있는 것을 통해서도 확인할 수 있다. 2015년 다음카카오에서 긴 글쓰기에 적합한 모바일 기반 플랫폼인 브런치(brunch.co.kr) 서비스를 시작한 것도 긴 글쓰기의 수요가 강하다는 것을 확인할 수 있는 또 다른 근거라 할 수 있다. 이재현(2012: 340)은 "SNS가 하이퍼링크를 빈번하게 사용하는 것은 정보와 논거가 있는 '강한 글'에 대한 욕망의 반영"으로 파악한다. 이러한 분석은 디지털 플랫폼 이용자들도 자신의 견해를 전달하는 데 충분한 공간을 확보하기를 원하는 것으로 이해할 수도 있다.

활용하여 자신의 주장이나 관점을 보다 정교하게 만들 수도 있다. 즉, 댓글 읽기와 쓰기를 통해 수행되는 커뮤니케이션은 학습자가 특정 텍스트와 관련된 여러 가지 문제에 대해 다양한 의견과 정보를 접할 수 있도록 유도함으로써 비판적 사고 능력의 신장은 물론, 분석적·체계적으로 의견을 제시하는 능력의 증진에도 긍정적인 역할을 수행한다고 볼 수 있다.

4. 디지털 플랫폼을 활용한 동료 피드백 수행 과정

4.1. 다중적 피드백의 활용

동료 피드백이 교수학습 현장에서 구체적인 성과를 거두기 위해서는 기존 연구에서 지적되었던 부정적 요인들을 최소화하는 것이 필요하다. 가장 일반적으로 언급되는 부정적 요인은 학습자들의 피드백 수준이 낮거나 고르지 않은 경우(Graner, 1987)이다. 이러한 현상의 주된 원인은 동료 피드백이 일반적으로 일대일의 상호 피드백 방식으로 수행되는 데 있다. 상호 피드백의 경우 쓰기 능력이 상이한 학생들이 짝을 이루거나 쓰기 능력이 비슷하더라도 둘 다 낮은 수준이라면 긍정적 효과를 기대하기는 힘들다. 따라서 동료 피드백이 실질적인 효과를 거두기 위해서는 피드백이 다중적으로 수행되어야 한다.

쓰기 능력에 따라 적절히 배분된 학생들을 하나의 그룹으로 편성하고 그 안에서 일대다(1 : 多)와 같이 피드백을 다중적으로 수행한다면 일대일 형식의 상호 피드백에서 발생하는 문제점을 최소화할 수 있다. 다중적 피드백이 원활하게 수행되어 구체적인 결과물이 도출되기 위해서는 쓰기 능력을 고려한 피드백 그룹 구성이 필수적이다. 선행 연구가 지적한 것처럼 집단의 쓰기 수준에 따라 피드백의 질과 수에서 발생하는 차이(이윤빈·정희모, 2014)와 같은 문제를 해결할 수 있는 방법이기 때문이다.

〈그림 1〉은 하나의 그룹에서 수행되는 다중적 피드백을 개념화한 것이다. 즉, 그룹의 구성원들은 자신의 글을 제외한 나머지 구성원들이 작성한 글에

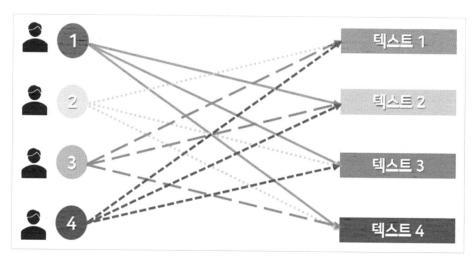

〈그림 1〉 다중적 피드백 개념도

대해 댓글로 피드백을 수행한다. 〈그림 1〉과 같이 4명이 하나의 그룹을 구성하는 경우, 수행할 피드백 수와 자신이 받게 되는 피드백 수는 각각 3개가 된다. 즉, 그룹의 구성원은 모두 3번의 피드백을 수행하는 동시에 3개의 피드백 내용을 받게 되는 것이다.

교수자는 무엇보다 피드백 그룹 구성에 주의를 기울여야 한다. 학습자들의 쓰기 능력을 충분히 고려하여 그룹을 구성해야만 동료 피드백에서 발생할 수 있는 부작용을 최소화할 수 있기 때문이다. 그룹별로 구성원들의 쓰기 능력 수준을 완전히 동일하게 구성하는 것은 현실적으로 불가능하다. 하지만 특정 그룹에 쓰기 능력 수준이 높거나 혹은 낮은 학습자들이 과도하게 몰리지 않도록 최대한 주의해야 한다. 하나의 그룹에 쓰기 능력이 상위 수준부터 하위 수준까지 학습자들을 고르게 배치하기 위해서는 (사전에 측정된) 학습자들의 쓰기 능력을 평가한 자료[13]를 토대로 피드백 그룹들을 구성할 필요가 있다. 최종적으로는 학습자들의 쓰기 능력을 상·중·하로 분류하여 각 그룹에 고르게 배치해야 한다.

---

13) 필자의 경우 이전에 학습자들이 작성한 글을 평가한 자료를 활용한다. 즉, 이전에 모든 학습자가 제출한 글에 대해 평가한 자료를 활용하여 그룹별로 쓰기 능력이 상·중·하인 학습자를 고르게 배치한다.

디지털 플랫폼은 다중적 피드백(multiple feedback)의 원활한 운영에 기여하는 바가 적지 않다. 디지털 플랫폼은 일차적으로 다중적 피드백을 원활하게 수행할 수 있는 기술적 공간을 제공한다. 수업 시간에 그룹별로 다중적 피드백이 수행되는 경우, 동료 피드백은 대면의 형식을 취하게 된다. 동료 피드백이 면대면으로 이루어질 때 발생하는 가장 큰 문제는 피드백 과정에서 학습자들이 심리적 부담을 느낀다는 점이다. 즉, 학습자들이 서로 얼굴을 보면서 피드백을 교환하는 방식에서는 자신의 의견, 특히 부정적 의견을 솔직하게 전달하기가 어려울 수 있다. 피드백이 다중적으로 이루어지는 경우는 더욱 그러할 것이다. 학습자들이 교수자 피드백의 경우 대면 형식을 가장 선호하는 것과는 달리, 동료 피드백의 경우 동료들 앞에서 자신이 쓴 글의 단점 등이 노출되는 상황이나 동료들의 글에 대해 냉정하게 평가하기를 부담스러워 하는 경우가 대부분이다. 이러한 이유들로 인해 대면으로 수행되는 동료 피드백은 활동 자체가 형식적으로 이루어질 가능성을 배제할 수 없으며 이 경우 피드백의 긍정적 효과를 기대하기는 어렵다.

블로그와 같은 디지털 플랫폼을 활용하면 동료 피드백을 비대면 방식으로 운영할 수 있다. 학습자가 닉네임을 사용하면 자신을 노출하지 않고도 피드백 교환이 가능하기 때문이다. 닉네임을 사용함으로써 학습자는 동료의 글에 대해 자신의 의견을 전달하거나 전달받는 과정에서 느낄 수 있는 심리적 부담에서 자유로워질 수 있다. 디지털 플랫폼을 기반으로 동료 피드백이 수행될 경우, 구성원이 모두 각자 다른 시공간에서 피드백을 수행하게 되므로 수업시간에 이루어지는 피드백에 비해 피드백 내용에서 동조 현상이 나타날 가능성은 높지 않다. 또한 피드백을 수행하는 학습자는 이전에 기록된 다른 구성원의 의견과 자신의 생각을 비교하는 과정에서 보다 객관적이고 질 높은 피드백을 시도하도록 자극을 줄 수 있다. 다시 말해 자신의 의견이 다른 구성원의 의견들과 병행하여 노출되므로 피드백을 최대한 성의 있게 수행하려고 노력할 가능성이 커지는 것이다. 또한 쓰기 능력이 상이한 학습자들을 하나의 그룹에 배치하면 쓰기 능력이 상대적으로 낮은 학습자의 경우 피드백 과정에서 다른 학습자들의 피드백 내용이나 방법들을 반영하거나 원용(援用)하는 과정을 반복하면서 텍스트 분석 능력의 향상을 기대할 수 있다.

4.2. 디지털 플랫폼을 활용한 동료 피드백의 수행

디지털 플랫폼을 활용한 그룹별 동료 피드백 수행 과정은 〈그림 2〉와 같다.

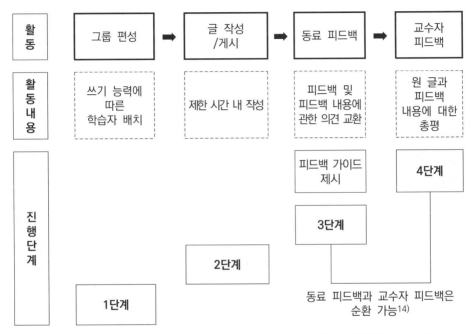

〈그림 2〉 디지털 플랫폼을 활용한 그룹별 동료 피드백 수행 과정(주민재, 2014b)

앞서 언급한 것처럼 1단계에서는 사전에 평가한 학습자들의 쓰기 능력에 입각하여 〈그림 3〉과 같이 피드백 그룹을 편성한 후 학습자들에게 제시한다. 전체 수강인원에 따라 각 그룹의 구성원 수는 달라지겠지만, 필자의 경험에 따르면 1개 그룹의 구성원은 4~5명 정도가 적절하다. 구성원 수가 너무 많으면 수행해야 할 피드백 수도 많아지므로 피드백 수행 자체가 부담이 되어 자칫하면 학습자들이 동료 피드백에 대해 부정적인 인상을 갖게 될 수 있다. 디지털 플랫폼을 활용한

---

14) 원래는 학생들의 동료 피드백 후 교수자가 총평을 하지만 학생들은 교수자의 평에 대해 자신의 의견을 제시할 수도 있다. 이 경우 교수자는 학생들의 의견에 자신의 견해를 다시 제시해야 하므로 두 피드백은 순환될 수 있다.

2019-2학기 글쓰기 동료 피드백 그룹별 구성표		
조별	**닉네임**	**블로그 주소**
1	냥*	http://ksy69***.egloos.com/
	이글**	http://uty0****.egloos.com/
	우리정***	http://cielo****.egloos.com/
	공뇽*	http://poror****.egloos.com/
2	개성있는 펭**	http://koo3****.egloos.com/
	그레이스 ***	http://jhs60***.egloos.com
	따뜻한 하프**	http://lak9***.egloos.com/m/
	누가*	http://bin0***5.egloos.com

〈그림 3〉 동료 피드백 그룹별 구성표 예시[15]

동료 피드백은 수업시간에 이루어지는 것과 비교할 때, 학습자의 인지적 부담이 상대적으로 높다고 볼 수 있다. 수업시간의 피드백이 대개 말로 이루어지는 것과는 달리, 플랫폼 기반의 피드백은 모두 문자를 통해 수행된다. 즉, 학습자는 말로 하는 피드백보다 정확한 표현과 평가가 필요하다고 인식한다. 따라서 수행해야 할 피드백 수가 너무 많으면 학습자가 인지적 부담은 물론, 심리적 부담 역시 크게 느낄 수 있으므로 구성원의 수를 적절한 수준으로 조절할 필요가 있다.

교수자는 피드백 그룹을 편성할 때, 사전에 평가한 쓰기 능력 자료를 기반으로 그룹별로 쓰기 능력이 '상'에서 '하'에 속하는 학습자들을 고르게 배치한다. 쓰기 능력이 상이한 학습자들을 고르게 배치함으로써 그룹에 따라 피드백 수행의 정도가 크게 차이나는 것을 방지할 수 있다. 이와 함께 그룹별로 학습자의 닉네임만 공개하여 피드백 과정에서 학습자가 느낄 수 있는 심리적 부담에서 최대한 보호하는 것이 중요하다. 그간 동료 피드백에서 가장 많이 지적되었던 문제점 중의 하나는 대면으로 수행되는 피드백 과정에서 학습자가 느끼는 심리적 부담이었다. 대면 피드백에서는 피드백 내용이 부정적인 경우 제대로 전달을 하지 못하거나 전달을 하더라도 피드백 주체나 수용자 모두 심리적 부담을 느끼게 될 가능성이 매우 높고, 이로 인해 피드백 자체가 형식적으로 진행될

---

15) 개인정보 보호를 위해 닉네임과 블로그 URL 일부를 *표 처리하였음.

수도 있다. 따라서 강의 전체는 물론, 그룹에서도 구성원이 누구인지 서로 알 수 없게 함으로써 피드백이 보다 원활하게 이루어지도록 교수·사 차원에서 환경을 조성하는 것이 필요하다.

2단계에서는 학습자가 자신의 글을 블로그에 게시한다. 게시할 글은 사전에 작성하여 게시할 수도 있고, 수업시간에 작성하여 게시하는 방법을 활용할 수도 있다. 〈그림 2〉에 있는 '제한시간 내 작성'은 수업시간에 작성하는 경우를 상정한 것이다.16) 수업 시간이 아니더라도 정해진 시간까지 블로그에 각자 글을 게시하도록 해도 무방하지만 학생들에게 최종 마감 시간을 명확하게 인지시켜야 한다. 모든 글이 게시되어야 동료 피드백이 원활하게 수행될 수 있기 때문이다.

3단계에서는 그룹별로 동료 피드백을 수행한다. 동료 피드백은 수업시간에 진행할 수도 있고, 교수자가 정한 시한까지 각자 자유롭게 수행할 수도 있다. 1단계에서 언급한 것처럼 학습자들은 자신의 닉네임만 공개되므로 심리적인 부담을 최소화하면서 피드백을 진행할 수 있다. 이 단계에서는 피드백 가이드를 제공하는 것이 중요하다.17) 피드백 가이드를 제공하는 것은 기본적으로 학습자가 피드백

---

16) 학습자들이 수업시간에 글을 작성하여 게시하는 경우 집중력이 매우 높은 편이다. 또한 제한된 시간에 글을 게시하게 함으로써 동료 피드백이 원활하게 수행될 수 있는 환경 조성이 가능하다. 디지털 플랫폼을 활용한 동료 피드백도 수업시간에 시행하면 보다 신속하게 수행할 수 있다. 학교 컴퓨터실을 활용할 수 있으면 일련의 과정을 보다 수월하게 진행할 수 있을 것이다.
개인적인 경험에 비추어볼 때, 글쓰기 수업 중의 1/3 정도는 컴퓨터실을 활용하는 것이 효과적이라고 생각한다. 2020년 현재 거의 모든 글쓰기는 디지털 플랫폼을 기반으로 수행된다. 아날로그 쓰기는 학교의 교수학습에서만 이루어진다고 해도 과언이 아닐 것이다. 이러한 상황은 실제 쓰기 공간과 그에 의해 변화하는 쓰기 방식에 대해 현재 대학의 교육으로는 거의 대응하지 못하는 상태임을 의미하는 것으로도 해석할 수 있다. 대학의 학습자들도 글쓰기 교육과 학습의 필요성에 대해 공감하고 있으면서도 대다수가 글쓰기 과목을 단지 이수해야 하는 필수과목으로만 생각하는 경향이 강한 원인 중의 일부분은 현실에서 이루어지는 쓰기 방식과 양상을 거의 반영하지 못하는 대학 글쓰기의 교육 콘텐츠에서도 찾을 수 있다고 생각한다. 물론 쓰기 환경이 달라져도 '학술적 글쓰기 능력의 향상'이라는 대학 글쓰기 교육의 기본 목적은 달라지지 않을 것이다. 하지만 이러한 인식이 쓰기 환경의 변화를 도외시하는 것으로 이어져서는 곤란하다. 대학의 글쓰기 연구자·교수자들이 접하는 학습자들은 모두 디지털 네이티브(Digital Native)라는 사실을 잊어서는 안 된다. 대학 글쓰기 교육의 목적은 쉽게 변하지 않겠지만 쓰기 환경 변화에 대응할 수 있는 교육 콘텐츠 패러다임의 변화는 절실한 시점이라고 생각한다.

17) 피드백 가이드는 글의 장르적 특성을 감안하여 제시해야 한다. 분석적 쓰기(부록 1)와 연구계획서 쓰기(부록 2)에 대한 피드백 가이드를 참조. 부록 1은 특정 영화를 감상한 후, 자신이 정한

답글

첫 단락, 첫 문장부터 도입부 없이 바로 본론으로 들어감으로써 인터넷 검[ ] 흥미를 끌 수 있을까에 대한 측면에서는 의구심이 듭니다. 또, 실효성이 [ ] 수 없다고 생각합니다. 두 가지는 완전히 독립적인 요소라고 생각합니[ ] 행학습 금지법이 옳지 않다는 식의 주장은 적절해 보이지 않습니다. 법안의 문제점을 지적할 때 그 이유로 실효성이 떨어진다는 식의 주장은 가능할 듯 합니다. 또, 첫 번째 단락에서 선행학습을 하지 않는다면 모의고사 진도를 맞출 수 없다고 하셨는데 이 부분은 잘못된 진술입니다. 선행학습 금지법의 주요 내용이 평가원, 모의고사와 같은 시험의 범위를 선행된 진도로 출제하는 것을 제한하는 것이기 때문에 이 대목은 선행학습 금지법에 대한 이해 부족으로 인한 것 같습니다.
하지만 선행학습 금지법의 불 필요성을 언급하면서 선행학습의 순 효과를 강조한 부분은 적절하다고 생각합니다. 또한 사회적 요인 뿐만 아니라 인간의 본성을 들어 선행학습의 불가피성을 지적한 부분도 좋았습니다. 줄글로 이어가기 보다는 끊임없이 물음을 제기하면서 글을 이끌어 나간 점에서도 지루하지 않고 좋았습니다. 덧붙여 블로그에 적는 글이라는 점을 고려해 중간중간에 넣은 사진들과 단락간의 간격도 적절했으며, 중요하다고 생각한 부분에 색깔을 넣어서 가독성을 높인 점 역시 좋았습니다.

답글

도입부 부터 강렬하게 반대한다라는 입장을 표시하는 것은 좋았습니다. 하지만 남의 말을 인용하기 보단 자신의 의견을 먼저 제시했다면 더욱 흥미있는 도입부가 되었지 않았나 싶습니다. 비표준어가 표준어가 되는 예시를 들면서 주장의 근거를 보강하였는데, 선행학습을 하지 않는다는 것이 비정상화 되었다는 이야기와는 어울리지 않을 뿐더러 너무 성급한 일반화의 오류를 범하지 않았나 생각이 듭니다. 욕망의 이야기로 주장을 하신다면 선행학습금지법을 제외한 더욱 좋은 제도와 법이 나온다 하더라도 그 부분은 해소되지 않을 것 같습니다. 즉, 설득력 없는 주장이지않나 싶습니다. 그리고 사진의 출처가 나와있지 않네요. 사진의 출처를 넣어주세요. 언젠가는 완벽에 가까운 법안이 나올 수 있다고 보신다는 문장은 자신이 반대라는 입장이 명확하지 않다 라는 문구로 자칫 오해의 소지를 불러 일으키는 것 같습니다. 수고하셨습니다.

답글

일단 글의 초반부에 자신의 의견을 명확하게 제시한 점은 좋다고 생각합니다. 또한 현재 수능의 제도적 현실의 문제점을 예로 들어서 학생들이 선행학습을 할 수 밖에 없는 이유를 제시했다는 점이 특히 좋았다고 생각합니다. 중요한 문장의 색을 다르게 한 부분도 참신한 아이디어였습니다. 하지만 세 번째 문단에서 남들보다 더 잘하고 싶다는 인간의 기본적인 욕망이 존재한다는 부분과 선행학습을 금지하는 것이 무슨 연관이 있나 잘 이해가 되지 않습니다. 남들보다 더 잘하고 싶으면 공부에 부담이 아니라 의지를 가지지 않을까요? 또한 마지막 문단에서 선행학습금지법의 취지가 정확히 무엇인지 선행학습금지법의 실효성의 문제와 부작용이 무엇인지 정리해서 다시 한 번 더 서술해 주었다면 좋았을것 같다고 생각합니다.

〈그림 4〉 블로그를 활용한 동료 피드백 예시(1)

대상과 주제를 기반으로 분석하는 글에 대한, 부록 2는 연구보고서 쓰기를 원활하게 수행하기 위한 사전 작업인 연구계획서 쓰기에 대한 피드백 가이드이다.

을 원활하게 수행할 수 있도록 돕는 데 목적이 있지만 학습자에 따라 피드백의 수행 정도와 내용에 차이가 발생하는 것을 최소화하는 데도 기여할 수 있다.

피드백 가이드는 글의 장르에 따라 내용이 달라질 수 있지만, 주제의 적절성과 구체성, 구성의 논리성, 문장과 어휘의 정확성 등 세 개의 범주를 중심으로 제시한다. 피드백 가이드를 너무 세밀하게 제시하는 것은 적절하지 않다고 생각한다. 가이드가 항목별로 너무 자세하게 제시되어 있으면 학습자의 자율성을 제한할 수 있기 때문이다. 앞서 언급한 것처럼 피드백 가이드는 학습자에 따라 피드백의 수행 정도와 내용이 크게 차이가 발생하는 것을 방지하고 특히 쓰기

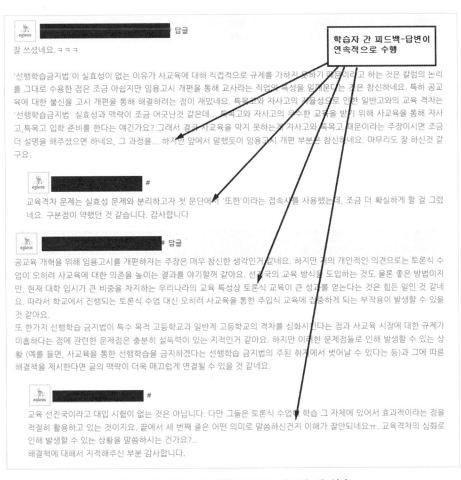

〈그림 5〉 블로그를 활용한 동료 피드백 예시(2)

능력이 상대적으로 낮은 학습자들이 좀 더 원활하게 피드백을 수행할 수 있도록 방향을 제시하는 수준으로 유지하는 것이 바람직하다고 생각한다.

4단계에서는 교수자가 피드백을 수행한다. 교수자의 피드백은 크게 두 측면에서 이루어질 수 있다. 첫째, 그룹별/개인별로 피드백을 수행하는 것이다. 1개 그룹의 구성원이 총 4명인 경우 교수자는 〈그림 5〉와 같이 블로그에 있는 동료 피드백 내용을 총괄하는 피드백을 수행한다. 이때 주의할 것은 교수자의 피드백은 학습자의 글에 대한 피드백이 아니라 동료 피드백을 대상으로 수행되어야 한다는 점이다. 즉, 교수자의 피드백은 '피드백에 대한 피드백', 소위 '메타 피드백'이 되어야 한다. 교수자가 메타 피드백을 수행해야 하는 이유로는 크게 두 가지를 들 수 있다. 첫째, 교수자가 학습자들과 동일하게 글에 대한 피드백을 할 경우, 교수자가 갖는 전문가로서의 권위 등으로 인해 동료 피드백 자체가 위축되거나 효과가 반감될 가능성이 있다. 동료 피드백의 특성상, 학습자의 관점에 따라 동일한 글에 대해서도 다른 의견들이 제시될 수 있다. 이때 교수자가 특정한 의견을 제시하고 이것이 일부 학습자의 의견과 상이한 경우, 피드백을 수행한 학습자가 심리적으로 위축되거나 나머지 학습자들 역시 동료 피드백의 기준에 대해 의문을 갖게 될 수 있다. 둘째, 메타 피드백을 통해 학습자들이 피드백을 하는 요령을 구체적으로 익힐 수 있다. 학습자들은 메타 피드백을 통해 자신이 피드백한 내용에 대한 교수자의 피드백을 받게 된다. 이 과정에서 피드백 수행에서 중점을 두거나 주의해야 할 점 등에 대해 보다 깊게 이해할 수 있다. 교수자가 모든 학습자의 블로그에 메타 피드백을 할 경우, 학습자는 자신이 수행한 동료 피드백과 동일한 수의 메타 피드백을 받게 됨으로써 피드백 수행에 대한 이해도가 한층 높아질 수 있는 것이다.

둘째, 교수자는 전체 강평의 형식으로 피드백을 수행할 수 있다. 앞서 언급한 그룹별/개인별 피드백을 수행할 환경이나 조건이 되지 않는 경우,[18] 학습자들이 수행한 동료 피드백 내용을 분석하여 전체 학습자를 대상으로 메타 피드백을

---

[18] 최근 거의 모든 국내 대학들이 글쓰기 과목 정원을 늘리고 있다. 이러한 상황에서 교수자가 모든 학습자에게 동료 피드백에 대한 메타 피드백을 수행하는 것이 현실적으로 어려울 수 있다.

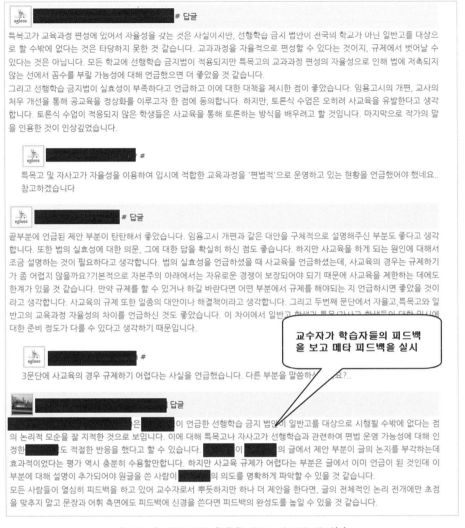

〈그림 6〉 블로그를 활용한 동료 피드백 예시(3)

진행할 수 있다. 전체 강평의 형식은 교수자는 메타 피드백에 대한 물리적 부담을 줄일 수 있지만[19] 그룹별로 수행된 동료 피드백의 맥락이 제거됨으로써

---

19) 교수자의 물리적 부담이 줄어든다는 의미는 단순히 피드백의 수가 적어진다는 것만이 아니다. 동료 피드백에서 발견되는 공통적인 문제들을 반복적으로 피드백하지 않아도 된다는 것도 포함한다.

상대적으로 메타 피드백의 효과가 낮아질 가능성은 염두에 두어야 한다. 이는 특정 학습자나 그룹을 대상으로 별도의 피드백을 통해 보완할 수 있을 것이다.

5. 동료 피드백에 대한 학습자들의 인식

필자의 연구에 의하면 학습자들은 디지털 플랫폼을 활용한 동료 피드백에 대해 대체적으로 긍정적인 반응을 보였다. 본 연구에서 실시한 동료 피드백에 대한 학습자들의 인터뷰[20]에 따르면 '동료 피드백이 자신의 글쓰기에 도움이 되었다'는 의견의 비중이 70%(46명, 75.40%)를 넘을 정도로 동료 피드백에 대해서 긍정적인 의견이 대다수를 차지했다. 특히 '타인의 글을 논평'함으로써 '자신의 글의 부족한 부분을 보완할 수 있고'(31명, 50.81%), '자신의 시각에서 벗어나 타인의 시각을 고려하는 글쓰기를 할 수 있게 되었다'(15명, 24.59%)는 의견이 대부분을 차지했다. 두 개의 의견은 모두 타인의 글을 피드백한 경험이 학습자에게 자기중심적 시각에서 벗어나는 기회를 제공하고 학습자 자신의 쓰기 방식을 타인의 그것과 비교·분석하여 이해한 결과들을 자신의 글쓰기에 적용하려는 경향을 보여준다. 동료 피드백의 목적이 동료들의 글을 피드백 하는 과정에서 쓰기에 필요한 능력들을 정확히 인식하는 것과 이를 자신의 글쓰기에 반영하도록 유도하는 것(Leki, 1990)이라고 할 때, 학습자들의 이러한 인식과 경향은 동료 피드백의 목적이 일정 수준 달성됐다고 평가할 수 있는 근거가 된다.

인터뷰 결과를 좀 더 구체적으로 살펴보면 학습자들은 동료 피드백 수행 경험이 글쓰기에 대해 스스로 생각하는 기회가 되었다고 판단하고 있는 것으로 보인다. 학습자들은 일반적으로 교수자 피드백을 더 선호했고 이러한 성향은 선행 연구들과도 일치한다. 그러나 학습자가 수용자의 위치에 고정되는 교수자

---

20) '(디지털 플랫폼을 활용한) 동료 피드백'에 대한 학습자들의 인터뷰는 2019년 1학기와 2학기에 걸쳐 A대학 글쓰기 과목 수강자 총 61명을 대상으로 수행되었다. 인터뷰 응답자는 1학년 54명, 2학년 4명, 3학년 2명, 4학년 1명이었다.

피드백과는 달리, 동료 피드백에서는 학습자 자신이 평가자로서 타인의 글을 평가함으로써 보다 능동적이고 분석적인 사고가 요구된다. '글쓰기에 대해 스스로 생각하는 기회가 되었다', '분석적으로 생각하는 데, 글을 보는 눈을 키우는 데 도움이 되었다'는 답변들은 바로 평가자에게 요구되는 '능동적·분석적 사고하기'의 경험을 가리키는 것으로 해석할 수 있다.

교수자 피드백과 비교할 때, 동료 피드백의 또 다른 장점은 피드백 내용을 이해하기 쉽다는 점이었다. 응답자의 절반이 넘는 수(38명, 62.2%)가 동료 피드백이 '자신과 쓰기 능력이 유사한 수준에서 수행된 피드백이어서 내용에 대해 상대적으로 이해가 쉽고 공감이 된다'고 답했다.[21] 응답자들은 동료 피드백이 '다양성의 관점에서 자신이 생각하지 못한 아이디어를 제공'함으로써 '더 넓은 시야를 확보'하는 데 도움이 된다고 생각하고 있었다. 동료 피드백에서 기대할 수 있는 효과 중의 하나는 쓰기 능력이 유사한 동료의 피드백이 오히려 학습자의 '눈높이에 맞는 피드백'이 될 수 있다는 점일 것이다. 응답자들 역시 이러한 특성에 공감하고 있는 것으로 보인다. 물론 동료 피드백에서 제시된 방향이나 분석은 교수자의 메타 피드백을 통해 보다 정교하게 이루어지는 과정을 거치는 것이 더 바람직하다. '공감'이 된다고 해서 그것이 반드시 적절한 피드백으로서의 역할을 수행한다고 볼 수는 없기 때문이다.

동료 피드백에 블로그를 활용한 것에 대해서도 응답자들은 긍정적인 반응을 보이는 경우가 많았다. 동료 피드백에 블로그를 활용하는 것이 '블로그 특유의 익명성으로 편안하게 피드백할 수 있어서 좋다'(28명, 45.90%), '동료들의 얼굴을 보지 않아서 편견 없이 피드백을 할 수 있다'(11명, 18.03%)는 점에서 블로그를 활용한 동료 피드백에 대해 응답자의 절반을 넘는 비율(63.93%)이 긍정적으로 생각하고 있었다. 이와 함께 '시공간에 제약을 받지 않아서 좋다'(4명, 6.55%)는 의견도 있었다. 이러한 의견은 블로그를 활용한 피드백이 기존의 동료 피드백에

---

21) 응답자들은 동료 피드백은 "비슷한 수준의 글을 다 같이 쓰는 입장이기 때문에 피드백도 공감되어 (교수자 피드백에 비해—인용자 주) 더 많은 도움이 된다", "세부적인 부분들에 대해 언급한다" 등 자신과 동일한 학습자의 입장과 시선으로 피드백이 수행된다는 점에 강한 공감을 표했다.

'익명성'을 접합하여 학습자들이 보다 심리적으로 자유로운 상태에서 피드백을 원활하게 수행하는데 도움을 줄 수 있다는 해석의 근거가 될 수 있다. 이와 함께 많은 수는 아니지만 일부 응답자들의 경우 수업 시간만이 아니라 어디서나 피드백을 자유롭게 할 수 있다는 점에 대해 긍정적으로 평가했다.

하지만 응답자들은 동료 피드백에서 나타나는 부정적 측면도 지적했다. '일부 학습자들이 피드백을 형식적으로 수행하거나 이전의 다른 학습자의 피드백과 매우 유사하여 추가로 수용할 내용이 없는 경우가 있다'(11명, 18.03%)는 답변이 가장 많았고 그룹의 구성원들이 피드백 시간을 지키지 않아 수정에 반영하기 어려웠다는 의견도 소수지만 확인되었다. 이와 함께 응답자의 일부는 '타인의 글을 평가하는 자신의 의견이 적절한지 판단하기 어렵다'고 답변했다. 이 중에서 '형식적인 피드백'이나 '다른 피드백과 유사한 경우'는 기본적으로 학습자의 성실성과 연관된 부분이다. 하지만 블로그 활용 피드백의 특성 중의 하나인 익명성이 피드백 수행에 부정적인 영향을 끼쳤을 가능성도 생각해 볼 필요가 있다. 동료 피드백이 대면으로 수행되는 경우에는 피드백을 형식적으로 수행하는 것이 상대적으로 힘들기 때문이다. 이러한 문제는 완전히 해결하기가 쉽지 않으나 교수자의 메타 피드백을 강화하거나 개별 학습자를 대상으로 교수자가 좀 더 밀도 있는 피드백을 하도록 격려하는 방식을 통해 일정 수준 해결할 수 있다. '타인의 글을 평가하기 어렵다', '내 판단이 맞는지 알 수 없다'는 의견의 경우 타인의 글에 대해 평가나 피드백을 한 경험이 거의 없는 학습자들이 충분히 부딪힐 수 있는 문제로 볼 수 있다. 필자는 이러한 문제를 최소화하기 위해 학습자들에게 피드백 가이드를 제공하고 있으나 가이드만으로는 문제를 해결하는 데 충분하지 않다. 동료 피드백 이전에 전체 학습자를 대상으로 별도의 피드백 훈련을 실시하는 것이 문제를 보다 근본적으로 해결하는 방책이 될 수 있다. 기본적인 피드백 가이드를 활용하여 피드백 훈련을 반복적으로 수행한다면 한층 높은 수준의 동료 피드백을 기대할 수 있을 것이다.

6. 동료 피드백의 효율적 활용

글쓰기 교육에서 피드백이 차지하는 비중은 매우 높다. 글쓰기가 반복적인 수정의 과정이라고 한다면, 수정은 피드백을 기반으로 이루어지기 때문이다. 수정하기는 현재 글보다 좀 더 나은 수준으로 발전시키기 위해 거쳐야 하는 과정이므로 피드백은 필자보다 쓰기 능력이 더 나은 사람이 수행한 결과로 인식되는 것이 일반적이다. 교수자 피드백이 가장 선호되는 것도 같은 이유일 것이다. 하지만 학습자의 쓰기 능력을 증진시키는 것이 글쓰기 교육의 근본적인 목적이라면 교수자 피드백의 비중을 낮추고 학습자에게 쓰기에 필요한 능력과 요인들에 대해 보다 능동적으로 인식할 수 있는 기회를 제공하는 방안에 대한 고민도 필요하다. 동료 피드백은 학습자를 평가받는 위치에서 평가하는 위치로 옮겨 놓음으로써 최종적으로 자신의 글쓰기에 대해 객관적인 시각을 갖도록 유도할 수 있다는 점에서 글쓰기 교육에서 활용도가 높은 활동이다.

국내 대학의 글쓰기 교육에서 동료 피드백을 활용하는 비중이 점차 커지고 있는 것으로 보인다. 최근까지 관련 연구가 지속적으로 이루어지고 있는 것도 이를 뒷받침한다. 국내 대학들에서 거의 예외 없이 점점 늘어가는 글쓰기 과목의 정원 그리고 글쓰기 교수자 한 명에게 부여되는 과도한 업무량 역시 동료 피드백의 활용도가 높아지는 또 하나의 이유일 것이다. 그러나 동료 피드백은 기본적으로 학습자의 쓰기 능력을 높이기 위해 활용하는 교수학습 방법 중 하나라는 점을 잊어서는 안 된다. 그러므로 좀 더 효율적으로 동료 피드백을 활용하는 방식을 개발하려는 노력이 필요하다.

블로그와 같은 디지털 플랫폼을 활용한 동료 피드백은 기존 동료 피드백의 부정적 측면을 최소화할 수 있는 교수학습 방법이라는 점에서 활용 가치가 높다. 학습자간 대면 방식이나 그룹별로 공개된 피드백이 학습자에게 미치는 심리적 부담이 교수자와 학습자 모두 동료 피드백 활용 자체를 꺼려할 정도로 부정적인 측면이었다는 점을 부인하기는 어렵다. 비대면 방식, 시공간적 제약에서 자유로움, 동료 피드백 과정을 교수자가 관찰하고 메타 피드백이 가능하다는 점에서 디지털 플랫폼을 활용한 동료 피드백은 기존 동료 피드백의 한계를 극복하고 교수학습의 효과를 최대화할 수 있는 방법이라는 평가도 가능하다고 생각한다. 이 글에서 제시한 피드백 가이드의 제시, 피드백의 사전 훈련 등의 보완책을 수행한다면 디지털 플랫폼을 활용한 동료 피드백의 교육적 효과를 좀 더 높일 수 있을 것이다.

[부록 1] 분석적 쓰기 동료 피드백 평가 기준

학생 여러분.

동료 학생들이 블로그에 올려놓은 글을 피드백 하려면 그에 적합한 기준을 적용하는 것이 필요합니다. 피드백은 단순히 자신의 감상을 표현하는 것이 아닙니다. 동료 피드백은 적절한 기준을 기반으로 글을 평가해보는 기회이자 이를 통해 자신의 글에 대해서도 생각해보는 시간이 될 수 있습니다. 따라서 아래 제시한 기준들을 중심으로 동료 피드백을 수행하기 바랍니다.

1〉 분석 대상이 적절한가

분석하기 위해 설정한 대상이 적절한지 그리고 글의 주제가 충분한 의미를 이끌어 낼 수 있는 문제의식인지에 대해 살펴보기 바랍니다.

2〉 텍스트가 충분히 논증적으로 구성되었는가

비판적 문제의식이 충분히 드러나고 이를 효과적으로 독자에게 전달하고 나아가 설득할 수 있도록 텍스트가 충분히 논증적으로 구성되었는가에 대해 판단해보기 바랍니다. 구체적으로는 주장에 대한 근거가 적절한지 그리고 제시한 근거들이 충분한지 등에 대해 점검해보고 빈약한 경우 이를 보완할 수 있는 지점들에 대해 자신의 생각을 제안해 보세요.

3〉 구성(organizing)이 적절한가

텍스트의 논증력이 높기 위해서는 적절한 구성이 필수적입니다. 글에서 주장과 근거의 적절한 결합, 도입과 결론이 본론과 효과적으로 결합되는지에 대해 판단해보기 바랍니다.

4〉 사용 어휘 및 문장이 적절한가

분석적 글쓰기에 적합한 어휘가 사용되었는지, 문장이 적절하게 이루어졌는지(특히 주술 관계, 수식어구 사용 등)에 대해서도 충분한 검토해보기 바랍니다.

[부록 2] 연구계획서 동료 피드백 평가 기준

학생 여러분.

동료 학생들이 블로그에 올려놓은 글을 피드백 하려면 그에 적합한 기준을 적용하는 것이 필요합니다. 피드백은 단순히 자신의 감상을 표현하는 것이 아닙니다. 동료 피드백은 적절한 기준을 기반으로 글을 평가해보는 기회이자 이를 통해 자신의 글에 대해서도 생각해보는 시간이 될 수 있습니다. 따라서 아래 제시한 기준들을 중심으로 동료 피드백을 수행하기 바랍니다.

1. 연구주제가 구체적으로 설정되었는가?

수업시간에 반복해서 강조한 부분입니다. 예를 들어 '근대 시간 개념의 변화'와 같은 너무 큰 주제는 내용이 매우 일반적일 수밖에 없습니다. '근대 계몽기 한국 사회에서 철도시각표가 시간 개념 변화에 미친 영향과 같이 구체적으로 주제를 설정하면 작성자도 연구 범위를 좁히면서 자신의 생각을 중심으로 깊은 논의를 할 수 있습니다.

2. 보고서의 목차가 연구주제를 충분히 다루고 있으며 구체적인가?

학생들의 연구계획서의 목차가 너무 소략하고 연구주제와 밀접하게 연관되지 않는 경우도 많습니다. 연구 주제를 충분히 구현할 수 있는 방향으로 목차와 개요를 작성했는지를 평가하기 바랍니다.

3. 계획서의 연구 방법이 연구주제를 실현하는 데 적절한가?

설정된 연구 방법이 적절한지, 구체적인지 그리고 연구 주제를 실현하는데 적절한지 평가해보기 바랍니다. 예를 들어 설문조사가 필요할 것 같은데 문헌 조사에만 치중된 것은 아닌가와 같이 각자 동료들의 계획서에 기재된 연구 방법의 적절성을 따져보기 바랍니다.

참고문헌

곽해운 외(2012), 「트위터는 소셜 네트워크인가?: 네트워크 구조와 정보 전파의 관점」, 『트위터란 무엇인가』, 커뮤니케이션북스.

권상희·김익현(2008), 「온라인 댓글 인식과 댓글 활동의 관계에 관한 연구」, 『한국언론정보학보』 42, 한국언론정보학회, 44~78쪽.

김남미(2012), 「대학 학습자 글쓰기의 첨삭지도 방안」, 『우리말연구』 30, 우리말글학회, 269~296쪽.

김병연(2011), 「관계적 사고를 통한 상품의 지리 교육적 의미」, 『대학지리학회지』 46(4), 대한지리학회, 555~567쪽.

김병철(2004), 「인터넷 신문 댓글의 상호작용적 특성 분석」, 『사이버커뮤니케이션학보』 14, 사이버커뮤니케이션학회, 147~180쪽.

김예란(2004), 「가상공간의 대화적 글쓰기」, 『한국소통학보』 3, 한국소통학회, 31~58쪽.

김은미·선유화(2006), 「댓글에 대한 노출이 수용에 미치는 효과」, 『한국언론학보』 50(4), 한국언론정보학회, 33~64쪽.

김은미·이준웅(2006), 「읽기의 재발견」, 『한국언론학보』 50(4), 한국언론정보학회, 65~94쪽.

김익현(2005), 『블로그 파워』, 커뮤니케이션북스.

김지연(2013), 「디지털 필자의 문식 실행 연구」, 고려대학교 박사논문.

서수현(2011), 「대학생의 보고서에 대한 동료 반응과 그 수용 양상」, 『국어교육학연구』 41, 국어교육학회, 447~472쪽.

박성익·이상은·송지은(2007), 「블렌디드 러닝에서 효과적 온/오프라인 학습에 영향을 미치는 요인: 대학 강좌를 중심으로」, 『열린교육연구』 15(1), 한국열린교육학회, 17~45쪽.

박승희(2005), 「디지털 텍스트와 새로운 의사소통에 관한 연구」, 『한국사상과 문화』 31, 한국사상문화학회, 343~363쪽.

서영진(2012), 「작문활동에서 동료 피드백 의견 유형별 수용도 연구」, 『국어교육학연구』 45, 국어교육학회, 215~244쪽.

서영진·전은주(2012), 「작문 활동에서 동료 피드백 의견의 유형별 타당도 연구」, 『국어교육학연구』 44, 국어교육학회, 369~395쪽.

설진아(2011), 『소셜 미디어와 사회 변동』, 커뮤니케이션북스.

이동후(2013), 『미디어 생태이론』, 커뮤니케이션북스.

안상영(2010), 「동료평가 피드백 유형이 고등학생의 논술문 쓰기 능력과 태도에 미치는 효과」, 한국교원대학교 석사논문.

염민호·김현정(2009), 「대학 '글쓰기' 교과에 활용 가능한 피드백의 특성과 방법」, 『새국어교육』 83, 한국국어교육학회, 311~336쪽.

오택환(2008), 「논술문 쓰기에 나타난 동료 평가의 양상과 의의」, 『새국어교육』 80, 한국국어교육학회, 273~294쪽.

이윤빈·정희모(2014), 「대학생 글쓰기에서 동료 피드백의 양상 및 타당도 연구」, 『작문연구』 20, 한국작문학회, 299~330쪽.

정희모·이재성(2008), 「대학생 글쓰기의 수정 방법에 관한 실험 연구」, 『국어교육학연구』 33, 국어교육학회, 657~685쪽.

주민재(2013), 「블로그 쓰기와 블로거의 독자 인식에 관한 연구」, 연세대학교 박사논문.

주민재(2014a), 「디지털 플랫폼을 활용한 대학 글쓰기 교육 방안」, 『교양교육연구』 8(4), 한국교양교육학회, 137~165쪽.

주민재(2014b), 「블로그를 활용한 동료 피드백 활동의 특성과 동료 피드백에 관한 학생들의 인식 분석」, 『한어문교육』 31, 73~108쪽.

Carson, J. G., & Nelson, G. L.(1994), "Writing groups: Cross-cultural issues", *Journal of Second Language Writing*, 3, 1994, pp. 17~30.

Chin-Lung Hsu and Chuan-Chuan Lin, J.(2008), "Acceptance of blog usage: The roles of technology acceptance, social influence and knowledge sharing motivation", *Information & Management*, 45, pp. 65~74

Clark, J. Elizabeth(2010), "The Digital Imperative: Making the Case for a 21st-Century Pedagogy", *Computers and Composition*, 27(1), pp. 27~35.

Dalea, H.(1994), "Collaborative Writing Interactions in One Ninth-Grade Classroom", *The Journal of Educational Research*, 87(6), pp. 334~344.

Elizabeth, C. J.(2010), "The Digital Imperative: Making the Case for a 21st Century Pedagogy", *Computers and Composition*, 27(1), pp. 27~35.

Graner, M. H.(1987), "Revision Workshops: An Alternative to Peer Editing Groups", *The English Journal*, 76(3).

Hirvela, A.(1999), "Collaborative writing instruction and communication of readers and writers", *TESOL Journal*, 8(2), pp. 7~12.

Hyland, F.(1998), "The impact of teacher written feedback on indicidual writers", *Journal of Second Language Writing*, 7(3), pp. 255~286.

Hu, G.(2005), "Using peer review with Chinese ESL student writers", *Language Teaching Research*, 9(3), pp. 321~342.

Leki, I.(1990), "Potential problem with peer responding in ESL writing classes", *CATESOL Journal*, 3(1), pp. 5~19.

Marcoulides, G. A., & Simkin, M. G.(1995), "The consistency of peer reveiw in student writing projects", *Journal of Education for Business*, 70, pp. 220~223.

Mendoca, C. O., & Johnson, K. E.(1994), "Peer review negotiations: Revision activities in ESL writing instruction", *TESOL Quarterly* 28(4), pp. 745~769.

Osguthorpe, R. T. & Graham, C. R.(2003), "Blended learning environments", *Quarterly Review of Distance Education*, 4(3), pp. 227~233.

Yagelski, R.(1995), "The role of classroom context in the revision strategies of student writers", *Research in the Teaching of English*, 29(2), pp. 216~238.

Zamel, V.(1985), "Responding to student writing", *TESOL Quartely*, 19(1), pp. 79~101.

Manovich, L.(2001), *The Language of New Media*; 서정신 역(2014), 『뉴미디어의 언어』, 커뮤니케이션북스.

Ong, W. J.(1982), *Orality and Literacy*; 이기우·임명진 역(1996), 『구술문화와 문자문화』, 문예출판사.

제1부 쓰기 교수법의 원리와 지도

정희모: 연세대학교 국어국문학과의 교수로 한국 현대문학, 글쓰기 이론을 전공했다. 한국작문학회, 대학작문학회, 한국리터러시학회 회장을 역임했으며, 연세대학교 교육대학원장을 역임했다. 텍스트 읽기, 쓰기 이론에 관심이 많으며, 글을 쓰는 과정을 인지적으로 설명해 줄 이론을 연구 중이다. 주요 저서로는 『한국근대비평의 담론』, 『글쓰기 교육과 협력학습』, 『글쓰기의 전략』(공저), 『글쓰기 교육의 이론적 탐색』이 있으며, 역서로 『비판적 사고와 과학글쓰기』(공역), 『장르: 역사·이론·연구·교육』(공역), 『쓰기 평가』(공역) 등이 있다.

김성숙: 연세대학교 언어연구교육원. 주요 논문으로 「글로벌 평생교육을 위한 한국어 멀티모달 콘텐츠의 구조화 요인 탐색」, 「한국어 능력에 대한 진단평가 준거로서 어휘·문법 지식의 활용 방안」, 「나이 듦에 대한 메타적 사유 수업 모델: 〈벤자민 버튼의 시간은 거꾸로 흐른다〉를 중심으로」, 「윤동주와 배우는 한국시 애플리케이션 개발의 의의」, 「The chronological development of Korean literacy and the appearance of the Korean Poet, Yoon, Dong Ju」, 「The Korean Poet Yoon Dong Ju's Cross and its Image of Martin Luther」 등이 있으며, 주요 저서로 『한국어 쓰기 교육의 이론과 실제』(경진출판), 『한국어 논리와 논술』(연세대학교 출판부), 『대학 글쓰기 연구와 텍스트 해석』(공저, 보고사), 『영화 로그인』(공저, 한국학술정보), 『쓰기 평가』(공역, 글로벌콘텐츠), 『장르: 역사·이론·연구·교육』(공역, 경진출판) 등이 있다.

강승혜: 현재 연세대학교 교육대학원에서 '외국어로서의 한국어교육 전공' 주임교수로 '한국어 학습자의 언어 학습전략' 관련 주제로 연세대학교 교육학 박사학위를 취득했다. 국제한국어교육학회, 이중언어학회, 국제한국언어문화학회 등 학회 임원을 비롯하여 국립국어원 한국어교원자격심의회 위원 등의 활동을 해왔다. 한국어교육 연구 동향 관련 연구와 한국어 교사 및 학습자 관련 연구 등을 수행했으며 2016년 2월 우리나라 최초로 미국 최대 글로벌 MOOC (Massive Open Online Coureses) 사이트인 Coursera에 초급 한국어 강좌인 'First Step Korean'을 개설하여 최근까지 지속적으로 등록자 증가 추세를 유지하고 있다.

제2부 장르 중심의 쓰기 지도

유상희: 서울대학교 국어교육연구소 선임연구원으로, 작문교육을 전공했다. 현재 한국작문학회에서 정보 이사로, 한국리터러시학회에서 연구 이사로 활동 중이다. 논리적이고 비판적이며 창의적인 사고와 표현을 돕는 논증 교육에 관심이 많으며, 다양한 수업 맥락에서 논증 교육 방안을 연구 중이다. 관련 논문으로는 「논증 교육을 위한 합리성 개념 고찰」, 「지식 탐구의 도구로서 논증적 글쓰기에 대한 고찰: CCSS 범교과 문식성 영역을 중심으로」(공저), 「대학수학능력시험 논술형 문항 개발을 위한 탐구: GRE 논증 과제 분석을 중심으로」, 「IB 확장형 에세이(extended essay) 평가의 특징과 함의 탐색」(공저) 등이 있다.

백혜선: 순천대학교 교양교육원의 교수로 국어교육을 전공했다. 읽기교육과 쓰기교육에 관심을 갖고 있으며, 읽기·쓰기의 교수·학습 방법에 관심을 두고 연구 중이다. 주요 논문으로는 「읽기 교육에서 교사 신념에 대한 연구 동향 고찰」, 「대학생의 쓰기 효능감 양상 연구」(공저), 「소모둠 독서 토의에서 나타나는 상호텍스트적 연결 양상 연구」 등이 있으며, 역서로는 『읽기 전략과 읽기 수업』(공역), 『언어 탐구와 인식』(공역)이 있다.

김현정: 순천대학교 교양교육원의 교수로 글쓰기 이론 및 교육을 전공했다. 대학

글쓰기 이론 및 교육에 관심이 많으며, 대학생들의 핵심 역량을 향상시킬 수 있는 다양한 글쓰기 교수 방법을 연구 중이다. 주요 저서로는『성찰과 소통을 위한 글쓰기』(공저),『외국인 유학생을 위한 대학 글쓰기』(공저)가 있으며, 논문으로는「교양교육으로서의 글쓰기 교과의 본질과 방향」,「국내 주요 대학 글쓰기 교육의 목표와 내용」등이 있다.

나은미: 한성대학교 기초교양학부 교수로 국어학 의미론, 표현 교육을 전공했다. 한국 사고와표현학회, 한국작문학회, 한국리터러시학회 이사를 역임하고 있으며, 한성대학교 프레스센터장을 역임했다. 대학생을 대상으로 한 읽기 및 쓰기 교육에 관심을 두고 연구와 교육에 전념하고 있다. 특히 취업전략 표현 교육과 성찰 글쓰기, 영화로 글쓰기 등에 관심이 있으며 저서로『연결주의 관점에서 본 어휘부와 단어형성』,『대학생을 위한 실용 글쓰기』등이 있으며, 학생들의 표현 글쓰기를 결과를 모은『청춘 옴니버스 : 아직은 떫은』등이 있고,『영화 로그인 : 사고와 표현 교육』등이 있다.

이원지: 연세대학교 국어국문학과 박사과정에 재학 중이며, 동 대학원 석사·박사과정에서 글쓰기 이론을 전공했다. 현재 한성대학교 사고와표현과정 글쓰기센터 학술연구원으로 재직 중이다.

제3부 수업 전략과 활동 중심의 쓰기 지도

김미란: 성균관대학교 학부대학에서 글쓰기를 가르치고 있다. 학습자들이 텍스트적, 수사학적, 맥락적 차원을 고려하며 글을 쓰도록 이끄는 글쓰기 전략 및 교수법을 개발하는 데 관심이 있다. 주요 논문으로는「대학 글쓰기 학습자의 저자성 확보를 위한 교수-학습 방법론의 모색」,「대학생들의 학문 탐구 능력 신장을 위한 글쓰기 교재 개발 방법론 모색」, 주요 저서로는『창의적 사고소통의 글쓰기』(공저),『대학 글쓰기 연구와 텍스트 해석』(공저),『사회 과정 중심 글쓰기: 작문교육 패러다임의 전환』(역서),『장르: 역사·이론·연구·교육』(공역) 등이 있다.

김주환: 안동대학교 사범대학 국어교육과 부교수로 재직 중이다. 주요 저서로는『교

사를 위한 독서교육론』, 『학생글로 배우는 글쓰기』, 『독서교육론』(공저), 『교실토론의 방법』 등이 있으며, 논문으로 「대학생 필자의 글쓰기 과정 분석: 글쓰기워크숍을 중심으로」, 「중학생들의 작문능력 실태 조사 연구」 등이 있다.

이승윤: 인천대학교 기초교육원 교수로 한국 현대문학, 역사소설을 전공하였다. 한국 근대문학회 대표를 역임하였으며, 대중서사학회 기획위원장, 토지학회 편집위원장을 맡고 있다. 최근에는 문학과 공간, 콘텐츠와 도시재생 등에 관심을 갖고 연구와 실천의 접점을 모색 중이다. 논저로 「연세대 글쓰기 교실 운영의 성과와 과제」, 「『토지』의 서사 전개 양상과 소설 작법」, 「문학관/문학 공간의 활성화 방안과 콘텐츠 기획의 사례 연구」, 『근대 역사담론의 생산과 역사소설』, 『과학기술의 상상력과 소통의 글쓰기』(공저), 『글쓰기 매뉴얼』(공저), 『창의와 소통: 통합형 글쓰기와 말하기』(공저) 등이 있다.

김남미: 홍익대학교 교양과 교수로 국어사 음운론, 글쓰기 이론을 전공했다. 대학 글쓰기 교육과 규범 교육의 대중화에 관심이 많다. 대학 글쓰기 교육에서는 학술적 글쓰기의 질적 개선을 위한 이론과 실천을 위한 연구를 진행 중이다. 법무연수원, 경찰청, 기업 등의 기관 강의활동으로 글쓰기 및 규범 교육의 대중화를 위해 노력하고 있다. 주요 저서로는 『한국실용글쓰기』, 『100명 중 98명이 틀리는 맞춤법』 1·2·3, 『100명 중 98명이 헷갈리는 우리말, 우리문장』, 『친절한 국어문법』 등이 있다.

이윤빈: 고려대학교 문화스포츠대학 문화창의학부의 교수로 대학 글쓰기 이론을 전공했다. 동국대학교 파라미타칼리지 교수로 재직했고, 한국교양교육학회 편집위원, 한국화법학회 교육이사, 한국작문학회 연구윤리위원 등으로 활동하고 있다. 텍스트 분석 이론과 대학 글쓰기 교수법 개발에 관심이 많다. 주요 저서로는 『담화 통합 글쓰기: 과제 표상과 텍스트의 구성』, 『작문교육론』(공저), 『대학 글쓰기 연구와 텍스트 해석』(공저)이 있으며, 역서로 『라캉 정신분석의 핵심 개념들』(공역), 『장르: 역사·이론·연구·교육』(공역) 등이 있다.

김보연: 연세대학교 국어국문학과 박사과정에 재학 중이며, 동 대학원 석사·박사과정에서 글쓰기 이론을 전공했다. 연세대학교 학부대학에서 글쓰기 튜터 및 강사로 활동했으며, 현재 연세대학교 한국어학당에서 외국인 유학생들을 대상

으로 한국어와 학술적 글쓰기를 가르치고 있다.

민정호: 현재 동국대학교 국어국문학과 교수이고, 쓰기 교육으로 학위를 받았다. 중앙
대학교에서 유학생에게 한국어를 가르쳤고, 인천대학교에서 교수로 재직하
며 한국 학생에게 글쓰기를 가르쳤다. 리터러시와 담론, 교육법에 관심을
갖고 열심히 연구 중이다. 주요 논저로는「학술적 글쓰기에서 대학원 유학생
의 저자성 개념과 교육원리의 방향 탐색」,「학술적 글쓰기에서 대학원 유학생
의 발견 능력 향상을 위한 교육 내용 제안」,「학술적 글쓰기에서 대학원 유학
생의 독자 고려 양상 분석: 사회인지주의 관점에서 독자 인식과 제목을 중심
으로」등이 있다.

제4부 디지털 매체를 활용한 쓰기 지도

공성수: 1975년 서울에서 태어나 서강대학교 국어국문학과 졸업, 같은 대학원에서
문학박사(현대소설) 학위를 받았다. 근대 서사문학 형성기의 소설과 삽화의
소통에 관한 연구(「1920년대 후반 소설 삽화의 서사적 리얼리티 연구」)로
제16회 어문논문상을 수상했으며, 같은 연구주제로 학술연구재단의 신진연
구자사업 지원을 받았다. 공역서로 H. 포터 애벗의『서사학강의』가 있으며,
글쓰기와 서사로 세계를 더 잘 이해하고, 그래서 좀 더 행복해질 수 있는
방법을 고민하고 있다. 서강대학교 국어국문학과 대우교수와 글쓰기센터 연
구교수를 거쳐, 현재 경기대학교 국어국문학과 교수로 재직 중이다.

엄성원: 차의과학대학교 의료홍보미디어학과 교수로 한국 현대문학을 전공하고 미
디어 글쓰기를 강의하고 있다. 한국리터러시학회와 한국문화융합학회 등 글
쓰기 관련 학회에서 활발히 활동하고 있다. 미디어를 통한 읽기와 쓰기 이론
과 그 교육에 관심이 많으며 특히 직무 관련 실용글쓰기 분야에 공을 들이고
있다. 주요 저서로는『실용글쓰기 Fast Track』,『한국 실용글쓰기』,『한국 현
대시의 근대성과 탈식민성』,『움직이는 글쓰기』(공저),『글로벌 시민정신』
(공저) 등이 있다.

황영미: 숙명여자대학교 기초교양학부의 교수 및 숙명여자대학교 교양교육연구소

소장으로 한국 현대소설을 전공했다. 소설가, 영화평론가로 활동하고 있으며, 한국영화평론가협회 회장(2020~2021년도)을 맡고 있으며, 세계일보에 '황영미의 영화산책'을 연재하고 있다. 국제영화비평가연맹 한국본부 회장 및 한국사고와표현학회 회장을 역임했다. 소설집으로『구보 씨의 더블린 산책』이 있다. 영화 활용 교육에 관심이 많으며, 관련 저서로는『필름 리터러시』, 『영화와 글쓰기』,『다원화 시대의 영화읽기』,『영화로 읽기, 영화로 쓰기』(공저),『영화로그인: 사고와 표현교육』(공저) 등이 있다.

지현배: 동국대학교 파라미타칼리지 교수로 있고, 연구와 교육 분야는 한국 현대문학, 글쓰기, 한국어 교육이다. 한국교양교육학회, 한국문화융합학회의 편집위원장과 부회장을 역임했고, 한국리터러시학회 부회장, 한국교양기초교육원 컨설턴트로 있다. 글쓰기 강의를 하며 첨삭지도의 기준과 방법, 효용에 대한 연구를 진행했다. 온라인 클리닉 시스템과 한국어 교육 플랫폼 등 에듀테크 관련 연구를 진행 중이다. 주요 저서로는『윤동주 시의 세계: 영혼의 거울』, 『윤동주 시인을 기리며』(공저),『대구경북 시인의 코드』,『삶의 그림으로서의 시 창작 강의』, 그리고『독서와 작문 커뮤니티』,『국어규범과 문장 연습』, 『디지털시대의 독서와 작문』 등이 있다.

주민재: 연세대학교에서 국어국문학과 사회학을 전공하고, 동 대학원 박사과정을 졸업했다. 현 명지대학교 방목기초교육대학 부교수. 주요 논문으로는 「디지털 쓰기 플랫폼의 행동유도성이 디지털 쓰기 수행과 필자의 쓰기 동기에 미치는 영향 분석」(2019), 「디지털 문식 환경의 쓰기 양상 변화 요인 고찰」(2018), 「모바일 환경에서 복합양식적 텍스트의 활용양상」(2017), 「대학생의 문자 텍스트 작성 능력과 블로그 작성 능력의 상관관계 분석」(2017) 등이 있으며 저서로는『사고와 표현: 글쓰기』(공저),『대학 글쓰기 연구와 텍스트 해석』(공저)이 있다.